Natale Perego
Elisabetta Ghislanzoni

Un libro sogna

Epica

Impara con l'eBook multimediale

1 REGÌSTRATI

Vai su **my.zanichelli.it** e iscriviti come studente

2 ATTIVA IL TUO LIBRO

Nella tua area **myZanichelli**, clicca su **attiva opera** e inserisci la **chiave di attivazione** che trovi sul bollino argentato in questa pagina

3 CLICCA SULLA COPERTINA

Puoi:
- sfogliare l'**eBook online**
- **scaricarlo offline** sul tuo computer o sul tuo tablet

Realizzazione editoriale:
- Coordinamento redazionale: Andrea Zaninello
- Editing e redazione: Maria Gaudiano
- Correzione bozze e scrittura schede *Altri linguaggi* (B1, C1, C2, D1): Angela Di Fazio
- Segreteria di redazione: Deborah Lorenzini, Rossella Frezzato
- Progetto grafico: Mara Fontanelli per Segni d'Immagine, Bologna
- Impaginazione: Monograf srl, Bologna, con la collaborazione di Mara Fontanelli
- Ricerca iconografica e stesura delle didascalie: Matteo Pasini

Contributi:
- Collaborazione alla ricerca iconografica: Claudia Patella, Chiara Presepi
- Editing Percorso B: Valentina Romagnoli
- Editing Percorso E: Angela Di Fazio

Gli autori e l'editore ringraziano i docenti: Viola Ardone, Francesca Bandini, Monica Cosci, Fiona Guagliano, Mariacristina Maggioli, Silvia Morsan, Andrea Piotto, Irene Scaravelli e Chiara Stancari per le riletture critiche e i suggerimenti didattici.

Copertina:
- Progetto grafico: Miguel Sal & C., Bologna
- Realizzazione: Roberto Marchetti e Francesca Ponti
- Immagine di copertina: Tullio Pericoli, **Paesaggio con cinghiale e cavaliere**, 1993

Prima edizione: marzo 2017

Ristampa: **prima tiratura**
5 4 3 2 1 2017 2018 2019 2020 2021

Zanichelli garantisce che le risorse digitali di questo volume sotto il suo controllo saranno accessibili, a partire dall'acquisto dell'esemplare nuovo, per tutta la durata della normale utilizzazione didattica dell'opera. Passato questo periodo, alcune o tutte le risorse potrebbero non essere più accessibili o disponibili: per maggiori informazioni, leggi my.zanichelli.it/fuoricatalogo

File per sintesi vocale
L'editore mette a disposizione degli studenti non vedenti, ipovedenti, disabili motori o con disturbi specifici di apprendimento i file pdf in cui sono memorizzate le pagine di questo libro. Il formato del file permette l'ingrandimento dei caratteri del testo e la lettura mediante software screen reader. Le informazioni su come ottenere i file sono sul sito http://www.zanichelli.it/scuola/bisogni-educativi-speciali

Grazie a chi ci segnala gli errori
Segnalate gli errori e le proposte di correzione su **www.zanichelli.it/correzioni**.
Controlleremo e inseriremo le eventuali correzioni nelle ristampe del libro.
Nello stesso sito troverete anche l'errata corrige, con l'elenco degli errori e delle correzioni.

Zanichelli editore S.p.A. opera con sistema qualità
certificato CertiCarGraf n. 477
secondo la norma UNI EN ISO 9001:2008

Questo libro è stampato su carta che rispetta le foreste.
www.zanichelli.it/la-casa-editrice/carta-e-ambiente/

Stampa: Arti Grafiche Battaia F.&C. Srl
Via Papa Giovanni XXIII, 5 Zibido San Giacomo (Milano)
per conto di Zanichelli editore S.p.A.
Via Irnerio 34, 40126 Bologna

Realizzazione delle risorse digitali:
- Coordinamento redazionale: Andrea Zaninello
- Redazione: Alessandra Liberati (Studio Zebra, Bergamo)
- Realizzazione delle risorse digitali: duDAT srl, Bologna
- Analisi visuali: Fulvia Balestrieri (stesura e redazione), Eicon srl (realizzazione tecnica)
- Letture drammatizzate dei brani: Marco Versari, Forlì (realizzazione ed editing), Dario Scorza (controllo)
- PowerPoint delle lezioni: Fulvia Balestrieri

Le fonti iconografiche e i crediti si trovano su online.zanichelli.it/unlibrosogna

Natale Perego
Elisabetta Ghislanzoni

Un libro sogna

Epica

ZANICHELLI

Com'è fatto

Un libro sogna

Il volume di Epica si articola in cinque **Percorsi**, ciascuno suddiviso in **Unità**.

Una **scheda di arte** introduce l'argomento dell'Unità.

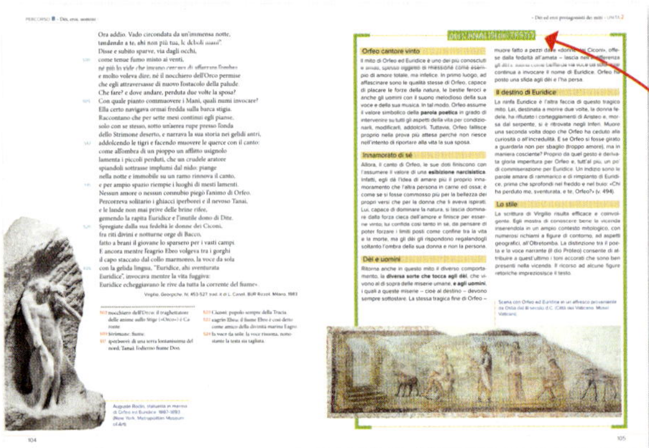

I brani della sezione antologica sono accompagnati dalle schede **Per l'analisi del testo**, **L'autore** e **Storie da scoprire**.

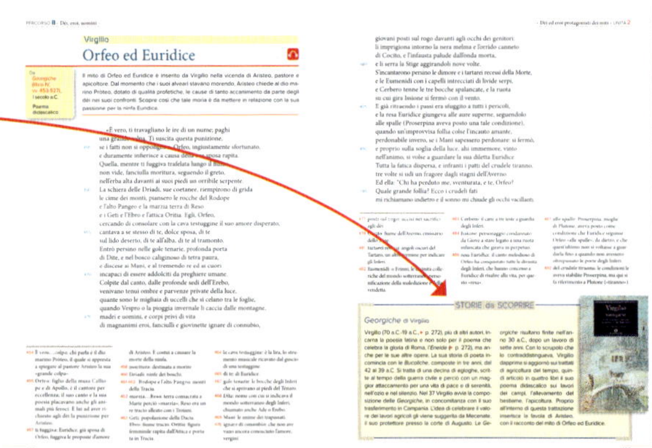

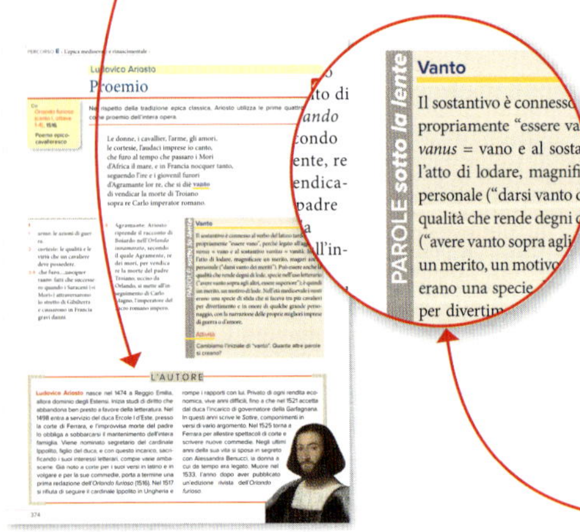

Le rubriche **Parole sotto la lente** propongono approfondimenti e attività su termini significativi tratti dai testi.

La sezione **Echi nel presente** propone il mito reinterpretato nel tempo da grandi autori.

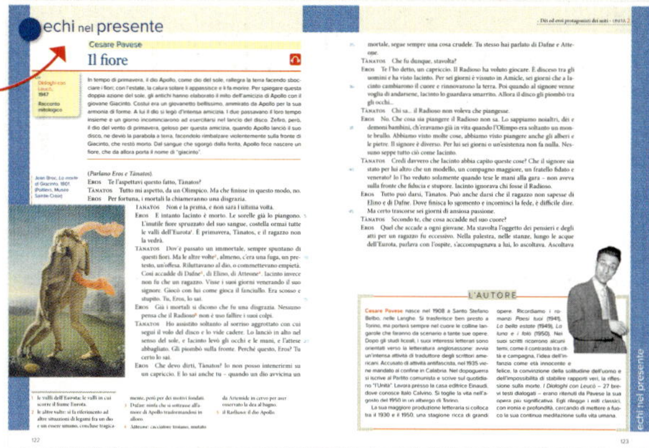

La sezione **Per approfondire** sviluppa il tema dell'Unità attraverso un saggio.

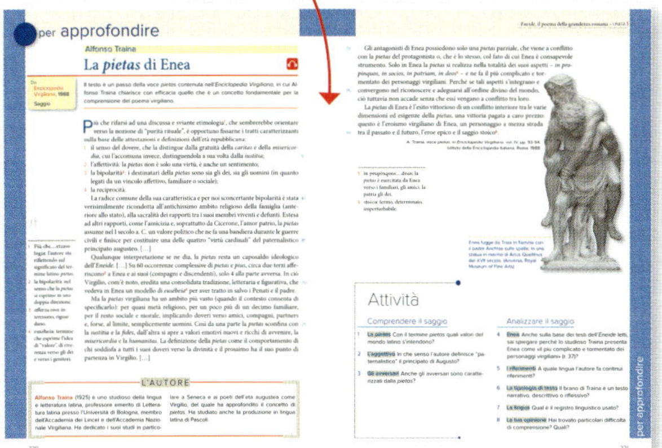

Schede di approfondimento arricchiscono e ampliano l'argomento dell'Unità: **Per saperne di più** e **Narrare con altri linguaggi**, che propone storie e personaggi del mito e dell'epos rivisitati nel cinema, nella televisione e nel fumetto.

Raccogliamo le idee propone attività di sintesi e scrittura guidata.

La **Verifica delle competenze**, a fine Unità, aiuta a preparare la prova **INVALSI**.

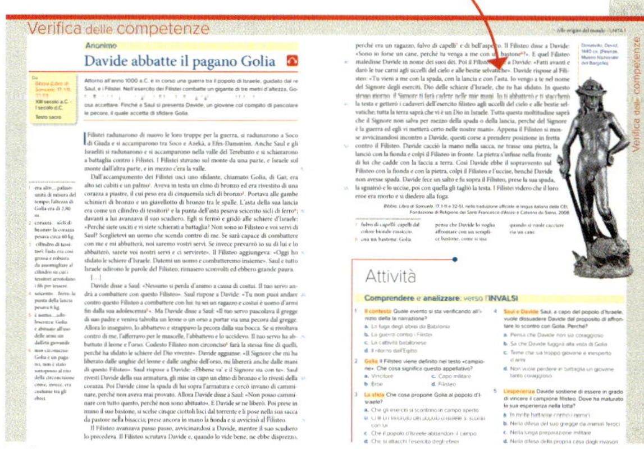

In digitale: **la lettura drammatizzata di tutti i brani** e **analisi visuali** di alcuni testi scelti.

PERCORSO A

analisi visuale

Dal mito all'epica

IL MITO

Unità A1 Il mito e la sua trasmissione

Unità A2 I protagonisti dei miti

Unità A3 I contenuti dei miti

Unità A4 La struttura e lo stile dei miti

L'EPICA

Unità A5 Il racconto epico

Unità A6 La scrittura e la nascita dell'epica

Unità A7 Il linguaggio epico

PERCORSO B

Dèi, eroi, uomini

Unità B1 Alle origini del mondo

Unità B2 Dèi ed eroi protagonisti dei miti

PERCORSO C

L'epica greca

Unità C1 *Iliade*, il poema dell'onore e della gloria

Unità C2 *Odissea*, il poema dell'audacia e dell'intelligenza

PERCORSO D

L'epica romana

Unità D1 *Eneide*, il poema della grandezza romana

PERCORSO E

L'epica medioevale e rinascimentale

Unità E1 I poemi cavallereschi del Medioevo

Unità E2 I poemi cavallereschi del Rinascimento

PERCORSO A

Dal mito all'epica

IL MITO

L'EPICA

PERCORSO A

UNITÀ 1

IL MITO
Il mito e la sua trasmissione

• La funzione dei miti •

Ogni civiltà che si è sviluppata sulla Terra ha sentito l'esigenza di elaborare racconti per rispondere alle grandi domande di fondo che sfuggivano alla comprensione logica. Davanti all'universo, ai fenomeni naturali quali l'alternarsi del giorno e della notte o il cambio delle stagioni, oppure di fronte al nascere e al declinare della vita, gli esseri umani hanno sempre provato sbigottimento e meraviglia e hanno cercato una interpretazione. I **miti** costituivano un **tentativo di risposta** ai grandi interrogativi dell'esistenza, una spiegazione che, in assenza di una conoscenza scientifica e psicologica, cercava di dare corpo a un ordine etico e morale, all'interno del quale l'uomo poteva riconoscersi e trovare il senso di ogni accadimento.

• L'impronta comune dei miti • Sumeri, Egizi, Greci, Romani hanno cercato e trovato nei rispettivi miti i punti di riferimento morali e religiosi sui quali costruire le loro società. Elaborando un'analisi parallela dei miti, gli studiosi hanno constatato come esistano straordinarie somiglianze tra miti pensati da popoli che vivevano agli antipodi. Gli esseri umani infatti si sono posti le stesse domande in epoche e luoghi differenti. In altre parole, i grandi interrogativi esistenziali sono sempre stati analoghi in tutte le culture e ciò è dimostrato proprio dal fatto che l'**immaginario** dell'uomo si esprime in maniera assai simile. Noi abbiamo più familiarità con la **mitologia** greca, che, in generale, coincide con i miti raccolti nell'ambito del bacino del Mediterraneo. Per temi e significati, però, riscontriamo somiglianze e affinità anche con quanto elaborato in Oriente, in Cina, nell'America precolombiana, in Africa.

• I miti come archetipi • A partire da alcuni caratteri ricorrenti dei racconti del mito, gli studiosi hanno postulato l'esistenza di schemi e di categorie di pensiero universali, innate nell'essere umano: gli **archetipi** (dal latino tardo *archetypu(m)*, a sua volta dal greco *arché* = origine e *typos* = modello). Si tratta di modelli che riproducono i conflitti interiori presenti nell'inconscio umano in ogni tempo. In questa chiave, gli archetipi del mito ci permettono anche di indagare noi stessi e i meccanismi della nostra psiche.

Parole *chiave*

Immaginario È l'insieme di simboli e di concetti presenti nella memoria (immaginazione) di una molteplicità di individui. Si parla di immaginario mitico proprio in riferimento ai miti che costituiscono un aspetto comune dell'immaginazione di tutti gli uomini.

Mitologia È tanto la scienza che studia i miti quanto il termine con cui si indica il complesso delle credenze mitiche di un popolo.

Le Muse e le Sirene impegnate in un concorso musicale presieduto da Zeus, con Atena ed Era, nel bassorilievo di un sarcofago romano del III secolo d.C. (New York, Metropolitan Museum of Art)

• Significato e caratteristiche del mito •

La parola "**mito**" deriva dal latino *mytho(n)*, a sua volta ripreso dal greco *mýthos* (= parola, discorso), nell'accezione di "discorso narrativo, narrazione". Indica un **racconto** che nel tempo si è caratterizzato per i **contenuti favolosi**, legati all'**ambito sacro** e spesso ambientati in un'**atmosfera fiabesca**. Più precisamente, il termine designa un **racconto orale sacro** che ha le seguenti **tre caratteristiche** fondamentali:

- l'avvenimento narrato si svolge non nel tempo "storico", cioè un tempo che ci ha preceduti e che è direttamente legato al nostro, bensì in un **tempo primordiale**, «anteriore, esteriore ed eterogeneo rispetto a quello in cui viviamo» (P. Veyne, *I Greci hanno creduto ai loro miti?*, Il Mulino, Bologna, 1984), cioè un'epoca immaginata, che si colloca "prima del tempo";
- l'avvenimento narrato è considerato come fondante, cioè esplicativo e alla base di una realtà storica. Per questo il mito ha spesso una **funzione eziologica**, cioè di spiegazione delle cause dei fenomeni e di interpretazione della realtà sulla base di narrazioni fantastiche;
- i protagonisti dell'avvenimento narrato sono **esseri sovrumani**: dèi e semidèi (cioè figli di una divinità e di un essere umano), animali o uomini di natura particolare.

Possiamo ritrovare queste tre caratteristiche nel testo che segue, sulla figura del re di Roma Numa Pompilio, riportato secondo la versione del poeta latino **Ovidio** (43 a.C.-17 d.C. ▸ p. 86). Nel racconto, infatti, ci si riferisce a un tempo primordiale (mancano riferimenti temporali precisi), la funzione eziologica è espressa nei versi 5-6 e i protagonisti sono esseri sovrumani (Numa sposa una ninfa e muore vecchissimo).

[...] si racconta
che Numa tornasse in patria e che, sollecitato da tutti,
prendesse nelle sue mani le redini del popolo laziale.
Felicemente sposato a una ninfa e guidato dalle Camene,
insegnò i riti sacrificali e convertì all'arte
della pace una gente avvezza a combattere con ferocia.
Quando poi, vecchissimo, giunse al termine della vita e del regno,
piansero la sua morte tutte le donne del Lazio,
il popolo e gli anziani. E la moglie, lasciata la città
andò a nascondersi nelle fitte selve di Ariccia.

Ovidio, *Metamorfosi*, XV, 479-488,
trad. it. di D. Iacondini, Cappelli, Bologna, 1998

482 **Camene**: antiche divinità italiche, identificate poi con le Muse della tradizione greca.
487 **la moglie**: la ninfa Egeria.
488 **selve di Ariccia**: luoghi selvaggi intorno a Roma, presso *Aricia*, città della Lega Latina.

Parole chiave

Orale L'aggettivo viene dal latino tardo *orale*, legato al nome *os, oris* = bocca. Si riferisce a ciò che ha attinenza con la bocca ("cavità orale"). Indica un fatto o un detto riportato e tramandato a voce ("tradizione orale", "fonti storiche orali", "interrogazione orale").

Eziologico L'aggettivo è composto dal sostantivo del latino tardo *aetiu(m)*, derivato dal greco *áition* = causa, e dal suffisso *-logicu(m)*, dal greco *loghikós*, connesso a *lógos* = studio. In ambito letterario, un racconto o un poemetto eziologico sono una composizione che tratta dell'origine del nome di un luogo o di una persona, basata su etimologie popolari prive di fondamento storico.

Statuetta in marmo di suonatore di lira proveniente da Keros, isole Cicladi, 2800-2700 a.C. (New York, Metropolitan Museum of Art)

• Chiave interpretativa dei miti •

Il mito è dunque la narrazione di un avvenimento avvenuto in tempi remoti, con protagonisti sovrannaturali.

Si tratta, però, di un **racconto non fine a se stesso**, come potrebbe essere la fiaba, che ne condivide le caratteristiche formali (narrazione breve, originaria della tradizione popolare e incentrata su avvenimenti e personaggi fantastici; ▸ p. 26), ma di una narrazione che presenta una **chiave interpretativa**. Il mito, infatti, ha la funzione di giustificare e **spiegare avvenimenti che sfuggono alla comprensione umana**; deve dunque essere letto e compreso nei suoi **aspetti simbolici**, che rimandano cioè ad altro. Oggi parliamo di "**linguaggio mitico**", una vera e propria forma di espressione che, in quanto tale, deve essere tradotta e interpretata. Al linguaggio mitico erano affidate le prime riflessioni dell'uomo intorno a se stesso. E occorre dunque decifrarlo per conoscere e comprendere le culture che se ne sono servite. Anche la fiaba ci fornisce indicazioni storiche e culturali sui popoli che l'hanno trasmessa; questa funzione, tuttavia, in quel tipo di narrazione non è primaria.

Al di là delle mirabolanti vicende trattate, i miti forniscono, pertanto, informazioni che ci illuminano sui valori e i principi delle società all'interno delle quali si sono sviluppati. Dal tessuto dei racconti, dall'ambientazione, dai caratteri dei protagonisti emergono elementi utili a ricostruire la storia di un popolo, l'organizzazione sociale, la sua evoluzione culturale.

Il valore simbolico del mito è evidente nel breve racconto che segue, riportatoci da **Pseudo-Apollodoro** (▸ p. 10), un autore anonimo al quale è attribuita la *Biblioteca*, raccolta di miti del I-II secolo d.C. Nel testo, Persefone/Core rapita è la personificazione della forza vitale della natura nelle stagioni primaverile ed estiva. Nel buio periodo dell'autunno-inverno giace sottoterra, presso Plutone, sovrano degli Inferi (Ade), come il seme che muore ma è pronto a rinascere al primo raggio di sole in primavera.

Plutone si innamorò di Persefone e, con l'aiuto di Zeus, la rapì di nascosto. Demetra[1] andava cercandola per tutta la terra, di giorno e di notte, alla luce delle fiaccole; ma quando venne a sapere [...] che Plutone l'aveva rapita, irata con gli dèi abbandonò il cielo e, assunto l'aspetto di una donna mortale, si recò a Eleusi [...] Zeus ordinò a Plutone di rimandare Core sulla terra, e Plutone, affinché lei non rimanesse troppo tempo presso la madre, le diede da mangiare un chicco di melograna. Lei lo inghiottì, senza prevedere ciò che sarebbe accaduto [...]. Persefone fu costretta a rimanere la terza parte di ogni anno con Plutone; il resto dell'anno lo trascorreva tra gli dèi.

Pseudo-Apollodoro, *Biblioteca*, I, 5, 1, trad. it. di M.G. Ciani, Fondazione Valla, Mondadori, Milano, 1996

1 **Demetra**: Madre di Persefone, dea delle messi e quindi della terra viva e generatrice.

• La trasmissione orale del mito •

Il mito è un racconto che ha origine nella notte dei tempi e che veniva **tramandato oralmente** di generazione in generazione, diventando in tal modo parte della tradizione e del sapere fondante di un popolo.

Trasmesso all'interno di una cultura che non conosce ancora la scrittura, il racconto mitico è affidato alla **memoria popolare**. I primi depositari di questa sapienza saranno stati di certo gli anziani. Nelle culture arcaiche, infatti, i vecchi erano molto rispettati per la saggezza che derivava loro dall'aver ricevuto il sapere dalle generazioni precedenti. Loro compito era quello di memorizzarlo e di trasmetterlo alle generazioni successive. Fondamentale era quindi coltivare vere e proprie tecniche di sviluppo della memoria per non dimenticare il patrimonio ricevuto e, nello stesso tempo, per affinare la capacità di raccontare e di tenere viva l'attenzione dell'uditorio.

Platone, filosofo greco del IV secolo a.C., racconta sotto forma di mito come la scrittura venne donata agli uomini e quali reazioni questo dono suscitò in chi era abituato a far coincidere il sapere con la memoria. A narrare è Socrate, maestro di Platone e protagonista di gran parte delle sue opere.

Il dio egiziano Theuth[1] si presentò al faraone Thamus per illustrargli le sue invenzioni escogitate per gli uomini. Quando giunse alla scrittura, disse:
– O re, questa conoscenza renderà gli egiziani più sapienti e più dotati di memoria: infatti ho scoperto uno strumento che soccorrerà la sapienza e la memoria.
E il re rispose: – Espertissimo Theuth, una cosa è esser capaci di mettere al mondo quanto concerne un artificio, un'altra saper giudicare quale sarà l'utilità e il danno che comporterà a chi dovrà servirsene; e ora tu, padre delle lettere, hai attribuito loro per benevolenza il contrario del loro vero effetto. Infatti esse[2] produrranno dimenticanza nelle anime di chi impara, per mancanza di esercizio della memoria; proprio perché, fidandosi della scrittura, ricorderanno le cose dall'esterno, da segni alieni, e non dall'interno, da sé: dunque tu non hai scoperto un aiuto per la memoria ma per il ricordo.

Platone, *Fedro*, 274e-275a, trad. it. di G. Sandrolini

1 **Theuth**: più noto come Thot, è fatto corrispondere a Ermes/Mercurio della tradizione greco-romana.

2 **esse**: le lettere, cioè la scrittura.

Un cantore con la cetra si esibisce in pubblico in un dipinto di Alma Tadema del 1881. (Baltimore, Walters Art Museum)

• Gli aèdi, professionisti della memoria •

Con la formazione di comunità autonome, ma unite da scambi commerciali e culturali, la memoria collettiva si allarga. Le esperienze vengono condivise e anche il mito subisce integrazioni e variazioni grazie agli apporti esterni. Non sono più solo i vecchi del villaggio a narrare le storie, ma emergono personaggi dotati di una tecnica mnemonica particolare che, viaggiando da un villaggio all'altro, rinnovano continuamente "il libro" della loro memoria. Si tratta di veri e propri **cantori di professione**, detti con termine greco **aèdi** (dal greco *aoidós* = cantore), che, secondo la testimonianza di Omero (VIII sec. a.C. ca; ► p. 134), appartenevano alla categoria degli artigiani, al pari degli indovini, dei medici, dei carpentieri. Ciò significa che non dobbiamo identificare questi personaggi con quelli che noi chiamiamo comunemente "artisti", cioè dei "creatori" di arte, dei poeti: essi erano **artigiani della memoria**, che elaborarono **strumenti mnemotecnici** per la conservazione dei dati e delle nozioni che formano il tessuto di una tradizione culturale.

Parole *chiave*

Strumenti mnemotecnici
Sono tecniche di memorizzazione (il prefisso *mnemo-* è riconducibile al greco *mnéme* = memoria) elaborate nell'antichità e classificate successivamente da una vera e propria disciplina chiamata "mnemotecnica", arte della memoria.

• L'ispirazione delle Muse • Prima di acquisire consapevolezza delle tecniche mnemoniche che andavano elaborando, i cantori riferivano questa loro capacità alla divinità. Al momento di iniziare il canto, l'aèdo invocava le **Muse**, figlie di Mnemosyne (personificazione della Memoria) e di Zeus. Si trattava di nove sorelle protettrici delle scienze e delle arti; nello specifico, Calliope era la musa ispiratrice dell'epica, Eutèrpe della composizione musicale, Tersìcore della danza, Talìa della commedia, Melpòmene della tragedia, Èrato della poesia amorosa, Polìmnia dei racconti sacri, Urania dell'astronomia e Clìo della storiografia. Solo grazie all'aiuto delle Muse il cantore poteva ricordare la materia del canto ed esporla in maniera chiara e comprensibile all'uditorio. La Musa "si impossessava" dell'esecutore e "cantava per lui". L'aèdo era solo un tramite e la sua miracolosa memoria era il dono di una divinità benevola che, per mezzo del cantore, comunicava con gli esseri umani. Ecco, a questo proposito, il mito della propria "chiamata" per diventare aèdo, rievocato da **Esiodo**, poeta greco dell'VIII-VII secolo a.C. che, nella *Teogonia*, racconta la nascita degli dèi e le loro lotte per il dominio dell'Olimpo (il monte greco che, nella mitologia, era considerato la dimora di molte divinità).

La musa Tersicore, protettrice della danza, in una statua romana del II secolo d.C. (Roma, Musei Vaticani)

Cominciamo il canto dalle Muse eliconie
che di Elicona possiedono il monte grande e divino
e intorno alla fonte scura, coi teneri piedi
danzano, e all'altare del forte figlio di Crono;
[...]
Di lì levatesi, nascoste da molta nebbia,
notturne andavano, levando la loro bella voce;
celebrando l'egioco Zeus e Era signora,
[...]
e degli altri immortali, sempre viventi, la sacra stirpe.
Esse una volta a Esiodo insegnarono un canto bello,
mentre pasceva gli armenti sotto il divino Elicona;
questo *mythos*, per primo, a me dissero le dee,
le Muse d'Olimpo, figlie dell'egioco Zeus:
«O pastori, cui la campagna è casa, mala genia, solo ventre,
noi sappiamo dire molte menzogne simili al vero,
ma sappiamo anche, quando vogliamo, il vero cantare».
Così dissero le figlie del grande Zeus, abili nel parlare
e come scettro mi diedero un ramo d'alloro fiorito,
dopo averlo staccato, meraviglioso; e mi ispirarono il canto
divino, perché cantassi ciò che sarà e ciò che è,
e mi ordinarono di cantare le stirpi dei beati, sempre viventi;
ma esse per prime, e alla fine, sempre.

Esiodo, *Teogonia*, 1-34, trad. it. di G. Arrighetti, Einaudi, Torino, 1998

1-2 **Muse eliconie...di Elicona**: il monte Elicona, nella Beozia, regione della Grecia continentale, era considerato la sede delle Muse e di Apollo.

3 **fonte scura**: la fonte non è identificata né è chiaro il significato dell'aggettivo annesso.

4 **figlio di Crono**: Zeus.

6 **la loro bella voce**: le Muse cantano «celebrando» gli dèi.

7 **egioco**: epiteto di Zeus che significa "armato dell'egida", uno scudo in pelle di capra. Era è sua moglie.

10 **pasceva gli armenti**: Esiodo è pastore di greggi.

11 ***mythos***: preferiamo il termine originale che significa "discorso veritiero, destinato ad avere compimento".

13 **cui la campagna è casa...solo ventre**: sono epiteti attribuiti ai pastori, usati per svegliare dal torpore chi è dedito alle necessità del corpo e ad altro non pensa.

14 **menzogne simili al vero**: fantasticherie piacevoli, ma ingannevoli.

16 **abili nel parlare**: l'autore, per comporre, deve chiedere aiuto a chi ispiri davvero "le parole giuste".

17 **scettro...fiorito**: lo scettro è lo strumento che nelle assemblee teneva l'oratore. In questo caso è anche testimone sacro (l'alloro era la pianta sacra alle Muse) di ciò che viene detto: Esiodo è riconosciuto "voce" delle Muse.

18 **mi ispirarono il canto**: le Muse "soffiano da dentro" il canto, animando Esiodo.

20 **le stirpi dei beati**: l'argomento dei canti di Esiodo saranno le vicende degli dèi.

21 **ma esse...fine**: ogni canto deve però prendere avvio e terminare con le Muse.

• L'esecuzione pubblica dei racconti mitici • È interessante osservare come avvenisse l'esecuzione, fosse essa una recitazione o un vero e proprio concerto per parole, musica e danza, orchestrato dal cantastorie.

Ispirati dalle Muse, gli aèdi dovevano concentrarsi per ottenere una condizione simile a quella che oggi chiamiamo *trance*. Liberavano la mente dai pensieri e vi lasciavano entrare la divinità ispiratrice, ovvero facilitavano il flusso del ricordo e quindi delle parole.

Parole *chiave*

Performance Il termine è mutuato dalla tradizione anglosassone e indica quell'insieme di gesti e di forme rituali che precedono e accompagnano l'esibizione di un cantore. Avveniva in un luogo pubblico – per lo più un banchetto ma anche nelle piazze – e non era limitata alla "recitazione cantata" di un racconto ma spesso prevedeva l'accompagnamento musicale e quello di un vero e proprio coro che, oltre a cantare, eseguiva figure di danza.

Testimonianze dell'ambiente in cui avveniva la ***performance*** e delle caratteristiche esecutive e di repertorio della materia del canto le ricaviamo da Omero nell'*Odissea* (► p. 198). Tra i cantori descritti sono celebri le figure di Demodoco e Femio. Ecco come viene introdotto quest'ultimo in un brano posto all'inizio del poema.

> Poi, soddisfatta la voglia di bere e di mangiare, altro piacque in cuore ai pretendenti: canto e danza, che sono ornamenti al convito. Un araldo posò una cetra bellissima fra le mani di Femio, che soleva cantare, per imposizione, fra i pretendenti. Ed egli, pizzicando le corde, preludiò[1] al canto con arte.
> Fra loro cantava il cantore famoso, ed essi, seduti, ascoltavano in silenzio: cantava il ritorno che funesto impose da Troia agli Achei Pallade Atena.
> Dal piano superiore udì il canto dal suono divino la figlia di Icario, la saggia Penelope: scese dalla sua stanza per l'alta scalinata, non sola, ma la scortavano due ancelle. [...]
> Poi, scoppiando in lacrime, rivolse parola al cantore divino:
> «Femio, poiché tu sai tante altre imprese d'uomini e dèi che affascinano i mortali e che gli aèdi usano celebrare, tu, seduto fra loro, canta una di quelle, ed essi in silenzio bevano il vino [...]».
>
> Omero, *Odissea*, I, 150 ss., 325 ss., trad. it. di F. Ferrari, Utet, Torino, 2004
>
> 1 **preludiò**: introdusse.

Ecco invece come vengono presentati nell'*Odissea* le caratteristiche di Demodoco e l'argomento dei canti che egli esegue.

> Per loro Alcinoo fece [...] allestire l'amabile convito.
> Si avvicinò l'araldo conducendo il fidato cantore che molto la Musa amò ma a cui diede e il bene e il male: lo privò della vista ma gli donò il canto soave. Per lui Pontonoo pose un seggio borchiato d'argento in mezzo ai convitati, appoggiandolo a un'alta colonna, e appese a un piolo, l'araldo, lì sopra la sua testa, la cetra sonora e gli mostrò come prenderla con le mani, e accostò un canestro e una tavola bella e una coppa di vino perché bevesse quando l'animo lo chiedeva. [...]
> Poi, quando ebbero soddisfatto la voglia di bere e di mangiare, la Musa incitò il cantore a cantare gesta di eroi da una traccia la cui fama il vasto cielo toccava, la contesa fra Odisseo e Achille figlio di Peleo, come una volta altercarono con parole tremende a un lauto convito in onore dei numi, e Agamennone, il condottiero di eroi, gioiva nella sua mente che altercassero i migliori degli Achei. Così gli aveva predetto Febo Apollo vaticinando in Pito divina quando varcò la soglia di pietra a chiedere responso: rotolava allora su Troiani e su Danai il principio della sventura secondo il disegno del grande Zeus.
> Questo cantava il cantore glorioso, e Odisseo, afferrato con le mani gagliarde il grande mantello scarlatto, lo tirò sulla testa e si nascose il bel viso: aveva ritegno a versare lacrime di sotto i cigli davanti ai Feaci. Quando il cantore divino interrompeva il suo canto, asciugandosi le lacrime toglieva il mantello dalla testa e, levata la coppa a due anse, libava gli dei, ma quando quello ricominciava e i nobili Feaci lo spronavano a cantare perché godevano delle sue parole, Odisseo si copriva il capo e gemeva di nuovo.
>
> Omero, *Odissea*, VIII, 61 ss., trad. it. di F. Ferrari, Utet, Torino, 2004

• Le varianti •

La trasmissione orale influì sulla natura dei miti, destinati a **non assumere mai** una **forma definitiva**, fissata una volta per tutte. Nell'elaborazione e nella *performance* ogni cantore infatti aveva **libertà esecutiva**, poteva cioè introdurre cambiamenti, modificare alcuni particolari, far comparire nuovi personaggi, cambiare nomi, collocare alcuni fatti in luoghi diversi. Il mito assunse i caratteri di un **racconto aperto**, pronto a sviluppi e a soluzioni inediti. Presero forma, così, quelle che gli studiosi definiscono **varianti** del mito.

Solo a distanza di secoli i miti furono raccolti e messi per iscritto dagli eruditi dell'epoca, che conferirono loro una veste definitiva e i caratteri tipici di un racconto letterario, con un inizio, una fine, una logica interna basata sulla successione razionale degli eventi trattati. Non è raro, comunque, che gli scrittori abbiano tramandato **versioni diverse di uno stesso mito**, di fronte a una tradizione che presentava due o più varianti con lo stesso grado di verosimiglianza.

Ecco una variante rispetto all'*Odissea* (▶ p. 198), relativa alla sorte di Penelope, la moglie di Ulisse/Odisseo, nota nel poema omerico per la sua fedeltà al marito e qui, invece, sedotta da altri uomini.

Dicono alcuni che Penelope fu sedotta da Antinoo[1] e che Odisseo la rimandò da suo padre Icario: lei raggiunse Mantinea in Arcadia dove, da Ermes[2], generò Pan[3]. Altri dicono che fu uccisa da Odisseo a causa di Anfinomo[4], perché era stata sedotta da lui.

Pseudo-Apollodoro, *Biblioteca*, I, 38-39,
trad. it. di M.G. Ciani, Fondazione Valla, Mondadori, Milano, 1996

1 **Antinoo**: il capo dei principi pretendenti che invano, secondo l'*Odissea*, cerca di avere Penelope in sposa.
2 **Ermes**: il dio messaggero.
3 **Pan**: una divinità dei boschi.
4 **Anfinomo**: un altro dei principi pretendenti dell'*Odissea*.

Parole *chiave*

Varianti Le varianti (testuali) sono versioni (per i testi scritti o "lezioni") diverse di un racconto o di un'opera, per lo più accumulatesi nel tempo in cui la narrazione si è formata. Per chi riceve la tradizione non è possibile riconoscere, all'interno di un mito, la versione originaria, data la natura di per sé composita e integrata di questa forma di narrazione.

Nicolas Poussin, *Il Parnaso*, 1631. (Madrid, Museo del Prado)

Pseudo-Apollodoro

La morte di Egeo

Da
Biblioteca (Epitome I, 7-10), I-II secolo d.C.

Opera mitografica

La *Biblioteca* dello Pseudo-Apollodoro raccoglie il patrimonio dei miti greci, tramandati per molti secoli oralmente e poi utilizzati nelle opere letterarie. La narrazione mitica che proponiamo è carica di molti significati. Il mito di Egeo è chiaramente eziologico: giustifica infatti il nome del Mar Egeo. Inoltre, la vicenda di Egeo e Teseo, con il tributo di fanciulli dovuto da Atene a Creta, richiama un momento antico e imprecisato in cui la città greca era tributaria della più potente Creta.

Al tempo del terzo tributo per il Minotauro[1], Teseo viene messo in lista; alcuni dicono invece che si offrì lui stesso, spontaneamente. La nave[2] aveva una vela nera ed Egeo ordinò al figlio di spiegare delle vele bianche se fosse tornato sano e salvo. Quando Teseo giunse a Creta, la figlia di Minosse[3], Arianna, si innamora di lui e promette di aiutarlo, a patto che lui acconsenta a portarla ad Atene e a farla sua sposa.

Teseo acconsente e giura; allora Arianna chiede a Dedalo[4] di rivelarle il modo di uscire dal labirinto. E su consiglio di Dedalo consegna a Teseo, nel momento in cui entra nel labirinto, un filo; Teseo lo legò alla porta ed entrò tirandoselo dietro. Trovò il Minotauro nella parte più interna del labirinto, lo uccise a forza di pugni, poi, seguendo il filo a ritroso, riguadagnò l'uscita. Giunge a Nasso di notte con Arianna e i fanciulli. Qui Dioniso[5] si innamorò di Arianna, la rapì, la portò a Lemno[6] e si unì con lei.

Pieno di dolore per Arianna, Teseo, durante la navigazione, dimenticò di spiegare le vele bianche. Dall'alto dell'acropoli, Egeo vide che la nave alzava bandiera nera e, pensando che Teseo fosse morto, si gettò sotto e morì.

Pseudo-Apollodoro, *I miti greci*, Fondazione Valla, Mondadori, Milano, 2004

1 **Minotauro**: mostro dal corpo umano e dalla testa di toro, nato dall'accoppiamento della moglie di Minosse, Pasifae, con un toro.
2 **La nave**: l'imbarcazione con cui Teseo avrebbe raggiunto l'isola di Creta.
3 **Minosse**: il re di Creta.
4 **Dedalo**: l'architetto che aveva costruito il labirinto nel quale Minosse aveva fatto rinchiudere il Minotauro.
5 **Dioniso**: dio del vino e dell'ebbrezza.
6 **Lemno**: isola greca.

Charles-Édouard Chaise, *Teseo e il Minotauro*, 1791. (Strasburgo, Museo delle Belle Arti)

Attività

Leggere e comprendere

1 **La destinazione** Per quale destinazione e per quale scopo Teseo parte da Atene?

2 **Il coraggio** Quale azione mette in evidenza il coraggio di Teseo?

3 **L'ordine** Che cosa ordina Egeo al figlio, nel momento della partenza?

a. Di essere prudente
b. Di spiegare le vele bianche al suo ritorno
c. Di portarlo con sé
d. Di portare ad Atene il Minotauro prigioniero

4 **Il patto** A quale condizione Arianna aiuta Teseo a uccidere il Minotauro?

5 **Dedalo** Che ruolo svolge Dedalo nel racconto?

6 **L'eroe** Teseo, oltre all'aiuto di Arianna, utilizza le proprie straordinarie qualità per uccidere il Minotauro. Che cosa mette in mostra?

a. Tenacia
b. Forza fisica
c. Velocità
d. Temerarietà

7 **Il dio** Perché Teseo viene meno alla promessa e non porta Arianna con sé ad Atene?

8 **L'errore** Per quale ragione Teseo non alza le vele bianche nel ritorno?

9 **L'equivoco** A che cosa è dovuto il suicidio di Egeo?

Riconoscere e analizzare

10 **L'autore** Da quale espressione si può capire che la vicenda di Egeo appartiene originariamente alla tradizione orale mitica?

....

....

11 **Il dio** Quale caratteristica tipica delle divinità greche Dioniso mette in evidenza con il suo comportamento?

12 **La struttura** Il mito principale di Egeo e Teseo contiene anche altre vicende mitologiche. Quali?

13 **Il tempo** È possibile indicare il periodo storico in cui si svolgono le vicende? Quali parole danno informazioni cronologiche?

....

....

....

14 **I protagonisti** Quali sono i protagonisti e quali gli altri personaggi del racconto mitico?

15 **Il racconto mitico** In questa narrazione sono presenti i tre elementi fondanti del racconto orale sacro. Quali sono e dove sono individuabili nel testo?

1. ....

....

....

2. ....

....

....

3. ....

....

....

Rielaborare e produrre

16 **Discutere** Teseo esce dal labirinto dopo aver legato alla porta il filo di Arianna. Questo comportamento indica che l'uomo si salva solo grazie all'aiuto di Dedalo e Arianna oppure che sa operare con abilità personale? Confronta la tua opinione con quella dei tuoi compagni in un dibattito in classe, raccogli gli elementi per sostenere l'interpretazione per te più valida ed esponila in un discorso ampio e articolato.

17 **Il tuo racconto** A partire dal sintetico testo del mito, scrivi un racconto ampio, arricchito da descrizioni dei luoghi, dalla presentazione dell'aspetto fisico e delle emozioni dei personaggi; usa i tempi narrativi e i discorsi diretti.

I protagonisti dei miti

La maggior parte dei racconti del mito si colloca all'inizio della storia umana, nel tempo in cui la terra era popolata da **dèi** e da **eroi** con poteri eccezionali. Le azioni compiute da questi personaggi hanno determinato l'ordine attuale dell'universo.

• L'albero genealogico degli dèi greci •

Dèi e semidèi appartenevano al ***pantheon*** (letteralmente "insieme di tutti gli dèi") greco e la loro presenza permeava l'intera esistenza umana e i luoghi in cui essa avveniva. Erano esseri **antropomorfi** e dotati in misura straordinaria di tutti i pregi e di tutti i difetti degli uomini e manifestavano gli stessi loro sentimenti e comportamenti. Essi però erano **felici e immortali** e, quasi a indicare contemporaneamente il legame con la terra ma anche la loro irraggiungibile superiorità, risiedevano sulla vetta dell'**Olimpo**, un monte della Tessaglia erto e spesso ricoperto di nubi e per questo considerato inaccessibile ai mortali.

Gran parte di queste divinità furono assimilate e rinominate dai Romani; pertanto, le indicheremo con il nome greco seguito da quello latino.

• Le forze naturali originali • Re di tutti gli dèi è considerato Zeus/Giove, che però non regna da sempre su divinità e uomini.

In principio era, infatti, il **Caos**, materia senza forma e senza ordine, da cui presero vita divinità terribili: **Fato**, potente e inesorabile, unico arbitro di tutti gli eventi che riguardano dèi e uomini; **Erebo** e **Notte**, personificazioni dell'oscurità; le **Moire/Parche** che filavano il destino degli uomini; **Discordia** e **Vecchiaia**, personificazioni degli aspetti più tristi della vita.

Accanto ad esse si originarono dal Caos anche divinità più benevole: **Gea**, la terra, **Eros**, l'amore, **Giorno**, **Concordia**, **Urano**, il cielo, **Ponto**, il mare.

In questo modo al disordine si sostituì **Cosmos**, l'ordine, l'universo. Il primo re di Cosmos fu **Urano**. Unendosi a Gea diede vita a figli potenti e mostruosi: i giganteschi **Titani**, i **Ciclopi**, gli spaventosi **Centimani**, che minacciarono il trono del padre ma furono da lui cacciati tutti nell'Erebo. Solo **Crono**, uno dei Titani, riuscì a scampare a Urano e, dopo averlo ucciso, prese il suo potere. Crono e **Rea**, sua sorella e moglie, generarono a loro volta molti figli divini. Il padre, però, forte della sua stessa esperienza, li ingoiava ancora neonati, temendo di essere spodestato da uno di loro.

Parole *chiave*

Caos Dal greco *chaos*, termine probabilmente connesso con una radice che indica "cavità", è l'immenso vuoto, propriamente indescrivibile. I Greci lo personificano, considerandolo preesistente all'universo stesso.

• Le divinità olimpiche • **Zeus/Giove**, ultimo dei figli di Crono, fu sottratto dalla madre alla violenza paterna e, una volta cresciuto, costrinse Crono a rigurgitare i figli ingoiati, lo spodestò e divenne così re degli dèi. Dotato di sapienza e saggezza, ma anche di astuzia, sedeva su un trono d'oro e il suo simbolo era l'aquila; con il fulmine, di cui disponeva in qualità di re del Cielo, distruggeva ciò che non gli era gradito.

Tra i fratelli e le sorelle riportati alla luce vanno annoverate le divinità classiche del pantheon greco-romano: **Estia/Vesta**, dea del focolare; **Demetra/Cerere**, protettrice delle messi; **Ade/Plutone**, la divinità più temuta e odiata, signore del regno dei morti. Il dio degli Inferi non permetteva a nessuno di ritornare sulla terra e viveva nell'oscurità con la sua sposa **Persefone/Proserpina**, figlia di Zeus e Demetra, da lui rapita dalla Sicilia.

Fratello di Zeus era anche **Poseidone/Nettuno**, signore delle acque, su cui scatenava improvvise tempeste con il suo tridente. Abitava in un castello d'oro negli abissi, circondato da festanti creature marine: Sirene, Tritoni e Nereidi.

La più bella tra le sorelle, **Era/Giunone**, fu amata appassionatamente da Zeus, che la sposò. Ella divenne dunque la regina degli dèi, protettrice del matrimonio, della monogamia e della maternità; visse sempre fedele al marito e fu gelosa dei suoi non episodici tradimenti, come sperimentarono le sventurate rivali che ne subirono l'ira.

Dal matrimonio di Zeus ed Era nacquero figli legittimi: **Ebe**, la coppiera degli dèi; **Ares/Marte**, il dio della guerra, animato da una forza brutale, che amava scagliarsi con il suo cocchio in mezzo alle mischie, godendo delle stragi sanguinose; **Efesto/Vulcano**, dio del fuoco e della lavorazione dei metalli, zoppo poiché suo padre lo aveva scagliato giù dall'Olimpo e per questa menomazione era deriso dagli altri dèi, che conoscevano, per altro, i ripetuti tradimenti che subiva dalla moglie, la bellissima Afrodite/Venere.

Da altre dee Zeus ebbe parecchi altri figli, fra i quali Atena, Afrodite, Apollo e Artemide.

Pàllade Atena/Minerva, figlia di Zeus e di Meti, dea della sapienza, nacque dalla testa del padre, completamente armata. Era quindi una dea guerriera, dotata al contempo di saggezza e prudenza, capace di insegnare agli uomini la ragione; era anche dea delle arti e dei mestieri.

Unendosi alla ninfa Dione, Zeus generò **Afrodite/Venere**, dea della bellezza e dell'amore. Della sua nascita si narrano diverse versioni. Ricordiamo l'iconografia che la ritrae mentre emerge nel suo splendore dalla spuma del mare (celebre il quadro del pittore fiorentino rinascimentale Sandro Botticelli). Fu moglie di Efesto, lo sgraziato dio del fuoco, ma amava Ares con il quale ebbe vari figli. Si unì anche a uomini mortali, come Anchise dal quale generò Enea, il protagonista dell'*Eneide* di Virgilio.

Peter Paul Rubens, *Il banchetto degli dèi*, 1615. (New York, Metropolitan Art Museum)

Unendosi alla dea Latona, Zeus generò **Apollo**, dio delle arti, della musica e della profezia. Veniva identificato col Sole ed era un arciere eccezionale, tanto che attraverso i suoi dardi seminava vendetta e pestilenze. **Artemide/Diana**, la gemella di Apollo, vergine dea della caccia e degli arcieri, protettrice dei viandanti, era identificata anche con la Luna. Con le sue frecce poteva colpire chiunque ed era quindi responsabile delle morti repentine e delle guarigioni.

Dagli amori di Zeus con donne mortali nacquero dèi, come Ermes/Mercurio, Dioniso/Bacco, ed eroi semidèi, tra cui Eracle, Perseo, oltre a Minosse, Elena e i Dioscuri.

Ermes/Mercurio era figlio di Zeus e di Maia. Era sempre raffigurato con i talàri, calzari alati, il petàso, un cappello a larghe falde, e il caducèo, un bastone a cui erano attorcigliati dei serpenti, stretto nella mano. Oltre a essere il messaggero degli dèi, per la sua astuzia e il suo ingegno era il patrono degli oratori, dei mercanti e dei ladri. Con il caducèo, infine, guidava le anime al regno dei morti.

Dioniso/Bacco, nato dall'unione di Zeus e Semele, era un fanciullo tanto bello quanto ambiguo, raffigurato con il capo cinto da una corona di pampini. Dio del vino e della sfrenata vitalità, rappresentava il lato oscuro e irrazionale dell'esistenza. Per molti versi era all'opposto della solarità razionale di cui Apollo, dio della luce, era rappresentante. In suo onore venivano celebrati riti e orge notturne che con il loro carattere sfrenato e licenzioso "liberavano" l'animo dagli affanni e dalle pressioni.

Eracle/Ercole, figlio di Zeus e Alcmena, aveva natura umana e divina. Possedeva una forza straordinaria di cui diede prova fin dalla nascita. Infinite furono le avventure e i pericoli che dovette affrontare, per lo più a causa della inarrestabile gelosia di Era, che non gli perdonò mai di essere frutto di un tradimento di Zeus. Fu lei a suscitare il furore che portò l'eroe a uccidere la moglie e i figli, e fu per espiare questo delitto che dovette compiere le celebri dodici fatiche.

Peter Paul Rubens, *Cupido supplica Giove*, 1611-1615. (Princeton, University Art Museum)

Perseo era figlio di Danae, alla quale Zeus si era unito trasformandosi in una pioggia d'oro. Tra le sue imprese favolose spicca la decapitazione di Medusa.

Minosse, figlio di Zeus e di Europa, fu il mitico re di Creta, noto per la sua rettitudine, in virtù della quale divenne poi giudice infernale.

Elena, figlia di Zeus e di Leda e bellissima moglie di Menelao, fu rapita da Paride, figlio di Priamo, e divenne causa della guerra tra Greci e Troiani. I **Dioscuri**, Castore e Polluce, erano gemelli figli di Zeus e di Leda e fratelli di Elena. I due parteciparono, tra l'altro, alla spedizione degli Argonauti, guidata da Giasone, insieme a Eracle.

La genealogia più o meno leggendaria continuerebbe di generazione in generazione per giungere alle famiglie illustri che ponevano come capostipite un eroe locale (Teseo ad Atene, Eracle a Sparta) o addirittura una divinità (Afrodite/Venere per la *gens Iulia* a Roma, secondo la leggenda di Enea fuggito da Troia per fondare la nuova città).

• Gli eroi, modello d'ispirazione •

Le azioni descritte nei miti e compiute dagli **eroi** non possono essere replicate dai comuni mortali, privi della loro natura semidivina e della loro forza. Tuttavia, le figure degli **eroi** rimangono salde nell'immaginario collettivo come **modelli** ai quali conformarsi. Essi sono esempi di come dovrebbero comportarsi gli esseri umani, i quali devono quindi ispirarsi alle imprese degli eroi nei valori, nel comportamento e nelle azioni. In un tempo in cui non esistevano ancora leggi scritte, eroi e semidèi delineavano dunque con le loro azioni il tracciato ideale a cui gli uomini dovevano attenersi.

Il limite invalicabile tra la dimensione umana e quella mitica non è quasi mai accennato esplicitamente nei racconti. Bastano le **descrizioni iperboliche** a rendere straordinarie e inaccessibili all'uomo comune le imprese degli eroi. Nel seguente passaggio, ad esempio, Omero sancisce la differenza fra gli eroi della mitica impresa di Troia, in questo caso Ettore, e gli uomini cui l'aèdo si rivolge.

> Ettore intanto un sasso afferrò – e lo portava – che prima
> stava davanti alle porte, largo di sotto, ma sopra
> era punta; questo due uomini, i più forti del popolo,
> difficilmente isserebbero da terra su un carro,
> quali son ora i mortali; egli da solo lo roteava a suo agio.
>
> Omero, *Iliade*, XII, 445-449, trad. it. di R. Calzecchi Onesti, Einaudi, Torino, 1990

Parole *chiave*

Eroe Il sostantivo viene dal latino *heroe(m)*, a sua volta dal greco *héros*, e indica un essere dotato di qualità superiori a quelle di qualsiasi uomo e che, essendo per lo più figlio di una divinità e di un mortale, si identifica spesso in un semidio. Il suo valore si esprime prima di tutto in battaglia, poi attraverso eccezionali imprese utili e benefiche per gli altri uomini, volte ad accrescere il suo onore e la fama presso i mortali e gli immortali.

• La rappresentazione degli eroi •

I racconti mitologici presentano in genere le origini degli eroi e le prove che essi devono superare per raggiungere la fama. Schematicamente, possiamo indicare i seguenti modi di rappresentare gli eroi nel mito.

• Gli eroi civilizzatori • Varie mitologie presentano l'idea che il **mondo** sia **nato dal caos** e che un eroe si sia fatto carico di traghettarlo da una condizione selvaggia (ferina, animale) a quella più propriamente umana, fondata sulla convivenza civile e sul progresso affidato alla conoscenza.

Nella mitologia sumerico-babilonese questo ruolo è rivestito da Gilgameš (► p. 61) e in quella greca da Promèteo (► p. 80). Ecco come Platone, con un linguaggio volutamente mitico (Platone è un filosofo razionale e si serve consapevolmente del mito per rendere più chiare le sue teorie), racconta questa storia.

> Ci fu un tempo in cui esistevano gli dèi, ma non le stirpi mortali. Quando giunse anche per queste il momento fatale della nascita, gli dèi le plasmarono nel cuore della terra, mescolando terra, fuoco e tutto ciò che si amalgama con terra e fuoco. Quando le stirpi mortali stavano per venire alla luce, gli dèi ordinarono a Promèteo e a Epimèteo di dare con misura e distribuire in modo opportuno a ciascuno le facoltà naturali. [...]
>
> Epimèteo non si rivelò bravo fino in fondo: senza accorgersene aveva consumato tutte le facoltà per gli esseri privi di ragione. Il genere umano era rimasto dunque senza mezzi, e lui non sapeva cosa fare. In quel momento giunse Promèteo per controllare la distribuzione, e vide gli altri esseri viventi forniti di

tutto il necessario, mentre l'uomo era nudo, scalzo, privo di giaciglio e di armi. Intanto era giunto il giorno fatale, in cui anche l'uomo doveva venire alla luce. Allora Promèteo, non sapendo quale mezzo di salvezza procurare all'uomo, rubò a Efesto e ad Atena la perizia tecnica, insieme al fuoco – infatti era impossibile per chiunque ottenerla o usarla senza fuoco – e li donò all'uomo. [...] Entrò allora di nascosto nella casa comune di Atena ed Efesto, dove i due lavoravano insieme. Rubò quindi la scienza del fuoco di Efesto e la perizia tecnica di Atena e le donò all'uomo. Da questo dono derivò all'uomo abbondanza di risorse per la vita, ma, come si narra, in seguito la pena del furto colpì Promèteo, per colpa di Epimèteo.

Platone, *Protagora*, 320d, 321c-322a, trad. it. di M.E. Gabrielli e M. Palma

• Gli eroi fondatori • Di frequente, l'eroe fondatore di un popolo è abbandonato dai genitori o dai parenti, ma, salvato da qualcuno, **dà origine a una nuova dinastia** e **fonda una nuova città**. Rientrano tra questi l'eroe assiro Sargon, abbandonato sul fiume Tigri e salvato da un contadino; il dio Karna, lasciato sul Gange; Romolo e Remo, abbandonati sul Tevere e salvati da una lupa.

Leggiamo il più celebre di questi racconti nella *Bibbia*: Mosè, affidato alle acque del Nilo, viene trovato dalla figlia del faraone (► p. 28).

Edipo viene nutrito da un pastore in una statuetta di Antoine-Denis Chaudet del 1810. (Parigi, Museo del Louvre)

• Gli eroi perseguitati • Succede anche che i futuri eroi mitologici debbano sin da piccoli **guardarsi dai loro persecutori**, che li vorrebbero vedere morti perché timorosi di essere spodestati. È la storia, per esempio, di Zeus che a stento si sottrae alla voracità del padre Crono; del dio indù Krishna, sottratto alle grinfie del tiranno Kamsa, il quale temeva di perdere il trono a suo vantaggio. Ed è anche il mito della nascita di Edipo, che presenta numerosi caratteri comuni con altri concepimenti mitici e che riportiamo nella sintesi di Pseudo-Apollodoro.

Laio prese il potere[1]; sposò la figlia di Meneceo che alcuni chiamano Giocasta, altri Epicasta: il dio gli aveva vaticinato[2] di non avere figli perché il figlio che fosse nato avrebbe ucciso suo padre; ma lui, ubriaco, si unì alla moglie. Nasce un figlio, che Laio dà a un pastore perché lo esponga[3] dopo avergli forato le caviglie con degli spilloni. Costui lo espose sul Citerone[4]: lo trovarono dei mandriani di Polibo re di Corinto e lo portarono alla moglie di lui, Peribea. Lei lo cura, lo fa passare per suo, cura le sue caviglie e lo chiama Edipo; gli dà questo nome a causa dei piedi gonfi[5].

Pseudo-Apollodoro, *Biblioteca*, III, 5, 7, trad. it. di M.G. Ciani, Fondazione Valla, Mondadori, Milano, 1996

1 **prese il potere**: divenne re di Tebe, città della Grecia.

2 **vaticinato**: pronosticato con un vaticinio, cioè con una profezia.

3 **lo esponga**: l'esposizione era una consuetudine diffusa fino a un centinaio di anni fa. I figli indesiderati venivano abbandonati ("esposti", posti fuori dalla casa) dai genitori e lasciati in mano alla "Fortuna".

4 **Citerone**: monte situato tra Tebe, la città di Laio, e Corinto.

5 **piedi gonfi**: è il significato del nome greco Edipo, da *oidýs-poús* = grosso piede, piedone, piede gonfio.

per SAPERNE di PIÙ

Dal mito alla letteratura

I Greci e Omero

Il mondo culturale greco è ricchissimo di miti: i Greci hanno dimostrato una inesauribile creatività nell'elaborare e tramandare storie dal carattere mitologico. Tra l'VIII e il VII secolo a.C. si formarono, secondo la struttura a noi pervenuta, l'***Iliade*** e l'***Odissea***. Questi poemi, elaborazione e "cucitura" di canti di origine mitologica, discendevano dal patrimonio culturale del mondo miceneo, cioè della preistoria del mondo greco. Gli aèdi che andavano di corte in corte li raccolsero e li proposero secondo i ritmi e le forme tipici della poesia orale. A questo punto, dovrebbe essere intervenuta la figura di **Omero**, il poeta che, secondo la tradizione, avrebbe definito quell'insieme di canti nei due poemi. In realtà, però, l'importanza dell'*Iliade* e dell'*Odissea* e della loro composizione deriva proprio dal carattere collettivo dell'opera, testimonianza della tradizione culturale di un popolo, più che dell'elaborazione formale di un poeta individuale.

Esiodo e la tragedia classica

Nella seconda metà dell'VIII secolo a.C., è il poeta **Esiodo**, prima figura storicamente attestata, a dare una sistemazione organica alla grandiosa genealogia degli dèi nella sua opera ***Teogonia***, fondendo elementi filosofici con tradizioni e leggende anche di origine orientale.

In epoca classica (V sec. a.C.), i tragediografi **Eschilo**, **Sofocle** ed **Euripide** attingono a piene mani ai racconti mitologici per scrivere le loro tragedie. Il mito, rielaborato drammaticamente, diventa il linguaggio del teatro tragico che, attraverso la rappresentazione delle antiche saghe di eroi e divinità, si interroga intorno ai problemi più profondi dell'uomo.

Jean-Auguste-Dominique Ingres, *I tragediografi greci. Ritratto di Eschilo, Sofocle ed Euripide*, 1866. (Angers, Museo delle Belle Arti)

I Latini

Il mondo romano, a partire dal III secolo a.C., entra in contatto con il mondo ellenistico, cioè con quell'area del Mediterraneo sud-orientale controllata da monarchi, discendenti dei generali di Alessandro Magno (diadochi), eredi e diffusori della civiltà greca. Nel secolo successivo, Roma conquistò la Grecia (146 a.C.) militarmente, ma i Latini, ancora rozzi, furono a loro volta conquistati dalla ricchezza culturale di questa civiltà. Ne assimilarono anche i numerosi miti, rielaborandoli fino ad armonizzarli alle proprie esigenze etiche e culturali. Si pensi a **Virgilio** (I sec. a.C.) che, con l'***Eneide***, fa risalire la fondazione di Roma all'eroe troiano Enea, delineando quindi per la città e la stirpe romana un legittimo destino glorioso, voluto dagli stessi dèi.

Non mancarono studiosi che, sia nel mondo greco (il mitografo, scrittore e raccoglitore di miti noto come **Pseudo-Apollodoro**) sia nel mondo latino (il suo omologo **Igino**), si dedicarono allo studio e alla trascrizione dei miti. Altri, come il poeta **Ovidio**, scrissero opere letterarie basate sulle storie del mito di grande valore.

I miti erano considerati materia interessante non solo da poeti ed eruditi, ma perfino dagli stessi cronisti, gli antesignani degli storiografi, i quali ricorrevano a essi per spiegare certi eventi storici. Questo accadeva da una parte perché l'origine mitica conferiva nobiltà alle storie di popoli e di famiglie e, nel contempo, rendeva universali le gesta narrate; dall'altra perché non si era ancora imposto il metodo scientifico di controllo delle fonti storiche o di partecipazione diretta agli eventi narrati. In generale, quindi, l'attendibilità di un racconto storico era suggellata, e niente affatto invalidata, dal ricorso al mito, che ne ribadiva il carattere di verità.

L'eredità classica della cultura europea

La cultura europea, erede di quella greco-romana, non ha potuto fare a meno di misurarsi con il patrimonio mitologico, passato attraverso numerose testimonianze letterarie, ma anche figurative. Nel corso del Medioevo, del Rinascimento e dei secoli a noi più vicini, tutte le arti hanno attinto alle straordinarie invenzioni degli antichi, in un processo di continua evoluzione e trasformazione. Anche oggi il nostro immaginario è fortemente permeato di questo antico sapere.

Igino

Il giudizio di Paride

Da
Fabulae,
I secolo a.C.

Opera mitografica

La storia di Paride contenuta nella raccolta di miti greci *Fabulae* di Igino, un autore latino del I secolo a.C., aiuta a riflettere sulle vicende di uomini eroici e leali e sul volere prevaricante degli dèi. Paride, figlio dei sovrani di Troia Priamo ed Ecuba, rapisce per amore Elena, moglie del re di Sparta Menelao, risultando nel mito la causa determinante della guerra di Troia, lunga e rovinosa per entrambi i popoli contendenti. Ma a ben riconsiderare, Paride è colpevole o vittima? Ancor prima della sua nascita, un sogno lo indica alla madre come causa della rovina di Troia; così il bambino, per la salvezza della patria, viene allontanato e affidato a pastori. Inconsapevole della propria origine, Paride cresce forte e coraggioso. Le dee Eris, Giunone, Venere e Minerva, attente solo al proprio orgoglio e alla propria vanità, gli impongono una scelta e gli offrono un premio che va contro le leggi morali degli uomini. Ma alle decisioni delle divinità l'uomo non si può opporre.

Si dice che Giove, quando Teti sposò Peleo[1], abbia invitato al banchetto tutti gli dèi tranne Eris, cioè la Discordia; costei, quando poi giunse e non venne fatta entrare, gettò dalla porta una mela, dicendo che era destinata alla più bella. Giunone, Venere e Minerva subito la pretesero ognuna per sé e cominciarono a contendere tra loro, per cui Giove ordinò a Mercurio di portarle sul monte Ida, da Paride Alessandro, e di far giudicare a lui. Giunone gli promise, se avesse deciso in suo favore, che avrebbe regnato sul mondo intero e sarebbe stato il più ricco di tutti; Minerva gli promise, se fosse uscita vittoriosa, di farlo diventare il più valoroso tra i mortali, oltre che abile in ogni arte; Venere, invece, promise di dargli in moglie Elena, figlia di Tindaro, la più bella fra tutte le donne. Paride preferì quest'ultimo

1 **Teti...Peleo**: sono la ninfa e il mortale genitori dell'eroe Achille.

Peter Paul Rubens, *Il giudizio di Paride*, 1639. (Madrid, Museo del Prado)

dono ai precedenti e dichiarò che Venere era la più bella; per questo motivo Giunone e Minerva divennero nemiche dei Troiani. Alessandro, istigato da Venere, rapì Elena a Menelao, di cui era ospite, la portò da Sparta a Troia – assieme a Etra e Tisadie, prigioniere, ma un tempo regine, che le erano state assegnate come ancelle da Castore e Polluce – e la sposò.

Igino, *Miti*, a cura di G. Guidorizzi, Adelphi, Milano, 2000

Attività

Leggere e comprendere

1 **Lo sgarbo** Fai un'ipotesi sul motivo per cui Eris non è stata invitata alle nozze di Peleo e Teti.

2 **Le nozze** Quale particolarità è presente nel matrimonio di Peleo e Teti?
- **a.** Un mortale sposa una dea
- **b.** Una mortale sposa un dio
- **c.** Peleo e Teti non si amano
- **d.** Peleo e Teti sanno già che non avranno figli

3 **Le tre dee** Quale desiderio spinge Giunone, Venere e Minerva a promettere doni a Paride?

4 **I doni** Quali valori o beni sono presenti nei doni promessi?

5 **La prima conseguenza** Che cosa fa Paride, ottenuto il dono promesso da Venere?

Riconoscere e analizzare

6 **Il protagonista** Come definiresti il protagonista?
- **a.** Un eroe fondatore
- **b.** Un semidio
- **c.** Un eroe perseguitato
- **d.** Un eroe civilizzatore

7 **Gli dèi** Quali sono i comportamenti degli dèi nei confronti degli uomini? E come appaiono questi ultimi?

8 **La scelta** Perché la scelta di Paride appare un po' sorprendente rispetto al contesto?
- **a.** Sceglie l'amore in una civiltà in cui i valori dominanti sono l'onore militare e il potere politico
- **b.** Permette alle divinità di manovrare la sua vita
- **c.** Rapisce la moglie del re che lo ospita
- **d.** Si vendica per non essere stato invitato al banchetto

9 **La lingua** In che lingua è scritto il testo originale di Igino, che noi abbiamo riportato in traduzione italiana? Da che cosa lo capisci?

....

....

....

10 **Lo stile** Come definiresti, anche in base alla sintassi e al lessico utilizzati, lo stile del testo?
- **a.** Semplice ed essenziale
- **b.** Formale ed elegante
- **c.** Ricercato e complesso
- **d.** Vario e ricco

11 **L'eziologia** In base a questa vicenda, come si schierano le dee rispetto ai popoli nella guerra di Troia?

....

....

Rielaborare e produrre

12 **Discutere** Le parole del testo che recitano «Alessandro, istigato da Venere, rapì Elena a Menelao» (rr. 12-13) fanno riflettere sulla responsabilità personale del protagonista. Paride è colpevole di aver scatenato, per il suo desiderio d'amore, la guerra di Troia oppure egli è stato manovrato ed è completamente soggetto al volere degli dèi? Confronta la tua opinione con quella dei tuoi compagni in un dibattito in classe.

13 **Il tuo racconto** Scrivi un testo narrativo ampio e ben strutturato su una persona che, senza una responsabilità diretta, è divenuta causa di eventi luttuosi. Puoi prendere spunto da film che hai visto e da romanzi che hai letto oppure inventare tu una storia.

PERCORSO A

UNITÀ 3

I contenuti dei miti

A destra, le Arpie vengono inseguite in cielo da Zete e Calais, i figli alati di Borea, in un dipinto di Erasmus Quellinus del 1638. (Madrid, Museo del Prado)

• I temi dei miti •

Non è facile classificare i vari tipi di mito, dal momento che i racconti di frequente si intersecano tra di loro. Tuttavia, sulla base dei temi che i miti trattano, è possibile individuare alcuni filoni fondamentali, spesso rintracciabili all'interno di racconti secondari.

• I miti cosmogonici • Sono i miti che forniscono una **spiegazione dell'origine del mondo**, le cosiddette **cosmogonie** (dal greco *kósmos* = universo ordinato e *goné* = generazione). Secondo i Greci, all'origine c'era una realtà oscura e indistinta, il Caos, dal quale si è autogenerato l'universo. Il poeta greco **Esiodo** (VIII-VII sec. a.C.) raccoglie le storie mitiche su questo argomento in *Le opere e i giorni* e nella *Teogonia*, da cui è tratto il breve testo che segue.

> In principio dunque fu Caos,
> poi Gaia dall'ampio seno, sicura ed eterna sede
> per tutti gli immortali che abitano la nevosa vetta dell'Olimpo,
> e Tartaro[1], denso di nebbia, negli anfratti della terra dalle ampie vie.
>
> Esiodo, *Teogonia*, 116-119, trad. it. di G. Arrighetti, Einaudi, Torino, 1998
>
> 1 **Gaia...Tartaro**: dal Caos si generarono tre forze primordiali, Gaia (la Terra), Tartaro (l'Inferno) ed Eros (l'Amore).

• I miti teogonici • Le **teogonie** (dal greco *theós* = dio e *goné* = generazione) sono i miti che raccontano la **nascita degli dèi**, le loro discendenze, i rapporti con i mortali, dei quali assumono spesso le forme e il carattere.

> Zeus si unisce a Meti, che aveva assunto molte forme per non accoppiarsi con lui; quando rimane incinta, si affretta a inghiottirla perché lei andava dicendo che, dopo la figlia che stava per dare alla luce, avrebbe generato un figlio che sarebbe diventato signore del cielo. Temendo che ciò avvenisse, Zeus la ingoiò. Quando giunse il momento della nascita, Promèteo, ma secondo altri Efesto, lo colpì con una scure alla testa e, dal cranio del dio, presso il fiume Tritone, balzò fuori Atena rivestita di armi.
>
> Pseudo-Apollodoro, *Biblioteca*, I, 3, 6, trad. it. di M.G. Ciani, Fondazione Valla, Mondadori, Milano, 1996

• I miti antropogonici • Le **antropogonie** (dal greco *ánthropos* = uomo e *goné* = generazione) riguardano l'**origine**, la nascita e il destino **degli uomini**. In ambito greco fanno parte di questi racconti la storia di Promèteo, che, donando agli uomini il fuoco, fu promotore del progresso umano; la storia di Deucalione e Pirra, progenitori dell'umanità scampati al diluvio, come il Noè biblico; la storia di Pandora, la prima donna plasmata dal dio Efesto per ordine di Zeus, con lo scopo di diffondere i mali nel mondo (analogamente all'Eva del racconto biblico). Leggiamo la creazione di Pandora nel seguente passo di Esiodo.

> [Zeus, il padre degli uomini e degli dèi] Ordinò a Efesto famoso che rapido
> impastasse terra con acqua, che vi infondesse voce e vigore
> di essere umano, simile in volto alle dee immortali,
> corpo di vergine amabile e grazioso.
>
> Esiodo, *Le opere e i giorni*, 60-63, trad. it. di S. Romani, Rizzoli, Milano, 1986

• I miti degli eroi • Sono i miti che narrano le storie di personaggi che si collocano tra il divino e l'umano, i cui campioni greci sono Ercole, Giasone, Perseo, Teseo, Achille e tanti altri. Così li ricorda ancora Esiodo, nominandoli nella mitica successione delle età della terra, al quarto posto, dopo la stirpe del bronzo, e prima di quella del ferro, la nostra.

> La quarta, più giusta e migliore,
> progenie divina di uomini eroi, che hanno nome
> semidèi, stirpe che ci precede sulla terra infinita.
>
> Esiodo, *Le opere e i giorni*, 158-160, trad. it. di S. Romani, Rizzoli, Milano, 1986

• I miti eziologici • Sono i miti che **spiegano la causa** (► p. 3) di un fatto divino o umano, come l'origine di un rito religioso (Apollo che fonda il santuario di Delfi), la costruzione di una città (Romolo e Remo che fondano Roma), l'uccisione di mostri (Teseo che uccide il Minotauro), i fenomeni naturali (l'alternarsi delle stagioni, rappresentato dai Greci nelle storie di Persefone e Demetra, corrispondenti a quelle romane di Proserpina e Cerere), o l'origine dei nomi dei luoghi, come nella storia che segue, di cui sono protagoniste le Arpie. Questi esseri alati che dal cielo piombano sulle mense, rubando e insozzando il cibo, sono inseguiti dai figli di Borea, il vento.

> Appena videro le Arpie, i figli di Borea, Zete e Calais, che erano provvisti di ali, sguainarono le spade e si diedero a inseguirle a volo nell'aria. [...] Mentre le inseguivano, una delle Arpie, all'altezza del Peloponneso[1], cade nel fiume Tigri che di conseguenza oggi è chiamato Arpi. [...] L'altra [...] fuggì a volo sulla Propontide[2] e giunse alle isole Echinadi, che oggi a causa sua sono chiamate Strofadi[3]: perché lei quando le ebbe raggiunte, fece una virata e cadde sfinita sulla riva insieme al suo inseguitore.
>
> Pseudo-Apollodoro, *Biblioteca*, I, 9, 21, trad. it. di M.G. Ciani, Fondazione Valla, Milano, 1996

1 **Peloponneso**: la parte meridionale della penisola greca, alla quale è unita dall'istmo di Corinto.

2 **Propontide**: nome greco del Mare di Marmara, all'interno degli stretti che dividono l'Egeo dal Mar Nero (che per i Greci era il Ponto Eusino).

3 **Strofadi**: dal greco *stréphо* = mi giro, compio una virata.

per SAPERNE di PIÙ

I cicli dei miti

Le azioni degli eroi non sono mai isolate. Circondati da un'aurea "mitologica", essi sono spesso protagonisti di una serie di imprese (**cicli eroici**) da prendere a modello o di gesta che spiegavano l'origine dei culti religiosi e delle leggi sociali.
I cicli eroici principali sono:

- il **ciclo di Eracle** in cui il più grande eroe dei Greci, conosciuto e adorato dai Romani con il nome di Ercole, è l'autore delle famose dodici fatiche che gli hanno valso gloria imperitura (▸ p. 115);
- il **ciclo di Teseo**, che narra le gesta di Teseo, eroe ateniese protagonista di imprese sin dalla gioventù, la più importante delle quali è l'uccisione del Minotauro a Creta (▸ p. 10);
- il **ciclo troiano**, nel quale sono raccontate le vicende della guerra decennale tra Greci e Troiani, della caduta della città e del ritorno degli eroi alle loro terre;
- il **ciclo degli Argonauti**, protagonista del quale è l'eroe Giasone. Insieme ai compagni, sulla nave Argo (da cui Argonauti), va alla conquista del vello d'oro, cioè della pelle del montone d'oro custodito da un drago in un bosco sacro in una terra posta al di là del mare, mai solcato dall'uomo;
- il **ciclo tebano**, è la narrazione delle vicende disgraziate di almeno tre generazioni di re di Tebe: Laio, Edipo e i due figli di quest'ultimo, Eteocle e Polinice.

Biagio d'Antonio, *Scene della storia degli Argonauti*; a destra un particolare, XVI secolo. (New York, Metropolitan Museum of Art)

Anonimo

Caino e Abele

Il testo è tratto dalla *Genesi*, il primo libro della Bibbia, e presenta il famoso racconto dell'uccisione di Abele da parte del fratello Caino, deluso e irritato dalla minor riconoscenza del Signore per le proprie offerte, rispetto a quella mostrata al fratello Abele. Nascono in lui la rivalità, l'odio e la vendetta, sentimenti che da allora in poi permarranno nell'umanità. Il Signore è severo, ma anche pronto alla benevolenza per evitare che dalla violenza nasca altra violenza. Nel testo si fa riferimento anche all'attività dei due fratelli, uno pastore, l'altro agricoltore, e così vengono messe a confronto le due principali attività della storia dell'uomo.

Da
Bibbia, *Genesi* (4, 1-16),
XII secolo a.C. - I secolo d.C.
Testo sacro

Adamo conobbe Eva sua moglie, che concepì e partorì Caino e disse: «Ho acquistato un uomo grazie al Signore». Poi partorì ancora Abele, suo fratello. Ora Abele era pastore di greggi, mentre Caino era lavoratore del suolo.

Trascorso del tempo, Caino presentò frutti del suolo come offerta al Signore, mentre Abele presentò a sua volta primogeniti del suo gregge e il loro grasso. Il Signore gradì Abele e la sua offerta, ma non gradì Caino e la sua offerta. Caino ne fu molto irritato e il suo volto era abbattuto. Il Signore disse allora a Caino: «Perché sei irritato e perché è abbattuto il tuo volto? Se agisci bene, non dovresti forse tenerlo alto? Ma se non agisci bene, il peccato è accovacciato alla tua porta; verso di te è il suo istinto, e tu lo dominerai».

Caino parlò al fratello Abele. Mentre erano in campagna, Caino alzò la mano contro il fratello Abele e lo uccise. Allora il Signore disse a Caino: «Dov'è Abele, tuo fratello?». Egli rispose: «Non lo so. Sono forse io il custode di mio fratello?». Riprese: «Che hai fatto? La voce del sangue di tuo fratello grida a me dal suolo! Ora sii maledetto, lontano dal suolo che ha aperto la bocca per ricevere il sangue

Antonio Canova, *Caino e Abele*, 1822. (New York, Metropolitan Museum of Art)

di tuo fratello dalla tua mano. Quando lavorerai il suolo, esso non ti darà più i suoi prodotti: ramingo[1] e fuggiasco sarai sulla terra». Disse Caino al Signore: «Troppo grande è la mia colpa per ottenere perdono. Ecco, tu mi scacci oggi da questo suolo e dovrò nascondermi lontano da te; io sarò ramingo e fuggiasco sulla terra e chiunque mi incontrerà mi ucciderà». Ma il Signore gli disse: «Ebbene, chiunque ucciderà Caino subirà la vendetta sette volte!». Il Signore impose a Caino un segno, perché nessuno, incontrandolo, lo colpisse. Caino si allontanò dal Signore e abitò nella regione di Nod, a oriente di Eden.

1 **ramingo**: che vaga senza meta.

La Sacra Bibbia, Genesi, 4, 1-16, nella traduzione ufficiale in lingua italiana della CEI, Fondazione di Religione dei Santi Francesco d'Assisi e Caterina da Siena, 2008

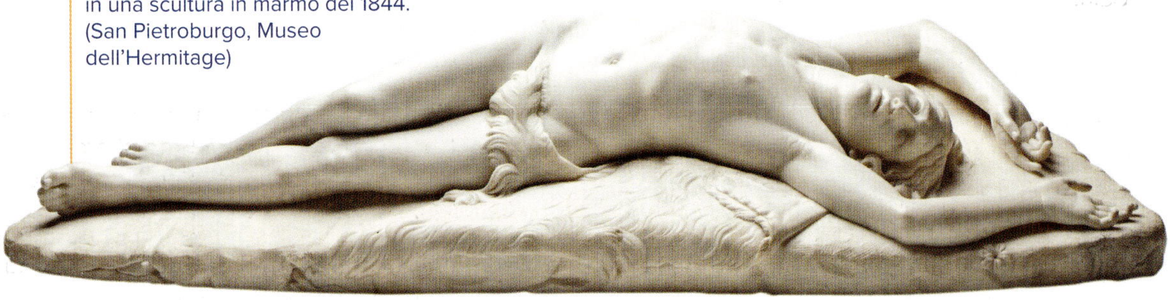

Giovanni Duprè, *Abele giace morente* in una scultura in marmo del 1844. (San Pietroburgo, Museo dell'Hermitage)

Attività

Leggere e comprendere

1 **Le relazioni** Quali relazioni esistono tra i personaggi della prima parte del racconto?

2 **Le attività** Quali sono le attività praticate dai due fratelli? A quali stadi della storia della vita dell'uomo sono legate?

3 **I doni** Quali doni vengono offerti dai due fratelli al Signore?

4 **L'atteggiamento del Signore** Come accetta il Signore le offerte dei due fratelli?
- a. È soddisfatto di entrambe allo stesso modo
- b. Non gradisce nessuna delle due offerte
- c. Preferisce le offerte di Abele
- d. Preferisce le offerte di Caino

5 **I sentimenti di Caino** Quali sentimenti esprime Caino per il giudizio dato dal Signore sulle offerte?

6 **Il volto alto** Di che cosa è segno per un uomo tenere il volto alto, secondo quanto dice il Signore?

7 **Il peccato** Come si pone il peccato nei confronti dell'uomo che agisce male?

8 **La reazione** Come reagisce Caino alle parole del Signore?

9 **La spiegazione** Come risponde Caino al Signore che chiede notizie della sorte di Abele?
- a. Con umiltà
- b. Con arroganza
- c. Con pentimento
- d. Non risponde

10 **La punizione** Quale punizione riceve Caino per la colpa commessa?

11 **La provocazione** Anche dopo il pesante giudizio e la dura punizione, Caino non rinuncia a pronunciare espressioni di provocazione verso il Signore. Quali sono? Che cosa vorrebbe esprimere Caino con tali parole?

12 **La risposta del Signore** Come risponde il Signore alle provocazioni di Caino?

Riconoscere e analizzare

13 **Il filone** Come può essere definita la storia di Caino e Abele? (Più risposte sono corrette.)
- a. Una teogonia
- b. Un'antropogonia
- c. Una cosmogonia
- d. Un mito eziologico

14 **Il tempo** Il racconto mitico si svolge in un tempo imprecisato. Tuttavia, le attività produttive praticate dai personaggi possono collocare la vicenda in un riconoscibile periodo della storia dell'umanità. Quale?
- a. Il Mesolitico
- b. Il primo millennio dopo Cristo
- c. Il primo secolo avanti Cristo
- d. Il Neolitico

15 **Il Signore** Quali delle caratteristiche del Signore (sommo amore, somma giustizia...) sono messe in luce in questa vicenda?
- a. Severità nel condannare il colpevole, ma anche capacità di perdono
- b. Vendicatività
- c. Indifferenza per le vicende umane
- d. Propensione alla punizione senza la possibilità del perdono

16 **Il motivo eziologico** Oltre all'evidente tema eziologico della nascita dell'odio e della violenza tra gli uomini, quale altro argomento riguardante la storia dell'umanità si può individuare nel testo?
- a. La nascita delle città
- b. L'affermarsi dell'agricoltura sull'allevamento
- c. La teocrazia
- d. L'uso della scrittura

17 **L'elemento simbolico** Di quale male di tutta l'umanità è causa e simbolo il comportamento di Caino?

....

....

18 **La sintassi** Quali sono le caratteristiche della sintassi utilizzata dall'anonimo estensore della *Genesi*?

19 **Lo stile** Da quale elemento stilistico la narrazione è resa vivace e avvincente?
- a. Da descrizioni paesaggistiche
- b. Da discorsi diretti
- c. Da un lessico vario
- d. Dalla presenza di *flashforward*

20 **La scrittura** Nel testo si fa frequente ricorso alle ripetizioni e si ricorre pochissimo ai pronomi personali al posto dei nomi. Secondo te, qual è il motivo di queste caratteristiche stilistiche?

21 **La figura retorica** Per parlare del peccato l'autore utilizza una figura retorica. Quale?
- a. Una similitudine
- b. Una metafora
- c. Un'iperbole
- d. Una personificazione

Rielaborare e produrre

22 **Discutere** Il Signore dice a Caino: «Perché sei irritato e perché è abbattuto il tuo volto? Se agisci bene, non dovresti forse tenerlo alto? Ma se non agisci bene, il peccato è accovacciato alla tua porta; verso di te è il suo istinto, e tu lo dominerai» (rr. 7-10). Egli intende che il peccato è potente ma l'uomo che gli resiste risulta sempre vincitore oppure l'uomo, anche se tenta di opporsi al peccato, non è sempre in grado di resistere? Confronta la tua opinione con quella dei tuoi compagni in un dibattito in classe.

23 **Il riassunto** Sintetizza in 70 parole il contenuto del testo.

24 **Il tuo racconto** Ripensando all'episodio eziologico ma anche alle tue esperienze, produci un racconto, ben strutturato e ricco di descrizioni, dal titolo "Le conseguenze della colpa di un singolo sono spesso molto gravi anche per altri".

La struttura e lo stile dei miti

= SI PRESTA A CAMBIAMENTI

• La struttura narrativa •

Abbiamo visto la classificazione a cui possono essere ricondotti i miti in base al contenuto (▸ p. 20). Questi racconti, però, sono riconoscibili anche per la **struttura** tipica della narrazione.

Sappiamo che costituiscono il più antico patrimonio culturale dell'umanità, successivo solo alle raccolte di formule rituali di carattere religioso. Per questo sono stati raccontati e tramandati per lungo tempo oralmente, e anche nella loro trasposizione scritta mantengono caratteristiche tipiche della forma originaria, sia che la loro narrazione avvenga in prosa sia che venga riportata in versi.

Il mito è sostanzialmente un **testo narrativo**. Possiamo dunque fare riferimento a quella serie di elementi comuni e costanti che lo studioso russo Vladimir **Propp** (1895-1970) ha individuato per la fiaba (*Morfologia della fiaba*, 1928) ed estenderli, dove possibile, alla narrazione mitica. Si tratta delle seguenti funzioni.

• I protagonisti • Le vicende presentate hanno in genere come **protagonisti** divinità o eroi e solo sullo sfondo si muove la massa degli uomini. I protagonisti, dotati di poteri eccezionali, compiono imprese a prima vista impossibili e sono spesso contrastati da **forze antagoniste** che si oppongono alla loro opera; a volte vengono soccorsi da altri personaggi o forze positive (**aiutanti**) che li aiutano nei loro grandi intenti. Gli attori del mito corrispondono, quindi, a quelli fondamentali della fiaba.

• Il tempo • I miti sono ambientati in **tempi remoti**, che precedono la nascita della storia; questa ambientazione indeterminata contribuisce a conferire ai fatti narrati un valore perenne che li rende "paradigmatici", cioè di esempio. La struttura del mito, come quella della fiaba, deve essere tale da rendere la narrazione sempre "vera" e sempre attuabile, a prescindere dalla collocazione temporale.

• Lo spazio • Anche gli **spazi** in cui avvengono le vicende sono luoghi in genere verosimili ma **non riconducibili a località reali**, definite secondo coordinate geografiche certe. Sono spazi aperti (come il mare, dove l'eroe erra senza meta, o selve intricate da cui è arduo uscire, o deserti pericolosi), spesso aspri (montagne e fortezze poste sulle vette più erte da scalare) e solenni anche nella loro semplicità (prati o pianure in cui hanno luogo duelli epici o incontri fatali). In questi **scenari ideali** avvengono le **scene tipiche** dei miti (ricerche, ritrovamenti, incontri amorosi, duelli, combattimenti con mostri, fughe, esili).

Le strutture proprie della narrazione mitica sono riconoscibili in questo conciso racconto del mito di Atalanta: i protagonisti agiscono all'interno di coordinate spazio-temporali fiabesche e le vicende ricordano quelle di tante fiabe della nostra tradizione.

Da Iaso e Climene nacque Atalanta. Il padre, che desiderava dei figli maschi, la espose, ma un'orsa veniva spesso ad allattarla, fino a che non la trovarono dei cacciatori che la allevarono presso di loro. Diventata adulta, Atalanta si manteneva vergine e viveva cacciando, armata, in luoghi disabitati. [...] Insieme agli eroi più valorosi partecipò alla caccia del cinghiale Calidonio [...]. Poiché suo padre la spingeva a sposarsi, si recò in un luogo che aveva le dimensioni di uno stadio e piantò nel mezzo un palo alto tre cubiti; di là lei partiva di corsa, armata, dopo aver lasciato che i pretendenti la precedessero nella gara: per chi veniva raggiunto c'era la morte sul posto; per colui che non veniva raggiunto, c'erano le nozze. Molti erano già morti quando Melanione, che si era innamorato di lei, venne a prendere parte alla corsa, recando con sé delle mele d'oro che gli aveva dato Afrodite; mentre lei lo inseguiva, le gettò a terra. Atalanta si chinò a raccoglierle e perse la gara. Melanione la sposò.

Pseudo-Apollodoro, *Biblioteca*, III, 9, 2, trad. it. di M.G. Ciani, Fondazione Valla, Mondadori, Milano, 1996

Pierre Lepautre, *Atalanta si prepara alla gara di corsa* in una scultura del 1705. (Parigi, Museo del Louvre)

Quelli che abbiamo visto sono caratteri che accomunano la fiaba e il mito dal punto di vista formale. C'è però una specificità che contraddistingue i racconti mitici: essi costituiscono una **narrazione non fine a se stessa** (► p. 4), ma così carica di significati da essere trasmessa di generazione in generazione.

• Le caratteristiche stilistiche •

Nel racconto dei miti risaltano alcune **caratteristiche stilistiche** riconducibili all'originaria trasmissione orale: **passi ripetuti** e **scene tipiche**, **epiteti ricorrenti** e vere e proprie **formule** che ritornano sempre nella descrizione delle stesse circostanze, conferiscono alla narrazione un **andamento cadenzato**, quasi circolare, e un **ritmo pacato**, elementi utili agli ascoltatori per seguire la vicenda e a chi narrava per memorizzare le parti e ricucirle insieme.

Le **descrizioni** risultano sempre plastiche, presentate con pochi particolari intensi, con termini semplici, dal grande potere evocativo, capaci di catturare l'attenzione ma, al tempo stesso, di lasciare spazio alla fantasia del lettore. Questi elementi dello stile donano ai miti un tono magico, ingenuo e affascinante.

Il seguente *incipit* di Omero è uno degli esempi più celebri dell'*Odissea*, il poema a lui tradizionalmente attribuito, insieme all'*Iliade*. Gli epiteti, le ripetizioni, il **ritmo paratattico** sono quanto di più tipico del modo di esporre degli antichi cantori e, in qualche misura, anche dei vecchi narratori di fiabe.

Quando al mattino spuntò Aurora dalle dita di rosa, balzò dal letto il caro figlio di Odisseo: indossò le vesti, appese all'omero la spada affilata, legò sotto i piedi lucenti sandali belli e simile a un dio nell'aspetto si mosse per uscire dal talamo. Subito ordinò agli araldi dalla voce sonora di chiamare all'assemblea gli Achei dai lunghi capelli. Essi chiamarono e quelli si adunarono in gran fretta.

Omero, *Odissea*, II, 1 ss., trad. it. di F. Ferrari, Utet, Torino, 2004

Parole *chiave*

Epiteto Dal latino *epitheton*, a sua volta dal greco *epítheton* = aggiunto, indica un sostantivo, un aggettivo o una locuzione che si uniscono a un nome per meglio precisarlo e per condensarne le caratteristiche, rendendo così il personaggio immediatamente riconoscibile. Ad esempio, nel brano tratto da Esiodo a ► p. 7, l'epiteto di Zeus è «egioco», cioè portatore di scudo.

Anonimo

Mosè salvato dalle acque

Da
Bibbia, *Esodo* (2, 1-10),
XIII secolo a.C. - I secolo d.C.

Testo sacro

Nel secondo libro della Bibbia, l'*Esodo*, si racconta la partenza (l'esodo, appunto, dal greco *éxodos* = uscita) degli Ebrei dall'Egitto, dove erano stati ridotti in schiavitù dai faraoni, e le imprese di Mosè, che li avrebbe liberati dalla prigionia. Figlio di una donna ebrea che lo abbandona in una cesta sul Nilo per salvarlo dall'infanticidio di tutti gli Ebrei maschi ordinato dal faraone, il bambino viene trovato proprio dalla figlia del sovrano, e allevato a corte.

Un uomo della famiglia di Levi andò a prendere in moglie una discendente di Levi. La donna concepì e partorì un figlio; vide che era bello e lo tenne nascosto per tre mesi. Ma non potendo tenerlo nascosto più oltre, prese un cestello di papiro, lo spalmò di bitume e di pece, vi adagiò il bambino e lo depose fra i giunchi sulla riva del Nilo. La sorella del bambino si pose a osservare da lontano che cosa gli sarebbe accaduto. Ora la figlia del faraone scese al Nilo per fare il bagno, mentre le sue ancelle passeggiavano lungo la sponda del Nilo. Ella vide il cestello fra i giunchi e mandò la sua schiava a prenderlo. L'aprì e vide il bambino: ecco, il piccolo piangeva. Ne ebbe compassione e disse: «È un bambino degli Ebrei». La sorella del bambino disse allora alla figlia del faraone: «Devo andare a chiamarti una nutrice tra le donne ebree, perché allatti per te il bambino?». «Va'», rispose la figlia del faraone. La fanciulla andò a chiamare la madre del bambino. La figlia del faraone le disse: «Porta con te questo bambino e allattalo per me; io ti darò un salario». La donna prese il bambino e lo allattò. Quando il bambino fu cresciuto, lo condusse alla figlia del faraone. Egli fu per lei come un figlio e lo chiamò Mosè, dicendo: «Io l'ho tratto[1] dalle acque!».

La Sacra Bibbia, *Esodo*, 2, 1-10, nella traduzione ufficiale in lingua italiana della CEI, Fondazione di Religione dei Santi Francesco d'Assisi e Caterina da Siena, 2008

1 **tratto**: salvato.

Orazio Gentileschi, *Mosè salvato dalle acque*, 1630. (Londra, National Gallery)

Attività

Leggere e comprendere

1 ***L'incipit*** Con che cosa si apre la narrazione?

a. Con il racconto del ritrovamento di Mosè
b. Con il racconto dell'abbandono di Mosè
c. Con il racconto del matrimonio dei genitori di Mosè
d. Con il racconto della nascita di Mosè

2 **Il popolo** Quale parola evidenzia il popolo a cui appartiene Mosè?

a. Casa
b. Levi
c. Bello
d. Bitume

3 **L'abbandono** Perché la madre abbandona Mosè dopo tre mesi?
- a. Non lo può più tenere nascosto
- b. Non può nutrire il bambino
- c. Deve fuggire
- d. È malato

4 **La motivazione** Secondo te, la necessità dell'abbandono suggerisce che il popolo a cui appartiene:
- a. è libero
- b. è dominatore
- c. è sottomesso
- d. è in fuga

5 **L'indizio** Il materiale di cui è fatto il cesto evidenzia il luogo in cui si svolge l'azione. Qual è?
- a. Il Lazio
- b. La Mesopotamia
- c. L'Egitto
- d. La Palestina

6 **Il bitume e la pece** A che cosa servono questi elementi?
- a. Per far galleggiare il cesto
- b. Per renderlo impermeabile all'acqua
- c. Per riempire il cesto
- d. Per far stare comodo il bambino

7 **Il bambino** Chi vede il bambino nel Nilo?
- a. La sorella di Mosè e la figlia del faraone
- b. La figlia del faraone
- c. La figlia del faraone e le sue ancelle
- d. La madre di Mosè e la sorella

8 **L'arguzia** Chi chiama la sorella di Mosè, su invito della figlia del faraone, come balia ebrea per il bambino?
- a. Un'amica
- b. Una conoscente adulta
- c. La madre stessa
- d. Una sconosciuta

9 **La figlia del faraone** Dai comportamenti che mette in atto, come giudichi la figlia del faraone nei confronti del bambino ebreo?
- a. Indifferente
- b. Ostile
- c. Benevola
- d. Invidiosa

10 **Mosè cresciuto** Una volta cresciuto, dove vive Mosè?
- a. Dalla balia
- b. Dalla madre
- c. Con la sorella
- d. Dalla figlia del faraone

11 **Il nome parlante** Dalle parole del testo si può capire il significato del nome "Mosè". Qual è?
- a. Figlio di Dio
- b. Capo degli Ebrei
- c. Salvato dalle acque
- d. Prediletto del faraone

Riconoscere e analizzare

12 **La storia** A quale momento della vita del popolo ebraico si riferisce la vicenda?
- a. Alla fuga dall'Egitto
- b. Alla prigionia babilonese
- c. Alla permanenza in Egitto
- d. Alla guerra contro i Filistei

13 **Il tempo** Perché si può dire che il racconto sia caratterizzato da un tempo tipico del mito?
- a. Ci sono date precise
- b. Non ci sono riferimenti cronologici precisi
- c. Non si sa quale arco di tempo copra la vicenda
- d. Mosè ha tre mesi

14 **Il luogo** Quali informazioni ci fanno capire in quale luogo si svolge la vicenda? (Più risposte sono corrette.)
- a. Le donne ebree
- b. Il Nilo
- c. La nutrice
- d. Il faraone

15 **Lo stile** Quale caratteristica dello stile qualifica il testo come racconto mitico?
- a. Il lessico preciso
- b. La sintassi ipotattica
- c. Le numerose ripetizioni
- d. I discorsi diretti

Rielaborare e produrre

16 **Un altro mito** Anche Romolo e Remo furono salvati dalle acque del Tevere. Approfondisci questo mito e raccontalo in modo personale.

Ovidio

Procne e Filomela

Da *Metamorfosi*, I secolo d.C.

Poema mitologico

Il poeta romano Ovidio (43 a.C.-18 d.C., ► p. 86) scrisse le *Metamorfosi* (► p. 87), un poema mitologico nel quale parla del cammino dell'umanità dal caos all'ordine. I racconti del poema sono legati dal motivo della metamorfosi, cioè della trasformazione dei protagonisti in esseri di natura diversa (piante, animali, minerali).

Il mito di Procne e Filomela è emblematico di un mondo ancora disordinato e privo di leggi morali, in cui i rapporti tra uomini e donne sono retti dalla violenza. Tereo sposa, infatti, Procne e da lei ha il figlio Iti. Si innamora poi della sorella di lei, Filomela, e la possiede, mozzandole la lingua perché non possa rivelare il misfatto. Procne, però, viene a saperlo e medita la più feroce delle vendette.

Veniva incontro alla madre Iti[1]: fu lui a farle venire in mente cosa potesse fare; ed ella fissandolo con occhi crudeli esclamò: «Ah, quanto sei simile a tuo padre!» e senza dir altro preparava l'azione funesta, mentre l'ira tacita ribolliva. Appena tuttavia il bambino si avvicinò, e la salutò cingendole il collo con le piccole braccia e la baciò con moine infantili, la madre si intenerì: la sua ira si arrestò, spezzata e, contro la sua volontà, gli occhi le si bagnarono di lacrime. Ma come si accorse che la madre in lei vacillava per un eccesso di pietà, tolse lo sguardo dal bimbo e di nuovo si volse alla sorella, e guardando ora l'uno ora l'altra diceva: «Perché lui mi rivolge parole tenere, e tace invece lei, cui fu strappata la lingua? colei che egli chiama madre, perché essa non può chiamarla sorella?[2] o figlia di Pandione[3], vedi di chi sei la moglie! cadi nel disonore? ma disonore è piuttosto la pietà verso Tereo!»

Senza indugio trascinò via Iti, come una tigre del Gange trascina per le selve oscure un cerbiatto ancora lattante. E come giunsero in un luogo appartato dell'alta casa, mentre egli tendeva le mani e ormai scorgendo il proprio destino gridava «mamma! mamma!» e cercava di cingerle il collo, Procne spinse la spada nel punto in cui il petto si unisce al fianco, né volse lo sguardo. Una sola ferita sarebbe bastata a dargli la morte, ma Filomela gli taglia col ferro la gola e dilania le membra in cui ancora era presente un palpito di vita: e una parte di esse ribolle nelle caldaie di bronzo[4], una parte sfrigola sugli spiedi; la stanza gronda di sangue. La moglie invita a tale banchetto l'ignaro Te-

1 **Iti**: figlio di Procne e Tereo.
2 **perché essa... sorella**: Tereo ha mozzato la lingua a Filomela che, quindi, non può più parlare.
3 **Pandione**: padre di Procne e Filomela.
4 **caldaie di bronzo**: le pentole.

Peter Paul Rubens, *Tereo davanti alla testa del figlio*, 1636-1638. (Madrid, Museo del Prado)

reo, e mentendo sul fatto che, secondo il costume dei padri, soltanto al marito fosse lecito accedere al banchetto rituale[5], allontana servi e compagni. Seduto sul trono degli avi l'eccelso Tereo[6] si ciba e nel suo ventre accoglie le sue viscere; e così cieca ha la mente che dice: "Fate venire qui Iti". Procne non può dissimulare la gioia crudele e, desiderando ormai dargli l'annuncio della sua strage, dice: «Ciò che chiedi, l'hai dentro di te». Egli si guarda intorno, e chiede dove sia: ma mentre chiede, e di nuovo lo chiama, gli balza innanzi Filomela, così com'era, coi capelli scomposti per la furia dell'eccidio e sul volto del padre getta la testa insanguinata di Iti: mai come ora avrebbe voluto poter parlare e dichiarar la sua gioia con parole adeguate. Il Trace[7] con urla smisurate respinge la mensa[8] e invoca le Furie dalle chiome di serpenti dalla valle Stigia[9]; ora, se potesse, vorrebbe gettar fuori dallo stomaco il cibo orrendo e le proprie viscere mal ingoiate, ora piange e chiama se stesso miserabile tomba del figlio; ma ecco che insegue le figlie di Pandione con la spada sguainata. Si sarebbe detto che i corpi delle Cecropidi[10] stessero sospesi per mezzo di piume: e per mezzo di piume stavano sospese. Una vola verso i boschi, l'altra sulle case[11]; dal loro petto non se ne sono ancora andate le macchie della strage, le piume sono segnate di sangue. Tereo per il suo dolore e il desiderio di vendetta si trasforma veloce in uccello, che in capo ha una cresta e che protende un becco smisurato come una lancia: l'uccello ha nome upupa, la sua faccia sembra armata.

Ovidio, *Metamorfosi*, VI, 619-674, trad. it. di D. Iacondini, Cappelli, Bologna, 1998

5 **secondo il costume dei padri... banchetto rituale**: solo il capofamiglia poteva stare seduto al banchetto rituale. L'aggettivo è ambiguo: rituale perché solenne, ma anche perché si sta celebrando un "rito sacrificale", in cui l'animale offerto, però, è il figlio di chi il rito lo sta consumando.

6 **l'eccelso Tereo**: l'aggettivo è usato in senso ironico.

7 **Il Trace**: Tereo, originario della Tracia.

8 **respinge la mensa**: spinge via il tavolo.

9 **le Furie...dalla valle Stigia**: le dee della vendetta, con serpenti per capelli, che vivono negli Inferi.

10 **Cecropidi**: Procne e Filomela erano figlie di Pandione, discendente da Cecrope, mitico re di Atene.

11 **Una vola...sulle case**: Procne è trasformata in una rondine e Filomela in un usignolo.

Attività

Leggere e comprendere

1 **Il figlio** Qual è la colpa di Iti agli occhi della madre?

2 **Tale padre...** Che cosa intende Procne con l'espressione «Ah, quanto sei simile a tuo padre!» (r. 2)?

a. È orgogliosa perché il bambino è bello come suo padre
b. È minacciosa perché il bambino le ricorda l'odiato marito
c. È delusa perché il bambino assomiglia più al padre che a lei
d. Spera che il figlio ricalchi le orme del marito

3 **La mutilazione** Perché a Filomela, la sorella di Procne, è stata strappata la lingua?

4 **Il disonore** La sete di vendetta fa sì che Procne giunga a considerare un disonore non tanto essere stata tradita quanto avere pietà del marito Tereo. Che cosa significa questa affermazione? A che cosa porterà?

5 **L'assassinio** Che cosa fa Procne dopo aver ucciso il figlio?

a. Ne cucina i resti offrendoli come cibo al marito
b. Si uccide a sua volta
c. Rende pubblico il suo gesto
d. Si dispera e si pente

6 **La cecità** Perché la mente di Tereo è definita «così cieca» (r. 23) quando ordina di far venire da lui il figlio Iti?

7 **Il cibo** Perché Tereo «vorrebbe gettar fuori dallo stomaco il cibo orrendo e le proprie viscere mal ingoiate» (rr. 30-31)? Che cosa si intende con «viscere»?

8 **Uccello di bosco** Quale dei due uccelli in cui sono trasformate le sorelle si dirige verso il bosco?

9 **Uccello di città** Quale invece preferisce dirigersi verso le case? La partenza verso la città è legata alle abitudini di questo uccello?

10 **L'upupa** In che senso l'upupa sembra avere la faccia «armata» (r. 39)?

Riconoscere e analizzare

11 **Gli stati d'animo** Sottolinea nel testo gli aggettivi e le espressioni con cui Ovidio descrive il succedersi degli stati d'animo di Procne davanti a Iti.

12 **Le similitudini** Qual è la prima similitudine animale che incontriamo?

13 **Lo stile** Ovidio descrive le azioni violente di Procne, guidate dal furore cieco, con rapide descrizioni e un periodare piuttosto breve. In tal modo, ottiene:

a. un ritmo pacato

b. una narrazione piatta e monotona

c. una narrazione lenta

d. un ritmo incalzante

14 **La fiaba** Improvvisamente, Ovidio passa dall'*horror* alla fiaba. In quale punto del testo avviene questo passaggio?

....

15 **Il lessico** A rendere ancora più vibrante l'azione concorrono i particolari "domestici": individua i termini che fanno parte della cucina, qui ripresi nel raccapricciante rituale dell'omicidio.

....

....

....

....

16 **L'eziologia** Nel finale, con la descrizione della metamorfosi, è evidente il motivo eziologico. Qual è? E qual è, da questo punto di vista, la funzione del mito?

Rielaborare e produrre

17 **Una storia di cronaca nera** Descrivi un fatto di cronaca nera, vero o inventato da te, che avvinca i lettori. Ripensa al linguaggio realistico di Ovidio e al *pathos* che egli riesce a conferire in alcuni passaggi.

18 **Il riassunto** Sintetizza in 50 parole la narrazione di Ovidio, evidenziando i passaggi in cui emerge l'allusione al rito e al sacrificio.

19 **Il tuo tema** Il racconto della terribile vicenda di Procne e Filomela possiede in sé tutte le caratteristiche proprie della narrazione mitica. Attraverso il simbolismo e il fiabesco, e per mezzo di un linguaggio ambiguo e carico di significati, abbiamo la sensazione che, al di là della ferocia delle azioni descritte, l'autore voglia trasmetterci qualcos'altro: la metamorfosi finale, per esempio, implica un intervento superiore teso a impedire che la spirale di sangue prosegua all'infinito; uno spiraglio di luce, dunque, in mezzo a tanta oscurità. A partire da questa storia e da quanto hai letto in queste pagine, svolgi il seguente tema: "Dal caos alla civiltà: il mito e l'epica come chiavi di lettura del cammino umano verso la conoscenza di sé e come risposte alle domande fondamentali della vita".

L'EPICA

Il racconto epico

STUDIARE

• Definizione di "epos" •

Il racconto **epico**, come la narrazione mitica, narra una materia mitologica, cioè racconti aventi come protagonisti dèi ed eroi.

L'epos si caratterizza per la **forma in versi** e per un **linguaggio alto**, lontano dal parlato, diventando perciò il mezzo espressivo più adatto alla trattazione di racconti mitici ed eroici. Se l'**epos** è la forma che accoglie il mito, l'**epica** si configura come il **genere letterario** tipico della sua **diffusione scritta**.

Il valore pregnante di "**composizione in versi**" è attestato per la prima volta da un passo di Erodoto, uno storico greco vissuto circa tre secoli dopo la composizione dei poemi omerici (V sec. a.C.). In un'epoca in cui *Iliade* e *Odissea* erano recitate con accompagnamento musicale nei banchetti e nelle feste di tutta la Grecia, questo tipo di narrazione è designata da Erodoto con il termine *épea*, plurale di *épos*. In particolare, in un passo in cui parla dell'Egitto e dei suoi legami con la Grecia, lo storico cita l'*Odissea*, a riprova dell'autorevolezza di Omero, scrivendo:

> [Omero] Menzionò anche nell'*Odissea*, in questi versi[1]:
>
> Rimedi così efficaci e sapienti possedeva la figlia di Zeus, che a lei aveva forniti Polidamna, la sposa di Tone, l'egizia: là produce farmaci innumeri la terra dispensatrice di biade, molti – se mischiati – benigni, molti altri esiziali (*Odissea*, IV, 227-230).
>
> Erodoto, *Storie*, II, 117, trad. it. di F. Ferrari, Bur Rizzoli, Milano, 2008
>
> 1 **versi**: "*épea*" nell'originale.

Parole *chiave*

Epico L'aggettivo viene dal greco *epikós*, derivato da *épos* = parola, discorso, racconto, e indica ciò che è pertinente alla poesia epica, cioè alla narrazione in poesia di gesta eroiche. Per estensione si riferisce a fatti, situazioni, luoghi e comportamenti che, per carattere o aspetto, evocano idee eroiche e leggendarie ("una lotta epica").

Genere letterario Forma di classificazione delle opere letterarie, ordinate a partire dalle loro caratteristiche formali, stilistiche e di contenuto. I tre generi fondamentali sono poesia, prosa o narrativa, teatro.

Guillaume Lethière, *Omero canta l'Iliade alle porte di Atene*, 1811. (Nottingham, City Museum)

• L'epos specchio della società •

Parole *chiave*

Enciclopedia Termine derivato dal latino rinascimentale *encyclopaedia*, a sua volta tratto dal greco *énkyklos paidéia* (letteralmente "nel cerchio del sapere"), è un'opera che tende a raccogliere e a sistemare il sapere umano, in tutta la sua "circolarità", cioè in relazione a tutte le discipline.

Nella narrazione epica, oltre alle peripezie e alle imprese nobili dell'eroe protagonista, possiamo trovare singoli episodi che descrivono **scene quotidiane**. In quanto rispecchiamento della società, l'epos contiene, infatti, tutti quei **riferimenti culturali** che vanno dagli usi e costumi, alle abitudini, ai gesti fondamentali della vita individuale e collettiva di una comunità.

Lo studioso Eric A. Havelock ha definito l'epos greco (ma possiamo estendere questa definizione ad altre culture) una **enciclopedia tribale**. L'epica fungerebbe da serbatoio di raccolta dell'insieme delle conoscenze e dei modelli culturali della civiltà di riferimento, all'interno della quale assolverebbe a una funzione educativa, in quanto depositaria del sapere collettivo. In questa enciclopedia si ritrovano, infatti, esempi delle situazioni, delle competenze, degli atti che tramandano e sanzionano, secondo schemi tendenzialmente standardizzati, le consuetudini sociali, comportamentali e le tecniche del gruppo umano che le condivide e che in esse ritrova la propria identità.

• Le scene tipiche • Alcune descrizioni, per la ritualità e la ricorrenza con cui appaiono nei racconti epici, possono essere considerate "**scene tipiche**". Esse ritornano in diverse narrazioni e in più parti della stessa narrazione, presentando **formule fisse**, sostantivi, epiteti e forme verbali analoghe. Le situazioni ricorrenti aiutavano il narratore a memorizzare la storia; egli inoltre poteva riproporle quando gli sembrava opportuno, senza dovere comporre nuovi versi, ma utilizzando, con poche varianti, quelli già strutturati. Rientravano in questo novero le azioni quotidiane tipiche di una società antica, come la vestizione, il pasto, lo svolgimento di un rituale religioso, la celebrazione di un matrimonio o un funerale.

L'epos dunque **rispecchiava la società** e, nello stesso tempo, fungeva da **modello di vita**: è dal racconto epico che s'imparava come onorare la memoria di coloro che erano morti in battaglia, come comportarsi durante un banchetto, come rendere onore agli ospiti, come vestirsi per affrontare un duello.

Ecco, per esempio, la scena tipica del sacrificio raccontata nell'*Odissea*. Nestore, re di Pilo, ha ricevuto visita da Telemaco, in cerca del padre Odisseo. Il loro incontro si conclude con un sacrificio propiziatorio, un voto che il vecchio scioglie ad Atena.

«Immediatamente, figli miei, realizzate il mio voto, perché fra gli dèi io propizi per prima Atena, che venne a me in piena vista al ricco convito in onore del dio. Su, uno vada nei campi a cercar la giovenca, perché giunga in fretta tirata dal mandriano di buoi; vada un altro alla nave scura del magnanimo Telemaco e conduca tutti i compagni lasciandone lì solo due; un altro poi dia ordine a Laerce, l'orefice, di venire a indorare le corna della giovenca. Voi altri restate qui in gruppo e dite là dentro alle serve di provvedere al convito nella casa gloriosa, disponendo all'intorno sedili e legna e limpida acqua».
Diceva così, e tutti si misero in movimento: venne la giovenca dai campi, vennero dalla ben librata nave veloce i compagni del prode Telemaco, venne il fabbro con in mano gli arnesi di bronzo, strumenti della sua arte, con cui lavorava l'oro: incudine, martello e molle da fuoco, ben fatte; e venne Atena per prendere parte al rito. Nestore, il vecchio cavaliere, porse l'oro e il fabbro indorò con arte le corna della giovenca, perché gioisse la dea a veder l'ornamento. Per le corna la

tirarono Stratio e il nobile Echefrone. Areto venne recandogli dall'interno, in un bacile decorato a fiori, acqua lustrale; con l'altra mano portava, in un canestro, i chicchi d'orzo; pronto ad abbattere la giovenca, gli stava accanto con in mano la scure affilata Trasimede saldo in battaglia. Perseo teneva il bacile. Nestore, il vecchio cavaliere, iniziò il rito con l'acqua lustrale e i chicchi d'orzo, e iniziando molto pregava Atena mentre gettava sul fuoco peli del capo.
Poi, come ebbero pregato e gettato i chicchi davanti all'altare, subito Trasimede animoso, il figlio di Nestore, piazzatosi dappresso, colpì: la scure recise i tendini del collo, fiaccò il vigore della giovenca. Urlarono le figlie e le nuore e la sposa veneranda di Nestore, Euridice, la maggiore delle figlie di Climeno.

Omero, *Odissea*, III, 418 ss., trad. it. di F. Ferrari, Utet, Torino, 2004

• La trasmissione della coscienza collettiva • Nella narrazione epica gli **anziani** trovavano conferma alle loro convinzioni e i **giovani** venivano avviati a un **sistema di valori** sicuro e riconosciuto, che era alla base della società e al quale ciascuno adeguava il proprio comportamento. Dai racconti epici i giovani apprendevano che la forza e il coraggio non dovevano mai essere disgiunti dall'onore; che l'ospitalità nei confronti dello straniero era sacra; che la dedizione alla patria e alla propria gente doveva essere totale. Di fatto, tramandare i racconti epici significava per ogni popolo garantire la **trasmissione della** propria **coscienza collettiva**.

Nel passo che segue Esiodo, pur rivolgendosi direttamente al fratello Perse, esprime un insegnamento che è alla base di tutta la società civile: l'invito ad abbandonare la violenza, che è propria di uno stato ferino, e ad abbracciare la giustizia che viene dagli dèi.

«O Perse, pòniti bene in mente queste cose e, dando retta alla giustizia, scòrdati della violenza. Agli uomini, infatti, il Cronide dettò questa legge: è proprio dei pesci, delle fiere, dei volanti uccelli divorarsi l'un l'altro, perché non esiste giustizia fra loro; ma agli uomini diede la giustizia, che è cosa di gran lunga migliore. Se uno, conoscendo la verità, la proclama, a lui Zeus dall'ampia pupilla darà la felicità; chi invece coscientemente giurerà il falso e renderà falsa testimonianza, ingannando la giustizia commetterà irreparabile crimine e lascia dopo di sé la progenie sempre più oscura, mentre fiorirà la discendenza dell'uomo che ha giurato il vero» .

Esiodo, *Le opere e i giorni*, 274-285, trad. it. di L. Magugliani, Bur Rizzoli, Milano, 1991

EPOS

- è un componimento narrativo di **ampie dimensioni** e **stile elevato**
- si avvale di **formule fisse** per rendere i personaggi riconoscibili e per facilitare la memorizzazione
- racconta le **gesta memorabili** compiute da **eroi eccezionali**
- trasmette valori e **ideali fondanti** intorno ai quali si identificava l'intera comunità

Anonimo

Gilgameš, colui che tutto vide

Da
L'epopea di Gilgameš,
III-I millennio a.C.

Poema epico

L'*incipit* del poema di Gilgameš, il più antico eroe epico che conosciamo, costituisce un esempio della tradizione orale che, nei millenni, si è raccolta intorno alle imprese di un eroe, attorno al quale presero forma i valori condivisi dei popoli delle terre mesopotamiche.

Proclamerò al mondo le imprese di Gilgameš, l'uomo a cui erano note tutte le cose, il re che conobbe i paesi del mondo. Era saggio; vide misteri e conobbe cose segrete; un racconto egli ci recò dei giorni prima del Diluvio. Fece un lungo viaggio, fu esausto, consunto dalla fatica; quando ritornò si riposò, su una pietra l'intera storia incise.

Quando gli dèi crearono Gilgameš gli diedero un corpo perfetto. Il sole glorioso Šamaš[1] lo dotò di bellezza, Adad[2], dio della tempesta, lo dotò di coraggio, i grandi dèi resero perfetta la sua bellezza, al di sopra di ogni altro, terribile come gran toro selvaggio. Per due terzi lo fecero dio e per un terzo uomo.

A Uruk[3] costruì mura, un gran bastione, e il tempio del sacro Eanna[4] per Anu dio del firmamento e per Ištar[5] dea dell'amore. Guardalo ancor oggi: il muro esterno lungo il quale corre il cornicione brilla dello splendore del rame, e il muro interno non ha eguali. Tocca la soglia: è antica. Avvicinati, alla dimora di Ištar, nostra signora dell'amore e della guerra, all'Eanna che nessun re dei nostri giorni, nessun uomo vivente possono eguagliare. Sali sulla muraglia di Uruk e percorrila, ti dico; osserva il terrapieno delle fondamenta, esamina la muratura: non è forse di mattone cotto e di buona fattura? I Sette Saggi posero le fondamenta.

Anonimo, *L'epopea di Gilgameš*, a cura di N.K. Sandars, Adelphi, Milano, 1986

1 **Šamaš**: nome con cui Babilonesi e Assiri indicavano la divinità del Sole.
2 **Adad**: anch'egli una divinità del mondo religioso assiro-babilonese. Presiedeva non solo alla tempesta, ma anche alla pioggia benefica, alle fonti.
3 **Uruk**: antica città della Mesopotamia della quale Gilgameš diventa re e tiranno.
4 **sacro Eanna**: s'intende l'area sacra della città di Uruk sulla quale sorgevano i templi.
5 **Ištar**: dea dell'amore che veniva collegata al pianeta Venere; era la divinità femminile più importante.

Statua assira in alabastro di Gilgameš che stringe un leone, VIII secolo a.C. (Parigi, Museo del Louvre)

Attività

Leggere e comprendere

1 **L'argomento** Qual è l'argomento delle vicende che verranno narrate nel poema?
a. L'esodo degli Ebrei dall'Egitto
b. L'eroe Gilgameš
c. Le dodici fatiche di Ercole
d. La storia dei faraoni

2 **Le caratteristiche** Quali caratteristiche della mente e del corpo dell'eroe vengono evidenziate nelle prime cinque righe?

3 **Le azioni** Quali azioni di Gilgameš sono messe in evidenza?

4 **Il corpo** Chi ha reso perfetto il corpo dell'eroe?
a. Zeus
b. Dio
c. Šamaš, Adad, i grandi dèi
d. Mosè

5 **L'impresa** Quale straordinaria impresa compie Gilgameš?

6 **Gilgameš** Il protagonista è un eroe umano o divino?

Riconoscere e analizzare

7 **Il narratore** La narrazione è interna o esterna alla vicenda? In prima o in terza persona?

8 **Il verbo iniziale** Che cosa ci fa capire sulla produzione del testo il verbo iniziale «Proclamerò»?

9 **Il pubblico** A chi si rivolge il narratore?

10 **Il protagonista** Come definiresti il protagonista?
a. Un eroe fondatore
b. Un semidio
c. Un eroe perseguitato
d. Un eroe civilizzatore

11 **La traduzione** In quale modo è tradotto il testo? È fedele alla forma originale del poema?

12 **Lo stile** Analizza le forme verbali, i sostantivi e gli aggettivi utilizzati nel brano. Ti sembra che appartengano al lessico quotidiano? Perché viene fatta questa scelta stilistica?

13 **La sintassi** Ti pare che la sintassi sia complessa? Prevale la paratassi o l'ipotassi? Perché anche nel testo originale epico prevale questo tipo di sintassi?

Rielaborare e produrre

14 **Il riassunto** A partire dall'*incipit* che hai letto, prova a tua volta a sintetizzare la materia del poema in 50 parole.

15 **L'oralità** Rivedendo il lavoro fatto sul testo, riproponi tutte le ragioni per cui *L'epopea di Gilgameš* risulta il prodotto di una lunga tradizione orale.

16 **La funzione** C'è qualche elemento che ti può indurre a pensare che questo prologo non voglia essere solo una sintesi delle avventure dell'eroe ma anche un annuncio dei valori morali e degli ideali che animano le sue imprese?

17 **Un eroe moderno** Ti viene in mente, tra i moderni eroi del cinema, dei fumetti, dei videogiochi, un personaggio straordinario che ricorda Gilgameš? Presentalo in un testo descrittivo.

PERCORSO A

UNITÀ 6

La scrittura e la nascita dell'epica

• L'arte dell'improvvisazione •

Durante i banchetti, i cantastorie cantavano vicende che avevano a loro volta imparato dai loro predecessori. Questa trasmissione non scritta portava inevitabilmente a modifiche e integrazioni che si rendevano necessarie di volta in volta. Inoltre, l'aèdo godeva della possibilità di **improvvisare**, pur all'interno di un **canovaccio** definito. I racconti risultavano quindi, oltre che **frutto dell'ingegno collettivo**, anche legati all'**estro personale** del cantastorie.

Parole *chiave*

Canovaccio Gli elementi di base della trama di un'opera, che ne tracciano in maniera generica lo svolgimento. A partire da questa traccia gli attori sono liberi di "recitare a soggetto", cioè di improvvisare su un tema definito.

La bravura di alcuni aèdi divenne proverbiale e qualche nome cominciò a essere tramandato. Si tratta, per lo più, di personaggi leggendari, ma è l'inizio di un percorso che porterà alla nascita della figura dell'autore. Uno dei più antichi riferimenti a questi cantori si trova nell'*Iliade*. Vi è citato il tracio Tamiri, figura mitica di aèdo che si era vantato di poter vincere le Muse, divinità cui si rivolgono sempre i cantori per chiedere aiuto prima di iniziare le loro storie (▶ p. 6). Le Muse lo puniscono rendendolo cieco e negandogli la possibilità del canto.

[...] là dove le Muse
fattesi avanti al tracio Tamiri tolsero il canto,
mentre veniva da Ecalia, da Eurito Ecaleo,
e si fidava orgoglioso di vincere, anche se esse,
le Muse cantassero, figlie di Zeus egioco!
Ma esse adirate lo resero cieco e il canto
divino gli tolsero, fecero sì che scordasse la cetra.

Omero, *Iliade*, II, 594-600, trad. it. di R. Calzecchi Onesti, Einaudi, Torino, 1990

• Le prime figure attestate di aèdi •

Con il tempo, gli aèdi iniziarono a prendere coscienza del proprio valore: scelti dalle Muse e dotati da queste del dono della memoria, essi erano in grado di ricucire i fili delle storie (**rapsodia**) e metterli insieme. È il caso di **Esiodo** (VIII-VII sec. a.C.), il primo autore che tramanda direttamente il proprio nome (▶ p. 81).

Parole *chiave*

Rapsodia È termine greco che indica il canto del rapsodo, cioè del cantore. Sia "rapsodia" sia "rapsodo" sono formati dal suffisso *-oidós* (che è lo stesso che forma il sostantivo aèdo) e da una radice riconducibile a *rháptein* = cucire o a *rhabdos* = bastone. Indica, a grandi linee, chi componeva e ordiva il canto, il poeta esecutore, che spesso sottolineava con un bastone i passaggi del racconto.

Ricordiamo anche, diversi secoli più tardi, Turoldo, l'altrimenti ignoto personaggio che appone la propria firma al termine della *Chanson de Roland* (▶ p. 340):

Ci falt la geste que Turoldus declinet.
La gesta scritta qui da Turoldo ha fine.

In realtà, è più probabile che si tratti di un compilatore che del vero e proprio autore di un'opera che è frutto, negli anni che precedettero il Mille, dell'elaborazione orale di canzoni di gesta eseguite di corte in corte da menestrelli e cantastorie.

• L'adozione della scrittura •

La cristallizzazione dei canti e la definizione di un vero e proprio **repertorio** portarono gli aèdi a rifarsi sempre di più a contenuti ormai fissati dalla tradizione. Al di là dell'abilità individuale, le *performances* persero quindi gran parte degli apporti innovativi forniti dai singoli interpreti.

Presumibilmente tra la fine del IX e l'inizio dell'VIII secolo a.C., in Grecia, le rapsodie vengono fissate attraverso un nuovo strumento: la **scrittura**.

Le prime opere non avevano tuttavia una diffusione scritta, e quindi "privata", diversa da quella "pubblica" avuta fino a quel momento. L'avvento della scrittura non è infatti contemporaneo alla diffusione del libro, così come lo intendiamo oggi. La trasmissione era ancora orale e tale sarebbe rimasta ancora per secoli. Il lavoro di scrittura dei testi e di codificazione sarebbe servito a **conservare le opere** perché non andassero disperse, non perché i singoli cittadini potessero avere un libro di questo o di quell'autore. Copie, infatti, venivano deposte negli archivi o nei templi degli dèi. Solo in epoca ellenistica si svilupparono vere e proprie biblioteche (come quella di Alessandria), centri di raccolta, copiatura e studio dei preziosi manoscritti che riportavano opere scritte nei secoli precedenti. Fino a quel momento (III sec. a.C.), non esisteva la diffusione di testi, le opere potevano essere consultate solo eccezionalmente, la poesia era eseguita in pubblico, le storie lette nelle piazze, i drammi allestiti e recitati durante le feste. **La scrittura**, insomma, **non determinò cambiamenti sostanziali** nella composizione e nella fruizione dei testi.

• La stratificazione epica •

I miti greci diventano per la prima volta racconto scritto nell'età arcaica (VIII-VI sec. a.C.), con i poemi di Esiodo e di Omero.

La distanza che separa la formazione, seppure orale, del patrimonio epico omerico dagli avvenimenti narrati, al di là delle imprecisioni, delle incoerenze o delle ripetizioni proprie di un testo trasmesso oralmente, produce contraddizioni. I cantori celebrano fatti avvenuti almeno tre o quattro secoli prima e non sempre c'è rispetto filologico nelle descrizioni. Ci troviamo spesso di fronte a una **stratificazione**, cioè a un accumulo di elementi non omogenei tra loro, testimonianze di manufatti, usi e costumi di epoche diverse.

Un suonatore di lira su un bassorilievo in marmo del 450 a.C. (Boston, Museum of Fine Arts)

Ad esempio, nel canto XXII dell'*Iliade*, che culmina con il duello tra Achille ed Ettore, di quest'ultimo viene detto: «Tutta coprivan la pelle l'armi bronzee, bellissime»**.** In effetti, l'epoca micenea (sviluppatasi tra il XV e il XIII sec. a.C.), in cui è ambientata la guerra di Troia, è ancora età del bronzo. Pochi versi dopo, però, lo stesso Ettore apostrofa Achille affermando: «Io non potevo persuaderti, non certo, ché in petto hai un cuore di ferro», immagine efficace, ma in contraddizione con quanto l'eroe, in piena età del bronzo, poteva effettivamente affermare. È però evidentemente prevalsa, nella versione degli aèdi, una metafora che apparteneva al loro tempo (l'VIII sec. a.C.), e non ai secoli precedenti.

• Il rapporto dell'epos con la storia •

L'epos prendeva spesso avvio da un **fatto storico**. Si pensi alla guerra di Troia per i Greci oppure alla battaglia di Qadesh per gli Egiziani (combattuta contro gli Ittiti nel 1274 a.C.). La trasmissione orale sottolineava aspetti particolari di questi episodi. Privilegiava le gesta valorose dei singoli, gli atti eroici, l'abilità dei comandanti: tutto ciò che poteva fornire un modello per la comunità che udiva il resoconto.

Pur trasmettendo fatti storici, l'epos conferiva agli eventi narrati una funzione diversa rispetto a quella che essi avrebbero avuto per gli storici. Questa diversa funzione contribuì allo sviluppo di forme e di tecniche stilistiche particolari, che meglio veicolavano l'intento del narratore: epiteti, scene, descrizioni che **incentravano l'attenzione sulla figura dell'eroe** prima ancora che sui dati reali della battaglia. Anzi, spesso per **celare sconfitte** o comportamenti che non era conveniente consegnare ai posteri, i cantastorie nascondevano la realtà dietro miti e leggende. Le gesta o il sacrificio di un eroe attiravano l'attenzione dell'uditorio, distraendolo, ad esempio, dal racconto di una sconfitta. La fase leggendaria di Roma è ricca di questi episodi, in cui i riflettori, puntati sull'individuo, distolgono dalla realtà dei fatti.

Ecco la descrizione che di questi episodi dà Virgilio nell'*Eneide*, immaginando che siano profeticamente effigiati sullo scudo che il dio Vulcano, su sollecitazione di Venere, ha forgiato per Enea.

Ancora più in là Porsenna ordinava di accogliere
l'espulso Tarquinio, stringendo d'assedio la città:
gli Eneadi combattevano per la propria libertà.
E avresti potuto vedere quel re in atto di sdegno
e di minaccia perché Coclite osava distruggere
il ponte e Clelia, spezzate le catene, passava
il fiume a nuoto.

Virgilio, *Eneide*, VIII, 646-652, trad. it. di C. Vivaldi, Guanda, Milano, 1962

646 **Porsenna**: è il re etrusco di Chiusi, presso il quale si è rifugiato Tarquinio il Superbo, l'ultimo re, di origine etrusca, cacciato da Roma.

648 **Eneadi**: i Romani, discendenti di Enea.

650 **Coclite**: Orazio Coclite tenne a bada da solo gli Etruschi, combattendo sul Ponte Sublicio. Poi lo tagliò, precipitando con i nemici nel Tevere, riuscendo a portarsi in salvo a nuoto.

651 **Clelia**: data in ostaggio agli Etruschi, riuscì a fuggire a nuoto insieme alle compagne. Leali ai patti, però, i Romani la restituirono e Porsenna comunque la liberò.

• L'amplificatore epico • Pensiamo anche a Omero e alla guerra di Troia. Nell'*Iliade* non si dice nulla sull'esito del conflitto. Anche l'*incipit* è ***in medias res***. Non c'è riferimento alle cause scatenanti né all'andamento dei primi dieci anni di guerra. Tutto è concentrato intorno all'ira di Achille e alle sue conseguenze. Le grandiose descrizioni riguardano i singoli eroi. Mai è dato avere un quadro storico complessivo delle parti in conflitto. Tutto è individuale, circoscritto al singolo eroe, come del resto richiesto dalla natura stessa dell'epos. Se non ci fosse stato l'amplificatore epico di Omero, però, la fama della guerra di Troia non avrebbe avuto questa eco.

Proviamo dunque a misurare il resoconto omerico delle forze in campo, che ricaviamo dal cosiddetto "catalogo delle navi", un lungo inserto che occupa la seconda parte del secondo canto dell'*Iliade*.

Parole *chiave*

In medias res Locuzione latina che significa "in mezzo alle cose". Risale al poeta Orazio (*Ars poetica*, 148), che la utilizza a proposito dello stile epico di Omero, il quale fa cominciare i suoi poemi ad avvenimenti già in corso.

> E ora ditemi, o Muse che avete le case sull'Olimpo – voi siete dee sì, presenti dappertutto, e conoscete ogni avvenimento: noi invece ne abbiamo solo una vaga fama e non sappiamo nulla – dite chi erano i condottieri e i capi dei Danai. Della massa non posso parlare né dire i nomi, neanche ad avere dieci lingue e dieci bocche, e una voce instancabile e un cuore di bronzo, se le Muse dell'Olimpo, le figlie di Zeus egioco, non mi ricordano tutti quelli che andarono sotto Ilio. E così intendo elencare i comandanti delle navi e la flotta al completo.
>
> *Iliade*, II, 450 ss., trad. it. di F. Ferrari, Utet, Torino, 2004

A questi versi ne seguono 291 che presentano una vera e propria catalogazione di 1186 navi (che significano circa 60 000 uomini): una cifra impressionante per quei tempi. Si tratta di un esempio della **funzione**, affidata all'epos, **di archivio** di una società senza scrittura. È una descrizione noiosa per la nostra idea di poesia, ma normale per chi voglia immortalare le gesta di un passato eroico, ineguagliabile per l'uomo comune.

• Il mito e la storia • Lo storico Tucidide (V sec. a.C.) si domanda da dove Omero abbia tratto i documenti che comprovano tali numeri, quale sia il metodo storiografico da lui seguito, quali le testimonianze addotte. Omero, o meglio l'aèdo del poema catalogico, si era limitato a chiedere aiuto alle Muse, fonte di verità perché figlie della memoria. Ma allo storico non basta.

Presentando la guerra del Peloponneso (avvenuta tra il 431 e la fine del V sec. a.C.) come la prima grande guerra che coinvolge la Grecia, Tucidide afferma:

> Infatti, sugli avvenimenti che precedettero il conflitto e su quelli ancor più remoti era impossibile raccogliere notizie sicure e chiare, per il troppo distacco di tempo; ma sulla base dei documenti, cui l'indagine più approfondita mi consente di prestar fede, ritengo che non se ne siano verificati di considerevoli, né sotto il profilo militare, né per altri rispetti.
>
> Tucidide, *La Guerra del Peloponneso*, I, 1, 11, trad. it. di P. Rosa, Rusconi, Milano, 2010

E insiste, più avanti, proprio nel confronto con la guerra di Troia:

> Al contrario, per esiguità di risorse economiche, non solo risultavano irrilevanti le imprese anteriori[1], ma queste stesse gesta, le più celebri tra quelle condotte prima, appaiono in realtà impari alla fama che ne nacque e alla memoria che fra noi sopravvive ancora, per il canto dei poeti.
>
> Tucidide, *La Guerra del Peloponneso*, I, 1, 11, trad. it. di P. Rosa, Rusconi, Milano, 2010
>
> 1 **anteriori**: precedenti la guerra di Troia.

• L'epos e il genere epico •

È evidente che siamo di fronte a due mondi lontani: da una parte la società arcaica, dove prevale l'oralità e il racconto mitico delle storie, dall'altra l'Atene del V secolo a.C. in cui, insieme alla democrazia, si va diffondendo la **cultura razionale**, che attraverso la scrittura tende a una definizione documentata dei dati reali.

All'orecchio di Tucidide, dunque, quella di Omero è poesia, termine improprio per definire la materia cantata nei poemi arcaici; e, secondo il suo modo di pensare, Poesia e Storia – come affermerà Aristotele – sono su due piani diversi e hanno funzioni distinte. L'aèdo non è più depositario di un sapere unico e indifferenziato – l'enciclopedia. L'epica – non più l'epos, ma il **genere epico** – ben si addice alle funzioni di canto amplificatore, di modello, d'intrattenimento, ma non può sovrapporsi alla Storia, che segue altri criteri.

È il segno definitivo di un passaggio epocale. In seguito i poeti epici – Apollonio Rodio (III sec. a.C.), i latini, come Virgilio (I sec. a.C.), Stazio (I sec. a.C.) e i compositori medievali di poemi cavallereschi – saranno coscienti di essere creatori di poesia. Diremmo oggi che in loro si mostrava la consapevolezza di essere **autori con un'individualità**, prosecutori della forma di Omero, cui lo stesso Dante si richiama, ma non più portavoci del patrimonio di conoscenze di una società.

Lo buon maestro cominciò a dire:
«Mira colui con quella spada in mano,
che vien dinanzi ai tre sì come sire:
quelli è Omero poeta sovrano;
l'altro è Orazio satiro che vene;
Ovidio è 'l terzo, e l'ultimo Lucano [...]».

Così vid'i' adunar la bella scola
di quel segnor de l'altissimo canto
che sovra li altri com'aquila vola. [...]
e più d'onore ancora assai mi fenno,
ch'e' sì mi fecer de la loro schiera,
sì ch'io fui sesto tra cotanto senno.

Dante, *Commedia*, *Inferno*, IV, 85-102, Zanichelli, Bologna, 2001

85 **Lo buon maestro**: Virgilio, guida di Dante nell'*Inferno*.
86-87 **Mira...sire**: Virgilio invita Dante a guardare colui che incede con la spada come un re.
89 **Orazio satiro**: il poeta latino del I secolo a.C., scrittore, fra l'altro, delle *Satire*.
90 **Ovidio...Lucano**: poeti latini dell'inizio e della prima metà del I secolo d.C.
97-99 **la bella scola...vola**: Dante chiama "scuola" la compagnia di poeti che si ritrova a seguire Omero, il "caposcuola" che vola altissimo, come l'aquila sugli altri uccelli.
101-102 **schiera...senno**: Dante è chiamato a essere il sesto in quella schiera di poeti così saggi.

Virgilio

Didone invita l'aèdo Iopas al canto ed Enea a raccontare di sé

ANALISI VISUALE

Da sette anni Enea sta navigando per il Mediterraneo in cerca di una terra dove fondare la nuova Troia. L'opposizione della dea Giunone spinge lui e la sua flotta a sbarcare nei pressi della città di Cartagine, governata dalla regina Didone. La sovrana accoglie con generosità gli ospiti e, a sera, dopo un ricco banchetto, invita l'aèdo Iopas al canto ed Enea a raccontare del proprio passato.

Da
Eneide (libro I, vv. 728-756),
I secolo a.C.

Poema epico

Qui la regina richiese e riempì di puro vino una patera
pesante di gemme e d'oro, che Belo e da Belo tutti
erano soliti usare: allora si fece silenzio nelle sale:
«O Giove (per detto comune tu infatti governi i diritti degli ospiti)
compiaciti che sia felice questo giorno per i Tirii e per coloro
che da Troia partirono e che i nostri posteri se ne rammentino.
Vi partecipi Bacco, dispensatore d'allegrezza, e Giunone benefica;
e voi, o Tirii, celebrate con convinto favore quest'incontro».
Disse, e sulla mensa versò in segno d'onore gocce del liquido,
e per prima ne attinse sfiorandolo con la punta delle labbra;
poi la passò a Bitias, sollecitandolo; si servì quello senza esitare
della spumante patera e si tuffò nell'oro ricolmo;
in seguito gli altri dignitari. Con una cetra dorata intona un canto
il chiomato Iopas, a cui fu maestro l'eccelso Atlante.
Canta costui il ciclo della luna e le eclissi del sole,
di dove la genitura d'uomini e animali, di dove piogge e fulmini,
Arcturo e le Iadi piovose e la coppia dei Carri,

728 **patera**: coppa.

729 **Belo e da Belo tutti**: Belo (un antenato di Didone) e tutti i suoi discendenti.

730 **sale**: le sale della reggia di Didone.

731 **governi i diritti degli ospiti**: Giove era considerato protettore degli ospiti.

731-733 **«O Giove...rammentino**: Didone prega Giove affinché la giornata sia felice sia per i Tirii sia per i troiani, accomunati dal destino di essere esuli.

732 **Tirii**: di Tiro; Didone e i suoi sudditi avevano fondato la città di Cartagine dopo essere fuggiti da Tiro, dove regnava Pigmalione, spietato tiranno e fratello di Didone.

733 **posteri**: coloro che verranno dopo, nel futuro.

736 **sulla mensa versò in segno d'onore gocce del liquido**: versò del vino sulla mensa come offerta agli dèi.

737 **sfiorandolo con la punta delle labbra**: Didone sfiora soltanto la coppa del vino, bagnandosi appena le labbra, perché così si conveniva alle donne.

741 **il chiomato Iopas**: è l'aèdo; i cantori portavano i capelli lunghi («chiomato») come Apollo, dio delle arti.

741 **Atlante**: era il gigante che reggeva sulle spalle la volta del cielo.

742-746 **Canta costui...notti**: l'aèdo canta i fenomeni naturali che i popoli antichi, non riuscendo a decifrarli scientificamente, spiegavano facendo ricorso al mito.

743 **di dove la genitura**: qual è l'origine.

Jean-Baptiste Germain, *Enea e Didone* in una statuetta in bronzo del XIX secolo. (Collezione Privata)

perché tanto s'affrettino a bagnarsi nell'Oceano i soli
d'inverno, o che impaccio ostacoli il tardo sopravvenire delle notti.
Replicano gli applausi i Tirii, e fanno loro eco i Troiani.
E ancora e ancora prolungava la veglia con vario conversare
la sventurata Didone, e assorbiva lentamente l'amore,
molto interrogando su Priamo, molto su Ettore;
ora con quale armamento fosse venuto il figlio dell'Aurora,
ora sull'aspetto dei cavalli di Diomede, ora sulla grandezza d'Achille.
«Ma anzi, ospite, raccontaci dal primo principio
l'agguato» chiede «dei Danai e le vicende dei tuoi
e il tuo errare: perché ormai è la settima estate
a portarti errabondo per ogni terra e per ogni mare».

Virgilio, *Eneide*, I, 728-756, trad. it. di R. Scarcia, Bur Rizzoli, Milano, 2002

744 **Arcturo…Iadi…Carri**: costellazioni.

745-746 **perché tanto…notti**: perché d'inverno le giornate siano brevi e le notti lunghe.

749 **assorbiva lentamente l'amore**: ascoltando i racconti di Enea, Didone si innamora di lui.

750-752 **molto interrogando… grandezza d'Achille**: Didone fa molte domande, informandosi sui protagonisti della guerra di Troia: il re Priamo, Ettore, Mémnone («il figlio dell'Aurora»), Diomede, Achille.

753 **ospite**: ora Didone si rivolge a Enea.

754 **Danai**: Greci.

Enea alla corte della regina Didone in un arazzo olandese del XVII secolo (Amsterdam, Rijksmuseum)

Attività

Leggere e comprendere

1 **L'inizio solenne** La situazione iniziale del passo è solenne. Da che cosa lo si comprende?

2 **Le invocazione alle divinità** Quali divinità invoca la regina perché gli ospiti troiani siano adeguatamente onorati?

a. I Dioscuri

b. Giove, Venere e Vulcano

c. Giove, Bacco e Giunone

d. Oceano e l'Aurora

3 **Le azioni rituali** Dopo l'invocazione della regina, quali gesti rituali sono compiuti e da chi?

4 **L'aèdo** In un'atmosfera festosa e solenne inizia il canto dell'aèdo. Chi è? Da chi è stato istruito?

5 **I temi** Quali argomenti sono trattati dall'aèdo?

a. La mitologia e l'astronomia

b. L'origine della vita

c. Le vicende degli dèi

d. La sorte degli uomini

6 **Gli ascoltatori** Quale atteggiamento mostrano gli ascoltatori dopo il canto di Iopas?

7 **La richiesta di Didone** Quale evento e quali personaggi Didone chiede a Enea di ricordare?

8 **L'esortazione finale** Quale ultima dolorosa domanda pone la regina a Enea?

Riconoscere e analizzare

9 **Il canto di Iopas** Che cosa denota il fatto che l'aèdo Iopas canti durante un solenne banchetto?

a. Il desiderio dei convitati di distrarsi

b. La volontà di rendere onore alle Muse

c. L'importanza dell'aèdo

d. Il senso di ospitalità verso i Troiani

10 **Gli epiteti** Due epiteti concentrati in un solo verso sottolineano l'importanza dell'aèdo. Quali sono e in che verso sono contenuti?

....

....

11 **Lo spazio** Ritrova i versi in cui si parla della volta celeste e approfondisci uno dei miti che vi è richiamato.

12 **Il lessico** Il testo presenta una poesia adatta a un momento di festa. Individua alcuni termini che la illustrano.

....

....

....

....

....

Rielaborare e produrre

13 **Discutere** Al verso 737 leggiamo: «per prima ne attinse sfiorandolo con la punta delle labbra». Perché Didone non beve, ma sfiora soltanto il vino? Perché non gradisce la bevanda o perché, nella cultura romana, le donne non potevano bere vino? Confronta la tua opinione con quella dei tuoi compagni in un dibattito in classe, e poi esponi l'interpretazione per te più valida in un discorso ampio e articolato.

14 **Il riassunto** Sintetizza il passo in 100 parole.

15 **L'arte di improvvisare** Non esistendo la scrittura, come pensi che l'aèdo Iopas possedesse i temi che canta davanti a Didone e ai Troiani?

....

....

....

....

....

....

....

....

....

....

16 **L'epica e la storia** Con l'aiuto dell'insegnante e consultando il libro di storia, spiega in un breve testo espositivo quale possibile evento storico è stato mitizzato con l'epico racconto della guerra di Troia che Didone sollecita a Enea.

Il linguaggio epico

• Caratteristiche del linguaggio epico •

L'**origine orale** dell'epos ha contribuito allo sviluppo di caratteristiche formali, inizialmente connesse al tipo di trasmissione, poi divenute tipiche. Nei secoli successivi, il passaggio alla scrittura ha consolidato queste forme, che si sono caratterizzate come proprie del genere epico.

Alcune **caratteristiche** del linguaggio epico sono:

- lo **stile formulare**: compaiono di frequente **formule fisse** per caratterizzare eroi e situazioni ricorrenti (Apollo «che lungi saetta», Achei «schinieri robusti», Ettore «massacratore», Achille «piede veloce»); questo serviva a dare continuità ai personaggi, a renderli immediatamente riconoscibili all'uditorio e a facilitare l'aèdo nella memorizzazione di composizioni molto lunghe. Nello stile formulare rientra anche il frequente ricorso alla **similitudine** («Come la stella avanza fra gli astri nel cuor della notte, / Espero, l'astro più bello ch'è in cielo, / così lampeggiava la punta acuta, che Achille scuoteva / nella sua destra», *Iliade*, XXII, 317-320) e ai paragoni naturali, che richiamano il mondo della quotidianità (caccia, agricoltura, vita religiosa) e sono ben presenti nell'immaginario dell'uditorio:
- l'uso prevalente della **paratassi**;
- la **forma espressiva solenne** e **aulica**, cioè di tono alto e raffinato, come si addice a contenuti civili e religiosi importanti;
- la **struttura ripetitiva**, che si apre con un **proemio** (o **protasi**) nel quale l'autore **invoca le Muse** o una divinità perché lo assista e lo ispiri adeguatamente; segue quindi l'**enunciazione del tema**. Nel proemio dei poemi cavallereschi rinascimentali era espressa anche la dedica al signore protettore del poeta;
- la **voce narrante esterna**, che racconta i fatti in **terza persona**;
- la **redazione in esametri** (▶ p. 47), il verso che rimarrà pressoché inalterato per tutta la tradizione classica, da Omero fino ai Latini.

Le Muse danzano in un particolare del *Parnaso* di Andrea Mantegna, dipinto nel 1497. (Parigi, Museo del Louvre)

• Il metro dell'epica: l'esametro •

Il termine "epos" ha una doppia valenza: il canto epico è una narrazione, il racconto di vicende straordinarie, ma è anche **poesia in versi**, espressa attraverso un preciso schema metrico che nell'epica greca (e poi in quella latina) è quello dell'**esametro**. Secondo l'etimologia, l'esametro (letteralmente "dai sei *metra* = misure") si presenta come una successione di sei *metra*, cioè di sei "unità minime", costituite da tre e in qualche caso da due sillabe ciascuna, a formare il verso.

Ecco lo schema dell'esametro dattilico tipico di Omero, che verrà poi utilizzato anche da Virgilio nell'*Eneide*.

–́⏔, –́⏔, –́⏔, –́⏔, –́⏑⏑, –́⏒

Ménin aéide, theá, Peléiadéo Achiléos
Canta, o dea, l'ira d'Achille Pelide

Árma virúmque canó, Troiaé qui prímus ab óris
Canto le armi e l'eroe, il quale per primo dalle coste di Troia

Sono gli l'*incipit* dell'*Iliade*, in una versione traslitterata dal greco, e dell'*Eneide*, con gli accenti, ossia i punti in cui nella lettura metrica (quello che è stato definito "il recitar cantando" dell'antichità) l'aèdo si soffermava.

• Il metro eroico italiano: l'endecasillabo •

Riportiamo la più celebre traduzione poetica del primo verso dell'*Iliade*, a opera del poeta Vincenzo Monti (1754-1828).

Cantami, o diva, del Pelide Achille

L'esametro è sostituito dal "verso eroico" della nostra tradizione poetica, vale a dire l'**endecasillabo**. Dalla *Commedia* in avanti questo metro diventa tipico della **poesia aulica** e, nei poemi, di quella epica in particolare. Sarà utilizzato per tradurre, oltre che Omero, anche Virgilio.

Il poema epico cavalleresco, sul modello dell'epica carolingia, inserirà l'endecasillabo in un sistema strofico in cui ogni stanza, o lassa, in sé chiusa, era formata da otto endecasillabi, e perciò era detta ottava.

Ecco la prima strofa della *Gerusalemme liberata* di Torquato Tasso (1544-1595), il poema eroico cristiano più celebre della nostra tradizione letteraria. Degli otto endecasillabi, i primi sei sono a rima alternata, gli ultimi due a rima baciata, secondo lo schema ABABABCC:

Canto l'arme pietose e 'l capitano	A
che 'l gran sepolcro liberò di Cristo.	B
Molto egli oprò co 'l senno e con la mano,	A
molto soffrí nel glorioso acquisto;	B
e in van l'Inferno vi s'oppose, e in vano	A
s'armò d'Asia e di Libia il popol misto.	B
Il Ciel gli diè favore, e sotto a i santi	C
segni ridusse i suoi compagni erranti.	C

Omero

Odisseo sollecita l'aèdo Demodoco al canto

ANALISI VISUALE

Da
Odissea
(libro VIII,
vv. 469-498),
VIII secolo a.C.

Poema epico

Odisseo si trova presso i Feaci, ospite alla reggia del re Alcinoo, padre di Nausicaa, che l'ha salvato dal naufragio. Ora, attorno al banchetto allestito in suo onore, s'intrecciano racconti, si scambiano complimenti reciproci e doni. Il re Alcinoo sollecita l'aèdo Demodoco ad allietare il convito con il suo canto (come farà, nell'*Eneide* di Virgilio, la regina Didone con l'aèdo Iopas alla presenza di Enea ► p. 43).

Cosí dicendo, sedette sul trono accanto al re Alcinoo,
e quelli già dividevano le parti e versavano il vino.
Intanto l'araldo arrivò guidando il fedele cantore,
Demodoco, stimato da tutti, e lo fece sedere
in mezzo ai convitati, appoggiato a un'alta colonna.
Allora l'astutissimo Odisseo chiamò l'araldo, dopo avere tagliato
un pezzo di lombo di un cinghiale dai bianchi denti,
ma la piú parte restava, intorno c'era grasso abbondante.
«Ecco qua, araldo, porta questa carne a Demodoco
perché la mangi: gli voglio rendere onore, sebbene afflitto.
Da tutti gli uomini che vivono in terra gli aedi
devono avere onore e rispetto, perché la Musa
ha insegnato loro i canti e ne ama la stirpe».
Cosí disse, e l'araldo prese il pezzo di carne
e la portò a Demodoco, che l'accolse lieto nel cuore.
Stesero le mani alle vivande pronte, imbandite.
Quando ebbero saziato il bisogno di cibo e di bevande,
allora l'astutissimo Odisseo parlò a Demodoco:
«Demodoco, io ti apprezzo al di sopra di tutti gli uomini:
ti ha istruito la Musa figlia di Zeus, oppure Apollo.
Hai cantato bene il destino dei Greci,
cosa fecero e cosa patirono e quanto soffrirono,
come l'avessi visto in persona, o sentito da un altro.
Ma su, ora cambia, e canta del cavallo di legno
che Epeo costruí con l'aiuto di Atena,
l'inganno che introdusse in città il nobile Odisseo,
dopo averlo riempito degli uomini che devastarono Troia.
Se canterai bene anche di questo,
senz'altro voglio dire a tutti quanti gli uomini
che un dio benigno ti ha concesso il canto divino».

Omero, *Odissea*, VIII, 469-498, trad. it. di G. Paduano, Einaudi, Torino, 2010

470 **quelli**: i servi.
476 **la piú parte**: la parte più grande del cinghiale.
492 **cambia**: cambia argomento.
493 **Epeo**: guerriero greco che, con l'aiuto della dea Atena, costruì il cavallo di legno in cui si nascosero i Greci per entrare a Troia.

Attività

Leggere e comprendere

1 **La scena** In quale situazione si trova Odisseo?
- **a.** In un solenne rito religioso
- **b.** In un solenne banchetto regale
- **c.** In una cruenta battaglia
- **d.** In una gara di canto tra aèdi

2 **Demodoco** Riporta le parole del testo che presentano l'aèdo.

3 **L'accoglienza** Quale accoglienza viene riservata a Demodoco? Motiva la tua risposta.
- **a.** Fredda
- **b.** Formale
- **c.** Rispettosa
- **d.** Amichevole

4 **Odisseo** Perché Odisseo dichiara di voler rendere grande omaggio a Demodoco?
- **a.** Lo conosce da tempo
- **b.** Tutti devono rendere onore agli aèdi
- **c.** Vuole chiedergli un favore
- **d.** Deve ricambiare un favore

5 **I temi** Quali sono i temi trattati nei canti di Demodoco?
- **a.** Le vicende dei Greci nella guerra di Troia
- **b.** I miti legati ad Apollo e alle Muse
- **c.** Il ritorno di Odisseo
- **d.** La storia di Alcinoo e dei Feaci

6 **La richiesta** Quale altro argomento Odisseo chiede a Demodoco di cantare?

Riconoscere e analizzare

7 **Il personaggio** Demodoco è un aèdo. Spiega chi erano gli aèdi e come venivano considerati nella società greca? PAG. 38

8 **Lo spazio** A Demodoco nella sala del banchetto è riservato un posto speciale. Quale?

9 **La Musa** In che senso la Musa ha «istruito» Demodoco, che ha «cantato bene il destino dei Greci» (v. 489)?

10 **Il proemio** Riconosci, nell'invito di Odisseo a Demodoco, le parti in cui si divide il proemio del canto.

11 **Il lessico** Quali parole di apprezzamento sono attribuite a Demodoco nel testo?

12 **Gli epiteti** La tradizione orale del testo è testimoniata dalla presenza di epiteti fissi. Trovane almeno tre.

....

....

....

Rielaborare e produrre

13 **Discutere** Perché Odisseo offre un succulento pezzo di carne a Demodoco? Perché lo rispetta sommamente come aèdo oppure perché si aspetta che egli ricambi il suo gesto cantando ciò che gli richiede? Confronta la tua opinione con quella dei tuoi compagni in un dibattito in classe ed esponi poi l'interpretazione per te più valida in un discorso ampio e articolato.

14 **Il riassunto** Sintetizza il testo in 80 parole.

15 **La trasmissione orale** Qual era la funzione concreta dell'oralità in epoche prive di scrittura? Svolgi un'accurata ricerca e riporta le tue considerazioni in un testo espositivo di 150 parole.

L'immagine di un suonatore di lira dipinta su un calice greco a figure rosse del 500 a.C. (Parigi, Museo del Louvre)

Omero

Glauco, Diomede e il duello mancato

ANALISI VISUALE

Da
Iliade (libro VI, vv. 119-236),
VIII secolo a.C.
Poema epico

L'*Iliade* narra alcune vicende dell'ultimo anno della guerra di Troia, combattuta tra i Greci (Achei) e i Troiani. In questo brano, uno dei più forti guerrieri achei, Diomede, incontra Glauco, guerriero licio. Prima di accingersi al duello con lui, l'Acheo ha uno scambio di battute con l'altro contendente, com'era uso nei duelli, e chiede le generalità dell'avversario, temendo di scontrarsi con un dio, contro il quale è da empi combattere.

Statua in marmo di Diomede, copia romana da originale greco del 450-430 a.C. (Napoli, Museo Archeologico Nazionale)

Ma Glauco figliuolo d'Ippoloco e il figlio di Tideo
si incontrarono entrambi nel mezzo, avidi di combattere;
e quando già eran vicini, marciando l'uno contro l'altro,
Diomede possente nel grido parlò all'altro per primo:
«Chi sei tu, nobilissimo, fra gli uomini mortali?
Mai t'ho veduto nella battaglia gloria dei forti
prima d'ora; ed ecco tu molto ti sei fatto avanti fra tutti
col tuo coraggio, sfidi la mia asta ombra lunga.
Figli di miseri padri affrontano il mio furore!
Ma se un immortale tu sei e qui venisti dal cielo,
io non voglio combattere con i numi celesti
[…]»

E parlò pure il figlio luminoso d'Ippoloco:
«Tidìde magnanimo, perché mi domandi la stirpe?
Come stirpi di foglie così le stirpi degli uomini;
le foglie, alcune ne getta il vento a terra, altre la selva
fiorente le nutre al tempo di primavera;
così le stirpi degli uomini: nasce una, l'altra dilegua.
Se anche questo però vuoi sapere, per conoscerla bene
la stirpe mia, molti la sanno fra gli uomini.
[…]

Ecco la stirpe ed il sangue di cui mi vanto d'essere».
Disse così, gioì Diomede potente nel grido,
piantò la lancia dentro la terra nutrice di molti,
e parlò con parole di miele al pastore d'eserciti:
«Ma dunque tu sei ospite ereditario ed antico per me!
Oineo glorioso, una volta, Bellerofonte senza macchia

119 **figlio di Tideo**: Diomede.
144 **Tidìde**: patronimico, "figlio di Tideo", vale a dire: Diomede.
216 **Oineo**: nonno di Diomede; **Bellerofonte**: eroe greco «senza macchia», nonno di Glauco.

ospitò nel palazzo, lo tenne con sé venti giorni;
essi si fecero splendidi doni ospitali:
Oineo gli diede una fascia splendente di porpora,
Bellerofonte una coppa d'oro a due manici,
che io partendo nella mia casa ho lasciato.
Non rammento Tideo, perché tuttora in fasce
m'abbandonò, quando perì a Tebe l'esercito acheo.
Ed ecco, che un ospite grato ora per te, laggiù nell'Argolide
io sono, e tu nella Licia, quand'io giungessi a quel popolo;
dunque evitiamo l'asta l'un dell'altro anche in battaglia,
ché vi son per me molti Teucri, molti alleati gloriosi
da uccidere, quelli che manda un dio o che raggiungo correndo.
E anche per te molti Achei ci sono da uccidere, quelli che puoi.
E scambiamoci l'armi l'un l'altro; anche costoro
sappiano che ci vantiamo d'essere ospiti antichi».
Parlando così, balzarono giù dai cavalli,
presero l'uno la mano dell'altro, si dettero fede.
A Glauco allora, però, Zeus Cronide levò il senno,
ché scambiò con Diomede Tidìde armi d'oro
con armi di bronzo, cento buoi con nove buoi.

Omero, *Iliade*, VI, 119-236, trad. it. di R. Calzecchi Onesti, Einaudi, Torino, 1982

223 **perì...acheo**: allusione alla guerra dei sette eroi achei contro Tebe, cui partecipò anche il padre di Diomede.

224 **Argolide**: la terra di Argo.

225 **Licia**: regione vicino a Troia, dove regnava Glauco.

Un combattimento tra guerrieri in un fregio greco proveniente dal tesoro di Sifni, 525 a.C. (Delfi, Museo Archeologico)

Attività

Leggere e comprendere

1 **L'identificazione** Diomede incontra Glauco e gli chiede l'identità. Come mai?
a. Teme che ci sia uno scambio di persona
b. Crede che l'avversario sia un altro
c. Si tratta di una prassi tipica dei duelli
d. Vuol essere sicuro che si tratti proprio di Glauco

2 **Uomini e dèi** Ai versi 128-129 è spiegato un altro dei motivi per cui Diomede ha chiesto a Glauco chi sia. Quale?
a. Diomede è vile e teme quelli più forti di lui
b. Diomede è molto prudente e vuol conoscere bene il nemico prima di combattere
c. Diomede vuole sfidare solo guerrieri di grande fama per rendere indimenticabile la propria impresa
d. Diomede teme che si tratti di un dio perché sarebbe un gesto folle sfidare una divinità

3 **La risposta** Prima di rivelare la propria identità, Glauco risponde con una domanda retorica e richiama un principio morale universale, valido per tutti. Perché fa questa premessa? A che cosa vuole alludere?

4 **Le vecchie generazioni** Oineo è il nonno di Diomede, Bellerofonte il nonno di Glauco. A loro risale il vincolo di ospitalità. Da quale terra provenivano? Quali doni si scambiarono?

5 **Un valore fondamentale** Diomede, che pure è indubbiamente il più forte dei due, decide di non combattere. Perché? Esiste un valore che supera la ricerca dell'onore? Qual è?

6 **I riti di pace** Quali sono i gesti che sanciscono la pace fra i due contendenti mancati?

7 **Un gesto inconsulto** Perché Zeus «levò il senno» (v. 234) a Glauco? Glauco non era, in fondo, consapevole di essere inferiore e quindi di averla scampata?

Riconoscere e analizzare

8 **Gli epiteti** Individua gli epiteti formulari presenti nel brano.

9 **Il patronimico** Uno solo dei due eroi è individuato con il patronimico. Quale e con quale forma?

10 **La similitudine** Glauco introduce una similitudine, come è molto frequente nell'epica. Rintracciala e spiegane il significato.

11 **L'elegia** La premessa al discorso di Diomede può essere definita un'elegia, in quanto la riflessione non sviluppa un argomento epico e presenta diversi elementi di carattere lirico. Indica i versi in cui è presente il tono elegiaco.

Rielaborare e produrre

12 **L'ospitalità presso i Greci** A partire dal rilievo che ha in questo episodio e dopo esserti documentato con l'aiuto dell'insegnante, scrivi un testo espositivo di 100 parole in cui definisci l'ospitalità nella cultura greca arcaica e l'importanza che aveva nelle relazioni sociali.

13 **La vita umana** La similitudine tra vita umana e foglie degli alberi avrà una fortuna letteraria larghissima: già Mimnermo, poeta lirico greco vissuto attorno al 600 a.C., la utilizza e le conferisce un'ulteriore connotazione:

Noi, come le foglie, genera la fiorita stagione
di primavera, quando ad un tratto crescono ai raggi del sole,
simili a quelle, per breve tempo del fiore di giovinezza
godiamo, da parte degli dèi ignorando così il male
come il bene. Ma le nere sorti sovrastano,
l'una recando il termine di vecchiaia molesta,
l'altra di morte: e per poco nasca di giovinezza
il frutto, quanto sulla terra si spande il sole.
Ma appena poi questo termine di tempo sia trascorso,
subito morire, ecco, è meglio che vivere.

(Mimnermo, fr. 2 *Diehl*, trad. it. di R. Cantarella)

Analoga è l'ispirazione di Giuseppe Ungaretti (1888-1970) che, mentre è al fronte sul Carso, durante la Prima guerra mondiale, scrive:

Si sta come
d'autunno
sugli alberi
le foglie.

(G. Ungaretti, *Allegria di naufragi*)

Fai una parafrasi dei due passi e confronta il loro stile con quello omerico. Poi scrivi un tema intitolato "La caducità della condizione umana". Parti dal significato conferito da Omero alla similitudine e sottolinea le connotazioni che via via vengono assegnate dai successori. Concludi con un giudizio personale sull'efficacia che conserva l'immagine per descrivere la condizione umana.

PERCORSO B

Dèi, eroi, uomini

UNITÀ 1

Alle origini del mondo

• Il mito, la risposta dell'uomo • Senza un sicuro sistema filosofico di riferimento e in mancanza di risposte scientifiche, l'uomo ha elaborato appunto delle sue spiegazioni, i **miti**, i cui protagonisti sono dèi, semidei ed eroi.

Ne abbiamo una riprova nel percorso che ruota attorno all'eroe più antico e misterioso, il sumerico Gilgameš, attorno alla *Bibbia*, il libro per eccellenza, e poi attorno a narrazioni dettate dal mondo greco-romano, che ricordano come l'uomo abbia saputo prendere possesso della terra.

Tale patrimonio di racconti fantastici ha trovato una diretta corrispondenza nella poesia, nella letteratura e nelle arti di ogni tempo e mantiene invariato tuttora il proprio fascino.

Proponiamo tre esempi di espressioni pittoriche che hanno origine in secoli diversi, realizzate con diversa tecnica, ma accomunate dalla medesima ispirazione.

• La creazione del mondo in tre esempi • Nell'illustrare la ***Bibbia*** (*Bibbia di Souvigny*, fine XII sec.), un **miniaturista** francese del XII secolo si è preso qualche libertà, senza comunque tradire lo spirito religioso biblico. Ha raffigurato la narrazione della creazione, che si articola in sette giorni (la settimana del calendario liturgico cristiano), in otto riquadri. Nel primo giorno Dio crea la luce e la divide dalle tenebre; nel secondo fa nascere in mezzo alle acque il firma-

La creazione del mondo, fine XII secolo, miniatura della *Bibbia di Souvigny*. (Moulins, Biblioteca municipale)

DOMANDE

- Perché il miniaturista ha sostituito il settimo giorno (riposo di Dio) con due scene riguardanti la nascita di Eva e il peccato originale?
- Come è stato espresso da Tintoretto il soffio della vita?
- Nel dipinto di Blake, quali aspetti geometrici suggeriscono l'idea di perfezione e di progettazione?

mento; nel terzo giorno raccoglie le acque e fa apparire la terra; nel quarto giorno crea il sole, la luna e le stelle; nel quinto giorno crea i pesci nel mare e gli uccelli nel cielo; nel sesto giorno crea gli animali terrestri; nel settimo giorno la Bibbia dice che Dio si è riposato, ma il miniaturista raffigura la creazione di Adamo ed Eva. In corrispondenza dell'ottavo giorno è rappresentato il peccato originale.

Oltre quattro secoli dopo, un grande pittore della Scuola veneta, Jacopo Robusti detto il **Tintoretto** (1519-1594), dipinge alcune tele che si ispirano ai fatti della *Genesi*; tra queste *La creazione degli animali* (1550 ca.), rappresentazione dell'opera divina del quinto e sesto giorno. Dio Padre è sospeso al centro della tela, avvolto in una luce abbagliante, con l'indice alzato nell'atto della creazione. Davanti a sé, nel cielo sfrecciano tutti i volatili, nel mare guizzano i pesci, ordinati secondo le diverse specie: sono proprio questi animali con il loro movimento a esprimere il "brulichio" della vita. Alle sue spalle, attorno a un albero si agitano anche gli animali terrestri, mossi da una corsa sfrenata, da una vitalità infusa dall'atto creativo.

Collocato nella profondità dei tempi, tra la materia ancora in evoluzione, un antico Dio Padre s'inchina verso l'oscurità per prendere le misure di ciò che si appresta a creare: l'Universo, la Terra, la vita. L'artista è l'inglese William **Blake** (1757-1827), uno spirito ribelle e visionario, e l'opera in questione è intitolata *Dio creatore* (1827), una delle ultime prodotte prima della morte.

William Blake, *Dio creatore*, 1827. (Manchester, Galleria dell'Università)

A sinistra, Tintoretto, *La creazione degli animali*, 1550 ca. (Venezia, Gallerie dell'Accademia)

in questa Unità impareremo a

- **conoscere** l'origine o la tradizione orale dei miti, la dizione formulare e i caratteri fondamentali del racconto mitico
- **comprendere** il significato globale dei testi, le domande di fondo a cui il mito tenta di dare spiegazione, le peculiarità di dèi, eroi e uomini in essi presenti
- **riconoscere e analizzare** i racconti mitici secondo le caratteristiche della forma, del contenuto, della cultura a cui appartengono per approfondirne la comprensione e operare confronti con altri testi di analogo tema
- **interpretare** i testi secondo i caratteri polisemici (morale, politico, religioso, sociale e psicologico) in essi presenti
- **produrre** sintesi dei racconti mitici, testi espositivi e narrativi legati agli argomenti contenuti nei passi
- **comunicare oralmente** riferendo i contenuti dei passi, confrontando opinioni personali per ampliare la riflessione ed esprimerla in forma strutturata e chiara

in questa Unità scopriremo

PERCORSO B

UNITÀ 1

Siamo soliti pensare all'*Iliade* e all'*Odissea* come ai testi che esprimono maggiormente la grande poesia epica dell'antichità. Già in precedenza però altre civiltà, come i Sumeri, gli Indiani, gli Egizi, gli Ebrei, avevano prodotto opere che fornivano una descrizione del grande e vasto tema delle origini del mondo.

Il principe sumero Gudea rappresentato su una statua dedicata al dio Ningishzida, 2120 a.C. (Parigi, Museo del Louvre)

• Gilgameš, figlio del divino •

La civiltà mesopotamica dei Sumeri ha elaborato un lungo e fantastico racconto: *L'epopea di Gilgameš*, di cui abbiamo già riportato l'*incipit* a p. 36.

Questo poema racchiude in maniera ordinata le vicende epiche di un eroe sumerico, **Gilgameš**, re di Uruk, all'inizio del terzo millennio a.C. Il testo raccoglie i racconti, di per sé distinti e indipendenti, tramandati dalla **tradizione orale**. **Non abbiamo** quindi **un autore unico** a cui poter attribuire la composizione del poema, ma dobbiamo considerare l'opera espressione della civiltà mesopotamica dei Sumeri.

Le vicende di Gilgameš anticipano di oltre mille e cinquecento anni quelle narrate nei poemi omerici e costituiscono il **primo testo epico** che fonde insieme avventura, morale e tragedia. Di questa epopea non esistono testi scritti dai Sumeri; sappiamo però da varie testimonianze archeologiche che le imprese di Gilgameš erano molto conosciute e diffuse. Ne sono testimonianza le versioni babilonesi e assire a noi pervenute, redatte successivamente e probabilmente a partire dal nucleo originario sumerico. Gilgameš è quindi un eroe mitico che ha improntato di sé i racconti, le tradizioni, la letteratura di tutte le civiltà del Medio Oriente.

Il suo nome e le sue vicende, però, sono andate perse per lungo tempo, fino a quando, a metà del XIX secolo, alcuni archeologi scoprirono, a Ninive, la biblioteca del re assiro Assurbanipal (668-631 a.C. ca). Fra gli altri testi, trovarono le tavolette di argilla sulle quali, in caratteri cuneiformi, era incisa la storia di Gilgameš. Da una meticolosa opera di **copiatura e ricostruzione** del testo è scaturita la prima monumentale edizione dell'*Epopea di Gilgameš*.

• Il testo sacro della *Bibbia* •

La *Bibbia* (XIII sec. a.C.-I sec. d.C.) è il libro più stampato e diffuso in tutta la storia dell'umanità. Il nome "Bibbia" deriva da *biblía*, neutro plurale di un sostantivo greco che significa "libri", in uso a partire dal III secolo d.C. Si tratta, infatti, di un'opera composta da **numerosi libri**, diversi per forma e contenuto, scritti da **molti autori** lungo un **ampio arco temporale**. L'abitudine di denominarla al femminile, la *Bibbia*, risale all'epoca medievale, in cui si era persa la conoscenza del greco e quindi del significato originale del termine. Vige da tempo anche la consuetudine di riferirsi alla *Bibbia* con le dizioni *Sacra Scrittura* o *Sacre Scritture*.

La Bibbia si divide in due grandi parti:

- l'**Antico Testamento**, costituito da 46 libri nei quali è narrata la storia del popolo ebraico prima della nascita di Cristo, riconosciuti come sacri sia dagli ebrei sia dai cristiani;
- il **Nuovo Testamento**, costituito da 27 libri che raccontano la vita di Gesù Cristo e la predicazione degli apostoli. Questa seconda parte è riconosciuta come sacra solo dai cristiani.

I primi testi biblici sono datati attorno al XIII secolo a.C. e trattano eventi della storia ebraica ancora più antichi, e come tali appartenenti a una dimensione mitica. Soltanto attorno al IV secolo a.C., poi, l'elaborazione dei testi portò a una forma pressoché definitiva. In questo enorme lasso di tempo si accumulò un patrimonio storico-religioso conservato attraverso la trasmissione orale. I vari estensori dei testi, detti **agiografi**, cioè scrittori di "cose sacre" (*ághion*, in greco), hanno trasposto per iscritto queste storie in secoli successivi, quando la scrittura ebbe una diffusione maggiore. In generale, dunque, i libri del **Vecchio Testamento** furono **redatti in lingua ebraica** e tradotti in greco solo in seguito, intorno al III secolo a.C. (la cosiddetta **versione "dei Settanta"**, in riferimento al numero dei traduttori coinvolti). Il **Nuovo Testamento** fu invece elaborato nel **I secolo d.C.** e scritto direttamente **in lingua greca** (eccetto il Vangelo di Matteo, la cui prima versione in aramaico fu poi trasposta in greco).

Antico e Nuovo Testamento sono i libri "canonici" della cristianità. La Chiesa ritiene siano stati scritti sotto l'**ispirazione divina** e per questo costituiscano il "canone", cioè l'insieme delle regole di condotta, di norme di vita, di verità di fede dettate direttamente da Dio. I **testi "apocrifi"** (lett. "tenuti nascosti"), invece, sono quei testi che la Chiesa non ritiene di ispirazione divina e non sono pertanto un riferimento per i fedeli.

• La *Bibbia* tra storia ed epica • La *Bibbia* ha accompagnato il cammino del popolo ebraico, di cui ha narrato le tumultuose vicende, divenendone fonte d'ispirazione e di guida morale. Oltre che un **valore religioso**, questo testo riveste, dunque, anche un **valore storico**: ci informa dei fondamentali passaggi della storia ebraica, e nello stesso tempo fornisce utili testimonianze su altre civiltà orientali, con le quali gli ebrei entrarono in contatto, come gli Egiziani, i Babilonesi, gli Assiri.

Lucas Cranach, *I soldati del faraone inghiottiti nel Mar Rosso*, 1530. (Schloss, Bayerischen Staatsgemälde sammlungen)

La *Bibbia*, però, ha anche una sua specifica **dimensione epica**. Personaggi-eroi eccezionali, così come accade nell'epica classica, rappresentano modelli di comportamento e sono protagonisti di racconti mitici. Tra questi ricordiamo **Mosè**, che presenta le tipiche caratteristiche del condottiero di un popolo, protagonista del leggendario passaggio del Mar Rosso e capace, con l'aiuto divino, di far scaturire in pieno deserto l'acqua dalla roccia con il semplice tocco del suo bastone. Si pensi anche al giovanissimo **Davide**, che con un colpo di fionda abbatte il gigantesco Golia; al profeta **Giona** che, in fuga da Dio e dai suoi doveri, è ingoiato da un mostro marino e quindi costretto ad andare a predicare là dove Dio l'aveva destinato; a **Giosuè**, che con un atto di fede chiede a Dio di fermare il corso del sole per avere il tempo necessario per portare a termine una battaglia vittoriosa. La narrazione, costellata da questi episodi e animata da queste figure eroiche, porta a collocare anche la *Bibbia* fra i testi epici. Anzi, è possibile affermare che questo testo sacro, dal punto di vista formale, è riconducibile alla **dimensione culturale favolistica e leggendaria** propria di ogni racconto di quei tempi.

Pieter Lastman, *Giona e la balena*, 1621. (Dusseldorf, Museum Kunstpalast)

• Esiodo, esperto di miti e di dèi •

Nella seconda metà dell'VIII secolo a.C., è il poeta **Esiodo**, prima figura storicamente attestata, a dare una sistemazione organica alla grandiosa genealogia degli dèi nella sua opera *Teogonia*, fondendo elementi filosofici con tradizioni e leggende anche di origine orientale. In epoca classica (V sec. a.C.), Eschilo, Sofocle ed Euripide attingono a piene mani ai racconti mitologici per redigere le loro tragedie. Il mito, rielaborato drammaticamente, diventa il linguaggio del **teatro tragico** che, attraverso la rappresentazione delle antiche saghe di eroi e divinità, si interroga intorno ai problemi più intimi dell'uomo.

• Il percorso antologico •

Il nostro racconto prende le mosse dalla figura di Gilgameš, l'antico eroe sumerico: in *Gilgameš ricerca il segreto dell'immortalità* (▸ p. 59) lo osserviamo mentre affronta il tema della morte, il destino riservato a tutti i mortali. Il racconto prosegue con due brani tratti dalla *Bibbia* che raccontano la creazione dell'universo e dell'uomo (*In principio Dio creò il cielo e la terra*, ▸ p. 67) e la condanna divina nei confronti di un'umanità corrotta e bellicosa (*La punizione del diluvio*, ▸ p. 73). Ci sono anche divinità che hanno compassione degli uomini, come Promèteo, il quale ingaggia una battaglia con il sommo Zeus (*Promèteo dona il fuoco agli uomini*, ▸ p. 80). Invece il poeta romano **Ovidio**, in uno dei suoi testi tratti dalle *Metamorfosi*, intitolato *Deucalione e Pirra ripopolano la terra* (▸ p. 85), racconta come dopo il diluvio la terra sia tornata a essere abitata dal genere umano. La verifica finale delle competenze propone un altro brano biblico, che narra lo scontro titanico fra il giovane ebreo Davide e il gigante Golia (*Davide abbatte il pagano Golia*, ▸ p. 94).

Anonimo

Gilgameš ricerca il segreto dell'immortalità

Addolorato per la morte dell'amico Enkidu e angosciato anche per il proprio destino di morte, Gilgameš va alla ricerca di Utnapishtim, l'unico essere umano **immortale**. Dopo un lungo cammino, giunge nel giardino degli dèi e chiede loro aiuto.

Da *L'epopea di Gilgameš*, III-I millennio a.C.

Poema epico

Gilgameš piangeva amaramente per l'amico Enkidu[1], vagava per le lande come un cacciatore, andava ramingo[2] per le pianure. Gridava nella sua amarezza: «Come posso riposare, come posso aver pace? La disperazione è nel mio cuore. Ciò che è mio fratello ora, lo sarò io quando sarò morto. Poiché ho paura della morte farò del mio meglio per trovare Utnapishtim[3], colui che chiamano il Lontano; egli infatti è entrato nel consesso degli dèi». Fu così che Gilgameš attraversò le lande[4], vagò per le praterie, un lungo viaggio alla ricerca di Utnapishtim, colui che gli dèi avevano preso con sé dopo il Diluvio; e lo avevano posto a vivere nella terra di Dilmun[5], nel giardino del sole; a lui solo fra gli uomini avevano dato vita eterna.

Di notte, quando venne ai passi della montagna, Gilgameš pregò: «Fra questi passi molto tempo fa vidi leoni, ebbi paura e levai gli occhi alla luna; pregai e le mie preghiere salirono agli dèi: o Sin, Dio Luna, proteggimi dunque ora». Quando ebbe pregato, si sdraiò per dormire, finché non si destò da un sogno. Vide intorno a sé i leoni raggianti di vita; allora afferrò la scure, trasse la spada dalla cintura e si abbatté su di loro come una freccia scoccata dalla corda, e li colpì, li abbatté e li disperse.

Così, col tempo, Gilgameš giunse a Mashu[6], ai grandi monti di cui tante cose aveva udito, posti a guardia del sole che sorge e che cala. I suoi picchi gemelli sono alti quanto il muro del cielo, i suoi poggi scendono giù fino agli Inferi. Alle sue porte fanno la guardia gli Scorpioni[7], metà uomini e metà draghi; terrificante è la loro gloria, il loro sguardo colpisce gli uomini a morte, il riverbero della loro aureola spazza le montagne poste a guardia del sole levante. Quando Gilgameš li vide, per un attimo soltanto si coprì gli occhi; poi si fece coraggio e si avvicinò. Al vederlo

PAROLE *sotto la lente*

Immortale

L'aggettivo latino *immortalis* fa riferimento al sostantivo *immortalitas,* composto dal prefisso negativo *in-* e dal tema di *mors.* Indica l'essere immortale, la condizione di chi non è soggetto alla morte. Può anche essere usato in senso estensivo, per esempio l'ottenere una fama imperitura, eterna.

Attività

Trova altri aggettivi con la stessa formazione (prefisso in negativo + radice) e che abbiano il medesimo significato.

1 **Enkidu**: è l'amico con il quale Gilgameš ha condiviso tutte le sue avventure; è morto, però, da poco e ciò è causa di profondo smarrimento per lui.

2 **ramingo**: solitario e senza meta.

3 **Utnapishtim**: è l'unico essere umano che per volere degli dèi è stato salvato dalla catastrofe del diluvio, diventando così immortale (è entrato nel «consesso degli dèi»). Gilgameš pensa di rivolgersi a lui per tentare di dare una risposta alla paura della morte.

4 **lande**: distese pianeggianti.

5 **terra di Dilmun**: è il paradiso sumerico, un luogo mitico impossibile da raggiungere per i comuni mortali.

6 **Mashu**: montagna dai grandi picchi gemelli, nella quale il sole discende al tramonto e da cui fa ritorno all'alba.

7 **Scorpioni**: tutto contribuisce a rendere terribile il luogo, anche queste presenze simbolo di morte.

così intrepido, l'Uomo-Scorpione si rivolse alla sua compagna: «Costui che viene ora a noi è della carne degli dèi[8]». Rispose la compagna dell'Uomo-Scorpione: «Per due terzi è dio, ma per un terzo è uomo».

Egli si rivolse quindi all'uomo Gilgameš, si rivolse al rampollo[9] degli dèi: «Perché hai affrontato un viaggio così lungo, perché ti sei recato così lontano, attraversando le perigliose[10] acque? Dimmi il motivo della tua venuta». Rispose Gilgameš: «Per Enkidu; molto lo amavo, insieme sopportammo fatiche di ogni genere; per causa sua sono venuto, poiché il destino comune dell'uomo si è impadronito di lui. Per lui giorno e notte ho pianto, non volevo lasciare che il suo corpo fosse sepolto, pensavo che le mie lacrime avrebbero fatto tornare il mio amico. Da quando lui se ne è andato, la mia vita non è più nulla; per questo sono giunto qui alla ricerca di Utnapishtim mio padre; gli uomini dicono infatti che egli sia entrato nel consesso degli dèi e abbia trovato la vita eterna. Desidero interrogarlo sui vivi e sui morti». L'Uomo-Scorpione aprì la bocca, parlò a Gilgameš e disse: «Nessun uomo nato da donna ha mai compiuto ciò che tu chiedi, nessun mortale è mai andato nella montagna; la sua lunghezza è dodici leghe di tenebra[11]; in essa non vi è luce ma il cuore è oppresso dal buio. Dal sorgere del sole sino al calare del sole non vi è luce alcuna». Rispose Gilgameš: «Quand'anche debba andare afflitto dal dolore, con sospiri e pianti, io debbo andare comunque. Apri la porta della montagna». E l'Uomo-Scorpione disse: «Va', Gilgameš, ti permetto di attraversare il monte di Mashu e le alte catene. Possano i tuoi piedi riportarti a casa salvo. La porta della montagna è aperta».

Gilgameš uccide il Toro del Cielo. (Bruxelles, Royal Museums of Fine Arts)

Quando Gilgameš udì queste parole fece come aveva detto l'Uomo-Scorpione, traversò la montagna seguendo il cammino del sole verso levante. Quando ebbe percorso una lega, l'oscurità si fece fitta attorno a lui, poiché non c'era luce alcuna, e nulla poteva vedere né davanti né dietro di sé. Dopo due leghe, l'oscurità era fitta e non c'era luce alcuna, nulla poteva vedere né davanti né dietro di sé. Dopo tre leghe, l'oscurità era fitta e non c'era luce alcuna, nulla poteva vedere né davanti né dietro di sé. Dopo quattro leghe, l'oscurità era fitta e non c'era luce alcuna, nulla poteva vedere né davanti né dietro di sé. Al termine di cinque leghe, l'oscurità era fitta e non c'era luce alcuna, nulla poteva vedere né davanti né dietro di sé. Al termine di sei leghe, l'oscurità era fitta e non c'era luce alcuna, nulla poteva vedere né davanti né dietro di sé. Quando ebbe percorso sette leghe, l'oscurità era fitta e non c'era luce alcuna, nulla poteva vedere né davanti né dietro di sé. Quando ebbe percorso otto leghe, Gilgameš diede un gran grido, perché l'oscurità era fitta e non c'era luce alcuna, nulla poteva vedere né davanti né dietro di sé. Dopo la nona lega sentì il vento del Nord sul suo viso, ma l'oscurità era fitta e non c'era luce alcuna, nulla poteva vedere né davanti né dietro di sé. Dopo dieci leghe la fine

8 **della carne degli dèi**: un essere divino, dal momento che è stato capace di giungere fin lì.

9 **rampollo**: figlio, discendente.

10 **perigliose**: pericolose.

11 **dodici leghe di tenebra**: è un'indicazione di distanza, reale e fantastica nel contempo. La lega esprimeva la distanza che una persona o un cavallo percorreva in un'ora, cioè 4 o 6 km.

era vicina. Dopo undici leghe apparve la luce dell'alba, compiute dodici leghe irruppe[12] la luce del sole.

Ivi[13] era il giardino degli dèi; tutt'intorno a lui stavano cespugli carichi di gemme. Appena lo vide, subito discese, poiché c'erano frutti di corniola[14] da cui pendevano i rampicanti, belli a vedersi, e foglie di lapislazzuli ne pendevano, frammiste ai frutti, dolci alla vista; invece di rovi e cardi v'erano ematiti e pietre rare, agata e perle dal mare. Mentre Gilgameš camminava nel giardino sulla riva del mare, lo vide Shamash[15], e vide che era vestito di pelli di animali e che mangiava la loro carne. Ne fu turbato, parlò e disse: «Nessun uomo mortale è mai passato di qui, né mai passerà, finché i venti incalzeranno sul mare». E a Gilgameš disse: «Non troverai mai la vita che stai cercando». A Shamash glorioso Gilgameš rispose: «Ora che ho faticato e tanto vagato per le lande deserte, dovrò forse dormire e lasciare che la terra copra per sempre il mio capo? Che i miei occhi contemplino il sole fino a

12 **irruppe**: venne fuori all'improvviso.
13 **Ivi**: lì.
14 **corniola**: è un minerale, al pari dei successivi «lapislazzuli», «ematiti», «agata».
15 **Shamash**: è il dio Sole, ritenuto dai Sumeri giudice e legislatore. Il suo epiteto è quello di "glorioso".

STORIE da SCOPRIRE

STUDIA

L'epopea di Gilgameš

La trama del poema è frammentata, composta dalla sovrapposizione di numerosi racconti, non privi fra loro di incongruenze. Il materiale che ci è pervenuto è, infatti, il risultato della stratificazione di tradizioni orali e di redazioni successive. Tutto, però, ruota attorno a un unico protagonista, Gilgameš, figura che garantisce l'unitarietà dell'opera.

Re e tiranno della città di Uruk, in Mesopotamia, il protagonista è un guerriero bello, forte e invincibile, per due terzi divino e per un terzo mortale, che vive angosciato dal conflitto interiore di essere un "dio imperfetto", destinato alla morte come qualsiasi uomo.

Le sue vicende possono essere ricondotte a cinque episodi:

- per contenere l'oppressione che Gilgameš esercita sul suo popolo, gli dèi plasmano un secondo fortissimo guerriero, Enkidu. I due sono protagonisti di uno scontro duro e violento, al termine del quale, riconoscendo l'uno il valore dell'altro, diventano amici inseparabili, decisi ad affrontare qualsiasi situazione d'ingiustizia.
- Affrontano e vincono il crudele mostro Humbaba, custode della foresta dei cedri, luogo carico di magie e di insidie; si scontrano poi con il Toro del Cielo, aizzato contro Gilgameš dalla dea Ishtar, offesa perché respinta da lui nelle sue offerte d'amore. È Enkidu che infligge il colpo mortale al toro e per questo gli dèi decretano che anch'egli muoia, scendendo nella "casa delle tenebre", dove abitano le "ombre dei morti" che mangiano polvere e terriccio.
- La scomparsa di Enkidu getta nella disperazione Gilgameš, che aveva conosciuto con lui il valore dell'amicizia e la cui scomparsa acuisce l'angoscia per la terribile sorte riservata a tutti gli uomini.
- Intraprende perciò un lungo viaggio verso i confini del mondo, dove vive un vecchio che possiede il segreto dell'immortalità. La sua speranza è quella di incontrare Utnapishtim, il solo uomo a cui gli dèi avevano concesso il dono dell'immortalità, dopo averlo salvato dal diluvio universale.
- Utnapishtim rivela a Gilgameš come la sua immortalità sia un dono degli dèi che lui non sa trasmettere. L'eroe comprende che non può mutare il suo destino di essere mortale; ritorna a casa, accresciuto però in saggezza e giustizia, e sulla base di questi valori torna a regnare fino alla morte.

essere abbagliati dalla sua vista. Benché io non valga ormai più di un uomo morto, che io contempli ugualmente la luce del sole».

Vive presso il mare la donna della vigna, colei che fa il vino; Siduri[16] siede nel giardino sulla riva del mare con la coppa d'oro e i tini d'oro che gli dèi le diedero. È coperta da un velo e da dove siede vede Gilgameš venire verso di lei, vestito di pelli, con la carne degli dèi nel suo corpo ma la disperazione nel cuore; e il suo volto è come il volto di uno che ha compiuto un lungo viaggio. Ella guardava, e scrutando lontano diceva in cuor suo: «Certo costui è un uomo malvagio; dove va ora?». Così serrò la porta con la spranga, il paletto rinchiuse. Ma Gilgameš, udendo il rumore del paletto, levò il capo e infilò il piede tra lo stipite e la porta; chiamò: «Fanciulla che fai il vino, perché spranghi l'uscio? Che cosa hai visto che ti ha fatto sbarrare la tua porta? Abbatterò il tuo uscio e sfonderò la tua porta, poiché io sono quel Gilgameš che afferrò e uccise il Toro del Cielo[17]; ho ucciso il custode della foresta dei cedri, ho sconfitto Humbaba[18] che abitava nella foresta e ho ucciso i leoni sui passi del monte».

Siduri allora gli disse: «Se tu sei quel Gilgameš che ha afferrato e ucciso il Toro del Cielo, che ha ucciso il guardiano della foresta dei cedri, che ha sconfitto Humbaba che viveva nella foresta e ucciso i leoni sui passi del monte, perché sono emaciate[19] le tue guance, perché è così teso il tuo volto? Come mai vi è disperazione nel tuo cuore e il tuo viso è come quello di chi ha compiuto un lungo viaggio? Già: perché mai il tuo viso è riarso dal caldo e dal freddo, perché vieni qui vagando per i pascoli a cercare il vento?».

Gilgameš a lei rispose: «E perché non dovrebbero essere emaciate le mie guance e teso il mio volto? La disperazione è nel mio cuore e il mio viso è il viso di chi ha compiuto un lungo viaggio, dal caldo e dal freddo fu riarso. Perché non dovrei vagare per i pascoli a cercare il vento? Il mio amico, il fratello minore, colui che cacciava l'onagro[20] delle lande e la pantera delle pianure, il mio amico, il fratello minore che afferrò e uccise il Toro del Cielo e sconfisse Humbaba nella foresta dei cedri, l'amico mio che molto mi era caro e che accanto a me aveva affrontato pericoli, Endiku, il fratello che io amavo, la fine di tutti i mortali l'ha raggiunto. Sette giorni e sette notti lo piansi, finché il verme non fu su di lui. A cagione di mio fratello vado ramingo per le lande e non trovo riposo. Ma ora, fanciulla che fai il vino, ora che ho visto il tuo volto fa' che io non veda il volto della morte da me tanto temuta».

Ella rispose: «Gilgameš, dove ti affretti? Non troverai mai la vita che cerchi. Quando gli dèi crearono l'uomo, gli diedero in fato[21] la morte, ma tennero la vita per sé. Quanto a te, Gilgameš, riempi il tuo ventre di cose buone; giorno e notte, notte e giorno, danza e sii lieto, banchetta e rallegrati. Siano linde le tue vesti, nell'acqua lavati, abbi caro il fanciullino che ti tiene per mano e nel tuo amplesso rendi felice tua moglie: poiché anche questo è il fato dell'uomo».

16 **Siduri**: il nome significa "giovane donna", è colei che fa il vino e vive nel giardino del sole.

17 **Toro del Cielo**: rappresenta la siccità. È il toro che è stato ucciso da Enkidu e per il quale gli dèi hanno decretato anche la sua morte, causando così l'infinito dolore di Gilgameš.

18 **Humbaba**: è il mostro che custodiva la magica foresta dei cedri, ucciso da Gilgameš.

19 **emaciate**: magre, patite, pallide.

20 **onagro**: asino selvatico.

21 **in fato**: in sorte; come destino gli uomini ebbero la morte, mentre gli dèi si tennero la vita eterna. È una prima risposta fondamentale alle domande e al viaggio di Gilgameš.

Ma Gilgameš a Siduri, alla fanciulla, disse: «Come posso tacere? Come posso riposare, quando Enkidu che amo è polvere e anch'io morirò e verrò disteso nella terra? Tu vivi accanto alla riva del mare e guardi nel suo cuore; fanciulla, ora dimmi: qual è la via per Utnapishtim, il figlio di Ubara-Tutu[22]? Quali segni vi sono per la traversata? Dammi, oh, dammi quei segni. Se sarà possibile, attraverserò l'Oceano; altrimenti vagherò per le lande, ancor più lontano». Colei che fa il vino gli disse: «Gilgameš, non si varca l'Oceano. Fin dai tempi antichi, chiunque vi sia giunto non è riuscito a varcare quel mare. Il Sole nella sua gloria varca l'Oceano, ma chi oltre a Shamash l'ha mai varcato? Difficili sono il luogo e la traversata, e in mezzo scorrono profonde le acque della morte. Gilgameš, come varcherai l'Oceano? Che farai quando arriverai alle acque della morte? E tuttavia, Gilgameš, giù nel bosco troverai Urshanabi, il barcaiolo di Utnapishtim; presso di lui sono le cose sacre [...]. La prua serpentina[23] del battello sta foggiando. Guardalo bene, e se è possibile forse con lui varcherai le acque; ma se non è possibile, dovrai fare ritorno». [...]

[Con l'aiuto del barcaiolo Urshanabi, Gilgameš riesce ad attraversare le acque che causavano la morte e a presentarsi al cospetto di Utnapishtim. A lui Gilgameš chiede il segreto della sua immortalità, ma la risposta non soddisfa l'eroe.]

Gilgameš ed Enkidu lottano contro Humbaba in un bassorilievo del X secolo a.C. (Baltimore, Walters Art Museum)

Utnapishtim rispose: «Nulla permane. Costruiamo forse una casa che duri per sempre, stipuliamo forse contratti che valgano per ogni tempo a venire? Forse che i fratelli si dividono un'eredità per tenerla per sempre, forse che è duratura la stagione delle piene? Solo la ninfa della libellula si spoglia della propria larva e vede il sole nella sua gloria. Fin dai tempi antichi, nulla permane. Dormienti e morti, quanto sono simili: sono come morte dipinta[24]. Che cosa divide padrone e servo quando entrambi hanno compiuto il proprio destino? Quando gli Anunnakku[25], i giudici, si radunano e anche Mammetun[26] madre dei destini, assieme decretano i fati degli uomini. Vita e morte assegnano, ma non rivelano il giorno della morte».

Allora Gilgameš disse a Utnapishtim il Lontano: «Ora io ti guardo, o Utnapishtim, e il tuo aspetto non è diverso dal mio; nulla di strano c'è nelle tue fattezze. Credevo di trovarti come un eroe preparato alla battaglia, invece te ne stai a tuo agio sdraiato sulla schiena. Dimmi, in verità, come facesti a entrare nella schiera degli dèi e a possedere la vita eterna?». Utnapishtim disse a Gilgameš: «Ti rivelerò un mistero, ti dirò un segreto degli dèi».

22 **Ubara-Tutu**: antico re dei Sumeri.

23 **prua serpentina**: la parte anteriore della barca che ricordava nella forma un serpente.

24 **sono come morte dipinta**: il sonno è simile alla morte, e quando gli uomini dormono hanno la stessa espressione dei morti. Anche Omero ricorda il mito per cui il Sonno e la Morte (in greco sostantivo maschile) sono fratelli.

25 **Anunnakku**: gli dèi degli Inferi.

26 **Mammetun**: antica divinità responsabile dei destini umani.

[Utnapishtim racconta a Gilgameš del Diluvio universale al quale lui e la moglie erano scampati grazie all'intervento del dio delle acque e di come avessero così ricevuto il dono dell'immortalità. Mentre Gilgameš sta per ripartire, accade però qualcosa...]

Allora, Gilgameš e Urshanabi spinsero in acqua il battello e vi salirono, preparandosi a salpare; ma la moglie di Utnapishtim il Lontano disse: «Gilgameš è giunto qui esausto, è spossato, che cosa gli darai da portare al suo paese?». Così Utnapishtim parlò e Gilgameš prese una pertica e ricondusse il battello alla riva. «Gilgameš, sei giunto qui come uomo esausto, sei spossato; che cosa ti darò da portare al tuo paese? Gilgameš, io ti rivelerò una cosa segreta, è un mistero degli dèi ciò che ti dirò. C'è una pianta che cresce sott'acqua, ha spine come il rovo, come la rosa; ferirà le tue mani, ma se riuscirai a prenderla, allora nelle tue mani ci sarà ciò che ridà a un uomo la gioventù perduta».

Quando ebbe udito ciò, Gilgameš aprì le chiuse così che una corrente di acqua dolce lo portasse al canale più profondo; si legò ai piedi pietre pesanti e queste lo trascinarono giù sul fondo. Vide che lì cresceva la pianta; benché lo pungesse la afferrò; poi tagliò via dai suoi piedi le pietre pesanti e il mare lo prese e lo gettò sulla riva. Gilgameš disse a Urshanabi, al barcaiolo: «Vieni a vedere questa pianta meravigliosa. Per sua virtù un uomo può ricuperare tutta la forza di prima. La porterò a Uruk[27] dalle forti mura, lì la darò da mangiare ai vecchi. Il suo nome sarà "I vecchi sono di nuovo giovani"; infine, ne mangerò io stesso e riavrò tutta la perduta gioventù». Così Gilgameš ritornò dalla porta da cui era venuto, Gilgameš e Urshanabi andarono assieme. Per venti leghe viaggiarono, poi [...] dopo trenta leghe si fermarono per la notte.

Gilgameš vide un pozzo di acqua fresca, scese e vi si bagnò; ma nel profondo dello stagno giaceva un serpente, e il serpente sentì la dolcezza del fiore. Esso uscì dall'acqua e lo ghermì, e subito si spogliò della pelle[28] e ritornò nel pozzo. Allora Gilgameš si sedette e pianse; scorrevano le lacrime dal suo viso; prese per mano Urshanabi e disse: «O Urshanabi, è per questo che ho faticato con le mie mani, è per questo che ho spremuto il sangue dal mio cuore? Per me non ho guadagnato niente; non io, ma questa bestia della terra ne gioisce. Già la corrente l'ha riportato per venti leghe ai canali dove l'avevo trovato. Avevo trovato un segno e l'ho perso. Lasciamo la barca sulla riva e andiamo». [...]

Anche questo fu opera di Gilgameš, del re che conosceva i paesi del mondo. Egli era saggio; vide misteri e conobbe cose segrete; un racconto ci portò dei giorni prima del Diluvio. Fece un lungo viaggio, fu esausto, consunto dalla fatica; e quando ritornò, su una pietra l'intera storia incise.

L'epopea di Gilgameš, a cura di N.K. Sandars, Adelphi, Milano, 1986

27 **Uruk**: è la città sulla quale regnava Gilgameš.

28 **si spogliò della pelle**: il serpente cambia pelle, quindi ringiovanisce grazie alle proprietà della pianta.

per L'ANALISI del TESTO

L'influenza sulla *Bibbia*

L'epopea di Gilgameš, per l'epoca remota in cui fu redatta e per le relazioni che le civiltà mesopotamiche ebbero con quella ebraica, è alla base di gran parte del **sistema di simboli** che troviamo nella *Bibbia*: la vigna, il giardino del dio Shamash, che richiama il giardino dell'Eden; il serpente che ruba la pianta della gioventù, che rinvia al serpente che tenta Eva; il numero sette che ricorre nel poema come nel testo biblico; il Diluvio, snodo fondamentale in entrambe le opere.

Un poema nazionale mesopotamico

Il poema esprime le caratteristiche sociali e culturali di un popolo, i Sumeri, e di tutta un'area, la Mesopotamia. Attraverso le vicende epiche dell'eroe Gilgameš, possiamo cogliere la **mentalità** di quegli antichi popoli, i **valori** a cui i Sumeri (ma poi anche gli Accadi, i Babilonesi, gli Assiri) hanno legato la loro esistenza: l'importanza dell'amicizia, del coraggio, della forza, ma anche la malinconia per la brevità della vita, la paura della morte e la mancanza di una prospettiva di vita ultraterrena, non ancora elaborata da queste civiltà.

Una morte senza prospettive ultraterrene

È questo il tema che ritorna anche in questo brano. La morte inattesa dell'amico («Da quando lui se ne è andato, la mia vita non è più nulla» (rr. 35-36) ha scatenato anche in lui **la paura della fine**. Per tentare di sfuggire a questo fato, Gilgameš parte per un **viaggio** pieno di insidie. Tutti coloro che incrocia sulla strada cercano di mostrargli l'ineluttabilità della sorte umana. Shamash, il dio Sole, esplicitamente osserva: «Non troverai mai la vita che stai cercando» (rr. 78-79) e di rincalzo Siduri, la donna della vigna, cerca di aprirgli gli occhi sull'amara verità: «Quando gli dèi crearono l'uomo, gli diedero in fato la morte, ma tennero la vita per sé» (rr. 116-117). Agli esseri umani è solo concesso di godere momentaneamente della vita e infatti Siduri aggiunge: «Quanto a te, Gilgameš, riempi il tuo ventre di cose buone [...] danza e sii lieto, banchetta e rallegrati [...] rendi felice tua moglie» (rr. 118-121). Per l'uomo non è possibile andare oltre un piacere momentaneo. Da ultimo è lo stesso Utnapishtim, colui che ha ricevuto in dono l'agognata immortalità, a troncare ogni speranza e a ribadire che nella vita umana **nulla è destinato a durare in eterno**. È questo il senso delle domande retoriche di Utnapishtim: «Costruiamo forse una casa che duri per sempre, stipuliamo forse contratti che valgano per ogni tempo a venire...?» (rr. 145-147).

Per le popolazioni sumeriche il destino era imperscrutabile e immodificabile; gravava sull'individuo dalla nascita alla morte e nessuna preghiera, nessuna ricchezza poteva modificarlo.

Una tavoletta assira in terracotta su cui è incisa l'*Epopea di Gilgameš*, 2000 a.C. (Sulaymaniyah-Iraq, Sulaymaniyah Museum)

La morale tratta dalla sconfitta

Dunque, al termine del suo viaggio, Gilgameš risulta **sconfitto**: non è riuscito a conseguire la vita eterna e perfino l'ultimo dono che Utnapishtim e la moglie gli fanno – una pianta che avrebbe potuto restituirgli la gioventù – gli viene sottratto da un serpente. L'eroe subisce l'ultima beffa.

In realtà, quest'ultima avventura ci restituisce un personaggio **mutato interiormente**, che si preoccupa degli altri (pensava di dare la pianta ai vecchi perché ritrovassero un po' di gioventù), un eroe che ha imparato ad apprezzare la vita giorno per giorno, per quello che può offrire. A Uruk, dunque, ritorna un re ormai diventato saggio, in grado di governare il suo popolo con equilibrio e giustizia.

Lo stile

Lo stile epico del poema emerge dall'**uso degli epiteti** («il Lontano», «glorioso»), dalle **formule ripetute** («Al termine di cinque leghe [...]. Al termine di sei leghe, l'oscurità era fitta e non c'era luce alcuna, nulla poteva vedere né davanti né dietro di sé», rr. 57-61), dall'**uso simbolico di numeri** come il sette e il dodici. La narrazione, semplice e maestosa insieme, è basata sulla **paratassi** e si compone di **frasi brevi**, unite da congiunzioni, secondo l'andamento tipico dell'epica orale.

Attività

Leggere e comprendere

1 **Le ragioni** Per quale di queste ragioni Gilgameš intraprende il suo viaggio?
- a. Vuole vendicare la morte dell'amico Enkidu
- b. È addolorato per la morte di Enkidu e cerca consolazione
- c. Soffre per la morte dell'amico e vuole sfuggire alla propria morte
- d. Vuole scoprire nuove terre e conoscere nuove persone

2 **Gli incontri** Quali sono i personaggi che Gilgameš incontra via via nel corso del suo viaggio?

3 **I paesaggi** Elenca gli ambienti fisici, indicati nel poema, in cui avvengono gli incontri del protagonista.

4 **Le difficoltà** Quali sono le imprese "epiche" che lo stesso Gilgameš vanta come le più importanti della sua vita? Perché le nomina?

5 **Un destino ineluttabile** I personaggi incontrati lungo il percorso cercano di aprire gli occhi a Gilgameš e di farlo desistere da una ricerca inutile e innaturale. Riporta per esteso le loro parole.

6 **La felicità** Secondo Siduri, la donna della vigna, quali sono le azioni che si addicono all'uomo e gli portano felicità?

7 **Il finale** Le fatiche e le delusioni hanno caratterizzato il percorso di Gilgameš. Come ti sembra l'eroe alla fine del suo viaggio?
- a. Deluso e irritato
- b. Egoista e prepotente
- c. Maturato e generoso
- d. Desideroso di vendetta

Riconoscere e analizzare

8 **Il protagonista** Rileggi il testo e attribuisci all'eroe gli aggettivi e le espressioni che ne descrivono gli stati d'animo.

9 **La struttura** Il racconto presenta una struttura molto simile a quella della fiaba. Prova ad assegnare a ciascuno dei personaggi la propria funzione (antagonista, aiutante ecc.) e a rilevare i passaggi tipici di quella narrazione all'interno di questo brano.

10 **Le ripetizioni** In almeno due passi si riscontrano i caratteri tipici della dizione formulare. Riportali e spiegane la funzione.

....

....

....

....

11 **I numeri** Nel testo sono presenti indicazioni numeriche riguardanti distanze e tempi. Considerando le scansioni temporali incontrate nella tradizione biblica, ti sembra che siano ricorrenti? Dobbiamo leggerle in senso reale o simbolico? Ricordi che il numero 12 sia presente anche in relazione a un eroe della mitologia greca?

Rielaborare e produrre

12 **Discutere** Tutti ripetono a Gilgameš che non troverà mai la vita che cerca. Si tratta di una malinconica considerazione sul destino umano o di un implicito invito a godersi la vita per quello che è? Confronta la tua opinione con quella dei tuoi compagni in un dibattito in classe.

13 **L'insegnamento** L'eroe non ottiene il suo scopo, l'immortalità, ma in un certo senso il racconto ha un lieto fine. Prova a spiegarne la ragione.

....

....

....

....

....

....

....

14 **I valori** Attraverso la vicenda di Gilgameš è possibile riconoscere in parte la mentalità della civiltà di cui è espressione. Parlane in un intervento orale di 5 minuti.

15 **Il destino** A contrastare Gilgameš, per quanto valoroso egli sia, è il destino, un fato che qui, come nella cultura greca, è più potente degli stessi dèi. Che cos'è per te il destino?
È qualcosa di misterioso e immutabile come per Gilgameš oppure l'uomo può concorrere a modellarlo con la sua volontà e con le sue capacità? Esprimi le tue riflessioni in una lettera a un amico che ti conosce e che ti capisce a fondo.

Anonimo

In principio Dio creò il cielo e la terra

Il racconto biblico descrive la **creazione**, mostrando come il disegno di Dio prenda forma nell'arco di sei giorni.

Da
Bibbia, *Genesi*, 1,
XIII secolo a.C. - I secolo d.C.

Testo sacro

In principio[1] Dio creò il cielo e la terra[2]. La terra era informe e deserta e le tenebre ricoprivano l'abisso[3], e lo Spirito di Dio[4] aleggiava sulle acque.

Dio disse[5]: «Sia la luce!»: e la luce fu. Dio vide che la luce era cosa buona e Dio separò la luce dalle tenebre. Dio chiamò la luce giorno, mentre chiamò le tenebre notte. E fu sera e fu mattina: giorno primo[6].

Dio disse: «Sia un firmamento in mezzo alle acque, per separare le acque dalle acque»[7]. E così fu. Dio fece il firmamento e separò le acque che sono sotto il firmamento dalle acque che sono sopra il firmamento. Dio chiamò il firmamento cielo. E fu sera e fu mattina: secondo giorno.

Dio disse: «Le acque che sono sotto il cielo si raccolgano in un unico luogo e appaia l'asciutto». E così avvenne. Dio chiamò l'asciutto terra, mentre chiamò la massa delle acque mare. Dio vide che era cosa buona. Dio disse: «La terra produca germogli, erbe[8], che producono seme e alberi da frutto, che fanno sulla terra frutto con il seme, ciascuno secondo la propria specie». E così avvenne. E la terra produsse germogli, erbe che producono seme, ciascuna secondo la propria specie e alberi che fanno ciascuno frutto con il seme, secondo la propria specie. Dio vide che era cosa buona. E fu sera e fu mattina: terzo giorno.

Dio disse: «Ci siano fonti di luce nel firmamento del cielo per separare il giorno dalla notte; siano segni per le

PAROLE *sotto la lente*

Creazione

Il nome viene dal latino *creatio, onis*, derivato dal verbo *creo*. Indica l'azione di creare, di far nascere dal nulla; nel cristianesimo è l'atto con cui Dio dà origine dal nulla a ogni cosa distinta, non traendola da sostanza propria o da materia già esistente. Il termine può indicare anche tutte le cose create ("le meraviglie della creazione"). Se riferito a un uomo, indica l'ideazione, l'invenzione e l'esecuzione di un'opera ("la creazione di un poema") e, se riferito a una cosa, ne indica la fondazione, l'istituzione ("creazione di una nuova società"). Anche in questo caso può significare la cosa creata.

Attività

Cerca almeno cinque parole che abbiano la stessa radice di "creazione".

1 **In principio**: all'inizio di tutto. Prima non vi era nulla, neppure il tempo, che solo da quell'istante incomincia a trascorrere.

2 **Dio creò...terra**: Dio crea, cioè produce dal nulla. L'espressione «il cielo e la terra» è riassuntiva di quanto verrà poi spiegato, è la materia primordiale dalla quale ricavare il cosmo ordinato.

3 **La terra...l'abisso**: la terra era un ammasso informe, deserto, circondato da vapore acqueo e da tenebre. L'abisso era una profondità oscura e immensa.

4 **e lo spirito di Dio**: l'esistenza di Dio è eterna e la creazione è il risultato di una sua deliberazione.

5 **disse**: l'atto della creazione è frutto di parole, secondo un'idea semitica per cui qualcosa incomincia a esistere nel momento in cui si pronuncia il suo nome.

6 **E fu sera...primo**: è il primo dei sette giorni: ha inizio il tempo e la storia.

7 **firmamento...acque**: dal latino *firmamentum* = sostegno, appoggio. Gli antichi ritenevano che la volta del cielo fosse una cupola che doveva separare «le acque» (le acque allo stato di vapore, destinate a condensarsi in pioggia e a cadere sulla terra cosiddette "superiori") «dalle acque» (le acque dei mari, dei laghi, dei fiumi, altrimenti dette "inferiori").

8 **erbe**: nel procedere della creazione Dio segue un ordine ascendente di dignità, nel senso che ora tocca ai vegetali, poi agli animali e da ultimo all'uomo.

feste, per i giorni e per gli anni, e siano fonti di luce nel firmamento del cielo per illuminare la terra». E così avvenne. E Dio fece le due fonti di luce grandi: la fonte di luce maggiore per governare il giorno e la fonte di luce minore per governare la notte e le stelle. Dio le pose nel firmamento del cielo per illuminare la terra e per governare il giorno e la notte e per separare la luce dalle tenebre. Dio vide che era cosa buona. E fu sera e fu mattina: quarto giorno.

Dio disse: «Le acque brulichino di esseri viventi, e uccelli volino sopra la terra davanti al firmamento del cielo». Dio creò i grandi mostri marini e tutti gli esseri viventi che guizzano e brulicano nelle acque, secondo la loro specie, e tutti gli uccelli alati, secondo la loro specie. Dio vide che era cosa buona. Dio li benedisse: «Siate fecondi e moltiplicatevi[9] e riempite le acque dei mari; gli uccelli si moltiplichino sulla terra». E fu sera e fu mattina: quinto giorno.

Dio disse: «La terra produca esseri viventi secondo la loro specie: bestiame, rettili e animali selvatici, della terra, secondo la loro specie». E così avvenne. Dio fece gli animali selvatici, secondo la loro specie, il bestiame, secondo la loro specie, e tutti i rettili del suolo, secondo la loro specie. Dio vide che era cosa buona.

Dio disse: «Facciamo l'uomo a nostra immagine, secondo la nostra somiglianza[10]: dòmini sui pesci del mare e sugli uccelli del cielo, sul bestiame, su tutti gli animali selvatici, e su tutti i rettili che strisciano sulla terra».

9 **moltiplicatevi**: mentre nel regno vegetale i frutti contengono il seme per riprodursi, agli animali Dio dona l'istinto, la capacità di generare altri esseri della stessa specie.

10 **Facciamo l'uomo...somiglianza**: l'utilizzo del verbo al plurale, facciamo (non è un *plurale maiestatis* che non esiste nella lingua ebraica), mette in evidenza che questo è il momento più significativo della creazione, perché si tratta di creare l'uomo. Il crearlo a sua «immagine» non vuol dire che l'uomo assomiglia nel corpo, fisicamente a Dio, ma che ha in sé le qualità spirituali, quali anima, intelligenza, amore e libera volontà, per mirare a una vita spirituale che lo avvicini a Dio. Si ricordi, inoltre, che la cultura religiosa ebraica considera Dio un essere incorporeo e perciò non raffigurabile.

STORIE da SCOPRIRE

Genesi

Il primo libro della *Bibbia* s'intitola *Genesi*, dal greco *ghénesis* = origine, nascita. Pur trovandosi in apertura della *Bibbia*, esso non è il più antico dei libri che la compongono. Risale probabilmente al V secolo a.C. e la sua redazione va quindi collocata dopo la cattività babilonese, il periodo in cui gli ebrei avevano subito la deportazione a Babilonia.

La *Genesi* è la storia degli antenati. In una forma poetica, svolge l'epopea delle origini, rispondendo agli interrogativi più pressanti dell'esistenza umana attraverso racconti densi di significato, presentati con un linguaggio mitico e simbolico.

La *Genesi* può essere divisa in due parti. La prima parte si apre (capp. 1-11) con la creazione dell'universo, del primo uomo e della prima donna e prosegue con il peccato che portò alla loro cacciata dal Paradiso terrestre fino alla degenerazione degli uomini discendenti da Caino, punita dal diluvio universale. La seconda parte (capp. 12-50) s'incentra sulle sorti del popolo ebraico, il popolo eletto, attraverso le vicende dei suoi patriarchi: Abramo che guida gli ebrei da Ur (l'antica città sumerica in Mesopotamia) fino alla Palestina; Isacco (discendente di Abramo) e quindi Giacobbe, i cui dodici figli sono i capostipiti delle dodici tribù in cui era divisa Israele. Di questi, Giuseppe, l'ultimo, trova fortuna in Egitto presso il faraone. Per 400 anni gli ebrei vivranno in cattività in quella terra.

E Dio creò l'uomo a sua immagine,
a immagine di Dio lo creò;
maschio e femmina li creò.

Dio li benedisse e Dio disse loro:
«Siate fecondi e moltiplicatevi,
riempite la terra e soggiogatela,
dominate sui pesci del mare e sugli uccelli del cielo
e su ogni essere vivente che striscia sulla terra».

Dio disse: «Ecco, io vi do ogni erba che produca seme e che è su tutta la terra, e ogni albero fruttifero che produce seme: saranno il vostro cibo. A tutti gli animali selvatici, a tutti gli uccelli del cielo e a tutti gli esseri che strisciano sulla terra e nei quali è alito di vita, io do in cibo ogni erba verde». E così avvenne. Dio vide quanto aveva fatto, ed ecco, era cosa molto buona. E fu sera e fu mattina: sesto giorno.

Il riposo sabbatico[11]

Così furono portati a compimento il cielo e la terra e tutte le loro schiere. Dio, nel settimo giorno, portò a compimento il lavoro che aveva fatto e cessò nel settimo giorno e lo consacrò, perché in esso aveva cessato da ogni lavoro che egli aveva fatto creando.

Queste sono le origini del cielo e della terra, quando vennero creati.

La Sacra Bibbia, *Genesi*, 1, nella traduzione ufficiale in lingua italiana della CEI, Fondazione di Religione dei Santi Francesco d'Assisi e Caterina da Siena, 2008

11 **Il riposo sabbatico**: il settimo giorno è il sabato, in ebraico *shabbàth*, "riposo", giorno da utilizzare esclusivamente per il riposo e il culto divino. Nell'espressione che segue «lo consacrò» (r. 60) è da leggersi proprio la volontà di Dio di astenersi da ogni lavoro. In seguito, i cristiani portarono il giorno del riposo e della preghiera alla domenica, dal latino *dies Domini* o *dies dominica* (con aggettivo concordato al femminile), giorno del Signore, in ricordo del giorno della resurrezione di Cristo.

Dio creatore del Cielo e della Terra in una miniatura tratta dal *Libro delle Ore* di Louis de Laval del 1485. (Parigi, Biblioteca Nazionale)

per L'ANALISI del TESTO

Il monoteismo

Il **popolo ebraico** – popolo nomade di origine semitica, più volte deportato e schiavizzato – si è di certo confrontato con le religioni straniere con le quali veniva in contatto, in Egitto come in Mesopotamia, confermando e rafforzando il **carattere monoteistico** della sua fede. Una simile scelta religiosa, l'**adorazione di un unico Dio**, lo ha sempre caratterizzato rispetto ad altri popoli. Questo stesso testo, che apre la *Bibbia*, è avvicinabile ai racconti babilonesi (ci sono condizioni storiche a motivare certe affinità: gli ebrei si trovavano in Mesopotamia attorno al 1800 a.C.; dalla città di Ur Abramo li condusse in Palestina), ma offre una visione della divinità e del suo operare unica, del tutto originale.

Un dio creatore e buono

Il racconto biblico mira a dare un'immagine di straordinaria **potenza e generosità dell'unico Dio**: tutto quanto esiste è opera sua, la sua parola è fonte di energia e vigore, si impone sulle forze cosmiche senza necessità di rivaleggiare con altre divinità; gli stessi astri del firmamento – il sole e la luna – non hanno quel carattere divino che le altre religioni riconoscevano, ma sono corpi celesti al servizio dell'uomo. Ciò che deriva da Dio non può che essere buono e positivo. Non c'è posto per divinità litigiose, egoiste e violente, che sono invece ben presenti nelle altre mitologie.

Il linguaggio poetico e simbolico

Siamo di fronte a un maestoso **canto poetico** redatto in una prosa ritmata che scandisce l'origine dell'universo, della vita, dell'uomo, facendo ampio ricorso a immagini cariche di **simbolismo**. In primo luogo la **scansione del tempo**, che culmina nell'introduzione del giorno e della settimana di sette giorni. Il **numero sette** è considerato un numero di perfezione, perché porta a compimento il numero sei: la creazione avviene in sei giorni, il settimo Dio si è riposato. Il calendario cristiano si baserà sulla settimana, a differenza di quello greco, impostato sulla decade, e di quello romano, che suddivideva il mese in tre parti diseguali.

Il linguaggio biblico e quello della Scienza

Il racconto della creazione non va preso alla lettera, **non vuole proporre una teoria scientifica delle origini** dell'universo e dell'uomo, ma intende presentare i rapporti che, secondo la Chiesa, intercorrono tra Dio e l'uomo. Tuttavia, è possibile individuare qualche grado di sistemazione "scientifica" e razionale: ad esempio, in una descrizione che mostra il passaggio da una materia disorganizzata a livelli sempre più complessi di organizzazione; nella ricostruzione che pone la prima manifestazione della vita nel mondo acquatico e riconosce nell'uomo il grado di vita più perfetto e per questo posto al culmine della creazione. Quest'ultimo atto ha un **tono di solennità**: l'uomo è frutto di un'azione speciale, è il capolavoro fatto a immagine del Creatore. Si osservi che la parola "uomo" è qui usata nel senso della specie umana, cioè del maschio e della femmina insieme. Questa visione della creazione, frutto della volontà creatrice di Dio, è nella sostanza diversa dalle teorie della scienza moderna, secondo le quali l'universo non è creato direttamente da una divinità esterna, ma è il risultato di una perenne trasformazione della materia.

Lo stile

Il **linguaggio** biblico appare **semplice** nelle costruzioni sintattiche, poggia su **periodi brevi e coordinati**. Il **lessico** mira alla chiarezza e alla comprensione, perciò non ricorre a sinonimi che possano determinare confusione, ma preferisce la **ripetizione** del termine e dell'azione.

Giovanni Bellini, *Padre Eterno*, 1505. (Pesaro, Museo Civico)

Attività

Leggere e comprendere

1 **La fonte** Da quale libro della *Bibbia* è tratto il passo che hai letto?

a. Nuovo Testamento

b. *Levitico*

c. *Pentateuco*

d. *Genesi*

2 **L'ordine** Nel testo Dio procede alla creazione con un ordine preciso. Fai una tabella nel tuo quaderno, riportando i giorni e gli elementi creati.

3 **Dio** Rileggi il testo e osserva come viene presentato Dio, se gli sono attribuite qualità e quali, con quali parole o atti.

4 **La creazione** Per dar vita all'universo Dio non compie un'azione pratica, non forma, non plasma come un artigiano. Riporta le espressioni usate nel testo per descrivere la sua opera.

....

....

....

....

5 **Il «firmamento»** Con questo termine quale elemento è indicato nel testo e qual è la sua funzione?

6 **L'uomo** L'atto conclusivo della creazione è quello con cui Dio dà vita all'essere umano. Quale caratteristica e quale compito gli attribuisce?

Riconoscere e analizzare

7 **La ciclicità** La narrazione ha un andamento circolare, con il ritorno delle medesime strutture e degli stessi termini che scandiscono anche le varie sezioni del testo. Elenca di seguito quelli che ti paiono più importanti.

....

....

....

....

8 **I simboli** Molti aspetti del testo hanno un carattere simbolico, in particolare la scansione cronologica. Come puoi sostenere questa affermazione?

9 **I periodi** Il testo è costruito sintatticamente in maniera omogenea. Quale struttura presenta?

a. Periodi lunghi con coordinate

b. Periodi brevi con molte subordinate

c. Periodi brevi con coordinate

d. Periodi ora lunghi ora brevi con varie subordinate

10 **Il lessico** Il lessico utilizzato è:

a. complesso e astratto

b. ripetitivo e monotono

c. solenne e rituale

d. confuso

11 **La solennità** La semplicità d'esposizione infonde dignità e solennità al testo. Quali elementi linguistici e di struttura conferiscono tale carattere?

Rielaborare e produrre

12 **Discutere** Leggi le seguenti frasi riportate dal brano: «In principio Dio creò il cielo e la terra [...] Dio disse: "Sia la luce!": e la luce fu» (rr. 1-3). Ritieni possibile conciliare queste parole con le moderne teorie scientifiche evoluzionistiche? O ritieni invece che questo racconto, per quanto scritto con un linguaggio mitico, sia inconciliabile con la teoria evolutiva?
Raccogli gli elementi validi per sostenere l'interpretazione per te più plausibile, in un dibattito in classe.

13 **La divinità** Nel passo letto si possono riconoscere le caratteristiche che gli ebrei attribuivano alla divinità e, nel contempo, l'originalità della loro rappresentazione rispetto a quella di culture come la greca e la romana. Quali ti sembrano le differenze più evidenti? Scrivi un breve testo sull'argomento di 80 parole al massimo.

14 **Una ricerca** Ricerca miti cosmogonici appartenenti ad altre culture, ricavabili da testi antichi come l'*Enuma Elish* per la Mesopotamia e *Rigveda* per l'antica India. Leggili e confrontali con il passo della *Genesi*, poi stendi un testo espositivo di 200 parole in cui evidenzi gli aspetti rilevanti della tua ricerca.

per SAPERNE di PIÙ

La creazione biblica del mondo nella tradizione popolare

I **miti cosmogonici** entrano a far parte del sapere popolare come elementi di storia sacra e poi si adattano alla funzione di **racconti eziologici**, che, seppure non possono considerarsi direttamente dei miti essi stessi, hanno però alla propria base una natura mitica. I saperi tradizionali relativi al mondo naturale (flora e fauna) di rado si riferiscono direttamente all'Antico e al Nuovo Testamento, ma più spesso alla **combinazione di leggende** ispirate alla *Bibbia* e altri racconti esplicativi che attingono al meraviglioso, al fiabesco e alla favola, che ha per protagonisti animali dotati di parola. La tradizione popolare, infatti, si avvale di un mezzo prevalentemente **orale** di diffusione, nel tempo e nello spazio, di **eventi folklorici**, canti e credenze varie, rielaborando il materiale culturale della *Bibbia* non come una fonte esclusiva.

La **nascita dell'uomo** vi è espressa con due immagini, che tendono entrambe ad **antropomorfizzare l'elemento divino**: Dio appare come un vasaio, che impasta la polvere del deserto e crea una figura umana, un essere legato alla terra, oppure come un artista, che soffia nella sua opera lo spirito vitale. Il **rapporto uomo-animale**, che il libro della *Genesi* esplora nella sua evoluzione, passa dall'unità armoniosa alla separazione conflittuale. Tuttavia non sono rari i racconti popolari in cui figure di santi ricorrano alla figura animale come coadiuvante, sulla scia del primo immaginario cosmologico (e poi delle parabole evangeliche). Anche l'**elemento demoniaco** trapassa dal testo biblico – la tentazione nel giardino dell'Eden – alle credenze spiritiche antiche. Ma qui la relazione si complica anche nel senso della reciprocità. Da una combinazione tra mitologia popolare ebraica e Sacre Scritture sarebbe possibile far discendere persino la figura del **vampiro**, che continua a perturbare l'immaginario moderno e contemporaneo.

Ma dove la cultura popolare sembra agire con la maggior libertà inventiva rispetto alla fonte originale, adattandola al proprio contesto di arrivo, è in merito alla storia del **peccato originale**, che suggella il racconto della creazione. La tradizione popolare, infatti, ha erroneamente identificato sia il serpente (nella cultura antica, simbolo di immortalità) in un drago tentatore, persino, sia l'**albero della conoscenza** in un melo, equivocando sul termine latino *malus* che significa "male", ma anche "melo", appunto.

Il paradiso terrestre rappresentato in una miniatura di Simon Marmion del XV secolo. (Bruxelles, Royal Museums of Fine Arts)

Anonimo

La punizione del diluvio

Ormai stanco di un'umanità sempre più degradata, Dio intende annientarla sotto le acque del diluvio. Dopo quaranta giorni di piogge ininterrotte e di inarrestabile innalzamento di mari e fiumi, torna il sereno e si susseguono i segni di una nuova rinascita: la colomba, il ramoscello d'ulivo, il calore del sole, la vita che rifiorisce. È la palingenesi, un termine mistico-filosofico usato per indicare un "nuovo avvio" dell'umanità.

Da
Bibbia, *Genesi*, 6-8, XIII secolo a.C. - I secolo d.C.

Testo sacro

Questa è la discendenza di Noè. Noè era uomo giusto e integro tra i suoi contemporanei e camminava con Dio[1]. Noè generò tre figli: Sem, Cam e Iafet[2]. Ma la terra era corrotta davanti a Dio e piena di violenza. Dio guardò la terra ed ecco, era corrotta, perché ogni uomo aveva pervertito la sua condotta sulla terra.

Disposizioni divine e preparativi

Allora Dio disse a Noè: «È venuta per me la fine di ogni uomo[3], perché la terra, per causa loro, è piena di violenza; ecco, io li distruggerò insieme con la terra. Fatti un'**arca** di legno di cipresso; dividerai l'arca in scompartimenti e la spalmerai di bitume dentro e fuori. Ecco come devi farla: l'arca avrà trecento cubiti[4] di lunghezza e trenta di altezza. Farai nell'arca un tetto e, a un cubito più sopra, la terminerai; da un lato metterai la porta dell'arca. La farai a più piani: inferiore, medio e superiore.

Ecco, io sto per mandare il diluvio, cioè le acque sulla terra, per distruggere sotto il cielo ogni carne in cui c'è un soffio di vita[5]; quanto è sulla terra perirà! Ma con te stabilisco la mia alleanza[6]. Entrerai nell'arca, tu e i tuoi figli, tua moglie e le mogli dei tuoi figli. Di quanto vive, di ogni carne, introdurrai nell'arca due di ogni specie, per conservarli in vita con te: siano maschio e femmina. Degli uccelli, secondo la loro specie, del bestiame, secondo la propria specie e tutti i rettili del suolo, secondo la loro specie, due di ognuna verranno con te, per essere conservati in vita. Quanto a te, prenditi ogni sorta di cibo da mangiare e fanne provvista: sarà di nutrimento per te e per loro».

Noè eseguì ogni cosa come Dio gli aveva comandato: così fece. [...]

PAROLE *sotto la lente*

Arca

Il sostantivo riproduce il latino *arca*, legato alla radice del verbo *arceo* = contenere. Indica un mobile, usato specie nell'età antica e medievale, a forma di cassa, atto a contenere oggetti sacri o profani. Poteva anche indicare, nell'amministrazione del tardo impero romano, una qualsiasi specie di cassa pubblica. Nel linguaggio letterario significa scrigno, forziere e, in poesia, sepolcro. Nella tradizione ebraica si incontra "l'arca dell'alleanza" che conteneva le tavole della Legge ed era perciò sacra per gli ebrei e l'"arca" di Noè, cioè il cassone di giunchi galleggiante con cui Noè si salvò dal diluvio.

Attività

Cerca due sinonimi di "arca", uno in senso concreto e uno in senso letterario; poi componi una frase significativa con ciascuna di queste parole.

1 **camminava con Dio**: l'espressione afferma l'integrità morale di Noè, il fatto che rispettasse il volere di Dio.

2 **Sem, Cam e Iafet**: da questi tre figli di Noè discese poi tutto il genere umano. Da Sem discesero i semiti, che si diffusero nelle regioni del Medio Oriente; da Cam i camiti, che andarono ad abitare l'Africa; i discendenti di Iafet si sparsero in Europa e in Asia.

3 **È venuta...uomo**: con questa espressione Dio intende affermare che ormai ha deciso di porre fine alla vita dei mortali.

4 **cubiti**: il cubito è un'unità di misura pari a circa 50 cm. L'arca, dunque, misurava 156 m di lunghezza, 26 di larghezza e 15 di altezza.

5 **soffio di vita**: che possiede la vita, quindi ogni essere vivente.

6 **alleanza**: è il patto che Dio stabilisce con Noè, così come lo stabilirà in seguito con Abramo e quindi con il popolo ebraico, che diventa così il popolo eletto.

Nell'anno seicentesimo[7] della vita di Noè, nel secondo mese: in quel giorno tutte le fonti del grande abisso irruppero e le cateratte del cielo si aprirono[8]. Cadde la pioggia sulla terra per quaranta giorni e quaranta notti. In quello stesso giorno entrarono nell'arca Noè, con i figli Sem, Cam e Iafet, la moglie di Noè, le tre mogli dei suoi tre figli; essi e tutti i viventi, secondo la loro specie, e tutto il bestiame, secondo la propria specie, e tutti i rettili che strisciano sulla terra, secondo la loro specie, tutti i volatili, secondo la loro specie, tutti gli uccelli, tutti gli esseri alati. Vennero dunque a Noè nell'arca, a due a due, di ogni carne in cui c'è il soffio di vita. Quelli venivano, maschio e femmina di ogni carne, entrarono come gli aveva comandato Dio. Il Signore chiuse la porta dietro di lui[9].

Il diluvio durò sulla terra quaranta giorni: le acque crebbero e sollevarono l'arca, che galleggiava sulle acque. Le acque furono sempre più travolgenti sopra la terra e coprirono tutti i monti più alti che sono sotto tutto il cielo. Le acque superarono in altezza di quindici cubiti i monti che avevano ricoperto. Perì ogni essere vivente che si muove sulla terra, uccelli, bestiame e fiere e tutti gli esseri che brulicano sulla terra e tutti gli uomini. Ogni essere che aveva un alito di vita nelle narici, cioè quando era sulla terra asciutta, morì. Così fu cancellato ogni essere che era sulla terra: dagli uomini agli animali domestici, rettili e uccelli del cielo, furono sterminati dalla faccia della terra e rimase solo Noè e chi stava con lui nell'arca. Le acque furono travolgenti sopra la terra centocinquanta giorni.

7 **Nell'anno seicentesimo**: si tratta di una cifra simbolica che sta a indicare l'età molto avanzata di Noè.

8 **tutte le fonti…si aprirono**: in questo suo scatenarsi, l'universo torna al caos iniziale: nel corso della creazione Dio aveva separato i vapori acquei superiori, che stavano nel cielo, dalle acque inferiori, che si erano ritirate favorendo l'emergere delle terre. Ora le acque inferiori tornano a ingrossarsi e a invadere le terre e dal cielo le acque superiori si aprono («le cateratte») e si riversano sulla terra.

9 **il Signore…dietro di lui**: è un gesto significativo che sottolinea la benedizione di Dio per Noè, escluso dalla condanna generale.

Noè esce dall'Arca con la moglie, i figli e tutti gli animali in un dipinto di Simon de Myle del 1570. (Collezione Privata)

Dio si ricordò di Noè, di tutte le fiere e di tutti gli animali domestici, che erano con lui nell'arca. Dio fece passare un vento sulla terra e le acque si abbassarono. Le fonti dell'abisso e le cateratte del cielo furono chiuse e fu trattenuta la pioggia dal cielo; le acque andarono via via ritirandosi dalla terra e calarono dopo centocinquanta giorni. Nel settimo mese, il diciassette del mese, l'arca si posò sui monti dell'Araràt[10]. Le acque continuarono a scemare fino al decimo mese. Nel decimo mese, il primo giorno del mese, apparvero le cime dei monti.

Trascorsi quaranta giorni, Noè aprì la finestra che aveva fatto nell'arca e fece uscire un corvo. Esso uscì andando e tornando, finché si prosciugarono le acque sulla terra. Noè poi fece uscire una colomba, per vedere se le acque si fossero ritirate dal suolo; ma la colomba, non trovando dove posare la pianta del piede, tornò a lui nell'arca, perché c'era ancora l'acqua su tutta la terra. Egli stese la mano, la prese e la fece rientrare presso di sé nell'arca. Attese altri sette giorni, e di nuovo fece uscire la colomba dall'arca e la colomba tornò a lui sul far della sera; ecco, essa aveva nel becco una tenera foglia d'ulivo. Noè comprese che le acque si erano ritirate dalla terra. Aspettò altri sette giorni, poi lasciò andare la colomba; essa non tornò più da lui.

L'anno seicentouno della vita di Noè, il primo mese, il primo giorno del mese, le acque si erano prosciugate sulla terra; Noè tolse la copertura dell'arca ed ecco la superficie del suolo era asciutta. Il 27 Nel secondo mese, il ventisette del mese[11], tutta la terra si era prosciugata la terra era asciutta.

Dio ordinò a Noè: «Esci dall'arca tu e tua moglie, i tuoi figli e le mogli dei tuoi figli con te. Tutti gli animali d'ogni carne che hai con te, uccelli, bestiame e tutti i rettili che strisciano sulla terra, falli uscire con te, perché possano diffondersi sulla terra, siano fecondi e si moltiplichino su di essa».

Noè uscì con figli, la moglie e le mogli dei figli. Tutti i viventi e tutto il bestiame e tutti gli uccelli e tutti i rettili che strisciano sulla terra, secondo le loro specie, uscirono dall'arca.

La rappresentazione del patriarca Noè su un'icona russa del 1654. (Yaroslavl, Church of Saint John Chrysostome)

Nuovo inizio della creazione

Allora Noè edificò un altare al Signore; prese ogni sorta di animali puri e di uccelli puri e offrì olocausti[12] sull'altare. Il Signore ne odorò il profumo gradito e disse in cuore suo: «Non maledirò più il suolo a causa dell'uomo, perché ogni intento del cuore umano è incline al male fin dall'adolescenza; nè colpirò più ogni essere vivente come ho fatto.

Finché durerà la terra,
seme e mèsse,
freddo e caldo,
estate e inverno,
giorno e notte
non cesseranno»[13].

La Sacra Bibbia, *Genesi*, 6-8, nella traduzione ufficiale in lingua italiana della CEI, Fondazione di Religione dei Santi Francesco d'Assisi e Caterina da Siena, 2008

10 **Araràt**: non si tratta di una precisa montagna, ma probabilmente è il nome di una regione montagnosa che, nei testi assiri, è situata in Armenia, ai confini tra la Turchia e l'Iran. Oggi l'Araràt è la montagna sacra degli Armeni, posta proprio sul confine con la Turchia.

11 **Nel secondo…mese**: Noè è rimasto sull'arca per circa un anno.

12 **olocausti**: è un sacrificio rituale che prevede che le vittime sacrificate alla divinità vengano del tutto (dal greco *olon*) bruciate (il verbo *kàio*) sull'altare.

13 **Finché durerà la terra…non cesseranno**: Dio ribadisce con solennità l'alleanza con Noè, promettendo che non interromperà più il ciclo della vita naturale e umana.

per L'ANALISI del TESTO

Una favola antica

Il racconto del **diluvio universale**, con la figura di Noè che imbarca tutte le specie di animali a coppie e poi se ne sta per lungo tempo nel chiuso dell'arca in attesa che la collera di Dio si plachi e torni il sereno, è uno degli episodi più noti della *Bibbia*, una **favola straordinaria**. E in effetti presenta numerosi caratteri della favola: dall'evento eccezionale che si manifesta con la caduta di una pioggia ininterrotta, al finale positivo e beneaugurante.

Il rapporto Dio-uomo

Nell'economia della *Bibbia*, il diluvio universale e la figura di Noè rappresentano un importante passaggio di quel lungo cammino che è il **rapporto Dio-uomo**. Di fronte alla corruzione del genere umano, avviata con il peccato originale di Adamo ed Eva, proseguita con l'uccisione da parte di Caino del fratello Abele e con successivi comportamenti improntati al peccato, Dio decide di eliminare dalla faccia della terra l'uomo. Agli occhi degli ebrei il diluvio non è stato, dunque, una catastrofe naturale, ma **un castigo di Dio**: è un evento che viene spiegato con un criterio morale.

La rappresentazione di Dio

Nel racconto Dio si configura come una **divinità severa** e determinata nel colpire la cattiveria e la degradazione dell'uomo. La sua severità è però guidata da un **profondo senso di giustizia**. Infatti, egli riconosce in Noè un uomo «giusto e integro» (r. 1) e per questo degno di essere salvato insieme alla sua famiglia.

Un protagonista eroico

Noè il **patriarca** (dal greco *patér* = padre e *arché* = origine), è letteralmente un "padre originario", vale a dire un "padre fondatore" che sta alle radici di una tradizione e di un popolo. Ma è soprattutto un uomo che «camminava con Dio» (r. 2), sorretto da una forte carica morale e religiosa, convinto dell'infinita giustizia del suo Signore e per questo «eseguì ogni cosa come Dio gli aveva comandato» (r. 26). Egli mantiene con la divinità un **rapporto costante di fiducia** perché lo considera Signore e Padrone di ogni cosa. In questo atteggiamento di sottomissione è possibile riscontrare qualche cosa di **eroico**, che si rispecchia nelle sue **azioni "epiche"**: costruire l'arca, accogliere gli animali, vagare per i mari per un intero anno sono imprese che evidenziano la forza di carattere di questo patriarca, cosciente di avere nelle mani il destino dell'umanità intera.

La palingenesi, nuova creazione

Sul piano letterario il racconto del diluvio si può accostare, per la potenza delle immagini e, ancor di più, per i contenuti, a una **seconda creazione**. Nel momento in cui «le cateratte del cielo si aprirono. Cadde la pioggia sulla terra per quaranta giorni» (rr. 29-30), si assistette a uno sconvolgimento totale, al ritorno del **caos primordiale**, con le acque che non si distinguevano più dalle terre, come prima della creazione. Da quell'arca solitaria, però, torna a rifiorire la vita, umana e animale; ci troviamo davanti a una **palingenesi**, cioè a una rinascita. E infatti, nell'interpretazione religiosa, Noè rappresenta il nuovo capostipite del genere umano.

La tradizione semitica

Il racconto del diluvio ha un **fine morale**, tipico della cultura ebraica: far comprendere la severità della punizione divina, che potrebbe nuovamente abbattersi sull'umanità peccatrice. Ma presenta anche altri riferimenti culturali, che rimandano alla **tradizione popolare mesopotamica**: la costruzione dell'arca con misure fisse, la durata del diluvio, l'approdo su un monte, la liberazione di un volatile per scoprire la terra ferma, pratica in uso presso gli antichi navigatori. E gli ebrei quando, sotto la guida di Abramo, avevano abbandonato la terra di Ur, in Mesopotamia, si erano portati questo bagaglio culturale fino alla terra promessa, insieme ai pochi beni di cui avevano bisogno.

Lo stile

Anche in questo brano il **linguaggio** risulta **semplice**, **ripetitivo**, fino a configurarsi come uno **stile formulare**. Traspare la volontà di essere chiari, didascalici, di incidere nella memoria di chi ascoltava o leggeva. Nella descrizione degli eventi ricorrono **immagini potenti**, sostenute dal **tono epico** del racconto, tanto da rafforzare il carattere drammatico complessivo dell'evento.

Attività

Leggere e comprendere

1 **La motivazione** Da che cosa nasce la decisione di Dio di punire gli uomini con un diluvio?
- a. La terra è troppo povera e l'uomo trascura i doni di Dio
- b. Gli uomini seguono in modo troppo ligio le regole fissate da Dio
- c. La terra è piena di corruzione e violenza
- d. Gli uomini sono litigiosi e avidi

2 **Noè** Quale merito Dio riconosce a Noè così da salvarlo dalla punizione universale?
- a. Noè è mite ma non si è lasciato prevaricare dagli altri
- b. Noè è giusto, timoroso e segue Dio
- c. Noè è capace di parlare agli uomini e non si oppone a Dio
- d. Noè è giusto, senza paura e obbediente a Dio

3 **Il patto** Che cosa intende Dio per "alleanza" con Noè?

4 **L'arca** Elenca con precisione tutti i viventi che entrano nell'arca.

5 **La distruzione** Che cosa viene annientato durante il diluvio?
- a. Il giorno e la notte
- b. Tutti gli esseri viventi tranne quelli ospitati nell'arca
- c. Il firmamento che divide le acque di sotto da quelle di sopra
- d. Tutti gli uomini tranne Noè

6 **I numeri simbolici** Il testo contiene una serie di indicazioni numeriche, alcune delle quali hanno un chiaro valore simbolico. Quali sono? A che cosa si riferiscono?

7 **I numeri "concreti"** Invece altri numeri evidenziano un desiderio di precisione e concretezza. Quali sono? Quali informazioni danno?

8 **L'arrivo** Dove si ferma l'arca? La definizione di questa zona può in qualche modo legarsi alla tradizione (non solo ebraica) del diluvio?

9 **Il futuro** Dopo la conclusione del diluvio, Dio manifesta le sue future intenzioni verso gli uomini. Sottolineale nel testo.

Riconoscere e analizzare

10 **I personaggi** In questo brano il protagonista ha numerose caratteristiche tipiche dell'eroe di un poema epico. Quali comportamenti lo caratterizzano?

11 **La descrizione** Rileggi la descrizione del diluvio e indica i più importanti predicati attribuiti alle acque.

....

....

....

12 **Il tempo** Il diluvio avviene
- a. in un tempo lontanissimo
- b. in un tempo che precede la nascita dell'uomo
- c. nel II secolo avanti Cristo
- d. in epoca vicina alla stesura del testo

13 **Lo stile formulare** Nella stesura dei miti spesso gli autori fanno uso di "ripetizioni", di epiteti o di interi blocchi narrativi, eredità della tradizione orale precedente. Anche nel testo letto è presente questa dizione formulare. Individua in particolare un blocco narrativo più volte ripetuto.

14 **Il tono** Il passo della *Bibbia* che hai letto somma informazioni di carattere religioso, storico ed epico. Riportale.

15 **La cultura** Alcune informazioni legate alla vita pratica testimoniano le abitudini del periodo storico in cui il testo è stato redatto. Cercane alcuni esempi.

Rielaborare e produrre

16 **Discutere** «È venuta per me la fine di ogni uomo, perché la terra, per causa loro, è piena di violenza; ecco, io li distruggerò insieme con la terra» (rr. 7-9). Ritieni che l'attribuzione di un pensiero così terribile a Dio possa far sì che qualcuno si senta autorizzato a fare altrettanto in nome di una rigenerazione e di una umanità migliore a venire? Oppure pensi che sia efficace perché spaventa gli uomini inducendoli a migliorare? Esprimi il tuo parere in un dibattito in classe.

17 **Le responsabilità** Il diluvio è mandato da Dio contro gli uomini che hanno trasgredito le sue leggi. Oggi le calamità naturali sono spiegate scientificamente, ma, a tuo parere, l'uomo è in qualche misura responsabile di questi disastri? Scrivi un testo di circa 200 parole sull'argomento.

Re della terra selvaggia

Regia
Benh Zeitlin

Interpreti
Quvenzhané Wallis, Dwight Henry

Data di uscita
2012

Genere
Distopico

La locandina del film *Re della terra selvaggia* diretto da Benh Zeitlin nel 2012.

Trama

In un paesaggio paludoso, che ricorda il delta del Mississippi, vive una piccola comunità, che si autoproclama la "Grande Vasca" per distinguersi – nella forma e nei costumi, più vicini a un tempo mitico che alla Storia – dalla popolazione della città. Mentre i ghiacci cominciano a sciogliersi per le elevate temperature, nell'attesa di un imminente uragano che innalzerà il livello delle acque sommergendo le terre a sud della diga metropolitana, la piccola Hushpuppy viene severamente istruita dal padre Wink a sopravvivere in una realtà inospitale e sotto la costante minaccia della distruzione. Intanto, liberate dai ghiacci, misteriose creature emergono da un passato ancestrale e cominciano a razziare vegetazione e animali.

Costretta a misurarsi con la malattia del padre e col continuo desiderio di ritrovare la madre, la bambina affronta un paesaggio che si modifica, diventando sempre più ostile, e i tentativi degli abitanti della "Terraferma" di ricondurre a ragione e sulla strada del progresso i fuoriusciti. Quando infine un nuovo "diluvio universale" si abbatte sulla palude, la tensione giunge al culmine e Hushpuppy parte alla ricerca della madre. Scoprirà che la sua vera casa è proprio la terra selvaggia, che sognava di lasciare?

Scena tratta dal film *Re della terra selvaggia*.

Analisi

Dopo il cortometraggio *Glory at Sea* (2008), girato a New Orleans in seguito alle devastazioni dell'uragano Katrina, il regista Benh Zeitlin torna a raccontare la rinascita di una terra inondata dalle acque. Egli sfrutta le modalità narrative di una tipica distopia della catastrofe (genere la cui fortuna corre parallela a quella della fantascienza) e non risparmia al racconto inserti fantastici (l'improvvisa comparsa dei feroci animali preistorici, curiosamente ammansiti dallo sguardo della protagonista). Il regista dà una rappresentazione efficace del paesaggio del sud degli Stati Uniti, ricorrendo a interpreti non professionisti e alla pellicola 16 millimetri, per accentuare l'effetto di realismo e quotidianità della narrazione.

Centrale è il rapporto tra l'uomo e la natura, che non si può tentare di dominare se non provocando una rivolta degli elementi e il ritorno a un caos primigenio. La difficoltà del dialogo con l'Altro si riflette nell'interazione, a tratti violenta, tra gli abitanti della "Grande Vasca", le cui usanze richiamano riti primitivi e antimoderni, e quelli della "Terraferma", oltre la diga, che simboleggia tutti i vizi della società globalizzata. Ma si riflette anche nella relazione tra un padre, di buon cuore benché rigido nell'educazione alla sopravvivenza, e una figlia, che incarna tutte le speranze per il futuro, in un finale che rimane problematicamente aperto.

Altre scene tratte dal film.

Esiodo

Promèteo dona il fuoco agli uomini

Da
Teogonia (521-616), VIII secolo a.C.

Poema cosmogonico

Promèteo è stato legato a una roccia e un'aquila gli rode il fegato, che continuamente gli ricresce: è questa la condanna stabilita da Zeus contro di lui, che più volte l'ha sfidato, prendendosi gioco della sua potenza. Il padre degli dèi estende la sua condanna anche ai mortali, inviando loro una calamità di nome Pandora, la donna.

Ed egli[1] legò poi Promèteo dai molti espedienti[2] con lacci indissolubili, in dure catene, sospendendolo a mezzo di una colonna; e incitò contro di lui un'aquila dalle larghe ali, che gli rodeva il fegato immortale; e questo cresceva durante la notte tanto, quanto durante il giorno intero ne divorava l'uccello dalle larghe ali. L'aquila a sua volta fu uccisa da Eracle, il figlio valoroso di Alcmena dalle belle caviglie[3], il quale strappò il figlio di Giapeto[4] da questo malvagio supplizio e lo liberò dai tormenti, non senza la volontà dell'Olimpio Zeus[5] che regna nell'alto, per la quale la gloria di Eracle Tebano si doveva accrescere sempre più sulla terra nutrice di molti[6]. Tali disegni invero rispettando Zeus teneva in onore il figlio suo illustre; e quantunque adirato mise fine al suo sdegno sorto per il fatto che Promèteo contrastava il figlio di Crono[7] dall'eccelsa potenza.

Difatti nel tempo in cui gli dèi e gli uomini mortali decidevano una contesa a Mecone[8], allora Promèteo pose innanzi a loro e divise in parti con animo benevolo un bue di notevole mole, cercando d'ingannare il pensiero di Zeus: per l'una delle due parti egli pose infatti le carni e le viscere piene di grasso, sotto la pelle; per l'altra invece preparò con astuto artifizio delle bianche ossa di bue, nascondendole sotto il bianco grasso. Fu allora che a lui disse il padre degli uomini e degli dèi: «O figlio di Giapeto, illustre fra tutti

Peter Paul Rubens, *Prometeo legato alla roccia viene ferito dall'aquila*, 1612. (Philadelphia, Museum of Art)

1 **Ed egli**: Zeus.
2 **dai molti espedienti**: epiteto epico di Promèteo, che sintetizza bene la sua attitudine a darsi da fare per far uscire gli uomini dalle difficoltà della vita.
3 **dalle belle caviglie**: epiteto che accompagna Alcmena, mitica madre di Eracle, del quale qui è ricordata un'impresa.
4 **figlio di Giapeto**: Promèteo, figlio del Titano Giapeto.
5 **Olimpio Zeus**: Zeus, padre di Eracle.
6 **nutrice di molti**: epiteto epico della terra, fertile e quindi in grado di nutrire uomini e animali.
7 **il figlio di Crono**: Zeus, per quanto arrabbiato con Promèteo, non si adira con il figlio Eracle che l'ha liberato, perché gli vuole troppo bene.
8 **Mecone**: era ritenuta la più antica città della Grecia e rappresentava il luogo in cui dèi e uomini vivevano ancora insieme, prima dell'inganno nella spartizione del sacrificio operato da Promèteo.

i sovrani, come hai diviso le parti in modo iniquo!». Così parlò Zeus, cosciente di consigli immortali[9], rimproverandolo; e a lui così rispondeva Promèteo dai tortuosi pensieri[10], con un lieve sorriso, non dimenticando la sua scaltra beffa: «O Zeus, il più illustre, il più grande degli dèi sempiterni, prendi dunque quella delle due parti, che il cuore ti comanda nel petto!». Così disse, meditando l'inganno; ma Zeus, sapiente di eterni consigli, sapeva bene, né ignorava quell'inganno, e presentiva nell'animo le sciagure per gli uomini mortali, che egli era sul punto di infliggere. Così egli con entrambe le mani sollevò il bianco grasso, e si adirò nel suo animo, e la rabbia gli giunse nel cuore, appena vide le bianche ossa del bue preparate per l'astuta beffa – e da quel giorno sulla terra le stirpi degli uomini bruciano le bianche ossa delle vittime sopra gli altari odorosi d'incenso –.

A Promèteo quindi, assai sdegnato, così parlò Zeus adunatore di nembi[11]: «O figlio di Giapeto, sapiente nei consigli più di tutti, tu, mio caro, non hai davvero dimenticato la tua ingannatrice scaltrezza». Così parlò nel suo sdegno Zeus sapiente di consigli immortali. Da quel momento in poi, memore sempre del suo rancore, non concesse più agli uomini mortali, che hanno dimora sulla terra, la possa del fuoco infaticabile per mezzo dei frassini[12]; però lo trasse in inganno il valente figlio di Giapeto, rubando in un cavo ramo di ferula[13] la scintilla che si vede da lungi dell'infaticabile fuoco; in tal modo egli morse nel profondo del cuore Zeus altitonante[14], il quale si adirò nell'animo suo, quando vide tra gli uomini la scintilla del fuoco che splende da lungi.

9 **cosciente di consigli immortali**: epiteto di Zeus, che torna con piccole varianti. Esiodo insiste sulla onniscienza di Zeus, per indicare la vana pretesa di Promèteo di beffarlo.

10 **tortuosi pensieri**: epiteto che descrive bene l'animo di Promèteo.

11 **adunatore di nembi**: epiteto di Zeus che allude al suo potere di radunare («adunatore») le nuvole («nembi»).

12 **la possa del fuoco...frassini**: Zeus toglie agli uomini la potenza («possa») del fuoco che non smette mai di muoversi fiammeggiando («infaticabile») per mezzo degli alberi, su cui si abbattevano i fulmini e che per primi lo avevano rivelato all'umanità.

13 **ferula**: un arbusto mediterraneo in cui Promèteo nascose la scintilla del fuoco, che produce una luce che si vede da lontano.

14 **Zeus altitonante**: Zeus, dio del cielo, che tuona dall'alto e lancia i fulmini.

15 **un malanno**: in greco un "male", cioè un danno.

L'AUTORE

Esiodo, la cui vita è collocabile tra la seconda metà dell'VIII secolo a.C. e i primi del VII, è la prima figura storicamente attestata della letteratura greca.

È lui stesso a parlarci di sé e del padre che da Cuma, in Asia Minore, si sarebbe trasferito ad Ascra, in Beozia, una regione storica della Grecia. Cresciuto come pastore, secondo una storia che diventerà tipica e che va letta quindi simbolicamente, Esiodo è scelto dalle Muse che abitano il vicino monte Elicona e ottiene il dono della memoria poetica. Questa memoria lo aiuterà a "ricordare" la genesi degli dèi nella *Teogonia* e a tracciare le loro prescrizioni, utili nel quotidiano lavoro dell'uomo, nell'altro poema, *Le opere e i giorni*.

Se con la prima opera Esiodo si segnala come il sistematore della materia mitica e filosofica, forse di provenienza orientale, che andrà a consolidare il patrimonio religioso ed eroico della Grecia arcaica, con la seconda stabilirà il modello del poema didascalico. A quest'ultimo si ispirerà, fra gli altri, Virgilio (► p. 272), l'altro poeta-contadino della tradizione classica.

E senza indugio egli in cambio del fuoco apprestò un malanno[15] per gli uomini; difatti l'inclito Ambidestro[16] plasmò con la terra un essere simile ad una vereconda fanciulla[17], per volontà del Cronide[18]; la dea Atena dagli occhi lucenti le dette il suo cinto[19] e la ornò di una candida veste, e dal capo le fece scendere con l'arte delle sue mani un velo riccamente lavorato, meraviglia a vedersi; quindi attorno alla testa Pallade Atena le pose amabili corone fatte di freschi fiori di prato, e intorno al capo le cinse una corona di oro, che lo stesso inclito Ambidestro aveva fatto, modellandola con le sue mani, per far cosa grata al padre Zeus. In essa egli aveva cesellato molte figure, meraviglia a vedersi, di strani animali, terribili, quanti nutre la terra ed il mare: ne aveva inciso un gran numero – e su tutte spirava la grazia –, fonte di meraviglia, tali e quali ad esseri vivi.

Alexandre Cabanel, *Pandora*, 1873. (Baltimore, Walters Art Museum))

Quando dunque egli ebbe plasmato, invece di un bene, questo splendido malanno, la condusse là dove stavano gli altri dèi e gli uomini, superba dell'ornamento donatole dalla dea dagli occhi splendenti, figlia del valoroso padre[20]. E meraviglia prese gli dèi immortali e gli uomini mortali, quando videro l'arduo inganno, senza rimedio per gli uomini[21]. Da lei infatti proviene la stirpe delle donne delicate, sciagura grande per i mortali, le quali abitano insieme con gli uomini, assidue seguaci non della esiziale Povertà, ma della sazietà[22]. [...]

Così non è dato frodare il pensiero di Zeus, né trasgredirlo. Nemmeno infatti il figlio di Giapeto, il benefattore Promèteo, riuscì ad evitare il grande sdegno di lui; ma soggiacendo al destino, pur essendo molto saggio, una grave catena lo stringe.

Esiodo, *Teogonia*, 521-616, trad. it. di A. Colonna, UTET, Torino, 1977

16 **l'inclito Ambidestro**: è il famoso («inclito») Efesto, il dio-artigiano, figlio di Zeus, detto «Ambidestro» perché capace di usare entrambe le mani con uguale abilità.

17 **vereconda fanciulla**: il «malanno» è, all'aspetto, una fanciulla piena di pudore.

18 **Cronide**: patronimico che significa "figlio di Crono".

19 **cinto**: cintura.

20 **figlia del valoroso padre**: Atena, figlia di Zeus, ha donato alla fanciulla un ornamento di cui va superba.

21 **l'arduo inganno, senza rimedio per gli uomini**: è anticipato l'aspetto terribile della fanciulla, di cui per ora emerge solo la bellezza.

22 **seguaci...della sazietà**: le donne non vogliono essere compagne degli uomini quando essi vivono in povertà (che è, per definizione, "rovinosa") ma solo quando possono garantire la «sazietà». Affermazione tipica della misoginia greca.

per L'ANALISI del TESTO

La composizione ad anello

Quella di Esiodo è una "composizione ad anello": prende le mosse da Zeus che stringe con lacci Promèteo «sospendendolo a mezzo di una colonna» (r. 2). È un'immagine che anticipa il racconto, impostato come un vero e proprio ***flashback*** (analessi), che ricorda l'azione per cui Promèteo è ora così costretto dalla condanna di Zeus.

Si tratta, poi, di un **racconto nel racconto**, incastonato nel poema cosmogonico di Esiodo. E per questo motivo è delimitato in maniera così precisa, a sottolineare il fatto che probabilmente era eseguito come pezzo autonomo dagli aèdi: "il canto di Promèteo".

A sua volta l'analessi comprende **tre episodi**: l'ingannevole spartizione delle carni offerte agli dèi nel primo sacrificio approntato da Promèteo e la stizzita replica di Zeus che toglie agli uomini il fuoco che proviene dalla sua folgore; l'insistita beffa dell'eroe che nasconde la scintilla in un bastone per restituire il dono agli uomini; la definitiva risposta di Zeus, che "contraccambia" con il dono ambiguo di Pandora, «senza rimedio per gli uomini» (r. 57).

Il linguaggio epico

A questa **struttura simmetrica** perfetta corrisponde un linguaggio epico ricco di **epiteti formulari**, ma sempre mirati a spiegare un aspetto della mentalità dei protagonisti («Promèteo dai molti espedienti», r. 1; Zeus «sapiente di consigli immortali», rr. 32-33). Notevole anche l'uso dell'**ossimoro** per definire Pandora (lo «splendido malanno», r. 52). La donna infatti è un **capolavoro di ambiguità** e con termini altrettanto ambigui viene descritta: tutto in lei è una «meraviglia a vedersi» (r. 43); tale «meraviglia» diventa però stupore per «l'arduo inganno» (rr. 56-57) che incarna.

La figura di Promèteo

Con l'ingannevole e beffarda suddivisione delle carni, Promèteo si preannuncia da subito come il **personaggio ribelle**, che sceglie di stare dalla parte degli uomini per prendersi gioco di chi comanda. Gli studiosi del mito lo fanno rientrare nella categoria del *trickster* ("ingannatore"), cui appartengono figure di truffatori semidivini che, passando da un'avventura all'altra, spesso di natura comica, violano continuamente le norme di condotta cui si conforma l'esistenza di quegli stessi popoli che ne raccontano le storie.

Al di là delle ambiguità del personaggio, emerge la **funzione mediatrice** di Promèteo, figura di passaggio fra quel lontano mondo in cui dèi e uomini vivevano insieme (così accadeva fino al sacrificio di Mecone), e l'età successiva nella quale gli uomini, privi del soccorso diretto divino, si trovano a dover lottare per la sopravvivenza.

Zeus e la condizione umana

In questo senso Promèteo dovrebbe emergere come il campione dell'umanità, capace con il suo impulso di avviare la civiltà e di portare l'uomo dalle tenebre alla luce. Quello presentato da Esiodo, però, è tutt'altro che trionfante. Le sue beffe sono destinate a essere scoperte ancor prima di essere messe in atto («ma Zeus, sapiente di eterni consigli, sapeva bene, né ignorava quell'inganno», rr. 23-24, e, riflesso tremendo, il dio «presentiva nell'animo le sciagure per gli uomini mortali» (rr. 24-25). **Promèteo**, insomma, **non è il dio del progresso che eleva l'umanità**. Nel pensiero esiodeo, il mondo è proiettato verso un graduale ma inarrestabile **processo di decadenza**, culminante con la generazione del ferro, alla quale appartiene l'uomo, condannato a un'esistenza penosa e senza speranza. Ci sono **limiti oltre i quali non è lecito andare** e Zeus li sancisce, a prescindere dai tentativi fallimentari che Promèteo pone in atto. Anzi, le sfide dell'eroe hanno il risultato di portare agli uomini «invece di un bene, questo splendido malanno» (rr. 51-52): Pandora, causa di ogni male, del destino di fatica e di morte a cui da quel momento il maschio è sottomesso. Evidente è a questo punto la misoginia che accomuna la descrizione di Esiodo all'episodio biblico della cacciata dall'Eden. In entrambi i casi la **dannazione** dell'uomo **deriva da un essere femminile**, nel caso di Adamo da Eva, la prima donna della tradizione giudaica. Il mito arcaico presenta, dunque, caratteri che appartengono all'immaginario profondo di tutti i popoli.

Attività

Leggere e comprendere

1 **Promèteo** Chi è Promèteo, quali sono le azioni che mettono in luce la sua natura?

2 **Eracle** Anche se in maniera trasversale, Esiodo accenna a un'impresa di Eracle. Perché Zeus non lo punisce, nonostante abbia trasgredito i suoi ordini?
   a. Perché ha bisogno della sua forza
   b. Perché è un figlio illustre e utile all'umanità
   c. Perché Eracle gli ha chiesto perdono
   d. Perché in realtà Eracle non ha trasgredito i suoi ordini

3 **Il sacrificio** Nella spartizione delle parti dell'animale sacrificato, che cosa Promèteo destina agli dèi e che cosa agli uomini?

4 **Il fuoco** Perché Zeus toglie agli uomini «la possa del fuoco infaticabile» (r. 34)? Una vita senza fuoco che cosa significava per l'umanità antica?

5 **La reazione** Per reagire all'inganno di Promèteo Zeus ordina ad Efesto di plasmare Pandora. In che modo Pandora può fargli raggiungere il suo scopo?

6 **I doni** Alla bellissima Pandora, Atena ed Efesto offrono ulteriori abbellimenti. Che cosa rappresentano questi doni? Quale funzione hanno?

7 **L'umanità** Come si comportano Promèteo e Zeus nei confronti del genere umano?

Riconoscere e analizzare

8 **La struttura** Perché parliamo di "struttura ad anello" per la narrazione di questo mito e perché Esiodo sceglie questa forma?

9 **L'analessi** Dove troviamo un'analessi nel racconto di Esiodo? Perché viene utilizzata questa forma?

10 **Le figure retoriche** Nel testo trovi almeno un ossimoro. Quale?

....

....

11 **L'epica** Quali sono le espressioni e le forme tipiche dell'epica che conferiscono al testo questo stile? Riportane qualche esempio.

....

....

....

....

12 **L'epoca e la durata** Il tempo in cui è ambientato il mito e la durata della vicenda sono indicati in modo molto vago nel testo. Quali informazioni puoi trovare?

Rielaborare e produrre

13 **Discutere** Zeus lascia che Promèteo porti a termine i suoi inganni, per poi punire lui e l'umanità. Perché secondo te? Esprimi il tuo parere in un dibattito in classe.

14 **La condizione umana** Promèteo diventerà il simbolo del progresso. Ti sembra che la rappresentazione che ne fornisce Esiodo coincida con questa immagine? Da che cosa può essere determinata questa concezione pessimista sulla condizione umana?

15 **La carne** I Greci, come la maggior parte dei popoli mediterranei, mangiavano poca carne: per l'aridità dei pascoli e quindi la necessità di conservare gli animali per il latte. Il sacrificio era l'unica occasione di consumare questo alimento e questo spiegherebbe l'origine dell'ingannevole spartizione di Promèteo. Conduci una ricerca personale e scrivi un breve testo argomentativo che sorregga o demolisca questa teoria.

16 **La colpa** La figura femminile come causa di rovina è diffusa in letteratura e nel cinema. Nella *Bibbia*, ad esempio, è Eva a indurre Adamo a commettere la colpa. Ricordi qualche altro esempio?

17 **La tappa** La conquista del fuoco è stata una delle prime tappe del progresso dell'uomo. Perché? Quali altre scoperte hanno segnato l'evoluzione della società?

18 **Le responsabilità** Il fuoco era stato donato da Promèteo agli uomini per migliorare la loro vita. Anche il moderno progresso tecnologico contribuisce alla felicità degli uomini? Stendi un testo sull'uso responsabile delle tecnologie.

Ovidio

Deucalione e Pirra ripopolano la terra

Dopo il diluvio universale la terra è spopolata, tutte le genti sono perite, travolte e annegate nelle acque. Tutte, tranne Deucalione e Pirra, un uomo e una donna che ora si trovano a supplicare gli dèi perché suggeriscano loro come tornare a ripopolare la terra.

Da
Metamorfosi (I, 348-415),
I secolo d.C.

Poema mitologico

Il mondo si era salvato[1]. Ma era vuoto. Vedendolo così e vedendo le terre desolate immerse in un profondo silenzio, Deucalione si rivolse in lacrime a Pirra[2] con queste parole: «O sorella, sposa, unica donna superstite, a cui mi ha accomunato la stirpe, perché i nostri padri erano fratelli, poi il matrimonio e ora il pericolo, guarda! Non c'è altri su tutta la terra da oriente a occidente se non noi due! Il mare s'è ingoiato tutto il resto! E nemmeno della nostra sopravvivenza sono del tutto ancor certo e fiducioso: ho in me sempre vivo il terrore del diluvio! E se tu fossi stata strappata alla morte senza di me, quale sarebbe il tuo stato d'animo, o infelice? Come potresti sopportare da sola la paura? Chi ti consolerebbe nel tuo dolore? Quanto a me, credimi, se tu pure fossi stata vittima del mare, ti seguirei, sposa mia, nella stessa sorte! Oh, potessi almeno ripopolare il mondo grazie all'arte che possedeva mio padre, plasmando corpi con la terra e infondendovi un'anima! Ora il genere umano sopravvive grazie a noi due, per volere degli dèi, e siamo noi i soli esemplari che restano!».

A queste parole tutti e due piangevano. Poi decisero di invocare la divinità e chiedere aiuto all'**oracolo**. Senza por tempo in mezzo si accostarono al Cefiso[3], che scorreva non ancora limpido ma racchiuso ormai nel suo alveo naturale. Lì attinsero acqua con cui si cosparsero il capo e le vesti e poi volsero il passo verso il tempio della dea. Il fastigio[4] dell'edificio era ricoperto di squallido muschio e le are si ergevano prive di fuoco. Giunti ai gradini del tempio, si prostrarono ambedue e pieni di timore baciarono la gelida pietra, elevando questa supplica: «Se è vero che gli dei si arrendono alle preghiere dei giusti e depongono l'ira, dicci, o Temi[5], con quali mezzi possiamo sopperire alla perdita della nostra razza e, nella tua bontà, portaci aiuto in mezzo a questo naufragio!».

La dea fu toccata dalle loro parole ed emise il suo responso: «Uscite dal tempio, velatevi il capo e sciogliete le vesti; poi gettate dietro di

PAROLE sotto la lente

Oracolo

Il sostantivo proviene dal latino *oraculum*, derivato dal verbo *orare* = pregare. In origine indicava il luogo dove il responso degli dèi veniva dato e non, come ora, il responso stesso. L'oracolo è dunque una forma di divinazione presso vari popoli antichi, consistente in un responso fornito dalla divinità in un determinato luogo, per esempio l'oracolo di Delfi; le domande formulate potevano essere inerenti questioni ignote presenti, passate o future. Il dio forniva anche indicazioni riguardo al corretto modo d'agire in determinate circostanze.

Attività

Elenca alcuni oracoli (luoghi e dèi) del mondo antico.

1 **Il mondo si era salvato**: si era da poco concluso il diluvio universale.
2 **Deucalione...Pirra**: sono i due protagonisti: Deucalione è figlio di Promèteo e Pirra è sua moglie, ma anche sua cugina.
3 **Cefiso**: fiume che nasceva dal monte Parnaso.
4 **fastigio**: la parte superiore del tempio.
5 **Temi**: divinità appartenente alla stirpe dei Titani, figlia di Urano e di Gea, dea del diritto e della legge.

voi le ossa della grande madre». I due restarono a lungo costernati; poi per prima ruppe il silenzio Pirra ed espresse il rifiuto di ubbidire alla dea, pur pregandola con voce tremante di perdonarla: temeva di offendere l'ombra della madre, sparpagliandone le ossa. Ma nel frattempo tornarono a considerare le oscure parole dell'oracolo, avvolte da tanto mistero, e continuarono a rimuginarle.

Dopo un po', il figlio di Prometeo[6] si rivolse con pacata dolcezza alla figlia di Epimeteo[7]: «O il mio intuito mi inganna (ma gli oracoli non sono empi e non possono indurre a commettere nefandezze[8]) oppure la grande madre di cui si parla è la terra: penso quindi che siano le pietre a esser chiamate ossa del suo corpo e che appunto pietre noi dobbiamo lanciare dietro le nostre spalle».

Per quanto la discendente del Titano fosse attratta da questa interpretazione del marito, tuttavia la speranza era ancora frenata dal dubbio: tanto poca era la fiducia che ad ambedue ispirava il comando divino. Ma non v'era nulla da perdere a tentare. Si allontanarono dal tempio, si velarono il capo, si sciolsero le vesti e cominciarono a gettarsi dietro le spalle le pietre, secondo il comando. Ed ecco che queste pietre (nessuno lo crederebbe se l'antica tradizione non ne facesse fede) cominciarono a deporre la loro durezza e rigidità, ad ammorbidirsi a poco a poco e a prender forma. Una volta cresciute e rese più malleabili, si poteva individuare in esse una certa sagoma umana, anche se non evidente, come un abbozzo nel marmo, non ancora perfetto, molto simile a una rudimentale scultura. Quelle parti di esse che conservavano tracce di acqua e di terra diventarono carne; le parti compatte, incapaci di piegarsi, diventarono ossa; quelle che erano vene mantennero la loro funzione e il loro nome. In breve, per volontà degli dèi, i sassi scagliati dalla mano dell'uomo divennero uomini, mentre quelli lanciati dalla donna diedero vita alle femmine. Siamo una razza dura e rotta alla fatica e diamo così prova evidente della nostra origine.

Ovidio, *Le Metamorfosi*, I, 348-415, trad. it. di G. Faranda, BUR Rizzoli, Milano, 1994

6 **il figlio di Prometeo**: Deucalione.
7 **alla figlia di Epimeteo**: Pirra.
8 **nefandezze**: l'idea di sparpagliare le ossa della madre era sembrata a Pirra un'azione riprovevole.

L'AUTORE

Publio Ovidio Nasone nasce a Sulmona, in Abruzzo, nel 43 a.C. da una famiglia di rango equestre. Il padre lo avvia alla carriera politica, ma Ovidio preferisce dedicarsi alla poesia. A Roma, ottiene ben presto quel successo letterario che gli consente di frequentare l'ambiente artistico della corte augustea. Un evento drammatico lo sorprende, però, quando l'8 d.C. viene condannato da Augusto ad abbandonare Roma e a ritirarsi a Tomi (odierna Costanza, sul Mar Nero). Non si conoscono i motivi reali dell'allontanamento: forse per un'opera giudicata immorale o per il coinvolgimento in uno scandalo di corte. Sul Mar Nero, Ovidio trascorre in solitudine gli ultimi dieci anni di vita, attendendo invano il perdono dell'imperatore. Muore a Tomi nel 18 d.C.

Ovidio ha scritto poemetti di argomento amoroso (*Amores, L'arte di amare, Remedia amoris*), poemi di carattere mitologico (*Fasti, Metamorfosi*) e, durante l'esilio, raccolte di poesie e di lettere in versi pieni di nostalgia per Roma (*Tristia, Epistulae*).

STORIE da SCOPRIRE

Metamorfosi di Ovidio

Il poema, in 15 libri, prende avvio dal Caos originario e dalla creazione del mondo e dell'uomo per attraversare le età mitiche e giungere fino alla contemporaneità. Il patrimonio mitologico classico viene rivisitato quasi integralmente: le imprese degli Argonauti, le storie di Minosse, di Ercole e di Orfeo; la guerra di Troia, il viaggio di Enea, tutte le gesta degli eroi concorrono a limitare il disordine e a portare l'ordine, che trionfa con la civiltà e la pace raggiunte da Roma e culminate con il principato di Augusto.

L'elemento comune di questa raccolta di miti è la metamorfosi: ogni vicenda mitologica narrata ha alla base una trasformazione. "Metamorfosi" è infatti un sostantivo femminile derivato dal latino *metamorphosi(m)*, trasposizione del termine greco composto da *metá* (preposizione che indica il passaggio) e *mórphosis*, a sua volta connesso con *morphé* = forma; indica pertanto il passaggio da una forma all'altra, letteralmente: "trasformazione".

Alla base del poema c'è il principio filosofico secondo il quale "tutto muta, nulla perisce", come enunciato dalla scuola pitagorica, costituita dai seguaci di Pitagora, figura leggendaria di filosofo greco che visse e predicò in Magna Grecia intorno al VI secolo a.C. I miti metamorfici costituirebbero la trasposizione poetica di una legge naturale, in base alla quale un continuo e inarrestabile mutamento sospinge la vita e affida gli esseri a un futuro eternamente in movimento.

Ovidio dimostra un'abilità straordinaria nell'arte di raccontare e di saldare un mito all'altro, non cadendo mai in una monotona ripetitività.

per L'ANALISI del TESTO

I giusti

Ovidio si sofferma sul mito del **ripopolamento della terra** dopo il diluvio. Protagonisti sono un uomo e una donna, Deucalione e Pirra, gli unici giusti che si sono salvati a tanto sfacelo. Ovidio dà largo spazio alla loro presentazione per mettere in evidenza la loro sensibilità, l'intima religiosità, il sentimento d'amore che regna tra i due.

Tutto deriva dagli dèi

La decisione di rivolgersi agli dèi è comune: Deucalione e Pirra si presentano fiduciosi al tempio; ne restano tuttavia scossi perché il responso dell'oracolo risulta ambiguo. Pirra cade nell'equivoco di scambiare la «grande madre» con la sua progenitrice, della quale mai avrebbe dissacrato la tomba. Tuttavia, Deucalione intuisce il vero senso delle parole dell'oracolo.

La metamorfosi

In apparenza, questo episodio sembra non avere legami con le metamorfosi che caratterizzano i fatti narrati nell'intera opera, che racconta miti di trasformazione di dèi ed eroi. Invece anche qui abbiamo una **trasformazione**, un cambiamento: i sassi lanciati alle spalle diventano uomini e donne. Il richiamo alla *Bibbia* e all'idea dell'uomo plasmato dal fango dalla divinità è d'obbligo, ma le differenze emergono profonde, a cominciare dal fatto che l'uomo scaturisce da pietre lanciate dietro le spalle.

Del tutto nuove, in Ovidio, risultano l'incertezza con cui Deucalione e Pirra si muovono e, soprattutto, il processo di trasformazione lento e differenziato delle parti del corpo umano.

Lo stile

Il racconto proviene da una base narrativa popolare, tramandata oralmente. Lo si evince da una citazione ripetuta, quasi formulare («Si allontanarono dal tempio, si velarono il capo, si sciolsero le vesti», rr. 43-44). Ovidio, però, racconta la vicenda con **ampiezza di particolari**, con continui **riferimenti colti** e precisi, così da ricavare un testo di gradevole lettura e di facile comprensione.

Attività

Leggere e comprendere

1 **In salvo** Da che cosa si era salvato il mondo?

2 **Le terre** Che aspetto avevano le terre da cui si era ritirata l'acqua?

3 **I personaggi** Chiarisci le relazioni di parentela che esistono tra i due personaggi.

4 **Lo stato d'animo** Quale stato d'animo mostra Deucalione nel discorso rivolto a Pirra?

5 **Il desiderio** Che cosa desidera Deucalione?
- a. Rimanere solo con la moglie
- b. Fuggire da quel luogo
- c. Ripopolare la terra
- d. Morire con la moglie

6 **Il rito** Per quale scopo i due protagonisti compiono gesti rituali?

7 **Il responso** La risposta della dea risulta, come ogni oracolo, ambigua. Riporta le parole che la rendono tale.

....

8 **Il timore** Perché Pirra, pur timorosa e a malincuore, intende non obbedire a Temi?

9 **La soluzione** Dopo aver ragionato sulla impossibile empietà degli oracoli, Deucalione intuisce e spiega il senso delle parole della dea. Qual è?

10 **La decisione** Con quale atteggiamento i due protagonisti decidono di obbedire?
- a. Con entusiasmo
- b. Con superficialità
- c. Con incertezza
- d. Con paura

11 **Le pietre** Che cosa succede alle pietre lanciate dietro le spalle da Deucalione e Pirra?
- a. Improvvisamente si trasformano in uomini
- b. Rimangono pietre
- c. Divengono statue
- d. Gradualmente divengono uomini

12 **Uomini e donne** C'è nel mito una distinzione tra la nascita degli uomini e quella delle donne?

Riconoscere e analizzare

13 **L'autore** Questa narrazione mitica è presentata attraverso le parole di Ovidio, un colto e creativo poeta. Da che cosa lo puoi comprendere?
- a. Dalla trama del racconto
- b. Dalla ricchezza e precisione del contenuto
- c. Dalla lunghezza del testo
- d. Dai riferimenti culturali

14 **La narrazione mitica** Un passaggio del testo testimonia che questa vicenda è stata tramandata oralmente. Riporta le parole del testo che lo precisano.

....

....

....

15 **Le descrizioni** Quali elementi del paesaggio sono descritti nel testo in modo breve ma efficace?

16 **L'interiorità** Quanta attenzione presta l'autore ai sentimenti e agli stati d'animo dei personaggi?
- a. Nessuna
- b. Pochissima
- c. Molta
- d. Poca

17 **L'eziologia** Quale elemento eziologico è riconoscibile nel testo? Riporta le parole che lo presentano.

....

....

18 **La metamorfosi** Il poema di Ovidio si intitola *Metamorfosi*. Come può rientrare questo mito nel tema del poema?

Rielaborare e produrre

19 **Discutere** Leggi la seguente frase pronunciata da Deucalione: «E nemmeno della nostra sopravvivenza sono del tutto ancor certo e fiducioso» (rr. 6-7). Per quale ragione egli mostra questo timore? Raccogli gli elementi per sostenere l'interpretazione per te più plausibile, anche in un dibattito in classe, poi esponila in un discorso ampio e ben articolato.

20 **Il confronto** Confronta il testo di Ovidio con lo stesso mito narrato da Pseudo-Apollodoro e di seguito riportato. Considera per il tuo confronto il contenuto (narrazione, descrizione, interiorità dei personaggi) e la forma espressiva (sintassi, lessico, elaborazione retorica...) dei due brani.

Promèteo ebbe un figlio, Deucalione. Costui, che regnava sul territorio di Ftia, sposa Pirra, figlia di Epimeteo e di Pandora, la prima donna plasmata dagli dei. Quando Zeus volle eliminare la stirpe di bronzo, Deucalione, su consiglio di Promèteo, fabbricò un'arca, vi pose delle provviste e si imbarcò insieme a Pirra. Zeus rovesciò dal cielo una pioggia torrenziale sommergendo la maggior parte dell'Ellade: tutti gli esseri umani morirono, tranne pochi che trovarono rifugio sugli alti monti vicini. Anche le montagne della Tessaglia allora si separarono e tutte le terre che si trovavano al di fuori dell'Istmo e del Peloponneso vennero inondate. Per nove giorni e nove notti Deucalione è trascinato sul mare dentro l'arca, poi approda al Parnaso e qui, poiché le piogge erano cessate, sbarca e offre sacrifici a Zeus Fixio. Zeus gli manda Ermes, invitandolo a scegliere ciò che desidera. Deucalione sceglie di far nascere da lui una generazione di uomini. Zeus allora gli disse di raccogliere delle pietre e gettarle sopra la testa: Deucalione lo fece, e dalle pietre che scagliò lui stesso nacquero uomini, da quelle che scagliò Pirra nacquero donne.

21 **La sintesi** Riassumi il contenuto del brano in un testo di circa 100 parole.

22 **Ricerca e narra** Anche la *Bibbia* contiene il racconto del diluvio e della sopravvivenza dell'uomo (in *Genesi*, 6). Rileggi il passo (► p. 73) e riassumilo in un breve testo narrativo, osservando le differenze che esistono rispetto al mito di Deucalione e Pirra.

23 **Il tuo racconto** Spesso il desiderio di vivere ci aiuta a superare momenti di grande solitudine e difficoltà. Pensa a esperienze personali o a personaggi di film e romanzi e scrivi un testo narrativo (di circa 200 parole) che rispecchi questa traccia: "La forza della vita fa superare enormi ostacoli".

1-2 D.C. in Greco è giunto con il nome di "Biblioteca"

• da Deucalione e Pirra nascerà Elleno capostipite degli Elleni

• LAOS = PIETRE PRIMA L'UOMO ERA CHIAMATO COSì

echi nel presente

Italo Calvino

Sant'Antonio dà il fuoco agli uomini

Da
Fiabe italiane,
1956

Fiaba

Riportiamo una fiaba sarda, appartenente alla raccolta *Fiabe italiane*, che racconta con ironia come Sant'Antonio Abate (250 ca-356 d.C.) si sia introdotto all'inferno, rubandone il fuoco per gli uomini. Lungo i secoli, il cristianesimo ha di frequente rivestito di panni cristiani personaggi, luoghi, vicende e riti legati al passato pagano; è il caso dell'eroe Promèteo che, indossato il saio del monaco eremita, con il suo maialino mette a soqquadro l'inferno.

Una volta, al mondo, non c'era il fuoco. Gli uomini avevano freddo e andarono da Sant'Antonio che stava sul deserto a pregarlo che facesse qualcosa per loro, che con quel freddo non potevano più vivere. Sant'Antonio ne ebbe compassione e siccome il fuoco era all'Inferno, decise d'andare a prenderlo.

Sant'Antonio prima di fare il santo era stato porcaro, e un porchetto[1] della sua mandria non l'aveva mai voluto abbandonare e lo seguiva sempre. Così Sant'Antonio, col suo porchetto e il suo bastone di ferula[2] si presentò alla porta dell'Inferno e bussò. – Apritemi, che ho freddo e mi voglio riscaldare!

I diavoli, dalla porta, videro subito che quello non era un peccatore ma un santo e dissero: – No, no! T'abbiamo riconosciuto! Non t'apriamo!

– Apritemi! Ho freddo! – insisteva Sant'Antonio, e il porco grufolava[3] contro la porta.

– Il porco sì che lo lasciamo entrare, ma te no! – dissero i diavoli, e aprirono uno spiraglio, tanto che entrasse il porco. Il porco di Sant'Antonio, appena fu nell'Inferno, cominciò a scorrazzare e grufolare per ogni dove, e metteva tutto in scompiglio. I diavoli dovevano corrergli dietro a raccogliere tizzoni, a raccattare pezzi di sughero, a rialzare tridenti che lui faceva cadere, a rimetter a posto forche e strumenti di tortura. Non ne potevano più, ma non riuscivano ad acchiappare il porco né a cacciarlo via.

Finirono per rivolgersi al Santo, che era rimasto fuori dalla porta: – Quel tuo porco maledetto ci mette tutto in disordine! Vientelo a riprendere.

Sant'Antonio entrò nell'Inferno, toccò il porco col suo bastone e quello se ne stette subito quieto.

1 **porchetto**: nelle rappresentazioni di Sant'Antonio c'è sempre un maiale ai suoi piedi, simbolo del demonio e delle tante tentazioni subite dal santo.

2 **ferula**: una pianta diffusa in Sardegna.

3 **grufolava**: raspava con le zampe e cercava con il muso, emettendo il suo grugnito.

L'AUTORE

Italo Calvino (1923-1985) è uno degli scrittori italiani più stimolanti e versatili del secolo scorso. I suoi temi e i suoi modi narrativi sono in continua evoluzione: negli anni Cinquanta e Sessanta, abbandonati i toni del Neorealismo, riflette sui problemi dell'uomo contemporaneo attraverso opere ambientate in un passato fiabesco e grottesco (*Il visconte dimezzato*, 1952; *Il barone rampante*, 1957; *Il cavaliere inesistente*, 1959) o in un futuro fantascientifico, ma più realistico di quanto non sembri (*Ti con zero*, 1968; *Cosmicomiche vecchie e nuove* 1968). Proprio all'interno di questa stagione all'insegna della fantasia pubblica un'importante scelta di *Fiabe italiane* (1956) trascritte dai dialetti regionali.

– Visto che ci sono, – disse Sant'Antonio, – mi siedo un momento a scaldarmi, – e si sedette su un sacco di sughero, proprio sul passaggio, stendendo le mani verso il fuoco.

Ogni tanto, davanti a lui passava un diavolo di corsa che andava a dire a Lucifero di qualche anima di questo mondo che lui aveva fatto cadere in peccato. E Sant'Antonio, col suo bastone di ferula, giù una legnata sulla schiena!

– Questi scherzi non ci piacciono, – dissero i diavoli. – Tieni giù quel bastone.

Sant'Antonio posò il bastone con la punta in terra inclinato accanto a sé, e il primo diavolo che passò di corsa gridando: – Lucifero! Un'anima sicura! – ci inciampò e picchiò la faccia in terra.

– Basta! Con questo bastone ci hai annoiato! – dissero i diavoli. – Ora te lo bruciamo –. Lo presero e ne ficcarono la punta nelle fiamme.

Il porco in quel momento ricominciò a buttar all'aria tutto: cataste di legna, uncini, torce. – Se volete che lo faccia star buono, – disse Sant'Antonio, – dovete ridarmi il bastone –. Glielo ridiedero e il porco stette subito buono.

Ma il bastone era di ferula, e il legno di ferula ha il midollo spugnoso, e se una scintilla [...] c'entra dentro, continua a bruciare di nascosto, senza che di fuori si veda. Così i diavoli non s'accorsero che Sant'Antonio aveva il fuoco nel bastone. E Sant'Antonio dopo aver predicato ai diavoli, col suo bastone e il suo porchetto se n'andò via, e i diavoli tirarono un sospiro di sollievo.

Appena fu fuori all'aria del mondo, Sant'Antonio alzò il bastone con la punta infuocata, e la girò intorno facendo volare le scintille, come dando la benedizione. E cantò

Fuoco, fuoco.
Per ogni loco,
Per tutto il mondo
Fuoco giocondo!

Da quel momento, con gran contentezza degli uomini, ci fu il fuoco sulla terra. E Sant'Antonio tornò nel suo deserto a meditare.

Fiabe italiane, raccolte e trascritte da I. Calvino, Mondadori, Milano, 1956

Joan Desì, *Sant'Antonio tormentato dai demoni*, dipinto del XVI secolo. (Barcellona, Museu Nacional d'Art de Catalunya)

Attività

Comprendere la fiaba

1 **Il simbolo** Di solito il maiale di che cosa è simbolo?

2 **La regione** La fiaba è stata raccolta da Calvino in Sardegna. C'è qualche elemento particolare che suggerisce questa provenienza regionale?

3 **Il diavolo** Che tipo di diavolo anima la fiaba?

4 **Il fuoco** Perché nella filastrocca si definisce il fuoco «giocondo» (r. 50)?

Analizzare la fiaba

5 **L'inizio** Perché la fiaba si apre con l'espressione "Una volta"?

6 **La rottura dell'equilibrio** Quale elemento rompe l'equilibrio iniziale?

7 **Lucifero** Chi è Lucifero e da che cosa deriva il suo nome?

8 **Il lessico** Perché si usa il termine "porco", "porchetto" e non "maiale", "maialetto"?

RACCOGLIAMO LE IDEE

1 Sintesi dei contenuti

Attraverso le attività seguenti e le citazioni tratte dai brani che hai letto, esegui un lavoro di sintesi dei concetti e delle informazioni presentati nell'Unità. Se lo ritieni utile, puoi inserire sul quaderno altre citazioni per te significative.

Nei testi dell'Unità hai incontrato la presentazione di diversi miti; per sintetizzare meglio le idee, completa le seguenti tabelle.

Brano	Testo da cui è tratto	Civiltà a cui si riferisce il mito	Fatto raccontato	Argomento trattato
Gilgameš ricerca il segreto dell'immortalità	L'EPOPEA DI GILGAMES	MESOPOTAMIA	PARTÌ PER L'IMMORTALITÀ	
In principio Dio creò il cielo e la terra	LA GENESI	PALESTINA	LA CREAZIONE DEL MONDO	
La punizione del diluvio	LA GENESI	PALESTINA	DIO PUNISCE GLI UOMINI	
Promèteo dona il fuoco agli uomini	TEOGONIA	GRECI	PROMETEO DÀ IL FUOCO ALLA CIVILTÀ	
Deucalione e Pirra ripopolano la terra	METAMORFOSI	GRECI	[illegible] RIPOPOLA LA TERRA CON DELLE PIETRE	

Brano	Divinità presenti e loro caratteristiche	Eroi presenti e loro caratteristiche	Uomini presenti e loro condizioni di vita
Gilgameš ricerca il segreto dell'immortalità		GILGAMES RE DI URUK, GUERRIERO	
In principio Dio creò il cielo e la terra	DIO		
La punizione del diluvio	DIO		
Promèteo dona il fuoco agli uomini	ZEUS		
Deucalione e Pirra ripopolano la terra	ZEUS		

2 Citazioni dai brani

Anche questo fu opera di Gilgameš, del re che conosceva i paesi del mondo. Egli era saggio; vide misteri e conobbe cose segrete; un racconto ci portò dei giorni prima del Diluvio. Fece un lungo viaggio, fu esausto, consunto dalla fatica; e quando ritornò, su una pietra l'intera storia incise.

Anonimo, *Gilgameš ricerca il segreto dell'immortalità*

Da quel momento in poi, memore sempre del suo rancore, non concesse più agli uomini mortali, che hanno dimora sulla terra, la possa del fuoco infaticabile per mezzo dei frassini; però lo trasse in inganno il valente figlio di Giapeto, rubando in un cavo ramo di ferula la scintilla che si vede da lungi dell'infaticabile fuoco; in tal modo egli morse nel profondo del cuore Zeus altitonante, il quale si adirò nell'animo suo, quando vide tra gli uomini la scintilla del fuoco che splende da lungi.

Esiodo, *Promèteo dona il fuoco agli uomini*

In principio Dio creò il cielo e la terra. La terra era informe e deserta e le tenebre ricoprivano l'abisso, e lo Spirito di Dio aleggiava sulle acque.

Dio disse: «Sia la luce!»: e la luce fu. Dio vide che la luce era cosa buona e Dio separò la luce dalle tenebre. Dio chiamò la luce giorno, mentre chiamò le tenebre notte.

Anonimo, *In principio Dio creò il cielo e la terra*

Il diluvio durò sulla terra quaranta giorni: le acque crebbero e sollevarono l'arca, che galleggiava sulle acque. Le acque furono sempre più travolgenti sopra la terra e coprirono tutti i monti più alti che sono sotto tutto il cielo. Le acque superarono in altezza di quindici cubiti i monti che avevano ricoperto.

Anonimo, *La punizione del diluvio*

In breve, per volontà degli dèi, i sassi scagliati dalla mano dell'uomo divennero uomini, mentre quelli lanciati dalla donna diedero vita alle femmine. Siamo una razza dura e rotta alla fatica e diamo così prova evidente della nostra origine.

Ovidio, *Deucalione e Pirra ripopolano la terra*

3 Scrittura guidata *il racconto*

Dopo aver letto i brani proposti nell'Unità e averne sintetizzato i contenuti nelle tabelle della pagina accanto, scrivi un racconto mitico intitolato: "Per lenire la sofferenza degli uomini", che spieghi il desiderio dell'uomo di sconfiggere il dolore presente nella realtà.

Per impostare il lavoro dovrai prima operare delle scelte:

- il tipo di dolore che intendi trattare (malattia, guerra, ingiustizia sociale)
- la tradizione mitologica conosciuta a cui ispirarti (mitologia classica, biblica o mesopotamica)
- delimitare il tema scegliendo personaggi, tempi, luoghi, azioni

Anonimo

Davide abbatte il pagano Golia

Da
Bibbia (*Libro di Samuele*, 17, 1-11, 32-51),
XIII secolo a.C. - I secolo d.C.

Testo sacro

Attorno all'anno 1000 a.C. è in corso una guerra tra il popolo di Israele, guidato dal re Saul, e i Filistei. Nell'esercito dei Filistei combatte un gigante di tre metri d'altezza, Golia. Costui da quaranta giorni sfida a duello, ogni giorno, un soldato ebreo, ma nessuno osa accettare. Finché a Saul si presenta Davide, un giovane col compito di pascolare le pecore, il quale accetta di sfidare Golia.

I Filistei radunarono di nuovo le loro truppe per la guerra, si radunarono a Soco di Giuda e si accamparono tra Soco e Azekà, a Efes-Dammìm. Anche Saul e gli Israeliti si radunarono e si accamparono nella valle del Terebinto e si schierarono a battaglia contro i Filistei. I Filistei stavano sul monte da una parte, e Israele sul monte dall'altra parte, e in mezzo c'era la valle.

Dall'accampamento dei Filistei uscì uno sfidante, chiamato Golia, di Gat; era alto sei cubiti e un palmo[1]. Aveva in testa un elmo di bronzo ed era rivestito di una corazza a piastre, il cui peso era di cinquemila sicli di bronzo[2]. Portava alle gambe schinieri di bronzo e un giavellotto di bronzo tra le spalle. L'asta della sua lancia era come un cilindro di tessitori[3] e la punta dell'asta pesava seicento sicli di ferro[4]; davanti a lui avanzava il suo scudiero. Egli si fermò e gridò alle schiere d'Israele: «Perché siete usciti e vi siete schierati a battaglia? Non sono io Filisteo e voi servi di Saul? Sceglietevi un uomo che scenda contro di me. Se sarà capace di combattere con me e mi abbatterà, noi saremo vostri servi. Se invece prevarrò io su di lui e lo abbatterò, sarete voi nostri servi e ci servirete». Il Filisteo aggiungeva: «Oggi ho sfidato le schiere d'Israele. Datemi un uomo e combatteremo insieme». Saul e tutto Israele udirono le parole del Filisteo; rimasero sconvolti ed ebbero grande paura.

[...]

Davide disse a Saul: «Nessuno si perda d'animo a causa di costui. Il tuo servo andrà a combattere con questo Filisteo». Saul rispose a Davide: «Tu non puoi andare contro questo Filisteo a combattere con lui: tu sei un ragazzo e costui è uomo d'armi fin dalla sua adolescenza[5]». Ma Davide disse a Saul: «Il tuo servo pascolava il gregge di suo padre e veniva talvolta un leone o un orso a portar via una pecora dal gregge. Allora lo inseguivo, lo abbattevo e strappavo la pecora dalla sua bocca. Se si rivoltava contro di me, l'afferravo per le mascelle, l'abbattevo e lo uccidevo. Il tuo servo ha abbattuto il leone e l'orso. Codesto Filisteo non circonciso[6] farà la stessa fine di quelli, perché ha sfidato le schiere del Dio vivente». Davide aggiunse: «Il Signore che mi ha liberato dalle unghie del leone e dalle unghie dell'orso, mi libererà anche dalle mani di questo Filisteo». Saul rispose a Davide: «Ebbene va' e il Signore sia con te». Saul rivestì Davide della sua armatura, gli mise in capo un elmo di bronzo e lo rivestì della corazza. Poi Davide cinse la spada di lui sopra l'armatura e cercò invano di camminare, perché non aveva mai provato. Allora Davide disse a Saul: «Non posso camminare con tutto questo, perché non sono abituato». E Davide se ne liberò. Poi prese in mano il suo bastone, si scelse cinque ciottoli lisci dal torrente e li pose nella sua sacca da pastore nella bisaccia; prese ancora in mano la fionda e si avvicinò al Filisteo.

Il Filisteo avanzava passo passo, avvicinandosi a Davide, mentre il suo scudiero lo precedeva. Il Filisteo scrutava Davide e, quando lo vide bene, ne ebbe disprezzo,

1 **era alto...palmo**: unità di misura del tempo; l'altezza di Golia era di 2,80 m.

2 **corazza...sicli di bronzo**: la corazza pesava circa 60 kg.

3 **cilindro di tessitori**: l'asta era così grossa e robusta da assomigliare al cilindro su cui i tessitori arrotolano i fili per tessere.

4 **seicento...ferro**: la punta della lancia pesava 6 kg.

5 **è uomo...adolescenza**: Golia è abituato all'uso delle armi sin dall'età giovanile.

6 **non circonciso**: Golia è un pagano, non è stato sottoposto al rito della circoncisione come, invece, era costume tra gli ebrei.

perché era un ragazzo, fulvo di capelli[7] e di bell'aspetto. Il Filisteo disse a Davide: «Sono io forse un cane, perché tu venga a me con un bastone[8]?». E quel Filisteo maledisse Davide in nome dei suoi dèi. Poi il Filisteo disse a Davide: «Fatti avanti e darò le tue carni agli uccelli del cielo e alle bestie selvatiche». Davide rispose al Filisteo: «Tu vieni a me con la spada, con la lancia e con l'asta. Io vengo a te nel nome del Signore degli eserciti, Dio delle schiere d'Israele, che tu hai sfidato. In questo stesso giorno, il Signore ti farà cadere nelle mie mani. Io ti abbatterò e ti staccherò la testa e getterò i cadaveri dell'esercito filisteo agli uccelli del cielo e alle bestie selvatiche; tutta la terra saprà che vi è un Dio in Israele. Tutta questa moltitudine saprà che il Signore non salva per mezzo della spada o della lancia, perché del Signore è la guerra ed egli vi metterà certo nelle nostre mani». Appena il Filisteo si mosse avvicinandosi incontro a Davide, questi corse a prendere posizione in fretta contro il Filisteo. Davide cacciò la mano nella sacca, ne trasse una pietra, la lanciò con la fionda e colpì il Filisteo in fronte. La pietra s'infisse nella fronte di lui che cadde con la faccia a terra. Così Davide ebbe il sopravvento sul Filisteo con la fionda e con la pietra, colpì il Filisteo e l'uccise, benché Davide non avesse spada. Davide fece un salto e fu sopra il Filisteo, prese la sua spada, la sguainò e lo uccise, poi con quella gli tagliò la testa. I Filistei videro che il loro eroe era morto e si diedero alla fuga.

Bibbia, Libro di Samuele, 17, 1-11 e 32-51, nella traduzione ufficiale in lingua italiana della CEI, Fondazione di Religione dei Santi Francesco d'Assisi e Caterina da Siena, 2008

Donatello, *David*, 1440 ca. (Firenze, Museo Nazionale del Bargello)

7 **fulvo di capelli**: capelli dal colore biondo rossiccio.

8 **con un bastone**: Golia pensa che Davide lo voglia affrontare con un semplice bastone, come si usa quando si vuole cacciare via un cane.

Attività

Comprendere e analizzare: verso l'INVALSI

1 **Il contesto** Quale evento si sta verificando all'inizio della la narrazione?
- a. La fuga degli ebrei da Babilonia
- b. La guerra contro i Filistei
- c. La cattività babilonese
- d. Il ritorno dall'Egitto

2 **Golia** Il Filisteo viene definito nel testo «campione». Che cosa significa questo appellativo?
- a. Vincitore
- b. Eroe
- c. Capo militare
- d. Filisteo

3 **La sfida** Che cosa propone Golia al popolo d'Israele?
- a. Che gli eserciti si scontrino in campo aperto
- b. Che un valoroso del popolo d'Israele si scontri con lui
- c. Che il popolo d'Israele abbandoni il campo
- d. Che si attacchi l'esercito degli ebrei

4 **Saul e Davide** Saul, a capo del popolo d'Israele, vuole dissuadere Davide dal proposito di affrontare lo scontro con Golia. Perché?
- a. Pensa che Davide non sia coraggioso
- b. Sa che Davide fuggirà alla vista di Golia
- c. Teme che sia troppo giovane e inesperto d'armi
- d. Non vuole perdere in battaglia un giovane tanto coraggioso

5 **L'esperienza** Davide sostiene di essere in grado di vincere il campione filisteo. Dove ha maturato la sua esperienza nella lotta?
- a. In molte battaglie contro i nemici
- b. Nella difesa del suo gregge da animali feroci
- c. Nella lunga preparazione militare
- d. Nella difesa della propria casa dagli invasori

6 **La colpa** Qual è la colpa che Davide attribuisce a Golia?
- **a.** È arrogante
- **b.** È impreparato alla battaglia
- **c.** Ha insultato il Dio vivente
- **d.** Disprezza il popolo d'Israele

7 **La sicurezza** Davide si mostra sicuro della vittoria: su che cosa fonda la sua sicurezza?
- **a.** Sulla sua abilità
- **b.** Sulla sua prestanza fisica
- **c.** Sull'aiuto di Dio
- **d.** Sull'aiuto del suo popolo

8 **Il dettaglio** Davide, prima del duello, presenta in modo dettagliato le sue azioni e l'esito dello scontro. Perché lo fa?
- **a.** Per impaurire Golia
- **b.** Per darsi coraggio
- **c.** Per sottolineare la potenza di Dio
- **d.** Per chiarire la situazione al suo popolo

9 **Dio** In quale modo viene definito Dio da Davide, nel suo discorso?
- **a.** Somma sapienza
- **b.** Arbitro
- **c.** Somma potenza
- **d.** Sommo amore

10 **La conclusione** Come si conclude la vicenda?
- **a.** Golia vince Davide
- **b.** Golia vince Davide e il popolo d'Israele fugge
- **c.** I Filistei fuggono, vedendo in difficoltà il loro eroe
- **d.** I Filistei fuggono, vedendo la morte del loro campione

11 **Il tempo** Nel testo non vi sono riferimenti precisi al periodo storico, ma da quale informazione è possibile individuare, almeno in modo generale, l'epoca a cui si riferiscono i fatti?
- **a.** La presenza dei Filistei
- **b.** Le armi di bronzo
- **c.** La presenza di orsi e leoni
- **d.** La presenza della tessitura

12 **I luoghi** Dove si trovano i luoghi citati nel testo?
- **a.** Egitto
- **b.** Palestina
- **c.** Sinai
- **d.** Mesopotamia

13 **I personaggi** Confronta i personaggi completando la seguente tabella.

Personaggio	*Status* sociale	Preparazione militare	Armi	Origine della sua potenza
Golia	GUERRIERO	DA ETÀ GIOVANILE	CORAZZA, LANCIA	ALLENAMENTO GIOVANILE
Davide	PASTORE	DIFENDERE IL SUO GREGGE	BASTONE, SPADA	DA DIO

14 **La sintassi** Come valuti la sintassi usata nel testo?
- **a.** Ipotattica con molte subordinate
- **b.** Paratattica con molte coordinate
- **c.** Ipotattica con periodi brevi
- **d.** Paratattica con frasi brevi

15 **Il ritmo** In base alle precedenti considerazioni, come definisci il ritmo del testo?
- **a.** Lento
- **b.** Monotono
- **c.** Veloce
- **d.** Cadenzato

16 **La retorica** Le parole pronunciate da Golia «Sono io forse un cane» (r. 40), costituiscono:
- **a.** una metafora
- **b.** un'espressione concreta
- **c.** una similitudine
- **d.** un'iperbole

17 **Lo stile** Che soluzione espositiva usa l'autore per rimarcare la differenza tra i due contendenti?
- **a.** Descrive molto l'uno e poco l'altro
- **b.** Non presenta discorsi diretti di Golia
- **c.** Trascura la descrizione dell'aspetto fisico
- **d.** Esagera la differenza di aspetto fisico e armi

Rielaborare e produrre

18 **Il riassunto** Sintetizza il testo usando solo 50 parole, senza usare discorsi diretti e con lessico vario.

19 **Imprese impossibili** Davide compie, confidando in Dio, un'azione davvero impossibile. Conosci altri personaggi di romanzi o film che, soli o con aiuti diversi, hanno compiuto qualcosa di impensabile? Rispondi in un tema dove esponi e commenti la sua vicenda usando circa 200 parole.

per guardare oltre

Intersezioni nell'antologia

- Il tema delle relazioni tra dèi, eroi e uomini, la libertà dell'uomo e il suo condizionamento da parte della divinità, gli eroi che lottano per affermarsi o per aiutare l'umanità sono i temi fondamentali di tutto il mondo dell'epica. Solo quindi a titolo esemplificativo si segnalano alcuni passi letti: *Lo scontro tra Achille ed Ettore* (▸ p. 169) dall'*Iliade* e *Il naufragio* (▸ p. 211) dall'*Odissea* di **Omero**, *Amore e morte di Didone* (▸ p. 291) dall'*Eneide* di **Virgilio**.

Altri orizzonti

SAGGI E ROMANZI

- Per accostarsi allo studio biblico ricordiamo *Piccolo Atlante Biblico* (2014) di Filippo **Serafini** e Giacomo **Perego** e *Dizionario culturale della Bibbia* (1992). Nel libro *I miti greci* (1983) Robert **Graves** spiega come prima della scienza e prima della religione ci sia il mito.
- La figura di Promèteo, in particolare, è fonte di numerose riletture, come, ad esempio, il fortunato romanzo di Mary **Shelley**, *Frankenstein o il moderno Promèteo* (1818).

PITTURA

- La *Bibbia* è lo scrigno a cui per secoli la pittura ha attinto temi e immagini. Si confrontino per esempio le due opere dal soggetto *Davide e Golia* di **Caravaggio**, presenti l'uno presso la Galleria Borghese di Roma e l'altro presso il Prado di Madrid. Meno nota, ma altrettanto intensa, la resa grafica del carboncino simbolista di Odilon **Redon** (1875).
- Sul tema del *Diluvio universale* impossibile non citare il meraviglioso affresco di Michelangelo **Buonarroti** nella cappella Sistina, ma il soggetto si presta anche al sublime pre-impressionista di William **Turner** nel dittico *La sera del diluvio* e *Il mattino dopo il diluvio* (1843). Molto cromatica è la versione astratta del diluvio dipinta da Vasilij **Kandinskij** (*Composizione VI*, 1913).
- Promèteo è stato ispiratore di innumerevoli opere, soprattutto di ispirazione barocca (Mattia **Preti**, 1630 ca; Peter Paul **Rubens**, 1636; Salvator **Rosa**, 1646-48) e romantico-simbolista (Gustave **Moreau**, 1868; Arnold **Böcklin**, 1883), ma anche contemporanea, come per esempio il *Prometeo* (1970) di Aligi **Sassu**.

FILM

- Le vicende della *Bibbia* sono state spesso affrontate in *kolossal* in costume, come *I dieci comandamenti* (1956) di **De Mille** o il recente *Noah* (2014) di **Aronofsky**, in cui Russell Crowe si cala nel ruolo del patriarca Noè.
- Sulla figura di Cristo, segnaliamo *The Passion - La passione di Cristo* (2004) di Mel **Gibson**, film che ha suscitato grande scalpore per le crude scene di sofferenza del Cristo.
- Il doppio Promèteo-Frankenstein ha dato vita a numerosi adattamenti cinematografici e televisivi, anche di carattere comico-parodico (si pensi al personaggio di Lurch nella *Famiglia Addams*). Tra queste operazioni segnaliamo come le più riuscite il *Frankenstein Junior* di Mel **Brooks** (1974) e il film d'animazione di Tim **Burton**, *Frankenweenie* (2012).

MUSICA

- I canti blues e spiritual, nati dalle sofferenze della schiavitù nelle piantagioni americane, si sono di frequente ispirati a episodi biblici: *Scendi Mosè* (*Go down Moses*), *Giosuè combattè la battaglia di Gerico* (*Joshua fit the battle of Jericho*), *Eri là?* (*Were you there?*), *Fiumi di Babilonia* (*Rivers of Babylon*).
- Questa tradizione arriva fino alla grande stagione del musical di Broadway, espandendo l'interesse alle storie del Nuovo Testamento nella versione rock di Andrew Lloyd **Webber**, *Jesus Christ Superstar* (1970). Un contributo italiano si ha con la rivisitazione del diluvio universale – e del romanzo *After me the Deluge* di David Forrest – nella commedia musicale di **Garinei & Giovannini**, *Aggiungi un posto a tavola* (1974). Ma anche il cantautorato italiano non si è sottratto al confronto con le storie veterotestamentarie e con il messaggio evangelico. Si pensi tra tutti al **De André** dell'album *La buona novella* (1970).

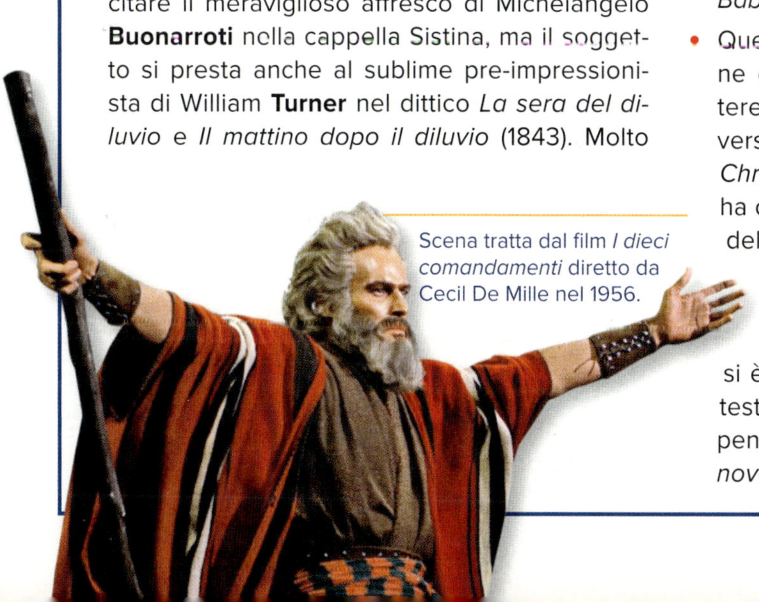

Scena tratta dal film *I dieci comandamenti* diretto da Cecil De Mille nel 1956.

UNITÀ 2 Dèi ed eroi protagonisti dei miti

• I popoli politeisti • In stretto collegamento con i miti che raccontano l'origine del mondo e il mistero della vita troviamo altre straordinarie storie che hanno per protagonisti gli dèi e, di riflesso, gli uomini stessi.

All'infuori del popolo ebraico, che ha fatto del monoteismo il principio della sua stessa identità, tutti gli altri popoli erano **politeisti**, adoravano cioè un vasto numero di dèi, ciascuno con caratteristiche particolari, legate ai diversi aspetti della realtà (il dio del mare, del vento, del fuoco, dell'amore, della guerra...). Le arti figurative hanno sin da subito attinto ai temi della mitologia classica, scegliendoli come soggetti privilegiati delle loro rappresentazioni. Fra le opere più celebri e significative in tal senso, un posto di primo piano è occupato dalla produzione di Gian Lorenzo Bernini, personalità geniale ed eclettica.

Gian Lorenzo Bernini, *Autoritratto*, 1623. (Roma, Galleria Borghese)

• Una vita al servizio dei papi • Gian Lorenzo **Bernini** nasce a Napoli nel 1598, da padre scultore che lo avvia all'arte. A quindici anni è già a Roma, prima come scultore, in seguito come architetto. Inizialmente si dedica al restauro delle statue antiche e approfondisce la conoscenza tecnica ed espressiva della scultura ellenistica. È proprio la **scultura** che gli consente di conseguire vasta fama presso le nobili famiglie romane: tra il 1618 e il 1625 esegue per il cardinale Scipione Borghese i gruppi marmorei che raffigurano *Enea ed Anchise, Il ratto di Proserpina, Apollo e Dafne*. Nei decenni successivi, in qualità di artista prediletto dai papi, costruisce i monumenti funebri per Urbano VIII e per Alessandro VII. Come architetto contribuisce a modellare il volto barocco della città di Roma,

DOMANDE

- Prova a descrivere le sensazioni che il gruppo scultoreo ti suggerisce.
- Quali difficoltà tecniche ha dovuto superare Bernini nel realizzare questo soggetto?
- Spiega come si potrebbero applicare questi sei sostantivi al gruppo scultoreo: leggiadria, stupore, gioventù, repulsione, slancio, originalità.
- Ricerca il brano di Ovidio usato come fonte diretta da Bernini (*Metamorfosi*, I, 473-557) e prova a sottolineare i passaggi tradotti dall'artista in scultura. Se dovessi esprimere un giudizio, ti sembra che sia più efficace il testo poetico o la rappresentazione scultorea? Motiva la tua risposta.
- Fai una breve ricerca iconografica e individua quali altre statue di soggetto mitologico ha scolpito Bernini. Quali somiglianze e quali differenze hanno rispetto all'*Apollo e Dafne*? Sono altrettanto riuscite? Motiva le tue affermazioni.

con l'edificazione di vari palazzi, la progettazione di piazze e con la costruzione del colonnato di Piazza San Pietro. Muore a Roma nel 1680.

• Un amore impossibile • L'amore impossibile di **Apollo** per **Dafne** è il soggetto di uno dei più suggestivi racconti della mitologia classica, di cui Ovidio ha tramandato la versione più nota nelle *Metamorfosi*. Apollo commise l'errore di prendere in giro il piccolo, ma potente Cupido. Il dio dell'amore si vendicò, scatenando con le sue frecce dorate una passione non corrisposta per la ninfa Dafne. Invano Apollo inseguì la fanciulla che, quando si vide raggiunta, pregò il padre Peneo, divinità fluviale, di essere trasformata in una pianta d'alloro, pur di sottrarsi alla passione del dio. Apollo, dio della luce e delle arti, volle allora che quell'albero tanto amato diventasse sacro a lui e alla poesia, e la corona ricavata dai suoi rami il riconoscimento dei poeti.

• Il capolavoro di Bernini • La difficoltà di tradurre il soggetto nel marmo deriva dalla fissità intrinseca della scultura. Non pareva possibile raffigurare la **metamorfosi**, cioè un movimento, un passaggio, attraverso un mezzo espressivo per definizione statico. Bernini raccoglie la sfida e coglie l'attimo in cui il dio innamorato tenta di afferrare la ninfa fuggitiva. Dafne avverte la presa del dio, accenna a voltarsi e urla di spavento, mentre il suo corpo incomincia a ricoprirsi di foglie e a trasformarsi in dura corteccia. È una scena dal forte carattere realistico e nello stesso tempo poetico. Si notino lo straordinario **dinamismo** e il ritmo ascensionale, che lancia la coppia verso l'alto.

Anche la **cura dei particolari** contribuisce a rendere l'opera un capolavoro, in particolare la levigatezza dei corpi, il naturalismo delle radici che prodigiosamente crescono dalle dita dei piedi, delle foglie che fioriscono sulle mani e tra i capelli di Dafne, i panneggi morbidi che sembrano muoversi con il vento.

Gian Lorenzo Bernini, *Apollo e Dafne*, 1622-1625. (Roma, Galleria Borghese)

in questa Unità impareremo a

- **conoscere** l'origine o la tradizione orale dei miti, i caratteri fondamentali del racconto mitico e le rielaborazioni letterarie
- **comprendere** il significato globale dei testi, le domande di fondo a cui il mito tenta di dare spiegazione, le peculiarità di dèi, eroi e uomini in essi presenti. Cogliere come tutta la cultura occidentale sia pervasa di mitologia
- **riconoscere e analizzare** i racconti mitici secondo le caratteristiche della forma, del contenuto, della cultura a cui appartengono per approfondirne la comprensione e operare confronti con altri testi di analogo tema
- **interpretare** i testi secondo i caratteri polisemici (morale, politico, religioso, sociale e psicologico) in essi presenti
- **produrre** sintesi dei racconti mitici, testi espositivi e argomentativi legati agli argomenti contenuti nei passi
- **comunicare oralmente** riferendo i contenuti dei passi, confrontando opinioni personali per ampliare la riflessione

in questa Unità scopriremo

PERCORSO B

UNITÀ 2

La conoscenza della mitologia evidenzia quanto anche la cultura contemporanea sia pervasa dai riferimenti culturali del mondo mitologico classico. Per ogni riflessione completa sulla nostra produzione culturale si deve partire dalla mitologia classica.
In tal modo è possibile rendersi conto che la stagione dei miti non è affatto conclusa, anzi, ancora oggi continuano a funzionare i meccanismi psicologici e narrativi che hanno generato la mitologia, come se gli antichi dubbi continuassero a risiedere e a macerare nell'animo umano.

In alto a destra, statuetta di Eracle con l'arco che lancia un dardo, 550 a.C. (Boston, Museum of Fine Arts)

Un *pater familias* patrizio ritratto insieme ai busti degli antenati della sua *gens*. (Roma, Palazzo dei Conservatori)

• Il senso del divino nel mondo greco •

Il mondo greco non ha elaborato un pensiero teologico unitario, ma ha dato vita a un complesso di miti, di storie, di tradizioni che, sfidando il tortuoso cammino del tempo, è giunto sino a noi e si può studiare, conoscere con il medesimo trasporto e il medesimo interesse di un'opera letteraria moderna.

La **mitologia greca** è frutto del senso religioso che il popolo greco ha sempre coltivato con passione, dando vita non solo a una religione, ma a una cultura, a un mondo artistico che poneva al suo centro i rapporti fra l'uomo e le grandi forze che agiscono nell'universo.

La bellezza della mitologia greca, come espressione del senso del divino, è dovuta anche alla costante rielaborazione svolta dai poeti, i quali, facendo ricorso alla loro intelligenza, fantasia, armonia, al loro sentimento del bello, hanno saputo riformularla rinnovandone il fascino. **Esiodo** e **Omero** sono i poeti più noti, ma non i soli, ad aver scritto opere mitologiche.

Attraverso i miti, la religione greca risolveva il problema dell'origine dell'universo (cosmogonia) e dell'origine degli dèi (teogonia). Un terzo grande filone mitologico è dato dal culto per gli eroi, per quegli antenati che, agli occhi dei Greci, erano stati protagonisti di grandi gesta, di vicende prodigiose; eroi fondatori di città e perciò venerati come semidèi, che spesso avevano come genitore una divinità. In tal modo, accanto al culto per gli dèi si sviluppò il culto per gli eroi, con un intricato sovrapporsi di fatti, avventure, gesta.

• Il senso del divino nel mondo romano •

La **religione romana** ebbe a lungo caratteri ben diversi da quella greca.

Le genti italiche (Sabini, Osci, Sanniti), dai quali i Romani discendevano, non hanno lasciato dietro di sé molte leggende, perché popoli di semplici pastori e contadini. Anche gli stessi Etruschi, che ebbero larga influenza sui Romani, in fondo, erano un popolo molto pratico e concreto.

Stando a queste premesse ne deriva che i Romani non seppero costruirsi una loro vera mitologia, con divinità intese come figure antropomorfe. Per i Romani gli **dèi** erano **potenze** invisibili, incorporee e soprattutto **vicine alla natura**. La loro religione scaturiva dal mondo naturale, esprimeva i caratteri della vita rustica, primitiva, domestica. Ecco, dunque, che si veneravano gli spiriti protettori dei campi, dei boschi, gli dèi della casa e della **famiglia**. Infatti, i Romani avevano nella famiglia un ideale fondativo della loro società; ogni famiglia aveva il culto per il capostipite e per gli antenati, detti **Lari**. I loro simulacri erano custoditi nel Larario, un piccolo tabernacolo. Altre divinità familiari erano i **Penati**, che avevano il compito di proteggere l'unione e la conservazione delle famiglie. Rientravano, invece, nel culto dei defunti i **Mani**, a cui si guardava come entità favorevoli. La dea che sovrintendeva al focolare dello Stato, inteso come una famiglia allargata, era **Vesta**, e vestali erano le sue sacerdotesse.

Poi, man mano che le legioni romane conquistavano altri popoli, l'Olimpo romano andò allargandosi inserendovi le divinità protettrici delle città conquistate. Così, con l'occupazione della Grecia, Roma assimilò la civiltà greca e cercò di adattare la propria religione alla ricchezza di quella greca, identificando le proprie divinità con quelle greche. In tal modo **Giove** fu accostato a Zeus, **Giunone** a Era, **Venere** ad Afrodite, **Marte** ad Ares ecc.; anche la religione romana assunse un carattere antropomorfo e gli dèi furono raffigurati, scolpiti in statue. In questo modo si alimentò la mitologia dei Romani e i poeti latini cominciarono ad arricchirne la trama.

• Il percorso antologico •

Il percorso che proponiamo prende avvio dalle *Georgiche* di **Virgilio** (▸ p. 272), il poeta latino di profonda spiritualità e di squisito sentimento. Il brano riguarda il mito di *Orfeo ed Euridice* (▸ p. 102), uno dei più conosciuti, perché esemplare di un amore immenso che però finisce sconfitto.

Dalle *Metamorfosi* di **Ovidio** (▸ p. 86), un autore latino che si è occupato, nella sua produzione, anche di mitologia, riordinando e raccontando con poetico slancio alcuni miti, riportiamo la storia di *Atalanta e i tre pomi d'oro* (▸ p. 108): una fanciulla molto brava nella caccia e nella corsa finisce con il farsi irretire da Venere e da un giovane bello e coraggioso. In un secondo brano, *Pigmalione s'innamora di una sua statua* (▸ p. 128), Ovidio narra la vicenda dello scultore Pigmalione, che finisce con l'innamorarsi di una sua statua d'avorio.

Dal mitografo **Pseudo-Apollodoro** ricaviamo due avvincenti storie di miti, tratte dalla sua opera conosciuta con il titolo di *Biblioteca*. In *Perseo affronta lo sguardo di Medusa* (▸ p. 112), egli racconta come Perseo, figlio di Giove, riesca a tagliare la testa di Medusa senza essere colpito dal suo sguardo malefico. Nel secondo brano, intitolato *Eracle e l'idra di Lerna* (▸ p. 115), Pseudo-Apollodoro ci introduce nel ciclo mitologico di Eracle-Ercole, con l'eroe più famoso del mondo antico alle prese con un serpente acquatico dalle innumerevoli teste. È una delle sue famose dodici fatiche.

Da ultimo, l'autore latino **Igino**, in *Marsia sfida Apollo* (▸ p. 119), narra la vicenda del duello musicale fra Marsia e il dio Apollo, del tutto insofferente del vanitoso satiro.

Il brano di approfondimento è di Cesare **Pavese** (1908-1950). Nel testo *Il fiore* (▸ p. 122), tratto dai *Dialoghi con Leucò* (1947), Pavese evidenzia l'indifferenza con la quale gli dèi trattano gli uomini, dei quali si servono a loro piacimento: quasi una smentita dell'intero castello mitologico, sorto sugli affanni degli uomini, desiderosi di trovare spiegazioni e sostegni per affrontare la vita.

Statuetta in bronzo di Lare romano, I secolo d.C. (Madrid, Museo Archeologico Nazionale)

Virgilio

Orfeo ed Euridice

Da
Georgiche (libro IV, vv. 453-527),
I secolo a.C.

Poema didascalico

Il mito di Orfeo ed Euridice è inserito da Virgilio nella vicenda di Aristeo, pastore e apicoltore. Dal momento che i suoi alveari stavano morendo, Aristeo chiede al dio marino Pròteo, dotato di qualità profetiche, le cause di tanto accanimento da parte degli dèi nei suoi confronti. Scopre così che tale morìa è da mettere in relazione con la sua passione per la ninfa Euridice.

«È vero, ti travagliano le ire di un nume; paghi
una grande colpa. Ti suscita questa punizione,
se i fatti non si oppongono, Orfeo, ingiustamente sfortunato,
e duramente infierisce a causa della sua sposa rapita.
Quella, mentre ti fuggiva trafelata lungo il fiume,
non vide, fanciulla moritura, seguendo il greto,
nell'erba alta davanti ai suoi piedi un orribile serpente.
La schiera delle Driadi, sue coetanee, riempirono di grida
le cime dei monti; piansero le rocche del Rodope
e l'alto Pangeo e la marzia terra di Reso
e i Geti e l'Ebro e l'attica Oritia. Egli, Orfeo,
cercando di consolare con la cava testuggine il suo amore disperato,
cantava a se stesso di te, dolce sposa, di te
sul lido deserto, di te all'alba, di te al tramonto.
Entrò persino nelle gole tenarie, profonda porta
di Dite, e nel bosco caliginoso di tetra paura,
e discese ai Mani, e al tremendo re ed ai cuori
incapaci di essere addolciti da preghiere umane.
Colpite dal canto, dalle profonde sedi dell'Erebo,
venivano tenui ombre e parvenze private della luce,
quante sono le migliaia di uccelli che si celano tra le foglie,
quando Vespro o la pioggia invernale li caccia dalle montagne,
madri e uomini, e corpi privi di vita
di magnanimi eroi, fanciulli e giovinette ignare di connubio,

454 **È vero...colpa**: chi parla è il dio marino Pròteo, il quale si appresta a spiegare al pastore Aristeo la sua «grande colpa».

455 **Orfeo**: figlio della musa Calliope e di Apollo, è il cantore per eccellenza; il suo canto e la sua poesia placavano anche gli animali più feroci. È lui ad aver richiesto agli dèi la punizione per Aristeo.

457 **ti fuggiva**: Euridice, già sposa di Orfeo, fuggiva le proposte d'amore di Aristeo. È costui a causare la morte della ninfa.

458 **moritura**: destinata a morire.

460 **Driadi**: ninfe dei boschi.

461-462 **Rodope e l'alto Pangeo**: monti della Tracia.

462 **marzia...Reso**: terra consacrata a Marte perciò «marzia»; Reso era un re tracio alleato con i Troiani.

463 **Geti**: popolazione della Dacia. **Ebro**: fiume tracio. **Oritia**: figura femminile rapita dall'Attica e portata in Tracia.

464 **la cava testuggine**: è la lira, lo strumento musicale ricavato dal guscio di una testuggine.

465 **di te**: di Euridice.

467 **gole tenarie**: le bocche degli Inferi che si aprivano ai piedi del Tènaro.

468 **Dite**: nome con cui si indicava il mondo sotterraneo degli Inferi, chiamato anche Ade o Erebo.

469 **Mani**: le anime dei trapassati.

476 **ignare di connubio**: che non avevano ancora conosciuto l'amore, vergini.

giovani posti sul rogo davanti agli occhi dei genitori:
li imprigiona intorno la nera melma e l'orrido canneto
di Cocito, e l'infausta palude dall'onda morta,
e li serra la Stige aggirandoli nove volte.
S'incantarono persino le dimore e i tartarei recessi della Morte,
e le Eumenidi con i capelli intrecciati di livide serpi,
e Cerbero tenne le tre bocche spalancate, e la ruota
su cui gira Issione si fermò con il vento.
E già ritraendo i passi era sfuggito a tutti i pericoli,
e la resa Euridice giungeva alle aure superne, seguendolo
alle spalle (Proserpina aveva posto una tale condizione),
quando un'improvvisa follia colse l'incauto amante,
perdonabile invero, se i Mani sapessero perdonare: si fermò,
e proprio sulla soglia della luce, ahi immemore, vinto
nell'animo, si volse a guardare la sua diletta Euridice.
Tutta la fatica dispersa, e infranti i patti del crudele tiranno,
tre volte si udì un fragore dagli stagni dell'Averno.
Ed ella: "Chi ha perduto me, sventurata, e te, Orfeo?
Quale grande follia? Ecco i crudeli fati
mi richiamano indietro e il sonno mi chiude gli occhi vacillanti.

477 **posti sul rogo**: uccisi nei sacrifici agli dèi.
479 **Cocito**: fiume dell'Averno, emissario dello Stige.
481 **tartarei recessi**: angoli oscuri del Tartaro, un altro termine per indicare gli Inferi.
482 **Eumenidi**: o Erinni, le divinità colleriche del mondo sotterraneo, personificazione della maledizione e della vendetta.
483 **Cerbero**: il cane a tre teste a guardia degli Inferi.
484 **Issione**: personaggio condannato da Giove a stare legato a una ruota infuocata che girava in perpetuo.
486 **resa Euridice**: il canto melodioso di Orfeo ha conquistato tutte le divinità degli Inferi, che hanno concesso a Euridice di risalire alla vita, per questo «resa».
487 **alle spalle**: Proserpina, moglie di Plutone, aveva posto come condizione che Euridice seguisse Orfeo «alle spalle», da dietro, e che quest'ultimo non si voltasse a guardarla fino a quando non avessero oltrepassato le porte degli Inferi.
492 **del crudele tiranno**: le condizioni le aveva stabilite Proserpina, ma qui si fa riferimento a Plutone («tiranno»).

STORIE da SCOPRIRE

Georgiche di Virgilio

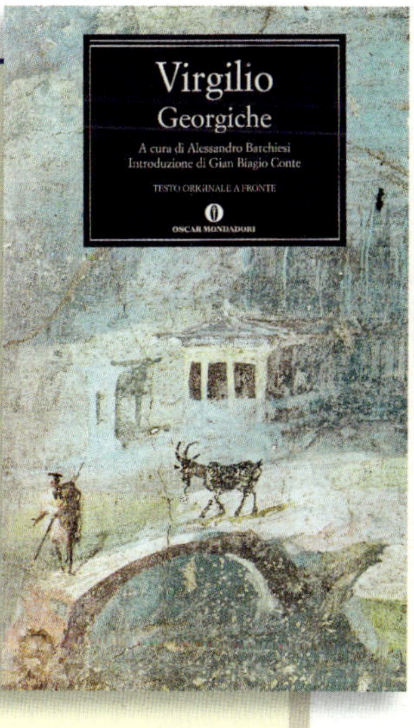

Virgilio (70 a.C. 19 a.C., ► p. 272), più di altri autori, incarna la poesia latina e non solo per il poema che celebra la gloria di Roma, l'*Eneide* (► p. 272), ma anche per le sue altre opere. La sua storia di poeta incomincia con le *Bucoliche*, composte in tre anni, dal 42 al 39 a.C. Si tratta di una decina di egloghe, scritte al tempo della guerra civile e perciò con un maggior attaccamento per una vita di pace e di serenità, nell'ozio e nel silenzio. Nel 37 Virgilio avvia la composizione delle *Georgiche*, in concomitanza con il suo trasferimento in Campania. L'idea di celebrare il valore dei lavori agricoli gli viene suggerita da Mecenate, il suo protettore presso la corte di Augusto. Le *Georgiche* risultano finite nell'anno 30 a.C., dopo un lavoro di sette anni. Con lo scrupolo che lo contraddistingueva, Virgilio dapprima si aggiornò sui trattati di agricoltura del tempo, quindi articolò in quattro libri il suo poema didascalico sui lavori dei campi, l'allevamento del bestiame, l'apicoltura. Proprio all'interno di questa trattazione inserisce la favola di Aristeo, con il racconto del mito di Orfeo ed Euridice.

Ora addio. Vado circondata da un'immensa notte,
tendendo a te, ahi non più tua, le deboli mani".
Disse e subito sparve, via dagli occhi,
come tenue fumo misto ai venti,
né più lo vide che invano cercava di afferrare l'ombra
e molto voleva dire; né il nocchiero dell'Orco permise
che egli attraversasse di nuovo l'ostacolo della palude.
Che fare? e dove andare, perduta due volte la sposa?
Con quale pianto commuovere i Mani, quali numi invocare?
Ella certo navigava ormai fredda sulla barca stigia.
Raccontano che per sette mesi continui egli pianse,
solo con se stesso, sotto un'aerea rupe presso l'onda
dello Strimone deserto, e narrava la sua storia nei gelidi antri,
addolcendo le tigri e facendo muovere le querce con il canto:
come all'ombra di un pioppo un afflitto usignolo
lamenta i piccoli perduti, che un crudele aratore
spiandoli sottrasse implumi dal nido: piange
nella notte e immobile su un ramo rinnova il canto,
e per ampio spazio riempie i luoghi di mesti lamenti.
Nessun amore o nessun connubio piegò l'animo di Orfeo.
Percorreva solitario i ghiacci iperborei e il nevoso Tanai,
e le lande non mai prive delle brine rifee,
gemendo la rapita Euridice e l'inutile dono di Dite.
Spregiate dalla sua fedeltà le donne dei Ciconi,
fra riti divini e notturne orge di Bacco,
fatto a brani il giovane lo sparsero per i vasti campi.
E ancora mentre l'eagrio Ebro volgeva tra i gorghi
il capo staccato dal collo marmoreo, la voce da sola
con la gelida lingua, "Euridice, ahi sventurata
Euridice", invocava mentre la vita fuggiva:
Euridice echeggiavano le rive da tutta la corrente del fiume».

Virgilio, *Georgiche*, IV, 453-527, trad. it di L. Canali, BUR Rizzoli, Milano, 1983

502 **nocchiero dell'Orco**: il traghettatore delle anime sullo Stige («Orco») è Caronte.
509 **Strimone**: fiume.
517 **iperborei**: di una terra lontanissima del nord; **Tanai**: l'odierno fiume Don.
520 **Ciconi**: popolo sempre della Tracia.
523 **eagrio Ebro**: il fiume Ebro è così detto come amico della divinità marina Eagro.
524 **la voce da sola**: la voce risuona, nonostante la testa sia tagliata.

Auguste Rodin, statuetta in marmo di Orfeo ed Euridice, 1887-1893. (New York, Metropolitan Museum of Art)

per L'ANALISI del TESTO

Orfeo cantore vinto

Il mito di Orfeo ed Euridice è uno dei più conosciuti e amati, spesso oggetto di riflessione come esempio di amore totale, ma infelice. In primo luogo, ad affascinare sono le qualità stesse di Orfeo, capace di placare le forze della natura, le bestie feroci e anche gli uomini con il suono melodioso della sua voce e della sua musica. In tal modo, Orfeo assume il valore simbolico della **parola poetica** in grado di intervenire su tutti gli aspetti della vita per condizionarli, modificarli, addolcirli. Tuttavia, Orfeo fallisce proprio nella prova più attesa perché non riesce nell'intento di riportare alla vita la sua sposa.

Innamorato di sé

Allora, il canto di Orfeo, le sue doti finiscono con l'assumere il valore di una **esibizione narcisistica**. Infatti, egli dà l'idea di amare più il proprio innamoramento che l'altra persona in carne ed ossa; è come se si fosse commosso più per la bellezza dei propri versi che per la donna che li aveva ispirati. Lui, capace di dominare la natura, si lascia dominare dalla forza cieca dell'amore e finisce per esserne vinto; lui confida così tanto in sé, da pensare di poter forzare i limiti posti come confine tra la vita e la morte, ma gli dèi gli rispondono regalandogli soltanto l'ombra della sua donna e non la persona.

Dèi e uomini

Ritorna anche in questo mito il diverso comportamento, la **diversa sorte che tocca agli dèi**, che vivono al di sopra delle miserie umane, **e agli uomini**, i quali a queste miserie – cioè al destino – devono sempre sottostare. La stessa tragica fine di Orfeo – muore fatto a pezzi dalle «donne dei Ciconi», offese dalla fedeltà all'amata – lascia nell'indifferenza gli dèi e suona come beffarda «la voce da sola» che continua a invocare il nome di Euridice. Orfeo ha posto una sfida agli dèi e l'ha persa.

Il destino di Euridice

La ninfa Euridice è l'altra faccia di questo tragico mito. Lei, destinata a morire due volte, la donna fedele, ha rifiutato i corteggiamenti di Aristeo e, morsa dal serpente, si è ritrovata negli Inferi. Muore una seconda volta dopo che Orfeo ha ceduto alla curiosità o all'incredulità. E se Orfeo si fosse girato a guardarla non per sbaglio (troppo amore), ma in maniera cosciente? Proprio da quel gesto è derivata gloria imperitura per Orfeo e, tutt'al più, un po' di commiserazione per Euridice. Un indizio sono le parole amare di rammarico e di rimpianto di Euridice, prima che sprofondi nel freddo e nel buio: «Chi ha perduto me, sventurata, e te, Orfeo?» (v. 494).

Lo stile

La scrittura di Virgilio risulta efficace e coinvolgente. Egli mostra di conoscere bene la vicenda inserendola in un ampio contesto mitologico, con numerosi richiami a figure di contorno, ad aspetti geografici, all'Oltretomba. La distinzione tra il poeta e la voce narrante (il dio Pròteo) consente di attribuire a quest'ultimo i toni accorati che sono ben presenti nella vicenda. Il ricorso ad alcune figure retoriche impreziosisce il testo.

Scena con Orfeo ed Euridice in un affresco proveniente da Ostia del III secolo d.C. (Città del Vaticano, Musei Vaticani)

Attività

Leggere e comprendere

1 **L'*incipit*** Come si configura nel testo la storia del mitico cantore Orfeo, che Virgilio introduce nella vicenda di Aristeo?

a. Come una analessi
b. Come una prolessi
c. Come una pausa narrativa (*excursus*)
d. Come una sequenza della storia di Aristeo

2 **Euridice** Che cosa è successo a Euridice?

a. È morta di dolore per essere stata respinta da Orfeo
b. È morta d'amore per aiutare Orfeo
c. È morta sfuggendo al corteggiamento di Aristeo
d. È stata portata in un'altra terra

3 **Il dolore** Chi piange la morte di Euridice?

4 **La ricerca** L'inseguimento della sua amata sposa porta Orfeo nel regno dei morti. Ricerca nel testo le informazioni relative a questo luogo e raccoglile nella tabella.

Luoghi	Divinità	Ombre di uomini	Mostri

5 **La reazione** Come reagiscono gli abitanti dell'Erebo al canto disperato di Orfeo?

a. Si ribellano
b. Rimangono incantati
c. Si indispettiscono
d. Sono indifferenti

6 **Le condizioni** Che cosa ottiene straordinariamente Orfeo? A quali condizioni? Poste da chi?

7 **La trasgressione** Per quale ragione Orfeo trasgredisce l'ordine di Proserpina?

a. Per la fretta
b. Per superbia
c. Per folle amore
d. Per paura

8 **La disperazione** Riporta le parole del testo con cui Euridice sottolinea il potere immenso del Fato.

....

....

....

9 **Impossibile** Gli dèi non ascoltano più le parole di Euridice. Sottolinea le parole presenti nel testo che evidenziano l'inesorabilità, l'implacabilità degli dèi.

10 **Il seguito** Come continua la vita di Orfeo? Descrivila riportando i predicati che hanno Orfeo come soggetto.

11 **L'orrore** Come si conclude la vita di Orfeo?

Riconoscere e analizzare

12 **L'oralità** Nel testo è presente un richiamo alla tradizione orale del testo. Qual è?

13 **Le sequenze** Ti elenchiamo in modo disordinato i titoli delle macrosequenze di cui è composto il testo. Riordinali.

- La morte di Euridice ☐
- La disperazione di Orfeo ☐
- La vita di Orfeo senza Euridice ☐
- Il regno dei morti ☐
- La morte straziante di Orfeo ☐
- La colpa di Aristeo ☐
- La restituzione e la perdita di Euridice ☐

14 **I personaggi** Molti personaggi animano la storia di Orfeo. Suddividili tra quelli umani e quelli divini.

- Uomini: ....

....

- Divinità: ....

....

15 **Lo spazio** Che funzione ha lo spazio in questo mito?

a. Sfondo
b. Specchio
c. Simbolo
d. Non è rilevante

16 **I nomi** Molti luoghi sono indicati nel testo sia con i loro nomi propri sia con riferimenti mitologici. Quale tono dà al testo questa scelta stilistica?

a. Oggettivo e informativo
b. Epico e solenne
c. Descrittivo e dettagliato
d. Lirico e sublime

17 **Il tempo** In quale periodo ritieni sia ambientato il racconto di Orfeo?

a. Mitico
b. Preistorico
c. Omerico
d. Età di Augusto

18 **Lo stile** Che cosa contribuisce a rendere efficace e coinvolgente lo stile di Virgilio in questo passo?

a. I richiami mitologici
b. Le numerose serie incalzanti di personaggi e azioni
c. La pacatezza e la chiarezza
d. La presenza di numerosi discorsi diretti e invocazioni

19 **Le figure retoriche** Il testo di Virgilio è impreziosito da numerose figure retoriche. Ti indichiamo i versi in cui alcune sono presenti e tu riconoscile; poi riportane altre a tua scelta.

- vv. 461-462: ....
- vv. 472-473: ....
- vv. 499-500: ....
- v. 511: ....
- ....
- ....
- ....

Rielaborare e produrre

20 **Discutere** Il poeta definisce Orfeo «ingiustamente sfortunato» (v. 455). Secondo te, la sua punizione è giusta perché ha trasgredito gli ordini oppure è ingiusta perché ha trasgredito per troppo amore? Rispondi in un dibattito in classe.

21 **La sintesi** Sintetizza la storia narrata in un testo di circa 100 parole.

22 **L'amore** Come avviene tante volte nella vita, l'amore anche in questo caso compie miracoli. Esponi come ciò avviene in questa storia in un breve testo espositivo.

23 **Uomini e dèi** Confronta il comportamento degli uomini e degli dèi e i loro rapporti in questa vicenda, secondo i valori presenti nel testo ed esponili in un testo argomentativo di 200 parole.

Ovidio

Atalanta e i tre pomi d'oro

Da
Metamorfosi (libro X, vv. 557-685), I secolo d.C.

Poema mitologico

A quale intraprendenza può spingere l'amore! Lo racconta la stessa dea Venere, narrando al giovane Adone la storia di Atalanta, una bella e veloce fanciulla che, disprezzando l'amore e il matrimonio, sfida i suoi pretendenti nella corsa: sposerà chi saprà vincerla. Un trucco, ordito da Venere, la farà però capitolare.

Detto fatto, si abbandonò sul prato e sul giovane[1], posandogli il capo in grembo, e guardandolo di sotto in su cominciò il suo racconto, alternando i baci alle parole.

"Hai probabilmente sentito parlare di una certa fanciulla che nelle gare di corsa superava gli uomini più veloci. Se ti è giunta questa fama, non era ingiustificata, perché in realtà li vinceva: inoltre non si sarebbe potuto dire se la sua dote maggiore fosse la velocità dei piedi o la bellezza. Quando costei si recò a consultare l'oracolo circa lo sposo da scegliere, il dio le rispose: 'Non ti serve un marito, Atalanta! Devi evitare di sposarti. Ma non ci riuscirai e perderai te stessa, pur rimanendo viva'. Atterrita dal responso, essa viveva senza nozze nell'oscurità delle selve e teneva testa risolutamente alla folla dei pretendenti che incalzava, imponendo questa condizione: 'Nessuno mi avrà se prima non mi vincerà nella corsa. Gareggiate con me in velocità: chi mi batterà mi avrà come sposa, chi sarà vinto avrà la morte. A questo patto entrerò in gara!'. Era spietata, ma talmente bella che una folla temeraria di pretendenti si arrese a questa condizione. Tra coloro che intendevano assistere all'iniqua gara vi era Ippomene che, biasimando l'eccessivo ardore dei giovani, si domandava: 'Chi può mai andarsi a cercare una sposa a prezzo di tanto rischio?'. Ma quando vide il viso della fanciulla e il suo corpo quando si spogliò (un corpo come il mio o come potrebbe essere il tuo, se tu fossi femmina[2]), restò allibito e levando in alto le mani, si ricredette: 'Perdonatemi, ragazzi che ho appena criticato! Non sapevo ancora qual era il premio a cui aspiravate!'. [...]

Il giovane, per nulla dissuaso dalla fine di costoro[3], s'avanzò, si piantò davanti alla fanciulla e guardandola diritto negli occhi la sfidò: 'Perché vai alla caccia di una facile vittoria contro gente incapace? Misurati con me! Se sarò favorito dalla fortuna, non ti dispiacerà di esser stata vinta da uno come me: mio padre è Megareo, originario di Onchesto, e suo nonno è Nettuno, il re delle acque, di cui io sono il pronipote, non certo meno valoroso che nobile. Se sarai tu a trionfare, dall'aver vinto Ippomene ti deriverà grandissima e duratura fama'. Mentre lui le teneva questo discorso la figlia di Scheneo[4] lo guardava intenerita, non sapendo nemmeno lei se preferire di essere vincitrice o vinta, e così si interrogava: 'Quale dio, nemico ai giovani belli, vuole distruggere costui e lo spinge a desiderare questo matrimonio a prezzo della vita? Nemmeno io mi ritengo degna di tanto. Non è la sua bellezza che mi turba, per quanto senz'altro lo potrebbe, ma il fatto che è ancora un bambino! No, non è lui a commuovermi ma la sua giovanissima età. E inoltre è pieno di coraggio e non lo sfiora il timore della morte! Ed è anche nobile: il quarto discendente dal re del mare! E con tutte queste doti, desidera e valuta tanto le nozze con me da rischiare la vita, se la sorte avversa gli negherà la

1 **si abbandonò... giovane**: il soggetto è Venere, che si è innamorata del giovane e bellissimo Adone.

2 **un corpo...femmina**: è sempre Venere che parla e fa riferimento al suo corpo e a quello di Adone.

3 **per nulla...costoro**: Atalanta ha sostenuto varie gare, vincendo i suoi avversari, che poi hanno pagato la sconfitta con la vita.

4 **la figlia di Scheneo**: Atalanta.

mia mano! [...] Così tra sé ragionava e da fanciulla inesperta qual era, alle prese col primo amore, amava senza sapere di farlo e senza percepirlo.

Il popolo e il padre di lei che assistevano alle corse reclamavano intanto il solito spettacolo. Allora Ippomene, discendente di Nettuno, mi invocò con una voce che tradiva l'ansia: 'Io scongiuro Citerea[5] di assistermi nel mio tentativo e di favorire la passione che ha scatenato!'. Premurosamente la brezza mi portò le suadenti parole di preghiera che mi commossero, lo ammetto: bisognava intervenire subito. C'è un campo che i locali chiamano Tamaseno, il luogo più bello di tutta l'isola di Cipro, che gli antichi abitatori consacrarono a me, decidendo di aggiungere anche questo agli altri luoghi dedicati al mio culto. Proprio in mezzo a questo campo scintilla un albero dalla fulva chioma, i cui rami stormendo mandano il tintinnio dell'oro. Stavo per caso tornando di lì, portando in mano tre pomi d'oro che avevo appena colti, e mi avvicinai a Ippomene, senza che altri potesse vedermi. Gli diedi i frutti e gli spiegai come dovesse servirsene. Al segnale dato dalle trombe, ambedue i contendenti scattarono, protesi in avanti, dalla linea di partenza, sfiorando appena la rena[6] coi piedi veloci. Li avresti ritenuti capaci di camminare sull'acqua senza bagnarsi le piante dei piedi, o su un campo di bionde spighe senza piegarle. Le grida di incoraggiamento dei partigiani del giovane lo spronavano: 'Su, coraggio! È tempo di incalzare! Svelto, Ippomene! Mettici tutte le tue forze! Non fermarti! Vincerai!'. Non saprei dire se di quelle grida godesse di più il figlio di Megareo[7] o la figlia di Scheneo. Quante volte, quando poteva ormai superarlo, indugiò, lo guardò a lungo e a malincuore lo lasciò indietro! Il discendente di Nettuno aveva la gola secca e il fiato corto, e la meta era ancora lontana: allora si risolse a lanciare uno dei tre frutti dell'albero d'oro. La fanciulla vi gettò gli occhi e ne rimase incantata: ansiosa di avere quel pomo lucente, deviò dal percorso per raccogliere la sfera d'oro che rotolava. Ippomene ne approfittò per sorpassarla: dagli spettatori si levò un applauso. Ma lei recuperò velocemente il tempo perduto nell'indugio e si lasciò ancora una volta indietro il giovane. Al lancio del secondo pomo tornò a perdere il vantaggio, ma tosto con un rapido inseguimento si rimise in testa. Non restava che l'ultima parte della corsa: 'Aiutami, o dea che mi hai fatto questo dono!' pregò il ragazzo e perché Atalanta dovesse impiegare più tempo per tornare, gettò con veemenza, con un lancio obliquo, il pomo scintillante verso i margini della pista. La fanciulla sembrò esitare se andare a raccoglierlo o no. Ma io ve la costrinsi e resi più pesante il pomo da lei raccolto, in modo che al ritardo causato dalla fermata si aggiunse quello dovuto alla fatica di portare il peso. Vengo alla conclusione, perché il mio racconto non sia più lungo della corsa stessa: la fanciulla fu battuta e il vincitore ebbe il suo premio.

Non ti sembra, Adone, che fosse il caso che egli mi ringraziasse e mi tributasse onori e incenso? Ma Ippomene se ne dimenticò completamente: non ebbi né ringraziamenti né incenso. Immediatamente avvampai d'ira, indignata per questa mancanza di riconoscenza, e, per evitare oltraggi futuri, pensai di premunirmi con una punizione esemplare nei confronti di tutti e due e li coinvolsi nel mio risentimento.

Ovidio, *Le Metamorfosi*, X, 557-685, trad. it di G. Faranda, BUR Rizzoli, Milano, 1994

5 **Citerea**: è un appellativo di Venere, dal nome dell'isola di Citèra nel Mar Egeo, dove è approdata la dea dopo essere nata dalla spuma del mare.

6 **rena**: sabbia.

7 **figlio di Megareo**: Ippomene, lo sfidante.

Atalanta e Ippomene durante la corsa rappresentati in una statua in marmo del XVII secolo. (Collezione Privata)

per L'ANALISI del TESTO

Venere e l'amore

Il mito di Atalanta esalta il **tema dell'amore**, un sentimento capitale nella vita dell'uomo. A porre al centro l'amore è in primo luogo chi, sul piano mitologico, lo ha originato, coltivato e diffuso e cioè **Venere**, la quale in questa vicenda sostiene più ruoli: innamorata di Adone, narratrice di un tema da lei preferito, aiutante all'interno della vicenda e, alla fine, severo giudice. Tuttavia, l'amore al centro del mito non è solo trionfante e gioioso, ma appare segnato da contrasti, desideri, sfumature, cioè sentimenti molto umani che ritroviamo nel comportamento dei due giovani protagonisti del mito: Atalanta e Ippomene.

Innamorata, nonostante tutto

La vita di Atalanta è condizionata da una profezia della quale la fanciulla intuisce la pericolosità: «Non ti serve un marito, Atalanta! Devi evitare di sposarti. Ma non ci riuscirai e perderai te stessa, pur rimanendo viva» (rr. 8-10). La giovane fanciulla assume questo responso sibillino in maniera drastica: collega l'amore (e il matrimonio) alla perdita di se stessi. Ancora non sa che l'amore può muovere energie insospettabili, creative, in grado di superare ogni ostacolo. Il **discorso introspettivo** che la fanciulla svolge, analitico e commovente, rivela, però, che l'amore si sta già facendo strada nel suo cuore. La bellezza di Ippomene, la sua giovane età, il coraggio sono tutti elementi che lasciano l'altrettanto giovane e bella Atalanta interdetta e smarrita. Desidera quasi perdere la gara. È già innamorata ma ancora non lo sa. Era destinata ad amare Ippomene, indipendentemente dall'inganno dei tre pomi dorati.

Ippomene o la forza dell'amore

Ippomene ha tanti meriti, ma il principale è quello di aver chiesto aiuto a Venere. Il giochetto di lanciare i tre pomi d'oro per stuzzicare l'avidità di Atalanta, farla rallentare e quindi perdere la gara ricorre anche in alcune favole e ha proprio nei miti la sua origine. Venere compare di nascosto proprio durante lo svolgimento della gara, condizionandola («Ma io ve la costrinsi», riferito ad Atalanta, r. 72) e, con la vittoria di Ippomene, facendo sì che l'amore trionfi.

Stile e tecnica

Ovidio è un grande poeta e, nonostante ci sia alla base la tradizione orale («Hai probabilmente sentito parlare...», r. 4), il testo è frutto della sua capacità di scrivere con eleganza e accortezza. Il racconto, infatti, si sviluppa con ordine e valorizza i momenti cruciali della vicenda, narrati in maniera analitica (si pensi alle riflessioni dei due giovani), senza il ricorso a espressioni stereotipate o consuete. Ovidio costruisce la sua narrazione come un lungo **discorso diretto** svolto da Venere, all'interno del quale Atalanta e Ippomene sviluppano altri discorsi diretti, fino alla consacrazione del loro amore.

Attività

Leggere e comprendere

1 **La vicenda** Da chi è raccontata la vicenda di Atalanta in un lungo discorso diretto? Riporta le parole che avvalorano la tua risposta.

2 **L'eccellenza** Quali doti possiede Atalanta?
- a. Bellezza e grazia
- b. Bellezza e velocità
- c. Bellezza e sapienza
- d. Sapienza e velocità

3 **L'oracolo** Secondo l'oracolo come si deve comportare Atalanta rispetto al matrimonio?

4 **Il progetto** Quale stratagemma escogita Atalanta per scegliersi lo sposo fra i tanti pretendenti?

5 **Ippomene** Come giudica i concorrenti innamorati di Atalanta il giovane Ippomene?
- a. Con disprezzo
- b. Con invidia
- c. Con ammirazione
- d. Con rispetto

6 **Una nuova opinione** Che cosa induce Ippomene a ricredersi sul suo giudizio?

7 **La sfida** Come si comporta Ippomene accettando la sfida posta da Atalanta?

a. Con tracotanza
b. Con sicurezza
c. Con timore
d. Con obiettività

8 **L'incertezza** Quali sentimenti nascono in Atalanta di fronte alla sfida di Ippomene?

a. Si vanta per l'amore di Ippomene
b. È turbata dalla giovane età di Ippomene
c. È impensierita dal valore di Ippomene
d. È soddisfatta di mietere un'altra vittima

9 **Il giudizio di Venere** Perché, secondo Venere, Atalanta prova turbamento? Riporta le parole del testo che lo spiegano.

10 **L'invocazione** A chi si rivolge Ippomene per ottenere aiuto?

11 **La risposta** Come risponde Venere alla richiesta di Ippomene?

12 **La gara** Come si comporta Atalanta all'inizio della gara di corsa?

a. Corre veloce
b. Si ferma ad aspettare il giovane
c. Indugia nel superarlo
d. Lo lascia indietro soddisfatta

13 **I pomi** Racconta come vengono usati da Ippomene i pomi che gli ha dato Venere.

14 **La conclusione** Sembra che l'oracolo sia stato smentito, ma è solo per breve tempo. Perché?

a. Venere punisce Atalanta
b. Venere punisce i due giovani perché ritiene di non essere stata ringraziata abbastanza
c. Venere punisce Ippomene per l'ingratitudine
d. La forza di Venere supera il responso dell'oracolo

Riconoscere e analizzare

15 **I personaggi** Quali aspetti dei personaggi sono prevalentemente sottolineati nel testo?

a. Aspetto fisico
b. Aspetto sociale
c. Tratti psicologici
d. Aspetto culturale

16 **Le sequenze** Riordina le sequenze in cui è suddiviso il testo di cui ti forniamo i titoli in ordine sparso.

- Le richieste di Ippomene a Venere ☐
- La punizione ☐
- Il dono di Venere a Ippomene ☐
- La figura di Atalanta ☐
- Il campo Tamaseno e i pomi d'oro ☐
- La gara ☐
- La sfida di Ippomene ☐
- La vittoria ☐
- L'innamoramento di Atalanta ☐

17 **Lo spazio** Nel testo si descrive un *locus amoenus*, ossia uno spazio splendido e sereno. Qual è? Individua le righe in cui è presentato.

18 **Il tempo** Un'indicazione del testo permette di ricondurre la vicenda a un tempo mitico e di collegarla alla tradizione orale. Qual è?

19 **La struttura** Com'è costruito il testo?

a. È un discorso diretto tutto fatto da Venere
b. È una narrazione con parecchie analessi
c. È un discorso diretto dentro cui stanno altri discorsi diretti
d. È un dialogo tra Venere e Adone

Rielaborare e produrre

20 **Discutere** «E con tutte queste doti, desidera e valuta tanto le nozze con me da rischiare la vita» (rr. 37-38). Da quale stato d'animo o sentimento sono suggerite ad Atalanta queste parole? Dall'amore verso Ippomene o dal disprezzo per la sicurezza con cui Ippomene la sfida? Raccogli gli elementi per sostenere l'interpretazione per te più plausibile e poi discutine in classe.

21 **Il riassunto** Sintetizza il testo in 50 parole.

22 **Le invocazioni** Trasforma in discorsi indiretti le due invocazioni di Ippomene a Venere.

23 **Il testo** Ripensa attentamente al personaggio di Atalanta nelle sue varie sfumature psicologiche; valuta se il suo comportamento ti pare corretto o no, in relazione ai valori espressi nel mito. Scrivi poi un testo argomentativo di 300 parole in cui sostieni la tua tesi in merito.

Pseudo-Apollodoro

Perseo affronta lo sguardo di Medusa

Da
Biblioteca
(II, 4, 3),
I-II secolo d.C.

Narrazione mitologica

Giove s'innamora della giovane Danae, che conquista con l'inganno. Dalla loro unione nasce Perseo. Acrisio, il padre della ragazza, decide di mandarla in esilio perché ha saputo da un oracolo che un nipote lo avrebbe ucciso. Danae con il figlio viene accolta a Serifo da Ditti, fratello di Polidette, re dell'isola. Affascinato dalla sua bellezza, il re chiede, invano, la sua mano. Polidette, allora, pensa di allontanare dalla donna il figlio, Perseo, suo unico sostegno. Per raggiungere il suo obiettivo, affida al ragazzo una missione impossibile: andare alla ricerca della Gorgone Medusa e ucciderla.

Polidette fratello di Ditti, re di Serifo, si innamorò di Danae, ma, non potendo unirsi a lei a causa di Perseo che era diventato adulto, riunì i suoi amici – fra i quali vi era anche Perseo – e disse che voleva fare una colletta per il banchetto di nozze con Ippodamia figlia di Enomao[1]. Perseo disse che non gli avrebbe negato nemmeno la testa della Gorgone; allora Polidette a tutti gli altri chiese cavalli, da Perseo invece non accettò cavalli ma gli ordinò di portargli la testa della Gorgone.

[È così che Perseo avvia una delle saghe più avventurose dell'antichità. Aiutato da alcune divinità, quali Atena ed Ermes, incomincia ad affrontare una serie di prove: alle Graie[2], tre sorelle delle Gorgoni, nate già vecchie, ruba il loro unico occhio e il loro unico dente, che restituisce solo dopo aver ottenuto in cambio di sapere dove si trovino le tre Ninfe, fanciulle benevoli e cortesi. Le Ninfe rivelano al giovane l'antro in cui risiedono le Gorgoni e gli regalano tre oggetti magici: un paio di sandali alati, un elmo che lo rende invisibile, una bisaccia per contenere la selvaggina. A tutto questo, Ermes aggiunge un falcetto molto tagliente.]

Giunse a volo sull'Oceano e trovò le Gorgoni immerse nel sonno. I loro nomi erano: Steno, Euriale e Medusa. Solo Medusa era mortale ed era la sua testa che Perseo era stato mandato a prendere. Le Gorgoni avevano teste avvolte da scaglie di serpenti, zanne grosse come quelle dei cinghiali, mani di bronzo e ali d'oro, con cui potevano volare. Tramutavano in pietra coloro che le guardavano. Perseo si avvicinò alle Gorgoni addormentate e, tenendo la testa girata e lo sguardo rivolto a uno scudo di bronzo in cui vedeva riflessa l'immagine di Medusa, le tagliò la testa; Atena gli guidò la mano. Quando la testa della Gorgone fu troncata, dal suo corpo balza Pegaso, il cavallo alato. [...] Perseo mise la testa di Medusa nella bisaccia e tornò indietro; le Gorgoni si levarono a volo dai loro giacigli e si diedero a inseguirlo, ma non riuscivano a vederlo a causa dell'elmo che lo rendeva invisibile.

1 **Enomao**: figlio di Ares, re di Pisa, nel Peloponneso, e promotore della prima gara a Olimpia.

2 **Graie**: il loro nome significa "Vecchie" e come tali erano cieche e sdentate: usavano, infatti, un unico occhio e un unico dente che si passavano a turno.

Perseo regge la testa della Medusa in un affresco romano del I secolo d.C. (Castellamare di Stabia, Villa San Marco)

[A quel punto, forte della sua prima grande vittoria, Perseo vola in groppa a Pegaso per il mondo, da un paese all'altro. Dall'alto del cielo scorge la bella Andromeda legata a una roccia, destinata alle grinfie di un mostro marino; esperto ormai di combattimenti, uccide il mostro, libera la fanciulla e la sposa.]

Tornato a Serifo, trovò che sua madre, insieme con Ditti, si era rifugiata sugli altari degli dèi per evitare la violenza di Polidette. Un giorno in cui Polidette aveva riunito i suoi amici, Perseo entrò nella reggia e mostrò loro la testa della Gorgone, dopo aver volto indietro la sua: essi guardarono e si trasformarono in pietra, ciascuno nella posizione in cui si trovava. Perseo ristabilì Ditti sul trono di Serifo, restituì a Ermes i sandali, la bisaccia e l'elmo, diede la testa della Gorgone ad Atena. Ermes a sua volta restituì quegli oggetti alle Ninfe e Atena collocò la testa della Gorgone al centro del suo scudo[3].

Pseudo-Apollodoro, *Biblioteca*, II, 4, 3, trad. it. di M.G. Ciani, Mondadori, Milano, 1996

La testa della Medusa in un mosaico pavimentale romano del II secolo d.C. (Princeton, University Art Museum)

3 **scudo**: Atena, tra l'altro, era dea della guerra e perciò figurava sempre armata.

per L'ANALISI del TESTO

La fiaba di magia

Riconosciamo nel mito di Perseo lo schema ricorrente della **fiaba di magia**: nascita prodigiosa, allontanamento, peripezie, sussidio di doni divini, superamento di ardue prove, recupero e affermazione di sé, conquista o restituzione al legittimo sovrano di un regno.

All'interno di una **narrazione epica favolosa**, l'intreccio fondamentale della storia incrocia continui **sviluppi imprevisti**, di cui sono protagonisti numerosi personaggi fantastici (Graie, Ninfe, Gorgoni). L'ambientazione prevede passaggi continui da uno **scenario reale** (la reggia di Serifo) a **luoghi immaginari** (l'antro delle Gorgoni, lo scoglio a cui è legata Andromeda).

Il rito di passaggio

Il protagonista, superando le numerose prove grazie all'ausilio degli **aiutanti**, che coincidono con altrettante divinità benevole, giunge alla piena maturità. Siamo quindi di fronte alla rappresentazione mitica di un **rito di passaggio**.

Nell'immaginario antico, rito, mito e magia sono sempre collegati. Questo accade in particolare nei racconti di questo tipo, che possono essere letti come prove, riti iniziatici che in tutte le culture i giovani erano chiamati a sostenere per essere ammessi tra gli adulti. D'altra parte, il patrimonio mitico veniva trasmesso oralmente alle generazioni di giovani proprio in previsione dei passaggi più ardui che avrebbero dovuto superare per aprirsi la strada alla vita adulta.

Lo stile

Il mito si differenzia dalla fiaba, di cui pure mantiene la forma, per la polisemia e per la quantità di sollecitazioni che offre. In questo caso, però, la narrazione è così vivace, così vicina ai racconti del nostro folclore, che anche una lettura "superficiale" risulta avvincente.

Nonostante la rapidità dello stile del mitografo, privo di aggettivi e di abbellimenti, le singole parole, i singoli oggetti descritti (la bisaccia, il falcetto, i sandali) sono evocativi di un universo fantastico. Più che il tono epico, l'eroe Perseo rientra appieno nello **stile del *fantasy* o dell'*horror***, così vicini alla nostra sensibilità; non senza qualche **squarcio comico** (come nell'episodio delle Graie).

Attività

Leggere e comprendere

1 **Il filo narrativo** L'avventura di Perseo costituisce un nucleo mitico isolato o è inserita in una complessa rete di fatti mitologici?

2 **I parenti** Nel testo veniamo a conoscenza dei legami di parentela che intercorrono tra i personaggi. Unisci i nomi alle informazioni corrette.

1. Polidette	**a.** figlio di Giove e Danae
2. Perseo	**b.** amata da Giove e madre di Perseo
3. Ippodamia	**c.** re e signore di Serifo, innamorato di Danae
4. Danae	**d.** fanciulla portata a Serifo da Perseo
5. Giove	**e.** padre di Perseo
6. Ditti	**f.** sposa non amata da Polidette
7. Acrisio	**g.** fratello del re di Serifo
8. Andromeda	**h.** padre di Danae

3 **Il compito** Quali circostanze inducono Perseo ad affrontare l'impresa contro Medusa?

4 **Nell'animo** L'eroe è consapevole di aver accettato una sfida quasi impossibile, ma rimane fermo nel suo proposito. Da quali sentimenti è animato?

a. Incoscienza dei rischi
b. Certezza del buon esito
c. Rispetto per la parola data
d. Paura del disonore

5 **I mostri** Le Gorgoni hanno un aspetto raccapricciante. Quale caratteristica generale rende tanto intensa la loro mostruosità?

6 **La differenza** Le tre Gorgoni hanno lo stesso potere e lo stesso aspetto, ma una caratteristica le distingue in modo determinante. Quale?

7 **Le difficoltà** Quali sono le difficoltà maggiori che Perseo deve superare per portare al re la testa di Medusa?

a. Non incrociare lo sguardo delle Gorgoni
b. Tenersi a distanza da loro
c. Capire quale di esse è mortale
d. Poter fuggire senza essere visto

8 **La soluzione** Tutta l'impresa non sarebbe possibile a Perseo senza l'aiuto degli dèi. Quali divinità lo aiutano e in che modo?

Riconoscere e analizzare

9 **La struttura** La narrazione di questo mito è condotta con le caratteristiche e le funzioni tipiche della fiaba. Completa le funzioni tipiche con i personaggi e le situazioni incontrate nel testo.

- Protagonista: ....
- Antagonista: ....
- Nascita prodigiosa: ....
- Allontanamento: ....
- Prove: ....
- Aiutanti: ....
- Oggetti magici: ....
- Annientamento del mostro: ....
- Lieto fine: ....
- Affermazione di sé: ....

10 **I particolari** Come in tutte le fiabe, sono gli oggetti e i particolari gli elementi sui quali si sofferma la narrazione. Individua nel testo le particolarità fisiche dei mostri descritti e gli strumenti usati dal protagonista.

11 **Lo stile** Perché lo stile di Pseudo-Apollodoro non può essere definito epico?

Rielaborare e produrre

12 **Il riassunto** Sintetizza in 100 parole il contenuto del testo.

13 **Il *fantasy*** Conosci un libro o un film che appartenga al genere *fantasy*? In cosa ti sembra somigli a questa storia? Stendi un breve testo espositivo di 50 parole.

Pseudo-Apollodoro

Eracle e l'idra di Lerna

In questo antefatto viene chiarita la ragione per cui Eracle si pone a servizio di Euristeo e viene descritta la seconda delle fatiche che porta a termine: annientare l'idra di Lerna, un serpente acquatico dalle innumerevoli teste. Eracle sconfigge questo simbolo di morte con il coraggio e la forza, ma anche con un po' d'astuzia.

Da
Biblioteca
(II, 5, 2),
I-II secolo d.C.

Narrazione mitologica

Accadde che Eracle, a causa della gelosia di Era, fu colto da follia e gettò nel fuoco i figli che aveva avuto da Megara e due dei figli di Ificle[1]. Per questo motivo si condanna lui stesso all'esilio e viene purificato da Tespio[2]; si reca allora a Delfi e chiede al dio dove avrebbe dovuto stabilirsi [...] La Pizia[3] gli disse di stabilirsi a Tirinto[4], e di servire per dodici anni Euristeo compiendo le dieci imprese[5] che gli sarebbero state ordinate: disse che in questo modo, dopo averle compiute, sarebbe diventato immortale.

[...]

La seconda impresa che Euristeo ordinò a Eracle fu quella di uccidere l'idra di Lerna. Costei, cresciuta nella palude di Lerna, si spingeva nella pianura e distruggeva il bestiame e il territorio: aveva un corpo enorme e nove teste, di cui otto erano mortali e una, quella in mezzo, immortale. Eracle salì su un carro, guidato da Iolao[6], giunse a Lerna, qui fermò i cavalli, trovò l'idra su una collina presso le sorgenti di Animone dov'era la sua tana: colpendola con le frecce infuocate, la costrinse a uscire, e quando fu uscita, l'afferrò tenendola saldamente. Essa si era avvinghiata a una delle sue gambe; lui, con la clava, troncava le sue teste, ma non otteneva nulla perché, a ogni testa troncata, ne nascevano altre due. Un granchio enorme venne in aiuto dell'idra mordendo il piede di Eracle, ma Eracle lo uccise e chiamò a sua volta in soccorso Iolao, che diede fuoco a una parte della selva vicina e con i tizzoni bruciò le teste dell'idra alla radice impedendo loro di rispuntare. Domate in questo modo le teste che rinascevano, Eracle tagliò quella immortale, la seppellì lungo la strada che da Lerna porta a Eleonte e vi collocò sopra un pesante macigno. Poi squartò il corpo dell'idra e immerse le frecce nel suo fiele. Euristeo però disse che non bisognava contare questa fra le dieci imprese perché Eracle aveva vinto l'idra con l'aiuto di Iolao, e non da solo.

Pseudo-Apollodoro, *Biblioteca*, II, 5, 2, trad. it. di M.G. Ciani, Mondadori, Milano, 1996

Eracle combatte contro l'idra di Lerna sul frammento di un cratere a figure rosse proveniente dall'Italia del Sud, 375-340 a.C. (Fitchburg, Art Museum)

1 **i figli...di Ificle**: Megara è la moglie di Eracle, Ificle il suo fratellastro gemello, figlio di Alcmena ma non di Zeus bensì di Anfitrione, legittimo sposo.

2 **Tespio**: re di Tespi che ospitò Eracle e gli fu amico, dopo che l'eroe liberò il suo regno dal leone del Citerone.

3 **Delfi...La Pizia**: Delfi era sede di un santuario di Apollo presso il quale risiedeva una sacerdotessa, la Pizia, che forniva consigli e prediceva il futuro.

4 **Tirinto**: antica città dell'Argolide.

5 **le dieci imprese**: secondo questa versione, le imprese richieste erano dieci e divennero dodici perché Euristeo considerò due delle prove non valide, in quanto Eracle si era fatto aiutare e non le aveva superate da solo.

6 **Iolao**: l'amico di Eracle, compagno di mille avventure.

per L'ANALISI del TESTO

Eracle, una vita piena di fatiche

Intorno a Eracle, chiamato Ercole dai Romani, fiorirono nell'antichità numerose leggende.

Secondo un mito ripreso in chiave comica anche dal commediografo latino Plauto (*Amphitruo*), Eracle fu concepito durante l'ennesima scappatella di Zeus-Giove con una donna mortale, Alcmena, moglie del re Anfitrione. Per questo motivo Eracle fu perseguitato fin dalla nascita da Era-Giunone, che lo odiava in quanto frutto del tradimento del marito. Le stesse fatiche, le celebri prove a cui fu sottoposto dal cugino Euristeo, re di Tirinto, furono indirettamente la conseguenza di una delle tante insidie mandategli dalla dea. Come sempre, però, Eracle superò anche questi banchi di prova, e ne ricavò gloria imperitura.

Morì tragicamente a seguito di un inganno e venne accolto tra gli dèi dell'Olimpo.

La sistemazione del mito

La razionalizzazione del mito operata da Pseudo-Apollodoro consente di conferire all'insieme dei racconti un **ordine logico** altrimenti ignoto alla tradizione orale.

Abbiamo una vicenda fosca, materia di almeno due tragedie pervenuteci, che funge da **antefatto**: Eracle, vittima fin dalla nascita della gelosia di Era, «fu colto da follia e gettò nel fuoco i figli» (rr. 1-2). Uscito da questo stato di obnubilamento (ma il mito non fa questa precisazione), va a purificarsi e accetta la punizione a cui deve andare incontro.

Da questa premessa discenderebbero le **fatiche**, in verità una serie di imprese celebri che la tradizione ha poi riunito intorno al tema del "servizio di Eracle al cugino Euristeo". Ne è prova il fatto che ancora all'epoca di questo testo (la redazione a noi pervenuta è probabilmente del II secolo d.C.) non si era ancora fissato il numero canonico di dodici, ma si parlava di dieci, più due suppletive.

Sempre secondo questa sistemazione, quella con l'idra sarebbe la **seconda prova**, dopo il leone di Nemea. Come in altri casi, Eracle deve liberare un territorio da un mostro che distrugge il bestiame. L'eroe è dunque un benefattore; o meglio, la prova, prima ancora di divenire una delle dodici fatiche richieste da Euristeo, era probabilmente uno dei tanti miti locali che celebravano il semidio che aveva eliminato il terrore e reso possibile il lavoro e il progresso.

Il nucleo fiabesco

La **parte centrale** del racconto, con la descrizione del mostro, si addentra nell'**atmosfera magica**. La trattazione della lotta è minuziosa e tende a mostrare come il coraggio e la forza da soli non siano in grado di dare la vittoria a Eracle. Anzi, l'eroe è costretto a chiamare «in soccorso Iolao». Il protagonista ha bisogno del soccorso dell'**aiutante**. Ed è Iolao che compie l'azione più astuta e più epica, dando fuoco alla selva e usando i tizzoni per bruciare le teste dell'idra. A Eracle è riservato il colpo di grazia.

La mancanza del "lieto fine"

Non c'è lieto fine, nel senso che, appartenendo a una catena di imprese, l'episodio non pone termine alle fatiche. L'intervento finale di Euristeo può essere dunque considerato funzionale alla struttura razionale che il mitografo intende dare al mito. In questo modo, infatti, viene ovviata la difficoltà di assemblare "fatiche" appartenenti a saghe diverse e tradizioni che le riportano in quantità differenti.

Il modello educativo

In generale, possiamo leggere dietro alla ricostruzione strutturale dello Pseudo-Apollodoro il **valore educativo** ed esemplare del modello di Eracle, quale si era determinato nella tradizione popolare. Un ruolo di questo tipo va attribuito all'eroe per l'insieme delle sue imprese. Le dodici fatiche costituiscono simbolicamente altrettanti passi del cammino compiuto da questo civilizzatore che ha il compito di **sconfiggere** e lasciarsi alle spalle **le componenti ferine** e oscure della terra e rendere sicuro il trapasso verso la luce e la civiltà.

Eracle combatte contro il leone Nemeo in un bassorilievo proveniente dal Pakistan del I secolo a.C. (New York, Metropolitan Museum of Art)

Attività

Leggere e comprendere

1 **Era** In che senso possiamo affermare che Era è indirettamente all'origine delle fatiche di Eracle?

2 **Delfi** Perché Eracle si reca a Delfi?

3 **L'idra** Quante teste attribuisce la tradizione all'idra? Secondo te c'è una lettura simbolica dietro a questa pluralità di teste che muoiono e rinascono?

4 **I dubbi** Non tutte le fonti sono d'accordo sul numero delle fatiche di Eracle. Sapresti fornire una spiegazione di queste differenze e ricavarne elementi utili per risalire alla tradizione orale precedente?

5 **Le azioni** La narrazione presenta i momenti della lotta di Eracle contro il mostro. Riordinale a partire da questo elenco casuale.

a. Recide la testa immortale ☐
b. Il granchio morde Eracle ☐
c. Immerge le frecce nel veleno ☐
d. Arriva sul carro ☐
e. Scocca frecce infuocate ☐
f. Il serpente è costretto a uscire dalla tana ☐
g. Colpisce le teste con la clava ☐
h. Uccide il granchio ☐
i. Seppellisce l'idra lungo la strada ☐
l. Iolao brucia le teste dell'Idra ☐
m. L'Idra si avvinghia a una gamba dell'eroe ☐

Riconoscere e analizzare

6 **Le parti** La sistemazione dello Pseudo-Apollodoro consente di dare unitarietà ai racconti intorno ai quali si era formato il mito. Prova a compiere il cammino inverso e a trovare la serie di avventure di Eracle che sono state poi collegate dall'anonimo autore.

7 **Reale e magico** In quale momento della narrazione c'è il passaggio dalla dimensione realistica a quella magico-fantastica? Quali particolari testimoniano questa ambientazione diversa?

8 **La storia infinita** Ci sono almeno un paio di particolari che, all'interno di una narrazione rapida come questa, segnalano che con questo episodio la vicenda di Eracle non è finita ma continua. Quali sono?

9 **Il ciclo** Possiamo parlare per questi miti di Eracle di un "ciclo mitico", secondo quanto detto a tale proposito nel percorso A?

Rielaborare e produrre

10 **Discutere** «Eracle [...] fu colto da follia e gettò nel fuoco i figli che aveva avuto da Megara e due dei figli di Ificle» (rr. 1-2). Ritieni che anche oggi la follia della mente umana possa talora manifestarsi con il gesto estremo dell'uccisione di bambini innocenti o invece che questa sia una rappresentazione eccessiva che appartiene solo al territorio del mito e dei suoi simboli? Discutine in un dibattito in classe.

11 **Eracle e Iolao** La fatica qui narrata non è superata solo in virtù della forza fisica, ma anche dell'ingegno, per altro grazie a un aiutante. In che modo la rappresentazione dell'eroe si configura come modello per gli uomini? Esponi la tua opinione in un breve testo argomentativo.

12 **La numerologia** La presenza di dati numerici precisi (figli uccisi, anni di servizio e quantità di fatiche, teste del mostro) contrasta, almeno secondo il nostro modo di vedere, con la tradizione popolare, soggetta a cambiamenti e legata alla caducità della memoria. Per tutti questi motivi ritieni che sia da attribuire più un valore simbolico che reale ai numeri inseriti nella narrazione? Quale significato, per esempio, potrebbe avere il dodici? Fai una piccola ricerca per scoprire in quali altre tradizioni mitologiche ritorni. Raccogli le informazioni in un testo espositivo di una pagina.

13 **Medusa e Idra** Numerose analogie, ma altrettante differenze, legano i due personaggi dei miti. Confrontali e stendi un testo breve espositivo.

14 **Le fatiche** Ricerca e descrivi brevemente tutte le altre fatiche imposte da Euristeo a Eracle in 200 parole.

per SAPERNE di PIÙ

Ercole: un "Uomo Selvatico"

Un dio per mercanti e militari

La figura di Ercole fu introdotta a Roma da **mercanti** greci. I primi a venerare Ercole furono, infatti, gli appartenenti a questa categoria che si identificavano nella forza, nel coraggio, nelle fatiche dell'eroe. Il loro mestiere, in tempi in cui le vie di comunicazione erano impervie e scarsamente controllate, era davvero una sfida contro l'imprevisto.

La forza e il coraggio esaltati dai commercianti erano le stesse virtù apprezzate dai **soldati**. Ben presto Ercole divenne il dio a cui rivolgersi prima della battaglia.

La sua immagine di dio forte e coraggioso non si perde con la fine dell'epoca pagana. I suoi attributi passano a divinità locali o addirittura a figure di santi che in qualche modo ne mantengono le caratteristiche: protettori dei deboli, scudo contro i prepotenti o contro le insidie di una natura mai domata.

Ercole nelle leggende di montagna

Di queste sopravvivenze è testimonianza una strana figura dell'**immaginario alpino** che risponde all'idea dell'**Uomo Selvatico**. Essere primitivo che si collocava a metà tra l'uomo e l'animale, delle sue imprese sono costellate le leggende e le tradizioni di tanti luoghi di montagna. Raccontano di uno strano individuo che ancora oggi vivrebbe in solitudine nei boschi, che disdegna la compagnia degli esseri umani, preferendo quella degli animali e della natura selvaggia. Così vivendo, l'Uomo Selvatico avrebbe perfezionato le qualità che consentono di sopravvivere all'aperto, allo stato naturale: la forza, la robustezza, il fiuto. Questo carattere ferino si rispecchierebbe nell'aspetto poco curato: non si lava e non si taglia i capelli, si copre di pelli di capra risultando spaventoso a vedersi. A dispetto di tutto questo, non sarebbe malvagio, anzi, sarebbe benevolo con gli umani, a disposizione dei quali metterebbe molti dei segreti tratti dalla natura. Per esempio, in Sicilia avrebbe fatto conoscere agli uomini il modo di ricavare l'olio dalle olive, in Toscana l'arte di fare il vino, in Valle d'Aosta avrebbe rivelato la tecnica di estrarre il ferro dalle miniere. La sua sapienza poi si esprimerebbe soprattutto nelle lavorazioni derivate dalla pastorizia: la tecnica casearia che dal latte permette di ricavare e mantenere i formaggi, come raccontano le leggende del Trentino.

Il "Salvadego" della Valtellina

L'accostamento a Ercole, benefattore dell'umanità, risulta ancor più evidente nell'Uomo Selvatico di una località della Lombardia. In Valtellina, a Sacco, una frazione del comune di Cosio Valtellino (So), in una casa del centro storico, una stanza affrescata nel 1464 presenta, accanto a soggetti di natura religiosa, l'immagine meglio conservata dell'**Homo Salvadego**. Si tratta di un individuo robusto, dipinto a misura d'uomo, peloso, con lunghi capelli che s'intrecciano con la barba, con un nodoso bastone tra le mani molto simile alla clava di Ercole. Una scritta al suo fianco, quasi un fumetto, rivela sua identità: *Ego sonto un homo salvadego per natura, chi me offende ge fo pagura* ("Sono un uomo selvatico per natura e a chi mi offende rispondo con violenza"). Questa immagine è dipinta a ridosso della porta d'ingresso della stanza, come a difenderla dal sopraggiungere di qualche malintenzionato. Quel «*ge fo pagura*» ("gli faccio paura") dice che è disposto a usare la sua clava, ma solo nei confronti di chi si presenta con cattive intenzioni. Rivela, dunque, il suo ruolo di difensore, di custode della casa, il compito che l'antichità aveva affidato proprio a Ercole, collocandolo sugli ingressi delle città e sulle porte delle dimore private.

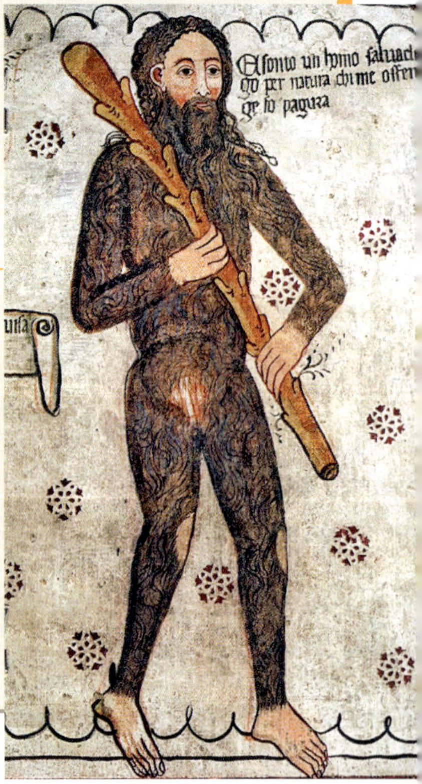

Il cosiddetto *Homo Salvadego* o Uomo Selvatico di Sacco in un affresco del 1464. (Sondrio-Cosio Valtellino)

Igino

Marsia sfida Apollo

Nelle trappole che gli dèi seminano in continuazione questa volta resta impigliato uno dei Satiri, il pastore Marsia. Inorgoglito perché aveva imparato a suonare un flauto costruito da Minerva, Marsia sfida Apollo, ma va incontro a una triste sorte.

Da Genealogiae, II secolo d.C.

Racconto mitologico

Minerva, dicono, fu la prima a costruire un flauto con gli ossi di un cervo e si presentò suonandolo al banchetto degli dèi. Ma Giunone e Venere si misero a prenderla in giro, perché aveva gli occhi cerulei[1] e le gote gonfie; e così, irrisa per la sua musica e il suo aspetto, la dea giunse a una fonte nel bosco dell'Ida[2]. Qui si vide riflessa nell'acqua mentre suonava e capì che avevano avuto ragione a schernirla, per cui gettò via il flauto e giurò che chiunque l'avesse raccolto avrebbe subito un castigo terribile. Uno dei Satiri, il pastore Marsia, figlio di Eagro, lo trovò e prese a esercitarsi assiduamente con lo strumento, traendone ogni giorno suoni più dolci, al punto che sfidò Apollo a gareggiare con lui suonando la lira. Apollo accettò; come giudici, scelsero le Muse. Marsia stava vincendo, ma Apollo capovolse la sua cetra e suonò la stessa musica – cosa che Marsia, con il flauto, non riuscì a fare. E così Apollo legò il vinto Marsia a un albero e lo consegnò a uno Scita[3], che lo scorticò membro dopo membro; poi consegnò ciò che restava del corpo del Satiro al suo discepolo Olimpo, perché lo seppellisse. Il fiume Marsia[4] prende nome dal suo sangue.

Igino, *Miti*, a cura di G. Guidorizzi, Adelphi, Milano, 2000

1 **occhi cerulei**: occhi molto azzurri.
2 **Ida**: montagna sacra alla dea Madre.
3 **Scita**: della popolazione degli Sciti, nomadi di origine iraniana.
4 **fiume Marsia**: fiume dell'Anatolia (Turchia).

Il satiro Marsia sfida Apollo a una gara musicale su un bassorilievo greco, 330-320 a.C. (Atene, Museo Archeologico Nazionale)

L'AUTORE

Igino, vissuto nel I secolo d.C., è un autore latino amico di Ovidio, sotto il cui nome il mondo antico ci ha tramandato due opere. La prima è il *De Astronomia*, nella quale, attingendo da fonti greche, si raccontano le vicende di eroi trasformati in costellazioni; la seconda, le *Genealogiae*, è un trattato di mitologia, conosciuto soltanto a partire dal XVI secolo, grazie a un umanista che lo ha pubblicato con il titolo di *Fabulae*. Composto di 277 brevi racconti mitologici, questo testo è stato redatto da un anonimo nel II secolo d.C. come una sorta di piccola enciclopedia mitologica, probabilmente destinata a un uso scolastico, considerata la forma espositiva chiara e semplice e un contenuto essenziale e schematico. I miti non sono più raccontati sotto forma di storie ispirate al patrimonio religioso, ma ridotti a *fabulae*, componimenti sintetici che riordinano, semplificandola nella forma e nei contenuti, la mitologia classica.

per L'ANALISI del TESTO

Una duplice vicenda

La storia raccontata da Igino si compone di due episodi. Il primo – che funge da premessa al secondo episodio – vede protagonista la dea Minerva, alla quale si attribuisce l'invenzione del flauto, lo strumento a fiato associato ai pastori e alla vita agreste. Minerva è derisa dalle altre divinità, perché suonare il flauto non è degno di una dea: è un'attività che rende sgraziata la sua immagine (rende «gli occhi cerulei e le gote gonfie», r. 3); da qui l'abbandono dello strumento con conseguente maledizione. Il secondo episodio permette alla vicenda di entrare nel vivo. Il satiro Marsia si lascia conquistare dalla presunzione, si vanta di essere un eccellente suonatore di flauto e sfida Apollo, con le conseguenze che sappiamo.

Passioni contro spiritualità

Se lasciamo parlare la tradizione mitologica, sappiamo che sin dall'antichità si riteneva che il suono del flauto scatenasse le passioni, mentre quello della lira, lo strumento di Apollo, elevasse lo spirito. In **chiave allegorica**, tale episodio potrebbe essere interpretato come un conflitto fra le emozioni (Marsia) e la ragione (Apollo). Ma il povero Marsia ha il grave torto di essersi intromesso nei passatempi degli dèi, di essere finito in mezzo ai loro battibecchi. Marsia, nella sua condizione di satiro, non era poi tanto lontano dal ruolo di sottomissione che gli uomini dovevano sempre mantenere rispetto agli dèi. Le divinità vivevano un loro mondo di felicità e di spensieratezza e non si curavano del destino umano (o di quello dei Satiri). Infatti, potremmo osservare che la terribile punizione a cui Marsia è sottoposto, lo scorticamento, non è proporzionale all'offesa ricevuta dalla divinità, ma prevale il risentimento, la volontà di dare una lezione a Marsia e a tutti gli altri, in modo che anche in futuro non si osi troppo alzare la testa.

Stile e finalità

Igino si è prefisso lo scopo di ricostruire il vasto mondo della mitologia greca, cercando di mettere ordine fra le tante vicende che hanno per protagonisti dèi, eroi e uomini.

Non c'è un **intendimento** letterario, ma puramente **informativo**, tanto è vero che il racconto di Marsia risulta essenziale nei fatti, senza alcuna concessione alle emozioni e agli stati d'animo.

Igino finisce con lo svolgere un ruolo importante, soprattutto per la completezza delle sue conoscenze, frutto anche della tradizione orale, come attesta l'iniziale predicato impersonale «dicono».

Michelangelo Anselmi, *Apollo e Marsia*, 1540. (Washington, National Gallery)

Attività

Leggere e comprendere

1 **L'antefatto** Quale primato viene attribuito a Minerva nell'antefatto del mito?

2 **La soddisfazione** Come la dea mostra la soddisfazione per la propria invenzione?

3 **Le altre** Che atteggiamento assumono Giunone e Venere nei confronti di Minerva?
a. La lodano
b. La ignorano
c. La deridono
d. La consolano

4 **Il motivo** Qual è la ragione per cui le dee assumono tale comportamento?

5 **La verifica** Che cosa fa Minerva per verificare il loro giudizio?

6 **Decisione e rivalsa** Che cosa decide in merito al flauto che per prima ha prodotto?

7 **Marsia** Chi è Marsia e che cosa fa?

8 **La tracotanza** In che modo Marsia si rende colpevole, a giudizio degli dèi?
a. Osa sfidare il dio Apollo a gareggiare con lui suonando la cetra
b. Osa sfidare il dio Apollo a gareggiare con lui suonando il flauto
c. Osa sfidare tutti gli uomini a gareggiare con lui suonando la cetra
d. Si ingrazia il dio Apollo suonando il flauto

9 **La superiorità** Durante la gara, come mette in mostra la propria superiorità Apollo?

10 **La crudeltà** Quale punizione infligge Apollo a Marsia?

Riconoscere e analizzare

11 **I personaggi** Gli dèi e il satiro si caratterizzano per diversi comportamenti. Indicali con l'uso di aggettivi qualificativi o participi in funzione aggettivale.
- Gli dèi: ....
- Il satiro: ....

12 **Il satiro** Spiega, cercando informazioni, le caratteristiche di questa figura.

13 **Spazio e tempo** Come ti paiono le indicazioni riferite al tempo e allo spazio nel testo? Perché?

14 **Il mito** Quali elementi del testo denotano la tradizione orale del mito?

15 **Lo stile** Il mito è riportato da un mitografo, non da un poeta. Come valuti lo stile espressivo impiegato?
a. Fantasioso
b. Essenziale
c. Dettagliato
d. Solenne

Rielaborare e produrre

16 **Il riassunto** Sintetizza il mito in 50 parole.

17 **Il testo espositivo** Ripensa attentamente ai comportamenti degli dèi e del satiro. Esiste una gerarchia di potere? Chi esercita maggior autorità? Quali valori muovono i comportamenti e i giudizi? Formula le tue riflessioni e scrivile in un breve testo espositivo.

18 **Altri miti** In questo testo si notano situazioni presenti in altri miti (invidia tra le dee, specchiarsi nelle acque, sfida tra uomini e dèi e relativa punizione...). Cerca di ricordarli o apprenderli e poi racconta ciascuno utilizzando circa 100 parole.

Cesare Pavese

Il fiore

Da
Dialoghi con Leucò,
1947

Racconto mitologico

In tempo di primavera, il dio Apollo, come dio del sole, rallegra la terra facendo sbocciare i fiori; con l'estate, la calura solare li appassisce e li fa morire. Per spiegare questa doppia azione del sole, gli antichi hanno elaborato il mito dell'amicizia di Apollo con il giovane Giacinto. Costui era un giovanetto bellissimo, ammirato da Apollo per la sua armonia di forme. A lui il dio si legò d'intensa amicizia. I due passavano il loro tempo insieme e un giorno incominciarono ad esercitarsi nel lancio del disco. Zefiro, però, il dio del vento di primavera, geloso per questa amicizia, quando Apollo lanciò il suo disco, ne deviò la parabola a terra, facendolo rimbalzare violentemente sulla fronte di Giacinto, che restò morto. Dal sangue che sgorgò dalla ferita, Apollo fece nascere un fiore, che da allora porta il nome di "giacinto".

Jean Broc, *La morte di Giacinto*, 1801. (Poitiers, Musée Sainte-Croix)

(*Parlano Eros e Tànatos*).

EROS Te l'aspettavi questo fatto, Tànatos?

TÀNATOS Tutto mi aspetto, da un Olimpico. Ma che finisse in questo modo, no.

EROS Per fortuna, i mortali la chiameranno una disgrazia.

TÀNATOS Non è la prima, e non sarà l'ultima volta.

EROS E intanto Iacinto è morto. Le sorelle già lo piangono. L'inutile fiore spruzzato del suo sangue, costella ormai tutte le valli dell'Eurota[1]. È primavera, Tànatos, e il ragazzo non la vedrà.

TÀNATOS Dov'è passato un immortale, sempre spuntano di questi fiori. Ma le altre volte[2], almeno, c'era una fuga, un pretesto, un'offesa. Riluttavano al dio, o commettevano empietà. Cosí accadde di Dafne[3], di Elino, di Atteone[4]. Iacinto invece non fu che un ragazzo. Visse i suoi giorni venerando il suo signore. Giocò con lui come gioca il fanciullo. Era scosso e stupito. Tu, Eros, lo sai.

EROS Già i mortali si dicono che fu una disgrazia. Nessuno pensa che il Radioso[5] non è uso fallire i suoi colpi.

TÀNATOS Ho assistito soltanto al sorriso aggrottato con cui seguí il volo del disco e lo vide cadere. Lo lanciò in alto nel senso del sole, e Iacinto levò gli occhi e le mani, e l'attese abbagliato. Gli piombò sulla fronte. Perché questo, Eros? Tu certo lo sai.

EROS Che devo dirti, Tànatos? Io non posso intenerirmi su un capriccio. E lo sai anche tu – quando un dio avvicina un

1 **le valli dell'Eurota**: le valli in cui scorre il fiume Eurota.
2 **le altre volte**: si fa riferimento ad altre situazioni di legami fra un dio e un essere umano, concluse tragicamente, però per dei motivi fondati.
3 **Dafne**: ninfa che si sottrasse all'amore di Apollo trasformandosi in alloro.
4 **Atteone**: cacciatore troiano, mutato da Artemide in cervo per aver osservato la dea al bagno.
5 **il Radioso**: il dio Apollo.

mortale, segue sempre una cosa crudele. Tu stesso hai parlato di Dafne e Atteone.

TÀNATOS Che fu dunque, stavolta?

EROS Te l'ho detto, un capriccio. Il Radioso ha voluto giocare. È disceso tra gli uomini e ha visto Iacinto. Per sei giorni è vissuto in Amicle, sei giorni che a Iacinto cambiarono il cuore e rinnovarono la terra. Poi quando al signore venne voglia di andarsene, Iacinto lo guardava smarrito. Allora il disco gli piombò tra gli occhi...

TÀNATOS Chi sa... il Radioso non voleva che piangesse.

EROS No. Che cosa sia piangere il Radioso non sa. Lo sappiamo noialtri, dèi e demoni bambini, ch'eravamo già in vita quando l'Olimpo era soltanto un monte brullo. Abbiamo visto molte cose, abbiamo visto piangere anche gli alberi e le pietre. Il signore è diverso. Per lui sei giorni o un'esistenza non fa nulla. Nessuno seppe tutto ciò come Iacinto.

TÀNATOS Credi davvero che Iacinto abbia capito queste cose? Che il signore sia stato per lui altro che un modello, un compagno maggiore, un fratello fidato e venerato? Io l'ho veduto solamente quando tese le mani alla gara – non aveva sulla fronte che fiducia e stupore. Iacinto ignorava chi fosse il Radioso.

EROS Tutto può darsi, Tànatos. Può anche darsi che il ragazzo non sapesse di Elino e di Dafne. Dove finisca lo sgomento e incominci la fede, è difficile dire. Ma certo trascorse sei giorni di ansiosa passione.

TÀNATOS Secondo te, che cosa accadde nel suo cuore?

EROS Quel che accade a ogni giovane. Ma stavolta l'oggetto dei pensieri e degli atti per un ragazzo fu eccessivo. Nella palestra, nelle stanze, lungo le acque dell'Eurota, parlava con l'ospite, s'accompagnava a lui, lo ascoltava. Ascoltava

L'AUTORE

Cesare Pavese nasce nel 1908 a Santo Stefano Belbo, nelle Langhe. Si trasferisce ben presto a Torino, ma porterà sempre nel cuore le colline langarole che faranno da scenario a tante sue opere. Dopo gli studi liceali, i suoi interessi letterari sono orientati verso la letteratura anglosassone: avvia un'intensa attività di traduttore degli scrittori americani. Accusato di attività antifascista, nel 1935 viene mandato al confine in Calabria. Nel dopoguerra si iscrive al Partito comunista e scrive sul quotidiano "l'Unità". Lavora presso la casa editrice Einaudi, dove conosce Italo Calvino. Si toglie la vita nell'agosto del 1950 in un albergo di Torino.

La sua maggiore produzione letteraria si colloca tra il 1930 e il 1950, una stagione ricca di grandi opere. Ricordiamo i romanzi *Paesi tuoi* (1941), *La bella estate* (1949), *La luna e i falò* (1950). Nei suoi scritti ricorrono alcuni temi, come il contrasto tra città e campagna, l'idea dell'infanzia come età innocente e felice, la convinzione della solitudine dell'uomo e dell'impossibilità di stabilire rapporti veri, la riflessione sulla morte. *I Dialoghi con Leucò* – 27 brevi testi dialogati – erano ritenuti da Pavese la sua opera più significativa. Egli rilegge i miti classici, con ironia e profondità, cercando di mettere a fuoco la sua continua meditazione sulla vita umana.

6 **Càriti**: le tre Grazie.

le storie di Delo e di Delfi, il Tifone, la Tessaglia, il paese degli Iperborei. Il dio parlava sorridendo tranquillo, come fa il viandante che credevano morto e ritorna piú esperto. Quel che è certo, il signore non disse mai del suo Olimpo, dei compagni immortali, delle cose divine. Parlò di sé, della sorella, delle Càriti[6], come si parla di una vita familiare – meravigliosa e familiare. Qualche volta ascoltarono insieme un poeta girovago, ospitato per la notte.

TÀNATOS Nulla di brutto in tutto questo.

EROS Nulla di brutto, e anzi parole di conforto. Iacinto imparò che il signore di Delo con quegli occhi indicibili e quella pacata parola aveva visto e trattato molte cose nel mondo che potevano anche a lui toccare un giorno. L'ospite discorreva anche di lui, della sua sorte. La vita spicciola di Amicle gli era chiara e familiare. Faceva progetti. Trattava Iacinto come un eguale e coetaneo, e i nomi di Aglaia, di Eurinòme, di Auxò – donne lontane e sorridenti, donne giovani, vissute con l'ospite in misteriosa intimità – venivano detti con noncuranza tranquilla, con un gusto indolente che a Iacinto faceva rabbrividire il cuore. Questo lo stato del ragazzo. Davanti al signore ogni cosa era agevole, chiara. A Iacinto pareva di potere ogni cosa.

TÀNATOS Ho conosciuto altri mortali. E piú esperti, piú saggi, piú forti che Iacinto. Tutti distrusse questa smania di potere ogni cosa.

EROS Mio caro, in Iacinto non fu che speranza, una trepida speranza di somigliarsi all'ospite. Né il Radioso raccolse l'entusiasmo che leggeva in quegli occhi – gli bastò suscitarlo –, lui scorgeva già allora negli occhi e nei riccioli il bel fiore chiazzato ch'era la sorte di Iacinto. Non pensò né a parole né a lacrime. Era ve-

Peter Paul Rubens, *La morte di Giacinto*, 1637. (Madrid, Museo del Prado)

nuto per vedere un fiore. Questo fiore doveva esser degno di lui – meraviglioso e familiare, come il ricordo delle Càriti. E con calma indolenza creò questo fiore.

TÀNATOS Siamo cose feroci, noialtri immortali. Io mi chiedo fin dove gli Olimpici faranno il destino. Tutto osare può darsi distrugga anche loro.

EROS Chi può dirlo? Dai tempi del caos non si è visto che sangue. Sangue d'uomini, di mostri e di dèi. Si comincia e si muore nel sangue. Tu come credi di esser nato?

TÀNATOS Che per nascere occorra morire, lo sanno anche gli uomini. Non lo sanno gli Olimpici. Se lo sono scordato. Loro durano in un mondo che passa. Non esistono: sono. Ogni loro capriccio è una legge fatale. Per esprimere un fiore distruggono un uomo.

EROS Sí, Tànatos. Ma non vogliamo tener conto dei ricchi pensieri che Iacinto incontrò? Quell'ansiosa speranza che fu il suo morire fu pure il suo nascere. Era un giovane inconscio, un poco assorto, annebbiato d'infanzia, il figliolo d'Amicle, re modesto di terra modesta – che cosa mai sarebbe stato senza l'ospite di Delo[7]?

TÀNATOS Un uomo tra gli uomini, Eros.

EROS Lo so. E so pure che alla sorte non si sfugge. Ma non son uso intenerirmi su un capriccio. Iacinto ha vissuto sei giorni nell'ombra di una luce. Non gli mancò, della gioia perfetta, nemmeno la fine rapida e amara. Quella che Olimpici e immortali non conoscono. Che altro vorresti, Tànatos, per lui?

TÀNATOS Che il Radioso lo piangesse come noi.

EROS Tu chiedi troppo, Tànatos.

C. Pavese, *Dialoghi con Leucò*, in *Romanzi*,
Gruppo Editoriale L'Espresso su licenza Einaudi, Torino, 2005

7 **l'ospite di Delo**: un altro appellativo di Apollo.

Attività

Comprendere il racconto mitologico

1 **Il rapporto** Quale natura ha il legame di sei giorni che il Radioso/Apollo instaura con il giovane Iacinto?

2 **La natura** Il Radioso/Apollo ha rivelato a Iacinto il suo stato di divinità?

3 **La spiegazione** Tànatos cerca di dare una spiegazione alla morte finale di Iacinto. Quale motivazione elabora?

4 **Il dolore** Che valore assume l'affermazione di Eros: «Che cosa sia piangere il Radioso non sa»? (r. 34)

Analizzare il racconto mitologico

5 **La bellezza** Che cosa vede il Radioso/Apollo nella bellezza di Iacinto?

6 **Lo stile** Come ha impostato Pavese la sua riflessione sul piano tecnico?

7 **I personaggi** I due personaggi che dialogano hanno un ruolo diverso?

8 **Il significato** Riassumi in un testo di 50 parole il significato di questo dialogo.

1 Sintesi dei contenuti

Attraverso le attività seguenti e le citazioni tratte dai brani che hai letto, esegui un lavoro di sintesi dei concetti e delle informazioni presentati nell'Unità. Se lo ritieni utile, puoi inserire altre citazioni per te significative.

Confronta i racconti mitologici presenti nell'Unità e individuane le caratteristiche, completando la seguente tabella, in cui sono già presenti alcune informazioni.

Titolo	Autore	Periodo di composizione	Argomento	Come sono gli uomini? E gli dèi?
Orfeo ed Euridice				Uomini: deboli. Dèi: benevoli, severi
Atalanta e i tre pomi d'oro		I secolo d.C.	Nessuno riesce a vincere nella corsa la bellissima Atalanta. Ippomene con l'aiuto di Venere la vince e diviene suo sposo ottenendo la felicità, ma l'oracolo si era espresso diversamente	
Perseo affronta lo sguardo di Medusa	Pseudo-Apollodoro			
Eracle e l'idra di Lerna		II secolo d.C.		Euristeo (uomo): severo. Eracle (semidio): dissennato ma poi coraggioso, astuto, forte
Marsia sfida Apollo				

Dalla lettura dei vari testi, dalle loro epoche di stesura, puoi ricostruire il percorso della tradizione dei miti. Distingui tra le seguenti affermazioni quelle vere e quelle false.

	V	F
• Tutti i miti sono stati inventati da un'unica persona	☐	☐
• I miti sono stati tramandati oralmente per molto tempo	☐	☐
• I miti sono stati ripresi e reinterpretati da artisti di ogni epoca	☐	☐
• Il popolo in Grecia conosceva i principali miti	☐	☐
• Uno stesso mito è presente in più autori	☐	☐
• Esistono raccolte sistematiche di miti	☐	☐
• Il mito non è mai trattato in opere d'arte	☐	☐

2 Citazioni dai brani

Perseo si avvicinò alle Gorgoni addormentate e, tenendo la testa girata e lo sguardo rivolto a uno scudo di bronzo in cui vedeva riflessa l'immagine di Medusa, le tagliò la testa; Atena gli guidò la mano. Quando la testa della Gorgone fu troncata, dal suo corpo balza Pegaso, il cavallo alato. [...] Perseo mise la testa di Medusa nella bisaccia e tornò indietro; le Gorgoni si levarono a volo dai loro giacigli e si diedero a inseguirlo, ma non riuscivano a vederlo a causa dell'elmo che lo rendeva invisibile.

Pseudo-Apollodoro, *Perseo affronta lo sguardo di Medusa*

No, non è lui a commuovermi ma la sua giovanissima età. E inoltre è pieno di coraggio e non lo sfiora il timore della morte! Ed è anche nobile: il quarto discendente del re del mare! E con tutte queste doti, desidera e valuta tanto le nozze con me da rischiare la vita, se la sorte avversa gli negherà la mia mano.

Ovidio, *Atalanta e i tre pomi d'oro*

Accadde che Eracle, a causa della gelosia di Era, fu colto da follia e gettò nel fuoco i figli che aveva avuto da Megara e due dei figli di Ificle. Per questo motivo si condanna lui stesso all'esilio e viene purificato da Tespio; si reca allora a Delfi e chiede al dio dove avrebbe dovuto stabilirsi [...] La Pizia gli disse di stabilirsi a Tirinto, e di servire per dodici anni Euristeo compiendo le dieci imprese che gli sarebbero state ordinate: disse che in questo modo, dopo averle compiute, sarebbe diventato immortale.

Pseudo-Apollodoro, *Eracle e l'idra di Lerna*

3 Scrittura guidata *il tema*

Oggi il significato della parola "mito" è in parte mutato. A essere chiamati "mitici" non sono più dèi o eroi, ma personaggi capaci di incarnare alcuni valori della nostra società, come uomini politici, persone impegnate nel sociale o anche sportivi, attori, cantanti. Tu personalmente quali personaggi definiresti "mitici" e per quali ragioni? Affronta questo argomento in un tema dal titolo "Eroi e miti del mondo attuale".

Per svolgerlo rifletti prima sul concetto di eroe nel mondo moderno, sul suo agire rispetto al bene comune. Quindi, raccogliendo varie informazioni, creati un elenco di personaggi che si adattino alla tua definizione. Poi produci il tuo elaborato.

Se vuoi, puoi attenerti alla seguente scaletta.

Introduzione

- Definizione di eroe o mito rispetto alle esigenze del presente

Sviluppo

- Paragrafo 1: presentazione del primo personaggio
- Paragrafo 2: presentazione del secondo personaggio
- Paragrafo 3: presentazione di altri personaggi
- Paragrafo 4: difficoltà e riconoscimenti di tali eroi

Conclusione

- Riflessione personale sull'argomento

Ovidio

Pigmalione s'innamora di una sua statua

Da Metamorfosi (libro X, vv. 243-297), I secolo d.C.

Poema mitologico

Pigmalione è uno scultore così bravo che le sue statue sembrano esseri viventi. Così avviene che, di fronte a una statua femminile «di candido avorio», lui si innamori come di fronte a una donna vera. Che fare? Non ci si può che rivolgere alla dea dell'amore, Venere. Non per nulla, siamo sull'isola di Cipro, a lei dedicata.

Pigmalione le aveva viste vivere questa loro vita colpevole[1] e, indignato dai difetti di cui la natura aveva abbondantemente dotato la donna, aveva rinunciato a sposarsi e passava la sua vita da celibe, dormendo da solo nel suo letto. Grazie però alla felice ispirazione dettatagli dal suo talento artistico, scolpì in candido avorio una figura femminile di bellezza superiore a quella di qualsiasi donna vivente e si innamorò della sua opera. Questa aveva l'aspetto di una fanciulla vera, tanto che la si sarebbe creduta viva e desiderosa di muoversi, se non l'avesse impacciata il pudore. L'arte era tanto grande da non apparire addirittura.

Pigmalione stesso è preso dall'immagine di quel corpo e contemplandolo concepisce una passione ardente. Spesso allunga le mani verso la sua opera per accertarsi se si tratti di carne o di avorio e nemmeno dopo il contatto ammette che sia avorio. La bacia e gli sembra di essere baciato, le parla, la stringe e crede che le sue dita affondino nelle membra che tocca: teme perfino che per la pressione spuntino dei lividi sulla pelle. E la colma di tenerezze, e le porta quei doni che le fanciulle amano: conchiglie, sassolini levigati, piccoli uccelli, fiori variopinti, gigli, palle colorate

1 **Pigmalione...colpevole**: Pigmalione si riferisce alle fanciulle di Amatunte («le aveva viste»), sull'isola di Cipro, le prime a far commercio della loro bellezza. Ecco perché parla di «vita colpevole».

Jean-Baptiste Regnault, *Pigmalione supplica Venere affinché animi la sua statua*, 1786. (Versailles, Museo del Castello)

e gocce d'ambra dall'albero delle Eliadi[2]. Le mette anche addosso dei bei vestiti, le infila anelli alle dita e lunghe collane intorno al collo; pendono dalle orecchie perle leggere, dal petto catenelle. Tutto le sta bene: però nuda non appare meno bella. Il giovane la depone su tappeti tinti con la porpora Sidonia, la chiama sua amante, le fa appoggiare la testa su morbidi cuscini di piume, come se lei se ne rendesse conto.

E viene il giorno della festa di Venere, frequentatissima da tutta la gente di Cipro: cadono, colpite alla nuca, giovenche candide come la neve, con le corna ricurve rivestite d'oro; fumano gli incensi, e anche Pigmalione porta il suo dono agli altari, davanti a cui si ferma sussurrando timidamente: "O dèi, se è vero che voi potete concedere tutto, io ho un desiderio: vorrei che fosse mia sposa..." e non osa dire "la fanciulla d'avorio" ma dice "una donna simile a quella d'avorio!". L'aurea Venere, che è presente in persona alla sua festa, percepisce il significato reale di questa supplica ed ecco che la fiamma, interprete della benevolenza della dea, tre volte si riaccende e guizza verso l'alto.

Pigmalione, non appena torna a casa, si reca dalla statua della sua fanciulla e sdraiandosi sul letto accanto a lei, prende a baciarla: gli sembra di incontrare qualcosa di tiepido. Di nuovo accosta la bocca e le tocca il petto con le mani: al tocco l'avorio si ammorbidisce, deponendo la sua rigidità; cede sotto le dita come la cera dell'Imetto[3] si fa morbida al sole e, lavorata dal pollice, assume le varie forme e rende di più quanto più la si usa. Il giovane resta attonito, quasi si lascia andare alla gioia ma teme di ingannarsi: pieno d'amore torna a toccare più e più volte l'oggetto dei suoi desideri: è proprio un corpo vivo! Le vene pulsano sotto la pressione del pollice. Allora sì che il giovane di Pafo[4] trabocca di gratitudine e cerca le parole per esprimerla a Venere! Finalmente preme le sue labbra su una bocca vera e dà dei baci che la fanciulla sente: ella timidamente leva verso di lui lo sguardo e ai suoi occhi appare contemporaneamente la visione del cielo e quella dell'uomo che l'ama. La dea presenzia al matrimonio di cui è stata artefice. Dopo che per nove volte la luna ebbe congiunto le sue corna a completare il cerchio, la sposa generò Pafo, da cui l'isola ha preso il nome.

Ovidio, *Le Metamorfosi*, X, 243-297, trad. it di G. Faranda, BUR Rizzoli, Milano, 1994

2 **dall'albero delle Eliadi**: pioppi.

3 **Imetto**: massiccio montuoso della regione Attica.

4 **Pafo**: città dell'isola di Cipro.

Auguste Rodin, *Pigmalione bacia la statua che ha modellato*, statuetta in marmo del XIX secolo. (New York, Metropolitan Museum of Art)

Verifica delle competenze

Attività

Comprendere e analizzare: verso l'INVALSI

1 **Solo** Perché Pigmalione rinuncia a sposarsi?
- a. La donna che egli ama lo rifiuta
- b. Non ama nessuna donna
- c. Le donne hanno molti difetti
- d. Pigmalione lo ha promesso alla madre

2 **L'arte** Quale opera artistica produce con la sua eccezionale abilità?
- a. Una bellissima figura femminile d'oro
- b. Una bellissima figura femminile viva
- c. Una bellissima figura femminile di candido avorio
- d. Una bellissima figura femminile di minuscole dimensioni

3 **Il movimento** Perché, pur apparentemente viva, la fanciulla d'avorio è impacciata dal pudore a muoversi?
- a. È troppo bella
- b. Non conosce il suo autore
- c. Non ha abiti
- d. Sa di essere solo una statua

4 **Il contatto** Perché Pigmalione, ad opera conclusa, cerca un contatto fisico con la statua?
- a. Perché ne prova un'ardente passione
- b. Perché desidera baciarla
- c. Per accertarsi se sia d'avorio o di carne
- d. Perché gli pare una dea

5 **I doni** L'abbigliamento e i monili, avuti in dono da Pigmalione, che cosa aggiungono alla bellezza della fanciulla d'avorio?
- a. Grazia
- b. Presunzione
- c. Nulla
- d. Decoro

6 **Il desiderio** Che cosa chiede Pigmalione a Venere nel giorno della sua solenne festa?
- a. Il dono dell'amore
- b. Di essere amato dalla fanciulla
- c. Che la fanciulla d'avorio prenda vita
- d. Di poterla onorare adeguatamente nella sua festa

7 **La metamorfosi** Descrivi le varie fasi della trasformazione della statua in fanciulla.

....

....

....

....

....

....

....

....

....

....

....

....

8 **L'attrazione** Quale tipo di attrazione prova Pigmalione verso la fanciulla?
- a. Un'attrazione intellettuale
- b. Un amore sensuale
- c. Un fascino platonico
- d. Una devozione mistica

9 **Lo sguardo** Che cosa appare al primo sguardo della fanciulla?
- a. Il cielo e Venere
- b. Il cielo e l'uomo che l'ama
- c. Il cielo e altre donne
- d. Il cielo e l'uomo che lei ama

10 **I poteri** Quali condizioni permettono la realizzazione di questo amore?
- a. L'abilità di Pigmalione e la potenza di Venere
- b. La potenza di Venere e l'occasione della festa in suo onore
- c. L'abilità di Pigmalione e l'occasione della festa in onore di Venere
- d. La festa di Venere e la devozione di Pigmalione

11 **Il personaggio** Quali aspetti della fanciulla sono particolarmente sottolineati?
- a. Il carattere
- b. L'aspetto fisico
- c. La condizione sociale
- d. L'aspetto emotivo

12 **Le sequenze** Quale tipo di sequenze prevale nel testo?
- a. Ideative
- b. Dialogiche
- c. Descrittive
- d. Narrative

13 **Il tempo** In quale epoca è ambientata la vicenda? Motiva la tua risposta.
- a. Epoca romana
- b. Preistoria
- c. Civiltà della Grecia classica
- d. Tempo imprecisato

14 **Il luogo** Dove si svolgono i fatti?
- a. In Attica
- b. A Mitilene
- c. A Creta
- d. A Samo

15 **L'eziologia** Quale aspetto eziologico è contenuto in questo mito?
- a. La città di Pafo prende il nome dal figlio di Pigmalione
- b. Pafo è la città più cara a Venere
- c. Pigmalione dà il nome alla sua terra d'origine
- d. Tutti gli artisti sono chiamati "pigmalione"

16 **Lo stile** Ovidio mostra tutta la creatività e la varietà del suo stile in alcuni precisi e raffinati elenchi. Indicane qualche esempio.

....

....

Rielaborare e produrre

17 **Riassumi** Sintetizza la vicenda in 100 parole.

18 **La parola** Il nome Pigmalione è entrato nell'uso comune. Ricerca il significato oggi diffuso e spiegalo anche con esempi significativi in 100 parole.

19 **Le donne** Quale immagine delle donne si evince dal testo? Rivedi la parte iniziale del brano e i caratteri della fanciulla. Esponi poi le tue considerazioni in un testo di 100 parole.

per guardare oltre

Intersezioni nell'antologia

- Le figure di dèi, semidèi ed eroi sono presenti in moltissimi testi dell'antologia: *La morte di Egeo* (▸ p. 10) di **Pseudo-Apollodoro**, *Il giudizio di Paride* (▸ p. 18) di **Igino**, *Gilgameš, colui che tutto vide* (▸ p. 36), *Promèteo dona il fuoco agli uomini* (▸ p. 80) di **Esiodo**.
- Ma anche i poemi omerici sono mossi dalla volontà degli dèi: la vendetta di Apollo offeso nel *Proemio* dell'*Iliade* (▸ p. 146); l'ostilità di Poseidone verso Odisseo nell'episodio *Il naufragio* nell'*Odissea* (▸ p. 211) e quella di Giunone contro Enea nel *Proemio* (▸ p. 277) dell'*Eneide*. A volte la presenza degli dèi è positiva, utile ai loro protetti: Apollo sostiene Ettore nell'episodio *Il sacrificio di Patroclo* (▸ p. 164) e lo stesso fa Atena in favore dell'eroe Achille nel racconto *Lo scontro tra Achille ed Ettore* (▸ p. 169).
- Altrettanti sono gli eroi che si impegnano per il bene comune con i mezzi a loro disposizione, di solito il valore militare. Ecco quindi gli omerici Ettore, Achille, Odisseo, e poi Orlando in *La chanson de Roland* (▸ p. 340), Sigfrido nei *Nibelunghi* (▸ p. 351) e Tancredi nella *Gerusalemme Liberata* (▸ p. 385).

Altri orizzonti

SAGGI E RACCONTI

- Il volume di Maurizio **Bettini**, *Il grande racconto dei miti classici* (2015), si presenta come un testo di scorrevole lettura e corredato da numerose immagini. Lo straordinario patrimonio dei miti è ripreso da Jean-Pierre **Vernant**, *L'universo, gli dèi, gli uomini. Il racconto del mito* (2000). Un punto di vista problematico è quello di Paul **Veyne**, *I Greci hanno creduto ai loro miti?* (1984).
- Sul mito di Orfeo si soffermano il volume di Eva **Cantarella**, *La dolcezza delle lacrime. Il mito di Orfeo* (2015) e il raffinato racconto di Gesualdo **Bufalino** *Il ritorno di Euridice* (1986), che capovolge il senso comune di lettura di questo mito.

PITTURA

- Nello sterminato panorama di artisti e opere che si richiamano alla mitologia e agli dèi, Michelangelo Merisi, detto il **Caravaggio**, ha saputo essere innovativo e originale. Di lui si vedano tre tele: *Narciso* (1600), *Medusa* (1601-1602) e *Bacco* (1597-1598), divinità che incarnavano la bellezza, il terrore e il godimento, tre aspetti ben presenti nella vita dell'artista.

FILM

- In ambito cinematografico, Ercole è stato al centro in passato di numerose pellicole, per esempio *Le dodici fatiche di Ercole* (1958) per la regia di Pietro **Francisci**, una rappresentazione che cerca di rifarsi alle "fatiche" del mito. Una libera versione della storia di Teseo è proposta nel film *Immortals* (2011) di Tarsem **Singh**.

MUSICA

- Una favola in musica in cinque atti è quella di Claudio **Monteverdi**, *Orfeo* (1607), il primo esempio di opera in musica. Un'altra interpretazione dello stesso mito è quella del musicista tedesco Franz Joseph **Haydn**, *L'anima del filosofo ossia Orfeo ed Euridice*, opera scritta nel 1791, oggi spesso riproposta in esecuzioni in chiave moderna.

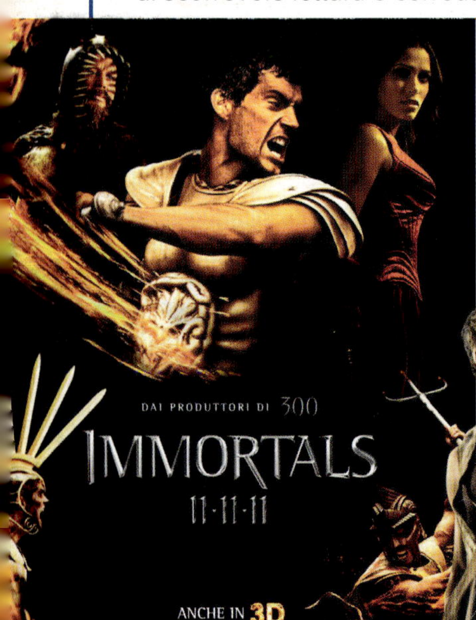

La locandina e una scena del film *Immortals* diretto da Tarsem Singh nel 2011.

PERCORSO C

L'epica greca

I POEMI OMERICI

I POEMI OMERICI

L'identità di Omero

L'***Iliade*** e l'***Odissea***, attribuiti al poeta Omero, sono i due grandi poemi dell'epica greca.

Intorno alla figura di **Omero** fiorirono fin dall'antichità numerose leggende: lo si diceva figlio di una ninfa e discendente dal mitico poeta Orfeo. Secondo un'interpretazione dell'etimologia del suo nome, si supponeva fosse un cantore cieco (da *o mé orón* = colui che non vede), caratteristica che nella società greca veniva spesso attribuita ai poeti, ai quali si pensava che le Muse protettrici delle arti donassero il dono del canto in cambio della vista.

Numerose città si contendevano l'onore della nascita di Omero: Smirne, Chio, Colofone, Pilo, Argo, Atene.

Le biografie antiche lo descrivono come un aèdo itinerante, che si muoveva, povero, di città in città, proprio come i ciechi cantori che ritroviamo nei poemi a lui attribuiti. Erodoto, storico greco del V secolo a.C., propone una prima datazione, collocando la sua vita intorno all'**VIII secolo a.C**.

La discussione intorno alla redazione scritta dei poemi omerici comincia già in epoca tardo-arcaica (VI sec. a.C.). Alcuni fanno risalire la loro prima stesura all'VIII secolo, periodo in cui ricompare in Grecia l'uso della scrittura, dopo l'eclissi dei "secoli bui" del Medioevo ellenico (▸ p. 137); altri la collocano nel VI secolo a.C., all'epoca della tirannide di Pisistrato ad Atene. È comunque certo che, **dal VI secolo in poi, i testi dei poemi erano conosciuti** e diffusi nelle varie città greche. Ne sono prova, fra l'altro, le allusioni e le riprese dei versi di Omero da parte degli altri poeti, e i giudizi sulla sua poesia di filosofi come Platone (428/7-348/7 a.C.) e Aristotele (384/3-322 a.C.).

Jean-Baptiste Auguste Leloir, *Omero*, 1841. (Parigi, Museo del Louvre)

per SAPERNE di PIÙ

La "questione omerica"

Fin dal III secolo a.C., l'*Iliade* e l'*Odissea* hanno posto agli studiosi numerosi problemi critici, che hanno dato vita a varie teorie, note sotto il nome di "**questione omerica**". La discussione, tuttora in corso, verte sui seguenti quesiti:

- L'*Iliade* e l'*Odissea* sono opera dello **stesso autore o** di **più autori**?
- Le narrazioni dei due poemi sono state in un primo momento **tramandate oralmente**? E quando hanno assunto la forma che conosciamo?
- Come si spiegano le numerose **incongruenze** presenti?

Gli studi ellenistici

Nel III secolo a.C., in epoca ellenistica, i testi omerici iniziano a essere studiati e analizzati con criteri filologici, con il confronto dei diversi manoscritti che li riportavano. I grammatici della biblioteca di Alessandria d'Egitto evidenziano le differenze di contenuto, di stile, di temi presenti nei due poemi e avanzano così il quesito fondamentale: **entrambi i poemi sono stati scritti da Omero**? È il nucleo della "questione omerica" che divide già da allora gli studiosi. Da una parte stanno Xenone ed Ellanico che, ritenendo Omero autore soltanto dell'*Iliade*, saranno detti "analitici" (cioè "separatisti", da *analyo* = separare); dall'altra si pone Aristarco di Samotracia, e con lui tutti gli "unitari", che attribuiscono entrambi i poemi a Omero. In una posizione intermedia e conciliante si pone l'anonimo autore del trattato di retorica *Del Sublime*, che riconosce l'*Iliade* come opera giovanile e l'*Odissea* come frutto dell'età matura del poeta.

Jacopo Amigoni, *Incoronazione di Omero*, 1730-1739. (Collezione Privata)

La ripresa moderna della "questione"

Il dibattito si riaccende nel Seicento. Infatti, in epoca medievale Omero era conosciuto, ma letto solo in traduzioni parziali. Con la caduta di Costantinopoli a opera degli Ottomani (1453), molti codici contenenti opere della letteratura greca vengono spediti in salvo in Europa e possono finalmente essere letti.

Una svolta fondamentale all'evoluzione del dibattito è avvenuta nel corso del Novecento per opera dello studioso americano Milman **Parry** (1902-1935). Egli ha studiato il patrimonio epico serbo-croato riscontrando, nelle tecniche degli aèdi balcanici (anche quelli contemporanei da lui ascoltati e registrati), le stesse forme caratteristiche della narrazione orale che incontriamo nei poemi omerici. Per memorizzare ed eseguire in pubblico i canti epici degli eroi della loro terra, gli aèdi del Novecento ricorrevano ancora alla tecnica formulare, costituita da ripetizione di formule fisse e ricorrenti, dal ritorno di gruppi di versi identici, dal riutilizzo di intere scene tipiche. Nell'uso dello stile formulare Parry riscontrava dunque la prova della **tradizione orale** confluita nei due poemi omerici. Il materiale dei poemi omerici si sarebbe cioè formato in seguito a una lunga tradizione orale, rielaborata e messa in forma scritta solo tempo dopo da un poeta che avrebbe potuto anche identificarsi con Omero, ma che non potrebbe coincidere con il creatore di tutta la materia. Si tratterebbe, insomma, di un raccoglitore e **"ricucitore" (rapsodo) dei diversi canti**.

Lo stato attuale della "questione"

Nonostante ancora oggi la questione non possa dirsi risolta, gli studiosi concordano su alcuni punti:

- la **composizione dell'*Iliade* è precedente a quella dell'*Odissea***;
- i poemi sono stati composti in un periodo di passaggio tra l'oralità e la scrittura e sono l'esito di **opere tramandate** a lungo **oralmente**.

• Troia fra leggenda e storia •

L'***Iliade*** e l'***Odissea*** prendono le mosse dalla distruzione, da parte dei Greci, della città di Troia, avvenuta verso la fine del XIII secolo a.C. Le vicende legate a Troia oscillano fra un passato leggendario e poche certezze storiche ricavate da importanti scavi archeologici.

• La leggenda • Per molti secoli i lettori di Omero hanno conosciuto di Troia, luogo della violenta e lunga guerra, solo gli aspetti leggendari e mitologici. La città era stata fondata da Dardano, figlio di Zeus. Dopo la sua morte, il regno era passato al nipote Troo (dal quale deriverebbe il nome "Troia") e, in seguito, a uno dei figli di questi, Ilio, altro nome con cui si indicava la città. Apollo e Poseidone avevano costruito le sue mura. Durante la guerra presentata nell'*Iliade* (il poema che narra le vicende relative alla città di Ilio), regnava su Troia il re Priamo, che aveva cinquanta figli, molti dei quali avuti dalla moglie Ecuba. Paride, uno di loro, con il rapimento di Elena, moglie del re di Sparta Menelao, aveva dato origine alla sanguinosa guerra tra Greci e Troiani.

• Gli scavi di Schliemann • Nel 1868 un archeologo tedesco dilettante e avversato dalla cultura ufficiale, Heinrich **Schliemann** (1822-1890), convinto che le descrizioni omeriche non presentassero luoghi fantastici, ma reali e seguendo le indicazioni dei luoghi e degli spazi contenute nell'*Iliade*, decise di avviare una serie di scavi sulla collina di Hissarlik, nell'attuale Turchia, alla ricerca dei resti della città di Troia. Con campagne di scavo che oggi definiremmo piuttosto distruttive, mise in luce una serie di stratificazioni, segno della costruzione e successiva distruzione di uno stesso abitato. Uno di questi strati (strato II) presentava segni di incendio e catastrofe e Schliemann riconobbe in esso la città di Priamo e della guerra. L'identificazione non era esatta, come poi dimostrarono altre campagne di scavo più accurate, ma la sua scoperta diede uno straordinario impulso alla ricerca archeologica e portò alla luce il "tesoro di Priamo", un'enorme quantità di armi, suppellettili, oggetti d'oro, gioielli e maschere funerarie. In seguito, gli archeologi identificarono la città cantata da Omero con lo strato VII. Ritrovamenti più recenti hanno messo in luce la presenza di resti di mura su una superficie molto più estesa di quella scavata in precedenza: tali fortificazioni possono dare davvero realtà al fatto narrato nell'*Iliade*, cioè che per dieci anni i Greci assediarono Troia, senza riuscire a espugnarla con la forza.

Tali scoperte dimostrano l'**importanza storica ricoperta da Troia**: la sua posizione, che dominava lo stretto dei Dardanelli, le permetteva di esigere pedaggi dalle numerose navi che solcavano il mare per ragioni commerciali. Questa sua potenza strategica ed economica la mise al centro di molte guerre, come testimoniano i numerosi strati distrutti portati alla luce dagli scavi archeologici.

• Storia e società nei poemi omerici •

La lettura dell'*Iliade* e dell'*Odissea* permette al lettore di incontrare civiltà lontane. Quella che ne deriva è una conoscenza storica attendibile? Non è facile rispondere a questa domanda se si tiene conto della natura specifica della poesia epica, dei problemi inerenti all'autore dei due poemi, alla stesura delle opere e alla loro lunga tradizione orale. Tuttavia, nei poemi omerici troviamo tante **informazioni storiche indirette**.

I testi di Omero presentano storie del **periodo miceneo** (1600-1100 a.C.), tramandate oralmente per tutto il **Medioevo ellenico** (1100-800 a.C.) e messe per iscritto nel **periodo arcaico** (800-500 a.C.). Poiché la guerra di Troia si svolse intorno al 1250 a.C., **intercorrono almeno trecento anni tra i fatti narrati e** l'epoca a cui si fa risalire **la stesura** (sostanzialmente definitiva) dei poemi.

• La civiltà micenea • Tale civiltà aveva ricevuto un importante contributo per la sua evoluzione dalla civiltà cretese. I Micenei erano popoli organizzati in città-stato. Micene era la città principale, ma godevano di notevole importanza anche Sparta, Argo, Tirinto. Ogni città aveva un re (*vanax*), che deteneva ampi poteri, possedeva gran parte delle terre e controllava le numerose attività artigianali. I Micenei lavoravano il bronzo, barattavano le merci, adoravano Zeus, Era, Poseidone (tutti gli dèi del pantheon greco), credevano nell'aldilà e seppellivano i morti, conoscevano la scrittura e usavano in battaglia il carro da guerra. Grande rilievo aveva nella vita sociale il palazzo regale, al cui centro era un'ampia sala detta *mégaron*, che compare nei poemi omerici. La civiltà micenea era una società aristocratica, fondata sull'***aretè***, il valore militare, e l'***aristìa***, il desiderio di azioni che diano nobile fama, gli stessi valori presenti nei poemi omerici. Nel XIII secolo a.C. **le città micenee si allearono contro la città di Troia** che, per la sua posizione geografica, era un importante nodo di comunicazione tra il mar Nero e il mar Egeo.

Parole *chiave*

Aristìa Il termine riporta direttamente il termine greco *aristéia*, derivato da áristos = eccellente. Indica il grande valore in azioni militari ed è usato come titolo di alcune parti dell'*Iliade* in cui gli eroi hanno comportamenti estremamente coraggiosi; ad esempio, nel V libro, si cita l'*aristìa* di Diomede.

• Il Medioevo ellenico • La tradizione orale e la prima redazione scritta dei poemi omerici avvengono in un periodo di crisi, chiamato **Medioevo ellenico** (1100-800 a.C.), in cui i Dori invadono l'Ellade causando il **crollo della cività micenea**: scompare l'uso della scrittura, regredisce l'economia, si accentra il potere regale, si diffonde la lavorazione del ferro, si cremano i morti.

Ecco dunque che Omero nell'*Iliade* e nell'*Odissea* presenta vicende di un'epoca ormai lontana, di una civiltà di cui aveva notizie, ma che era ormai scomparsa. Il poeta, inoltre, trasfigura e nobilita il fatto storico in relazione alle caratteristiche della poesia epica. Inevitabilmente, tuttavia, introduce nel testo nozioni e abitudini del suo tempo, della civiltà nata dall'invasione dorica. Ad esempio, descrive riti funerari che prevedono la cremazione del defunto, mentre nella precedente età micenea si praticava l'inumazione. Si giustificano così alcune **informazioni storicamente contrastanti**. Nel complesso, Omero rivela al lettore attento numerose informazioni di carattere storico, divenendo così fonte indiretta di conoscenza storica.

per SAPERNE di PIÙ

Il problema della traduzione

In passato numerosi sono stati gli studiosi che si sono cimentati nella traduzione in lingua italiana dei poemi omerici, cercando di restituire nella lingua d'arrivo il ritmo tipico dell'esametro greco. Fondamentale rimane l'opera del poeta Vincenzo **Monti** (1754-1828), che tradusse l'*Iliade* nel 1810 in endecasillabi sciolti. La sua versione poetica è diventata un classico della tradizione letteraria italiana. Sulla scia di Monti, un altro poeta neoclassico, Ippolito **Pindemonte** (1753-1828), riportò in endecasillabi l'*Odissea* nel 1822. Le due traduzioni sono rimaste a lungo quelle canoniche, anche a livello scolastico. Giovanni **Pascoli** (1855-1912), poeta e professore di letteratura greca, offrì saggi di traduzione dell'*Odissea* in esametri "barbari", riportati, cioè, nella metrica italiana. Nel Novecento sono numerose le versioni, per lo più in prosa, dei due poemi omerici. Fra quelle più riuscite sono da ricordare quella di Rosa **Calzecchi Onesti**, di cui riportiamo esempi nel Percorso A, e quella di Guido **Paduano**, che proponiamo nel Percorso C. Quest'ultima è una traduzione moderna, leggibile, rispettosa dello stile elevato e solenne che è proprio dell'epica omerica.

UNITÀ 1

Iliade, il poema dell'onore e della gloria

Il riscatto del corpo di Ettore rappresentato su un vaso attico a figure rosse del Pittore di Brygos, V secolo a.C. (Vienna, Kunsthistorisches Museum)

• Una metafora della vita • Affascinante e terribile al tempo stesso, lo scontro sotto le mura di Troia raccontato nell'*Iliade* coinvolge forse ancor di più del viaggio di Ulisse nell'*Odissea*. Quest'ultimo infatti richiede un accostamento più consapevole, mentre l'*Iliade* dà spazio agli istinti immediati come l'ira e la vendetta, esibisce la forza e il coraggio, pur non ignorando i sentimenti. Achille, Agamennone, Ulisse, Patroclo, Ettore, Enea, Paride sono eroi che suscitano entusiasmo e passione.

L'*Iliade* si può leggere come una grande **metafora della vita**: c'è un'origine e una fine. L'origine è avvolta da voci leggendarie, in quanto lo scorrere del tempo (i dieci anni di guerra) non ha lasciato traccia nelle memorie, ma la fine (la morte) è sicura: si consuma con la distruzione della città, anche se nella parte finale tale racconto ci viene risparmiato.

Le arti pittoriche si sono di frequente ispirate ai canti dell'*Iliade*. Proponiamo l'atto finale del poema, la morte di Ettore, interpretata in due epoche molto lontane tra loro.

• Il coraggio di Priamo in un vaso attico • Su un **vaso attico** a figure rosse risalente alla seconda metà del V secolo a.C., un artista ha raffigurato la scena in cui il vecchio re Priamo si presenta al cospetto di Achille per chiedere la restituzione del corpo del figlio, dopo averne pagato il riscatto. Il vecchio Priamo, con barba e capelli bianchi, si appoggia a un bastone. Il giovane Achille, sdraiato sul lettino del banchetto, mostra arroganza nel non rivolgere lo sguardo verso l'anziano re. Il corpo esanime di Ettore giace sul pavimento, sotto il lettino.

DOMANDE

- Nella scena ritratta sul vaso attico quali sentimenti sono espressi?
- Nel dipinto di David, perché si è rivestito il capo di Ettore con una corona d'alloro e come mai ci sono delle armi ai piedi del defunto?
- Da quali gesti si comprende il profondo dolore di Andromaca?

• Il dolore di Andromaca in una tela di David • Il secondo atto del nostro racconto ce lo offre il pittore francese Jacques-Louis **David** (1748-1825). *Andromaca piange la morte di Ettore* (1783) è l'ideale proseguimento della scena dipinta sul vaso attico, dopo che il vecchio Priamo ha riportato a casa la salma di Ettore. Il corpo dell'eroe giace disteso su un sontuoso letto funebre e la stanza sembra risuonare dei lamenti di Andromaca, mentre il figlio, il piccolo Astianatte, cerca di consolarla. Si tratta di una scena vigorosa. Ad accrescere il pathos è il corpo disteso di Ettore, il cui capo è cinto da una corona d'alloro, simbolo di gloria; ai piedi rifulgono ancora le sue armi e, in particolare, l'elmo piumato che tanta paura aveva suscitato nel figlio Astianatte, come si racconta nel libro VI dell'*Iliade*.

Jacques-Louis David, *Andromaca piange la morte di Ettore*, 1783. (Parigi, Museo del Louvre)

in questa Unità impareremo a

- **conoscere** gli aspetti e le forme del testo epico
- **comprendere** il significato globale dei testi, le peculiarità dei personaggi umani e divini, contestualizzare i passi all'interno del poema
- **riconoscere e analizzare** i passi dell'*Iliade* secondo le caratteristiche della forma e del contenuto, alla luce della cultura a cui appartengono, per approfondirne la comprensione
- **interpretare** i testi per individuare i valori che animano la società omerica in confronto a quelli di altre epoche e per riconoscere nei poemi omerici la base di tutta la letteratura successiva
- **produrre** sintesi dei racconti epici, testi narrativi, espositivi e argomentativi legati a temi contenuti nei brani
- **comunicare oralmente** riferendo i contenuti dei passi e confrontando opinioni personali

in questa Unità scopriremo

Antologia

Proemio. Agamennone offende il sacerdote Crise
L'alterco tra due eroi: Agamennone e Achille
La difficile scelta di Ettore: l'onore o la famiglia?
Il sacrificio di Patroclo
Lo scontro tra Achille ed Ettore
Priamo supplice alla tenda del nemico

Per approfondire

Jean-Pierre Vernant • *La morte eroica nell'antica Grecia. Il caso di Achille*

Narrare con altri linguaggi *il fumetto*

Roy Thomas • *La guerra di Troia*

Verifica delle competenze

I funerali di Ettore

L'*Iliade* (VIII sec. a.C.) è il poema della guerra tra Greci e Troiani e dello scontro finale tra Achille ed Ettore. È l'opera che accende la fantasia della battaglia e della morte eroica e che ci avvicina alla figura di Omero, il poeta per eccellenza del mondo epico greco, la cui esistenza rimane avvolta da tanti interrogativi.

Statuetta di guerriero spartiate, VI secolo a.C. (Berlino, Antikensammlung Staatliche Museen)

• Un poema di sintesi •

L'*Iliade* è un poema di ampie dimensioni, composto da oltre 15.000 **versi esametri**, divisi in **24 libri**. Materia dell'opera non sono i dieci anni della guerra, combattuta fra Troiani e Achei (nome con cui nel poema sono indicati i Greci), dall'inizio dell'assedio di Troia fino alla sua capitolazione, ma **"l'ira" dell'eroe greco Achille** e le conseguenze del suo ritiro dalla battaglia. Le vicende narrate sono quelle accadute in **51 giorni**, durante il decimo anno del conflitto, e sono comprese tra lo scoppio della pestilenza nel campo acheo e i funerali dell'eroe troiano Ettore.

Il poema ha una **struttura unitaria**, nonostante presenti sfasature e successive aggiunte. Questo lo si deve al modo in cui è andato via via formandosi e alla vastità del materiale, impossibile da controllare da parte del poeta (o dei poeti). Si pensa che poemi minori o storie epiche diverse siano confluiti nel poema maggiore, così che il poeta doveva sorvegliare migliaia di versi conosciuti solo oralmente. Dalla difficoltà di tenere tutto sotto controllo sono scaturite **incongruenze** e contraddizioni. L'*Iliade*, allora, va considerata come il risultato finale, un poema che esprime l'insieme del patrimonio mitico del passato, i valori, il mondo culturale della società greca antica. La loro rielaborazione e fusione in un linguaggio e in un contenuto drammatico determinano l'originalità del poema.

• L'antefatto dell'*Iliade* •

La vicenda narrata nell'*Iliade* trae origine da un **antefatto** che attinge alla **materia mitologica**. Eris, la dea della Discordia, per vendicarsi del mancato invito alle nozze tra Peleo e la ninfa Teti, si presenta al banchetto nuziale e getta sul tavolo una mela d'oro con incise le parole «Alla più bella». Le dee Era, Afrodite e Atena rivendicano ciascuna per sé il cosiddetto "pomo della discordia". Zeus affida il giudizio al mortale Paride, figlio del re di Troia Priamo. Lo splendido giovinetto, di fronte all'obbligo di una scelta, opta per Afrodite. La dea gli ha infatti promesso, in cambio della vittoria, la mano della donna più bella del mondo: Elena, moglie del re di Sparta Menelao.

Paride quindi s'imbarca alla volta di Sparta dove, ospite del potente Menelao, ne rapisce la moglie, portandola a Troia. Davanti a un tale affronto, il re spartano fa riunire i re di tutta la Grecia che, agli ordini di suo fratello Agamennone, sovrano di Micene, decidono la spedizione contro Troia per vendicare il torto e restituire Elena al legittimo consorte. Ha così inizio la guerra di Troia, che durerà dieci anni.

• Il contenuto dell'*Iliade* •

• Libri I-II: l'ira di Achille • Dopo il proemio, con la tradizionale invocazione alla Musa e l'esposizione dell'argomento, si passa a spiegare le ragioni dell'ira di Achille rivelatasi tanto «rovinosa» per gli Achei. Il re Agamennone ha offeso Apollo, rifiutandosi di restituire a Crise, sacerdote del dio, la figlia Criseide, che egli tiene come sua schiava. Apollo, quindi, ha colpito l'esercito degli Achei con una grave pestilenza. Il più forte dei guerrieri achei, Achille, biasima Agamennone, il quale decide che restituirà Criseide in cambio di Briseide, la schiava di Achille. L'eroe rinuncia alla schiava ma, furibondo, abbandona la guerra. La madre Teti ottiene da Zeus la promessa che gli Achei siano costretti a ripiegare fino a quando non sarà riparata l'offesa subita dal figlio. Zeus concede a Teti il suo aiuto: gli Achei riporteranno solo sconfitte fino a quando Achille si asterrà dalla battaglia. Il poeta poi descrive le forze in campo ("Catalogo"), gli eserciti acheo e troiano.

• Libri III-IX: scontri ed eroismi • Viene sancita una tregua per consentire un duello tra Menelao e Paride che risolva la contesa: Paride viene salvato dall'intervento di Afrodite. La guerra riprende con le prodezze dell'eroe acheo Diomede, che fa strage di avversari e ferisce addirittura Afrodite, scesa in campo per difendere il figlio Enea, e Ares, dio schierato con i Troiani. Tra questi si mette in luce Ettore, figlio di Priamo, che torna a combattere nonostante la supplica della moglie Andromaca, disperata perché comprende che il destino del marito e della città sono segnati.

Zeus, intanto, per tener fede alla promessa a Teti, ha fatto divieto agli dèi di scendere in battaglia e le sorti della guerra piegano decisamente dalla parte dei Troiani. Gli Achei mandano un'ambasceria ad Achille con ricchi doni, per indurlo a riprendere il combattimento, ma l'eroe è irremovibile.

• Libri X-XV: Ettore brucia le navi achee • Diomede e Odisseo, un altro eroe acheo, penetrano di notte nel campo nemico e fanno strage di Traci, alleati dei Troiani. I combattimenti continuano, ma anche gli eroi più valorosi vengono feriti

Il combattimento tra Menelao e Paride in un arazzo realizzato da Charles Le Brun su disegno di Raffaello nel 1740. (Los Angeles, County Museum of Art)

dai Troiani che incalzano. Gli Achei fronteggiano la situazione perché Poseidone, loro protettore, interviene a infondere loro coraggio, all'insaputa di Zeus che la moglie Era, con l'aiuto del Sonno, ha addormentato. Al suo risveglio, però, Zeus ordina a Poseidone di lasciare il campo e invia Apollo a soccorrere Ettore. L'eroe ferisce Agamennone, si accosta alle navi degli Achei e vi appicca il fuoco.

• Libri XVI-XIX: la morte di Patroclo • Patroclo, amico fraterno di Achille, ottiene da questi il permesso di scendere in battaglia con le sue armi divine. In questo modo spaventa i Troiani incalzandoli fin sotto le mura della città, dove però cade ucciso da Ettore. Achille si dispera per la morte dell'amico e Teti interviene ancora per confortarlo e consegnargli nuove armi, forgiate da Efesto, dio del fuoco, con le quali potrà tornare a combattere.

• Libri XX-XXI: Achille ritorna in battaglia • La furia di Achille si scatena contro i nemici, mentre Zeus toglie il divieto e consente agli dèi di partecipare alla lotta. Poseidone salva Enea, destinato a fondare una stirpe che continuerà quella troiana; Apollo sottrae alla morte Ettore. Achille, però, è incontenibile e riempie di cadaveri il fiume Xanto che, rotti gli argini, vuole travolgere l'eroe che ha insanguinato le sue acque. Efesto, con il fuoco, frena l'acqua del fiume; intanto Apollo, con le sembianze del troiano Agenore, impegna Achille per permettere a tutti i guerrieri troiani di rifugiarsi dentro le mura.

• Libri XXII-XXIV: Achille uccide Ettore in duello • Ettore, per quanto implorato da padre e madre, rifiuta di rientrare. Davanti ad Achille, però, fugge e per tre volte corre intorno alle mura. Zeus vede che il destino dell'eroe è segnato e ordina che gli dèi lo abbandonino. Achille in duello lo uccide e fa scempio del suo cadavere, trascinandolo col suo carro nella polvere, mentre dall'alto delle mura i genitori e la moglie assistono alla scena, disperati.

Nel campo acheo per i funerali di Patroclo si prepara il solenne banchetto, si innalza il rogo e si celebrano i rituali giochi funebri. Per più giorni Achille trascina il cadavere di Ettore intorno alla tomba dell'amico; infine, il re Priamo si reca alla tenda di Achille per riscattare il corpo del figlio. Il dolore del vecchio padre suscita la compassione dell'eroe greco, il quale accetta i doni, gli rende la salma e concede alcuni giorni di tregua perché vengano celebrate le esequie di Ettore, episodio conclusivo del poema.

Scene della guerra di Troia su un sarcofago romano del III secolo a.C. (Città del Vaticano, Musei Vaticani)

per SAPERNE di PIÙ

I personaggi principali dell'*Iliade*

Gli Achei

Gli Achei (chiamati anche **Argivi**, con una sineddoche che estende a tutti il nome degli abitanti di Argo, e **Danai** con riferimento a Danao, mitico re di Argo) sono tradizionalmente la terza popolazione che invase la Grecia. Coincidono con quelli che oggi vengono definiti **Micenei**. È il nome con cui Omero indica genericamente i **popoli che parteciparono alla spedizione contro Troia**.

I principali **personaggi** tra gli Achei sono:

- **Agamennone**: re di Micene e capo di tutta la spedizione greca contro Troia. È figlio di Atreo e fratello di Menelao. I due Atridi hanno sposato due sorelle: Clitennestra ed Elena;
- **Menelao**: re di Sparta, fratello di Agamennone e marito di Elena, il cui rapimento da parte di Paride ha scatenato la guerra;
- **Achille**: re dei Mirmìdoni, figlio della ninfa Teti e del mortale Peleo (è spesso indicato con il patronimico di "Pelide"). Alla sua nascita la madre lo immerge nel fiume Stige, rendendo invulnerabile tutto il suo corpo tranne il tallone, da cui lo stringe al momento dell'immersione. È il guerriero più forte dell'esercito greco e la gloria in battaglia è il principale scopo della sua vita;
- **Patroclo**: amico fraterno di Achille. Mentre il Pelide non partecipa alla guerra, Patroclo indossa le sue armi, entra in battaglia e viene ucciso da Ettore;
- **Aiace**: figlio di Telamone, re di Salamina; dà prova di grande valore durante il conflitto e alla fine della guerra si uccide per non avere ottenuto le armi di Achille;
- **Odisseo**: re di Itaca, astuto e coraggioso; il suo viaggio di ritorno in patria sarà il tema dell'*Odissea*;
- **Diomede**: principe di Argo e figlio di Tideo; è un valoroso combattente, compagno di Odisseo in molte difficili imprese.

Gli **dèi** favorevoli agli Achei sono:

- **Era**: moglie di Zeus e regina degli dèi;
- **Poseidone**: fratello di Zeus e dio del mare;
- **Atena**: figlia di Zeus, dea della guerra e della saggezza;
- **Ermes**: figlio di Zeus e messaggero degli dèi.

I Troiani

I Troiani sono chiamati anche **Teucri** (con riferimento al mitico re Teucro) e **Dardani** (con riferimento a Dardano, mitico fondatore della città).

I principali **personaggi** fra i Troiani sono:

- **Priamo**: re di Troia e padre di cinquanta figli. Ormai anziano, assiste alla morte di quasi tutti i figli maschi in guerra e alla rovina della sua città. Muore ucciso da Neottolemo, figlio di Achille;
- **Ecuba**: moglie di Priamo e madre di diciannove dei suoi figli. Alla fine della guerra diventa schiava di Odisseo;
- **Ettore**: figlio di Priamo ed Ecuba, è il più valoroso guerriero troiano. Sua moglie è Andromaca e suo figlio è Astianatte. Viene ucciso da Achille;
- **Andromaca**: è la moglie di Ettore;
- **Enea**: figlio di Afrodite e di Anchise, è protetto dagli dèi perché, secondo un vaticinio, da lui risorgerà la stirpe troiana. La vicenda che lo porrà all'origine della stirpe di Roma sarà narrata da Virgilio nell'*Eneide* (▸ p. 272);
- **Paride**: figlio di Priamo ed Ecuba, è il responsabile della guerra di Troia. Ucciderà Achille colpendolo con una freccia al tallone e a sua volta cade per mano di Filottete;
- **Elena**: moglie di Menelao e sorella di Clitennestra. Rapita da Paride, è causa della guerra di Troia.

Gli **dèi** favorevoli ai Troiani sono:

- **Apollo**: figlio di Zeus e Latona, dio dell'ordine, della misura e dell'armonia, colpisce con le sue frecce il campo acheo;
- **Ares**: figlio di Zeus e di Era, è il dio della guerra;
- **Afrodite**: figlia di Zeus e di Dione, è dea della bellezza e dell'amore e madre di Enea;
- **Artemide**: figlia di Zeus e Latona, sorella di Apollo, è la dea della caccia; solo verso la conclusione della guerra si schiera con i Troiani.

Achille fascia le ferite di Patroclo su un vaso attico a figure rosse attribuito al pittore Sosia, V secolo a.C. (Berlino, Staatliche Museen)

• La società e i temi dell'*Iliade* •

• L'organizzazione sociale • L'*Iliade* descrive una **società guerriera e maschile** (infatti, i personaggi femminili hanno un ruolo secondario e risultano poco caratterizzati sul piano psicologico), basata su una **struttura tribale** (fondata su clan) **e gerarchica** (al vertice del clan si trova il re, che è affiancato da un'assemblea di pari e di guerrieri).

Le principali risorse economiche sono la **pastorizia** e l'**agricoltura**. Non è ancora diffuso l'uso della moneta e una risorsa importante per acquisire nuovi beni è rappresentata dal **bottino di guerra**, che appartiene al re e viene distribuito tra i guerrieri in rapporto al valore dimostrato.

• Gli argomenti • I fatti narrati nell'*Iliade* ruotano intorno al **tema della guerra**: vengono descritti gli **eroi** e le loro **imprese militari** e poco spazio è riservato alle scene di vita quotidiana (che, tuttavia, non sono completamente assenti e trovano spazio, ad esempio, nelle similitudini sulla vita agricolo-pastorale o nelle descrizioni dei palazzi).

Un attento esame dei singoli canti del poema mostra come esso rifletta i **valori** propri **della civiltà greca arcaica**:

- **l'eroismo e la gloria**: tutti i combattenti, in entrambi i campi, mirano a mostrare il loro indomito spirito guerriero, la loro disponibilità al sacrifico di sé in nome della patria, così da conseguire fama immortale. Questo è, in particolare, il carattere proprio di Achille, ma anche Ettore preferisce andare incontro alla morte perché con essa sceglie anche la gloria che lo renderà immortale;
- **l'onore**: si tratta di un valore forte che non può consentire alcun gesto di codardia in battaglia. La stessa guerra di Troia è scatenata per difendere la dignità di Menelao, dopo che Paride gli ha rapito la moglie Elena. L'onore si conquista con il riconoscimento pubblico del proprio valore;
- **la famiglia**: pur in mezzo a continui scontri e duelli personali, pur fra numerosi proclami di natura bellica, trova posto anche il valore della famiglia e degli affetti. Lo incarna l'eroe troiano Ettore, non solo verso la moglie e il figlio, ma anche verso i genitori e i fratelli;
- **la patria**: è un bene supremo a cui si deve sacrificare se stessi senza esitazioni, anteponendolo anche alla famiglia, come fa Ettore, che accetta di morire, pur nella consapevolezza di mettere a rischio il futuro dei propri familiari;
- **gli dèi**: nel poema compare l'ampio mondo delle divinità greche, che partecipano alle sorti del conflitto e interferiscono, nel bene e nel male, nella vita dei protagonisti;
- **il fato**: il mondo greco aveva sicura coscienza che la vita umana fosse governata da un superiore destino, la Moira, di fronte al quale anche gli dèi dovevano sottostare. La fine di Troia era scritta e, perciò, inevitabile;
- **lo sport**: la lotta per l'onore e la gloria avvengono non solo in battaglia, ma anche nelle competizioni sportive, spesso promosse in onore di un defunto. Achille promuove i giochi in onore di Patroclo e, fra tutte le gare, la corsa con i carri risulta la più entusiasmante.

Un elmo in bronzo di tipo corinzio del VI secolo a.C. (Salonicco, Museo Archeologico/Scala)

• Il percorso antologico •

In questa Unità antologica dedicata all'*Iliade* presentiamo alcuni dei brani che costituiscono l'ossatura del poema.

Il racconto prende avvio con l'iniziale *Proemio* (▸ p. 146), l'invocazione alla Musa e la presentazione della materia del canto, a cui fa seguito il motivo scatenante: lo scontro tra i due eroi greci *Agamennone e Achille* (▸ p. 151).

Nel campo avverso, fra i Troiani, Ettore incontra Andromaca in un momento di pausa affettiva (*La difficile scelta di Ettore: l'onore o la famiglia?*, ▸ p. 157), prima degli ultimi duelli che vedono *Il sacrificio di Patroclo* (▸ p. 164) e, soprattutto, *Lo scontro tra Achille ed Ettore* (▸ p. 169), che si ricollega al brano finale in cui si raccontano *I funerali di Ettore* (▸ p. 190). A questo punto, la storia della guerra decennale volge al termine: *Priamo supplice alla tenda del nemico* (▸ p. 177) è uno degli ultimi episodi di questa guerra, epica in tutti i sensi.

Guerrieri si preparano per la battaglia su un cratere ateniese a figure rosse del 510 a.C. (New York, Metropolitan Museum of Art)

Henri Regnault, *Automedonte con i cavalli di Achille*, 1868. (Boston, Museum of Fine Arts)

Omero

Proemio. Agamennone offende il sacerdote Crise

Da
Iliade (libro I, vv. 1-61),
VIII secolo a.C.

Poema epico

L'*Iliade* si apre con il proemio (vv. 1-7), sette versi nei quali il poeta invoca la Musa («Canta, Musa divina...») perché gli conceda l'ispirazione e preannuncia l'argomento che sarà al centro dell'intero poema («l'ira di Achille...»). Segue, poi, dal verso 8 la pròtasi, cioè l'esposizione sintetica dell'argomento. Si ricostruiscono le cause che hanno determinato lo scontro (la «disputa») tra i due condottieri degli Achei, Agamennone e Achille, con l'abbandono della guerra da parte di quest'ultimo.

Canta, Musa divina, l'ira di Achille figlio di Peleo,
l'ira rovinosa che portò ai Greci infiniti dolori,
e mandò sottoterra all'Ade molte anime forti
d'eroi, e li lasciò in preda ai cani ed a tutti
gli uccelli: così si compiva il volere di Zeus –
da quando si divisero, in lite l'uno con l'altro,
il figlio di Atreo, capo d'eserciti, e il nobile Achille.
Ma quale degli dèi li spinse alla disputa?
Il figlio di Zeus e di Leto. Irato contro il sovrano,
suscitò una feroce malattia per il campo, e morivano gli uomini,
perché Agamennone aveva oltraggiato il suo sacerdote,
Crise. Era venuto alle rapide navi dei Greci
per liberare la figlia, portando un enorme riscatto,
e in mano aveva le bende sacre ad Apollo arciere,
avvolte intorno allo scettro dorato, e pregava tutti gli Achei,
ma soprattutto i due figli di Atreo, capi d'eserciti:
«Figli di Atreo e voi altri, Achei dalle belle gambiere,
gli dèi che hanno la loro casa sul monte Olimpo
vi concedano di devastare la città di Priamo e tornare incolumi in patria:
ma liberate mia figlia, ed accettate il riscatto,
venerando il figlio di Zeus, Apollo arciere».
Tutti i Greci approvavano che si rispettasse

1 **Canta, Musa divina**: Musa della poesia epica, Calliope; **figlio di Peleo**, epiteto che indica la discendenza da parte del padre.

2 **rovinosa**: nel senso che tale ira fu causa di molti e gravi lutti per i Greci.

3 **mandò sottoterra all'Ade**: causò la morte (l'Ade era l'oltretomba greco).

4-5 **in preda ai cani...uccelli**: i corpi insepolti diventavano cibo per cani e uccelli. I Greci credevano che i defunti rimasti insepolti non potessero accedere al regno dei morti.

7 **il figlio di Atreo**: Agamennone, qui chiamato con il patronimico «figlio di Atreo» (epiteto formulare).

8 **Ma quale...disputa?**: terminato il proemio, il poeta canta l'offesa di Agamennone nei confronti di Crise.

9 **Il figlio...Leto**: Apollo, infallibile arciere, dio della luce e della poesia, figlio di Giove e di Latona.

12 **Crise**: Crise, sacerdote di Apollo, era stato maltrattato da Agamennone; è lui che poi prende la parola; **Era venuto**: incomincia la narrazione dell'antefatto che ha per protagonista Crise.

14-15 **in mano aveva...scettro dorato**: Crise porta su di sé i segni della sua sacralità inviolabile.

16 **i due figli di Atreo**: Agamennone, re di Micene, e Menelao, re di Sparta.

17 **dalle belle gambiere**: sono gli schinieri, i gambali di metallo o di cuoio (anche questo è un epiteto formulare).

20 **mia figlia**: si riferisce alla figlia Criseide, per la cui liberazione si è presentato davanti all'assemblea achea.

il sacerdote, e si accettasse il ricco riscatto,
ma non piaceva al cuore di Agamennone figlio di Atreo;
lo cacciò malamente, ed aggiunse queste aspre parole:
«Bada che non ti colga piú, vecchio, presso le navi,
a indugiarvi adesso o a tornarvi un'altra volta;
non ti salverebbe lo scettro, e neanche la benda del dio.
Non la libererò, tua figlia; la raggiungerà la vecchiaia
nella nostra casa in Argo, lontana dalla sua patria,
lavorando al telaio e frequentando il mio letto.
Ora vattene e non irritarmi, se vuoi tornartene salvo».
Cosí disse, e il vecchio ebbe paura ed ubbidí alla parola;
andò in silenzio lungo la riva del mare rumoreggiante,
e in disparte rivolse molte preghiere
al dio Apollo, figlio di Leto dai bei capelli:
«Ascoltami, dio dell'arco d'argento, tu che proteggi
Crisa e la sacra Cilla, e sei il signore di Tenedo,
Sminteo, se mai t'ho eretto un tempio gradito,
se mai ho bruciato in tuo onore cosce grasse di tori
e di capre, tu compi questo mio desiderio:
i Greci paghino con le tue frecce il mio pianto».
Cosí disse pregando, e Febo Apollo l'udiva:
scese dalle vette d'Olimpo, irato nel cuore,
portando sulle spalle l'arco e la faretra ben chiusa.
Risuonavano i dardi sulle spalle del dio adirato
al suo passo, e veniva avanti come la notte.
Lontano dalle navi, si abbassò e lanciò una freccia:
un tintinnio terribile venne dall'arco d'argento.
Prima colpí i muli ed i cani veloci,
poi scagliò contro gli uomini le frecce aguzze,
e sempre bruciavano fittissimi roghi di morti.
Per nove giorni percorsero il campo le frecce divine;
il decimo giorno Achille chiamò l'esercito in assemblea:
glielo mise in mente Era, la dea dalle candide braccia,
che si preoccupava dei Greci, perché li vedeva morire.
Quando furono tutti adunati in assemblea,
si alzò tra loro il veloce Achille, e parlò in questo modo:
«Figlio di Atreo, credo che presto noi torneremo
indietro respinti, se pure riusciamo a sfuggire alla morte,
giacché insieme la guerra e la peste tormentano i Greci.

Apollo arciere in una statua in bronzo del I secolo d.C. (Napoli, Museo Nazionale Archeologico)

Omero, *Iliade*, I, 1-61, trad. it. di G. Paduano, Einaudi, Torino, 2012

26-28 **«Bada che non…la benda del dio»**: frase ottativa (esprime un desiderio) che contiene però una minaccia: "Stai attento che non ti trovi…perché a nulla varrebbero i segni della sacralità che indossi".

38-39 **Crisa…Cilla...Tenedo, Sminteo**: sono località della Troade nelle quali sorgevano templi dedicati ad Apollo («dio dell'arco d'argento», v. 37).

39-41 **se mai…mio desiderio**: esaudisci questa mia richiesta in cambio dei sacrifici che ho consumato per te.

52 **roghi di morti**: sono le cataste di legno sulle quali i morti venivano cremati.

55 **glielo…Era**: è la dea Era (il cui nome è accompagnato dall'epiteto formulare «dalle candide braccia»), favorevole agli Achei, a suggerire ad Achille di convocare l'assemblea.

58 **il veloce Achille**: è l'epiteto formulare più usato per Achille, che fa riferimento alla rapidità con cui insegue i nemici; Vincenzo Monti diede la traduzione di Achille «piè veloce», diventata proverbiale.

(L'EROE MULTIFORME) → ODISSEA
(ARMI E L'UOMO) → ENEIDE

STUDIA

per L'ANALISI del TESTO

Le parti canoniche dell'*incipit*

Questa prima parte del canto può essere suddivisa in **sequenze**, corrispondenti ai due titoli scelti per il brano.

- I primi sette versi costituiscono il *Proemio*, formato dall'invocazione alla Musa e dall'enunciazione dell'argomento del canto. Questa struttura rimarrà fissa e diverrà canonica del genere epico in tutti i poemi successivi. Attorno alla parola chiave «**ira**» si muoverà il testo: il termine sta in *incipit* e sarà il **motore degli eventi**. L'ira sarà placata solo al termine della vicenda, con il ritorno in campo di Achille e la sua vendetta.
- A partire dal verso 8, il poeta ricostruisce le **cause dello scontro tra Achille e Agamennone**, avvenuto nel corso di un'assemblea di re e soldati convocata dallo stesso Achille (vv. 54-55) per capire le cause di una pestilenza che ormai durava da dieci giorni. È l'**antefatto**, narrato come se i protagonisti fossero ancora sulla scena (una vera e propria **analessi**), durante il quale Agamennone oltraggia Crise, il sacerdote di Apollo.

Caratteri e personaggi

In questo *flashback*, il primo personaggio a venire introdotto è **Crise**, figura timorosa, ma anche orgogliosa, che si presenta con «in mano [...] le bende sacre» (v. 14) per reggere lo «scettro dorato» (v. 15), simboli del suo sacro ruolo d'intermediario con il potente dio Apollo. L'introduzione del sacerdote è funzionale, nel confronto con l'atteggiamento compassionevole degli altri membri dell'assemblea, a mettere in rilievo l'empietà di **Agamennone**. Ignorando il parere degli altri comandanti e dei suoi soldati, cedendo all'interesse e al piacere personale, egli pecca di ***hybris***, cioè di tracotanza e superbia perché non nutre rispetto verso gli dèi. Ignorando qualsiasi regola umana e divina, egli determina così la punizione del nume.

L'intervento divino

Apollo è il terzo attore dell'antefatto. Vendica il suo sacerdote infliggendo lutti e morti agli Achei. Agisce come un essere mortale, ma il suo carattere è quello di un dio terribile, che saetta uomini e animali così che «sempre bruciavano fittissimi roghi di morti» (v. 52; qui c'è il primo di numerosi accenni all'uso di cremare i morti, tipico del periodo della composizione del poema, l'VIII secolo a.C., ma non dell'età micenea, che il poema raffigura). Nel mondo culturale greco, qualsiasi evento negativo, come malattie e pestilenze, era fatto risalire alla divinità, era un segno dell'irritazione divina che evidenziava il mancato rispetto di qualche norma morale universale. Questi insegnamenti, che si leggono tra le righe della vicenda, costituivano l'**aspetto educativo dell'epica** orale.

Lo stile

La traduzione pone in giusto rilievo i caratteri propri dell'espressione epica: gli **epiteti** fissi, il **linguaggio formulare**, che nella ricorrenza è utile al poeta per memorizzare il canto e al pubblico per orientarsi nell'intricato sviluppo delle vicende. Forme fisse si accompagnano regolarmente a eroi e dèi («Achei dalle belle gambiere», v. 17; Agamennone, «figlio di Atreo, capo d'eserciti», v. 7; Apollo «dio dell'arco d'argento», v. 37; «Era, la dea dalle candide braccia», v. 55), così come sono legate indissolubilmente a situazioni e cose («rapide navi», v. 12; «gli dèi che hanno la loro casa sul monte Olimpo», v. 18), contribuendo a caricare di una connotazione maestosa la materia narrata.

Il sacerdote Crise chiede la restituzione della figlia Criseide ad Agamennone in un mosaico romano del IV secolo d.C. (Napoli, Museo Archeologico Nazionale)

Attività

Leggere e comprendere

1 **Il tema** Nel proemio compare in modo sintetico quello che sarà il tema fondamentale di tutta l'opera. Qual è?

a. La lunga e sanguinosa guerra di Troia

b. L'ira di Achille che causa ai Greci molte morti di eroi

c. L'ira di Achille che manda nell'Ade molti guerrieri troiani

d. I valorosi scontri tra Achei e Troiani fino alla vittoria dei Greci

2 **L'origine** Il lettore viene subito a sapere la causa dell'ira di Achille, che ha portato terribili conseguenze. Perché Achille è adirato?

a. È sempre adirato contro i compagni achei

b. È adirato a causa della morte del suo amico Patroclo

c. È adirato perché i Greci non riescono a vincere la guerra

d. È adirato per lo scontro avuto con Agamennone

3 **Il volere divino** Già dai primi versi si osserva che i sentimenti e le vicende umane, come la collera e le guerre, sono mosse dalla volontà divina. Riporta le parole del testo che lo dimostrano.

v 1-5

4 **La causa** Rileggi i versi 8-12. Che cosa narrano?

NARRANO LA SCESA D'APOLLO DALL'OLIMPO

5 **La richiesta ai Greci** Crise, sacerdote di Apollo, si presenta all'assemblea dei Greci per ottenere un risarcimento. Che cosa chiede, con quale atteggiamento si rivolge ai Greci e in particolar modo ad Agamennone e Menelao?

SI RIVOLGE AD AGAMENNONE PER LA RESTITUZIONE DI SUA FIGLIA CRISEIDE CON ATTEGGIAMENTO COMPASSIONEVOLE

6 **La risposta di Agamennone** Agamennone risponde con tracotanza, opponendosi al volere degli altri Greci e offendendo Apollo. Metti in ordine cronologico le azioni che descrivono il suo comportamento.

a. Gli intima di non avvicinarsi più al campo acheo ☐

b. Lo caccia definitivamente minacciando la sua incolumità ☐

c. Lo minaccia di non rispettare più la sua condizione di sacerdote ☐

d. Non approva il desiderio dei Greci di restituire Criseide al padre ☐

e. Lo provoca illustrando la vita da schiava che la figlia vivrà fino alla morte, costretta al telaio e nel letto del re ☐

f. Allontana bruscamente Crise ☐

g. Dichiara che non libererà Criseide ☐

7 **La richiesta ad Apollo** Il sacerdote, umiliato da Agamennone, si rivolge al suo dio, Apollo. Che cosa gli domanda e in base a quali suoi meriti? v 37-42

8 **La risposta di Apollo** Apollo esaudisce prontamente i desideri del suo sacerdote. Come avviene la punizione? Che cosa pensa Achille?

v 48-53 v 54-61

Riconoscere e analizzare

9 **Il proemio** Tutti i proemi dell'epica classica contengono due elementi costanti, l'invocazione e l'argomento (pròtasi). Riconosci queste caratteristiche nel proemio dell'*Iliade*. Chi invoca il poeta e in quali versi? Qual è il tema centrale e in quali versi è espresso?

10 **La struttura** Dopo i versi proemiali, inizia la narrazione dell'antefatto, che può essere suddiviso in varie sequenze. Ti indichiamo i versi di ciascuna di esse, tu attribuisci a ciascuna un titolo significativo.

- vv. 8-12: L'IRA DEL DIO APOLLO
- vv. 12 21: IL RICCO RISCATTO DI CRISE
- vv. 22-32: LE CRUDELI PAROLE DI AGAMENNONE
- vv. 33-42: L'INVOCAZIONE DEL DIO
- vv. 43-53: L'IRA DI APOLLO
- vv. 54-56: IL RICHIAMO DI ACHILLE

11 **I discorsi** Nel passo letto sono presenti alcuni discorsi diretti. Presentali e considera come essi incidano sul ritmo del racconto.

12 **Il linguaggio formulare** Nel testo sono presenti espressioni fisse, ripetute e attribuite a dèi, personaggi o cose, poste di solito alla fine del verso. Rintracciane almeno tre e indica il verso in cui si trovano.

13 **I patronimici** Il testo greco indica Achille (v. 1) e Agamennone (v. 7) con i loro patronimici Pelide e Atride. Trova la traduzione dei due termini usata nella traduzione proposta e precisa il significato di "patronimico".

14 **La traduzione** La traduzione del testo greco che abbiamo proposto è fedele al testo originale e di registro non troppo elevato. Altre traduzioni presentano invece vocaboli più ricercati, di uso non comune. Riportiamo una serie di questi termini più colti presenti nella traduzione dello stesso passo di Rosa Calzecchi Onesti. Tu cerca nella tua traduzione il termine corrispondente a quello riportato in tabella e scrivilo a fianco.

Traduzione di R. Calzecchi Onesti	Versi	Traduzione di G. Paduano
inflisse	2	portò
gagliarde	3	FORTI
bottino	4	PREDA
consiglio	5	VOLERE
contesa	8	DISPUTA
acclamarono	22	APPROVAVANO
comando brutale	25	PAROLE ASPRE
pingui	40	GRASSE
voto	41	DESIDERIO
dardi	53	FRECCE
adunanza	54	ASSEMBLEA

Rielaborare e produrre

15 **Agamennone** Il comandante è senza dubbio un valoroso guerriero, ma in questo passo non evidenzia altrettanta perfezione nei comportamenti sociali e religiosi. Sintetizza in 50 parole i suoi gesti e le sue parole.

16 **Il confronto** Non è la prima volta che incontriamo nei testi epici proposti personaggi superbi che suscitano la vendetta degli dèi. Ricerca altri esempi nei testi precedenti.

17 **Il riassunto** Riassumi il contenuto del testo in 150 parole al massimo.

18 **I valori** Dalla narrazione emergono, al di là delle singole vicende, i valori della società che essa rispecchia. Quali ti sembrano quelli basilari, già evidenti da questi primi versi? Presentali in un breve testo espositivo.

Omero

L'alterco tra due eroi: Agamennone e Achille

L'indovino Calcante ha appena terminato il suo discorso: ha spiegato come le cause dell'ira di Apollo si ricolleghino alle offese di Agamennone verso il sacerdote Crise.

Le parole rivelatrici di Calcante scatenano la rabbia di Agamennone che si scaglia prima sull'indovino stesso, poi su Achille, che l'ha interpellato. Achille non è da meno e ribatte, punto per punto, le sue ragioni. Lo scontro si fa acceso.

Da
Iliade (libro I, vv. 101-187), VIII secolo a.C.
Poema epico

Ciò detto, sedette, e si alzò in mezzo a loro
l'eroe figlio di Atreo, il potente Agamennone,
irato, l'animo pieno di nero furore,
gli occhi simili a fiamme che lampeggiavano,
e subito guardò male Calcante, e gli disse:
«Profeta di mali, mai dici niente che mi sia gradito,
sempre piace al tuo cuore profetizzare sciagure,
una parola buona non l'hai mai detta o compiuta.
E anche ora, vaticinando tra i Greci, racconti
che il dio arciere dà loro pena perché ho rifiutato
di accettare il ricco riscatto per la figlia di Crise;
sí, perché desidero molto averla nella mia casa:
perfino a Clitennestra, la mia legittima moglie,
la preferisco: non le è per nulla inferiore
d'aspetto né di statura, d'abilità né di mente.
Ma tuttavia acconsento a ridarla, se questo è il meglio;
voglio che si salvi il mio popolo e non sia perduto:
ma preparate presto per me un altro premio, che non sia il solo
tra i Greci a restarne privo, non sarebbe giusto.
Lo vedete tutti, che il mio premio se ne va altrove».
E a lui cosí rispose il nobile, veloce Achille:
«Gloriosissimo figlio di Atreo, fra tutti il piú avido,
come faranno a darti un premio i magnanimi Achei?
Non abbiamo da parte molti beni comuni:
la preda delle città devastate è già stata spartita,
e non può essere che i soldati tornino a metterla insieme.
Ma tu questa donna rendila al dio, e noi Greci
te la ripagheremo tre o quattro volte, se Zeus
ci concede di saccheggiare Troia dalle belle mura».

Agamennone con lo scettro rappresentato sul coperchio di un *lekanis* (piatto) attico a figure rosse, 410-400 a.C. (Taranto, Museo Nazionale Archeologico)

101 **Ciò detto, sedette**: è l'indovino Calcante che si siede, dopo aver rivelato i motivi della collera del dio Apollo.
109 **vaticinando**: predicendo il futuro.
113-115 **Clitennestra…né di mente**: moglie di Agamennone, le viene preferita la schiava Criseide per le sue qualità.
123 **magnanimi**: dal grande animo, nobili, epiteto formulare.
128 **tre o quattro volte**: Achille s'impegna a dare ad Agamennone una ricompensa maggiore del valore di Criseide.
129 **dalle belle mura**: la costruzione delle mura è attribuita al dio Poseidone. L'epiteto «belle mura» equivale a ben costruite.

E a lui cosí disse in risposta il potente Agamennone:
«Non cercare cosí, per quanto grande tu sia, Achille pari agli dèi,
di nascondermi il tuo pensiero: non puoi ingannarmi e neppure convincermi.
Tu vuoi, mentre ti tieni il tuo premio, che io in questo modo
ne resti senza, e mi esorti a restituire la donna?
Ma se mi daranno un premio i magnanimi Achei,
scegliendolo adatto al mio desiderio, e che valga quanto quest'altro...
se non me lo dànno, allora verrò a prendermi io stesso
il tuo premio, o quello di Aiace, o quello di Odisseo,
lo prenderò e lo porterò via, e si adirerà quello che scelgo!
Ma a questo potremo pensare anche piú tardi;
ora mettiamo nel mare divino una nave, e raduniamo
un equipaggio scelto di rematori e un'**ecatombe**,
imbarchiamo la figlia di Crise dal bel viso, ed il capo
della spedizione sia scelto tra i miei consiglieri,
Aiace o Idomeneo, oppure il nobile Odisseo,
oppure tu stesso, figlio di Peleo, il piú tremendo fra tutti gli uomini:
fa' tu il sacrificio e rendi propizio a noi il dio arciere».
Lo guardò di traverso, e gli rispose il veloce Achille:
«Sfrontato, profittatore, come potrebbe
dare volentieri ascolto alle tue parole un Acheo,
affrontare una strada o combattere contro il nemico?
Non sono venuto qui a causa dei guerrieri troiani,
per combatterli; non mi hanno fatto niente di male,
non mi hanno portato via le vacche e neanche i cavalli,
non hanno distrutto i raccolti della fertile Ftia,
madre d'eroi – tanti monti ombrosi ci sono in mezzo,
e il mare rumoreggiante. Te abbiamo seguito,
spudorato, per il tuo piacere, perché tu e Menelao
riceviate onore da Troia, faccia di cane!
Di questo non ti preoccupi, non ti dai pensiero,
e tu, proprio tu, minacci di portarmi via il premio
per cui tanto soffersi, e me lo diedero i figli dei Greci.
Mai non ho un premio uguale al tuo, quando i Greci

PAROLE *sotto la lente*

Ecatombe

Il sostantivo riporta il greco *ecatómbe* formato da *ecatón* = cento e *bús* = buoi. Era dunque un sacrificio di cento buoi. In senso generale, per noi indica una strage ("Quella battaglia fu un'ecatombe") ed è usato anche in senso scherzoso ("Che ecatombe gli esami!").

Attività

Ricerca un sinonimo del sostantivo "ecatombe" nel senso proprio e in quello figurato.

136 **quanto quest'altro**: che nel valore equivalga a Criseide.

142 **ecatombe**: Agamennone vuole imbarcare anche un consistente numero di animali da sacrificare (il termine greco indica genericamente un centinaio, *ecatón*).

145 **Idomeneo**: re di Creta, uno degli eroi piú forti e piú saggi, come Aiace Telamonio e Odisseo, citati da Agamennone.

147 **il dio arciere**: il riferimento è sempre ad Apollo.

154-155 **non mi hanno...Ftia**: mai i Troiani fecero razzie di bestiame a Ftia, capitale della Tessaglia e patria di Achille. Emerge il motivo tipico delle guerre: spedizioni punitive contro pirati e razziatori.

158-159 **perché tu...cane!**: Achille ricorda come la guerra sia stata dichiarata per vendicare l'affronto subito da Menelao, fratello del «cane» Agamennone.

devastano qualche popolosa città dei Troiani:
la piú parte della dura battaglia la compiono
le mie mani; però, quando si arriva a spartire,
il tuo premio è molto piú grande, ed io me ne vado
alle navi con uno piccolo e caro, dopo aver faticato a combattere.
Me ne vado a Ftia; molto meglio tornare a casa
con le mie navi; no, non voglio restare
qui senza onore, ad accrescere le tue ricchezze».
E a lui cosí rispose Agamennone, capo d'eserciti:
«Fuggi, se il tuo cuore ti spinge a questo; io non ti supplico
di rimanere per me. Accanto mi stanno anche altri
che mi onoreranno, e il saggio Zeus soprattutto.
Tra i re di stirpe divina tu mi sei il piú odioso,
perché sempre ti sono cari i litigi, le battaglie, le guerre:
se sei fortissimo, questo un dio te l'ha dato.
Vattene a casa con le tue navi e i tuoi compagni,
regna sui Mirmìdoni; io di te non mi curo,
non temo la tua collera. Anzi ti dico:
poiché Febo Apollo mi toglie la figlia di Crise,
io la rimanderò su una delle mie navi e coi miei compagni;
ma Briseide dal bel viso verrò io stesso
alla tua tenda a portartela via, il tuo premio, cosí che tu impari
quanto sono piú potente di te, e cosí anche ogni altro
tema di parlare di fronte a me e di dichiararsi mio pari».

Omero, *Iliade*, I, 101-187, trad. it. di G. Paduano, Einaudi, Torino, 2012

164 **devastano…dei Troiani**: oltre a Ilio, la rocca dove stava il re e la sua corte, Troia controllava la "Troade", la regione intorno ai Dardanelli e i villaggi di cui era disseminata, devastati dalle razzie degli Achei.

165 **la più parte…battaglia**: il peso maggiore della guerra ricade su Achille.

168 **uno piccolo e caro**: allude a Briseide, la schiava che era stata assegnata come bottino ad Achille che dovrebbe essere consegnata ad Agamennone in cambio di Criseide.

173 **se il tuo cuore ti spinge**: è un'espressione ironica. Agamennone lascia credere che Achille se ne vada per vigliaccheria.

176 **Tra i re di stirpe divina**: l'autorità dei sovrani achei viene fatta derivare da Zeus stesso.

177-178 **i litigi…l'ha dato**: Agamennone vuol dare dell'attaccabrighe ad Achille, chiarendo che la sua forza deriva degli dèi e non è quindi merito suo.

180 **Mirmìdoni**: è il popolo della Tessaglia su cui regna Achille.

184 **dal bel viso**: epiteto di Briseide.

186 **quanto…di te**: Agamennone intende in questo modo ribadire la sua autorità di capo supremo.

Achille consegna Briseide ad Agamennone in un affresco proveniente da Pompei del I secolo d.C. (Napoli, Museo Archeologico Nazionale)

STUDIA

per L'ANALISI del TESTO

"Civiltà di vergogna"

Al di là del possesso materiale di una schiava, la contesa tra gli eroi achei ruota attorno al **senso dell'onore**. Di fronte all'assemblea costituita dai suoi pari, il re di Micene Agamennone non può non ricevere lo stesso onore, sotto forma di dono, che ciascuno di loro ha ottenuto. D'altra parte Achille non accetta, di fronte agli altri capi riuniti, di rinunciare a sua volta al "**dono**", frutto dell'onore dimostrato in battaglia. E soprattutto non intende abbassarsi alle richieste di chi, per nobiltà, forza e potenza, è pari a lui e non superiore.

Gli antropologi, cioè gli studiosi della cultura umana, catalogano questi comportamenti come tipici della "civiltà di vergogna". In una cultura arcaica, come quella achea, **le azioni umane sono ritenute buone o cattive in base all'approvazione o alla disapprovazione della società** in cui l'individuo agisce. Non c'è l'idea di "responsabilità individuale", non esistono leggi morali né prescrizioni legali che limitino i comportamenti umani determinando l'idea di "colpa". Se l'individuo perde o rinuncia all'onore pubblicamente, si copre di **vergogna**. Se invece si comporta secondo le attese, è ritenuto nobile e valoroso. Ecco perché Agamennone si infuria: rinunciare a Criseide solo perché rimproverato da Achille vorrebbe dire cedere di fronte a un altro, dimostrare la propria inferiorità e quindi rimetterci l'onore. D'altra parte, togliendogli la donna, Agamennone gli toglie una parte di onore e stima che gli sono dovuti. Davanti a tutti, Achille, cedendo al re, rinuncia al proprio onore e per questo si chiude in un'**ira** implacabile. Solo riottenendo la riabilitazione da colui che l'ha disonorato potrà essere riammesso nella società da cui si è escluso. In fondo, tra i due, è in gioco il **ruolo nella gerarchia del potere** tra gli Achei: chi deve comandare? Il capo della spedizione, Agamennone, oppure il più forte sul piano militare, Achille?

Il carattere dei contendenti

Nella **battaglia verbale**, volutamente aspra e offensiva, osserviamo come entrambi siano dominati dall'ira, un sentimento che li acceca, ma che non dipende da loro. Quando Agamennone presenterà le sue scuse affermerà che Zeus lo aveva avvolto in una nube, rendendolo cieco. Achille sembra motivare maggiormente il suo atteggiamento (difende le ragioni degli Achei, s'impegna a dare un bottino superiore al rivale, sopporta il peso maggiore della guerra); ma anch'egli è mosso da un profondo rancore nei confronti di Agamennone e non è quindi da meno nell'offenderlo (lo taccia di essere «fra tutti il più avido», v. 122; lo apostrofa «faccia di cane», v. 159), lasciandosi prendere dallo stesso accecamento di origine divina che non gli consente di ragionare rispettando i ruoli. L'onore va infatti tutelato ed è sacrosanto lottare per conservarlo: all'interno però di un ordine che non consente di oltrepassare certi limiti. L'***hybris***, infatti, la tracotanza che rendendo cieco l'uomo lo travia e lo rende colpevole di fronte agli dèi, è l'errore in cui incorrono sempre i mortali.

L'efficace oggettività dello stile formulare

L'abilità del cantore coincide con la sua capacità di restituirci l'asprezza e gli eccessi dello scontro, facendo ricorso a moduli e stilemi della formularità. Nonostante la **ripetitività**, i **patronimici**, gli **epiteti** che sottolineano le caratteristiche fisiche, il ruolo sociale e il comportamento individuale dei singoli conferiscono epicità al dialogo. Tutto questo all'interno di una **narrazione** che risulta **oggettiva**, dalla quale lo stesso poeta-narratore si mantiene abilmente distaccato, così come richiesto dai canoni del genere. Formule identiche come «E a lui così rispose il nobile, veloce Achille», v. 121, «E a lui così disse in risposta il potente Agamennone», v. 130, ben lungi dal risultare stucchevoli, suggeriscono la gravità dei pensieri dei singoli e la drammaticità dello scontro.

Achille e Agamennone in un arazzo del 1635 tratto da un disegno di Peter Paul Rubens. (Rotterdam, Museum Boijmans Van Beuningen)

Attività

Leggere e comprendere

1 **Un discorso articolato** Agamennone si rivolge a Calcante con un discorso che esprime prima ira, poi sentimenti molto personali, quindi senso di responsabilità e infine desiderio di onore. Esemplifica questi passaggi con riprese puntuali dal testo.

2 **L'esordio di Achille** A rispondere ad Agamennone si alza nell'assemblea Achille. Scegli tra le seguenti proposte quella che ti pare indichi meglio l'atteggiamento del re di Ftia.

- a. Aggredisce a parole Agamennone
- b. Afferma che mai i Greci lo risarciranno
- c. Esorta Agamennone a restituire la schiava
- d. Promette che dopo la conquista di Troia otterrà grandi doni in cambio di Criseide

3 **Si alzano i toni** La risposta di Agamennone è arrogante e minacciosa verso Achille e verso tutti gli altri principi achei. Quali sono, però, i termini in cui traspare, alla fine, un interesse sincero per la sorte dell'esercito greco? Che cosa dice?

4 **La collera di Achille** Di fronte alla minaccia del re, Achille rivendica le sue ragioni e i suoi propositi. Riordina le sue affermazioni.

- a. Rinfaccia di avere intrapreso la guerra solo per vendicare Agamennone e la sua famiglia ☐
- b. Ricorda di essere il maggior artefice delle vittorie ☐
- c. Lo chiama spudorato e avido di guadagno ☐
- d. Non intende più essere umiliato ☐
- e. Lo apostrofa come sfrontato e cane ☐
- f. Dice che i Troiani non hanno mai offeso lui o la sua terra ☐
- g. Minaccia di ritornare in patria con i suoi soldati ☐
- h. Lamenta di non ottenere mai nella spartizione del bottino una parte pari alla sua ☐

5 **L'offesa peggiore** La risposta di Agamennone è piena di livore, ma spicca soprattutto una nuova e pesante offesa nei confronti di Achille. Quale?

6 **L'ultimo affronto** A conclusione degli insulti Agamennone passa all'azione: che cosa intende fare?

Riconoscere e analizzare

7 **Il poeta** Davanti alla descrizione di questi scontri verbali noti mai la presenza del poeta? Come si pone nei confronti della narrazione?

8 **Una descrizione intensa** Ricorrendo a quali strumenti espressivi l'aèdo descrive il montare della furia di Agamennone, davanti alle rivelazioni di Calcante?

9 **Gli epiteti** Riporta gli epiteti formulari riferiti a personaggi e cose che trovi nei seguenti versi:

- (v. 102) ....
- (v. 121) ....
- (v. 141) ....
- (v. 176) ....
- (v. 184) ....

10 **La traduzione** La traduzione del testo greco che abbiamo proposto è fedele al testo originale e di registro non troppo elevato. Altre traduzioni presentano invece vocaboli più ricercati, di uso non comune. Riportiamo una serie di questi termini più colti presenti nella traduzione dello stesso passo di Rosa Calzecchi Onesti. Tu cerca nella tua traduzione il termine corrispondente a quello riportato in tabella e scrivilo a fianco.

Traduzione di R. Calzecchi Onesti	Versi	Traduzione di G. Paduano
precordi	103	animo
malanni	110	....
perisca	117	....
indonato	119	....
nutrice	156	....
tumultuosa	165	....
sire	172	....
contesa	177	....

Rielaborare e produrre

11 **Gli insulti** Riportiamo alcune delle espressioni ingiuriose che si scambiano i due eroi. Spiega perché, all'orecchio del pubblico, costituiscano insulti gravi e in che modo tali insulti rappresentano altrettante accuse di violazione di valori fondanti della società greca arcaica.

- «fra tutti il più avido» (v. 122): hybris, PER LA TRACOTANZA
- «il più tremendo fra tutti gli uomini» (v. 146): NON AVERE UN MINIMO DI PIETÀ
- «Sfrontato» (v. 149): INSOLENTE, NON SI DÀ DEI LIMITI
- «spudorato» (v. 158): NON AVERE UN MINIMO DI VERGOGNA
- «faccia di cane» (v. 159): SFRONTATO, ARROGANTE, ANIMALE
- «sei il più odioso» (v. 176): NON TI SOPPORTIAMO PERCHÉ DOVREMMO SEGUIRTI

12 **Discutere** Parlando di Criseide, Agamennone afferma: «sì, perché desidero molto averla nella mia casa: / perfino a Clitennestra, la mia legittima moglie / la preferisco» (vv. 112-114). Perché per il re è così importante il possesso di una schiava? Confronta la tua opinione con quella dei tuoi compagni in un dibattito in classe.

13 **Il riassunto** Riassumi il testo in 200 parole al massimo.

14 **Il testo argomentativo** L'ira e la superbia caratterizzano il comportamento dei due contendenti. Ma quali vantaggi porta la loro aggressività? Scrivi un breve testo argomentativo (300 parole al massimo) in cui sostieni che le contese si risolvono più con la razionalità e il rispetto che con l'ira e la superbia.

Omero

La difficile scelta di Ettore: l'onore o la famiglia?

Per placare l'ira di Atena e frenare l'irruenza di Diomede, che sta seminando il panico fra i Troiani, Ettore rientra in città e chiede alla madre Ecuba e alle altre donne di offrire sacrifici agli dèi. Cerca, quindi, la moglie Andromaca e la trova alle porte della città con il figlio Astianatte. Ha qui luogo l'ultimo incontro fra i due giovani sposi.

Da
Iliade (libro VI, vv. 390-502),
VIII secolo a.C.

Poema epico

Cosí disse la dispensiera, ed Ettore si slanciò fuori di casa
per la stessa via, lungo le belle strade:
quando ebbe attraversato la grande città,
e fu alle porte Scee, e di là doveva sbucare alla piana,
gli venne incontro correndo la moglie che gli aveva portato
una ricca dote, Andromaca figlia del magnanimo Eezione,
Eezione che abitava sotto il Placo selvoso,
in Tebe Ipoplacia, e regnava su genti cilicie.
Sua figlia sposò dunque Ettore, l'eroe dall'elmo di bronzo.
Gli andò incontro, e assieme a lei c'era la serva
che teneva in braccio il bambino ancora piccolo, tenero,
il figlio amato di Ettore, bello come una stella;
il padre gli aveva messo nome Scamandrio, ma gli altri Astianatte,
«signore della città», perché Ettore era la sola difesa di Troia.
L'eroe sorrise in silenzio vedendo il bambino,
ma Andromaca gli fu accanto, versando lacrime,
gli prese la mano, e gli parlò in questo modo:
«Sventurato, il tuo coraggio ti ucciderà. Non hai compassione
del tuo bambino, né di me infelice, che sarò presto
la tua vedova. Presto infatti ti uccideranno gli Achei
assalendoti tutti insieme, e per me meglio sarebbe,
se ti perdo, andare sottoterra: non avrò altro conforto
quando tu avrai compiuto il tuo destino, non avrò che dolori.
Non ci sono piú mio padre e la mia nobile madre.
Mio padre lo uccise l'illustre Achille, quando distrusse

Ettore con Andromaca e Astianatte in una statua in marmo di Giovanni Maria Benzoni del 1871. (New York, Metropolitan Museum of Art)

390 **Così disse la dispensiera**: ha terminato di parlare l'ancella dispensiera, che ha informato Ettore che la moglie Andromaca è salita sulla torre alle porte della città per valutare l'andamento della battaglia.

393 **porte Scee**: le porte della città rivolte a ovest, verso la pianura.

395 **una ricca dote**: epiteto formulare che allude alla ricca dote che Andromaca aveva portato all'atto del matrimonio con Ettore.

395-397 **figlia del magnanimo Eezione…Tebe Ipoplacia**: Andromaca è figlia di Eezione, che governava la città di Tebe Ipoplacia, ai piedi del monte Placo, nella regione della Misia, confinante con la Cilicia, in Asia Minore.

402 **Scamandrio**: "sacro allo Scamandro", uno dei fiumi che scorrevano nella Troade; **Astianatte**: i Troiani chiamavano il figlio di Ettore Astianatte, che significa "signore protettore della città", quale era il padre.

414 **Mio padre…Achille**: Andromaca si dilunga sulle sue sciagure familiari, il cui responsabile è Achille, come se già sapesse che anche il marito le sarà tolto da lui. Gli Achei compirono altre imprese (o, meglio, razzie) in Asia Minore.

Tebe dalle alte porte, la popolosa città dei Cilici;
uccise Eezione, ma non gli tolse le armi,
perché n'ebbe ritegno nel cuore, lo bruciò con le armi
ornate e gli diede una tomba, e tutt'intorno
fecero crescere olmi le ninfe dei monti,
figlie di Zeus signore dell'egida. Sette fratelli
avevo nella mia casa e tutti quanti
in un giorno solo scesero all'Ade;
tutti li uccise il nobile, veloce Achille,
presso le mandrie dei buoi dal passo ricurvo e le pecore bianche.
Mia madre, che regnava sotto il Placo selvoso,
la portò qui con tutte le nostre ricchezze
e la liberò accettando un immenso riscatto,
ma Artemide arciera la colpí nella casa paterna.
Ettore, tu sei per me mio padre e mia madre,
mio fratello, mio meraviglioso compagno –
abbi pietà, rimani qui sul bastione:
non fare tuo figlio orfano e vedova la tua donna.
Raduna i tuoi uomini al fico selvatico, dove è il passaggio
piú facile per la città e piú accessibili sono le mura;
tre volte hanno attaccato da quella parte i migliori,
con i due Aiaci e il glorioso Idomeneo,
i due figli di Atreo e il forte figlio di Tideo;
o che gliel'abbia detto un indovino sapiente,
o che sia il loro animo a spingerli ed a spronarli».
Cosí le rispose Ettore, l'eroe dall'elmo splendente:
«A tutto questo io penso, donna, ma terribilmente
mi vergognerei di fronte ai Troiani e alle Troiane dai lunghi pepli,
se come un vile mi tenessi lontano dalla battaglia;
non a questo mi spinge il mio cuore, poiché da sempre ho imparato
ad essere forte e a combattere in prima fila
tra i Troiani, dando grandissima gloria a mio padre e a me stesso.
Io lo so bene nel cuore e nell'animo:
verrà un giorno che perirà la sacra Ilio
e Priamo e il popolo del valoroso Priamo, ma non mi colpisce

415 **dalle alte porte, la popolosa città**: sono epiteti di Tebe Ipoplacia.

416 **non gli tolse le armi**: Achille, nel rispetto del nemico, non lo ha spogliato delle armi, ma gli ha concesso l'onore del rogo e della sepoltura.

420 **Zeus signore dell'egida**: che porta l'egida, lo scudo; è un epiteto di Giove. Questi versi descrivono i riti funebri della sepoltura.

420-424 **Sette fratelli...pecore bianche**: è la volta della sciagura capitata ai fratelli, uccisi, sette su sette, da Achille durante una razzia in cui colpì con le sue frecce anche il bestiame che quelli pascolavano.

425-428 **Mia madre...casa paterna**: il soggetto è Achille, il quale ha portato la madre di Andromaca «sotto il Placo selvoso», liberandola, ma venne uccisa dalla dea Artemide.

433-434 **Raduna...sono le mura**: Andromaca suggerisce al marito di limitarsi a difendere il punto delle mura di Troia meno protetto, dove spunta la pianta di fico selvatico.

435-437 **i migliori...figlio di Tideo**: sono i più forti Achei in campo, data l'assenza di Achille. Si tratta di Aiace Telamonio, Aiace d'Oileo, Idomeneo re di Creta e Diomede figlio di Tideo.

442 **Troiane dai lunghi pepli**: epiteto. Le donne troiane portavano il peplo, un abito lungo, a pieghe, fermato sulla spalla da una fibula.

tanto il dolore che aspetta i Troiani, né quello
di Ecuba stessa, né di Priamo, il sovrano,
né dei miei fratelli, che in gran numero e coraggiosi
cadranno nella polvere sotto le mani nemiche,
come il tuo, quando qualcuno dei Greci vestiti di bronzo
ti porterà via in lacrime, togliendoti la libertà,
e in Argo forse tesserai per un'altra la tela,
e porterai l'acqua dalla fonte Messeide o dall'Iperea,
vittima di molte offese, subendo un duro destino.
E qualcuno allora dirà, vedendoti piangere:
«Questa è la moglie di Ettore, che primeggiava in battaglia
fra i Troiani abili nel domare i cavalli quando combattevano
attorno ad Ilio». Cosí diranno un giorno e a te di nuovo
verrà l'angoscia di avere perduto chi ti proteggeva dall'essere schiava.
Ma mi ricopra morto la terra rovesciata sopra il mio corpo,
prima di saperti trascinata via e di sentire il tuo grido».
Cosí disse lo splendido Ettore, e tese le braccia a suo figlio,
ma il bambino piegò la testa piangendo nel seno
della nutrice, terrorizzato dalla vista del padre;
lo spaventava il bronzo e il cimiero coi crini
di cavallo che vedeva oscillare terribilmente in cima all'elmo.

454-455 **come il tuo...la libertà**: di tutti i dolori (perdita della madre Ecuba, del padre Priamo, dei fratelli) quello per la moglie trascinata via dagli Achei, prigioniera, sarà il peggiore.

456-458 **e in Argo...duro destino**: Ettore immagina il destino da schiava della moglie che si svolgerà ad Argo (terra di Agamennone) o presso la fonte di Messèide, in Laconia (terra di Menelao), o presso la fonte di Iperea, in Tessaglia (terra di Achille).

464-465 **Ma mi ricopra...il tuo grido**: è un convinto auspicio, quello di Ettore, di poter morire per non assistere a tanto scempio.

469-470 **cimiero coi crini di cavallo**: Astianatte, in braccio alla nutrice, è spaventato dai bagliori della corazza paterna e dall'elmo decorato con un pennacchio oscillante.

Jean Restout, *L'addio di Andromaca e Ettore*, 1728. (Collezione Privata)

Sorrisero allora il padre e la nobile madre,
e subito lo splendido Ettore si tolse l'elmo
e lo depose, rilucente, sopra la terra;
baciò suo figlio e lo palleggiò tra le braccia,
poi rivolse una preghiera a Zeus e agli altri dèi:
«Zeus e voi altri dèi, concedete che questo mio figlio
si distingua come me in mezzo ai Troiani,
che abbia forza e dominio sovrano su Ilio,
e un giorno qualcuno dica "è molto piú grande del padre",
quando tornerà dalla guerra, e possa portare le **spoglie** cruente
dei nemici uccisi, e ne sia lieta sua madre».
Cosí detto, diede suo figlio in braccio alla sposa,
e lei lo accolse sul petto fragrante e sorrideva
in mezzo alle lacrime. La vide Ettore e n'ebbe pietà,
l'accarezzò con la mano e le disse:
«Sventurata, ti prego, non abbatterti troppo nell'animo,
nessuno mi getterà all'Ade contro il destino
e al destino, ti dico, non può sfuggire nessuno degli uomini,
non il vile né il coraggioso, una volta che è nato.
Ma tu torna alla casa e pensa ai tuoi lavori,
al telaio, alla conocchia, e comanda alle serve
di fare il loro lavoro; alla guerra penseranno gli uomini,
tutti quelli che sono nati a Troia, ed io soprattutto».
Cosí disse lo splendido Ettore, e riprese da terra
l'elmo con il cimiero equino; Andromaca tornò a casa,
voltandosi indietro e versando moltissime lacrime.
Presto giunse alla bellissima casa di Ettore
sterminatore, e trovò dentro le serve
e suscitò in tutte loro un lugubre pianto.
Ancora vivo, piangevano Ettore nella sua casa,
non pensavano che sarebbe tornato mai piú dalla guerra,
salvo dal furore e dalle mani dei Greci.

Omero, *Iliade*, VI, 390-502, trad. it. di G. Paduano, Einaudi, Torino, 2012

PAROLE *sotto la lente*

Spoglie

Il sostantivo riproduce il nome latino *spolia* (plurale neutro di *spolium*) e indica ciò che funge da rivestimento, in particolare le vesti. Nel linguaggio letterario, anticamente il plurale indicava le foglie e oggi "spoglia mortale" indica il cadavere, inteso, nella concezione cristiana, come il contenitore dell'anima. Spesso significa armatura di un guerriero vinto, preda del vincitore (nell'antica Roma le spoglie opime erano le armi del comandante nemico, ucciso in battaglia).

Attività

Analizza le parti costitutive (radice, suffisso, desinenza) delle cinque parole seguenti, che hanno la radice di "spoglia":
spogliare, spogliarsi, spogliatoio, spoglio, spogliarello.

480 **spoglie cruente**: le armi insanguinate del nemico.

487 **mi getterà nell'Ade**: mi ucciderà. Nel mondo classico, l'Ade era il regno dei morti.

491-492 **al telaio...lavoro**: le donne devono occuparsi dei lavori di tessitura (la «conocchia» è la rocca, il pennacchio per filare) e del governo della casa.

497-502 **Presto giunse... dalle mani dei Greci**: è chiaro per tutti, moglie e ancelle, l'ineluttabile destino verso il quale Ettore si sta dirigendo; **Ettore sterminatore**: l'epiteto non ha una valore negativo, essendo Ettore un guerriero.

per L'ANALISI del TESTO

Il dialogo tra marito e moglie

L'incontro tra **Ettore e Andromaca** si svolge a ridosso delle mura difensive, ed è casuale e cercato nel contempo. Dopo l'introduzione del narratore di primo grado, sono i due protagonisti a narrare a loro volta sotto forma di **analessi** (*flashback*) quanto è accaduto o di **prolessi** (*flashforward*) quanto accadrà.

Le parole di Andromaca

Il discorso di Andromaca comincia proprio con una prospettiva futura (prolessi): «Sventurato, il tuo coraggio ti ucciderà» (v. 407), e prosegue con il ricordo (analessi) straziante delle vicissitudini dei genitori, che si conclude con una vera e propria elegia (una preghiera triste e toccante): «Ettore, tu sei per me mio padre e mia madre, / mio fratello, mio meraviglioso compagno» (vv. 429-430).

La risposta di Ettore

Ettore nella sua risposta parla in prospettiva futura e la sua riflessione culmina nella celebre profezia: «Io lo so bene [...] verrà un giorno [...]» (vv. 447-448), all'interno della quale prende vita il mondo che aspetta Andromaca e Astianatte. Quasi punto per punto il marito risponde alla moglie: anche Priamo, suo padre, come il padre di lei, morirà, e così piangerà Ecuba e cadranno i fratelli. Tutto si compirà per la sua famiglia così come si è compiuto nella famiglia di Andromaca. Il passato dell'analessi e il futuro della prolessi si incontrano, nelle parole di Ettore, in un unico **inno alla morte**.

La Moira

Nell'ultimo saluto alla moglie, Ettore spiega e giustifica il **compiersi del destino**. Riprendendo l'apostrofe di lei («Sventurato», v. 407; «Sventurata», v. 486), afferma che, è vero, tutti sono morti o moriranno: ma questo è inevitabile. Solo la Moira, il destino, conosce e dirige le nostre esistenze e «al destino, ti dico, non può sfuggire nessuno degli uomini» (v. 488). Basta parlare del passato e del futuro: occorre prendere atto che la vita dell'uomo è un eterno presente già scritto e che da questo copione non è possibile sottrarsi.

Gli affetti di casa e i doveri dell'uomo

Dietro agli interventi dei due protagonisti si può leggere lo scontro di **due sistemi di valori**: quello **femminile** e quello **maschile**. Andromaca, come del resto lo stesso marito le suggerisce («Ma tu torna alla casa e pensa ai tuoi lavori», v. 490), ha in mente la casa, il figlio. Ed è nella sua natura il pianto per i cari uccisi e il compianto per il marito prossimo alla morte. Ettore antepone i doveri militari all'amore per la moglie e per il figlio perché **teme «la vergogna»**, è cioè completamente calato nella "civiltà di vergogna" (▸ p. 154).

Lo stile

Sul piano stilistico osserviamo il forte rilievo patetico a cui mira l'aèdo attraverso l'uso delle **apostrofi** («Sventurato», «Sventurata»), e l'attenzione incentrata sui gesti e sulle reazioni del piccolo Astianatte. Al pathos si aggiunge la drammaticità delle **sentenze** che sanciscono lapidarie la sorte dell'uomo («al destino, ti dico, non può sfuggire nessuno degli uomini, / non il vile né il coraggioso», vv. 488-489). Tutto questo, insieme all'insistita formularità di epiteti epici e di forme ridondanti («Così disse», «così detto»), determina un innalzamento dello stile e conferisce al canto una **drammaticità** che lo avvicina ai dialoghi maestosi della tragedia, sia per l'argomento trattato sia per le forme a cui ricorre.

Pierre Paul Prud'hon, un particolare del dipinto *Andromaca e Astianatte*, 1824. (New York, Metropolitan Museum of Art)

Attività

Leggere e comprendere

1 **Il registro domestico** La scena introduttiva contiene elementi della vita quotidiana e del mondo degli affetti. Sottolinea nel testo i vocaboli che ad essi alludono.

2 **La preghiera di Andromaca** Andromaca rivolge al marito un accorato discorso nell'intento di allontanarlo dalla battaglia. Riordina i passaggi del suo intervento.

- **a.** Ribadisce che Ettore per lei è tutto ☐
- **b.** Consiglia al marito di radunare l'esercito e difendere la città presso il fico selvatico ☐
- **c.** Sostiene di preferire la morte alle sofferenze e alla schiavitù che seguiranno la morte di Ettore ☐
- **d.** Ricorda al marito di non avere più la sua famiglia di origine ☐
- **e.** Esorta lo sposo a non rendere lei vedova e il figlio orfano ☐
- **f.** Accusa Ettore di non avere compassione di lei e del figlio ☐

3 **La famiglia di Andromaca** Molta parte del discorso di Andromaca è dedicata a descrivere la nobiltà, l'eroismo e il tragico destino della sua famiglia d'origine. Quale può essere la ragione che la induce a questo?

- **a.** Dimostrare quali grandi sofferenze ha già vissuto
- **b.** Mettere in luce gli spietati comportamenti di tutti gli Achei
- **c.** Esaltare i suoi parenti valorosi e nobili
- **d.** Sottolineare l'estrema solitudine in cui vivrà dopo la morte di Ettore

4 **Uno straziante contrasto** Sintetizza le ragioni che spingono Ettore alla battaglia e riporta per esteso le espressioni in cui lascia trapelare i sentimenti per Andromaca.

5 **La tenerezza** Dopo i discorsi pieni di riflessioni, l'attenzione si incentra sui gesti teneri e ingenui del piccolo Astianatte. Descrivi con le tue parole questa scena.

6 **La preghiera** Che cosa chiede Ettore per il figlio, nella preghiera a Zeus? Quali valori ritiene fondamentali per la sua crescita e per la vita che dovrebbe avere davanti?

7 **L'ultimo argomento** Per rasserenare la moglie, Ettore propone una spiegazione tanto profonda quanto dolorosa. Che cosa le dice?

8 **La forza della normalità** Quale invito fa Ettore alla moglie, prima di andarsene? Che cosa sottende questo richiamo alla "normalità"?

Riconoscere e analizzare

9 **La struttura** Nel passo letto si alternano parti narrative e discorsi diretti. Indica l'esatta successione tra le due forme.

- **a.** Discorso di Andromaca, discorso di Ettore, narrazione, narrazione, discorso di Ettore, narrazione, discorso di Ettore
- **b.** Narrazione, discorso di Andromaca, discorso di Ettore, narrazione, discorso di Ettore, narrazione, discorso di Ettore
- **c.** Narrazione, discorso di Ettore, discorso di Andromaca, discorso di Ettore, narrazione, narrazione, discorso di Ettore
- **d.** Narrazione, discorso di Ettore, discorso di Andromaca, narrazione, discorso di Ettore, narrazione, discorso di Ettore

10 **Le forme di narrazione** Tanto il discorso iniziale di Andromaca quanto la risposta di Ettore ricorrono all'analessi e alla prolessi. Individua le rispettive parti in cui è presente una forma e quelle in cui è presente l'altra.

11 **La similitudine** Il passo è arricchito da una similitudine ispirata al mondo naturale. Indicala e spiega se ti sembra efficace e perché.

12 **I campi semantici** In questo passo vengono messi in luce il mondo degli affetti e quello dell'onore militare. Cerca almeno dieci vocaboli appartenenti a ciascuno dei campi semantici.

- Affetti: ....
- Onore: ....

13 **Gli epiteti** Ecco un elenco degli epiteti presenti nel testo. Indica quelli che riportano informazioni coerenti con il contesto e non sono pertanto semplicemente esornativi, motivando la tua scelta.

- «le belle strade» (v. 391)
- «che gli aveva portato una ricca dote» (vv. 394-395)
- «dall'elmo di bronzo» (v. 398)
- «il bambino ancora piccolo, tenero» (v. 400)
- «l'illustre Achille» (v. 414)
- «Tebe dalle alte porte» (v. 415)
- «Zeus signore dell'egida» (v. 420)
- «buoi dal passo ricurvo» (v. 424)
- «pecore bianche» (v. 424)
- «Artemide arciera (v. 428)
- «Ettore, l'eroe dall'elmo splendente» (v. 440)
- «Troiane dai lunghi pepli» (v. 442)
- «valoroso Priamo» (v. 449)
- «Greci vestiti di bronzo» (v. 454)
- «Troiani abili nel domare i cavalli» (v. 461)

14 **Il pathos** Quali elementi linguistici rendono molto drammatico il tono del racconto?

Rielaborare e produrre

15 **Discutere** Discuti insieme all'insegnante e ai compagni sulla concezione della vita umana decisa dal destino che si ritrova nei versi seguenti: «e al destino, ti dico, non può sfuggire nessuno degli uomini, / non il vile né il coraggioso, una volta che è nato» (vv. 488-489).

16 **Il riassunto** Sintetizza il passo in 150 parole al massimo.

17 **Il testo argomentativo** Discuti con i compagni e l'insegnante sul tema: "La relazione tra comportamento individuale, felicità e destino si presenta allo stesso modo anche nel nostro mondo?", tenendo conto dell'importanza che il cristianesimo ha avuto per la nostra civiltà. Riporta le opinioni emerse in un testo argomentativo di 400 parole.

18 **La donna** Andromaca è una moglie a cui è data voce e spazio nell'*Iliade*; dalle sue parole (e da quelle di Ettore) possiamo ricostruire il mondo dei valori femminili arcaici. Quali sono? Sono diversi da quelli delle donne di oggi? Ti risulta che siano cambiati? Se sì, a partire da quando? Ripensa a quanto hai studiato ed esegui una piccola ricerca; poi stendi le informazioni in un ordinato testo espositivo di 200 parole.

Omero

Il sacrificio di Patroclo

Da
Iliade (libro XVI, vv. 805-857),
VIII secolo a.C.

Poema epico

Di fronte alla richiesta di Patroclo, che teme per le sorti degli Achei respinti fino alle navi, Achille cede, lascia che l'amato compagno vada a combattere, indossando le sue armi, ma gli ordina di limitarsi a ricacciare i nemici senza spingersi oltre: Ettore è troppo forte e gode ancora dell'appoggio divino (Apollo combatte al suo fianco). La foga, però, fa presto dimenticare a Patroclo la promessa fatta ad Achille. Del resto, il suo destino è segnato. La sua morte sottolinea il passaggio decisivo del poema: innescherà, infatti, la catena inarrestabile di morti fatali che conducono al termine la vicenda.

L'accecamento gli prese il cuore, e si sciolsero le belle membra.
Si fermò attonito, e da dietro gli colpí la schiena con la lancia acuta,
in mezzo alle spalle, da vicino, un guerriero dardano,
Euforbo, figlio di Pantoo, che brillava tra i suoi coetanei
per l'abilità nella lancia e nel guidare i cavalli,
e per la corsa veloce; già venti uomini aveva gettato dal carro
la prima volta che venne ad apprendere il combattimento.
Questi fu il primo che scagliò l'arma su di te, Patroclo,
e non t'uccise; corse via e si mescolò nella calca:
dopo avere strappato dal corpo l'asta di frassino,
non resse alla vista di Patroclo, anche senz'armi, nella battaglia.
Patroclo, colpito dalla mano del dio e dalla lancia,
riparava tra i suoi compagni, per sfuggire al destino di morte.
Allora Ettore, quando vide il magnanimo Patroclo
ripiegare ferito dal bronzo acuto, gli venne vicino
attraverso le file, e lo ferí con la lancia
al basso ventre, e il bronzo passò da parte a parte.
Cadde con grande fragore e afflisse il cuore dei Greci.
Come quando un leone sconfigge un cinghiale instancabile
– entrambi orgogliosi, combattono sulla cima del monte
per poca acqua che entrambi vogliono bere –
e il leone con la sua forza vince il cinghiale ansimante,
cosí al figlio di Menezio, che tanti ne aveva uccisi,
tolse la vita con la sua lancia Ettore figlio di Priamo,
e vantandosi gli si rivolse con queste parole:
«Patroclo, tu pensavi di distruggere la mia città,

805 **L'accecamento…cuore**: Patroclo ha ricevuto un colpo da Apollo che gli annebbia i sensi; **si sciolsero… membra**: formula fissa usata per indicare che il corpo perde di vitalità.

806 **attonito**: stupito e spaventato.

807 **dardano**: troiano.

808-811 **Euforbo…il combattimento**: è un personaggio minore quello che colpisce per primo Patroclo, per quanto da ragazzo eccellesse nelle gare che preparavano i giovani alla guerra e, giunto a Troia, abbia ucciso subito molti nemici.

812 **scagliò l'arma su di te, Patroclo**: a Patroclo il narratore si rivolge in maniera diretta.

814 **strappato…di frassino**: Euforbo non ha il coraggio di infliggere il colpo di grazia e scappa, dopo aver estratto la lancia dal corpo di Patroclo.

826 **ansimante**: il cinghiale sente la morte vicina.

827 **figlio di Menezio**: Patroclo. Come sempre viene ribadita la paternità, l'origine.

di togliere la libertà alle donne troiane
e portarle sulle navi alla tua patria. Sciocco!
In loro difesa i veloci cavalli di Ettore
si slanciano al combattimento, ed io mi distinguo
con la lancia tra i bellicosi Troiani, e cosí li proteggo
dal giorno fatale – tu, sarai cibo per gli avvoltoi.
Sciagurato, non ti è servito Achille, per valoroso che sia,
che certo, restando e mandandoti, ti disse molte parole:
"Non mi tornare, Patroclo, abile nel guidare i cavalli
alle navi, prima d'avere lacerato sul petto
la veste sanguinante di Ettore, sterminatore".
Cosí certo ti disse, e, sciocco che sei, persuase il tuo cuore».
E tu, senza piú forze, gli rispondesti, Patroclo cavaliere:
«Ora puoi vantarti, Ettore, perché ti ha dato vittoria
Zeus, figlio di Crono, ed Apollo, che mi hanno vinto
facilmente: loro mi hanno tolto dalle spalle le armi.
Se venti uomini come te mi fossero venuti a fronte,
tutti sarebbero qui periti, vinti dalla mia lancia;
ma il destino funesto e il figlio di Leto mi hanno ucciso,
e tra gli uomini Euforbo; tu arrivi, terzo, a spogliarmi.
E mettiti bene in testa quello che dico:
neanche tu vivrai molto, perché già incombe
su te vicina la morte ed il feroce destino
per mano del grandissimo Achille, nipote di Eaco».
Mentre cosí diceva, la morte lo avvolse,
l'anima lasciò le membra e volò nell'Ade,
piangendo il suo destino, lasciando la forza e la giovinezza.

Omero, *Iliade*, XVI, 805-857, trad. it. di G. Paduano, Einaudi, Torino, 2012

831 **togliere...donne troiane**: il primo pensiero di Ettore è in difesa delle donne troiane.

836 **tu, sarai...avvoltoi**: peggior profezia non si può fare a un morente: il morto senza sepoltura era condannato a vagare senza pace nell'Ade.

843 **cavaliere**: il narratore apostrofa Patroclo con questo nuovo epiteto.

845-846 **Zeus...facilmente**: Zeus e Apollo, cioè gli dèi, hanno vinto «facilmente» Patroclo.

849 **il destino...di Leto**: Patroclo ribadisce come ad ucciderlo siano stati il dio Apollo e la Moira, il destino che sovrintende alla vita umana.

850 **tu...a spogliarmi:** con questa precisazione Patroclo sminuisce di molto il vanto di Ettore.

857 **piangendo...giovinezza**: è l'espressione formulare usata per la morte giovane, ineluttabile perché voluta dal destino, ma comunque causa di rimpianto per la giovinezza perduta.

Antoine Wiertz, *Greci e Troiani si contendono il corpo di Patroclo*, 1836. (Anversa, Koninklijk Museum)

per L'ANALISI del TESTO

Un episodio funzionale

L'episodio della morte di Patroclo è **funzionale allo sviluppo del poema**. Costituisce infatti il motivo capace di vincere la resistenza di Achille, di spostare la sua ira da Agamennone su Ettore. In questo modo cambia l'inerzia della guerra, **si incrina lo stallo** che aveva impedito l'esito dello scontro decennale fra Troiani e Achei, in favore di questi ultimi.

Il valore dell'amicizia e della magnanimità

La struttura non prevale, comunque, sulla forza della poesia. Anzi, l'abilità dell'aèdo sta nella fusione degli elementi formali (gli strumenti del mestiere) con la capacità di avvincere il pubblico intorno ai sentimenti e alle passioni. Quello di Patroclo è anche il **canto dell'amicizia**. È un eroe caro a tutti, ad Achille, da cui è amato, ma anche all'intero esercito acheo. Non a caso a lui si rivolgono gli altri re per convincere l'irascibile compagno a rientrare: per il suo animo nobile soffre nel vedere l'esercito acheo in rotta; nello stesso tempo riconosce le ragioni che tengono Achille fermo nel suo proposito. Per questo, per salvare l'amicizia e nel contempo la sorte degli Achei, sacrifica se stesso, gettandosi nella mischia al posto del compagno. Prevale, però, anche nel suo caso, l'eccesso, la baldanza diventa foga e la furia cecità. Non si rende conto che, perdendo la misura (di sé, delle sue forze, dei suoi limiti), allontanandosi troppo, perderà la salvezza. Patroclo viene colpito e tutto l'esercito acheo partecipa al dolore: «Cadde con grande fragore e afflisse il cuore dei Greci» (v. 822). Non è una morte comune e non solo perché si tratta di un eroe, ma perché anticipa una serie di eventi che ricadranno su tutti. Ecco dove si salda il motivo "sentimentale" (l'amicizia troncata, il destino di morte che colpisce il giovane) con quello strutturale: la pena per la morte di Patroclo **preannuncia la conseguente fine di Ettore** e la soluzione dell'ira di Achille intorno a cui ruota il poema.

Il duello

Il duello tra Patroclo ed Ettore esce dagli schemi soliti dello scontro diretto tra eroi e assume un **carattere divino**. L'intervento di Apollo che lo disarma, di Euforbo che lo ferisce e, infine, di Ettore che lo colpisce a morte amplificano una scena che ha i caratteri dell'eccezionalità. È il punto di rottura sancito dagli dèi, prima ancora che uno scontro per l'onore tra due mortali. Non per nulla Patroclo, sbeffeggiando Ettore, gli rinfaccia: «tu arrivi, terzo, a spogliarmi» (v. 850), cioè ad uccidermi, sottraendo a tale gesto gran parte della sua dimensione eroica. In secondo luogo, questo **duello** è la diretta **anticipazione di quello finale**. Aleggia sui contendenti la figura di colui che è superiore a entrambi e che regolerà a modo suo i conti. È uno scontro che passa **dalle armi alle parole** diventando modello tipico di questa scena, in cui lo scambio di battute taglienti sarà descritto con minuzia maggiore dei colpi inferti dall'uno e dall'altro contendente. E del resto, le parole finali di Patroclo, tanto più veraci perché pronunciate da chi è già nella terra dei morti e conosce quindi il futuro, non fanno che rendere esplicito quello che inevitabilmente accadrà, cioè l'uccisione di Ettore da parte del "vero" Achille, non di chi ha anticipato i tempi, rivestendosi delle sue armi.

La posizione del narratore

In questo episodio il **narratore**, rivolgendosi direttamente a un personaggio, **cessa di essere esterno** alla narrazione. La tecnica adottata mira ad **accentuare il *pathos*** per il destino di un protagonista della vicenda. E l'amplificazione maggiore del sentimento è conferita proprio dalla **perdita di oggettività** della narrazione in favore di una **partecipazione corale**, da cui non si estranea nemmeno l'aèdo. Oltre ad apostrofarlo direttamente, lascia che nella terzina di chiusura trapeli la tristezza per una morte che tronca una vita giovane. Non tanto e non solo per Patroclo, quanto per l'insondabilità del destino che tutti accomuna, e che colpirà di lì a poco anche l'ancor giovane Ettore e lo stesso Achille.

Achille si dispera sul cadavere dell'amico Patroclo in un dipinto di Gavin Hamilton del 1763. (Edimburgo, National Gallery of Scotland)

Attività

Leggere e comprendere

1 **Patroclo in difficoltà** L'episodio inizia con la presentazione di Patroclo già ferito e in concreta difficoltà. Quali segni fisici indicano la sua sofferenza?

2 **Euforbo** Il guerriero troiano che ha colpito Patroclo è descritto come forte e valoroso. Tuttavia, alcune espressioni evidenziano la sua inferiorità e il suo timoroso rispetto di fronte all'eroe acheo. Indica quali sono tra quelle proposte. (Più risposte sono corrette.)

a. Colpisce Patroclo alla schiena
b. Si mette in luce tra i suoi coetanei
c. Abbatte venti guerrieri appena inizia ad apprendere l'arte militare
d. Lancia l'asta, ma non uccide l'avversario
e. Corre indietro
f. Si mischia alla folla
g. Strappa l'asta di faggio dalla ferita
h. Non sa affrontare Patroclo che pur è disarmato

3 **L'assalto di Ettore** L'intervento di Ettore risulta fatale per Patroclo. Quali espressioni e quali forme il narratore utilizza per concentrare l'attenzione sulla sua ferocia?

4 **Le parole di Ettore** L'eroe troiano è orgoglioso della vittoria e rivolge parole sprezzanti a Patroclo. Sottolineale nel testo e spiegale con le tue parole.

5 **L'onore vendicato** Riporta le parole con cui Patroclo morente ribatte alle affermazioni di Ettore, concludendo il duello verbale.

....
....
....
....
....
....
....
....

Riconoscere e analizzare

6 **Il duello** La scena tipica del duello presenta modalità ricorrenti. Verifica la loro presenza anche in questo scontro e indica i versi in cui si ritrova ciascuna fase.

- Discorsi tra i contendenti: ....
- Colpi che non raggiungono l'obiettivo: ....
- Presenza di divinità: ....
- Colpo decisivo inferto: ....
- Lo sconfitto prega il nemico: ....
- Lo sconfitto formula una predizione all'avversario: ....
- Il vincitore pronuncia parole di vanto e di derisione: ....
- L'anima del morto scende all'Ade: ....

7 **I personaggi** I due nemici che qui si scontrano mostrano gli stessi sentimenti. Sceglili tra quelli indicati. (Più risposte sono corrette.)

a. Rassegnazione
b. Dolore
c. Orgoglio
d. Perdono
e. Odio
f. Dignità
g. Serenità
h. Accettazione del fato

8 **Il narratore** Nell'episodio il narratore non è esterno alla narrazione. Quali sono le tecniche che adotta per rompere l'oggettività? Quali espressioni lasciano trasparire questo atteggiamento? A che cosa è funzionale questa rottura del canone epico, che prevede il narratore esterno?

9 **La similitudine** Un'articolata similitudine è presente nel testo. Individuala e spiegane significato e funzione.

10 **La figura retorica** Ai versi 819 e 821 è presente la stessa figura retorica. Riconoscila e spiegala.

11 **La prolessi** Nelle parole di Patroclo è contenuta un'anticipazione di fatti (prolessi). Qual è?

12 **La traduzione** La traduzione del testo greco che abbiamo proposto è fedele al testo originale e di registro non troppo elevato. Altre traduzioni presentano invece vocaboli più ricercati, di uso non comune. Riportiamo una serie di questi termini più colti presenti nella traduzione dello stesso passo di Rosa Calzecchi Onesti. Tu cerca nella tua traduzione il termine corrispondente a quello riportato in tabella e scrivilo a fianco.

Traduzione di R. Calzecchi Onesti	Versi	Traduzione di G. Paduano
vertigine	805	accecamento
esterrefatto	806	....
dappresso	807	....
carneficina	815	....
polla	825	....
stolto	842	....
s'appressa	852	....

13 **La funzione strutturale** L'intero episodio ha una funzione centrale nell'economia del poema. Quali sono gli elementi che ce lo ricordano?

Rielaborare e produrre

14 **Il riassunto** Sintetizza il passo in 150 parole.

15 **Il tuo racconto** Riscrivi una tua versione del duello in un racconto articolato di almeno 400 parole, che metta in evidenza l'universo interiore dei contendenti.

16 **Gli dèi** Anche nel momento cruciale del duello gli dèi assumono una parte rilevante nella vicenda. In un testo espositivo di 50 parole presenta le divinità che partecipano o influiscono con il loro volere sullo scontro e chiarisci la loro posizione.

Omero

Lo scontro tra Achille ed Ettore

La notizia della morte di Patroclo sconvolge Achille, che infuria di nuovo nella piana di Troia, ansioso di vendicarsi. Davanti a lui tutti fuggono, rinchiudendosi all'interno delle mura.

Ettore, seppure incerto, invano supplicato dai genitori, decide di affrontare il rivale, ma quando Achille gli si presenta davanti in tutta la sua furia, è preso dal panico e per tre volte compie il giro delle mura. Si arresta solo quando crede di poter contare sull'aiuto del fratello Deìfobo. In realtà, è il segno della fine: la dea Atena ha assunto le sembianze del fratello per frenare la sua fuga e consegnarlo alle mani del "carnefice". Ettore va incontro così al suo destino di morte.

Da
Iliade (libro XXII, vv. 247-363),
VIII secolo a.C.

Poema epico

Cosí disse Atena, e lo guidò con malizia:
quando furono vicini, avanzando l'uno contro l'altro,
parlò per primo il grande Ettore, l'eroe dall'elmo splendente:
«Non fuggirò piú, figlio di Peleo, come ora ho fatto tre volte,
attorno all'illustre città di Priamo, e non ho avuto il coraggio
di aspettare il tuo assalto. Ma ora il mio cuore mi spinge
a starti di fronte, sia vincitore o sconfitto.
Ma su, invochiamo gli dèi, che saranno
i migliori testimoni e garanti dei nostri patti.
Se Zeus mi concede che io ti resista e ti tolga la vita,
io non recherò offese orrende al tuo corpo
ma, dopo averti spogliato delle armi illustri,
ridarò ai Greci il tuo corpo: tu fa' altrettanto».
Lo guardò di traverso e gli rispose il veloce Achille:
«Ettore, non parlarmi, maledetto, di accordi;
non ci sono patti tra gli uomini ed i leoni,
non hanno cuori concordi i lupi e gli agnelli,
senza tregua sono nemici gli uni degli altri:
cosí tra me e te non ci può essere mai amicizia
né giuramenti prima che uno di noi cada e sazi
di sangue Ares, il guerriero dal pesante scudo.
Pensa piuttosto a tutto il tuo valore, perché ora devi
essere combattente e coraggioso guerriero.

La dea Atena con l'elmo da battaglia in una statua in marmo dello scultore greco Mirone del V secolo a.C. (Francoforte, Liebieghaus)

247 **Così disse Atena**: chi ha terminato di parlare è Atena che, assunto l'aspetto di Deìfobo, fratello di Ettore, gli ha appena assicurato il suo aiuto.

254-259 **Ma su, invochiamo...tu fa' altrettanto**: Ettore, testimoni gli dèi, s'illude di poter stabilire dei patti con Achille, e che il vincitore non faccia «offese orrende» al corpo del vinto, ma, spogliato, come è giusto, delle armi gloriose e famose, venga restituito ai cari parenti o agli amici.

260-267 **Lo guardò di traverso...dal pesante scudo**: con rabbia Achille delinea l'insanabile contrasto che l'oppone a Ettore.

Non puoi sfuggirmi; qui subito Pallade Atena
ti uccide con la mia lancia; e pagherai tutti quanti
i lutti per i miei compagni, che uccidesti infuriando in battaglia».
Cosí disse e, dopo averla palleggiata, scagliò la lunghissima lancia,
ma lo splendido Ettore la evitò guardando avanti;
la vide in anticipo e si chinò; gli passò sopra
la lancia di bronzo e si piantò in terra; la prese Pallade Atena,
e la ridiede ad Achille all'insaputa di Ettore, capo d'eserciti.
Ed Ettore parlò cosí al grande Achille:
«Mi hai mancato; e dunque da Zeus tu non sapevi,
Achille pari agli dèi, la mia sorte, come pure hai detto:
non sei che un furbo ed un chiacchierone, e pensavi
che per paura scordassi la mia forza e il valore.
Non mi pianterai la lancia nel dorso mentre
fuggo, piantala qui nel petto mentre ti assalgo,
se te lo concede un dio, ma frattanto tu evita
la mia lancia di bronzo. Oh, se potessi riceverla tutta
nel tuo corpo! La guerra sarebbe piú leggera ai Troiani,
dopo la tua morte; per loro tu sei la peggiore sciagura».
Cosí disse e, dopo averla palleggiata, scagliò la lunghissima lancia,
e colpí al centro lo scudo di Achille;
non fallí, ma fu respinta dallo scudo la lancia; s'adirò Ettore,
che inutilmente il colpo veloce gli era uscito di mano.
Rimase fermo, affranto: non aveva altre lance.
Chiamò a gran voce Deifobo, l'eroe dal bianco scudo,
e gli chiedeva una lancia, ma quello non gli era piú accanto.
Allora Ettore capí nel suo cuore e cosí disse:
«Ahimè, certo gli dèi mi chiamano a morte:
credevo che mi fosse vicino l'eroe Deifobo,
ma è dentro le mura, e mi ha ingannato Pallade Atena.
Ora mi è accanto la morte crudele, non è lontana,
non è evitabile: da tempo questo volevano
Zeus e il figlio di Zeus, l'arciere, che prima benignamente
mi proteggevano, e adesso il destino m'ha colto.
Ma non voglio morire senza lotta né senza gloria,
bensí facendo qualcosa di grande, che anche i posteri ricorderanno».
Dette queste parole, sguainò la spada acuta
che gli pendeva al fianco, grande, robusta;
si raccolse e attaccò, come l'aquila alta nel cielo,

273 **palleggiata**: soppesata.

276-277 **la prese...Ettore, capo d'eserciti**: Atena, dismessi gli abiti di Deìfobo, non vista da Ettore, interviene direttamente in aiuto di Achille, riportandogli la lancia.

279-280 **tu non sapevi...la mia sorte**: Ettore per un attimo s'illude che il suo destino non sia segnato e quindi spera nella vittoria.

287-288 **La guerra...sciagura**: Ettore spera ancora di uccidere Achille, non per sé, ma per la sua città.

297-303 **Ahimè...il destino m'ha colto**: Ettore capisce subito l'inganno e il destino che l'attende. Zeus e Apollo lo hanno ormai abbandonato, Atena ha teso il tranello, il destino, quello che i Greci chiamavano "Moira", lo ha raggiunto, sancendo che è giunto il suo momento.

304-305 **Ma non voglio...i posteri ricorderanno**: prevale la morale eroica: Ettore vuole morire lasciando un esempio immortale ai posteri.

che piomba sulla pianura attraverso le nuvole oscure
per prendere qualche agnello tenero, o qualche timida lepre:
cosí Ettore si scagliò, agitando la spada acuta.
E anche Achille si mosse, l'animo pieno di furia
selvaggia: aveva il petto coperto dal bellissimo scudo,
ben lavorato, e muoveva l'elmo splendente
con quattro cimieri; ondeggiava la bella criniera dorata
che Efesto aveva messo, folta, attorno al cimiero.
Come nel cuore della notte s'avanza fra le altre stelle
la stella di Espero, la piú bella nel cielo,
cosí risplendeva dalla punta acuta la lancia che Achille
brandiva nella destra, meditando la morte di Ettore,
e guardando il bel corpo, dove meglio avrebbe ceduto.
Era tutto coperto dalle armi di bronzo,
le bellissime armi che, uccidendolo, aveva tolto a Patroclo,
tranne che si vedeva il punto dove la clavicola divide il collo
dalle spalle, la gola, il punto dove la morte è piú rapida.
Là, mentre attaccava, lo colpí con la lancia il nobile Achille,
e la punta gli attraversò il collo morbido,

313-316 **aveva il petto...attorno al cimiero**: Achille è ripreso in un primissimo piano che si fissa sull'elmo, costruitogli da Efesto, che egli vibra muovendo i quattro punti riparati (fronte, nuca e guance) e dal quale pendono i crini dorati del cimiero.

318 **Espero**: è il pianeta Venere, la prima luce a illuminare il cielo notturno, il corpo celeste più luminoso dopo il sole e la luna.

321 **dove meglio avrebbe ceduto**: dove meglio fosse perforabile, quindi da colpire.

323 **aveva tolto a Patroclo**: Ettore veste le splendide armi di Achille, strappate a Patroclo.

Peter Paul Rubens, *Achille vittorioso su Ettore*, 1630. (Pau, Musée des Beaux Arts)

ma l'asta pesante di bronzo non gli recise
la trachea, cosí che poteva parlare e rispondere; cadde riverso
nella polvere e su di lui si vantò il nobile Achille:
«Ettore, tu credevi, quando spogliasti Patroclo, d'essere
al sicuro e non contavi per niente me che ero lontano;
sciocco! Lontano, ma difensore molto più forte,
restavo indietro io accanto alle navi,
io che ti ho tolto la vita; cani ed uccelli
ti sbraneranno orrendamente, lui lo seppelliranno gli Achei».
Gli rispose, senza piú forze, Ettore, l'eroe dall'elmo splendente:
«Per la tua vita, per i tuoi ginocchi, per i genitori ti supplico:
non lasciare che mi divorino i cani presso le navi dei Greci,
ma accetta in abbondanza oro e bronzo,
il riscatto che ti daranno mio padre e la mia nobile madre,
e restituisci il mio corpo a casa, perché i Troiani e le spose
troiane mi concedano l'onore del rogo».
Lo guardò di traverso e gli rispose il veloce Achille:
«Cane, non mi pregare per i miei ginocchi né per i genitori:
vorrei che mi bastasse l'animo ed il furore
a tagliare il tuo corpo e a mangiarlo crudo, per quello che m'hai fatto,
com'è vero che nessuno allontanerà i cani dalla tua testa,
neanche se mi portassero un riscatto di dieci o venti
volte piú grande e ne promettessero ancora,
neanche se Priamo discendente di Dardano ti ripagasse
a peso d'oro; neanche cosí la tua nobile madre
che ti ha partorito ti metterà sopra un letto funebre
e ti piangerà: ti sbraneranno tutto i cani e gli uccelli».
Morendo gli disse Ettore, l'eroe dall'elmo splendente:
«Ti conosco bene e lo prevedevo
che non ti avrei persuaso; hai un cuore di ferro nel petto.
Bada però che io non ti provochi l'ira
degli dèi, il giorno che Paride e Febo Apollo
t'uccideranno alle porte Scee, per quanto tu sia valoroso».
Mentre cosí diceva, la morte lo avvolse,
l'anima lasciò le membra e volò nell'Ade,
piangendo il suo destino, lasciando la forza e la giovinezza.

Omero, *Iliade*, XXII, 247-363, trad. it. di G. Paduano, Einaudi, Torino, 2012

328-329 **l'asta pesante...la trachea**: la lancia non trapassa la gola. Con questo *escamotage* l'aèdo può continuare il duello verbale tra i due, anche se Ettore è ormai morto.

330 **su di lui...Achille**: così aveva fatto anche Ettore nei confronti di Patroclo, secondo l'uso dei duelli.

335-336 **cani ed uccelli...gli Achei**: Achille vuole prendersi la sua vendetta preannunciando lo scempio del suo cadavere e una degna sepoltura per Patroclo.

338 **Per la tua vita...per i genitori**: è la formula rituale con la quale il supplice chiedeva una grazia al vincitore.

342-343 **perché i Troiani...rogo**: l'essere bruciati sul rogo con tutti gli onori era condizione essenziale per raggiungere l'Ade.

345-347 **Cane...m'hai fatto**: quella di Achille è una rabbia ferina: il cannibalismo, che spinge a cibarsi delle carni del nemico ucciso, è retaggio di un'epoca arcaica, ripugnante e incivile.

358-360 **Bada però...alle porte Scee**: è la volta di Ettore morente di profetizzare la prossima fine di Achille: il suo comportamento bestiale scatenerà l'ira degli dèi contro di lui.

361-363 **Mentre così diceva...e la giovinezza**: questi tre versi di rimpianto per la vita che si conclude sono gli stessi che il poeta aveva usato per la morte di Patroclo (► p. 164).

per L'ANALISI del TESTO

Il *topos* del duello finale

Con lo scontro tra Achille ed Ettore la narrazione epica della guerra di Troia raggiunge il suo culmine. La sfida finale decreta, nei fatti, l'esito della guerra, poiché con la morte di Ettore la città non ha più il suo difensore.

Il duello tra i due principali eroi degli opposti schieramenti segue un **rituale** fissato dalla consuetudine, già anticipato nello scontro tra Patroclo ed Ettore. E se le vicende epiche saranno d'ora in avanti sciolte dal duello fra il protagonista e l'antagonista, ciò dipenderà in gran parte da questo modello omerico. La scena del duello finale diventerà un *topos*, una costante nella tradizione letteraria, in particolare nel genere epico (si pensi al duello tra Enea e Turno nell'*Eneide* di Virgilio), e sarà proverbiale nel cinema, in particolare nei film *western*.

L'onore e il furore

Ettore e Achille, pur essendo animati dallo stesso spirito guerresco e da identica ricerca d'onore, rivelano in questo duello **tratti antitetici**. Del troiano **Ettore**, predestinato alla sconfitta, viene messa in evidenza l'**umanità**: è preso dal panico e fugge, come un uomo ancor prima che come eroe; affronta il nemico, nonostante esso sia palesemente più forte, per difendere la città e la sua gente; continua ad avere paura, come dimostra l'esultanza effimera che gli dà l'iniziale illusione del colpo sbagliato da Achille. E quando ha l'amara consapevolezza di non essere favorito dagli dèi, si getta comunque contro l'avversario affermando: «Ma non voglio morire senza lotta né senza gloria, / bensì facendo qualcosa di grande, che anche i posteri ricorderanno» (vv. 304-305). Accettando virilmente la sorte, non dimentica però, da supplice, di chiedere pietà e la preservazione del suo cadavere dagli animali feroci.

Di **Achille** si evidenzia la progressiva **caduta nella ferinità**. Non viene a patti, non si comporta da nobile guerriero. Cerca la **vendetta** per la vendetta e arriva a pronunciare parole sacrileghe: «vorrei che mi bastasse l'animo ed il furore / a tagliare il tuo corpo e a mangiarlo crudo» (vv. 346-347). Passa il limite concesso agli umani, violando – a parole, ma poi anche nello scempio che perpetuerà – un tabù, cioè una proibizione legata a determinati comportamenti, che non poteva per definizione essere infranto, come, appunto, straziare il corpo umano.

La catena del fato

Anche da questa violazione discende la rituale predizione della imminente morte che l'eroe sconfitto rivolge al vincitore. «Bada però che io non ti provochi l'ira / degli dèi» (vv. 358-359) lo avverte Ettore, che ha colto l'empietà nelle parole del suo uccisore. E come in precedenza Patroclo aveva fatto con lui, Ettore ora profetizza la fine ad Achille. I tre, **Achille, Ettore e Patroclo**, risultano quindi **uniti da un tragico destino di morte**, che viene loro preannunciato nel momento in cui assaporano la vittoria e quindi la gloria. È come se il narratore volesse ricordare che la sorte dell'uomo non dipende dalle capacità, dall'onore acquisito in un duello vincente, ma dal destino, la **Moira**, sempre in agguato sui campi di battaglia.

La forza delle similitudini

Tutta la scena è giocata sul filo del **duello fisico alternato a quello verbale**. Interessante seguire la descrizione dei contendenti a partire dalle **similitudini animali**: la divaricazione dei caratteri è sottolineata dalle corrispondenze con le bestie feroci dell'uno e dagli epiteti dell'altro («Ettore, capo d'eserciti», v. 277, «Achille pari agli dèi», v. 280). Pur mantenendo l'oggettività della narrazione esterna, il narratore lascia trasparire in alcune formule (come quella finale) una partecipazione "umana" alla sorte riservata dal Fato agli uomini, anche quando siano valorosi e giusti.

Achille strazia il corpo di Ettore trascinandolo con il carro intorno alla tomba di Patroclo. Bassorilievo da sarcofago romano del 160 d.C. (Ostia, Museo Archeologico)

Attività

Leggere e comprendere

1 **I tre duellanti** I primi versi del passo chiariscono da subito l'esito della contesa. I duellanti non sono due, ma c'è un terzo personaggio. Chi è e da che parte sta?

2 **Il primo discorso di Ettore** L'eroe troiano mette subito in luce la magnanimità. Nel suo discorso tocca argomenti importanti: completali con i versi corrispondenti.

- Riconosce le proprie debolezze: ....
- Il coraggio lo spinge all'estrema decisione: ....
- Mostra venerazione e fiducia negli dèi: ....
- Prova rispetto per i morti: ....

3 **Il primo discorso di Achille** Achille guarda torvo Ettore e gli risponde. Quali sono le sue parole? Ti sembra che il tono del suo intervento sia simile a quello del suo antagonista? Perché?

4 **Il primo colpo di Achille** Dopo il primo scambio di parole, inizia il combattimento. Qual è la prima arma usata? Il colpo va a segno?

5 **Il secondo discorso di Ettore** Prima di ribattere al colpo, Ettore risponde a parole ad Achille mettendo in luce il proprio coraggio. Rimetti in ordine le azioni che compie.

a. Gli dice che non lo colpirà alle spalle ☐
b. Lo invita a evitare il suo colpo ☐
c. Si augura di poter conficcare tutta l'asta nel suo corpo ☐
d. Lo insulta ☐
e. Afferma che la morte di Achille sarà di gran vantaggio per i Troiani ☐
f. Lo provoca deridendolo ☐

6 **Il primo colpo di Ettore** Ettore passa al contrattacco e colpisce lo scudo di Achille. Quali sono le reazioni di Ettore e gli stati d'animo che si susseguono in lui?

7 **Il colpo mortale di Achille** I due eroi si affrontano senza esclusione di colpi. Come vengono descritti i duellanti? Come viene riportato il colpo che atterra Ettore?

8 **Le parole conclusive** Ettore, ormai morente, e il vincitore Achille si scambiano le ultime parole. Indica quali argomenti si riferiscono ad Achille (A) e quali a Ettore (E).

- Vendica Patroclo ....
- Prega di rendere il cadavere ai genitori e alla patria ....
- Predice la morte al nemico ....
- Intende lasciare il cadavere del nemico insepolto e violato ....

Riconoscere e analizzare

9 **La struttura** Il brano è costruito a partire da discorsi diretti e parti narrative. Riconosci queste forme all'interno delle sequenze individuate, assegnando a ciascuna un titolo.

- 247-249: ....
- 250-259: ....
- 261-272: ....
- 273-277: ....
- 279-288: ....
- 289-295: ....
- 297-305: ....
- 306-330: ....
- 331-336: ....
- 338-343: ....
- 345-354: ....
- 356-360: ....
- 361-363: ....

10 **Le similitudini** La continuità dello scontro violento e delle forti emozioni è interrotta da tre similitudini. Descrivile, valutandone la funzione e l'efficacia.

11 **Gli epiteti** Individua nel passo tutti gli epiteti riferiti ai due contendenti, riportali per iscritto e valuta se sono attributi esornativi o se contribuiscano alla descrizione dei caratteri e della situazione.

12 **La traduzione** La traduzione del testo greco che abbiamo proposto è fedele al testo originale e di registro non troppo elevato. Altre traduzioni presentano invece vocaboli più ricercati, di uso non comune. Riportiamo una serie di questi termini più colti presenti nella traduzione dello stesso passo di Rosa Calzecchi Onesti. Tu cerca nella tua traduzione il termine corrispondente a quello riportato in tabella e scrivilo a fianco. L'esercizio è avviato.

Traduzione di R. Calzecchi Onesti	Versi	Traduzione di G. Paduano
bieco	260	di traverso
s'infisse	276	....
avvilito	293	....
pervia	321	....
strozza	328	....
sconceranno	336	....

13 **Eroi diversi** Attribuisci all'uno, all'altro o a entrambi gli eroi gli aggettivi elencati. Quindi delinea le differenze di carattere, di atteggiamento e di comportamento che emergono tra i due contendenti.

Coraggioso • aggressivo • generoso • leale • nobile • rispettoso • pio • implacabile • vendicativo

14 **Il confronto** Il duello tra Ettore e Achille costituisce un modello per l'epica successiva. Considera di nuovo le costanti già individuate nel duello tra Ettore e Patroclo (▸ p. 164). Indica quali costanti sono presenti e quali no. Poi completa con i versi in cui si trova la frase indicata.

a. Discorsi tra i contendenti: ☐
....

b. Colpi che non raggiungono l'obiettivo: ☐
....

c. Presenza di divinità: ☐
....

d. Colpo decisivo inferto: ☐
....

e. Lo sconfitto prega il nemico: ☐
....

f. Lo sconfitto formula una predizione all'avversario: ☐
....

g. Il vincitore pronuncia parole di vanto e di derisione: ☐
....

h. L'anima del morto scende all'Ade: ☐
....

Rielaborare e produrre

15 **Discutere** Ritieni che l'autore, descrivendo un Achille spietato e disumano, parteggi per Ettore per compassione, perché è il più debole? Oppure pensi che parteggiare per il più debole sia un atto tipico della nostra sensibilità cristiana, e non appartenga affatto alle intenzioni di Omero? Confronta la tua opinione con quella dei tuoi compagni in un dibattito in classe.

16 **Il riassunto** Sintetizza il passo in 200 parole al massimo, eliminando i discorsi diretti.

17 **Il tuo racconto** Immagina che Achille, pur vincitore, mostri pietà e accolga la preghiera di Ettore. Produci un racconto di 300 parole che riproponga il duello, ma abbia un altro finale.

18 **Un duello moderno** Immagina di dover raccontare in 150 parole una sfida tra due odierni campioni dello sport riprendendo le forme e il lessico omerico, impiegato nel duello tra Achille ed Ettore. Descrivine uno come fisicamente più dotato, ma meno simpatico, e l'altro più debole, ma animato da valori più condivisibili. Non temere, insomma, di essere partecipe della sfida, mostrando di parteggiare per l'uno piuttosto che per l'altro, ma lascia che alla fine vinca comunque il migliore.

per SAPERNE di PIÙ

Il rituale del duello

L'*aristìa*

L'*Iliade* è per eccellenza il poema della guerra. Le gesta eroiche sono la materia dell'intreccio. La struttura originaria fu assemblata intorno a "canti autonomi" che venivano eseguiti dagli aèdi per celebrare le imprese (*aristìa*) degli *àristoi*: l'intero libro V racconta le gloriose imprese di Diomede, il libro XI è dedicato ad Agamennone, il libro XVII a Menelao. Per altri eroi, come Achille ed Ettore, la narrazione delle gesta si sviluppa lungo l'arco di tutto il poema.

Il prologo

Il racconto di queste imprese segue uno schema fisso, con le caratteristiche tipiche di tutte le situazioni narrative che ricorrono con una certa frequenza.

A partire dalla lettura dei brani dedicati al duello tra Ettore e Patroclo (▸ p. 164) e tra Achille ed Ettore (▸ p. 169), è possibile individuare alcune costanti di quello che è un vero e proprio rituale, tenendo ovviamente in conto il fatto che lo schema compositivo non è mai rigido, ma è soggetto a varianti funzionali al racconto generale. Per esempio, il duello vero e proprio può essere preceduto dalla scena tipica della **vestizione delle armi**, un momento in cui l'aèdo sottolinea la nobiltà dell'eroe descrivendo con minuzia lo splendore e la potenza delle armi, caratteri che rispecchiano fedelmente l'eroe cui sono destinate.

Il duello si apre solitamente con uno **scambio di battute** tra i due contendenti. Da una parte si deve accentuare la tensione che precede lo scontro, con affermazioni di reciproco astio, sprezzanti proclami di superiorità e minacce di trattamenti particolarmente crudeli dell'avversario. Dall'altra ci sono affermazioni che ristabiliscono "il codice cavalleresco", conferendo nobiltà al duello e ai protagonisti. Si tratta della definizione delle regole e della fissazione di patti relativi alla restituzione della salma dello sconfitto ai congiunti, in vista degli onori funebri. Solo a questo punto, dopo che i due contendenti hanno accettato o rifiutato i patti con l'avversario, prende avvio il duello all'ultimo sangue. Si parte dai "ferri lunghi" (armi da getto), per passare poi ai ferri corti.

I primi colpi

I primi colpi non sortiscono di solito alcun risultato; la **presenza di una divinità** fa sì che l'eroe protetto schivi la lancia del rivale, pari il suo colpo di spada e magari riceva un aiuto determinante quando attacca; il dio può anche intervenire in aiuto di chi soccombe per sottrarlo alla morte avvolgendolo in una fitta nebbia.

La scena decisiva

Quando viene sferrato il **colpo mortale**, la narrazione si fa dettagliata in modo tale da accrescere l'emozione o il raccapriccio; nel momento in cui uno dei due è colpito a morte ritorna il motivo dello scambio di battute. Il morente rivolge una **preghiera al vincitore**, ricordandogli i patti stabiliti; in caso di rifiuto a mantenere i patti, lo sconfitto fa una **predizione di morte**, che si rivela una vera e propria maledizione (Patroclo nei confronti di Ettore; Ettore nei confronti di Achille). Lo scherno e il **disprezzo espresso dal vincitore** nei confronti del vinto conclude di solito la scena, secondo un rituale che non condanna, anzi, sancisce il diritto del trionfatore di affermare una superiorità ormai indiscutibile.

L'epilogo

L'epilogo del duello prevede alcuni versi, formulari e ricorrenti ma comunque densi di *pathos*, che accompagnano l'**esalazione dello spirito vitale** (*psyché*, in greco, *anima*, in latino) che scende alle fosche case dell'Ade. Non c'è nessuna enfasi retorica, perché la morte, nella cultura arcaica, corrisponde al nulla, al freddo, al cupo cielo dell'aldilà, non a un luogo in cui l'onore e il valore vengano riconosciuti e men che meno premiati.

Il duello, come nel caso della morte di Patroclo, può avere un prolungamento quando, attorno al corpo dell'eroe caduto, si accende la mischia per il **possesso delle** sue **spoglie** (essenzialmente le armi; nei casi di ferocia implacabile, lo stesso corpo di cui fare scempio): per i vincitori costituiscono un trofeo importante, da esibire, per i vinti sono indispensabili perché i congiunti possano onorare della sepoltura l'eroe morto.

Attività

Leggere e comprendere

1 **I gesti rituali** I gesti che Priamo supplice compie sono rituali, ma carichi di significato. Quali sono? Che cosa esprimono?

2 **Il primo sentimento** Quale sentimento suscitano immediatamente questi gesti in Achille e nei presenti? Come viene evidenziato nel testo?

3 **I valori di Priamo** Quali sono le corde toccate da Priamo per fare breccia nel cuore di Achille? A quali sentimenti alludono i suoi discorsi? (Più risposte sono corrette.)

a. Rispetto degli dèi
b. Perdono per i nemici
c. Amore per i figli
d. Rispetto per i genitori
e. Comprensione per la solitudine dei vecchi

4 **Due vecchi** Priamo mette a confronto la sorte dei due vecchi padri: Peleo e lui stesso. Quali sono le ragioni delle rispettive infelicità?

- Peleo: ....
- Priamo: ....

5 **L'ultima invocazione** Qual è la sequenza corretta dei motivi che dovrebbero indurre Achille alla restituzione della salma?

a. L'amore verso il padre, la gioia per la vittoria, il ricordo del padre, l'umiliazione del re
b. Il rispetto degli dèi, la pietà verso il supplice, il ricordo del padre, l'umiltà del supplice
c. Il desiderio di onore, l'amore verso il figlio, la gioia della vittoria, la pietà verso i supplici
d. L'umiltà del supplice, il rispetto degli dei, la pietà verso il supplice, il ricordo del padre

6 **Il linguaggio del corpo** Ancora prima che con le parole, Achille evidenzia i suoi sentimenti con i gesti. Riporta le parole del testo che illustrano i suoi comportamenti.

7 **L'omaggio** Le prime parole di Achille mostrano rispetto e ammirazione per Priamo. Di quali atti straordinari gli riconosce il merito?

8 **Il destino** Achille invita Priamo a non piangere e riflette sul destino degli uomini. Che cosa sostiene?

9 **I doni tristi** I doni tristi di Zeus rendono l'uomo infelice. Quali sono le condizioni dell'umana infelicità secondo Achille, portavoce della tradizione arcaica?

10 **Due destini** Achille esemplifica le sue considerazioni sulle alterne vicende del destino umano, riferendole a Priamo e Peleo. Riporta con parole tue ciò che afferma in relazione al padre e ciò che dice in relazione al vecchio Priamo.

Riconoscere e analizzare

11 **La similitudine** La similitudine presente in questo brano è diversa da quelle esaminate finora. Ricercala, spiegala e di' in che cosa consiste la sua particolarità.

12 **L'epiteto** Durante il suo discorso, Achille dice a Priamo che ha un «cuore di ferro» (v. 521). È la stessa espressione che Ettore morente (► p. 172, v. 357) rivolge al Pelide, ma, evidentemente, con un significato diverso. Cerca di spiegare la diversa funzione dell'epiteto, rileggendo e confrontando i due passi.

13 **Immagini e metafore** Achille riflette sul destino umano con un richiamo al mito. Che cosa dice?

14 **Il narratore** Cerca nel testo le parti in cui emergono gli interventi del narratore e spiega il senso delle sue parole.

15 **La geografia** Achille elenca i nomi di molte terre e città. Qual è lo scopo della sua dettagliata descrizione?

a. Vuole sottolineare l'estensione del regno di Priamo
b. Vuole far conoscere le zone allora più ricche
c. Vuole evidenziare la mutevolezza della sorte
d. Vuole descrivere l'estensione dei suoi domini

Rielaborare e produrre

16 **Il riassunto** Sintetizza in 100 parole al massimo il contenuto del passo.

17 **Un altro eroe** In questo episodio è ancora protagonista Achille, ma è un eroe trasformato, sia rispetto al passato recente sia rispetto all'inizio della vicenda. Rileggi il testo e indica quali caratteri nuovi l'eroe manifesta e quali invece mantiene rispetto al passato. Riporta poi le tue considerazioni in un organico testo espositivo.

per SAPERNE di PIÙ

Il rito funebre

Quando Ettore è in procinto di sfidare Achille, gli chiede di stabilire dei patti: il vincitore avrebbe restituito il vinto alla sua gente. Sappiamo però cosa farà Achille del corpo di Ettore, fino a quando Priamo non si presenterà supplice davanti a lui per riscattarlo con ricchi doni: sia il figlio morente sia il padre a lui sopravvissuto anelano soprattutto alla possibilità di ricevere o officiare le onoranze funebri.

La sepoltura, legge non scritta

Nella cultura greca arcaica **dare sepoltura** alla persona morta è **uno dei doveri primari** per coloro che gli sono sopravvissuti, è una "legge non scritta".

Il corpo, dopo la morte, non doveva restare insepolto, esposto ai cani e agli uccelli, come invece accadeva spesso, da quanto leggiamo nell'*Iliade*, altrimenti la sua anima – la parte invisibile che accompagna in vita il corpo e che viene esalata all'atto della morte – non avrebbe potuto raggiungere l'Ade, il regno dei morti, e trovare la sua collocazione eterna, ma l'ombra sarebbe stata destinata a vagare senza requie.

La spiegazione di questo dovere

Questo non perché i Greci attribuissero importanza all'aldilà. Anzi, la morte era per loro un "non essere", il cessare puro e semplice della vita, senza prospettive e senza positività. Tra la sfera affermativa e positiva della vita e quella puramente negativa della morte si inseriva il compito della famiglia che doveva conferire qualcosa al trapassato, riconoscerlo come individuo, assicurargli almeno sul piano dell'azione umana la singolarità perduta. Il congiunto o l'amico o il commilitone deve provvedere agli onori funebri perché solo in questo modo si può conferire senso a qualcosa (cioè alla morte) che di per sé non l'ha. Gli onori funebri portano "consolazione" e rendono possibile la "conciliazione" con quell'estremo accadere che altrimenti non sarebbe che uno sprofondare nel nulla. Ecco il motivo della sottrazione del cadavere alle forze del tempo e degli animali: evitare che esso sia solo un corpo che si deve dissolvere, in balia delle leggi della natura.

Jacques-Louis David, *I funerali di Patroclo*, 1778. (Dublino, National Gallery of Ireland)

Le sequenze del rituale

Dal racconto omerico è possibile delineare il rituale funebre che i Greci del **periodo miceneo** seguivano, riconducibile a una serie di passaggi codificati. In primo luogo il **cadavere veniva lavato**, unto con balsami, **avvolto in un sudario**. Una volta preparato, **era esposto su un catafalco**, attorno al quale si stringevano i parenti, gli amici, le donne di famiglia per eseguire il lamento funebre, che alternava pianto, invocazioni, preghiere e una gestualità per noi molto teatrale. Tale esposizione poteva durare vari giorni, al termine dei quali era compiuto un sacrificio in onore del defunto.

Il cadavere doveva poi **essere bruciato** (ma ricordiamo che la società micenea cui fa riferimento Omero praticava l'inumazione, mentre la cremazione è tipica dei Dori che si attestarono in Grecia intorno al X-IX secolo a.C.). Per questo i congiunti erigevano una pira sulla quale depositavano il corpo, dopo averlo cosparso di unguenti e di grasso di animali sacrificali. In alcuni casi, come testimoniato nelle esequie di Patroclo, sussistevano arcaiche consuetudini che prevedevano anche sacrifici di umani sgozzati e gettati nella pira. Tutto questo veniva poi incendiato. Al termine di questo grande rogo, le braci erano spente ritualmente con del vino, le ossa erano raccolte e deposte in un'urna, a sua volta calata in una fossa. Tale fossa veniva sigillata, ricoperta di terra in modo che fosse innalzato un tumulo.

Per completare queste cerimonie e sempre con lo scopo di onorare il defunto potevano essere organizzati dei **giochi funebri**, che prevedevano premi per i vincitori donati dai parenti del morto, ulteriore omaggio all'eroe trapassato. Secondo alcuni studiosi, tali gare erano il risultato della progressiva trasformazione delle lotte per il potere e per il possesso dei beni che il defunto aveva lasciato.

Jean-Pierre Vernant

La morte eroica nell'antica Grecia. Il caso di Achille

La morte eroica era per i Greci soprattutto una scelta, una sfida che il giovane guerriero raccoglieva nella consapevolezza che morire in battaglia fosse il modo migliore per glorificare la vita e scongiurare l'oblio. Il modello dell'Achille omerico sottintende questi valori.

Da
La morte eroica nell'antica Grecia
Saggio

Vi parlerò della morte eroica in Grecia. Non è un compito facile. Il tema è talmente vasto che, in verità, non so bene da dove cominciare. La cosa più semplice è esordire evocando il personaggio che ai nostri occhi incarna, come già incarnava agli occhi dei Greci, l'ideale dell'uomo eroico e della morte eroica: Achille. Nei racconti che lo concernono – non solo nell'*Iliade*, ma nei racconti leggendari che ci sono stati trasmessi da altre fonti – si pone chiaramente, in rapporto alla sua figura, il dilemma di una scelta quasi metafisica tra due opposte forme di vita. Achille è figlio di un semplice mortale, Peleo, e di una dea, Teti, la quale ha tentato di sfuggire a questa unione con un mortale impostale dagli dèi assumendo ogni tipo di forma. Alla fine, il vecchio Peleo è riuscito a unirsi a Teti e insieme hanno avuto molti figli la cui natura era incerta, e che Teti avrebbe voluto rendere immortali. Nel caso di Achille, la dea lo immerge, appena nato, nelle acque dello Stige, tenendolo per il tallone. Se riesce a superare questa terrificante prova – dato che lo Stige è, in un certo senso, la morte –, l'intera parte del corpo che sarà stata in contatto con l'acqua diverrà immortale. È quello che accade ad Achille. Egli è dunque un essere umano che in forza della sua persona, del suo passato, della sua genealogia, si colloca all'incrocio del divino e dell'umano. Solo una piccola parte del suo corpo è rimasta mortale: il tallone – Teti doveva pur tenerlo in qualche modo – ed è qui che incontrerà la morte.

Achille è, così, l'immagine stessa del guerriero e delle sue virtù: non solo il coraggio, ma anche quella forma di morale aristocratica che fa da sfondo alla morte eroica, e in cui un uomo è *kalòs kagathós*, "bello-buono", come se la sua qualità di uomo eccellente, incomparabile, si desse a leggere sul suo corpo: nella sua prestan-

L'AUTORE

Jean-Pierre Vernant (1914-2007), filosofo, storico dell'antichità, antropologo, è stato uno dei massimi studiosi della cultura greca antica. Lo studio del linguaggio mitico degli antichi non gli ha impedito un confronto con il presente, che si è concretizzato anche con contributi diretti, da intellettuale impegnato, sugli argomenti dell'attualità: dal razzismo all'immigrazione e al pacifismo. Tra le sue opere ricordiamo: *Le origini del pensiero greco* (1962), *Mito e società nell'antica Grecia* (1974), *Tra mito e politica* (1996), *L'universo, gli dèi, gli uomini. Il racconto del mito* (2000).

za, nella sua gestualità, nella sua andatura, nel modo di presentarsi. Accade che un uomo come Achille appaia in una cerchia di persone: ed è come vedere un dio che avanza, e che incarna questa specie di eccellenza che si manifesta in un lampo di luce, come la bellezza di una fanciulla simile a una dea. È un po' in questo modo che i Greci vedono Achille: non c'è nessuna morale del peccato, della colpa, del dovere; c'è l'idea che occorre essere un uomo come si deve, ed evitare le bassezze, gli atti villani, l'invidia, che occorre darsi un contegno.

Achille ha dovuto scegliere tra due vite. O una vita tranquilla e dolce, una vita lunga con una donna, e i figli, e il padre, e poi la morte al termine del cammino, nel suo letto, come accade a tutte le persone anziane: sparire in una specie di mondo oscuro, tra volti vestiti di notte in cui nessuno ha nome né individualità, nell'Ade, diventare ombra inconsistente, e poi più niente, e nessuno. O, al contrario, quella che i Greci chiamano vita breve e bella morte, *kalòs thánatos*. Non c'è bella morte senza vita breve. E ciò significa che, nell'ideale eroico, un uomo può scegliere di voler essere sempre e in tutto il migliore, e per provarlo non esita a lanciarsi continuamente nella prima fila della battaglia – è la morale guerriera – e a mettere in gioco ogni giorno, in ogni scontro, la sua *psyché*, e se stesso, e la propria vita, senza esitare, e tutto. Perché tutto? Questa concezione di una forma di vita che aderisce a un senso dell'onore, alla *timé*, fa sì che tutti gli onori di stato, gli onori stabiliti, non valgano nulla. [...]

E quando si gioca a "tutto o niente", c'è da star sicuri che, un giorno o l'altro, si muore, perché nessun uomo è immortale, nemmeno Achille. Colui che vive la vita, e la sua persona, in questo modo che consiste nel porre tutto in gioco, tutto se stesso, al fine di mostrarsi, di dimostrarsi, di provare a se stesso che è veramente un uomo senza compromessi, senza codardia, allora questi è sicuro di morire giovane. E non è, questa morte, una morte come le altre. Come c'è un onore eroico che non è l'onore ordinario, c'è una morte eroica in battaglia che non è una morte ordinaria. Perché? Perché il giovane uomo nel fiore degli anni e della bellezza che cade in battaglia non vedrà sul suo corpo gli avvizzimenti, il rammollimento che l'età reca ai mortali. È la legge del genere umano: si nasce, si cresce, si diventa efebo, giovane uomo, uomo "fatto", e poi, poco a poco, contrariamente a quanto accade agli dèi,

Jean-Baptiste Giraud, *Achille morente*, 1789. (Aix-en-Provence, Musée Granet)

ci si indebolisce, deteriora, degrada, si diventa un vecchio stanco che sragiona e che presto morirà; ed è come se non avesse vissuto. Ma se uno muore al momento di dimostrare chi è nel fiore della sua giovinezza, la sua esistenza sfuggirà all'usura del tempo, alla mortalità ordinaria. Nell'*Iliade*, nel momento in cui Ettore, inseguito da Achille, decide di affrontare l'eroe, Priamo, che si trova sulle torri, domanda a suo figlio di fuggire, di oltrepassare la porta e rientrare al riparo delle mura. Gli dice pressappoco così: per il giovane guerriero che cade sul campo di battaglia tutto è bello, tutto conviene, *pánta kalá pánt'epéoiken*, ma la morte per un vecchio come me, Priamo, se tu soccombi, sarà orribile. Priamo aggiunge che sarà coperto di sangue, e che i cani cui dava un tempo da mangiare nei cortili del palazzo verranno a divorargli i genitali. Tirteo, a Sparta, riprenderà la stessa immagine dicendo che, per il giovane guerriero che cade in prima linea nel fiore della giovinezza, avendo messo in gioco la sua propria vita e se stesso, "tutto è bello, tutto conviene", gli uomini lo ammirano, lo venerano le donne e le future generazioni continueranno ad ammirarlo. Non cesserà attraverso la morte – accettata e accolta, benché non scelta – di essere ciò che era da vivo, un uomo giovane nello splendore della forza e della bellezza. Anche i suoi funerali lo attesteranno. Perché? [...]

La morte eroica procura non solo un onore incomparabile ma realizza il paradosso di una creatura umana mortale, effimera, votata al ciclo – il passaggio attraverso differenti tappe fino alla misera morte – che caratterizza l'uomo e lo oppone agli dèi. Achille vi sfugge. In questo mondo greco, non c'è l'idea, propria alla civiltà giudaico-cristiana, che in ognuno di noi dimora una parte che è noi stessi, l'anima, lo spirito immortale, individualizzata e più che individualizzata perché infine ci sarà anche la resurrezione della carne, i nostri corpi risorgeranno, e siamo dunque votati, noi, a una felice immortalità. Per i Greci questo non esiste. Per i Greci noi siamo un corpo, l'anima si compone di soffi inconsistenti, e quando si muore si passa nell'Ade, e non c'è più niente.

J.-P. Vernant, *La morte eroica nell'antica Grecia*, Il melangolo, Genova, 2007

Attività

Comprendere il saggio

1 **L'argomento** Di che cosa parla il brano?

2 **Achille** Che cosa rappresentava la figura di Achille per i Greci?

3 **Il modo di dire** Una delle circostanze legate alla nascita di Achille ha dato vita a un modo di dire abituale: qual è? Spiegane il significato.

4 **Il dilemma** Qual è il dilemma di fronte al quale Achille deve fare la sua scelta?

Analizzare il saggio

5 **La patria** Sacrificarsi per la patria è un valore anche per i giovani e per l'intera società odierna? Esprimi il tuo parere in un intervento orale di 5 minuti.

6 **La morte prematura** "Non c'è bella morte senza vita breve", così pensavano i Greci. Anche oggi è diffusa una tale convinzione? Sono vite eroiche quelle dei giovani miti del cinema (James Dean, Heath Ledger) o della musica (Jeff Buckley, Jim Morrison, Kurt Cobain, Amy Whinehouse) morti in maniera prematura nel pieno della fama?

La guerra di Troia

Trama

Dalla contesa fra tre dee – Era, Artemide e Afrodite – su chi sia la favorita, ha origine l'infausto giudizio del principe troiano Paride, che scegliendo Afrodite, si guadagnerà l'amore della bella Elena, moglie del re di Sparta Menelao, e, conducendola a Troia, getterà l'ombra della rovina sulla propria patria. Menelao raduna i principi achei, legati da un patto alla salvaguardia di Elena, e li muove alle armi. Ha inizio una sanguinosa guerra che durerà dieci anni con alterne vicende e con illustri vittime (su tutte, Ettore e Achille) in entrambi i campi.

Alla vendetta di Neottolemo, figlio di Achille, che farà strage di nemici, si aggiunge il favore della dea Atena, che ispira lo stratagemma decisivo della costruzione del gigantesco cavallo di legno. Al suo interno si nasconde una schiera di Achei, in attesa di penetrare nella città e di sorprenderne gli abitanti addormentati e storditi dai festeggiamenti per l'ingannevole ritiro delle truppe argive. Troia è data alle fiamme, gli uomini trucidati e le donne condotte alle navi come schiave o concubine. Inizia il viaggio di ritorno, per alcuni ancora fonte di lunghi travagli.

L'ultima tavola vede la bella Elena, causa di tanta disgrazia, regnare felicemente su Sparta col ritrovato Menelao.

Autore
Roy Thomas

Disegni
Miguel Angel Sepulveda

Data di uscita
2013

Genere
Fumetto

La copertina del fumetto nell'edizione Panini Comics 2013.

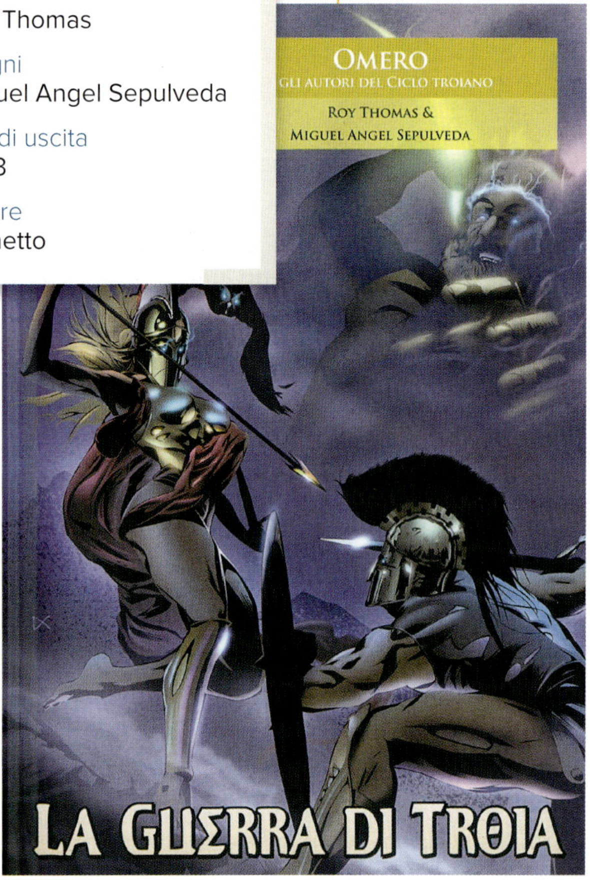

Analisi

Roy Thomas e Miguel Angel Sepulveda, dopo i precedenti adattamenti dell'*Iliade* e dell'*Odissea* (entrambi pubblicati da Panini Comics nel 2012), chiudono l'ideale trilogia ispirata al "ciclo troiano", basata sugli episodi omerici, concentrati sul nono anno di assedio e sulla temutissima ira di Achille. Inseriscono passaggi narrativi da scritti epici minori, giunti sino a noi in forma frammentaria, ma che consentono ai lettori di ricostruire gli antefatti e le conseguenze della caduta di Troia, nonché il ritorno a casa dei principali eroi achei.

Al momento dell'uccisione di Patroclo da parte di Ettore e di quest'ultimo per mano di Achille, con la commovente restituzione del corpo del guerriero troiano al vecchio padre re Priamo, è dedicata una sola, concentratissima tavola, in cui l'introspezione psicologica dei personaggi cede il passo a forme estetiche tipiche del genere supereroistico americano. Maggior spazio, invece, è riservato a vicende minori, ad alto contenuto di azione, come quella di Pentesilea, regina delle Amazzoni, che trova la morte combattendo invano a fianco dei Troiani.

Il maggior risalto concesso ai personaggi femminili comprende anche la figura di Cassandra, profetessa troiana condannata da Apollo a non essere mai creduta, attraverso le cui visioni apprendiamo la tragica fine di molti vittoriosi Achei.

Troy

Regia
Wolfgang Petersen

Interpreti
Brad Pitt, Orlando Bloom, Diane Kruger, Eric Bana, Peter O'Toole

Data di uscita
2004

Genere
Avventura

Trama

La didascalia iniziale del film ricorda che gli avvenimenti risalgono a 3200 anni fa. Agamennone deve conquistare la Tessaglia, unica regione della Grecia non ancora sotto il suo controllo. Achille, pur contro voglia, accetta di risolvere la questione con un duello. A Sparta si festeggia la pace finalmente raggiunta con Troia, ma Paride, principe troiano, si innamora di Elena, moglie di Menelao, che lo segue a Troia. Ha quindi inizio la spedizione militare di tutti i re greci al comando supremo di Agamennone. Dopo una sequenza di amori, eroismi, duelli e battaglie si arriva alla distruzione di Troia, con l'inganno del cavallo, e alla missione, affidata da Paride a Enea, di far rinascere la città in un'altra sede.

Analisi

Il film riprende in modo libero le vicende narrate nell'*Iliade*. Il regista compie un'operazione di modifica e di ampliamento del contenuto del poema omerico per ricavarne un colossal di successo. Intento dichiarato è rendere comprensibile e appetibile anche per il pubblico cinematografico del XXI secolo un poema di oltre 3000 anni fa.

Petersen dilata i cinquantun giorni della vicenda iniziale e aggiunge premesse ed episodi inesistenti. Non introduce, però, gli dèi, personaggi fondamentali dell'epica, la cui presenza renderebbe le scene poco credibili. La conclusione, confezionata su misura per lo spettatore moderno, evita la morale tragica di Omero e si apre alla speranza.

L'*Iliade* è dunque il pretesto iniziale e nel corso del film diventa una delle tante tessere di cui *Troy* si compone.

Il regista calca su aspetti "ad effetto", sfiorati ma non esplicitati nel poema:

– l'amore, che nel film viene spettacolarizzato con scene erotiche e nuove storie come quella tra Achille e Briseide (non si fa accenno, ovviamente, al legame tra Achille e Patroclo);

– la brama di potere, rivisitata attraverso la figura di Agamennone;

– l'odio, che emerge nella rivalità tra Agamennone e Achille, divisi da vera e propria antipatia personale.

Riadattati ai gusti di oggi, i personaggi mantengono parte delle loro prerogative: Achille è l'eroe spietato e senza macchia, privo di dubbi e pronto all'azione. Il suo duello con Ettore, l'antagonista che difende con onore la propria patria, ricorda la sfida finale di certi western, soprattutto nell'uso delle tecniche di combattimento e delle inquadrature. Paride ha un ruolo di protagonista che non ha nell'*Iliade*, e può dimostrare il suo valore anche sul campo, oltre che in amore.

Al di là della violenza delle scene, manca completamente il senso incombente della morte che governa l'esistenza degli eroi omerici. Tutto brulica di colori e di sfarzo. Tutto è faraonico, colossale. Ma questo, più che un difetto, è connaturato alla concezione stessa del film, che non vuole essere una ripresa dell'*Iliade*, ma un colossal in costume che mette in scena passioni e vicende di oggi con le maschere degli antichi eroi.

Una scena tratta dal film *Troy*.

RACCOGLIAMO LE IDEE

1 Sintesi dei contenuti

Dopo aver letto i passi dell'*Iliade* presentati nell'Unità e aver individuato le azioni più significative dei principali personaggi, inserisci nei grafici gli aggettivi corrispondenti alle caratteristiche di seguito elencate, che definiscono il loro *status* e i loro comportamenti. Gli esercizi sono avviati.

AGAMENNONE

1 nobile
2
3
4
5
6
7
8

1 È re di Micene **2** Comanda l'esercito **3** Non vuole consegnare la sua schiava **4** Pretende in cambio la schiava di Achille **5** Pretende la parte migliore del bottino **6** Minaccia Calcante **7** Non teme la partenza o il ritiro di Achille **8** Ritiene di essere più potente di tutti gli altri re ed eroi presenti a Troia

ACHILLE

1
2
3
4
5
6
7
rispettoso

1 È figlio di un uomo e di una dea **2** Più di tutti combatte con valore **3** Cerca di persuadere Agamennone **4** Insulta Agamennone **5** Si ritira dalla battaglia **6** Soffre per la morte di Patroclo **7** Vince il duello con Ettore e ne strazia il cadavere **8** Accoglie Priamo e accetta le sue richieste

ETTORE

1
2
3
4 afflitto
5
6
7
8

1 È figlio di Priamo **2** Sa di essere il più valoroso dei Troiani ancora vivi **3** Corre a salutare la moglie **4** Si preoccupa per la sorte della moglie **5** Teme la vergogna del ritiro **6** Prende tra le braccia il figlio **7** Combatte in duello con Achille **8** È ingannato da Atena

2 Citazioni dall'*Iliade*

Canta, Musa divina, l'ira di Achille figlio di Peleo,
l'ira rovinosa che portò ai Greci infiniti dolori,
e mandò sottoterra all'Ade molte anime forti
d'eroi, e li lasciò in preda ai cani ed a tutti
gli uccelli [...].

Proemio

La vide Ettore e n'ebbe pietà,
l'accarezzò con la mano e le disse:
«Sventurata, ti prego, non abbatterti troppo nell'animo,
nessuno mi getterà all'Ade contro il destino
e al destino, ti dico, non può sfuggire nessuno degli uomini,
non il vile né il coraggioso, una volta che è nato.
[...]».

La difficile scelta di Ettore: l'onore o la famiglia?

Morendo gli disse Ettore, l'eroe dall'elmo splendente:
«Ti conosco bene e lo prevedevo
che non ti avrei persuaso; hai un cuore di ferro nel petto.
[...]».
Mentre cosí diceva, la morte lo avvolse,
l'anima lasciò le membra e volò nell'Ade,
piangendo il suo destino, lasciando la forza e la giovinezza.

Lo scontro tra Achille ed Ettore

Questo destino hanno dato gli dèi ai mortali infelici:
vivere afflitti, ma loro sono immuni da pena.
Ci sono due vasi nella sala di Zeus, e l'uno contiene
i mali che distribuisce agli uomini, e l'altro i beni [...].

Priamo supplice alla tenda del nemico

3 Scrittura guidata *il testo espositivo*

Dapprima pensa alle caratteristiche che identificano una civiltà antica: attività economiche (agricoltura, pastorizia); luoghi su cui è fiorita; insediamenti umani (città, villaggi); i gruppi sociali e le relazioni tra gli stessi (nobili, soldati); vita delle donne; religione praticata (fato, dèi, riti); cultura (lavorazione dei metalli, riti funebri, arte) e soprattutto i valori e gli ideali condivisi.

Se può esserti utile puoi rivedere le caratteristiche del testo espositivo nel volume di narrativa (p. 101).

Se lo ritieni opportuno puoi attenerti alla seguente scaletta.

Introduzione

- Esposizione e ampliamento del tema proposto nella traccia

Sviluppo

- Primo paragrafo: che cosa si trova nell'*Iliade* riguardo alle attività economiche
- Secondo paragrafo: che cosa si trova nell'*Iliade* riguardo ai luoghi
- Terzo paragrafo: ....
- ....
- ....
- ....

Conclusione

- Riflessioni sul fatto che comunque l'*Iliade* non è un testo storico ma epico, legato alla tradizione orale e che contiene riferimenti anche al periodo in cui vive l'autore che mette per scritto l'epos

Omero

I funerali di Ettore

Da
Iliade (libro XXIV, vv. 719-804),
VIII secolo a.C.

Poema epico

Il re Priamo è di ritorno dalla tenda di Achille, dove è riuscito a riscattare il corpo del figlio Ettore. Entra nella città in lutto, trasportandolo su di un carro. Ha ottenuto dodici giorni di tregua ed ora tutti i Troiani si apprestano ad onorare il loro eroe, prime fra tutti la moglie Andromaca, la madre Ecuba e la cognata Elena. Ettore viene bruciato, dopo undici giorni di dolore collettivo e le sue ceneri, raccolte in un'urna d'oro, sono poste in un tumulo. Con i funerali di Ettore si chiude il poema.

Quando l'ebbero condotto nella nobile casa, lo misero
su un letto traforato, e gli collocarono accanto
i cantori per intonare il compianto; e quelli cantarono
il triste lamento, e in risposta le donne gemevano.
E fra di loro diede inizio al compianto Andromaca dalle candide braccia,
tenendo fra le mani il capo di Ettore sterminatore:
«Mio sposo, te ne vai giovane dalla vita e mi lasci
vedova nella tua casa con questo figlio ancora bambino,
che abbiamo generato io e te, entrambi infelici, e non credo
che arriverà alla giovinezza: la città prima
verrà tutta distrutta perché sei morto tu, il suo difensore,
tu che la proteggevi e difendevi le spose devote e i bambini.
Loro presto se ne andranno sopra le navi,
e io con loro; tu, figlio mio, seguirai
me dove dovrai sopportare fatiche indegne,
al servizio di un padrone inclemente, oppure un Acheo
ti afferrerà per un braccio e ti scaglierà da una torre, orribile fine!,
irato, perché Ettore forse gli ha ucciso un fratello
o il padre o un figlio, giacché moltissimi Greci
morsero la terra infinita per mano di Ettore.
Non era dolce tuo padre nella mischia feroce.
Per questo lo piangono gli uomini per la città:
hai dato lutto e dolore atroce ai tuoi genitori,
Ettore, ma soprattutto a me hai lasciato amara pena.
Non mi hai teso morendo le braccia dal letto,
non mi hai detto una saggia parola che io potessi
ricordare sempre, notte e giorno, piangendo».
Cosí disse piangendo, e in risposta le donne gemevano.

721 **il compianto**: è il rituale lamento funebre che nel mondo antico era intonato dalle prefiche.

723 **dalle candide braccia**: è un epiteto riservato ad Andromaca.

724 **sterminatore**: epiteto per Ettore, che già abbiamo incontrato.

725 **Mio sposo**: è l'attacco del lamento di Andromaca, un lungo rimprovero per questa morte giovane che lascia tutti nel dolore e nel disorientamento per l'imminente futuro.

735 **ti afferrerà...fine**: Andromaca anticipa quella che sarà la fine del piccolo Astianatte: gettato dalle mura di Troia da Neottolemo, figlio di Achille, durante la presa della città.

737-738 **moltissimi Greci...Ettore**: è la motivazione dell'epiteto di «sterminatore» affibbiato spesso a Ettore.

743-745 **Non mi hai teso...piangendo**: Ettore non è morto sereno nel suo letto, magari confortando la moglie. Il prezzo del ricordo immortale è una morte giovane e cruenta.

Tra loro a sua volta Ecuba diede inizio al compianto:
«Ettore, il piú caro di tutti i figli al mio cuore,
già da vivo eri caro agli dèi, che ti hanno
protetto anche nel destino di morte.
Altri miei figli vendeva il rapido Achille,
se ne catturava uno, al di là del mare infecondo,
a Samo, a Imbro, a Lemno nebbiosa.
Ma quando ti ebbe tolto la vita col bronzo acuto,
ti trascinava molte volte attorno alla tomba del suo compagno,
Patroclo, che tu gli hai ucciso, ma neanche cosí l'ha resuscitato.
E ora giaci qui nella sala, fresco ed intatto,
simile a un uomo che Apollo dall'arco d'argento
è venuto a uccidere con le sue frecce miti».
Cosí diceva piangendo, e suscitò un compianto infinito.
Per terza Elena diede inizio al compianto:
«Ettore, di gran lunga il più caro dei miei cognati,
giacché mio sposo è Paride simile a un dio,
che mi ha portato a Troia – e fossi morta
prima. Ormai questo è il ventesimo anno
da quando partii di là, lasciando la patria,

749-750 **che ti hanno...morte**: impedendo ad Achille di far scempio totale del suo corpo e imponendogli di restituirlo alla sua gente.

753 **a Samo, a Imbro, a Lemno**: sono isole del Mar Egeo.

754-756 **Ma quando...resuscitato**: Ecuba osserva come Achille abbia infierito sul corpo di Ettore, senza per questo riuscire a riportare in vita Patroclo.

759 **frecce miti**: alla fine gli dèi hanno preservato intatto il corpo di Ettore e, dunque, anche le terribili frecce di Apollo finiscono con il risultare «miti».

764-765 **e fossi morta prima**: è il rimpianto che Elena rivolge a se stessa, consapevole di essere stata la causa di tanti lutti e sciagure.

La restituzione del corpo di Ettore decora un sarcofago romano del III secolo d.C. (Parigi, Museo del Louvre)

Verifica delle competenze

e da te non ho mai sentito una parola cattiva o scortese;
anzi se qualcun altro in casa mi rimproverava
delle cognate o dei cognati, o delle loro mogli dal bellissimo peplo,
o la suocera, giacché il suocero fu dolce con me come un padre –
tu li calmavi con le tue parole e li trattenevi
con la tua mitezza e le tue miti parole.
Cosí piango insieme te e me infelice,
afflitta nel cuore, perché nessun altro nella vasta Troia
è buono con me e mi è amico, tutti mi odiano».
Cosí disse piangendo, e in risposta gemeva la folla infinita.
Ma il vecchio Priamo disse agli uomini:
«Ora, Troiani, portate legna in città e non temete
nel vostro cuore un agguato dei Greci:
Achille mi assicurava, congedandomi dalle navi, che prima
della dodicesima aurora non ci farà del male».
Cosí disse, e quelli aggiogarono ai carri i buoi e i muli,
e poi si riunirono davanti alla città. Per nove
giorni raccolsero moltissima legna, ma quando
apparve la decima aurora a portare la luce,
allora portarono fuori, piangendo, il forte Ettore,
misero il corpo in cima al rogo e appiccarono il fuoco.
Quando al mattino riapparve l'Aurora dalle dita di rosa,
il popolo si raccolse attorno al rogo del nobile Ettore;
quando si furono tutti riuniti insieme,
dapprima spensero il rogo col vino lucente,
dove prima c'era la furia del fuoco,
poi i fratelli e i compagni raccolsero le ossa bianche
piangendo: copiose lacrime scorrevano per le guance.
Dopo averle raccolte, le misero in una cassa dorata,
avvolte da morbidi drappi di porpora,
e le deposero in una buca profonda,
ammassandovi sopra pietre grandi e fittissime.
In fretta costruirono il tumulo; dappertutto stavano sentinelle,
che non li assalissero prima del tempo gli Achei dalle belle gambiere.
Costruito il tumulo, tornarono indietro e, radunati
secondo il costume, consumarono un banchetto splendido,
nella casa di Priamo, re di stirpe divina.
Cosí onoravano la sepoltura di Ettore, abile nel domare i cavalli.

Omero, *Iliade*, XXIV, 719-804, trad. it. di G. Paduano, Einaudi, Torino, 2012

767 **e da te**: Elena si rivolge a Ettore con familiarità e gratitudine; entra nel merito di alcuni aspetti della sua vita a Troia.

775 **tutti mi odiano**: Elena ha perso il cognato che più di tutti la difendeva e la chiusura non può che sottolineare la sua preoccupazione.

784 **moltissima legna**: la legna con la quale innalzare la pira funeraria e cremare il corpo di Ettore.

788 **Aurora dalle dita di rosa**: epiteto consueto.

790-794 **quando si furono…piangendo**: è lo svolgimento del rito funebre che ha poi i successivi momenti del sotterramento della cassetta con le ossa, della costruzione di un tumulo e del successivo banchetto per onorare il defunto e attenuare il dolore della perdita.

799 **dappertutto stavano sentinelle**: permane il timore della guerra, che deve continuare fino al tragico epilogo.

804 **Ettore, abile nel domare i cavalli**: il poema si chiude sulla morte di Ettore, ricordato in questa abilità di "domatore di cavalli".

Attività

Comprendere e analizzare: verso l'INVALSI

1 **La scena** Che cosa presenta la scena?
- **a.** Il feretro di Ettore su un letto traforato con i cantori e le donne
- **b.** Il feretro di Ettore con i cantori e le donne
- **c.** Il cadavere di Ettore ancora nella polvere
- **d.** Il cadavere di Ettore circondato dai fratelli

2 **Il lamento** Quali persone intervengono, in ordine, nel lamento funebre in onore di Ettore?
- **a.** Ecuba, Andromaca, Elena, Priamo
- **b.** Priamo, Andromaca, Elena, Ecuba
- **c.** Andromaca, Ecuba, Elena, Priamo
- **d.** Elena, Ecuba, Priamo, Andromaca

3 **Andromaca** Per che cosa soprattutto si angoscia Andromaca a causa della morte del marito?
- **a.** Per la propria futura sorte
- **b.** Per la sorte futura del figlio
- **c.** Per la caduta di Troia
- **d.** Per la brevità della vita vissuta dal marito

4 **Ettore** Che cosa indurrà i Greci vittoriosi a infierire su Andromaca e Astianatte?
- **a.** La loro naturale violenza
- **b.** La vendetta per l'uccisione di Patroclo
- **c.** L'odio per il valore di Ettore, sterminatore di molti Greci
- **d.** Il timore che Astianatte in futuro riprenda la guerra

5 **La dolcezza** Che cosa rimpiange Andromaca?
- **a.** La mancanza di un addio affettuoso da parte del marito
- **b.** La mancanza dei suoi genitori e fratelli
- **c.** Il poco affetto che avrà dai familiari di Ettore
- **d.** Il mancato abbraccio tra Ettore e il figlioletto

6 **Ecuba** Quale evento particolarmente doloroso rimarca Ecuba nelle sue parole?
- **a.** Achille ha ucciso tanti suoi figli
- **b.** Achille ha ucciso Ettore, difensore ultimo della città
- **c.** Achille ha ucciso e straziato Ettore intorno alla tomba di Patroclo
- **d.** Achille ha ucciso e straziato Ettore intorno alla tomba di Patroclo, inutilmente

7 **Elena** Ai versi 764-765 Elena dice «fossi morta / prima». Perché?
- **a.** Non avrebbe visto la morte di Ettore
- **b.** Non è felice di stare con il suo sposo Paride
- **c.** Non sarebbe avvenuta la guerra di Troia
- **d.** Non avrebbe lasciato la sua amata Sparta

8 **Priamo** In che modo Priamo incoraggia i Troiani a compiere serenamente il rito funebre in piena guerra?
- **a.** Sostiene che gli dèi li aiuteranno
- **b.** Sostiene che gli dèi li puniranno se non celebreranno i riti
- **c.** Sostiene che Achille ha promesso una tregua per la celebrazione dei riti
- **d.** Sostiene che durante una guerra c'è sempre tregua per seppellire i morti

9 **I preparativi** Che cosa fanno i Troiani per preparare il rito funebre?
- **a.** Per cinque giorni piangono
- **b.** Per dieci giorni raccolgono legna per il rogo
- **c.** Per nove giorni raccolgono legna per il rogo
- **d.** Per dodici giorni fanno sacrifici agli dèi

10 **Il rituale** Metti in ordine cronologico i gesti rituali compiuti dai Troiani per onorare Ettore morto.
- **a.** Mettono il corpo sul rogo
- **b.** I fratelli e i compagni raccolgono le ossa tra la cenere
- **c.** Le ossa sono poste in una cassa avvolta da drappi di porpora
- **d.** Portano fuori piangendo Ettore
- **e.** Ritornano e consumano il banchetto rituale
- **f.** Spengono il fuoco
- **g.** Appiccano il fuoco
- **h.** Ammassano sulla buca molte pietre
- **i.** Depongono la cassa in una buca
- **l.** Costruiscono il tumulo
- **m.** Il giorno successivo il popolo tutto si raccoglie intorno al rogo

11 **Il narratore** Qual è la funzione che il narratore esterno svolge in questo passo?
- **a.** Racconta la vicenda nei dettagli
- **b.** Ricorda la vicenda in sintesi
- **c.** Raccorda i discorsi diretti dei personaggi
- **d.** Raccorda i discorsi diretti dei personaggi e narra brevemente

Verifica delle competenze

12 **I personaggi** Quale relazione familiare hanno con Ettore i personaggi che lo piangono?
- Ecuba: ....
- Andromaca: ....
- Elena: ....
- Priamo: ....

13 **Il tempo** Quanto dura la vicenda presentata?

a. Dieci giorni
b. Dodici giorni
c. Undici giorni
d. Qualche settimana

14 **Lo stile** Quale forma espositiva prevale nel testo?

a. La narrazione
b. La descrizione
c. I discorsi diretti
d. I discorsi indiretti

15 **Gli epiteti** Nel testo si ritrovano parecchi epiteti formulari; indicane almeno cinque.

....

....

....

....

16 **La figura retorica** Al verso 772 è presente una figura retorica. Qual è? Come arricchisce il contenuto del testo?

....

....

....

Rielaborare e produrre

17 **Il riassunto** Sintetizza il testo letto in 100 parole al massimo.

18 **La descrizione** Usando tutte e solo le informazioni contenute nel brano, stendi una descrizione di Ettore in almeno 150 parole.

19 **L'espressione del dolore** Nella civiltà mediterranea era uso esprimere fortemente il proprio dolore per la morte di una persona cara con pianti, urla, percosse sul petto. Noi ora invece tendiamo a trattenere dentro di noi la sofferenza con comportamenti dignitosi. Quale dei due atteggiamenti ti sembra più corretto? Sostieni la tua opinione in un testo argomentativo di 200 parole.

per guardare oltre

Intersezioni nell'antologia

- L'*Iliade* è soprattutto il poema della guerra e del valore militare. Puoi leggere passi simili nell'*Odissea* di **Omero** (*La strage dei Proci*, ▸ p. 248) o nell'*Eneide* di **Virgilio** (*Camilla, la vergine guerriera*, ▸ p. 308; *Enea e Turno: il duello finale*, ▸ p. 313). Ma anche la *Bibbia* presenta scontri epici (*Davide abbatte il pagano Golia* ▸ p. 94).
- Nell'epica medievale *La morte di Orlando* (▸ p. 334), nella *Chanson di Roland*, mette in luce il valore delle armi dei paladini e nell'epica rinascimentale troviamo battaglie e duelli militari come *La morte di Clorinda* (▸ p. 392) nella *Gerusalemme Liberata* di Torquato **Tasso**.

Altri orizzonti

SAGGI, ROMANZI, TEATRO

- Chi si nasconde dietro Omero? *Omero e la storia* (2014) di Pierre **Carlier** è un libro costruito come un'inchiesta.
- *La guerra di Troia* (2006) viene raccontata da Barry **Strauss** con il carattere del romanzo.
- Sul tema dell'eroe possiamo leggere: *La nascita dell'eroe: Achille, Odisseo, Enea, le origini della cultura occidentale* (2008) di Guido **Paduano**. Le storie più antiche e segrete del mondo omerico sono presentate da Giorgio **Ieranò** nel libro *Gli eroi della guerra di Troia* (2015). Con forma saggistica di tipo narrativo si legge *Io, Agamennone* (2016) di Giulio **Guidorizzi**.
- Una traduzione moderna dell'*Iliade* (2004) è quella di Alessandro **Baricco**. Nella ricca storia dei rifacimenti omerici ricordiamo il *Troilo e Cressida* (1601) di William **Shakespeare** e i romanzi fantascientifici e neostorici americani (M. **Miller**, *La canzone di Achille*, 2012). Il punto di vista del subalterno – donna e sconfitta – è, invece, al centro del romanzo di Christa **Wolf**, *Cassandra* (1983).

PITTURA

- Villa Valmara "ai Nani", presenta numerose sale affrescate da Giambattista **Tiepolo**, con temi riguardanti anche la guerra di Troia, come *Il sacrificio d'Ifigenia* o *L'ira d'Achille*.
- Ancora la sofferenza di Achille è protagonista in *Achille innamorato* (1929) di Alberto **Savinio**, mentre dalla parte dei vinti si era già collocato il fratello Giorgio **De Chirico** col colloquio metafisico tra *Ettore e Andromaca* (1917).
- Di sicuro interesse iconografico è la declinazione del mito del cavallo di Troia offerta da Mimmo **Paladino**, tra gli oltre duecento disegni dedicati all'*Iliade* e all'*Odissea* (2000).

MUSICA

- Se incompiuta resta l'*Iliade* (1817) di G. **Donizetti**, più fortuna avranno in ambito europeo le riletture romantiche e decadenti, da H. **Berlioz** a R. **Wagner**.
- A Fabrizio **De André**, che riconosce Omero come il suo poeta preferito e che, in un'intervista, si lascia andare alla partigianeria («Credo che Omero tifasse segretamente per i Troiani»), dobbiamo i pezzi più ispirati come per l'*incipit* di *Ottocento* (*Le nuvole*, 1990) che ricalca, appunto, l'invocazione alla Musa nell'*Iliade*.

FILM

- Un documentario che illustra gli scavi archeologici della regione d'Ilio ha per titolo *Troia, tra mito e mistero* (2007), prodotto da *National Geographic*. Ricordiamo poi i film italo-americani prodotti tra gli anni Cinquanta e Sessanta, che mescolano azione, dramma e sentimentalismo: *Elena di Troia* (1956) di R. **Wise** e *L'ira di Achille* (1962) di M. **Girolami**. L'elemento di spettacolarità si impenna ancora col colossal di W. **Petersen**, *Troy* (2004, ▸ p. 187).

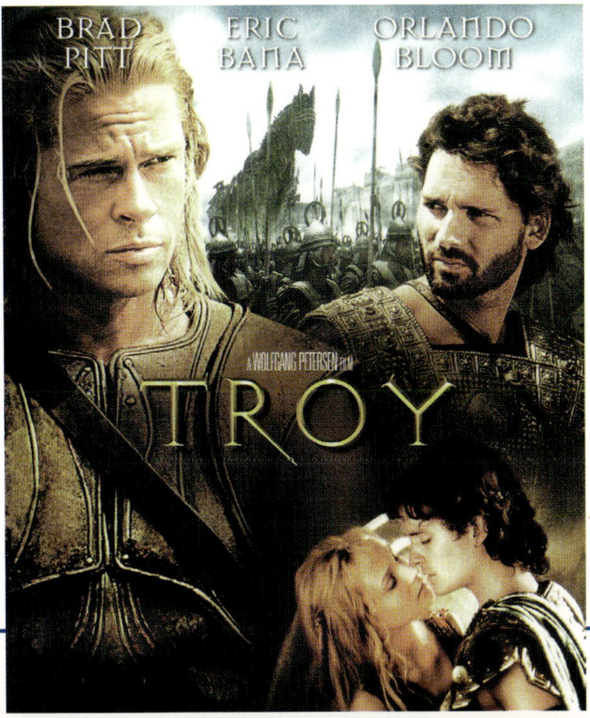

La locandina del film *Troy* diretto da Wolfgang Petersen nel 2004.

UNITÀ 2

Odissea, il poema dell'audacia e dell'intelligenza

Odisseo tentato dalle Sirene, vaso a figure rosse del V secolo a.C. (Londra, British Museum)

• Il magico canto delle Sirene • **Odisseo** è l'eroe dell'antichità mitica che maggiormente ha impressionato la fantasia di noi moderni. In lui si possono ritrovare tutte le più importanti qualità umane: il coraggio, l'intelligenza, la prudenza, la saggezza, la fermezza, oltre naturalmente a qualche evidente difetto che lo umanizza.

In letteratura la figura di Odisseo è stata al centro della riflessione di grandi autori come Dante, Shakespeare, Foscolo, Pascoli, Joyce, Saba, Pavese. Non di meno, nell'arte pittorica ha ispirato interi cicli artistici. Proponiamo due interpretazioni (diverse tecnicamente, ma in fondo simili nel contenuto) di un episodio, l'insidia delle Sirene, che più di altri esprime l'alto valore morale di Odisseo e nel quale l'eroe unisce la prudenza al desiderio di conoscenza.

Per Odisseo ogni occasione di una nuova esperienza merita di essere vissuta, anche se rischiosa. Le Sirene attiravano a riva i navigatori con la dolcezza del loro canto per poi ucciderli con la forza dell'adulazione e, soprattutto, con la seduzione della conoscenza (chi si avvicina alle Sirene «poi riparte lietamente, sapendo più cose»). Odisseo ottura con la cera le orecchie dei compagni e si fa legare all'albero della nave, dando ordine di non scioglierlo, anche se lo avesse richiesto. In tal modo, egli riesce a conciliare il suo insopprimibile desiderio di sentire, quindi di conoscere, un simile canto, senza restarne schiavo, salvando il fine ultimo del ritorno.

DOMANDE

- Osserva l'immagine del vaso greco. Condividi l'idea che la rappresentazione manchi di tensione, ma ben risponda alla poesia del meraviglioso? Perché?
- In epoca moderna si è fatta strada un'altra interpretazione dell'aspetto fisico delle Sirene. Quale?
- Dopo aver letto il passo omerico delle Sirene, guarda con attenzione il dipinto di Waterhouse e individua le libertà interpretative dell'artista.

John William Waterhouse, *Odisseo e le Sirene*, 1891. (Londra, Royal Academy)

• Un'interpretazione antica • La rappresentazione sul **vaso greco** del V secolo a.C. è organizzata secondo un valore gerarchico ben preciso: l'eroe è al centro della scena, piccolo, ma in evidenza; prevale la minacciosa presenza delle Sirene, tre come da tradizione. Nella raffigurazione ricordano le Arpie: grandi ali e zampe d'uccello, un bel volto e il capo cinto da una corona. Mentre due stanno ai lati nel ruolo di guardiani, appollaiate su degli scogli, una terza piomba su Odisseo e sui compagni che, in apparenza sicuri di sé, ignorano il pericolo e remano con lena. L'interpretazione rispecchia la **poesia del meraviglioso** di questo episodio omerico, ma **manca di tensione**.

• Un'interpretazione moderna • Il pittore inglese John William **Waterhouse** (1849-1917), un preraffaellita che molto spesso nelle sue tele si è rifatto a temi d'epica greco-latina, ha rappresentato lo stesso episodio. Nel suo *Odisseo e le Sirene* (1891), l'artista si è mantenuto sostanzialmente fedele all'episodio, pur introducendo qualche libertà (Omero parla di bonaccia che favoriva l'arresto della nave. Waterhouse ha, però, mantenuto l'idea di questi mostri come esseri dalla testa di donna e dal corpo d'uccello). La **scena**, dai vivaci colori, appare piuttosto **movimentata** sia per l'agitarsi del mare e della vela gonfia sia per il volo frenetico di ben sette Sirene. Mentre i marinai remano e cercano di non farsi condizionare dal pericolo, Odisseo tende il corpo in avanti, nel tentativo di slegarsi e rispondere alle tentazioni delle Sirene.

in questa Unità impareremo a

- **conoscere** aspetti della tradizione e della forma del testo epico e i termini generali della questione omerica
- **comprendere** il significato globale dei testi e le peculiarità di personaggi umani e divini, contestualizzare i passi all'interno del poema
- **riconoscere e analizzare** passi dell'*Odissea* secondo le caratteristiche della forma e del contenuto, alla luce della cultura a cui appartengono, la varietà dei suoi temi e le differenze tra *Iliade* e *Odissea* per approfondirne la comprensione
- **interpretare** i testi per individuare i valori che animano la società omerica in confronto a quelli di altre epoche e per riconoscere nei poemi omerici la base di tutta la letteratura successiva
- **produrre** sintesi dei racconti epici, testi narrativi, espositivi e argomentativi legati a temi contenuti nei brani
- **comunicare oralmente** riferendo i contenuti dei passi, confrontando opinioni personali per ampliare la riflessione

in questa Unità scopriremo

Viaggiare, visitare altri paesi e conoscere altre culture è una delle esperienze che maggiormente arricchiscono l'animo umano. Risponde alla necessità di allargare gli orizzonti e costituisce una ricerca dei motivi della nostra esistenza. Anche nell'antichità gli uomini salpavano per terre sconosciute, superando numerosi ostacoli e senza mai sapere se sarebbero ritornati, in quanto il ritorno era affidato alla divinità. L'*Odissea* è il canto del ritorno più famoso, quello di Odisseo nella sua Itaca.

In alto a destra, ricostruzione in terracotta di una nave cipriota.

L'*Odissea* e i *nóstoi*

L'*Odissea* è il secondo poema attribuito a Omero (► p. 134). Narra il **ritorno** (***nóstos***, pl. ***nóstoi***) avventuroso in patria dalla guerra di Troia, dopo un viaggio per mare durato dieci anni, del protagonista Odisseo (Ulisse latino), re di Itaca, noto per la sua intelligenza e per la sua astuzia. Si tratta di un racconto così ricco di sorprendenti eventi, di incontri fantastici, di colpi di scena e così sapientemente intrecciato da costituire un grande **romanzo d'avventura**, seppur scritto **in versi**. Non per nulla, il termine "odissea" oggi è usato nel linguaggio comune per indicare un'esperienza tortuosa, una vicenda imprevedibile, un percorso segnato da mille avversità.

Nell'antichità l'opera si inseriva nel **ciclo troiano**, il ciclo dei poemi che avevano origine dalla guerra di Troia e che narravano i travagliati ritorni anche di altri eroi. Nel poema infatti è possibile trovare traccia, attraverso le storie raccolte da Telemaco e gli incontri negli Inferi dello stesso Odisseo, delle vicende del rientro in patria di Nestore, Menelao, Agamennone, Aiace. L'"odissea" di Odisseo è divenuta proverbiale per la sua durata, ma quasi tutti i capi achei hanno comunque pagato, in diversa misura, una sorta di tributo agli dèi, gelosi della gloria eccessiva ottenuta dai mortali o in collera per gli eccessi compiuti durante il saccheggio di Troia. Non a caso Agamennone, il capo della spedizione, è quello che paga con la vita la vittoriosa impresa. Tornato a Micene, viene infatti ucciso dalla moglie Clitennestra, che durante la sua assenza, a differenza di Penelope, lo ha tradito con Egisto.

La struttura dell'*Odissea*

Il poema risulta di ampie dimensioni, suddiviso in **24 libri** e composto in versi **esametri**. Risulta che l'*Odissea* è stata **scritta successivamente all'*Iliade***: lo dimostra il fatto che siamo di fronte a un racconto molto più vivace e articolato, a una società greca di diversa impostazione sia politica sia sociale.

La storia narrata copre un arco di **quaranta giorni**. Prende avvio quando a Itaca i nemici di Odisseo stanno tramando per conquistare il potere: approfittando dell'assenza prolungata dell'eroe, stanno preparando l'ultimo assalto a sua moglie Penelope. Sposandola, acquisirebbero il diritto al trono del re legittimo. Solo allora gli dèi si decidono a concedere all'eroe il ritorno in patria, fino ad allora negato. Il poema inizia quindi ***in medias res***.

Rispetto all'*Iliade*, gli eventi non sono narrati in ordine cronologico, seguendo il succedersi naturale dei fatti (*fabula*), ma risultano disposti secondo una orditura (intreccio) funzionale a mettere in risalto i tre nuclei tematici che costituiscono la struttura del poema:

- **la Telemachia**, compresa nei libri I-IV, incentrati su Telemaco, figlio di Odisseo, il quale parte alla ricerca di notizie del padre;
- **le peregrinazioni di Odisseo**, narrate nei libri V-XII, con dapprima l'approdo di Odisseo presso i Feaci e poi il racconto in prima persona, in retrospezione, delle trascorse peripezie;
- **il ritorno a Itaca e la vendetta** occupano i libri XIII-XXIV. Odisseo, rientrato a Itaca, si vendica dei Proci che volevano sostituirsi a lui alla guida del regno e aspiravano alla mano della moglie Penelope. Nell'ultimo libro, come epilogo, Odisseo ricompone ogni dissidio e avvia una nuova epoca di pace. Questa nuova era riveste una significativa qualità positiva: è la vita che ritorna dopo le sofferenze, a differenza dell'*Iliade*, la cui conclusione era data dai pianti rituali attorno al cadavere di Ettore.

• Il contenuto dell'*Odissea* •

• Libro I: a Itaca • Dopo il proemio e la definizione dell'argomento, il poema non comincia da Odisseo, trattenuto da sette anni dalla bella ninfa Calipso nell'isola di Ogigia, ma dal cielo: il concilio degli dèi decide che sia venuto anche per lui il momento del ritorno. Zeus, perciò, invia Ermes a Ogigia per convincere la ninfa a lasciar partire l'eroe, mentre Atena si reca a Itaca, per suggerire a Telemaco di muoversi alla ricerca del padre.

• Libri II-IV: il viaggio di Telemaco • Il giovane parte di nascosto dalla madre. Si reca a Pilo per incontrare Nestore, un anziano e saggio compagno di Odisseo, il quale gli racconta del ritorno difficile degli altri eroi da Troia e gli suggerisce di raggiungere, a Sparta, Menelao. Il re spartano, felicemente ricongiuntosi alla moglie Elena, afferma di aver saputo da un dio che Odisseo è vivo, ma prigioniero della ninfa Calipso.

• Libri V-VIII: alla corte dei Feaci • Il racconto si sposta nell'isola di Ogigia. La ninfa Calipso acconsente, per ordine divino, alla partenza di Odisseo. Dopo aver costruito una zattera, l'eroe affronta il mare; naviga per diciassette giorni, al termine dei quali una tempesta lo fa naufragare sull'isola dei Feaci. Qui, sempre con l'aiuto della dea Atena, è accolto con favore dal re Alcìnoo. Durante un banchetto un aèdo incomincia a cantare le gesta degli eroi greci sotto le mura di Troia. Odisseo, sentendo quei versi, piange, rivelando ai presenti la sua identità e accettando di raccontare in prima persona quanto fin lì aveva vissuto.

• Libri IX- XII: le avventure di Odisseo • Con un lungo *flashback*, Odisseo ripercorre il suo avventuroso *nóstos*, il ritorno. Racconta come lui e i suoi compagni, imbarcati su dodici navi, abbiano dovuto affrontare varie disavventure: la battaglia contro i Cìconi, una popolazione della Tracia molto feroce; l'approdo nella terra dei Lotofagi (i mangiatori di loto, il cui frutto fa perdere la memoria e la volontà); la scoperta di esseri giganteschi con un solo occhio, i Ciclopi, giganti crudeli figli di Poseidone, uno dei

Statua romana di Odisseo del II secolo d.C. (Venezia, Museo Archeologico Nazionale)

quali, Polifemo, viene ingannato e accecato da Odisseo; l'incontro con la maga Circe, che trasforma in maiali alcuni suoi compagni e s'innamora di lui, trattenendolo per un anno; la discesa agli Inferi per capire come mai il suo ritorno sia così contrastato; i rischi corsi nell'ascoltare il canto delle Sirene e nel passare tra i mostri di Scilla e Cariddi; la morte di tutti i suoi compagni, naufragati per aver mangiato vacche sacre al dio Sole. Il racconto commuove i Feaci, che decidono di accompagnarlo con una nave fino a Itaca.

• Libri XIII-XX: il ritorno a Itaca • Odisseo non riconosce la sua patria, è la dea Atena a rivelargli d'essere a Itaca e a consigliargli di restare in incognito perché la sua reggia è in mano ai Proci, i pretendenti di Penelope. Assunto l'aspetto di un mendicante, Odisseo chiede ospitalità al porcaro Eumeo, uno dei pochi che gli sia rimasto fedele. Nella capanna dell'umile servo viene raggiunto dal figlio, al quale si rivela con molta cautela e con lui progetta la riscossa. Sotto le spoglie di un mendicante, si presenta quindi alla reggia, dove è oltraggiato dai Proci. Riconosciuto dalla vecchia nutrice Euriclèa, cui intima di non diffondere la notizia, evita di rivelarsi a Penelope e le annuncia il prossimo ritorno del marito. Dalla donna viene a sua volta a sapere che ha intenzione di indire una gara fra i Proci: sposerà colui che saprà tendere l'arco di Odisseo, scoccando una freccia che passi attraverso gli anelli di dodici scuri.

• Libri XXI-XXIV: la vendetta • Mentre tutti i pretendenti falliscono nell'impresa, Odisseo chiede di provare, tende l'arco e centra il bersaglio. A quel punto, si volge contro i suoi avversari e, aiutato dal figlio, li stermina uno a uno. Non fidandosi ancora dello straniero, Penelope lo mette alla prova, ordinando che sia portato fuori dalla camera il letto degli sposi che a suo tempo il marito aveva ricavato intorno a un tronco di ulivo e perciò inamovibile. A quel punto, Odisseo interviene spiegando il segreto e Penelope riconosce nello straniero il marito. I due si abbracciano in lacrime e trascorrono la notte, prolungata dal volere divino, a raccontarsi le reciproche avventure. Non resta che recarsi il giorno dopo dal vecchio padre Laerte e ristabilire la pace con le famiglie dei nobili principi sterminati.

Arnold Böcklin, *Odisseo e Polifemo*, 1896. (Boston, Museum of Fine Arts)

per SAPERNE di PIÙ

I personaggi principali dell'*Odissea*

Personaggi maschili

- **Odisseo**: figlio di Laerte e di Anticlea, sposo di Penelope, padre di Telemaco, re di Itaca. È il protagonista dell'*Odissea*.
- **Telemaco**: figlio di Odisseo e di Penelope, è il protagonista dei primi quattro libri dell'*Odissea*, la *Telemachia*. È aiutante del padre nello scontro finale con i Proci.
- **Alcìnoo**: re dei Feaci, popolo abitante sull'isola di Scheria, a nord di Itaca. Discendente da Poseidone, governa da tempo l'isola con saggezza.
- **Eumeo**: guardiano dei porci, è servo fedele di Odisseo, cui fornisce ospitalità.
- **Femio**: aèdo che si trova nella reggia di Odisseo a Itaca.
- **Proci**: è la traduzione latina del termine greco *mnestéres*, usato da Omero per indicare i "pretendenti" alla mano di Penelope.
- **Antìnoo**: è il più importante e il più arrogante dei pretendenti a Penelope (Proci) ed è il primo a cadere sotto le frecce di Odisseo.
- **Eurìmaco**: il secondo in ordine di importanza tra i Proci, perde il suo orgoglio quando, alla fine, implora Odisseo di risparmiarlo, scaricando ogni responsabilità su Antìnoo.

Personaggi femminili

- **Penelope**: figlia di Icario e di Peribea, sposa di Odisseo; attende fedelmente per vent'anni il ritorno del marito, riuscendo a rinviare con un inganno il matrimonio con uno dei Proci.
- **Euriclèa**: schiava di Laerte e nutrice di Odisseo. Nel mendicante che sta lavando per ordine di Penelope, riconosce da una cicatrice il padrone d'un tempo.
- **Nausicàa**: figlia di Alcìnoo, re dei Feaci e della regina Arete; aiuta Odisseo naufragato sull'isola a presentarsi alla reggia del padre.

Personaggi fantastici

- **Polifemo**: è un Ciclope, essere mostruoso dotato di un occhio solo, e, secondo Omero, figlio di Poseidone. Divora alcuni compagni di Odisseo e, con uno stratagemma, è da lui accecato. Per questo Poseidone perseguiterà l'eroe, negandogli per quanto possibile il ritorno.
- **Sirene**: esseri favolosi dotati di testa di donna e corpo di uccello (secondo altri di pesce); con il loro canto ammaliano i naviganti e li conducono alla rovina.
- **Circe**: figlia del Sole e della ninfa Perse, è una maga incantatrice. Abita nell'isola di Eea e con le sue arti ammalia e poi trasforma in porci gli uomini che vi approdano.
- **Calipso**: ninfa bellissima, innamorata di Odisseo. Riesce a trattenerlo con sé per sette anni e arriva a offrirgli il dono dell'immortalità pur di averlo per sempre.

Divinità

Oltre a **Zeus**, a suo fratello **Poseidone**, ai suoi figli **Atena** ed **Ermes**, che abbiamo già conosciuto, ci sono almeno due nuove divinità che ricoprono un ruolo importante nell'*Odissea*:

- **Eolo**: è il dio dei venti, alla cui dimora giunge Odisseo.
- **Artemide**: è la dea della caccia, figlia di Zeus e di Latona, sorella di Apollo.

Eolo consegna a Odisseo l'otre dei venti in un arazzo realizzato su disegno di Isaac Moillon, XVII secolo. (Aubusson, Musée départemental de la Tapisserie)

• Il viaggio, superamento dei propri limiti •

Mentre nell'*Iliade* tutte le vicende si svolgono attorno alle mura di Troia e quindi entro confini limitati, esprimendo quindi un racconto dal carattere statico, nell'*Odissea* si spazia per tutto il Mediterraneo perché il ritorno in patria concesso dagli dèi a Odisseo è denso di avventure: il poema assume, dunque, un **carattere dinamico** e meglio risponde al desiderio dell'eroe di ritornare in patria, di riprendersi la famiglia e il potere su Itaca.

Il dinamismo del poema è in primo luogo proprio di una civiltà che era abituata a misurarsi con i pericoli del viaggio, ad **andare per mare** per fondare colonie, per commerciare, per conoscere altri popoli. Ma il viaggio, e quindi il ritorno, di Odisseo non va inteso solo in senso reale – i venti, la bonaccia, le tempeste, le terre sconosciute ecc. –; esso riveste anche un **aspetto interiore** perché l'eroe in quei lunghi dieci anni di peregrinazione è costretto a **misurarsi con se stesso**, a dimostrare la sua costanza, la sua tenacia nel vincere le tentazioni che lo potrebbero far arenare. In questo ritorno, Odisseo rivela fino in fondo il suo multiforme carattere. Egli non è l'eroe monolitico, senza sfumature, come quanti combattevano a Troia; ha una **personalità ricca e sfaccettata**: non gli manca certo il coraggio, ma a questa qualità unisce pazienza, fermezza, intelligenza, curiosità, prudenza. Sono qualità che lo rendono una figura ricca di umanità e di rilevante originalità.

In definitiva, nel suo peregrinare prima e nel suo tornare in patria poi si riconosce l'**ansia di conoscenza** dell'uomo, la volontà di **superare i propri limiti** così da poter dare un senso all'esistenza umana.

• Gli aspetti storici dell'*Odissea* •

I racconti di Odisseo dei suoi viaggi per mare sono ammantati di **elementi mitici e leggendari**: mostri marini, abitatori orrendi, destini crudeli s'incrociano con il desiderio di conoscenza e di scoperte di Odisseo e dei suoi uomini. Possiamo intravedere in questi racconti le leggende dei marinai che solcavano il Mediterraneo, che tenevano i collegamenti fra le terre d'Europa e d'Africa, forse anche il ricordo delle prime esplorazioni marittime di un popolo che era in maniera naturale spinto verso il mare e dal mare ricavava di che vivere.

Oltre agli aspetti fantastici, però, il poema riflette numerosi **aspetti storici** della società arcaica.

• La società • Se l'*Iliade* è l'espressione di una società aristocratica nella quale prevalevano gli aspetti militari, nell'*Odissea* dobbiamo registrare una **società** più **variegata**, più aperta ed evoluta, con la presenza di gruppi sociali diversi. Infatti vediamo muoversi nuove figure, quali contadini ed artigiani. Gli stessi sovrani governano società impegnate non solo nelle tradizionali attività dell'agricoltura e della pastorizia, ma anche del commercio e dell'artigianato. In questa società i commerci avevano grande importanza e, di riflesso, viene condannata la pirateria, considerata un reato (e non più una comune attività).

• I valori • La ricca personalità di Odisseo evidenzia anche il ricco patrimonio culturale di tutta una società e quindi l'esistenza di **valori radicati**.

- **La conoscenza e l'intelligenza**: sono qualità che affiorano in ogni momento della lunga avventura di Odisseo, il quale dà continua prova dell'ansia di conoscere il nuovo e nel contempo della necessità di muoversi con accortezza e quindi con intelligenza.
- **Gli affetti privati**: nonostante la lunga peregrinazione, Odisseo non dimentica mai gli affetti familiari; forte in lui è il desiderio struggente di ritornare a Itaca per riabbracciare la famiglia. Non si dimentichi che rinuncia perfino alla possibilità di diventare immortale offertagli dalla dea Calipso.
- **Una società ideale**: nell'isola dei Feaci, Odisseo incontra una società ben governata, in pace, con un popolo stretto attorno a un re, quasi una società ideale.
- **La scoperta dell'ignoto**: in Odisseo c'è un continuo mescolarsi di sete di conoscenza e di prudenza: al fondo l'eroe incarna la volontà mai doma di scoprire mondi e popoli, genti e culture, leggi e consuetudini.
- **Il ruolo degli dèi**: pur presenti sempre a condizionare le vicende umane, nell'*Odissea* gli dèi sembrano più rispettosi degli uomini, i quali vengono visti come responsabili della loro sorte e quindi con un grado di libertà maggiore.
- **La dipendenza dal fato**: il fato, il destino (la Moira) sono sempre incombenti, ma nell'*Odissea* si può leggere un intervento del destino che va a premiare o a punire sulla base del merito o del demerito individuale.

• Il percorso antologico •

L'Unità antologica propone il racconto dell'intero poema attraverso i brani più significativi. Il *Proemio* (▸ p. 204) consente al poeta di presentare la materia del canto e soprattutto di invocare la musa Calliope perché lo assista. Si entra poi nel vivo del racconto con *L'inganno della tela* (▸ p. 207) operato da Penelope per salvarsi dai Proci. Protagonista diventa quindi Odisseo nei brani *Il naufragio* (▸ p. 211) e *Nausicàa soccorre il naufrago* (▸ p. 217). Il meraviglioso e l'orrendo caratterizzano il racconto di Odisseo ai Feaci che lo ospitano: *Nell'antro di Polifemo* (▸ p. 224), *L'incontro con la maga Circe* (▸ p. 232). Una volta tornato in incognito a Itaca (*Il ritorno: Eumeo e Telemaco*, ▸ p. 237; *Il ritorno: Argo ed Euriclèa*, ▸ p. 242), Odisseo affronta i suoi avversari (*La strage dei Proci*, ▸ p. 248) e, infine, viene riconosciuto e accolto dalla moglie Penelope (*Il segreto del talamo*, ▸ p. 253).

Apollonio di Giovanni e Marco del Buono, *Le avventure di Odisseo*, 1460 ca. (Wawel, Castello Reale)

Omero

Proemio

Da
Odissea
(libro I, vv. 1-21),
VIII secolo a.C.

Poema epico

Il poeta invoca la Musa perché lo assista nel suo canto ed espone l'argomento del poema: il viaggio di ritorno a Itaca di Odisseo, dopo la conclusione della guerra di Troia. Sarà un viaggio tormentato dagli ostacoli posti da Poseidone, dio del mare, in collera con Odisseo, che ha accecato suo figlio Polifemo. Perduti i compagni, solo, Odisseo dovrà affrontare molte prove anche una volta tornato alla sua Itaca.

Raccontami, Musa, dell'uomo versatile che vagò tanto
dopo avere distrutto la sacra rocca di Troia;
vide molte città di uomini e ne conobbe la mente,
e nel suo animo soffrí molte pene per mare,
lottando per la sua vita e il ritorno dei suoi compagni.
Ma, per quanto lo desiderasse, non riuscí a salvare i compagni:
morirono, stolti, per la loro follia,
perché mangiarono le vacche del Sole Iperione,
ed egli tolse loro il ritorno. Racconta
anche a noi, Musa, figlia di Zeus, partendo da un punto qualsiasi.
Tutti gli altri che erano sfuggiti all'abisso di morte
erano a casa, scampati alla guerra e al mare;
lui solo, che desiderava il ritorno e la sua donna,
lo tratteneva la ninfa Calipso, illustre dea,
in una grotta cava, volendolo per marito.
Ma quando nel corso degli anni giunse il momento
che gli dèi destinarono al suo ritorno in patria,
in Itaca, neppure allora sfuggí alle prove,
neppure tra i suoi cari. Ne avevano pena tutti gli dèi,
tranne Poseidone, che aveva un feroce rancore
verso l'illustre Odisseo, finché non tornò in patria.

Omero, *Odissea*, I, 1-21, trad. it. di G. Paduano, Einaudi, Torino, 2010

1 **Musa**: il poeta si rivolge a Calliope, musa "dalla bella voce", ispiratrice della poesia epica; «dell'uomo versatile»: è Odisseo, eroe dalle numerose e diverse qualità.

8 **le vacche del Sole Iperione**: i buoi sacri del Sole, figlio del Titano Iperione.

11-12 **Tutti gli altri...erano a casa**: gli altri eroi che avevano combattuto a Troia.

13 **lui solo**: Odisseo, complemento oggetto di «tratteneva» del verso 14, il cui soggetto è Calipso.

16 **Ma quando...momento**: quando finalmente anche per Odisseo giunse il tempo di tornare.

18-19 **neppure allora...cari**: il proemio anticipa tutti gli aspetti del poema, anche gli scontri che Odisseo avrebbe trovato in patria.

20 **tranne Poseidone**: il dio del mare era ostile a Odisseo perché questi aveva accecato il figlio Polifemo.

21 **l'illustre Odisseo**: il nome significherebbe "colui che odia", ma anche "colui che è odiato"; «illustre» è epiteto formulare.

per L'ANALISI del TESTO

Le sequenze del proemio

Il proemio dell'Odissea risulta costituito da un'iniziale **invocazione** alla Musa (vv. 1-2), che viene ripresa con una certa enfasi ai vv. 9-10 («Racconta / anche a noi, Musa, figlia di Zeus»), a cui fa seguito la **protasi** o enunciazione dell'argomento (vv. 3-21). All'interno di quest'ultima è possibile distinguere la presentazione di Odisseo da quella dei suoi compagni e dall'avvio vero e proprio del racconto.

I caratteri del protagonista

Il protagonista è ricordato da subito per l'**astuzia**, quella dote che gli ha consentito di distruggere «la sacra rocca di Troia» (v. 2), aprendogli la strada alla conquista dell'onore. Ma finita l'impresa bellica, Odisseo «vide... e ne conobbe» (v. 3), usò quindi l'intelligenza, la dote nuova che lo contraddistingue da Achille e dagli eroi dell'*Iliade*. E usa l'intelligenza per conoscere gli altri, partecipare al dolore e soccorrere i propri compagni.

La follia dei compagni

I suoi compagni, però, sono diversi: rientrano nel campo semantico della **follia**. Il **narratore esterno** vìola addirittura l'oggettività, inserendo un giudizio esplicito («stolti», v. 7), relativo al loro comportamento: "folli" significa incapaci di controllare le proprie pulsioni, privi di misura, come tali empi e dunque giustamente puniti dagli dèi.

Una storia nuova

Dopo la seconda invocazione, sono delineate le coordinate utili a far cominciare la storia: Odisseo è l'unico eroe greco a non essere rientrato in patria; senza compagni, solo, è prigioniero della ninfa Calipso; gli dèi, mossi a compassione, hanno decretato che è giunto il momento di farlo tornare a Itaca, pur in mezzo ad altre prove. Da questo scenario prende avvio la vicenda.

Siamo dunque di fronte a una **narrazione non lineare**, nella quale *fabula* e intreccio non si sovrappongono, ma divergono. Non solo la narrazione prende avvio ***in medias res***, ma la materia del canto annunciata (Odisseo ha già percorso il Mediterraneo in lungo e in largo per dieci anni, ha già perso tutti i suoi compagni) verrà trattata in libri posteriori al primo, con il ricorso a tecniche narrative come l'**analessi**. Siamo quindi di fronte a un poema nuovo, costruito in maniera originale intorno a *flashback* ricchi di *suspense*.

William Turner, *Odisseo schernisce Polifemo*, 1829. (Londra, National Gallery)

Attività

Leggere e comprendere

1 **Il tema** Il verso iniziale propone al lettore l'argomento centrale di tutto il poema. Che cosa viene messo in evidenza?

a. Una guerra
b. La storia di una città
c. Un uomo
d. Uno scontro tra sovrani

2 **L'invocazione** Come in ogni proemio di un testo epico, incontriamo l'invocazione alla divinità. A chi si rivolge il poeta? In quale verso?

3 **L'argomento** Nei versi proemiali il poeta presenta non solo Odisseo, ma altri argomenti. Come li indicheresti in modo sintetico?

a. Odisseo, i compagni, gli dèi
b. Odisseo, i compagni, le vicende essenziali
c. La Musa, Odisseo, Calipso
d. Il Sole, Odisseo e la morte di compagni

4 **Le vicende** Il proemio sintetizza il testo, alludendo alle vicende principali. Indica quelle citate nei versi letti.

a. Odisseo ha partecipato alla distruzione di Troia
b. Odisseo erra per molti mari
c. Odisseo conosce uomini e città
d. Odisseo incontra i Ciclopi
e. Odisseo perde dei compagni che hanno mangiato i buoi del Sole
f. Odisseo salva i compagni dalle Sirene
g. Tutti i re greci sono ormai tornati a casa dopo la guerra di Troia
h. Circe trattiene Odisseo
i. Odisseo scende negli Inferi
l. A Itaca Odisseo incontra difficoltà
m. Poseidone è l'unico dio avverso a Odisseo

5 **Le divinità** Nel proemio il poeta nomina diverse divinità. Cercale e chiarisci che cosa si dice di ciascuna.

6 **La condizione di Odisseo** Quale condizione differenzia Odisseo da tutti gli altri eroi greci che avevano combattuto a Troia?

7 **Il potere** Già nel proemio si illustrano le qualità che consentono all'eroe di affrontare dolori e avventure; tuttavia, chi decide davvero la sua sorte?

Riconoscere e analizzare

8 **La posizione** Il testo greco inizia con la parola uomo (*ándra*, in greco). Quale valore espressivo ha la collocazione iniziale di questa parola?

9 **L'intreccio** Tenendo conto dell'intreccio che, nell'*Odissea*, non è sovrapponibile alla *fabula*, inserisci i versi del proemio che sintetizzano le parti in cui si snoda la vicenda.

- Parte iniziale del poema: ....
- Antefatto del poema: ....
- Anticipazioni delle conclusioni: ....

10 **La metafora** Per descrivere l'azione del fato, nel testo greco al verso 17 è presente l'espressione «gli dèi filarono», qui tradotto con «destinarono». Quale metafora usa Omero con «filarono»? A quale mito allude questa immagine?

11 **Il protagonista** Le caratteristiche fondamentali del carattere del protagonista, Odisseo, emergono fin dal proemio. Eccone un elenco: riporta le espressioni del testo da cui si possono evincere.

- Astuzia e intelligenza: ....
- Valore militare: ....
- Desiderio di conoscenza: ....
- Capacità di sopportare dolori e avversità: ....
- Responsabilità verso i compagni: ....
- Rispetto verso gli dèi: ....
- Desiderio del ritorno: ....

Rielaborare e produrre

12 **Discutere** «Raccontami, Musa, dell'uomo versatile» recita l'*incipit* del poema. Secondo te, la versatilità è una caratteristica negativa, equiparabile all'incoerenza, oppure è la manifestazione dell'intelligenza ed è quindi positiva? Confronta la tua opinione con quella dei tuoi compagni in un dibattito in classe.

13 **La versione in prosa** Riscrivi in prosa il proemio, variando al massimo il lessico e, se necessario, la struttura sintattica.

14 **La colpa** La potenza della divinità non ammette alcun eccesso da parte dei mortali, che non possono perdere la misura. Dove risulta ribadita nel proemio questa norma universale nel mondo classico? Quali conseguenze pagano gli uomini che, ciechi, vanno "oltre"? Esponi le tue considerazioni in un testo espositivo di almeno 200 parole.

Omero

L'inganno della tela

Da
Odissea (libro II, vv. 80-128),
VIII secolo a.C.

Poema epico

I Proci, principi di Itaca e delle isole vicine che da tempo si sono insediati a palazzo, dilapidano i beni del re assente e sollecitano Penelope a scegliere uno di loro come nuovo marito e, quindi, come signore dell'isola. Telemaco, seguendo il consiglio di Atena, convoca per la prima volta l'assemblea degli itacesi e denuncia davanti a tutto il popolo i soprusi cui devono soggiacere lui e la madre. Gli risponde Antìnoo, il più autorevole e arrogante dei pretendenti, accusando Penelope stessa di comportarsi con astuzia e con falsità.

Cosí disse sdegnato, e gettò in terra lo scettro
scoppiando in lacrime, e la pietà prese l'intero popolo.
Tutti rimasero in silenzio, nessuno osava
rispondere con aspre parole a Telemaco; solo
Antìnoo gli rispose in questo modo:
«Telemaco, parlatore sublime, smodato nell'ira, cosa hai detto,
disonorandoci! Davvero vuoi coprirci d'infamia.
Non hanno colpe verso di te i pretendenti,
ma piuttosto tua madre, che sa troppe astuzie.
È già il terzo anno, e presto arriverà il quarto,
che illude il cuore nel petto ai Greci;
dà speranze a ciascuno e promette a ciascuno,
mandando messaggi; ma il suo cuore vuole ben altro.
Pensò dunque nel suo cuore un'astuzia:
dispose nelle sue stanze una grande tela,
sottile, immensa, e a noi cosí disse:
"Giovani miei pretendenti, giacché è morto il nobile Odisseo,
attendete, per quanto impazienti, finché avrò terminato
questo drappo – e non si disperdano al vento le fila,
sudario funebre per l'eroe Laerte quel giorno
che lo colga il duro destino di morte.
Non voglio che nel popolo nessuna donna greca mi rimproveri
se, dopo aver guadagnato tanto, giacesse senza sudario".
Cosí disse, e fu persuaso il nostro nobile cuore.
Di giorno dunque tesseva la grande tela,
di notte la sfaceva, alla luce delle fiaccole.

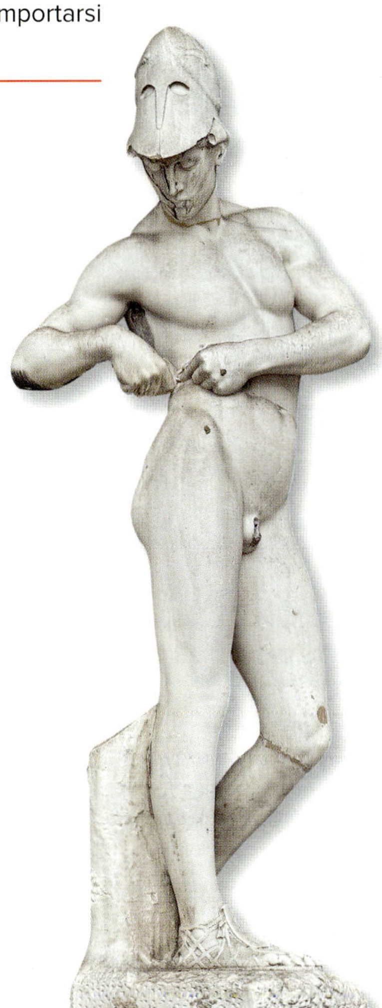

Statua di Telemaco realizzata da Ludwig Cauer nel XX secolo nella cittadina tedesca di Saarbrücken.

80 **Così disse sdegnato**: concluso il suo discorso al popolo, Telemaco scaglia a terra lo scettro che teneva in mano chi prendeva la parola.

84 **Antìnoo**: è il più prepotente dei Proci; il suo nome significa "l'oppositore".

85 **parlatore sublime**: Antìnoo è ironico nei confronti di Telemaco.

87 **i pretendenti**: parla a nome di tutti i pretendenti alla mano di Penelope.

88 **che sa troppe astuzie**: Penelope è accusata da Antìnoo di mettere in campo degli imbrogli.

98 **e non si disperdano…le fila**: e non perda le fila di questa trama, vale a dire: e non risulti inutile il lavoro che ho già fatto.

99 **sudario…Laerte**: la tela sarebbe divenuta il lenzuolo funebre del vecchio padre di Odisseo.

102 **dopo…tanto**: chi ha meritato tanto per il suo ben operare.

Per tre anni nascose l'inganno e illuse i Greci:
ma quando al quarto anno tornò la primavera,
ci informò una donna che sapeva tutto,
e la cogliemmo a disfare la splendida tela.
Dovette dunque finirla per forza, contro il suo volere.
Questo ti rispondono i pretendenti perché tu lo sappia
nel tuo cuore, e lo sappiano tutti i Greci;
rimanda tua madre, imponile di risposarsi
con chi vuole suo padre e le sia gradito.
Se ancora per molto tormenterà i figli dei Greci,
consapevole nel suo cuore delle arti che le diede Atena,
opere bellissime e savi pensieri,
e astuzie quali non conosciamo neppure dalle donne antiche
le Greche dai bei capelli che c'erano un tempo
Tiro, Alcmena e Micene dalla bella corona...
Nessuna di queste aveva l'astuzia
di Penelope; però questa non l'ha pensata giusta:
mangeranno i tuoi beni e i tuoi averi
finché lei avrà questi pensieri che gli dèi le mettono
nell'animo. Acquista a se stessa grande fama,
ma a te procura nostalgia di molta ricchezza,
perché noi non andremo ai nostri lavori né altrove,
prima che lei si scelga per sposo un Greco».

Omero, *Odissea*, I, 80-128, trad. it. di G. Paduano, Einaudi, Torino, 2010

108 **una donna**: una delle ancelle che ha tradito.

113 **rimanda tua madre**: rimanda tua madre a suo padre Icarione che scelga per Penelope un nuovo sposo.

116 **consapevole...Atena**: le «arti» di cui si parla sono le astuzie.

118-119 **astuzie quali...c'erano un tempo**: le azioni, i pensieri e le astuzie di Penelope sono più straordinari di quelli di cui si favoleggia delle «donne antiche le Greche dai bei capelli» (epiteto formulare).

120 **Tiro...dalla bella corona**: Penelope è più intelligente di Tiro, amante del dio Poseidone; di Alcmena che generò con Zeus Ercole; di Micene, figlia di un dio fluviale, che diede il nome alla città di Micene; «dalla bella corona» è l'epiteto formulare conclusivo.

123 **mangeranno i tuoi beni**: il soggetto sono i Proci, i pretendenti.

125-126 **Acquista...molta ricchezza**: questa «idea», ispirata a Penelope dagli dèi, sarà tramandata nel tempo e darà grande fama a chi l'ha pensata, ma costerà cara a Telemaco.

Pinturicchio, *Penelope al telaio con i pretendenti*, affresco del 1509. (Londra, National Gallery)

per L'ANALISI del TESTO

L'importanza della tela

La profezia di Antìnoo era giusta. L'idea che gli dèi hanno messo nel cuore di Penelope le ha fatto acquistare «grande fama». Lo stratagemma della degna moglie di Odisseo ha concorso alla costruzione di un modello femminile intrigante e doppio, per quanto fedele nei confronti del marito, entrato nell'immaginario comune; inoltre, l'espressione "la tela di Penelope" per indicare un lavoro mai portato a termine è diventata proverbiale.

La funzione di antefatto

Il discorso di Antìnoo, di per sé una ribattuta all'attacco subito da parte di Telemaco davanti agli Itacesi, va a **colmare una lacuna narrativa**. Il lettore, proiettato *in medias res*, non può sapere che cosa stesse succedendo a Itaca, come Penelope si fosse difesa per quattro anni dall'assedio dei Proci. Il discorso, inoltre, prepara il campo per chiarire quale sia la situazione sull'isola che dovrà diventare teatro della seconda parte del poema, una volta che Odisseo si sia ricongiunto a Telemaco. Sempre sul piano della tecnica compositiva, risulta molto efficace mettere in bocca al capo dei pretendenti il racconto dell'inganno della tela. Così facendo, la scaltrezza di Penelope viene ingigantita e vani appaiono i tentativi di seminare motivi di discordia fra madre e figlio («a se stessa grande fama..., / ma a te procura nostalgia», vv. 125-126).

Il personaggio di Penelope

Il rilievo assunto dalla figura di Penelope va al di là della funzione strutturale dell'episodio. Per quanto donna, ella assume i contorni eroici di chi riesce a farsi valere attraverso l'intelligenza e l'astuzia, che sono poi le qualità dell'eroe eponimo del poema, Odisseo, di cui Penelope è un ***alter ego* al femminile**. In tutto questo, però, non deve essere sminuita la **grandezza tragica della donna**, costretta dalla solitudine (la stessa del marito) a difendersi da avversari per natura più forti di lei (uomini per Penelope, mostri e giganti per Odisseo), che possono essere sconfitti soltanto "ordendo la trama nell'ombra", con la stessa perseverante astuzia con cui Odisseo accecherà il ciclope.

Un nuovo stato

Un'ultima osservazione riguarda i rapporti di potere nella società descritta nell'*Odissea*. Avevamo già assistito nell'*Iliade* all'assemblea degli Achei (▸ p. 156): là si trattava di un confronto tra i capi delle diverse città-stato. Qui, invece, Telemaco, il principe ereditario, convoca il **popolo di Itaca** e fronteggia i nobili principi che sono consapevoli di avere la sua stessa dignità e di poter parlare alla pari. Non c'è più un monarca ereditario, il *vanax* miceneo, ma una "**corte feudale**" dove il re è un *primus inter pares*, uno tra una nobiltà di pari grado, non più il capo riconosciuto di una stirpe.

Attività

Leggere e comprendere

1 **L'antefatto** In quale contesto si svolge la disputa verbale fra Telemaco e Antìnoo?
- a. Durante l'assemblea degli Itacesi convocata per decisione autonoma da Telemaco
- b. Durante un colloquio privato tra Telemaco e Antìnoo
- c. Durante un colloquio tra Telemaco, Antìnoo e Penelope per richiesta della stessa Penelope
- d. Durante l'assemblea degli Itacesi che Telemaco ha convocato su consiglio di Atena

2 **La difesa** Di fronte alla denuncia di Telemaco, come reagisce Antìnoo?
- a. Dichiara che non sono i pretendenti a causare tanti danni.
- b. Accusa Penelope della situazione presente
- c. Incolpa la regina di illudere i Proci
- d. Accusa Penelope di essere scaltra e falsa

3 **Il raggiro** A testimoniare la malafede di Penelope, Antìnoo racconta a Telemaco l'inganno da lei ordito nei confronti dei suoi pretendenti. Raccontalo con le tue parole.

4 **La soluzione** Antìnoo, spazientito dall'atteggiamento di Penelope, invita Telemaco a prendere la decisione che spetta "all'uomo di casa". Qual è?

5 **La minaccia** Antìnoo si serve di argomenti insinuanti per cercare di seminare discordia tra madre e figlio. Ricerca nel testo le parole usate.

Riconoscere e analizzare

6 **Il personaggio** Anche se non interviene sulla scena, il personaggio centrale del brano risulta Penelope. Ecco alcune sue caratteristiche: completale e spiegale sulla base delle parole di Antìnoo. L'esercizio è avviato.
Penelope è una donna in difficoltà ma intelligente e astuta: infatti «sa troppe astuzie» (v. 88), «illude» (v. 90), «dà speranze a ciascuno ... ma il suo cuore vuole ben altro» (vv. 91-92), «nascose l'inganno e illuse i Greci» (v. 106).

- Penelope è una donna rispettosa dei doveri verso i familiari: infatti ....
....
....
- Penelope è una donna che vuole avere onore e buona fama: infatti ....
....
....

7 **Il tempo** Qual è la collocazione cronologica di questo episodio rispetto alle altre vicende di cui si parla nel poema? (Più risposte sono corrette.)

a. Gli altri comandanti achei sono tornati a casa
b. Odisseo è trattenuto da Calipso
c. Odisseo sta navigando verso Itaca
d. Ormai è il quarto anno che Penelope inganna i Proci
e. L'assemblea a Itaca è prima del concilio degli dèi
f. Telemaco ha già incontrato Atena sotto mentite spoglie
g. Zeus ha accettato il volere del fato che vuole il ritorno di Odisseo

8 **Il confronto** Le qualità di Penelope risaltano anche grazie a un confronto indiretto. Di quali illustri donne è l'*alter ego*? Per quali caratteristiche?

9 **Lo stile formulare** Rileggi il passo e trova epiteti ed esempi tipici dello stile formulare; poi elencali.

....
....
....
....
....
....

10 **La funzione narrativa** Sappiamo che l'intreccio dell'*Odissea* è alquanto complesso. Quale funzione ha l'episodio della tela per il successivo svolgersi della narrazione?

....
....
....
....
....
....
....
....
....

11 **I rapporti di potere** L'assemblea degli Itacesi, convocata da Telemaco, principe, figlio di re, può fornire alcune informazioni sui rapporti di potere nella società di riferimento. Scegli l'alternativa corretta.

a. Il re ha un potere assoluto
b. Il re deve convocare a tempi prefissati l'assemblea dei cittadini
c. Il re deve sottoporre le sue decisioni all'assemblea
d. I nobili possono contrastare il volere del re
e. Il potere del re è lo stesso che emergeva dall'*Iliade*

Rielaborare e produrre

12 **Il riassunto** Sintetizza il contenuto del testo in 100 parole al massimo.

13 **Il racconto** Amplia le informazioni sull'inganno di Penelope, stendendo un ampio racconto di almeno 300 parole che abbia come narratore interno Penelope stessa, e che dia ampio risalto alla rivelazione dell'inganno da parte dell'ancella e all'angoscia della regina.

Omero

Il naufragio

Mentre Telemaco è partito per mare alla ricerca di notizie del padre, Calipso, obbligata dagli dèi, lascia partire Odisseo. L'eroe si costruisce una zattera e, dopo diciotto giorni di tranquilla navigazione, giunge davanti a una terra sconosciuta sulla quale non riesce ad approdare. Infatti, non ha ancora saldato il suo debito con il dio del mare, Poseidone.

Da Odissea (libro V, vv. 262-305, 424-493), VIII secolo a.C.

Poema epico

Era il quarto giorno, e l'opera era compiuta.
Al quinto giorno l'illustre Calipso lo licenziò dalla sua isola,
dopo averlo lavato e vestito di vesti fragranti,
e gli caricò sulla zattera un otre di vino nero
e un altro, piú grande, d'acqua, e viveri in una bisaccia:
vi mise dentro molti cibi piacevoli.
Poi gli mandò un vento mite e propizio.
Godendo del vento, l'illustre Odisseo spiegò la vela.
Seduto al timone, Odisseo tracciava la rotta sapientemente,
e il sonno non gli cadeva mai sulle palpebre,
a osservare le Pleiadi e Boote che tramonta tardi,
e l'Orsa, che chiamano anche col nome di Carro,
che ruota su se stessa e guarda ad Orione,
ed è la sola a non bagnarsi mai nell'Oceano.
Calipso, la nobile dea, gli aveva ordinato
di navigare tenendola sempre sulla sinistra.
Per diciassette giorni attraversò il mare;
il diciottesimo giorno gli apparvero i monti ombrosi
della terra dei Feaci, nel punto meno distante,
protesa come uno scudo sul mare brumoso.
Ma tornando dagli Etiopi, il signore che scuote la terra
lo vide da lontano, dai monti dei Solimi,
mentre solcava il mare, e s'adirò maggiormente nell'animo,
e, scrollando il capo, cosí disse al suo cuore:
«Ahimè, ecco che hanno cambiato parere gli dèi

Henri Lehmann, *Calipso*, 1869. (Collezione Privata)

262 **e l'opera era compiuta**: Odisseo aveva impiegato quattro giorni per costruire la zattera.

263 **l'illustre Calipso**: è la dea che teneva prigioniero Odisseo da alcuni anni sull'isola di Ogigia, e che gli aveva offerto l'immortalità affinché restasse per sempre con lei.

265 **otre**: un contenitore fatto di pelle di animali.

272-275 **a osservare le Pleiadi...bagnarsi mai nell'Oceano**: Odisseo scruta il cielo per mantenere la rotta. Le Pleiadi, stelle della costellazione del Toro, sono visibili da maggio a ottobre (stagione della navigazione). La costellazione di Boòte «tramonta tardi» perché visibile fino all'alba. L'Orsa Minore ruota sempre intorno al polo («ruota su se stessa»), contrapponendosi alla costellazione di Orione e mai si tuffa nelle acque dell'Oceano.

277 **navigare...sinistra**: lasciando sulla sinistra l'Orsa Minore.

282 **tornando dagli Etiopi**: si tratta di Poseidone, il cui epiteto significa "Scuotiterra" perché con il tridente provocava terremoti. Egli non aveva partecipato al concilio degli dèi, che aveva deciso di lasciare ritornare in patria Odisseo, perché era presso gli Etiopi.

283 **monti dei Solimi**: Poseidone è giunto sulle montagne della Licia, in Asia Minore.

286 **hanno cambiato parere**: hanno deciso di lasciare partire Odisseo da Ogigia.

su Odisseo, mentre io stavo tra gli Etiopi; è vicino
alla terra dei Feaci, dove è fatale che sfugga
al sommo delle angosce che lo minacciano; eppure io dico
che posso ancora saziarlo di mali».
Cosí dicendo, adunò le nubi e sconvolse il mare,
e, prendendo in mano il tridente, sollevò tutte
le bufere di tutti i venti, e con le nubi coperse
insieme la terra e il mare. Scese dal cielo la notte,
piombarono insieme Euro, Noto, il tremendo
Zefiro, Borea nato dall'etere, rovesciando le onde.
A Odisseo allora si sciolsero le ginocchia ed il cuore,
e turbato disse al suo grande cuore:
«Ahimè infelice, che cosa sarà di me alla fine? Io temo
che la dea mi abbia detto una parola infallibile,
che in mezzo al mare, prima di giungere in patria,
avrei colmato la misura dei mali, e ora tutto si compie.
Di quali nubi Zeus circonda il vasto cielo,
e sconvolge il mare! Infuriano le bufere
di tutti i venti; ora per me è sicuro l'abisso di morte».

[Odisseo si salva a stento, aggrappandosi al relitto della zattera. Un'ulteriore ondata squassa gli ultimi legni della zattera. Sul punto di annegare, viene soccorso da una ninfa che lo fornisce di un velo magico con il quale può nuotare fino alla terra dei Feaci, dove Poseidone non può più infierire su di lui.]

Mentre cosí meditava nel cuore e nell'animo,
una grande onda lo scagliò sulla riva rocciosa.
E qui si sarebbe strappata la pelle e rotte le ossa,
se Atena, la dea dagli occhi splendenti, non gli avesse ispirato
l'idea di afferrare di slancio con ambo le mani
la roccia: la tenne piangendo finché fu passata
la grande onda, e si salvò; ma, ritornando, il maroso
l'assaltò, lo colpí, lo scagliò lontano nel mare.
Come quando si strappa un polipo dalla sua tana,
e ai suoi tentacoli restano attaccate fitte pietruzze,
cosí alla roccia rimasero attaccati brandelli
delle sue mani forti, e la grande onda lo avvolse.
E qui contro il destino sarebbe morto il misero Odisseo,

287-289 **è vicino alla...che lo minacciano**: è destino che presso i Feaci Odisseo possa sottrarsi ai problemi che lo incalzano.

295-296 **insieme Euro... rovesciando le onde**: Poseidone raduna i venti: Euro è quello che spira da est, Noto da sud, Zefiro da ovest, Borea, figlio dell'«etere», il cielo, infuria da nord. Soffiano dunque da ogni direzione.

300 **la dea**: è la ninfa Calipso, che aveva cercato di dargli alcuni consigli al momento della partenza.

302 **avrei colmato...mali**: tutte le disgrazie sarebbero giunte al culmine, pensa Odisseo, forse fino alla morte stessa («l'abisso di morte», v. 305).

432 **Come quando...tana**: Odisseo, strappato dalla roccia, è paragonato al polipo strappato dalla sua tana.

436 **contro il destino**: contro quanto era stato deciso dal Fato: il concilio degli dèi aveva stabilito il suo ritorno a Itaca.

se non gli avesse dato un'idea accorta Atena dagli occhi
splendenti. Emerso dalle onde che ruggivano contro la riva,
nuotò lungo la costa, scrutando la terra, se mai trovava
lidi battuti di fianco o porti sulla riva del mare,
e quando giunse nuotando alla foce di un fiume
dalla bella corrente, questo gli parve il punto migliore:
liscio, senza scogli, al riparo dal vento.
Riconobbe il corso del fiume, e pregò cosí nel suo cuore:
«Ascolta, signore, chiunque tu sia; vengo a te, tanto invocato,
fuggendo via dal mare le ire di Poseidone.
Anche dagli dèi immortali riceve rispetto
l'uomo che giunge errando, come io adesso giungo,
dopo avere tanto sofferto, alla tua corrente e alle tue ginocchia.
Abbi pietà, signore; mi dichiaro tuo supplice».
Cosí disse, e subito il fiume fermò il suo corso e trattenne l'onda,
creò bonaccia davanti a lui e lo salvò sulla propria
foce. Allora Odisseo piegò tutte e due le ginocchia
e le forti braccia: il suo animo era domato dal mare.
Tutto il corpo era gonfio, e l'acqua colava in abbondanza
dalla bocca e dal naso. Senza voce, senza respiro,
giaceva sfinito, invaso da una tremenda stanchezza.
Quando rinvenne e il respiro gli si raccolse nel petto,
sciolse da sé il velo che gli aveva dato la dea,
e lo scagliò dove il fiume si getta nel mare;
una grande ondata lo riportò sulla corrente, e subito Ino
lo ricevette nelle sue mani. Odisseo, uscito dal fiume,
si chinò sul giuncheto e baciò la terra feconda,
e turbato disse al suo grande cuore:
«Ahimè, che mi accade? Cosa sarà di me alla fine? Se veglio
sul fiume, sarà una notte d'angoscia, temendo
che insieme la brina maligna e l'umida guazza
mi prostrino il cuore, già sfinito dalla stanchezza:
prima dell'aurora soffia dal fiume una brezza rigida.

Friedrich Preller, *La ninfa Ino appare a Odisseo durante la tempesta*, 1863. (Monaco di Baviera, Collection Schack)

437-440 **se non gli avesse... riva del mare**: Atena, stimolando la saggezza e la prontezza di Odisseo («accortezza»), lo induce a cercare approdi naturali.

444 **Riconobbe il corso del fiume**: riconobbe di essere davanti a un fiume dalla sua corrente: l'acqua non era salmastra e la colorazione diversa.

445 **Ascolta, signore**: si rivolge al fiume apostrofandolo «signore» perché corsi d'acqua, boschi, montagne erano identificati con una divinità; *tanto invocato*: Odisseo è impegnato ad accattivarsi la protezione di questo dio sconosciuto perché lo protegga dall'ira di Poseidone.

450 **Abbi pietà…supplice**: la divinità fluviale è personificata e Odisseo le si rivolge da supplice per ottenere aiuto e ospitalità.

458 **il respiro…nel petto**: quando Odisseo tornò a respirare e a sentire dentro di sé il coraggio e la forza.

461 **Ino**: è la ninfa che aveva donato a Odisseo il velo con il quale l'eroe aveva potuto nuotare senza essere travolto dalle onde.

463 **baciò…feconda**: Odisseo, da naufrago, sente il dovere di baciare la terraferma che lo trae in salvo. La terra, infatti, è "fruttifera" a differenza del mare, che in Omero è "infecondo".

467 **guazza**: la rugiada, insieme alla brina «maligna», può essere letale per un fisico già stremato.

Se salgo nella selva, nel fitto del bosco,
e dormo tra i fitti arbusti, se mi abbandonano
la stanchezza e il freddo, e sopraggiunge il sonno soave,
temo di essere preda e cibo di belve».
Riflettendo, la cosa migliore gli parve
muoversi verso il bosco, vicino all'acqua, in un luogo
aperto, e acquattarsi sotto un doppio cespuglio
di due piante nate dallo stesso ceppo, un olivo e un oleastro:
non penetrava là dentro la forza dei venti umidi,
né il sole splendente li colpiva con i suoi raggi,
e neppure passava la pioggia, tanto erano
fittamente intrecciati. Là sotto Odisseo
s'infilò, e con le sue mani preparò un ampio giaciglio;
c'era infatti un'enorme distesa di foglie,
quante potevano riparare due o tre uomini
anche d'inverno, anche nel tempo piú crudo.
Fu lieto di vederlo il paziente, nobile Odisseo,
e si coricò nel mezzo e si coprí con le foglie.
Come quando qualcuno nasconde un tizzone sotto la cenere nera,
nella remota campagna, dove non ci sono vicini,
custodendo il seme del fuoco perché non si debba
accenderlo altrove, cosí Odisseo si nascose in mezzo alle foglie,
e Atena gli versò sugli occhi il sonno, avvolgendo le palpebre,
perché si liberasse al piú presto della penosa stanchezza.

Omero, *Odissea*, V, 262-305, 424-493, trad. it. di G. Paduano, Einaudi, Torino, 2010

470-473 **Se salgo…belve**: risalendo la collinetta e allontanandosi dall'umidità marina, Odisseo teme di cader preda di bestie feroci.

477 **oleastro**: ulivo selvatico.

485 **crudo**: rigido, riferito all'inverno.

488-490 **Come quando qualcuno…custodendo il seme del fuoco**: la prima parte della similitudine sottolinea l'importanza di conservare il fuoco a partire dai tizzoni, da recuperare da sotto la cenere, tizzoni che conservano «il seme del fuoco», la scintilla. Il fuoco era considerato una delle quattro "radici", gli elementi fondamentali, insieme alla terra, all'acqua e all'aria.

Apollonio di Giovanni e Marco del Buono, *Le avventure di Odisseo*, 1460 circa. (Wawel, Castello Reale)

per L'ANALISI del TESTO

Una geografia fantastica

I primi quattro libri dell'*Odissea*, la Telemachia, seguivano il protagonista Telemaco in una geografia "reale", di luoghi noti. Ora, con Odisseo, torniamo nella **dimensione fantastica**. Ogigia non è rintracciabile sulle cartine e la stessa isola dei Feaci, Scheria, appartiene a un mondo "altro". Tutto l'episodio, poi, si svolge secondo tempi, fatti, relazioni che appartengono più al divino, e quindi al meraviglioso, che all'umano.

In balìa degli dèi

Odisseo è, infatti, al centro di un braccio di ferro fra divinità e, solo al termine di questa disputa giocata sull'Olimpo, potrà ritornare da una dimensione fantastica a quella reale. In fondo il suo *nóstos* è prima di tutto un ritorno fra gli uomini, che Poseidone ritarda ancora.

Da una parte abbiamo Calipso, che con le sue premure permette a Odisseo di partire, fornendogli acqua e viveri e un vento «mite e propizio» (v. 268) che asseconda gran parte della navigazione dell'eroe. Di segno opposto sono le attenzioni di Poseidone, in grado all'improvviso di ribaltare la bonaccia in una terribile tempesta, che Odisseo fronteggia grazie alla prontezza che gli è propria, ispiratagli da Atena.

Johann Heinrich Füssli, *Il naufragio di Odisseo*, 1803. (Collezione Privata)

All'interno di questa **lotta fra divinità**, non manca il mezzo magico, tipico di questo genere di fiabe, e cioè il velo della ninfa marina Ino, che consente a Odisseo di nuotare fino a riva. Un'ultima divinità fluviale, cui Odisseo si rivolge da supplice, interviene per evitare che l'eroe, andando contro il destino, finisca per soccombere.

Natura benigna e natura matrigna

Abbiamo dunque la rappresentazione di una natura benigna (isola di Ogigia, vento propizio, foce del fiume) contrapposta a una matrigna (venti impetuosi, mare burrascoso). Il **mare in burrasca**, sconvolto dai venti, con i marinai in balìa delle onde si configura come un ***tópos* letterario** a cui molti autori si richiameranno. Le caratteristiche sono quelle di un ***locus horridus***, un luogo di paura e di pericolo, nel quale sono esaltate le forze e il coraggio dell'eroe. Evidente la **contrapposizione con il *locus amoenus*** dell'isola Ogigia, tanto serena quanto limitante per Odisseo, che non può rivedere casa ed esercitare il suo ruolo di re.

Il realismo della tecnica omerica

Quella omerica è dunque la rappresentazione di un **universo irreale**, popolato da divinità, costruita, però, sulla scorta di immagini, **descrizioni e similitudini tratte dalla realtà**. Si pensi a Odisseo che si aggrappa alle rocce scorticandosi le mani, che esce dal mare con «tutto il corpo [...] gonfio, e l'acqua [che] colava in abbondanza dalla bocca e dal naso» (vv. 455-456) e scruta ansioso un angolo riparato per passarvi la notte. Il *locus horridus*, dunque, prima ancora che una descrizione abituale, scaturisce da una acuta osservazione del reale.

Attività

Leggere e comprendere

1 **Le premure di Calipso** Calipso, dopo aver a lungo trattenuto Odisseo, nel lasciarlo libero lo colma di premure. Da che cosa è mosso il suo comportamento?

a. Non è più innamorata di lui
b. Acconsente al volere di Odisseo
c. Obbedisce alla volontà degli dèi
d. Vuole vendicarsi contro Poseidone

2 **Le stelle** Odisseo è un esperto marinaio e si orienta grazie alle stelle. Quali costellazioni osserva?

3 **L'avversario** Poseidone, ancora ostile a Odisseo, vedendolo veleggiare sereno tenta per l'ultima volta di osteggiarlo. Rimetti in ordine cronologico le azioni che egli compie.

a. Scatena i turbini ☐
b. Capisce che gli dèi hanno mutato decisione ☐
c. Brandisce il tridente e sconvolge le acque ☐
d. Vede Odisseo, s'infuria e scuote la testa ☐
e. Vuole infliggere altre sofferenze a Odisseo ☐
f. Sa che l'eroe, per volere del destino, dalla vicina isola dei Feaci raggiungerà Itaca ☐
g. Raduna i nembi ☐
h. Copre di nubi la terra e il mare ☐

4 **Odisseo** Sorpreso dalla tempesta, l'eroe ha una reazione molto umana. Che cosa fa?

5 **Il soccorso** Odisseo cerca di sfuggire con le proprie forze alla morte, ma è ancora una dea, Atena, a suggerirgli «un'idea accorta». Quali altre divinità lo aiutano?

6 **Il fiume** Odisseo s'accorge della corrente d'acqua dolce. In che modo si rivolge direttamente al fiume? In che veste si presenta? Riporta le espressioni del testo.

7 **Il corpo** Accolto nelle acque dolci e sicure del fiume, Odisseo può rilassarsi. Indica le parti del corpo che vengono descritte nella loro spossatezza e nella ricerca di riposo.

....

....

....

8 **La terra** Prostrato, ma vivo, Odisseo ha raggiunto la terra e riprende il controllo della situazione. Quali pensieri si agitano nella sua mente?

a. Ricorda il passato
b. Analizza la situazione presente
c. Immagina il ritorno
d. Progetta un rifugio per la notte

Riconoscere e analizzare

9 **Il mare** Il poeta dà un'immagine serena e una terribile e inquietante del mare. Dove si trovano – e quali sono – i caratteri del *locus amoenus*, e dove – e quali sono – quelli del *locus horridus*?

10 **La fiaba** Il brano fonde elementi realistici e componenti magiche. Completa alcune costanti funzionali delle fiabe con le informazioni del testo.

- Protagonista: ....
- Antagonista: ....
- Allontanamento: ....
- Aiutanti: ....
- Oggetto magico: ....
- Lieto fine: ....

11 **Il realismo** Nonostante l'aura magica, molti passaggi sono improntati a estremo realismo. Riportali e indica dove sia più evidente il legame con fenomeni reali.

12 **Le similitudini** Cerca e spiega le tre similitudini del testo.

Rielaborare e produrre

13 **Discutere** In questo episodio la natura si rivela a tratti benigna e a tratti matrigna. In generale, ritieni che la natura sia buona e cattiva in sé? O pensi che siano gli uomini, con i loro umori e i loro comportamenti, a influenzarla? Confronta la tua opinione con quella dei tuoi compagni in un dibattito in classe.

14 **Il naufragio** Il naufragio è divenuto un *tòpos* letterario di numerose narrazioni, dai romanzi ai film. Ne ricordi qualcuno? Mettilo a confronto con il racconto omerico, sottolineando forme comuni o di derivazione diretta. Esponi le tue considerazioni in un testo espositivo di 250 parole.

Omero

Nausicàa soccorre il naufrago

Da
Odissea (libro VI, vv. 110-210, 224-250),
VIII secolo a.C.

Poema epico

Spossato dalla fatica e dai rischi corsi nel naufragio, Odisseo si addormenta. Nel frattempo, la dea Atena compare in sogno alla giovane Nausicàa, la figlia del re dell'isola abitata dai Feaci, e le suggerisce di andare al fiume per lavare le vesti e i bei pepli che costituiscono la sua dote, nella speranza di un prossimo matrimonio.

La fanciulla chiede il permesso al padre, il magnanimo re Alcìnoo e, accompagnata dalle ancelle, giunge al fiume. Le grida delle fanciulle, che dopo aver lavato le vesti si sono messe a giocare a palla, svegliano Odisseo. È l'occasione dell'incontro fra Nausicàa e il naufrago.

Ma quando avrebbe dovuto tornarsene a casa,
aggiogate le mule e piegate le belle vesti,
Atena, la dea dagli occhi splendenti, ebbe un altro pensiero:
che Odisseo si ridestasse e vedesse la bella fanciulla,
che lo avrebbe guidato alla città dei Feaci.
La principessa lanciò la palla verso una ragazza,
ma la mancò e cadde nel gorgo profondo.
Gridarono forte, e si svegliò il nobile Odisseo;
si alzò a sedere e meditava nel cuore e nell'animo:
«Ahimè, alla terra di quali uomini sarò arrivato?
Saranno violenti, ingiusti, selvaggi,
oppure ospitali, e avranno un animo pio?
Mi è giunta una voce femminile, come di giovani:
forse ninfe che abitano le cime dei monti,
le sorgenti dei fiumi, e i prati erbosi –
o sono voci umane quelle che sento?
Ma via, voglio provare e vedere io stesso».
Cosí disse, ed uscí dai cespugli il nobile Odisseo: prese dal fitto
della boscaglia con la mano robusta un ramo fronzuto,
e se lo mise attorno alla vita, a coprire le parti virili.
Si mosse come il leone montano che, fiducioso nella sua forza,
avanza nella pioggia e nel vento, e gli brillano
gli occhi; va a caccia di pecore, buoi o cerve
selvagge, e il ventre lo spinge a entrare
anche in una solida fattoria, per assalire le greggi –
cosí Odisseo stava per comparire fra le ragazze
dai bei capelli, nudo: il bisogno ve lo costringeva.

110 **tornarsene a casa**: Nausicàa ha lavato e lasciato asciugare le vesti, si è divertita in compagnia delle ancelle e si appresta a rientrare alla reggia.

112 **Atena...splendenti**: è lei, la dea dagli occhi splendenti, che sospinge Nausicàa a un ultimo gioco con la palla.

114 **Feaci**: sono il popolo che abitano l'isola. Il loro re Alcinoo è il padre di Nausicàa.

121 **ospitali, e...pio**: l'ospitalità e la venerazione degli dèi («animo pio») sono i due valori che separano l'umanità dei popoli civilizzati dalla ferinità degli esseri nei quali finora Odisseo si è imbattuto.

136 **il bisogno...costringeva**: come il leone della similitudine è spinto dalla fame, così Odisseo è mosso dalla necessità e affronta la vergogna della sua nudità.

Apparve a loro terribile, sconciato dalla salsedine,
e tremando si riversarono chi qua chi là sulla spiaggia.
Sola rimase la figlia di Alcìnoo: a lei Atena
mise coraggio in cuore e tolse alle membra paura.
Stava ferma davanti a lui, e l'eroe dubitava
se pregare toccando le ginocchia della bella fanciulla,
o pregarla da dov'era, lontano, con dolci parole,
che gli mostrasse la città e gli desse degli abiti.
Riflettendo la cosa migliore gli parve
pregarla da lontano con dolci parole,
che non s'irritasse con lui, se le toccava le ginocchia.
Perciò le fece un discorso dolce e accorto:
«T'imploro, signora, ma sei una dea o una donna?
Se sei una dea, di quelle che possiedono il vasto cielo,
ti direi perfettamente uguale alla figlia
del grande Zeus, ad Artemide, nell'aspetto e nella statura.
Se sei una delle mortali che vivono in terra,
tre volte beati il padre e la nobile madre,
tre volte beati i fratelli, a cui certo
si scalda sempre il cuore di gioia quando ti vedono
entrare nella danza, splendido fiore – ma soprattutto
beato al di sopra di tutti gli altri quell'uomo
che ti colmerà di doni e ti porterà alla sua casa.
Mai con i miei occhi ho visto qualcuno cosí,
né uomo né donna, e mi prende stupore a guardarti.
A Delo una volta, presso l'altare di Apollo,
ho visto levarsi un fresco germoglio di palma;
anche là sono andato e mi seguivano molti compagni,
in quel **viaggio** che mi doveva dare tante disgrazie.

PAROLE *sotto le lente*

Viaggio

Il sostantivo deriva dal provenzale *viatge* in francese antico *veiage*, che è il latino *viaticum* = provvista per il viaggio e, più tardi, viaggio. Indica l'andare da un luogo a un altro, in genere distante, per divertimento o necessità, usando vari mezzi di trasporto privato o pubblico, o anche a piedi. Moltissime sono le locuzioni legate al nome: viaggio d'istruzione, viaggio di nozze, viaggio di andata e ritorno, cestino da viaggio, buon viaggio!, libro di viaggi, borsa da viaggio. Può intendere anche un pellegrinaggio o, in un uso gergale, lo stato di alterazione mentale di chi è sotto l'effetto di sostanze stupefacenti.

Attività

Crea un campo semantico dalla parola "viaggio" con almeno 7 termini.

138 **si riversarono**: sono le ancelle che fuggono in direzioni opposte.

142 **toccando le ginocchia**: Odisseo è incerto se avvicinare la fanciulla con il consueto gesto del supplice, considerando l'inopportunità per un uomo di sfiorare una fanciulla.

149 **T'imploro, signora**: Odisseo avvia il suo discorso solleticando l'amor proprio della fanciulla.

154-155 **tre volte beati...tre volte beati**: l'anafora riprende un numero simbolico benaugurante, che aumenta il grado dell'aggettivo.

157 **splendido fiore**: per sottolineare la freschezza di Nausicàa, Odisseo ricorre all'immagine di un fiore luminoso. Più giù il termine di paragone sarà una palma.

159 **che ti colmerà di doni**: il pretendente che abbondando nei doni conquisterà i genitori e porterà la fanciulla nella sua casa.

162-165 **A Delo...tante disgrazie**: sembra che Odisseo alluda a una sosta nell'isola del mare Egeo, sede di un importante tempio di Apollo. Agli occhi di Nausicàa, quest'uomo che è stato anche a Delo non è un naufrago qualunque, ma con un passato da re.

Vedendolo sono rimasto stupito nel cuore,
perché mai simile pianta si è levata da terra.
Cosí t'ammiro, donna, e sono stupito, e ho grande paura
di toccarti le ginocchia: mi possiede una pena tremenda.
Ieri sono scampato dopo venti giorni al mare colore del vino;
per tutto il tempo mi portavano i marosi e le veloci bufere
dall'isola Ogigia. Ora qui m'ha gettato un dio, perché anche
qui abbia nuove sciagure. Non penso che cesseranno
prima che gli dèi me ne diano ancora moltissime.
Signora, abbi pietà; dopo avere tanto sofferto,
arrivo a te per prima, e non conosco nessuno
degli uomini che abitano questa città e questa terra.
Mostrami la città, e dammi uno straccio da mettermi addosso,
se hai portato qui qualche panno venendo.
A te diano gli dèi quello che il tuo cuore desidera,
un marito e una casa e una buona concordia:
non c'è niente di piú grande o migliore
di quando governano concordi la loro casa
un uomo e una donna – dolore per i nemici,
gioia per gli amici e molta gloria per loro».
A lui rispose Nausicàa dalle candide braccia:
«Straniero, giacché non mi sembri né malvagio né sciocco –
Zeus, signore d'Olimpo, distribuisce il benessere
agli uomini buoni e cattivi, a ciascuno, a seconda che vuole.
A te ha dato questo, e bisogna che tu sopporti.
Ora, poiché sei giunto alla nostra terra e alla nostra città,
non resterai senz'abiti, né senza il resto
che si deve dare a un supplice, provato dalla sventura.
Ti mostrerò la città, ti dirò il nome del popolo:
i Feaci abitano questa città e questa terra,
ed io sono la figlia del coraggioso Alcìnoo,
da cui dipendono il potere e la forza dei Feaci».
Cosí disse, e ordinò alle serve dai bei capelli:
«Fermatevi, ancelle. Dove fuggite per aver visto
un uomo? Forse pensate che sia un qualche nemico?
Non c'è un uomo vivente, non ci potrà mai essere
che arrivi nel paese dei Feaci portando
inimicizia; noi siamo cari agli immortali,
e abitiamo in disparte, in mezzo al mare ondoso,

Jean Alfred Marioton, *Odisseo incontra Nausicaa sull'Isola dei Feaci*, 1888. (Collezione Privata)

171 **i marosi e le veloci bufere**: le tempeste marine che affondano navi e marinai e hanno colto Odisseo di ritorno dall'isola Ogigia.

184-185 **dolore per…per loro**: è la morale precristiana per cui la felicità è direttamente proporzionale all'invidia dei nemici e alla gioia partecipe degli amici.

186 **dalle candide braccia**: è l'epiteto formulare con cui il poeta intende sottolineare il candore della fanciulla.

188-189 **Zeus, signore…che vuole**: Nausicàa vuole mostrare la propria saggezza e ingraziarsi Odisseo, pronunciando parole con cui mostra di accettare devotamente la volontà imperscrutabile degli dèi.

201-203 **Non c'è un uomo…immortali**: Nausicàa rassicura le ancelle, ricordando che i Feaci hanno il privilegio di vivere su di un'isola protetta dagli dèi. Odisseo è inoltre supplice e degno di essere accolto.

all’estremità del mondo, e non si mescola a noi nessun altro.
Ma questo arriva qui vagando infelice e dobbiamo
occuparci di lui; vengono tutti da Zeus
gli stranieri e i mendichi; è caro anche un piccolo dono.
Su, ancelle, date allo straniero da mangiare e da bere,
e lavatelo nel fiume al riparo dal vento».
[...]
Odisseo si deterse con l’acqua del fiume
la salsedine che gli copriva il dorso e le vaste
spalle, e tolse dal capo la sozzura del mare infecondo.
Ma quando si fu tutto lavato e unto d’olio,
indossò gli abiti che gli diede la vergine,
e Atena, la figlia di Zeus, lo rese piú alto
e piú forte all’aspetto, sí che dal capo
i capelli caddero folti, e simili a giacinti. Come
quando un uomo abile, istruito da Efesto
e da Pallade Atena in tutte le arti,
riveste d’oro l’argento e compie splendide opere,
cosí la dea gli infuse grazia sul capo e sulle spalle;
e lui sedette in disparte sulla riva del mare,
splendente di grazia e bellezza: lo guardava Nausicàa,
e parlò in questo modo alle serve dai bei capelli:
«Ascoltate, ancelle dalle candide braccia,
quello che dico: non senza il volere degli dèi, che possiedono
il monte Olimpo, quest’uomo è arrivato tra i Feaci divini:
prima mi era parso indegno, e adesso assomiglia
agli dèi che possiedono il vasto cielo.
Oh se un uomo simile fosse detto mio sposo,
e abitasse qui, e gli piacesse restare!
Su, ancelle, date allo straniero da mangiare e da bere».
Cosí disse, e quelle ascoltavano e ubbidivano,
e offrirono a Odisseo da mangiare e da bere.
Bevve e mangiò il paziente, nobile Odisseo
avidamente: da tempo non toccava piú cibo.

Omero, *Odissea*, VI, 110-210, 224-250, trad. it. di G. Paduano, Einaudi, Torino, 2010

231 **simili a giacinti**: grazie alla dea, Odisseo è trasformato in un uomo forte e attraente, con i capelli sulle spalle, a grappolo come i fiori del giacinto.

232 **Efesto**: il dio del fuoco, delle fucine, della metallurgia.

234 **riveste d’oro l’argento**: un «uomo abile» versa oro fuso intorno all’argento. La similitudine sottolinea il perfetto lavoro di trasformazione dell’aspetto di Odisseo svolto da Atena.

Frederic Leighton, *Nausicaa*, 1878. (Collezione Privata)

per L'ANALISI del TESTO

L'ultima sosta nell'isola che non c'è

Quella sull'isola dei Feaci è l'ultima sosta in un mondo "altro" da parte di Odisseo. L'**elemento magico e quello realistico si mescolano** ancora. Forte è l'influenza di Atena che determina l'incontro ispirando sia Nausicàa sia l'eroe che lei protegge. D'altra parte, le azioni e la rappresentazione di Odisseo sono conformi alle convenzioni sociali, così come il comportamento di Nausicàa rispecchia il codice cui doveva ispirarsi una fanciulla in età da marito nella società greca arcaica.

L'intelligenza di un uomo nudo e solo

Odisseo si preoccupa fin dall'inizio di comprendere se l'approdo all'isola lo metterà ancora a confronto con mostri o con umani: «Ahimè, alla terra di quali uomini sarò arrivato? / Saranno violenti, ingiusti, selvaggi, / oppure ospitali, e avranno un animo pio?» (vv. 119-121). Udendo le loro voci, si chiede se si tratti di divinità o di fanciulle. Ancora una volta, deve fare affidamento sulla sua forza d'animo e sull'intelligenza. Spinto dalla necessità, l'eroe esce nudo, una nudità che significa mancanza di difesa rispetto ai nemici e mancanza di possibilità di comunicare civilmente con un'umanità ospitale.

A questo punto imbastisce un discorso che è una vera e propria ***captatio benevolentiae*** per catturare la fanciulla («sei una dea o una donna? [...] tre volte beati il padre e la nobile madre [...] beato [...] quell'uomo che [...] ti porterà alla sua casa», vv. 149-159). L'abilità di cui dà l'ennesima prova sta nel riuscire a stornare l'attenzione dal proprio aspetto di naufrago, nudo e lacero, e nel concentrarla sulle parole e sulle allusioni. In questo modo balena la sua appartenenza a una classe sociale ben diversa da quella che la sua condizione lascerebbe supporre.

L'ospitalità di Nausicàa

La risposta di Nausicàa rassicura Odisseo di aver colto nel segno: «Straniero [...] non mi sembri né malvagio né sciocco» (v. 187).

Anzi, gareggiando con lui in saggezza, la giovane esordisce affermando di sapere che la condizione umana non dipende dalle azioni né dalla volontà dell'individuo, ma dal volere di Zeus. E dopo questa affermazione elargisce al supplice ciò che ha chiesto. A Odisseo, che ha toccato il tasto dei sentimenti, la fanciulla risponde coraggiosamente con un discorso imperniato sul **valore dell'ospitalità**.

La metamorfosi esterna di Odisseo

Dopo questa scena di cortesia tra umani, il nuovo intervento della dea riporta la dimensione magica. La metamorfosi di Odisseo viene, infatti, completata da Atena. L'uomo non stolto e forse nobile, prefigurato dalle parole, prende forma davanti a Nausicàa. Secondo la consueta formula greca, il **valoroso e nobile dentro** deve essere **bello e splendente** anche **fuori**. E così accade.

Il rito di passaggio di Nausicàa

Attraverso l'incontro, il dialogo e la conoscenza di Odisseo, anche Nausicàa, di cui il poeta sottolinea freschezza, generosità e candore (si ricordi l'epiteto «dalle candide braccia», v. 186), compie a sua volta una trasformazione. Assistiamo al passaggio dalla sua verginale giovinezza a quella che via via si configura come una maturità. Il confronto da pari a pari con un uomo prima repellente fuori ma nobile dentro, poi affascinante come un dio è capace di risvegliare in lei quel coraggio che le consente, a differenza delle compagne, di non fuggire, e di compiere i suoi doveri di ospite.

Attività

Leggere e comprendere

1 **L'aiuto di Atena** Atena organizza l'incontro e le azioni dei due protagonisti. Riporta i versi a cui queste sequenze fanno riferimento.

- Favorisce l'incontro svegliando Odisseo prima che Nausicàa e le compagne se ne vadano dalla spiaggia: ....
- Infonde coraggio a Nausicàa perché non fugga alla vista del naufrago: ....
- Rende affascinante l'aspetto di Odisseo: ....

2 **Dubbi** Risvegliato dal sonno ristoratore, Odisseo si sente nudo. Da quali dubbi è assalito? Quali incertezze deve affrontare e risolvere?

3 **Il discorso** Metti in ordine gli argomenti che utilizza Odisseo per toccare il cuore della fanciulla.

- **a.** Evidenzia il proprio dolore ☐
- **b.** Lusinga la fanciulla chiedendole se è una dea o una donna mortale ☐
- **c.** Sostiene che chi avrà la sua mano sarà felice ☐
- **d.** Giudica che lei sia grande gioia e vanto dei genitori e dei fratelli ☐
- **e.** Chiede informazioni ☐
- **f.** Mostra ammirazione e rispetto per lei ☐
- **g.** Chiede pietà ☐
- **h.** La paragona a un germoglio di palma ☐
- **i.** La rende partecipe delle sue passate sofferenze ☐
- **l.** Formula auguri per la sua vita futura ☐
- **m.** Loda la vita coniugale ☐

4 **La comprensione** Nonostante l'aspetto, in base a che cosa Nausicàa può concludere che Odisseo non sia un uomo malvagio?

5 **I Feaci** Nausicàa presenta il popolo dei Feaci. Quali caratteristiche ne evidenzia?

6 **L'ospitalità** Il valore dell'ospitalità viene più volte richiamato da Nausicàa nei suoi discorsi. Indica in quali versi del testo se ne fa menzione.

7 **Un desiderio profondo** Oltre ai doveri dell'ospitalità, qual è il desiderio, espresso indirettamente solo alla fine, che spinge Nausicàa a essere generosa con lo straniero?

8 **Nausicàa e le altre** La figlia del re di fronte al naufrago si comporta in modo diverso dalle altre fanciulle. Riordina le sue azioni.

- **a.** Nausicàa si ferma alla vista di Odisseo ☐
- **b.** Risponde al naufrago in modo assennato ☐
- **c.** Spiega alle compagne la privilegiata condizione dei Feaci ☐
- **d.** Si augura che un simile uomo possa essere suo sposo ☐
- **e.** Ordina alle ragazze di lavare Odisseo ☐
- **f.** Le fanciulle alla vista di Odisseo fuggono ☐
- **g.** Ricorda alle compagne i doveri dell'ospitalità ☐
- **h.** Invita esplicitamente le compagne a restare ☐
- **i.** Le ragazze obbediscono e offrono cibo e vino a Odisseo ☐
- **l.** Nausicàa si ferma davanti al naufrago ☐
- **m.** Nausicàa ascolta il persuasivo discorso di Odisseo ☐
- **n.** Ordina alle compagne di dare da mangiare e da bere a Odisseo ☐
- **o.** Spiega che l'arrivo del naufrago è forse voluto dal fato ☐

Riconoscere e analizzare

9 **La struttura** Il passo presenta un'alternanza di parti narrative e di discorsi diretti. Indica, in corrispondenza delle sequenze di versi, quale forma sia adottata e, nel caso di parti dialogate, precisa chi sono gli interlocutori.

- vv. 115-118: ....
- vv. 119-126: ....
- vv. 127-147: ....
- vv. 149-185: ....
- vv. 187-197: ....
- vv. 199-210: ....
- vv. 224-238: ....
- vv. 239-246: ....
- vv. 247-250: ....

10 **Le similitudini** Il testo è arricchito dalla presenza di alcune similitudini. Cercale e indica gli elementi messi a confronto e valuta la loro funzione.

11 **Gli epiteti** Rileggi il brano e cerca gli epiteti che sono riferiti ai seguenti soggetti, valutando se si tratti di attributi esornativi o funzionali alla descrizione di personaggi e oggetti:

Atena, Odisseo, Nausicàa, le compagne di Nausicàa

Rielaborare e produrre

12 **Il riassunto** Sintetizza il passo in 200 parole, eliminando tutti i discorsi diretti.

13 **Un altro finale** Riprendi il testo al verso 187 e riscrivi in prosa il discorso finale di Nausicàa con un altro contenuto; immagina ad esempio che non voglia più accogliere alla reggia Odisseo, nonostante le precedenti riflessioni o che voglia fuggire con lui.

14 **Odisseo** In questo episodio Odisseo è in parte un uomo e in parte un semidio. Descrivi in un testo espositivo di 200 parole al massimo il modo in cui il poeta sottolinea l'umanità e i caratteri realistici dell'eroe e quello in cui pone in luce l'elemento divino.

per SAPERNE di PIÙ

Il valore dell'ospitalità

Un indicatore di civiltà

Il tema dell'ospitalità risulta ricorrente nell'*Odissea*. La materia stessa del poema, vale a dire il **viaggio**, spiega il motivo per cui si torni spesso sul tema dell'**accoglienza**. Odisseo naviga per mare, approda in terre sconosciute e si trova, sia per necessità sia per curiosità, a incontrare e a chiedere aiuto e riparo a popoli ignoti. Come afferma lo stesso eroe nell'episodio di Nausicàa, l'**ospitalità** è un **indicatore di civiltà**. Gli uomini sono infatti: «violenti, ingiusti, selvaggi, oppure ospitali» e dall'animo pio.

Nel mondo greco, aprire la propria casa allo straniero, rifocillarlo e metterlo in condizione di poter ripartire per il suo viaggio rientrava nel sistema di **valori fondanti**. Uno degli epiteti specifici di Zeus era *Xénios*, cioè protettore degli stranieri e degli ospiti. Soltanto i popoli che non conoscevano le norme della convivenza civile né quelle della vita sociale non rispettavano il dovere dell'ospitalità e pertanto non onoravano Zeus. All'interno dell'*Odissea* vediamo come i Feaci si siano affrettati a soccorrere lo straniero Odisseo che la tempesta aveva sbattuto sulle coste della loro isola; al contrario, il ciclope Polifemo si fa beffa della richiesta di ospitalità di Odisseo e gliela nega. I Feaci rappresentano l'esempio di un popolo civile, che rispetta le leggi e vive nella concordia, mentre Polifemo e gli altri Ciclopi si collocano fuori dal mondo degli dèi e della giustizia.

Un vincolo insopprimibile

Dar corso all'ospitalità nei confronti di uno straniero creava con lui un **vincolo di natura sacra** che comportava **futuri obblighi**, stabilendo legami che avrebbero dovuto sempre essere rispettati, perfino dalle generazioni successive. A tal riguardo è significativo, nell'*Iliade*, l'incontro sul campo di battaglia tra il greco Diomede e il troiano Glauco, i quali non si danno battaglia per l'antico legame tra le due famiglie. L'obbligo di ospitalità riguardava lo straniero, chiunque fosse: un nobile, un mendicante, un giovane, un profugo perseguitato, un nemico, magari un dio sotto false spoglie.

Il rituale

L'ospitalità è una consuetudine che si manifesta secondo una forma codificata che deve essere rispettata. Questa **ritualità** emerge dai racconti omerici, che la riportano ogni volta secondo lo schema delle "scene tipiche", cioè attraverso gli strumenti tipici della ricorrenza formulare.

- L'**accoglienza**: una volta comparso sulla soglia di casa, l'ospite è fatto accomodare e rifocillato. Soltanto dopo questo primo soccorso è possibile chiedergli informazioni sulla sua identità e sul suo viaggio. In seguito viene lavato e unto dalle ancelle, rivestito di abiti nuovi e, infine, congiuntamente, ospite e padrone di casa offrono un sacrificio agli dèi.
- L'**intrattenimento**: per meglio onorare l'ospite, viene organizzato un banchetto durante il quale il padrone di casa mette in tavola ogni possibile vivanda; per quanto povero, chi ospita sacrifica l'animale migliore, come fa il servo Eumeo con Odisseo, non ancora rivelatosi. Durante il banchetto, un aèdo rallegra la compagnia oppure si svolgono dei giochi (è quanto avviene presso i Feaci), quindi si procede a un approfondimento delle rispettive conoscenze. Al termine, per l'ospite è preparato un letto per il riposo.
- Il **saluto**: al momento del commiato, magari dopo alcuni giorni, si assiste a uno scambio di doni (vesti, armi, coppe) che sanciscono il vincolo ormai creatosi. Da ultimo viene predisposto l'aiuto per il proseguimento del viaggio (nel caso dei Feaci, viene attrezzata una nave per consentire a Odisseo di rientrare a Itaca).

Francesco Hayez, *Odisseo alla corte di Alcinoo*, 1814-1815. (Roma, Accademia Nazionale di San Luca)

Omero

Nell'antro di Polifemo

Da
Odissea (libro IX, vv. 105-115, 216-298, 336-414, 437-467), VIII secolo a.C.
Poema epico

Accolto alla reggia di Alcìnoo, Odisseo partecipa al banchetto, ascolta l'aèdo che canta di Troia e non trattiene le lacrime. Rivelando infine la propria identità, racconta le peripezie del viaggio.

Dopo aver raccontato le avventure con i Cìconi e i Lotòfagi, Odisseo narra di essere sbarcato, insieme ai compagni, sulla terra dei Ciclopi, giganti con un solo occhio in mezzo alla fronte. La curiosità spinge l'eroe ad addentrarsi nella grotta del ciclope Polifemo.

Proseguimmo la navigazione, afflitti nel cuore,
e arrivammo alla terra dei Ciclopi, ingiusti
e violenti: fidando negli dèi, non piantano
pianta di loro mano e non arano; là nasce tutto
senza essere prima né seminato né arato:
grano, orzo, viti che producono vino, estratto
da buoni grappoli, e lo fa crescere la pioggia di Zeus.
Non hanno assemblee, consigli, né leggi,
ma vivono in cima a monti altissimi,
in grotte profonde; ognuno di loro dà leggi
a moglie e figli, e non si curano gli uni degli altri.
[...]
Velocemente giungemmo alla grotta, ma non lo trovammo
dentro, perché era al pascolo con le sue greggi.
Entrati nella grotta, guardavamo ogni cosa;
i graticci erano carichi di formaggio, i recinti
pieni di agnelli e di capre, tutti quanti divisi:
da una parte i primi nati, da un'altra i secondi;
da un'altra ancora i piú piccoli, e tutti i vasi
nei quali mungeva, secchi e catini, erano pieni di siero.
Qui subito i miei compagni mi supplicarono
di prendere i formaggi e tornare indietro, e poi presto
portare alla rapida nave le capre e gli agnelli,
prendendoli dai recinti, e poi mettersi in mare.

105 **Proseguimmo...nel cuore**: Odisseo e i suoi compagni si sono appena lasciati alle spalle la terra dei Lotòfagi e sono ancora pieni di terrore («afflitti nel cuore») per il rischio corso di rimanere su quella terra, dimenticando la patria.

106 **Ciclopi**: nella Teogonia di Esiodo, i Ciclopi sono giganti, figli di Urano e di Gea, hanno un occhio solo e fabbricano i fulmini di Zeus; secondo Omero, sono un popolo di giganti dediti alla pastorizia.

107-111 **non piantano...la pioggia di Zeus**: non sono agricoltori, ma raccoglitori passivi. È il primo tratto di animalità e di distinzione rispetto agli uomini.

112-115 **Non hanno assemblee...degli altri**: conseguente è l'assenza di ogni norma che presieda alla vita sociale: anzi, vivono isolati, senza nemmeno norme di tutela della famiglia, il nucleo di qualsiasi società umana.

216 **grotta**: è la grotta di Polifemo.

219 **graticci**: supporti di vimini sui quali erano posti a essiccare i formaggi.

220-222 **tutti quanti divisi...i più piccoli**: il Ciclope ha ben organizzato il suo allevamento, separando sulla base dell'età («i primi nati», «i secondi» e «i più piccoli») tutte le bestie.

223 **siero**: liquido rimanente della lavorazione del latte.

Io non li ascoltai, e meglio sarebbe stato,
perché volevo vederlo, e che mi ospitasse.
Non doveva essere vista gradita per i miei compagni.
Acceso il fuoco, sacrificammo e mangiammo noi pure
formaggio, ed aspettavamo là dentro, seduti,
finché tornò dal pascolo, con un pesante fardello
di legna secca, per preparare la cena.
Lo gettò nella grotta con grande frastuono,
e noi, atterriti, ci rifugiammo nel fondo.
Poi fece entrare nella grotta le bestie grasse
che era solito mungere; i maschi li lasciò fuori,
gli arieti e i capri, nel cortile cintato.
Poi sollevò e mise alla porta un grande masso,
pesante; ventidue buoni carri a quattro ruote
non l'avrebbero smosso dal suolo, e questa pietra
enorme la mise alla porta, e poi sedette,
e munse l'una dopo l'altra le pecore
e le capre belanti e sotto a ognuna mise il suo piccolo.
Poi subito fece cagliare metà del latte,
lo raccolse e lo mise nei canestri intrecciati;
l'altra metà lo mise nei vasi per berlo:
quella sarebbe stata per lui la cena.
Quando ebbe finito di compiere i suoi lavori,
accese il fuoco, e allora ci vide e ci chiese:
"Chi siete, stranieri? Da dove venite per mare?
Venite per affari o vagate alla ventura,
come fanno i predoni sul mare, che vagano
rischiando la vita e arrecando danno agli stranieri?"
Cosí disse, e a noi si spezzò il cuore,
terrorizzati dalla voce tremenda e dal mostro;
ma anche cosí gli risposi in questo modo:
"Siamo Greci e navighiamo da Troia, in preda a tutti i venti
sopra il vasto abisso del mare, e, desiderando
tornare in patria, abbiamo percorso altre strade,
altre rotte; questo ha voluto il pensiero di Zeus.
Ci vantiamo di essere soldati di Agamennone figlio di Atreo,
di cui la fama è adesso sotto il cielo grandissima,
tale città ha distrutto e tanti uomini ha ucciso.

Testa in marmo del ciclope Polifemo, 150 a.C. (Boston, Museum of Fine Arts)

229 **perché volevo...ospitasse**: Odisseo è mosso dal desiderio di conoscenza e confida nel sacro dovere dell'ospitalità.

233-234 **con un pesante...la cena**: Polifemo porta un carico pesante di legna per accendere il fuoco e scaldare la cena: uno dei pochi indizi di civiltà.

241 **ventidue buoni carri**: l'iperbole mira a dare la misura della grandezza e della forza del ciclope.

246 **cagliare**: fece rapprendere e coagulare.

253 **Venite per...alla ventura**: il traffico per i mari era considerata attività pericolosa e i mercanti non erano ritenuti diversi da ladri e pirati, come dimostra il fatto che Ermes fosse protettore di entrambe le categorie.

257 **mostro**: tutte le azioni fin qui svolte dal Ciclope appaiono smisurate, proprie di un «mostro».

262 **questo ha...di Zeus**: Odisseo giustifica la sua presenza come voluta da Zeus, nella speranza che il Ciclope sia rispettoso della divinità.

263-265 **Agamennone...ucciso**: Odisseo si richiama ad Agamennone e spera che anche il Ciclope conosca la gloria del capo acheo, così da usufruirne in benevolenza.

Ora tocchiamo le tue ginocchia, se tu vuoi darci
ospitalità, oppure anche qualche altro
dono, come è costume che si usi tra gli ospiti.
Abbi rispetto degli dèi, signore; noi siamo supplici,
e Zeus ospitale è vendicatore di supplici e ospiti,
Zeus che accompagna gli ospiti e garantisce loro il rispetto".
Cosí dissi, e lui mi rispose con cuore spietato:
"Sei sciocco, straniero, o vieni da molto lontano,
se mi esorti a temere o a rispettare gli dèi.
I Ciclopi non si curano di Zeus, signore dell'egida,
né degli dèi beati: noi siamo molto piú forti.
Non ti risparmierò certo per timore dell'odio di Zeus,
né te né i tuoi compagni, se altro vuole il mio cuore.
Ma dimmi: dove hai messo la tua solida nave,
in fondo o qui vicino? Voglio saperlo".
Cosí disse tentandomi, ma non m'ingannò: ne sapevo abbastanza,
e gli risposi a mia volta con astute parole:
"La nave me l'ha spezzata Poseidone che scuote la terra,
scagliandola contro le rocce ai confini della vostra terra,
sul promontorio dove dal largo ci condusse il vento.
Io con questi compagni sono sfuggito all'abisso di morte".
Cosí dissi e, con cuore spietato, non mi rispose neppure;
con un balzo stese le mani sui miei compagni,
ne prese insieme due e li sbatté come cuccioli
per terra: ne uscí il cervello e bagnò il pavimento.
Li fece a pezzi e si preparò la sua cena:
li mangiava come un leone montano, e non lasciava
carni né viscere, né il midollo delle ossa.
Noi sollevammo a Zeus le mani piangendo,
a vedere quei fatti orrendi, e la disperazione ci prese.
Dopo che il **Ciclope** ebbe riempito il grande ventre
di carne umana e bevuto il latte schietto,
si distese in fondo alla grotta tra le sue pecore.
[...]

PAROLE *sotto la lente*

Ciclopi

Il nome di questi mostri descrive il loro aspetto fisico; è infatti composto dai nomi greci *cúclos* = cerchio, circolo e *óps* = occhio. Indica dunque la presenza sulla loro fronte di un occhio circolare.

Attività

La radice greca di occhio in italiano si trova spesso scritta *ott-*. Trova almeno tre parole che la contengano.

268 **come è costume...ospiti**: con questa espressione Odisseo si appella al rispetto di una legge divina come quella dell'ospitalità.

270-271 **Zeus ospitale...rispetto**: accorato e insistito è il richiamo di Odisseo al dovere dell'ospitalità e al rispetto degli dèi.

275 **Zeus, signore dell'egida**: epiteto di Zeus, derivato dalla sua ègida, cioè dallo scudo in pelle di capra.

278 **se altro vuole il mio cuore**: mentre Odisseo si appella alla consueta morale per cui tutto avviene per volontà divina, Polifemo conclude in maniera empia che le sue scelte dipendono esclusivamente da lui.

279 **dove...nave**: incomincia lo scontro d'astuzia fra il Ciclope, che vorrebbe informarsi su eventuali vie di fuga dei suoi prigionieri, e Odisseo.

283 **Poseidone**: secondo la versione omerica, Poseidone (il cui nome significa "lo scuotiterra") è il padre di Polifemo.

[Il mattino seguente Polifemo divora altri due compagni e quindi esce per portare al pascolo il gregge, dopo aver bloccato l'ingresso dell'antro con un grosso macigno. All'interno Odisseo prepara la vendetta: ordina ai compagni di aguzzare un grosso palo d'ulivo che ha trovato nella grotta e ne estrae a sorte quattro che lo affianchino nell'impresa di accecare il Ciclope. Non resta che aspettare, timorosi e fiduciosi, il suo rientro serale.]

Alla sera tornò riportando le greggi villose,
e fece entrare nella grotta le bestie;
tutte, non ne lasciò nessuna nel cortile cintato,
forse pensando qualcosa, o perché un dio l'aveva voluto.
Poi sollevò e mise alla porta il grande masso;
sedette e munse, una dopo l'altra, le pecore
e le capre belanti, e sotto a ognuna mise il suo piccolo.
Quando ebbe finito di compiere i suoi lavori,
afferrò altri due uomini e si preparò il pasto.
Allora io m'avvicinai e mi rivolsi al Ciclope,
tenendo in mano una coppa di vino nero:
"Tieni, Ciclope: bevi il vino dopo avere mangiato
carne umana, perché tu sappia quale bevanda
racchiudeva la nostra nave. Io te la portavo se avessi avuto
pietà di me, e mi avessi mandato a casa,
ma tu sei pazzo e intollerabile. Sciagurato, come potrà qualcuno
venire in seguito a visitarti? Tu non agisci secondo giustizia".
Cosí dissi, e lui prese la coppa e bevve: gli piacque
terribilmente la dolce bevanda, e me ne chiese dell'altra.
"Dammene ancora, cortesemente, e dimmi il tuo nome,
perché io possa darti un dono ospitale che ti piacerà.
Anche ai Ciclopi la fertile terra produce vino estratto
da buoni grappoli, e lo fa crescere la pioggia di Zeus;
ma questo è davvero un fiume di nettare e ambrosia".
Cosí disse, e io di nuovo gli porsi il vino splendente.
Tre volte glielo diedi, tre volte nella sua stoltezza lo bevve.
Ma quando il vino l'ebbe invaso nel cuore,
allora mi rivolsi a lui con parole cortesi:
"Ciclope, mi chiedi il mio nome illustre, e io te lo voglio
dire, ma tu dammi il dono ospitale che m'hai promesso.
Il mio nome è Nessuno, Nessuno mi chiamano
mio padre e mia madre e tutti i miei compagni".
Cosí dissi, e lui mi rispose con cuore spietato:

Odisseo offre il vino a Polifemo in un mosaico del IV secolo d.C. (Piazza Armerina, Villa del Casale)

336 **greggi villose**: epiteto formulare delle pecore "lanose".

346 **vino nero**: era un vino forte che Odisseo aveva ricevuto in dono dai Cìconi e che, secondo l'uso civile dei banchetti, andava bevuto con l'aggiunta di venti parti di acqua.

352 **Tu non…giustizia**: dopo quanto accaduto, vanamente Odisseo parla di giustizia a un essere che non conosce regole umane.

359 **di nettare e ambrosia**: l'ambrosia è il cibo, il nettare è la bevanda degli dèi capaci di donare l'immortalità, qui usati come iperbole per definire la bontà del vino.

361 **tre volte…lo bevve**: torna il numero magico tre, incontrato nella lode di Odisseo a Nausicàa, usato per sottolineare l'incontinenza "folle" del Ciclope.

366 **Nessuno**: escogitando questo nome, Odisseo esprime tutta la sua astuzia e la conferma si avrà più avanti, al verso 408.

Odisseo e i suoi compagni accecano Polifemo su una coppa attica a figure nere del 560-550 a.C. (Parigi, Bibliothèque Nationale)

"Mangerò Nessuno per ultimo, dopo tutti i compagni;
gli altri li mangerò prima: ecco il mio dono ospitale".
Disse, e cadde ricurvo, supino, e poi giacque
con l'enorme collo piegato, e lo prese il sonno
invincibile: il vino gli usciva di bocca
assieme a pezzi di carne umana; ruttava ubriaco.
Io allora misi il palo sotto la cenere
per farlo riscaldare, e incoraggiavo i compagni,
che nessuno avesse paura e mi abbandonasse.
Ma quando il tronco d'olivo stava per prendere fuoco,
pur essendo verde, e splendeva terribilmente,
lo estrassi dal fuoco; attorno avevo i compagni:
un dio ispirava in noi un grande coraggio.
Presero il tronco d'olivo e ne ficcarono
la cima aguzza nell'occhio, e io da sopra, appoggiato,
lo rigiravo, come quando si trapana un asse di nave;
da sotto gli uomini tirano con la cinghia, tenendola
dalle due parti, e il trapano corre incessantemente:
cosí, tenendo nell'occhio il lungo palo,
lo giravamo, e sulla punta ardente scorreva il sangue.
Ardeva il bulbo e bruciava tutte le palpebre e le sopracciglia,
e sfrigolavano le radici nel fuoco.
Come quando il fabbro immerge una grande scure o un'ascia
nell'acqua gelida, e il ferro geme temprandosi
(questa è la forza del ferro), cosí a quel modo
l'occhio sfrigolava attorno al palo d'olivo.
Diede un grido feroce e riecheggiò la montagna;
noi fuggimmo atterriti. Il Ciclope strappò dall'occhio
il palo sporco di molto sangue e, furioso
per il dolore, lo scagliò molto lontano.
Chiamava a gran voce i Ciclopi che vivono
lí attorno, nelle spelonche sulle cime ventose.
Sentendo la sua voce, accorrevano da ogni parte,
e, davanti alla grotta, gli chiedevano che cosa avesse:
"Perché, Polifemo, queste grida angosciate,
che ci tolgono il sonno nella notte divina?
Forse qualche uomo ti sta rubando le greggi,
o qualcuno t'uccide con l'inganno o con la forza?"
Da dentro alla grotta rispose il Ciclope fortissimo:
"Amici, Nessuno m'uccide, con l'inganno e non con la forza".
E loro gli risposero queste parole:
"Se nessuno ti fa violenza e sei solo,
non puoi sfuggire a un male mandato da Zeus;
prega piuttosto tuo padre, il dio Poseidone".
Cosí dissero, e se ne andarono, e il mio cuore rideva:
il nome l'aveva ingannato e l'astuzia impeccabile.
[…]

381 **un dio… coraggio**: Odisseo, al contrario dell'empio Polifemo, non dimentica che tutto proviene dagli dèi, anche il coraggio.

390 **sfrigolavano… fuoco**: la raccapricciante descrizione dell'accecamento si sofferma su tutti i particolari: brucia le ciglia, la pupilla e le «radici» della pupilla.

392 **temprandosi**: indurendola; sono termini tecnici del lavoro del fabbro.

403 **Polifemo**: per la prima volta ci viene detto il nome del Ciclope.

410 **nessuno ti fa violenza**: l'imbroglio di Odisseo si concretizza e Polifemo appare gabbato come un personaggio da commedia o da fiaba popolare.

411 **a un male mandato da Zeus**: si tratta probabilmente della pazzia, che annebbia la mente e alla quale non vi è rimedio.

[Accecato il Ciclope, Odisseo lavora ancora d'astuzia per uscire dalla tremenda grotta. Pensa di unire a tre a tre i montoni, legando sotto a quello di centro un compagno, così quando Polifemo sposterà il masso che chiude l'ingresso per lasciar andare al pascolo le greggi, anche i compagni potranno uscire. Da ultimo, lui stesso si aggrappa al montone più grosso.]

Quando al mattino riapparve l'Aurora dalle dita di rosa,
allora i montoni uscirono al pascolo, mentre le femmine
non munte belavano dentro i recinti, con le mammelle
gonfie fino a scoppiare. Sfinito dalla sofferenza,
il padrone tastava il dorso di tutte
le bestie ritte; non pensava, lo sciocco,
che gli uomini fossero legati al vello sul petto.
Ed ecco per ultimo uscí il montone, pesante
del suo vello, e di me che stavo pensando.
E tastandolo, gli si rivolse cosí il Ciclope fortissimo:
"Caro montone, perché mi esci per ultimo dalla caverna?
Prima non restavi mai indietro alle pecore,
ma sempre per primo, a grandi passi, andavi al pascolo,
alla tenera erba dei prati, e primo arrivavi all'acqua dei fiumi,
per primo di sera desideravi tornare
al recinto, e ora fra tutti sei ultimo. Forse rimpiangi
l'occhio del tuo padrone, che un uomo vile mi ha tolto coi suoi
maledetti compagni, dopo avermi rubato la mente col vino:
Nessuno, che non è ancora sfuggito, ti dico, alla morte.
Se tu potessi capirmi, se potessi parlare
e dirmi dove quello si nasconde alla mia collera,
lo sbatterei per terra, e il suo cervello si spanderebbe
da tutte le parti, e allora il mio cuore si consolerebbe
dei mali che mi ha procurato Nessuno, un uomo da nulla".
Cosí dicendo, fece uscire il montone.
Quando fummo un po' distanti dalla grotta e dal cortile,
io mi liberai dal montone per primo e poi sciolsi i compagni,
e, correndo velocemente, spingemmo le bestie grasse
dalle lunghe zampe, voltandoci spesso, fino alla nave:
lietamente ci rividero i nostri compagni,
noi che eravamo sfuggiti alla morte; gli altri li piansero.

Omero, *Odissea*, IX, 105-115, 216-298, 336-414, 437-467,
trad. it. di G. Paduano, Einaudi, Torino, 2010

Odisseo esce dalla grotta di Polifemo aggrappato al montone in una statuetta romana in marmo. (Collezione Privata)

442-443 **non pensava…sul petto**: Odisseo ha legato i suoi compagni sotto il dorso così da non essere scoperti al tatto da parte di Polifemo.

444-445 **pesante…e di me**: il montone è appesantito dalla sua folta lana e anche da Odisseo che gli si è aggrappato sotto il dorso.

447 **Caro montone**: il discorso che Polifemo rivolge al montone riveste un accento di mestizia e di affetto, anche se poi riprende il sopravvento la rabbia verso Nessuno-Odisseo.

460 **da nulla**: Polifemo gioca sul nome che gli ha dato Odisseo. Sembra quasi che lo chiami con il patronimico "Nessuno figlio di Nulla".

per L'ANALISI del TESTO

Il Bene e il Male

Lo scontro che Odisseo sostiene con il ciclope Polifemo è una delle avventure più note dell'*Odissea*, probabilmente perché esplicita con chiarezza la perenne **lotta tra il Bene e il Male**, il contrasto tra l'**intelligenza** e la **forza brutale**, il conflitto tra **razionalità** e **animalità**. Odisseo s'imbatte in un essere mostruoso, non umano, e lo vince grazie alla sua intelligenza.

I bestioni di un mondo rovesciato

I Ciclopi sono descritti dal poeta come esseri «ingiusti / e violenti» (vv. 106-107) appartenenti a un **mondo rovesciato, descrivibile solo in negativo**: «non piantano / pianta di loro mano e non arano [...]. Non hanno assemblee, consigli, né leggi» (vv. 107-112), non rispettano gli dèi, non hanno un'idea di società («non si curano gli uni degli altri», v. 115), né di famiglia («ognuno di loro dà leggi / a moglie e figli», vv. 114-115). Polifemo fa professione di empietà («I Ciclopi non si curano di Zeus», v. 275) e irride al sacro dovere dell'ospitalità («Non ti risparmierò certo per timore dell'odio di Zeus, [...] se altro vuole il mio cuore», vv. 277-278); vìola uno dei massimi tabù della civiltà cibandosi dei suoi ospiti, ritenendosi invincibile e al di sopra di ogni legge e dovere (peccato di ***hybris***). Comportandosi in tal maniera, dimostra il carattere ferino, la sua mancanza di "umanità", evidente anche nell'incapacità di comunicare con gli esseri umani, mentre sa invece relazionarsi con gli animali (mentre divora gli uomini, si commuove di fronte al grosso montone che, contrariamente al solito, lascia per ultimo la caverna).

Odisseo e l'intelligenza umana

Odisseo deve conformarsi a questo universo capovolto e trattare Polifemo da bestia e non da uomo. Per questo ricorre all'**astuzia** e all'**intelligenza**, le doti che distinguono l'umanità dalla forza bruta. E in questo senso usa il vino, prodotto della civiltà, come arma per sconfiggere chi – «pazzo» – è dominato dall'intemperanza animale, ed è quindi soggetto a essere vinto dall'istinto. Bere con misura (non bere vino "schietto", ma vino mescolato ad acqua) è una regola del galateo del banchetto.

I rischi dell'eccessiva intelligenza

L'intelligenza di Odisseo, però, se non si attiene a sua volta alla misura, è pericolosa, sconfina nell'audacia e può ricadere nella punizione divina. Odisseo incontra il Ciclope non casualmente, ma mettendo a tacere ogni invito alla prudenza espresso dai suoi compagni («Io non li ascoltai [...] perché volevo vederlo», vv. 228-229). Questo provoca la morte di molti e, nel finale della vicenda, gli porterà conseguenze sciagurate: rivelando, per vantarsene, il vero nome, l'eroe viene riconosciuto e inseguito dalla maledizione di Polifemo che lo colpirà attraverso il padre, Poseidone.

Lo spirito dell'uomo moderno, curioso e ansioso di autoaffermarsi, incorre nel **pericolo di volere troppo**, e di ricadere nelle stesse colpe della bestia sulla quale ha trionfato.

Le caratteristiche del racconto

Il racconto contiene tutti gli elementi della **fiaba fantastica**: l'ambientazione, la forza brutale dell'antagonista, l'astuzia umana del protagonista, l'uso di formule e di numeri magici, il rovesciamento del mondo naturale e delle forme usuali.

Per aiutare l'immedesimazione del lettore, l'aèdo segue la vicenda dal **punto di vista di Odisseo** e dei suoi compagni, enfatizzando i passaggi attraverso il loro stupore e le loro paure. E in questo è aiutato dal ricorso al **narratore di secondo grado**, cioè Odisseo che racconta di se stesso.

Il clima grottesco della **beffa**, la **rappresentazione caricaturale** di Polifemo che beve, vomita, si addormenta come un animale e piange come un bambino, conferiscono "teatralità" al racconto. Non a caso, nel V secolo a.C., il soggetto sarà ripreso in chiave teatrale da Euripide, nel "**dramma satiresco**" intitolato *Il Ciclope*.

Parole *chiave*

Dramma satiresco È un sottogenere della tragedia (non va confuso con la commedia): ne condivide infatti gli autori, la scansione interna, i personaggi. Se ne distingue per l'atmosfera surreale e trasgressiva data dalla presenza dei satiri. Inoltre, mentre la tragedia è un genere impegnato, volto a promuovere la formazione morale degli spettatori, il dramma satiresco è uno spettacolo di evasione. *Il Ciclope* di Euripide è l'unico dramma satiresco conservato per intero.

Attività

Leggere e comprendere

1 **I Ciclopi** L'esordio del testo contiene la presentazione dei Ciclopi. Quali loro caratteristiche vengono particolarmente messe in luce?

a. Sono esseri ingiusti e violenti
b. Coltivano la terra
c. Contano sull'aiuto degli dèi
d. Vivono lungo la riva del mare

2 **L'antro** Nonostante sia la dimora di un mostro crudele e selvaggio, l'antro di Polifemo non suscita tale impressione al lettore. Perché?

3 **La conoscenza** Odisseo si contrappone al mostro per le caratteristiche umane. Sottolinea nel testo le parole che evidenziano il suo desiderio di conoscere.

4 **Polifemo** Come in una scena teatrale, Polifemo entra nella grotta, sbriga le sue faccende e infine vede Odisseo e i compagni. Per meglio fissare le sue azioni, rimettile in ordine cronologico.

a. Lascia fuori dall'antro gli animali maschi ☐
b. Si siede e munge pecore e capre ☐
c. Porta un carico di legna ☐
d. Conserva metà del latte per berlo ☐
e. Getta il carico di legna nell'antro ☐
f. Solleva il masso e chiude l'entrata ☐
g. Mette il formaggio fresco in canestri ☐
h. Spinge nell'antro le pecore da mungere ☐
i. Caglia metà del latte munto ☐
l. Vede Odisseo e gli rivolge la parola ☐
m. Mette i lattonzoli sotto le madri ☐

5 **La presentazione** Il discorso con cui Odisseo risponde alla domanda del Ciclope: «Chi siete, stranieri?» (v. 252) contiene varie allusioni che dovrebbero indurre il mostro al rispetto e all'ospitalità. Ritrovale nel testo e riportale.

6 **Arroganza e violenza** La risposta e il comportamento del Ciclope lo definiscono come un essere ferino ed estraneo al vivere civile. Riporta con tue parole gli atti e le espressioni con cui Odisseo affronta il mostro.

7 **Il grande masso** Più volte nel corso dell'episodio è nominato un gigantesco masso. A che cosa serve? Quali informazioni ci dà su Polifemo?

8 **L'astuzia** Polifemo tenta di opporsi a Odisseo ricorrendo, goffamente e inutilmente, all'astuzia. In quali occasioni?

Riconoscere e analizzare

9 **Il narratore** Questo episodio risulta avvincente anche per il punto di vista da cui è narrato. Che tipo di narratore è quello che racconta? Da quali informazioni linguistiche lo comprendi?

10 **Le descrizioni** Nel testo sono contenute parti descrittive di estremo realismo e drammaticità: l'antro e il lavoro di Polifemo; l'uccisione di alcuni compagni; il sonno di Polifemo; la preparazione del palo; il palo conficcato nell'occhio. Spiega le ragioni del loro realismo.

11 **Le similitudini** Tre ampie similitudini arricchiscono la narrazione: una tratta dal mondo animale e due dal mondo del lavoro. Ricercale nel testo e spiegale.

12 **La fiaba** Quali sono gli elementi tipici della fiaba presenti nella narrazione dell'episodio?

13 **Gli epiteti** Molti sono gli oggetti, le azioni quotidiane, gli animali indicati con epiteti formulari. Cercane alcuni e valutane la funzione all'interno della narrazione.

Rielaborare e produrre

14 **Il riassunto** Dividi preliminarmente il testo in sequenze e sintetizzalo poi in 200 parole al massimo, eliminando i discorsi diretti.

15 **La vita quotidiana** L'episodio, pur nell'atmosfera magica e *horror*, lascia trasparire informazioni sulla vita quotidiana del tempo. Quali attività sono presentate? Quale tipo di civiltà emerge da questo quadro? Rispondi in un breve testo espositivo di 150 parole.

16 **L'agricoltura** I Ciclopi sono esseri primitivi per molti aspetti, *in primis* perché non praticano l'agricoltura. Facendo riferimento alle tue conoscenze di storia antica, spiega in un testo espositivo di lunghezza adeguata l'importanza della "rivoluzione agricola" per lo sviluppo della società.

Omero

L'incontro con la maga Circe

Da
Odissea (libro X, vv. 310-405),
VIII secolo a.C.

Poema epico

Uno degli episodi più celebri delle peripezie di Odisseo è l'incontro con la maga Circe, che lo stesso eroe racconta alla corte dei Feaci. Alcuni suoi compagni sono già stati trasformati in porci. Odisseo, avvisato dai superstiti, corre in loro aiuto. Un'erba donatagli da Ermes dovrebbe preservarlo dai filtri della maga.

Mi fermai sulla porta della dea dai bei capelli
e da là gridai: la dea sentí la mia voce. Subito
aprí le porte splendenti e uscí
e mi chiamò: la seguii afflitto nel cuore.
Mi condusse a sedere su un trono con le borchie d'argento,
bello, ornato, con sotto uno sgabello per i piedi;
preparò la bevanda in una tazza d'oro per farmela bere
e vi mise dentro il veleno, tramando il male.
Quando me l'ebbe dato e bevvi, ma senza subire
l'incanto, mi colpí con la bacchetta dicendo:
"Va' nel porcile, assieme agli altri compagni".
Cosí disse, ed io sguainai dalla coscia la spada affilata
e balzai addosso a Circe, come volessi ucciderla.
Lei diede un grande grido e corse alle mie ginocchia
e gemendo mi disse queste parole:
"Chi sei? Qual è la tua città? Chi sono i tuoi genitori?
Sono stupita che hai bevuto senza subire l'incanto.
Nessun altro uomo ha potuto sopportare il veleno,
una volta che l'ha bevuto ed è entrato nella sua bocca.
Ma tu hai in petto un cuore refrattario agli incanti:
certo sei il versatile Odisseo, che l'uccisore di Argo
dall'aurea verga mi diceva sempre che sarebbe venuto,
tornando da Troia con la sua nave.
Ma su, riponi la spada nel fodero e noi adesso
saliamo nel mio letto e facciamo l'amore,
e abbiamo fiducia l'uno dell'altro".

310 **Mi fermai sulla porta**: Odisseo è ormai sulla soglia del palazzo della maga Circe (la «dea») e si appresta a intervenire per liberare i suoi compagni, già trasformati in porci.

313 **la seguii...cuore**: Odisseo è preoccupato per la sorte a cui va incontro e per i compagni.

314 **su un trono**: Odisseo è accolto con tutti gli onori, perché si impressioni di una simile ospitalità e non abbia alcuna riserva mentale.

320 **Va' nel porcile...compagni**: Circe è sicura di sé e non si aspetta la resistenza di quest'uomo che ancora non conosce.

322 **come volessi ucciderla**: tale comportamento gli è stato suggerito da Ermes, che è apparso a Odisseo poco prima del suo arrivo al palazzo di Circe.

325-332 **Chi sei?...con la sua nave**: Circe è presa dal panico e assale Odisseo con ripetute domande, dimostrando, da dea, di sapere che un giorno sarebbe arrivato uno straniero resistente ai suoi filtri; *il versatile Odisseo*: è un epiteto che abbiamo trovato sin dal primo verso del proemio; «l'uccisore di Argo»: secondo la mitologia, Ermes (il Mercurio romano) aveva ucciso Argo, fratello del dio egiziano Osiride.

333-335 **riponi la spada...dell'altro**: Circe usa le sue armi migliori per provare a ingannare Odisseo in altro modo.

Cosí disse, e io le risposi in questo modo:
"Circe, come puoi invitarmi a fare la pace
dopo aver trasformato in porci i miei compagni,
e adesso con inganno mi inviti
a venire a letto e a unirmi a te nell'amore,
per denudarmi e rendermi vile e fiacco.
Io non entrerò mai nel tuo letto
se non vorrai, dea, prestarmi il giuramento solenne
che non tramerai contro di me nessun'altra sciagura".
Cosí dissi, e lei giurò come avevo richiesto,
e dopo che ebbe giurato e pronunciato la formula,
entrai nel letto bellissimo della dea.
Intanto si affaccendavano nella sala le quattro
ancelle che la servono nel suo palazzo,
e nascono dalle fonti e dai boschi
e dai fiumi sacri che scendono al mare.
L'una gettava sui troni bei drappi
purpurei e sotto stendeva i panni;
l'altra tirava le mense d'argento davanti ai troni,
e sopra vi metteva canestri d'oro;
la terza versava il vino dolce
nel cratere d'argento e distribuiva i calici d'oro;
la quarta portava acqua e accendeva il fuoco
sotto il tripode, e l'acqua si riscaldava.
Quando l'acqua bollí nel bronzo lucente,
mi mise a sedere nel bagno e mi bagnò con l'acqua del tripode,
mescolandola gradevolmente e facendola scorrere su capo e spalle,
finché mi ebbe tolto dalle membra l'angosciosa stanchezza.
Dopo che mi ebbe lavato e unto d'olio,
mi fece indossare un bel mantello e una tunica,
e mi condusse a sedere su un trono con le borchie d'argento,
bello, ornato, con sotto uno sgabello per i piedi.
Venne una serva a versare l'acqua lustrale
da una brocca bella, dorata, in un bacile d'argento,
perché mi lavassi, e mi mise davanti la tavola pronta.
La dispensiera fedele serví il pane
e molte altre vivande, offrendo quello che c'era,
e mi invitava a mangiare, ma non piaceva al mio cuore:
sedevo pensando ad altro, e il mio cuore vedeva il male.

Giovanni Andrea Sirani, *Odisseo e Circe*, 1650-1660. (Roma, Musei Capitolini)

337 **invitarmi a fare la pace**: Odisseo segue sempre le indicazioni del dio Ermes. Rivolge alla maga parole accorte e preoccupate.

343 **giuramento solenne**: è un giuramento che, una volta prestato, deve essere per forza mantenuto.

350-351 **e nascono…al mare**: Circe abita in un luogo incantato e meraviglioso, proprio del mondo fiabesco.

361 **mi mise…bagno**: prima un bagno ristoratore, poi l'unzione con l'olio, quindi abiti signorili.

368 **acqua lustrale**: acqua per bagnare e purificare le mani.

373-374 **ma non piaceva…male**: Odisseo non può abbandonarsi ai piaceri della tavola perché dominato dal pensiero della sorte dei suoi compagni, ancora prigionieri della maga.

Circe, vedendo che restavo seduto e non stendevo le mani
al cibo, ma avevo troppo dolore,
mi venne vicino mi disse queste parole:
"Perché, Odisseo, siedi come fossi muto,
rodendoti il cuore senza toccare cibo o bevanda?
Sospetti qualche altro inganno? Non devi temere:
ho già giurato il grande giuramento divino".
Cosí disse, e io le dissi in risposta:
"Circe, chi mai sarebbe quell'uomo giusto
che avrebbe il coraggio di prendere cibo o bevanda
prima di liberare i compagni e vederli con i suoi occhi?
Ma se sinceramente mi inviti a mangiare e a bere,
libera i miei compagni, che possa vederli".
Cosí dissi, e Circe uscí dalla sala
con la bacchetta in mano, e aprí le porte
del porcile e li spinse fuori: sembravano porci di nove anni.
Stavano di fronte a lei, ed essa, passando dall'uno all'altro,
li ungeva tutti con un altro farmaco.
Cadevano dalle loro membra le setole
nate dal veleno funesto che diede loro l'augusta Circe;
tornarono uomini, piú giovani di come erano,
molto piú belli e alti a guardarli.
Mi riconobbero e mi strinsero tutti la mano
e tutti furono presi da un desiderio di pianto;
la casa riecheggiava terribilmente e la dea stessa ebbe pietà.
Mi venne vicino e mi disse, l'illustre dea:
"Illustre figlio di Laerte, astutissimo Odisseo,
adesso va' al mare e alla nave,
e per prima cosa tirate la nave all'asciutto,
e mettete nelle grotte i vostri beni e gli attrezzi;
poi torna indietro e conduci qui i tuoi compagni".

Omero, *Odissea*, X, 310-405, trad. it. di G. Paduano, Einaudi, Torino, 2010

387 **libera...vederli**: è la richiesta di un capo responsabile al quale preme la salvezza dei compagni.

399 **la casa riecheggiava terribilmente**: il palazzo risuona di forti emozioni per l'ennesimo pericolo scampato.

405 **poi torna...compagni**: a quel punto la maga Circe si decide a offrire una vera ospitalità a Odisseo e ai suoi uomini.

Uno dei compagni di Odisseo trasformati in maiali dalla maga Circe in una statuetta greca in bronzo del V secolo a.C. (Baltimore, Walters Art Museum)

per L'ANALISI del TESTO

Circe ieri e oggi

Siamo di fronte a uno degli episodi più famosi delle peripezie che Odisseo deve affrontare perché finalmente si compia il suo ritorno a Itaca. Circe è così presente nel nostro immaginario moderno che di frequente ricorriamo all'appellativo dispregiativo: "Sei come Circe", quando intendiamo sottolineare la perversità di un comportamento femminile. **Doppiezza**, **inaffidabilità**, cattiveria sono le qualità negative che risaltano dall'episodio omerico, oltre, naturalmente, a una **seducente bellezza**, indispensabile per completare la raffigurazione di una donna-Circe.

Gli strumenti del fiabesco

L'episodio si sviluppa con tutti i **caratteri del meraviglioso** per l'ambientazione, i protagonisti, gli strumenti "magici" messi in campo. Siamo su un'isola boscosa, dove dietro ogni albero si può nascondere la sorpresa di una divinità, come Ermes. Erbe e bevande magiche in tazze dorate dovrebbero sovvertire l'ordine naturale, ma si annullano a vicenda. Non può mancare una "bacchetta magica" alla quale si risponde con una più concreta spada sguainata. E poi un «giuramento solenne» assunto da uno dei due contendenti (Circe), che spiana la strada finalmente a un'intesa. Il ritorno all'ordine, cioè la nuova trasformazione dei porci in persone, avviene tramite un magico unguento e solo dopo, quando si è ricomposto l'equilibrio iniziale, è possibile tornare a una felice normalità.

La metamorfosi

La trasformazione degli uomini in animali è parte di tante nostre fiabe, ma l'origine di una simile **metamorfosi** si trova in tante culture primitive, antiche, prive di saldi legami logici con la realtà. Passare da uno stato umano a uno stato animale equivaleva a un processo di **degradazione**. La metamorfosi, poi, in porci era di certo tra le più disonorevoli e offensive. Nell'antichità, nei paesi mediorientali dal clima molto caldo, il porco era ritenuto un animale da non allevare perché impuro e perché incarnava il male (il demonio nella cultura ebraica). Circe, quindi, che prima con una «bacchetta» trasforma i compagni di Odisseo in porci e poi con un unguento («li ungeva tutti con un altro farmaco», v. 392) li ritrasforma in uomini, risponde a questa logica culturale e non solo a una semplice tradizione magica.

Odisseo, eroe e uomo

Odisseo si trova di fronte a una prova che richiede non tanto forza e coraggio, ma **intelligenza**. Se è in grado di resistere alle magie della dea grazie agli aiuti di Ermes, è chiamato anche a scegliere in prima persona: sì, cede alle lusinghe della dea, come suggerito sempre da Ermes, ma al dunque non si sentirebbe a posto con la coscienza (non si sente un «uomo giusto», v. 383) se banchettasse con lei senza «liberare i compagni e vederli con i suoi occhi» (v. 385). Da qui, la sua ferma richiesta alla maga. In questo dimostra la sua riconoscenza verso chi lo stava sostenendo nel suo infinito viaggio.

Paura della femminilità

L'episodio della maga Circe può essere letto anche in **chiave simbolica**, come la raffigurazione delle **paure nei confronti della donna** e della sua femminilità, ben presenti anche nel mondo culturale greco. Il predominio maschile, espresso nell'ideale dell'eroe guerriero, poteva essere messo in discussione proprio dalla seduzione femminile, in grado di far cadere l'uomo in balia della donna, facendogli dimenticare la sua identità e riducendolo a uno stato di natura passiva e animalesca.

John William Waterhouse, *Circe offre la coppa a Odisseo*, 1891. (Oldham, Gallery of Art)

Attività

Leggere e comprendere

1 **Il narratore** Chi è il narratore in prima persona? A chi sta narrando e qual è l'occasione?

2 **L'entrata** Circe invita Odisseo a entrare in casa. Su quali oggetti si fissa l'attenzione dell'eroe?

3 **Il filtro** Odisseo beve il filtro che gli è offerto e non obbedisce all'ordine della dea. Perché?

4 **La reazione di Circe** Come reagisce Circe? Si aspettava un uomo come Odisseo? Qualcuno gliene aveva parlato?

5 **Le ancelle** Dopo l'incontro con la maga, l'attenzione di Odisseo va alle ancelle. Riporta i gesti compiuti da ciascuna di loro.

6 **La prudenza** Invitato a mangiare in un'atmosfera idilliaca, che cosa pensa Odisseo? Che cosa lo preoccupa?

a. La sorte dei compagni tramutati in porci
b. Il fatto che potrebbe innamorarsi di Circe
c. Il fatto che il cibo possa essere avvelenato
d. Il fatto di allontanare ancora il rientro a Itaca

7 **La restituzione dell'umanità** Descrivi i gesti compiuti da Circe per ritrasformare in uomini i maiali.

8 **La metamorfosi** Qual è il miracolo della metamorfosi? Come appaiono i compagni restituiti alla loro umanità?

9 **Le maghe** Ci sono maghe brutte e cattive, come quella di Hänsel e Gretel, e maghe tanto belle quanto perfide, come la matrigna di Biancaneve. A quale di queste due categorie assegneresti Circe? Perché, secondo te, Omero le conferisce queste caratteristiche?

Riconoscere e analizzare

10 **La fiaba** Odisseo attraversa una foresta e, invitato dalla padrona, entra in una casa. Quali sono i particolari che suggeriscono la dimensione magica dell'ambiente?

11 **Gli strumenti magici** Quali sono gli strumenti magici adoperati in questo episodio?

....

....

12 **Gli aiutanti** Chi sono le aiutanti di Circe? Hanno natura umana o divina? Ti ricordano qualche figura magica delle nostre fiabe popolari?

13 **Gli attributi e gli epiteti** Il narratore fa largo uso di attributi nelle descrizioni degli oggetti della casa di Circe. A partire dalla sua entrata, sottolinea sostantivi e aggettivi che concorrono alla descrizione dell'ambiente.

Rielaborare e produrre

14 **Il riassunto** Sintetizza il passo letto in 80 parole.

15 **L'antonomasia** "È una Circe" è un modo di dire per indicare una donna che seduce gli uomini assoggettandoli ai propri desideri. Racconta, in un testo narrativo di 300 parole, un fatto di cronaca (o inventato) la cui protagonista corrisponda a questa definizione.

16 **Le metamorfosi** La trasformazione di uomini in animali appartiene solo alla letteratura greca o è riscontrabile anche nelle nostre fiabe? In un tema di 400 parole dal titolo "Da uomini ad animali", porta esempi e spiega la morale che, nei diversi periodi, queste metamorfosi sottendevano.

Omero

Il ritorno: Eumeo e Telemaco

Da
Odissea (libro XIV, vv. 29-71, 96-110, 172-214), VIII secolo a.C.

Poema epico

Odisseo conclude il suo racconto presso la corte dei Feaci ricordando la morte di tutti i suoi compagni, colpevoli di aver ucciso ed essersi cibati delle vacche sacre al Sole, e la sua permanenza sull'isola di Ogigia, tornando dalla quale era naufragato a Scheria. Con l'aiuto dei Feaci raggiunge infine Itaca. Atena lo soccorre e gli preannuncia lo scontro con i Proci, invitandolo a rifugiarsi presso il porcaro Eumeo, un servo che gli è rimasto fedele. Per evitare che venga riconosciuto, Atena lo trasforma quindi in un vecchio mendicante.

All'improvviso i cani videro Odisseo
e gli si avventarono contro abbaiando, ma Odisseo
si ritrasse per cautela e gli cadde di mano il bastone.
E avrebbe subito un danno indegno vicino ai suoi porcili,
ma il porcaro si diede a inseguire velocemente
i cani nell'atrio – gli cadde di mano il cuoio.
Li disperse qua e là urlando e scagliando
sassi, poi si rivolse cosí al suo padrone:
«Vecchio, c'è mancato poco che ti sbranassero i cani
e mi avresti ricoperto d'infamia. Già altri
dolori e angosce mi hanno dato gli dèi.
Sto qui piangendo e soffrendo l'assenza di un illustre padrone
e allevo i suoi maiali perché li mangino altri,
e intanto lui, forse bisognoso di cibo,
vaga tra città e popoli d'altri paesi,
se pure è ancora vivo e vede la luce del sole.
Ma seguimi e andiamo nella capanna, perché, saziato
a tua volontà di vino e di cibo,
tu dica da dove vieni e quanto hai sofferto».
Cosí dicendo il porcaro lo guidò alla capanna,
lo fece entrare e sedere e ammucchiò folte fronde,
e, sopra, la pelle di una capra selvatica
che gli faceva da giaciglio, grande e soffice. Fu lieto Odisseo
dell'accoglienza e gli si rivolse con queste parole:
«Zeus e gli altri immortali ti diano, straniero,
quello che piú desideri, giacché mi hai accolto cortesemente».

Eumeo, il guardiano dei porci, in un'illustrazione di Newell Convers Wyeth realizzata per un'edizione inglese dell'*Odissea*, 1929. (Collezione Privata)

29 **All'improvviso…Odisseo**: Odisseo ha raggiunto la capanna del porcaro Eumeo ed è stato visto dai cani guardiani che gli si avvicinano minacciosi.

34 **gli cadde di mano il cuoio**: a Eumeo cade di mano la pelle di bue con la quale stava confezionando dei sandali.

37 **Vecchio**: Eumeo non ha riconosciuto Odisseo, perciò gli si rivolge con tono bonario.

40 **Sto qui piangendo…un illustre padrone**: è così forte la nostalgia per il suo signore, Odisseo, lontano, che è la prima cosa che Eumeo sottolinea.

41 **perché li mangino altri**: sono i Proci che se ne stanno alla reggia.

45-47 **perché, saziato…sofferto**: Eumeo è rispettoso delle norme dell'ospitalità: prima vuole rifocillare lo straniero in quanto ospite e poi gli chiederà di parlare di sé.

E tu gli rispondesti, porcaro Eumeo:
«Straniero, non è mio costume di offendere un ospite,
anche se arrivasse qualcuno di piú basso stato:
vengono tutti da Zeus gli stranieri
e i mendichi; è caro anche un piccolo dono.
Ma è legge dei servi avere sempre paura,
quando comandano i giovani. Gli dèi hanno impedito
il ritorno di chi m'avrebbe voluto bene e concesso
quello che un buon padrone concede al suo servo –
una casa, un podere, una donna desiderata da molti –
concede a chi fatica per lui, e un dio dà successo al suo lavoro
come l'ha dato al mio, nel quale persevero.
Tanto bene mi avrebbe fatto il padrone se invecchiava
in patria. Ma è morto, e fosse perita piuttosto
la stirpe di Elena che uccise tanti uomini.
Anche lui andò a Troia dai bei cavalli a combattere
per l'onore di Agamennone contro i Troiani.
[...]
Immenso era il suo patrimonio, e nessun altro
possiede altrettanto sul continente
o in Itaca stessa, e neppure venti uomini assieme.
Te ne farò l'elenco: sul continente
dodici armenti e altrettante greggi di pecore,
altrettante mandrie di porci e greggi di capre;
glieli pascolano i pastori estranei e i suoi propri.
Qui nella parte estrema dell'isola pascolano ricche
greggi di capre, undici in tutto, e ne prendono cura uomini validi.
Ognuno manda ogni giorno una capra ai pretendenti,
quella che sembra migliore tra le capre grasse.
Io invece custodisco e faccio la guardia alle scrofe
e mando loro, scegliendola bene, la bestia migliore».
Cosí disse, e l'altro mangiava la carne e beveva vino
voracemente, in silenzio, e meditava la rovina dei pretendenti.
[...]

[Nella capanna del servo fedele avviene l'incontro tanto atteso fra Odisseo e il figlio Telemaco, appena ritornato a Itaca dal viaggio intrapreso per avere notizie del padre. Per permettere al giovane di riconoscere il padre, Atena riporta l'eroe alla sua bellezza originaria.]

55 **E tu gli rispondesti**: il poeta si rivolge in maniera diretta a Eumeo, sottolineando la fedeltà da lui dimostrata nei confronti di Odisseo con l'enfasi di una partecipazione diretta e non esterna.

56-57 **non è mio costume...basso stato**: è l'accettazione del principio dell'ospitalità, sacro al mondo greco.

61-62 **Gli dei...il ritorno**: di nuovo Eumeo ricorda la lontananza del suo signore, non determinata dalla sua volontà, ma dagli dèi.

66 **nel quale persevero**: nel quale continuo con assiduità.

68-69 **fosse perita...uomini**: invece del mio signore, si fosse esaurita la discendenza di Elena, causa della morte di tanti eroi.

96 **Immenso era il suo patrimonio**: Eumeo enumera le ricchezze di Odisseo sia sull'isola di Itaca sia sulla terraferma.

105 **ai pretendenti**: Eumeo non li nomina, ma si riferisce sempre ai Proci, innominabili usurpatori dei beni del suo signore.

Cosí disse, e lo toccò con la verga d'oro Pallade Atena;
per prima cosa gli mise addosso un mantello pulito
e una tunica, poi gli accrebbe statura e forza:
ridiventò bruno, le guance si tesero,
e attorno al mento si rifece scura la barba.
Dopo aver fatto questo tornò via, e Odisseo
rientrò nella capanna. Suo figlio restò stupito e turbato,
e stornando da un'altra parte lo sguardo, che non fosse un dio,
gli si rivolse e disse queste parole:
«Mi sembri molto diverso, straniero, da prima,
diverso è l'aspetto e hai indosso altre vesti.
Certo sei uno degli dèi che possiedono il vasto cielo;
sii propizio e ti offriremo doni graditi
e oro ben lavorato; ma tu risparmiaci».
Gli rispose il paziente, nobile Odisseo:
«Non sono un dio, perché mi paragoni agli dèi?
Sono tuo padre, quello per cui tu soffri
tanti dolori e piangi, subendo la violenza degli uomini».
Cosí detto baciò suo figlio, e dalle guance
cadevano a terra le lacrime, che prima aveva sempre fermate.
Ma Telemaco non credeva che quello fosse suo padre,
e di nuovo gli si rivolse con queste parole:
«No, tu non sei Odisseo mio padre, ma un dio che m'incanta,
perché ancora di piú io pianga e mi addolori.
Non può un uomo mortale fare queste cose
con le sue forze, a meno che venga un dio,
che può renderlo facilmente giovane o vecchio.
Prima eri vecchio e vestito di stracci,
ora assomigli agli dèi che possiedono il vasto cielo».
Gli disse in risposta l'astutissimo Odisseo:
«Non devi meravigliarti tanto, Telemaco,
di vedere tuo padre in questa casa;
qui non arriverà mai nessun altro Odisseo;
io sono quello che tanto ho sofferto e vagabondato,
e nel ventesimo anno ritorno in patria.
Questa che vedi è l'opera della dea predatrice,
che mi ha mutato come vuole, e può quello che vuole;
ora simile a un mendico e un'altra volta
a un giovane che porta addosso abiti splendidi:
è facile agli dèi che possiedono il vasto cielo
dare gloria a un uomo mortale, oppure avvilirlo».
Dopo aver detto questo, tornò a sedere; Telemaco,
abbracciando suo padre, gemeva, e versava lacrime.

Omero, *Odissea*, XIV, 29-71, 96-110, 172-214, trad. it. di G. Paduano, Einaudi, Torino, 2010

172 **Così disse**: è la dea Atena a parlare e ad agire.

185 **ma tu risparmiaci**: Telemaco teme il nume, cioè la "potenza svelata del dio", che non poteva essere né veduta né sostenuta dai mortali e poteva significare solo morte e sventura.

194 **m'incanta**: Telemaco insiste sull'"incantamento", sul prodigio che può essere solo opera degli dèi.

207 **dea predatrice**: Atena è dea guerriera e, guidando eserciti, preda vite e bottini.

Henri Lucien Doucet, *L'incontro tra Odisseo e Telemaco*, 1880. (Collezione Privata)

per L'ANALISI del TESTO

I preparativi per la riscossa

Dopo la Telemachìa e le peripezie per mare, siamo ormai al terzo momento del poema, il **ritorno in patria** di Odisseo con il relativo scontro con i Proci e il suo definitivo riconoscimento. Prima di questi ultimi e decisivi momenti, però, abbiamo una fase preparatoria di almeno cinque canti che si sviluppa con il carattere delle **narrazioni popolari**. In primo luogo il protagonista, Odisseo, ritorna in incognito, sotto false vesti, per meglio studiare la situazione e capire quali siano i servi fedeli, sui quali può fare affidamento nel momento in cui uscirà allo scoperto per riconquistare i suoi beni, il suo potere, i suoi affetti.

La fedeltà "devota" di Eumeo

È proprio il tema della **fedeltà** ad aprire l'episodio di Eumeo. Si tratta della fede costante degli umili, quella di chi ha vissuto tutta una vita nel ricordo e nell'attesa, subendo angherie e sopportando in silenzio nella speranza. La condotta di vita del vecchio porcaro è improntata alla **devozione per l'antico signore**, al rispetto delle leggi e quindi al **dovere dell'ospitalità**. Tutto il discorso di Eumeo è un rimpianto per un passato sereno e laborioso, per un re che sapeva governare e ricompensare i suoi sudditi fedeli («Tanto bene mi avrebbe fatto il padrone se invecchiava in patria», vv. 67-68). Implicitamente vengono rimarcate le ingiustizie e le violenze che invece caratterizzano il presente, causate dalla scelleratezza dei Proci, nuovi padroni, scialacquatori dei beni altrui, per nulla timorosi della punizione degli dèi. Nonostante l'estrema indigenza in cui versa, il vecchio servo non rinuncia alla morale che ha appreso dal suo antico padrone, e continua a comportarsi come se lui non fosse morto, sottratto alla sua casa dalla «stirpe di Elena che uccise tanti uomini» (v. 69).

La nobiltà

Con un estremo contrasto rispetto alla povertà dignitosa di Eumeo, della sua casa e del mendico ospitato, il narratore **cambia registro** per descrivere la nobiltà ritrovata di Odisseo. Per l'ennesima volta abbiamo la riproposizione di un pregiudizio greco che è quello della ***kalogathìa***: la nobiltà di sangue si riflette nella bellezza dell'aspetto. In quattro versi sono dispiegati i **canoni estetici della tradizione** («gli accrebbe statura e forza: / ridiventò bruno, le guance si tesero, / e attorno al mento si rifece scura la barba», vv. 174-176). Questo mutamento è tanto repentino quanto inatteso: solo un dio («Certo sei uno degli dèi che possiedono il vasto cielo », v. 183) può essere così luminoso, afferma Telemaco, non convinto nemmeno dall'autopresentazione del padre.

Pathos e diffidenza

Sembra che il *pathos* che il narratore ha impresso nelle parole e nei gesti di Odisseo («e dalle guance / cadevano a terra le lacrime», vv. 190-191) non sia sufficiente. Omero descrive l'immediato sbigottimento di Telemaco («Suo figlio restò stupito e turbato», v. 178), il lento riconoscimento e lo scioglimento di fronte al padre ritrovato. Come Penelope più tardi, anche Telemaco è diffidente, si comporta da degno figlio di Odisseo. Solo quando il padre manifesterà chiaramente l'intervento della dea, il giovane si libererà, lasciando spazio al pianto.

La soluzione dell'intreccio

Abile è dunque la costruzione drammatica del narratore, che in questo **dialogo serrato** tra i due protagonisti ci tiene sulla corda, allontanando la soluzione. L'atteso abbraccio sancisce il compimento del percorso di maturazione di Telemaco, che lo ha condotto a riconoscere nel padre la propria origine e quindi se stesso. Anche dal punto di vista narratologico, l'incontro è il **punto di raccordo delle due sezioni** in cui si è dipanato finora l'intreccio: "Telemachìa" e "Odissea" si riuniscono; ***fabula* e intreccio tornano a sovrapporsi**, il tempo della narrazione a coincidere con quello dei fatti narrati. Il poema corre verso il proprio epilogo.

Jacques-Louis David, *Telemaco e Eucari*, 1818. (Los Angeles, Getty Museum)

Attività

Leggere e comprendere

1 **Il contesto** La prima scena si apre *in medias res*. Dove si trova Odisseo? Quali sono le sue condizioni? Perché viene attaccato dai cani?

2 **La fedeltà** Dopo aver salvato il mendicante dai cani, il porcaro Eumeo parla. Evidenzia nel testo le espressioni più significative dalle quali trapelano l'ammirazione e il rimpianto per Odisseo.

3 **I soprusi** Parlando al mendicante, Eumeo enumera le ricchezze di Odisseo e i soprusi che in sua assenza stanno commettendo i Proci. Esponi con parole tue questa situazione.

4 **Le intenzioni di Odisseo** Le parole semplici del mendicante fanno comprendere i sentimenti e i propositi di Odisseo. Completa le seguenti affermazioni.

- Egli apprezza Eumeo, infatti ....
- Egli detesta i pretendenti, infatti ....

5 **Le convinzioni di Eumeo** Più di una volta Eumeo esprime la convinzione che Odisseo sia morto. Trova nelle varie sequenze i versi in cui sono contenute tali affermazioni.

6 **La bellezza** Quali sono gli attributi della bellezza virile greca, restituiti a Odisseo da Pallade Atena?

7 **La reazione** Qual è la reazione di Telemaco di fronte all'uomo che rientra da fuori completamente cambiato?

a. Crede che sia un mago
b. Crede che sia un dio
c. Crede che sia un principe
d. Riconosce in lui suo padre

8 **La religiosità** Perché Telemaco chiede a Odisseo, ritenendolo un nume, di risparmiare lui ed Eumeo?

9 **Il padre** Qual è il tono della risposta di Odisseo?

10 **L'incredulità** Come mai Telemaco, nonostante la commozione paterna, non riesce a credere che quello che ha davanti sia realmente Odisseo?

11 **L'identità riaffermata** Con quali parole Odisseo riafferma con forza la propria identità?

12 **La maledizione** Con quale espressione Eumeo maledice chi ha causato la guerra di Troia?

Riconoscere e analizzare

13 **Atena** La dea Atena è uno degli elementi della fiaba che rimangono anche in questa parte "realistica" del poema. Qual è, dal punto di vista narrativo, la sua funzione? Quale strumento magico utilizza?

14 **Il campo semantico** Riporta le espressioni e gli aggettivi con cui il narratore descrive lo smarrimento di Telemaco di fronte alla metamorfosi del padre.

15 **Gli epiteti** Anche questi episodi sono ricchi di epiteti formulari. Individuane alcuni e valutane l'efficacia narrativa.

Rielaborare e produrre

16 **Discutere** Eumeo afferma: «Ma è legge dei servi avere sempre paura / quando comandano i giovani» (vv. 60-61). Le sue parole esprimono un punto di vista pessimista non tanto verso i giovani d'età ma verso i nuovi padroni, riproponendo l'atteggiamento scettico degli antichi nei confronti del "nuovo", dei cambiamenti. Ritieni davvero che per un servo cambiare padrone significhi cadere di male in peggio o che la novità possa avere conseguenze positive, anche per chi deve continuare a servire? Confronta la tua opinione con quella dei tuoi compagni in un dibattito in classe.

17 **Il riassunto** Sintetizza la vicenda in 100 parole.

18 **Padri e figli** Come ti sembra che si comporti Odisseo di fronte al figlio? Ci sono differenze rispetto alle reazioni dei padri di oggi? Rifletti e scrivi le tue considerazioni in un testo espositivo di almeno 250 parole.

19 **Gli schiavi** La società antica era basata totalmente sul lavoro dei servi che, per evitare ambiguità, è meglio chiamare schiavi. Da quello che hai potuto leggere, quali garanzie e quale autonomia avevano nella società arcaica descritta da Omero? Rispondi alla domanda con un breve testo informativo (100 parole).

Omero

Il ritorno: Argo ed Euriclèa

Da
Odissea (libro XVII, vv. 290-327; libro XIX, 349-398, 467-490),
VIII secolo a.C.

Poema epico

Constatata la fedeltà di Eumeo e organizzato il piano con Telemaco, Odisseo si fa accompagnare dal porcaro in città. Poco prima di entrare nella reggia, riconosce ed è riconosciuto dal suo ormai vecchio cane, Argo. Rivede poi Penelope, che non lo riconosce, mentre la vecchia nutrice Euriclèa si rende conto da una cicatrice che il suo padrone è tornato.

Cosí scambiavano queste parole tra loro, ed un cane
che stava accucciato sollevò la testa e le orecchie:
Argo, il cane del paziente Odisseo, che l'eroe stesso
aveva allevato, ma non se lo godette, perché partí prima
per la sacra Ilio. Un tempo i giovani lo conducevano
a caccia di capre selvatiche, lepri e cerbiatti;
ora giaceva abbandonato, in assenza del suo padrone,
in mezzo a molto letame di muli e di buoi
che stava sparso davanti alle porte, perché i servi di Odisseo
lo portassero a concimare la grande tenuta.
E là giaceva Argo, tutto pieno di zecche.
Ma quando avvertí che Odisseo era vicino,
mosse la coda e abbassò le due orecchie,
ma non riuscí ad andare incontro al padrone.
Guardando da un'altra parte, Odisseo asciugò una lacrima
senza farla vedere a Eumeo, e gli chiese:
«È molto bello quel cane che giace in mezzo al letame,
bello di corpo, ma non so capire se, oltre
alla bellezza, era anche veloce nel correre,
o era come questi cani da tavola,
che i padroni tengono solo per forma».
E tu gli rispondesti, Eumeo porcaro, in questo modo:
«Sí, è il cane di un uomo morto in terra lontana:
se fosse ancora nel corpo e nelle azioni
come lo lasciò Odisseo quando partí per Troia,

Odisseo riconosciuto dal cane Argo in una statuetta attribuita a Jean-Joseph Espercieux del 1812. (Collezione Privata)

290 **Così...tra loro**: Eumeo e Odisseo parlavano tra di loro.

294 **sacra Ilio**: è la città di Troia.

300 **zecche**: il cane è pieno di parassiti, segno della trascuratezza con la quale da tempo era trattato.

302-303 **mosse la coda...al padrone**: il cane ha riconosciuto il suo antico padrone, ma è vecchio, non può fargli festa se non con minimi movimenti della coda e delle orecchie.

305 **senza...a Eumeo**: senza farsi notare da Eumeo, che ancora non conosce l'identità del mendicante.

312 **Sì, è il cane...lontana**: Eumeo ricorda il suo signore «morto lontano» e lo ripeterà più avanti, al verso 319.

ne vedresti tutta la velocità e il vigore.
Non gli sfuggiva nessuna bestia che inseguiva
nel profondo del bosco, ed era bravissimo a seguire le peste.
Ora è in preda al male: il suo padrone
è morto lontano e le serve svogliate non se ne occupano.
I servi, se i padroni non sono lí a stimolarli,
non hanno voglia di fare le cose come si deve.
Zeus tonante toglie a un uomo metà
delle sue forze quando gli è imposta una vita da schiavo».
Cosí dicendo, entrò nella splendida casa
e andò nella sala, tra i pretendenti illustri;
Argo se lo prese il nero destino di morte
quando ebbe rivisto Odisseo dopo vent'anni.
[...]

[Saputo dell'arrivo sull'isola di uno straniero, la regina Penelope, sempre ansiosa di possibili notizie riguardo a Odisseo, lo incontra e da lui, che ben si guarda dal rivelarle la vera identità, viene rassicurata sull'imminente ritorno dello sposo. La regina ordina che le ancelle si prendano cura di lui, ma lo straniero-mendicante chiede soltanto che gli vengano lavati i piedi da una vecchia ancella. Penelope affida questo compito a Euriclèa, l'anziana nutrice di Odisseo.]

Gli rispose a sua volta la saggia Penelope:
«Ospite caro, mai nessun uomo altrettanto saggio
tra gli stranieri lontani è entrato nella mia casa:
tutto quello che dici ha grande saggezza.
Sí, c'è una vecchia che in cuore ha pensieri onesti,
che allevò con amore quell'infelice,
prendendolo tra le braccia appena la madre
l'ebbe partorito; lei, benché ormai sfinita,
ti laverà i piedi. Alzati, saggia Euriclèa,
e lava un coetaneo del tuo padrone.
Certo Odisseo è ormai cosí nei piedi e nelle mani:
nella sciagura i mortali invecchiano presto».
Cosí disse, e la vecchia si coprí il volto
con le mani, e versò calde lacrime e disse:
«Ahimè, figlio mio, per te non posso fare
niente: Zeus ti ha odiato, benché fossi pio.

317 **le peste**: nel fiutare la preda e nel seguirne le tracce.

323 **quando gli è...schiavo**: quando un individuo diventa uno schiavo perde ogni interesse al lavoro. In un certo senso, Eumeo giustifica la svogliatezza e il disinteresse delle serve.

326 **Argo...morte**: la morte colse subito dopo il cane Argo, stroncato dall'emozione per aver rivisto il suo padrone.

350 **Ospite caro**: Penelope si rivolge a Odisseo con un'espressione di sincero altruismo, a cui fanno seguito altre espressioni di ammirazione.

357-358 **Alzati, saggia...padrone**: la speranza del ritorno di Odisseo aleggia in tutti i discorsi di Penelope. È stato lo stesso Odisseo a volere che le sue gambe fossero lavate da un'ancella anziana, forse con l'intento di essere riconosciuto, come poi avverrà.

362 **e versò calde lacrime**: il semplice richiamo alla figura di Odisseo muove nella vecchia nutrice calde lacrime.

363-364 **Ahimè, figlio mio...niente**: Euriclèa si rivolge idealmente al suo padrone, pensa di parlare direttamente a lui.

Nessun altro mai ha sacrificato a Zeus
tante cosce grasse o ecatombi scelte,
quante tu gliene hai offerte, pregando di giungere
alla vecchiaia e allevare il tuo splendido figlio.
A te solo il ritorno è stato tolto.
Cosí anche lui forse lo schernivano donne
di paesi lontani, se è giunto alla loro casa,
come ti scherniscono tutte queste cagne,
e tu per sfuggire alle loro offese non vuoi
che ti lavino i piedi: a me l'ha ordinato
non contro mia voglia la figlia di Icario, la saggia Penelope.
Per amore di Penelope ti laverò i piedi
e anche per amor tuo, perché il mio cuore è commosso.
Intendi bene quello che dico:
qui sono giunti molti stranieri infelici,
ma non ho mai visto nessuno cosí somigliante
a Odisseo nel corpo, nella voce, nei piedi».
Le disse in risposta l'astutissimo Odisseo:
«Vecchia, cosí dicono quelli che ci hanno visti
entrambi, che siamo tra noi molto simili,
come tu hai detto nella tua saggezza».
Cosí disse, e la vecchia prese il lebete lucente
per lavargli i piedi, e versò molta acqua
fredda, e poi aggiunse la calda. Odisseo sedeva
discosto dal focolare, ma si girò verso il buio,
perché gli venne il timore che la donna, toccandolo,
riconoscesse la cicatrice, e tutto fosse scoperto.
Lei lavava il padrone standogli accanto, e riconobbe
subito la ferita che un cinghiale gli fece con le sue bianche zanne
quando salí sul Parnaso con Autolico e i figli
di Autolico, il padre della madre che eccelleva su tutti
gli uomini per ruberie e spergiuri: glielo concesse
il dio Ermes, a cui bruciava cosce gradite
di agnelli e di capre; per questo lo assisteva con benevolenza.
[...]
Questa cicatrice la donna toccò con le palme
e toccandola la riconobbe – lasciò andare il piede
che cadde nel lebete e risuonò il bronzo

366 **ecatombi scelte**: l'ecatombe è il sacrificio di cento buoi. La vecchia non comprende l'accanimento degli dèi contro un padrone così pio.

370-374 **Così anche lui...lavino i piedi**: Euriclèa continua il paragone tra il padrone e il mendicante, pensando che forse anche Odisseo, come lo straniero che si è presentato alla reggia, sia stato deriso dalle donne e come lo straniero avrebbe preferito essere lavato da una vecchia.

380-381 **così somigliante...nei piedi**: in maniera graduale il poeta prepara il riconoscimento di Odisseo da parte della nutrice.

386 **lebete**: bacile, catino.

394-396 **quando salì sul Parnaso...e spergiuri**: quando Odisseo salì sul monte Parnaso, ospite del nonno materno Autòlico, famoso per i furti e per non rispettare i giuramenti.

397 **Ermes**: Ermes, il latino Mercurio, è il dio dei ladri e degli imbroglioni: è lui che ha donato tali caratteristiche al nonno materno di Odisseo.

468 **lasciò andare il piede**: è la miglior espressione dello stupore che prende Euriclèa.

469 **il bronzo**: si tratta del bacile fatto di bronzo (è una metonimia).

inclinandosi di lato, l'acqua si versò a terra.
Gioia e dolore le invasero insieme il petto, i suoi occhi
si riempirono di lacrime, le venne meno la voce,
gli toccò il mento e disse a Odisseo:
«Figlio mio, sei Odisseo e io non ti ho riconosciuto,
prima di avere tastato tutto il mio signore».
Cosí disse, e rivolse gli occhi verso Penelope,
volendo dirle che il suo sposo era giunto,
ma lei non poteva guardarla in faccia e capire,
perché Atena la distraeva. Allora Odisseo
la afferrò con la mano destra alla gola,
con l'altra la avvicinò a sé e le disse:
«Balia, mi vuoi rovinare? Sei tu che mi hai allevato
al tuo seno e adesso, dopo avere sofferto tanto,
il ventesimo anno ritorno a casa.
Ma poiché l'hai capito, e un dio te l'ha messo nell'animo,
taci, che nessun altro in casa lo sappia.
Io ti dico, e cosí sarà fatto, che se un dio
piegherà sotto le mie mani i pretendenti superbi,
non risparmierò neanche te, che sei la mia balia,
quando ucciderò in casa le serve».

Omero, *Odissea*, XVII, 290-327; libro XIX, 349-398, 467-490, trad. it. di G. Paduano, Einaudi, Torino 2010

Odisseo riconosciuto dalla nutrice Euriclèa su un cratere attico a figure rosse. (Chiusi, Museo Archeologico)

489 **non risparmierò neanche te**: Odisseo arriva al punto di minacciare la sua vecchia nutrice di massacrarla, come farà di certo con le serve infedeli. La durezza delle sue parole è dettata dalla necessità di restare in incognito per riuscire nel suo piano, tutto basato sulla sorpresa.

per L'ANALISI del TESTO

Argo, il prototipo dell'animale fedele

Anche questa tappa di avvicinamento alla riscossa finale prevede una serie di incontri cruciali che toccano il cuore del protagonista. Dopo il servo e il figlio è la volta di un altro simbolo della perduta serenità di Itaca e della sua casa: il cane da caccia. La fedeltà del **vecchio Argo** è descritta con accorata partecipazione dal narratore attraverso il riconoscimento dell'antico padrone. Questo episodio è stato assunto a **emblema della fedeltà**, ben al di là della consueta icona del cane "amico dell'uomo". Argo un tempo era una splendida bestia, agile, forte, abile nella caccia; a lungo trascurato, ora vive su un mucchio di letame ed è coperto di zecche: il suo stato d'abbandono è **specchio dell'incuria** nella quale sono stati lasciati i beni del padrone. L'animale assume poi contorni umani nella descrizione della morte, eroica, cercata e raggiunta nel momento giusto, ottenuta la "grazia" di rivedere il suo padrone. E ancora le lacrime, a stento trattenute da Odisseo, coronano la scena.

Odisseo rivede Penelope

Tra la patetica morte di Argo e la scena del bagno di Euriclèa c'è un intermezzo fondamentale. Odisseo rivede dopo vent'anni la moglie, ma non può e non vuole ancora rivelarsi. Le parla, però, con tale saggezza che la donna, superando la barriera dell'aspetto e della condizione di mendico dell'ospite, ne rimane affascinata («mai nessun uomo altrettanto saggio [...] è entrato nella mia casa», vv. 350-351). Penelope va oltre le apparenze. Nella sua accortezza, degna di quella del marito, ha riconosciuto nell'«ospite caro» qualcuno che le è molto vicino e che molto assomiglia a colui che tutti stanno aspettando. Per questo lo affida alle premure della vecchia nutrice.

La fedeltà di Euriclèa

Il **riconoscimento**, premio della **fedeltà** assoluta, è il tema centrale dell'episodio che ha per protagonista la **vecchia nutrice Euriclèa**. Ubbidiente e saggia, ella si incarica volentieri di lavare i piedi a un mendican-

per L'ANALISI del TESTO

te-straniero che tanto assomiglia al "suo" Odisseo. La fedeltà al padrone è tale che **parla con l'ospite come se fosse Odisseo**. Il poeta gioca su questa ambiguità, prepara il terreno al riconoscimento con gradualità, fino a quando «gioia e dolore [...] invasero insieme il petto» (v. 451) di Euriclèa che stende le mani sulla cicatrice. La reazione spontanea della vecchia che lascia cadere il piede, restando senza parole, è descritta con una lezione di **stile realistico** dall'aèdo, che davvero sembra fotografare l'attimo fuggente.

Il tema del riconoscimento

Aristotele ricorda come il tipo di riconoscimento operato da Omero sia uno dei più efficaci e verosimili della letteratura, tanto che **la cicatrice** diventa un ***tòpos* narrativo**. La tragedia, specialmente quella di Euripide (V sec. a.C.), ma poi **soprattutto la Commedia nuova** (che si sviluppa ad Atene verso la fine del IV sec. a.C.) **e il romanzo** ricorreranno a segni come tatuaggi, collane, amuleti per risolvere con il **riconoscimento finale** trame intricate: bambini smarriti in fasce e ritrovati adulti, uomini creduti morti, persone scambiate. Tanto i romanzi antichi quanto quelli d'appendice ottocenteschi, al pari delle **fiabe popolari**, saranno costellati di questi segni, a riprova di quanto Omero sia all'origine di una tradizione plurimillenaria.

Attività

Leggere e comprendere

1 **Un giovane "eroe"** Quali erano le occupazioni di Argo, quando era più giovane, presentate dal narratore?

2 **Così vicini, così lontani** Perché Argo non può avvicinarsi al padrone e, allo stesso modo, Odisseo non può accarezzarlo?

3 **Il dialogo con Eumeo** Perché Odisseo continua a parlare di Argo con Eumeo?

4 **Due epoche** Le "due vite" di Argo, l'età dello splendore, breve ma intensa con il padrone, e la lunga decadenza, alla reggia invasa dai Proci, sono specchio della situazione di Itaca. Elenca le espressioni con cui il poeta descrive le due fasi vissute dal cane.
Lo splendore:

....

....

....

Lo sfacelo:

....

....

....

5 **Pochi movimenti** La scena in cui Argo riconosce il padrone è molto toccante, ma le emozioni sono contenute, come del resto i movimenti del cane e del padrone. Elencali.
Argo:

....

....

Odisseo:

....

....

6 **La morte** Riporta il verso che presenta la commovente morte del cane Argo.

....

7 **Euriclèa** La vecchia nutrice inizia a lavare i piedi all'ospite e intanto parla come se si rivolgesse a Odisseo. Quali doti del re ricorda in particolare? Quali offese subite?

8 **Penelope** Rivolgendosi al mendicante, la regina sembra evocare la figura di Odisseo. Da che cosa lo si intuisce?

- **a.** Loda nell'ospite le doti di saggezza e prudenza, tipiche di Odisseo
- **b.** Riconosce l'ospite nobile come Odisseo
- **c.** Apprezza le sue ricchezze regali
- **d.** Lo confronta con i Proci

9 **Il silenzio** Euriclèa riconosce Odisseo dalla cicatrice sulla gamba. Il momento è d'intensa emozione. Rimetti in ordine di successione i sentimenti e le azioni della vecchia nutrice.

- a. Il bacile si rovescia e l'acqua finisce a terra ☐
- b. Gli occhi le si riempiono di lacrime ☐
- c. Gioia e dolore le prendono il cuore ☐
- d. Odisseo prende la sua mano ☐
- e. Odisseo le ordina di tacere ☐
- f. Lascia cadere la gamba di Odisseo ☐
- g. Riconosce la cicatrice di Odisseo ☐
- h. Volge lo sguardo a Penelope ☐
- i. Tocca il mento di Odisseo e gli parla dolcemente ☐
- l. La voce viene meno ☐

Riconoscere e analizzare

10 **Argo come un eroe** Il narratore parla di Argo con le stesse forme con cui descrive un eroe: epiteto formulare, verso formulare, riferimento ai valori della *kalokagathía*. Individua nel testo i versi in cui sono presenti questi elementi.

11 **Il riconoscimento** Argo ed Euriclèa riconoscono entrambi il padrone. Su che cosa è basato il riconoscimento di Argo? E quello di Euriclèa?

12 **Il narratore** Il narratore tiene alta la tensione narrativa, accentuando o smorzando il *pathos*. Come avviene questo?

- a. Il narratore è onnisciente e a volte commenta i fatti
- b. Il lettore conosce i fatti ma i personaggi non vedono tutta la verità
- c. Il narratore, il lettore e Odisseo sono informati della verità
- d. Tutti conoscono l'intera vicenda

13 **La sintassi** La scena in cui Euriclèa riconosce Odisseo (vv. 467-490) è costruita con una serie di frasi coordinate. Quale valore espressivo assume questa scelta sintattica?

14 **La struttura** L'episodio è composto da due scene distinte. Completa la tabella inserendo le opportune informazioni.

Scena	Libro	Protagonisti	Luogo
I	XVII		
II	XIX		

Rielaborare e produrre

15 **Discutere** Il poeta dice di Argo: «mosse la coda e abbassò le due orecchie» (v. 302) e di Euriclèa: «Gioia e dolore le invasero insieme il petto, i suoi occhi / si riempirono di lacrime» (vv. 471-472). Il tema unificante dei due episodi è la fedeltà. Ritieni che il protagonista più toccante sia l'animale o che siano i servi, nella loro fedeltà senza riserve, a essere i personaggi più commoventi di questa parte del poema? Confronta la tua opinione con quella dei tuoi compagni in un dibattito in classe.

16 **La nutrice** La nutrice era un personaggio molto importante per la cultura antica. Quali compiti le erano attribuiti? In base alle informazioni indirette contenute in questi testi e svolgendo anche una ricerca personale, rispondi alla domanda in un testo espositivo di 150 parole.

17 **Il riassunto** Dividi in sequenze il passo e riassumilo in 100 parole.

18 **Il riconoscimento** In questi episodi viene usato lo strumento del riconoscimento. In un testo espositivo di 300 parole, riporta alcuni esempi di storie, antiche e/o moderne, in cui lo scioglimento della trama avvenga attraverso questa struttura letteraria.

19 **Il tuo racconto** Scrivi un racconto breve (300 parole) ma ben costruito che abbia come protagonista un cane che dà prova di grande fedeltà al suo padrone. Puoi inventare la storia o trarre spunto da un episodio realmente avvenuto o da un film che hai visto.

Omero

La strage dei Proci

Da
Odissea (libro XXII, vv. 1-88), VIII secolo a.C.

Poema epico

Incalzata dalle richieste dei Proci, Penelope indice una gara con l'arco, proponendo se stessa e il trono come premio al vincitore. Comunica le sue intenzioni al finto mendicante Odisseo il quale, con l'aiuto di Telemaco e dei servi da cui si è fatto riconoscere, organizza la vendetta.

Falliti i tentativi dei Proci, il mendicante chiede di poter provare a tendere l'arco e, fra lo stupore dei principi che lo sbeffeggiano, centra il bersaglio e rivolge l'arco contro i suoi detrattori.

L'astutissimo Odisseo si svestí degli stracci,
balzò sulla grande soglia con l'arco e la faretra
piena di frecce; riversò tutte le frecce
ai suoi piedi, e disse ai pretendenti:
«Ecco che è stata compiuta l'impresa impossibile;
ora vedrò se posso raggiungere un altro bersaglio,
che nessuno ha mai colpito, se Apollo mi dà questo vanto».
Cosí disse, e indirizzò su Antìnoo la freccia amara,
quando stava per sollevare una coppa
dorata, a due anse, che teneva fra le sue mani
per bere vino, non aveva pensieri di morte.
Chi avrebbe pensato che in mezzo al banchetto
un uomo solo, e fosse pure fortissimo,
gli avrebbe inflitto il nero destino di morte?
Odisseo lo prese di mira e lo colpí alla gola,
e la punta attraversò il morbido collo.
Si piegò di lato, la coppa gli cadde di mano,
subito dalle narici uscí un fiotto denso
di sangue, e di colpo respinse da sé la tavola
colpendola con un calcio: si rovesciarono a terra
i cibi, il pane e la carne arrostita, sporcandosi.
I pretendenti gridarono, quando videro l'uomo caduto;
si alzarono su dai loro seggi di slancio,
guardando da tutte le parti i solidi muri,
ma non trovarono scudi, né lance robuste,

Odisseo, vestito da mendicante, tende l'arco durante la gara in una statuetta francese in bronzo del XIX secolo. (Collezione Privata)

1 **stracci**: Odisseo si svela togliendosi di dosso gli stracci che lo rivestivano.

6 **un altro bersaglio**: intende riferirsi all'uccisione dei Proci. Spera di centrare l'obiettivo con l'aiuto di Apollo.

8 **Antìnoo**: è il più insolente dei Proci.

10 **a due anse**: con due manici.

14 **il nero destino di morte**: nell'*Iliade* è il destino di morte che si incontra in battaglia. La vendetta di Odisseo si configura come una battaglia finale, un duello in cui l'antagonista non si aspetta di dover partecipare, ma è colto comunque dal destino.

18-21 **fiotto denso...sporcandosi**: la descrizione si fa tanto realistica quanto cruda: fiotti di sangue, gambe che, agitandosi in maniera scomposta, danno gli ultimi calci incontrollati di chi sta morendo.

24 **guardando...i solidi muri**: i Proci scrutano i muri della sala alla ricerca delle armi appese: solo adesso si rendono conto che sono state rimosse. Lo ha fatto Telemaco per ordine di Odisseo.

e rimproverarono Odisseo con aspre parole:
«Straniero, hai fatto male a tirare sugli uomini, non farai altre
gare: per te è sicuro l'abisso di morte.
Hai ucciso un uomo che era di gran lunga il piú nobile
tra i giovani in Itaca, e dunque ti mangeranno gli uccelli».
Cosí dicevano tutti, pensando che avesse ucciso
senza volere; non pensavano, sciocchi,
che per tutti loro era pronto il destino di morte.
Li guardò di traverso e rispose l'astutissimo Odisseo:
«Cani, non credevate che mai tornassi alla mia casa
dalla terra di Troia, e mi saccheggiavate la casa,
facevate a forza l'amore con le mie serve
e corteggiavate, con me ancora vivo, mia moglie,
senza temere gli dèi che possiedono il vasto cielo,
né che vi fosse mai **vendetta** di uomini:
ora per tutti voi è pronto il destino di morte».
Cosí disse, e tutti furono presi da terrore livido,
e ciascuno guardava dove sfuggire all'abisso di morte.
Il solo Eurìmaco gli rispose e gli disse:
«Se davvero tu sei Odisseo di Itaca e sei tornato,
giustamente rimproveri ciò che hanno fatto i Greci,
cattive azioni in città e cattive in campagna.
Però è morto colui che era la causa di tutto,
Antìnoo; era lui che ci aizzava a compirle,
non tanto perché ambisse o desiderasse il matrimonio,
ma avendo altri disegni, che non gli ha compiuto il figlio di Crono:
regnare sul popolo della bella isola d'Itaca,
dopo aver ucciso in un agguato tuo figlio.
Ora che giustamente è morto, risparmia la tua gente;
noi poi ti risarciremo, raccogliendo tra il popolo,
di quanto in casa tua è stato bevuto e mangiato,
e in piú pagando ciascuno di noi un'ammenda del valore di venti
buoi, ti renderemo oro e bronzo, fino a quando il tuo cuore
sia placato. Prima, non è criticabile l'ira».
Lo guardò di traverso e gli rispose l'astutissimo Odisseo:
«Eurìmaco, neanche se mi deste tutti i beni paterni,

PAROLE sotto la lente

Vendetta

Il sostantivo proviene dal latino *vindicta* = liberazione, rivendicazione, castigo. È il danno materiale o morale che viene inflitto da una persona per pareggiare un torto subito o sfogare vecchi rancori. Il termine ha anche il valore di punizione, castigo, specialmente divino.

Attività

Scomponi nelle loro parti costitutive (radice, suffisso, desinenza) e analizza le parole seguenti che sono legate a "vendetta": *vendicare, vendicatore, vendicativo, vendicatività.*

28 **abisso di morte**: ora sono tutti concordi nell'uccidere questo straniero che tanto ha osato.

32-33 **non pensavano, sciocchi... di morte**: i Proci, ciechi nella loro follia, ignorano quello che pure è evidente: che sono giunti al termine della vita; **il destino di morte**: è un'espressione formulare ridondante, che ricorre anche al verso 41.

39 **che possiedono il vasto cielo**: un'altra espressione formulare riferita agli dèi, ignorati dalla follia dei Proci, ma che tutto vedono, dominando l'intero cielo.

46 **i Greci**: intende i Proci.

47 **cattive azioni...in campagna**: Eurìmaco ammette la "follia", il peccato di *hybris* (tracotanza) contro gli dèi e contro la proprietà legittima di Odisseo.

48-49 **Però è morto...Antìnoo**: Eurìmaco cerca di scaricare tutte le responsabilità sul morto Antìnoo.

51 **che non...di Crono**: che Zeus, figlio di Crono, non gli ha permesso di compiere.

55 **noi poi ti risarciremo**: i Proci si dichiarano disponibili a riconoscere in pubblico i loro errori.

59 **Prima...l'ira**: prima di ricevere il giusto risarcimento, l'ira di Odisseo è legittima. Eurìmaco crede di essersi riconciliato con Odisseo, al quale ha riconosciuto ampi motivi di collera.

tutto quello che avete e aggiungeste altro ancora da qualche
altra parte, neanche cosí fermerei la strage delle mie mani,
prima d'aver fatto pagare ai pretendenti la loro violenza.
Ora quindi avete la scelta, se volete combattere,
o fuggire, se qualcuno riesce a sfuggire al destino di morte.
Ma io non credo che nessuno di voi scamperà all'abisso di morte».
Cosí disse, e a loro si sciolsero le ginocchia e il cuore,
ma Eurìmaco parlò ancora una volta:
«Amici, quest'uomo non fermerà le sue mani implacabili,
ma da quando ha preso l'arco ben levigato e la faretra,
tirerà dalla soglia fino a che ci avrà uccisi
tutti quanti; e dunque, pensiamo a combattere.
Sguainate le spade e riparatevi dietro le tavole
dalle frecce che dànno rapida morte, e tutti insieme
attacchiamolo, se potessimo smuoverlo dalla soglia e dalla porta,
e andare per la città e dare presto l'allarme.
Allora forse quest'uomo avrebbe tirato per l'ultima volta».
Cosí dicendo, sguainò la spada affilata
bronzea, a doppio taglio, e balzò su di lui,
gridando terribilmente. Ma in quell'istante l'illustre Odisseo
tirava la freccia, e lo colpí nei pressi della mammella,
e la freccia si piantò nel fegato. Via dalla mano
gli cadde a terra la spada e precipitò sulla tavola,
piegato; tutti i cibi si rovesciarono a terra,
e la coppa a due anse. Batté con la fronte per terra
nell'agonia e, scalciando con tutti e due i piedi,
rovesciò il trono: sugli occhi si stese la nebbia.

Omero, *Odissea*, XXII, 1-88, trad. it. di G. Paduano, Einaudi, Torino, 2010

68 **si sciolsero... cuore**: corpo e anima dei Proci sono preda della paura.

70 **Amici**: Eurìmaco si fa capo dei Proci e abbozza una tattica di difesa, espressa nei versi successivi.

Thomas Degeorge, *Odisseo e Telemaco massacrano i pretendenti di Penelope*, 1812. (Clermont-Ferrand, Musée d'Art Roger Quilliot)

per L'ANALISI del TESTO

Una vendetta "sacrosanta"

Sarebbe errato esaminare la strage con gli occhi di un occidentale di questo secolo, la cui visione risente comunque di concetti cristiani come quello di perdono, assenti nella mentalità greca arcaica. L'eroe Odisseo deve affrontare coloro che negli anni della sua lontananza hanno attaccato il suo potere di re, insidiato sua moglie, attentato alla vita del figlio, sperperato i suoi beni. Suo compito non è soltanto realizzare una **vendetta**, per quanto giustamente violenta e feroce, ma ristabilire un **nuovo ordine**. Il sangue versato copiosamente deve lavare le ferite e sul sangue dei nemici, giustamente sterminati, rinascere un ordine giusto. Odisseo, come uomo, è mosso da un legittimo sentimento di ira nei confronti dei Proci. Come re, guidato da Atena e dal consenso degli dèi, è chiamato a ristabilire quella società ordinata e armonica, in cui ognuno ha la propria parte, **secondo la giusta misura**, valori che i Proci con il loro comportamento "**folle**" hanno ignorato e calpestato.

La strage è presentata pertanto dal poeta come un **atto di giustizia** che gli dèi, per mano di Odisseo, infliggono a coloro che non rispettano le leggi divine e le norme del vivere civile: ne scampano soltanto gli innocenti, mentre periscono i malvagi e i traditori. Se Odisseo agisse con le sue sole forze non riuscirebbe nell'intento e lui, forte del suo spirito religioso, ne è consapevole; al contrario non comprendono quanto stia accadendo i Proci, "ciechi" di fronte alla realtà perché obnubilati dalla tracotanza (*hybris*).

Un realismo crudo e impressionante

Sul piano narrativo, il racconto dell'azione di Odisseo risulta di **grande coinvolgimento**. Quello che più colpisce la nostra sensibilità sono i **dettagli realistici** dell'uccisione di Antìnoo e di Eurìmaco: il modo in cui cadono, i fiotti di sangue, le gambe che scalciano, le carni che si bagnano di sangue rendono le scene impressionanti. Ma, come spiegato, non è uno spettacolo fine a se stesso. Rientra in un disegno ben definito.

Ben congegnato è poi l'ordine delle azioni: «l'astutissimo Odisseo» prima elimina l'avversario più pericoloso, Antìnoo, sfruttando l'elemento sorpresa; solo dopo si rivela come il re di Itaca tornato a riprendere possesso dell'isola. In un istante i Proci passano dallo stupore alla consapevolezza di quanto sta succedendo: anche se Eurìmaco tenta di imbastire un patteggiamento, il "termine di morte" si stende ormai sopra a tutti.

La strage dei Proci su un cratere a figure rosse attribuito al pittore Ixion, IV secolo a.C. (Parigi, Museo del Louvre)

Attività

Leggere e comprendere

1 **Primo piano** Odisseo, balzando sulla soglia della vasta sala, si spoglia dei cenci di mendicante. Qual è la funzione di questo gesto? Quali reazioni vuole suscitare?

2 **Sicuro** Odisseo è padrone della situazione e rivolge parole dure e minacciose ai colpevoli, nel pieno rispetto del volere degli dèi. Trova nel primo discorso dell'eroe questo tipo di affermazioni.

3 **Il capo** Quali ragioni spingono Odisseo a colpire per primo Antìnoo, il capo dei pretendenti?

a. Odisseo ha paura di lui
b. Antìnoo è il peggiore dei pretendenti
c. Eliminato il capo, la lotta sarà meno pericolosa
d. Antìnoo è il bersaglio più facile

4 **La reazione inconsulta** Gli altri pretendenti balzano in piedi, cercano inutilmente le armi, minacciano di morte il mendicante. Quali ragioni giustificano tali comportamenti, secondo il poeta?

5 **Le accuse** Odisseo si rivela e nel suo discorso denuncia tutti i soprusi commessi dai pretendenti. Li elenchiamo in modo casuale: ricostruisci l'ordine del testo.

a. Hanno corteggiato la moglie di Odisseo, ancora vivo ☐
b. Non hanno pensato al ritorno di Odisseo ☐
c. Non hanno temuto la vendetta degli uomini ☐
d. Non hanno temuto gli dèi ☐
e. Si sono accoppiati con le serve di Odisseo ☐
f. Hanno dilapidato le ricchezze di Odisseo ☐

6 **Eurìmaco** Mentre gli altri sono pietrificati dalla sorpresa e dal terrore, Eurìmaco tenta di salvare se stesso e gli altri in un disperato discorso. Ricostruisci i vari passaggi del ragionamento con cui tenta di scagionarsi nella speranza di riconciliarsi con Odisseo.

7 **Un'ultima possibilità** Davanti all'implacabile determinazione di Odisseo, che cosa succede ai Proci e che cosa propone invece Eurìmaco? Che giudizio lascia trasparire il poeta sui pretendenti?

8 **La scena finale** La scena conclusiva dell'episodio sembra riproporre simmetricamente quella iniziale. Quali situazioni trovi nei versi 81-88 che li assimilano ai versi 8-21?

Riconoscere e analizzare

9 **Le scene** L'episodio è costituito da un alternarsi di scene di tipo narrativo o dialogico. Indica i versi delle sequenze e attribuisci loro un titolo significativo.

Versi	Titolo

10 **Il realismo** Odisseo trafigge Antìnoo cogliendolo di sorpresa. La scena è descritta con particolare attenzione e realismo. Cerca e trascrivi le espressioni che appaiono più realistiche.

....

....

....

....

....

....

11 **Il ritmo** Le scene in cui si compie la vendetta di Odisseo, con l'uccisione di chi ha trasgredito le giuste leggi sociali e morali, sono narrate con un ritmo particolare. Di quale ritmo si tratta e come riesce il poeta a crearlo?

12 **Gli epiteti** Nel testo, oggetti e personaggi sono accompagnati dai consueti epiteti. Riportane alcuni esempi.

....

....

....

....

Rielaborare e produrre

13 **Discutere** Odisseo afferma: «né che vi fosse mai vendetta di uomini: / ora per tutti voi è pronto il destino di morte» (vv. 40-41) e Eurìmaco risponde: «Ora che giustamente [Antìnoo] è morto, risparmia la tua gente» (v. 54). Ritieni che abbia ragione Odisseo e che l'unica giustizia possa venire da un bagno di sangue che cancelli i soprusi e serva da deterrente per altri pretendenti? O ritieni, invece, con Eurìmaco, che sia stato sufficiente uccidere il primo responsabile e, di conseguenza, il perdono debba essere concesso agli altri pretendenti? Confronta la tua opinione con quella dei tuoi compagni in un dibattito in classe.

14 **Il riassunto** Sintetizza in 100 parole al massimo il contenuto del brano.

15 **La vasta sala** In questo e in episodi precedenti hai letto descrizioni della reggia di Odisseo. Raccogli le informazioni che trovi nel testo e svolgi una ricerca sulle abitazioni dei re di epoca micenea e di quelle del tardo medioevo ellenico.

Omero

Il segreto del talamo

Nonostante la liberazione dai Proci, le parole di Euriclèa e il rimprovero di Telemaco, Penelope è ancora riluttante a credere che il mendicante sia il suo Odisseo. Anche un bagno purificatore che, con l'intervento di Atena, restituisce all'eroe tutta la sua regalità, non basta a sciogliere il duro cuore della regina. In realtà Penelope ha escogitato una prova che eliminerà definitivamente i suoi dubbi.

Da
Odissea (libro XXIII, vv. 163-217, 225-246),
VIII secolo a.C.

Poema epico

Uscí dalla vasca simile nell'aspetto agli dèi,
e tornò a sedere sul trono da cui s'era alzato
davanti a sua moglie, e le disse queste parole:
«Sciagurata, a te fra tutte le donne hanno dato
un cuore insensibile gli dèi che hanno sede sul monte Olimpo.
Nessuna donna avrebbe cuore tanto ostinato
da stare cosí lontana dal marito che, dopo tante
sofferenze, ritorna in patria al ventesimo anno.
Ma su, nutrice, preparami il letto, ch'io possa dormire,
anche solo: lei ha un cuore di ferro».
Cosí gli disse allora la saggia Penelope:
«Sciagurato, io non ho davvero disprezzo o superbia,
e neppure sono stupita: so bene com'eri,
quando salpasti da Itaca sulla nave dai lunghi remi.
Ma su, Euriclèa, porta fuori il solido letto
dalla stanza nuziale che si fabbricò lui medesimo;
portate fuori il solido letto e preparatelo,
mettendoci sopra mantelli e coperte e tessuti lucenti».
Cosí disse per mettere alla prova il suo sposo,
ma Odisseo turbato rispose alla moglie fedele:
«Donna, mi dà pena quello che hai detto:
chi ha spostato il mio letto? Sarebbe difficile
anche per uno molto capace, a meno che venga un dio:
lui sí può facilmente spostarlo da un'altra parte.
Ma nessun uomo mortale, neanche nel pieno delle sue forze,
lo sposterebbe facilmente, perché c'è un **segreto**

PAROLE *sotto la lente*

Segreto

Il sostantivo corrisponde al neutro sostantivato del participio *secretum* del verbo latino *secerno* = separare, appartare. È una cosa o un fatto che vengono tenuti nascosti, che non si rivelano a nessuno. Anche due o più persone possono avere in comune un segreto. Spesso indica una notizia che non si può o non si vuole riferire, o un metodo o un mezzo che una persona usa per raggiungere il suo scopo, all'insaputa di altri. Può indicare anche la condizione di ciò che avviene o che viene compiuto di nascosto, spesso nella locuzione avverbiale "in segreto" ("Si incontravano in segreto").

Attività

Trova aggettivi o aggettivi sostantivati di significato contrario a "segreto".

163 **Uscì dalla vasca...dèi**: su ordine di Penelope, Odisseo è stato lavato da un'ancella e ora il suo aspetto è simile agli dèi.

166 **Sciagurata**: Odisseo, irato, apostrofa la moglie con un termine che nella traduzione italiana perde gran parte della sua pregnanza. Il greco dice *dys-dáimona*, aggettivo che potremmo tradurre con "disgraziata". Penelope ha "perduto la grazia", per dirla con parole e concetti greci: è stata traviata dal *dáimon*, la divinità che ci segue e che è responsabile dei nostri comportamenti. Il "cattivo *dáimon*" l'ha mal consigliata e ora è cieca e non vuole riconoscere il marito.

171 **preparami**: sul letto veniva "steso" il giaciglio.

177-178 **porta fuori...dalla stanza nuziale**: fuori dalla stanza nuziale, dal talamo (stanza e letto).

184-186 **Sarebbe difficile...da un'altra parte**: Odisseo, sapendo che il suo letto non può essere mosso, dubita che anche un artigiano, a meno che un dio non sia intervenuto, abbia potuto spostarlo.

in quel letto, che ho fabbricato io e nessun altro.
C'era nel cortile un ulivo a foglie sottili,
alto, fiorente, col tronco come un pilastro.
Attorno a esso costruii la stanza nuziale
con pietre ben connesse, e la coprii bene di sopra,
e vi misi una porta di legno, saldamente adattata.
A quel punto recisi la chioma dell'albero,
sgrossai alla base il tronco, lo levigai
a regola d'arte squadrandolo con la livella, lo usai
come base e lo lavorai tutto col trapano,
e a partire da quello costruii il mio letto,
e lo adornai con oro, argento e avorio.
Poi vi tesi una cinghia di bue, splendente di porpora.
Cosí ti ho detto il segreto, ma non so se ancora
donna, il mio letto è al suo posto, o se qualcun altro
lo ha spostato altrove, tagliando alla base l'ulivo».
Cosí disse, e a lei si sciolsero le ginocchia e il cuore,
nel riconoscere il segno certo che le aveva dato Odisseo;
gli venne incontro piangendo e gettò le braccia
al collo di Odisseo, gli baciò il capo e gli disse:
«Non ti adirare con me, tu che sei il piú saggio tra gli uomini,
Odisseo; gli dèi ci hanno dato dolore, ci hanno
privato di restare insieme, a godere
la giovinezza e toccare la soglia della vecchiaia.
Ora non ti adirare con me, non serbarmi rancore,
se non ti ho accolto subito, appena t'ho visto.
Sempre nel petto il mio cuore tremava che qualche uomo
non m'ingannasse con le parole; ci sono tanti
che si adoperano nel cercare cattivi guadagni.
[...]
Ora che tu mi hai detto i segni chiarissimi
del nostro letto, che non sa nessun altro mortale,
ma io e tu soli, e un'unica serva,
Attoride, che quando venni qui mi donò mio padre,
e sorvegliava le porte della stanza nuziale,
hai persuaso il mio animo, per quanto duro».

192 **Attorno ad esso...la stanza nuziale**: l'eroe racconta ai presenti come a suo tempo abbia costruito il suo talamo, la stanza nuziale, attorno a un grande ulivo e poi come abbia ricavato il letto nuziale dal tronco stesso dell'albero, lì radicato per terra.

197 **con la livella**: tendendo un filo per mantenere una linea diritta.

201 **cinghia di bue**: una cinghia di cuoio.

205 **si sciolsero...il cuore**: il verso formulare evidenzia l'emozione che a quel punto prende Penelope.

206 **il segno certo**: il «segno» del riconoscimento deve essere inattaccabile, e trattandosi di un segreto noto solo ai coniugi, è davvero tale.

210 **gli dei...dolore**: anche Penelope sa che sono gli dèi a disporre dell'esistenza degli uomini.

Cosí disse, e accrebbe in lui il desiderio di pianto:
piangeva tenendo fra le braccia la sposa amata e fedele.
Come appare agognata la terra ai naufraghi,
a cui Poseidone ha spezzato sul mare la solida nave,
tormentata dal vento e dalle ondate; pochi sono sfuggiti
al bianco mare, e nuotano verso la terra,
e hanno sulla pelle abbondante salsedine,
e lietamente toccano terra, sfuggiti alla sciagura,
altrettanto agognato fu ai suoi occhi lo sposo,
e non staccava dal collo di lui le candide braccia.
E sul loro pianto sarebbe sorta l'Aurora dalle dita di rosa,
se non aveva un altro pensiero Atena dagli occhi splendenti:
allungò la notte al suo termine, fermò l'Aurora
dal trono dorato sull'Oceano, e non le permise
di aggiogare i cavalli che portano la luce agli uomini,
Lampo e Fetonte, i cavalli che portano Aurora.

Omero, *Odissea*, XXIII, 163-217, 225-246,
trad. it. di G. Paduano, Einaudi, Torino, 2012

243-246 **allungò la notte... portano Aurora**: Atena, ancora lei, per favorire l'incontro tra i due prolunga la notte, impedendo che sorgesse l'aurora. L'immagine mitica della dea che sopraggiunge sul carro guidato dai due cavalli chiude degnamente la scena.

Johann Heinrich Wilhelm Tischbein, *Odisseo e Penelope*, 1802. (Collezione Privata)

per L'ANALISI del TESTO

L'ultima prova di Odisseo

Lo **scioglimento** della vicenda – il ritorno di Odisseo – può dirsi compiuto solo una volta avvenuto il ricongiungimento con la moglie Penelope. Per questo abbiamo una vera e propria appendice che segue la strage dei Proci, la liberazione dal loro giogo e la rivelazione del re ritornato. Penelope è, per molti versi, l'ultima prova che l'eroe deve superare per riottenere la posizione che gli compete.

Le sequenze narrative

La narrazione segue un **percorso ascendente** di lento avvicinamento fra i coniugi-duellanti. Prende avvio dalle schermaglie verbali, prosegue nello scontro di sentimenti, approda al lieto fine con un abbraccio prolungato dalla benevolenza di Atena, che frena addirittura l'Aurora.

Penelope protagonista

Dei due protagonisti è **Penelope** ad assumere un ruolo di spicco. Nel finale il narratore segue la vicenda attraverso le azioni e i pensieri della regina. Odisseo interviene solo di conseguenza. Dal punto di vista narrativo è dunque Penelope la **protagonista**. Nel suo animo si agitano sentimenti contrastanti quali l'affetto, l'incertezza, il desiderio, l'astuzia. Nonostante il momento di tensione, sa controllarsi e dominarsi, tanto che Odisseo sbotta dicendo «un cuore insensibile» (v. 167) ha nel petto, con un misto di stizza ma anche di malcelata ammirazione, per quella donna diversa dalle altre, che gli somiglia e, tutto sommato, si sta dimostrando più abile di lui. Lasciando prevalere la prudenza e la saggezza, le sue doti migliori, escogita la prova del talamo («il segno certo», v. 206).

Due personaggi speculari

L'idea di questa prova la suggerisce lo stesso Odisseo. Sdegnato per la freddezza della moglie, chiede un letto qualsiasi su cui dormire fuori dal talamo, dalla stanza nuziale. Penelope afferra l'occasione per sottoporlo a una prova che di certo già coltivava nel suo animo, quella di un segreto condiviso solo dai due sposi. Odisseo cade volentieri nella **trappola di Penelope** e svela, in un misto d'orgoglio e di rabbia, le modalità con le quali aveva costruito l'intera stanza e in particolare come aveva ricavato il letto nuziale. È la prova della sua identità, è per Penelope la sicurezza di non cadere in altri inganni, lei che per vent'anni aveva dovuto essere vigile e attenta, fidandosi solo di sé per evitare quelli «che si adoperano nel cercare cattivi guadagni» (v. 217).

In questo tenace duello, Odisseo e Penelope dimostrano di avere in comune molti tratti: in primo luogo hanno superato numerose traversie imparando a essere prudenti e accorti. Si fronteggiano mettendo per un momento in disparte l'**affetto** e lasciando prevalere l'**intelligenza**, sotto forma di **astuzia**. Ed è la donna a vincere questo braccio di ferro, utilizzando proprio la dote per la quale il marito era diventato famoso e con la quale era riuscito a superare mille ostacoli: così facendo Penelope si dimostra l'ideale compagna di Odisseo, una **figura a lui speculare**.

Lo stile

Dal punto di vista stilistico, il narratore si sofferma con dovizia di particolari sul racconto della costruzione del letto, insistendo su termini tecnici e sulle mille attenzioni dell'artefice. Non è un pezzo di bravura fine a se stesso: è la descrizione del nucleo centrale dello scioglimento della vicenda, il «**segno certo**». Ancora una volta il riconoscimento che conclude la storia avviene attraverso un segno, come già per la cicatrice.

Altro **quadretto idilliaco** è la scena finale, in cui il cantore delle armi e delle astuzie si rivela cesellatore sensibile del mito. La grazia di Atena e lo splendore di Aurora sono infatti immagine della bellezza delle effusioni che i due sposi possono infine scambiarsi.

Jules Cavelier, *Penelope dormiente*, 1849. (Dampierre, Château de Dampierre)

Attività

Leggere e comprendere

1 **Simile agli dèi** Dopo il bagno ristoratore, Odisseo si presenta in tutto il suo splendore. Leggendo anche l'introduzione al passo, spiega come abbia potuto acquistare tale aspetto e se la sua trasformazione abbia efficacia nel prosieguo del dialogo.

2 **Faccia a faccia** Odisseo, rivolgendosi alla moglie, si mostra deluso e sdegnato. Che cosa le rimprovera? Cerca nel testo e trascrivi le parole che lo evidenziano.

3 **L'astuzia** Penelope non è insensibile, ma accorta. Per provare definitivamente l'identità dell'uomo impartisce un ordine solo alla nutrice. Che cosa le comanda?

4 **La prova** Odisseo lascia trapelare lo sdegno per la prova a cui implicitamente la moglie lo sta sottoponendo. Che cosa obietta?

a. Il talamo è pesantissimo
b. Il talamo non può essere spostato
c. Il talamo è un dono di Atena
d. Per spostare il letto occorre l'intervento di un dio

5 **Il segreto** Per spiegare la speciale caratteristica del talamo, il «segno certo», il re narra dettagliatamente la sua costruzione. Riordina le operazioni in successione.

a. Sgrossa il fusto ☐
b. Ricava il letto ☐
c. C'è un tronco frondoso nel cortile ☐
d. Orna d'oro e d'argento il letto ☐
e. Taglia i rami ☐
f. Squadra il tronco ☐

6 **Le azioni e le parole** Finalmente sicura di aver di fronte il marito, Penelope si scioglie. Quali sono e che cosa comunicano i gesti e le parole a cui si lascia andare?
Gesti: ....

Parole: ....

7 **Lo scioglimento** Odisseo esprime la sua felicità in maniera per lui eccezionale. Descrivi questa "libertà di sentimento" dell'eroe.

8 **Le potenze divine** A chiudere la scena e le vicende fondamentali del poema intervengono due leggiadre dee, complici della felicità degli sposi. Chi sono e che cosa fanno?

Riconoscere e analizzare

9 **Penelope** Definisci il carattere di Penelope con una serie di aggettivi capaci di renderne le diverse sfumature a seconda delle situazioni in cui la donna si è trovata.

10 **La similitudine** Nei versi 233-240 è presente una similitudine, ricca di particolari e molto legata al resto della vicenda. Quali sono i termini confrontati? Perché appare tanto adatta al contesto?

11 **Le descrizioni** Il passo si sofferma spesso nella descrizione di oggetti o di particolari di una scena. Ricordiamo ad esempio la presentazione dell'albero, quella interna alla similitudine (vv. 233-240) e quella conclusiva del protrarsi della notte. Quali differenti toni e quali forme retoriche usa di volta in volta il poeta?

12 **Gli epiteti** Riporta gli epiteti e le espressioni formulari riferiti a Penelope e alle dee.

Penelope: ....

Aurora: ....

Atena: ....

Rielaborare e produrre

13 **Il riassunto** Sintetizza il passo in 100 parole al massimo.

14 **Un po' di pessimismo** Nei suoi discorsi Penelope mette in evidenza i rapporti tra dèi e uomini e fra uomini e uomini. Che cosa dice degli dèi? E di certi uomini? Riporta con le tue parole i concetti espressi dalla donna, in un testo espositivo di 200 parole.

15 **Il tuo racconto** Riscrivi sotto forma di racconto l'episodio, sostituendo la "prova del letto" con un altro stratagemma proposto da Penelope per rassicurarsi che l'ospite sia davvero Odisseo.

per SAPERNE di PIÙ

La condizione della donna nei poemi omerici

Nei poemi omerici registriamo la presenza di numerose **figure femminili**, donne che esprimono caratteri diversi e rivestono ruoli differenti. Nell'*Odissea* Penelope, Nausicàa, Euriclèa, le stesse Circe e Calipso hanno una loro personalità, intervengono in momenti decisivi della vicenda, assumono iniziative; nell'*Iliade* Andromaca, Elena, Ecuba sembrano mantenere comportamenti molto simili ma di minore rilevanza. Cerchiamo di capire se ci sia un'evoluzione nel ruolo femminile nelle società descritte dai due poemi, o se in realtà la donna sia comunque relegata in una posizione secondaria.

La donna ideale

Nel libro VI dell'*Iliade*, Ettore, che si accinge a uscire in battaglia e a scontrarsi con Achille, invita la moglie Andromaca a rientrare in casa, a riprendere i lavori domestici e a guidare il lavoro delle ancelle. Il giovane Telemaco, nel libro I dell'*Odissea*, rimprovera la madre Penelope e la sollecita a ritirarsi nelle sue stanze a tessere e filare. Odisseo, compiuta la vendetta sui Proci, nel libro XXIII, ingiunge a Penelope di rinchiudersi nelle sue stanze con le ancelle, senza parlare con nessuno e senza fare domande. Se ci basiamo su questi episodi, il ruolo della donna è identico sia nel primo sia nel secondo poema omerico: essa è chiamata a occuparsi esclusivamente della **sfera domestica**, in maniera diretta e come organizzatrice del lavoro delle ancelle. Nell'ambito famigliare ha anche il compito di curare la devozione agli dèi (ricordiamo Andromaca e le altre troiane invitate a pregare per i loro mariti, e il rito del lamento funebre, di stretta pertinenza femminile).

Per lo più **esclusa da ogni ruolo pubblico**, la donna dà dimostrazione di virtù attraverso la **fedeltà al marito** e la **cura degli affetti familiari**. Andromaca considera Ettore non solo come marito, ma anche come padre e fratello; Penelope sacrifica tutta se stessa nell'attesa del ritorno del suo sposo.

Una donna solo sposa

A fronte dei doveri a cui è richiamata da figli e mariti, nell'ambito del matrimonio la donna omerica **non gode di molti diritti**. Infatti, il rapporto matrimoniale è monogamico per la componente femminile, cui è chiesta piena e totale fedeltà al marito. Per il maschio è prevista ancora una poligamia sostanziale: pensiamo, per esempio, a Priamo, di cui solo diciannove dei cinquanta figli sono della moglie Ecuba, o a Odisseo, che resta addirittura sette anni con Calipso. Giacere con le schiave e tenerle come concubine è considerato naturale per l'uomo. La donna ha un'unica protezione nella tutela del padre, che non viene mai meno neppure dopo il matrimonio. Penelope, infatti, si richiama sempre all'autorità paterna quando si lamenta con i Proci per i loro continui soprusi.

L'**infedeltà femminile** è **causa** prima di **disordine**, porta rovina al capofamiglia, alla famiglia e a tutto il popolo. L'esempio di Elena è lampante: a causa sua hanno trovato la morte numerosi eroi e una gloriosa città è stata distrutta. Penelope, all'opposto, assurge a simbolo di donna ideale, per la fedeltà, la bellezza, l'intelligenza, l'obbedienza al marito e al figlio.

L' "ambiguo malanno"

In questa forte **affermazione del potere maschile**, del quale il **ruolo subalterno della donna** è speculare, la studiosa Eva Cantarella riscontra gli aspetti tipici di una **società misogina**. La tradizione orale e scritta, elaborata e trasmessa da uomini, ha creato un'immagine femminile negativa. Questo atteggiamento è tipico delle società arcaiche in cui l'uomo teme il potere della donna, sentendosi disarmato di fronte alla capacità di procreare, che solo a lei è data. Per assicurarsi questo essere che garantisce la continuità della famiglia, l'uomo esercita su di lei un controllo assoluto, relegandola all'interno delle mura domestiche e negandole ogni ruolo pubblico. Solo così sarà certo che il frutto che nascerà dal suo ventre sia suo, del padrone di casa, e non di altri.

Joseph Wright of Derby, *Penelope durante la notte disfa la sua tela mentre Telemaco dorme*, 1785. (Los Angeles, Jean Paul Getty Museum)

Fratello, dove sei?

Regia e sceneggiatura
Joel ed Ethan Coen

Interpreti principali
George Clooney, John Turturro, Tim Blake Nelson

Data di uscita
2000

Genere
Commedia

La locandina del film *Fratello, dove sei?* diretto dai fratelli Joel ed Ethan Cohen nel 2000.

Trama

L'odissea di tre galeotti in fuga attraverso il Mississippi si rivela un viaggio nella cultura popolare degli Stati Uniti meridionali e nella musica folk-blues degli anni Venti e Trenta del secolo scorso. L'obiettivo della compagnia, che per meglio disperdere le proprie tracce arriva persino a costituirsi in gruppo country, i Soggy Bottom Boys, è recuperare il bottino di un'immaginaria rapina, oggetto delle millanterie di Everett Ulysses McGill (George Clooney), il più brillante dei tre.

Il piano segreto di Everett è invece quello di riconquistare la moglie Penelope. Delusa dall'inaffidabilità dell'uomo, Penny ha infatti rinunciato ad aspettarlo e sta per sposare un altro, soprattutto per dare un padre alle sette figlie che l'accompagnano sempre, seguendo in fila indiana uno spago che si sgomitola (l'equivalente iconografico della famigerata "tela").

Durante il viaggio, i tre evasi sono coinvolti in episodi modellati sul poema omerico, come l'iniziale incontro con l'indovino cieco, che rimanda al profetico Tiresia, o la parodica seduzione delle "sirene", che legano e consegnano Pete Hogwallop (John Turturro) alla polizia per riscuoterne la taglia, o ancora l'incontro con un sedicente venditore di Bibbie cieco da un occhio, in ricordo del ciclope Polifemo.

Analisi

L'Ulysses dei fratelli Coen si caratterizza da un lato per la natura comica di intrattenitore, non privo di fascino seduttivo, dall'altro per quella negativa di scaltro affabulatore e artefice di frodi a scopo personale. Il "multiforme ingegno" di Odisseo/Ulisse si piega alle ragioni della sopravvivenza in un'America attraversata da conflitti razziali, campagne elettorali a sfondo gangsteristico, sentimenti religiosi intrisi di superstizione e miseria morale.

Si tratta di un'opera corale, non meno della stessa *Odissea* omerica, con una ricca galleria di comprimari, di cui spesso si sottolineano i caratteri grotteschi e fantastici (è il caso del chitarrista nero che ha venduto l'anima al diavolo per acquisire l'arte). Il film vuole fornire un affresco storico-sociale e antropologico, sottolineato dalla fotografia ma soprattutto da una efficace colonna sonora (le voci sono prestate ai personaggi da noti bluesman), che restituisce allo spettatore, tramite la dimensione del canto, la sostanziale oralità dell'epica antica.

Dante Alighieri

Il «folle volo» di Ulisse

Da
Commedia, Inferno (canto XXVI, vv. 106-142),
Poema

Dante pone Ulisse (la forma latina di Odisseo) all'Inferno, nel girone dei consiglieri fraudolenti, perché avrebbe usato in maniera spregiudicata la sua intelligenza, mettendola al servizio di imprese scellerate. Durante la guerra di Troia si era distinto, tra l'altro, per avere escogitato l'inganno del cavallo, artificio decisivo per la presa della città da parte dei Greci.

La scelta di Dante di farlo morire per mare, oltre le colonne d'Ercole, là dove l'aveva spinto la sua sete di conoscenza, esprime chiaramente l'interpretazione che di Ulisse viene proposta nel Medioevo cristiano. L'eroe che sceglie di varcare i limiti è un modello (*exemplum*) negativo. Ulisse pecca e merita la morte perché compie un «folle volo»: folle perché senza limiti, qualcosa di simile alla *hybris* greca.

«Io e' compagni eravam vecchi e tardi
quando venimmo a quella foce stretta
108 dov'Ercule segnò li suoi riguardi

acciò che l'uom più oltre non si metta;
da la man destra mi lasciai Sibilia,
111 da l'altra già m'avea lasciata Setta.

"O frati" dissi, "che per cento milia
perigli siete giunti a l'occidente,
114 a questa tanto picciola vigilia

d'i nostri sensi ch'è del rimanente
non vogliate negar l'esperïenza,
117 di retro al sol, del mondo sanza gente.

107-108 **foce stretta…riguardi**: è lo stretto passaggio di Gibilterra, dove Ercole aveva posto i confini («riguardi») invalicabili, con la scritta che ammoniva a non procedere oltre (*Nec plus ultra*).

110 **Sibilia**: Siviglia.

111 **Setta**: Ceuta, in Marocco.

112 **"O frati"**: ha qui inizio il breve ma intenso discorso (l'«orazion picciola», v. 122) di Ulisse ai suoi compagni (apostrofati come "fratelli").

114-115 **picciola…del rimanente**: Ulisse fa riferimento al breve periodo di vita che rimane da vivere, «vigilia» della morte.

117 **di retro al sol**: di navigare dietro al sole, verso occidente.

L'AUTORE

Dante Alighieri (1265-1321) è l'autore alle radici della nostra letteratura sia dal punto di vista cronologico sia per il fondamentale contributo all'elaborazione di una lingua italiana. Poeta dell'amore, aderì in gioventù al «dolce stil novo» e, in seguito a una crisi politica (fu esiliato da Firenze) e umana, si convertì a una poesia di valore civile e teologico.

La *Commedia*, la sua opera maggiore, narra un viaggio allegorico del poeta. Dalla "selva del peccato" in cui si è smarrito, affronta con l'aiuto del poeta latino Virgilio la discesa nell'Inferno e la risalita del Purgatorio, per giungere infine, sotto la guida di Beatrice (la donna da lui amata), alla redenzione del Paradiso.

Considerate la vostra semenza:
fatti non foste a viver come bruti,
ma per seguir virtute e canoscenza».

Li miei compagni fec'io sì aguti,
con questa orazion picciola, al cammino,
che a pena poscia li avrei ritenuti;

e volta nostra poppa nel mattino,
de' remi facemmo ali al folle volo,
sempre acquistando dal lato mancino.

Tutte le stelle già de l'altro polo
vedea la notte, e 'l nostro tanto basso,
che non surgëa fuor del marin suolo.

Cinque volte racceso e tante casso
lo lume era di sotto da la luna,
poi che 'ntrati eravam ne l'alto passo,

quando n'apparve una montagna, bruna
per la distanza, e parvemi alta tanto
quanto veduta non avëa alcuna.

Noi ci allegrammo, e tosto tornò in pianto;
ché de la nova terra un turbo nacque
e percosse del legno il primo canto.

Tre volte il fé girar con tutte l'acque;
a la quarta levar la poppa in suso
e la prora ire in giù, com'altrui piacque,

infin che 'l mar fu sovra noi richiuso».

D. Alighieri, *Commedia*, *Inferno*, XXVI, 106-142, Zanichelli, Bologna, 2001

118 **semenza**: seme, origine.
119 **bruti**: bestie.
120 **virtute e canoscenza**: virtù e conoscenza caratterizzano l'uomo e lo distinguono dagli animali.
121 **aguti**: desiderosi.
122 **orazion picciola**: breve discorso.
123 **che a pena…li avrei ritenuti**: li avrei trattenuti a malapena.
124 **nel mattino**: la poppa verso oriente (la prua verso occidente, quindi si naviga verso occidente).
125 **de' remi facemmo ali al folle volo**: è l'espressione emblematica dell'episodio: con la nave si imbarcano per un volo che è folle, cioè smisurato, superbo e destinato a infrangersi perché contrario al limite divino.
127 **l'altro polo**: l'emisfero australe.
128 **e 'l nostro**: l'emisfero boreale.
130 **Cinque…casso**: cinque volte si era accesa («racceso») e spenta («casso») la luce sotto la luna: erano cioè passati cinque mesi.
132 **alto passo**: il passaggio decisivo, lo stretto di Gibilterra.
133 **n'apparve**: ci apparve.
137 **turbo**: turbine, forte vento.
138 **primo canto**: la parte anteriore della nave.
141 **com'altrui piacque**: come volle Dio.

Attività

Comprendere il poema

1 **La morte di Ulisse** Dove e in che modo Dante fa morire Ulisse?

2 **Odisseo in Omero e in Dante** Quali sono gli elementi dell'Odisseo omerico che permangono nell'Ulisse dantesco?

3 **L'eroe nella cristianità** Che cosa rifiuta la morale cristiana dei caratteri dell'eroe classico?

Analizzare il poema

4 **«Fatti non foste»** L'«orazion picciola» (v. 122) di Dante fa perno sulla distinzione tra umanità e bestialità. Rileggi in particolare i versi 118-120 ed esprimi il tuo parere in un breve testo.

5 **Il «folle volo»** Il verso 125 («de' remi facemmo ali al folle volo») dà il nome all'episodio. Fanne la parafrasi e spiega perché costituisce il nucleo della narrazione dantesca e il motivo della condanna di Ulisse.

RACCOGLIAMO LE IDEE

1 Sintesi dei contenuti

Nei passi dell'*Odissea* letti brilla sempre la figura di Odisseo, grande condottiero e uomo dalle molteplici qualità, che mette in luce in relazione alle singole vicende che deve affrontare. Queste vicende sono molto più varie di quelle prettamente militari presenti nell'*Iliade*, perché nell'*Odissea* sono presenti l'**avventura**, le **figure femminili** e il **meraviglioso**.

Ricapitola l'Unità riconoscendo personaggi e situazioni che richiamano i tre temi, scegliendoli tra quelli che forniamo di seguito. (Alcuni personaggi sono ripetuti perché abbinabili a più temi. Puoi aggiungere altri nomi, a tua scelta.)

Penelope, Il naufragio, Aurora, Circe, Polifemo, Calipso, Euriclèa, Calipso, Nausicàa, Aurora, Circe

- L'AVVENTURA
  - L'inganno della tela

- LE FIGURE FEMMINILI
  - Atena

- IL MERAVIGLIOSO
  - Circe

2 Citazioni dall'*Odissea*

Raccontami, Musa, dell'uomo versatile che vagò tanto
dopo avere distrutto la sacra rocca di Troia;
vide molte città di uomini e ne conobbe la mente,
e nel suo animo soffrí molte pene per mare,
lottando per la sua vita e il ritorno dei suoi compagni.

Proemio

Abbi rispetto degli dèi, signore; noi siamo supplici,
e Zeus ospitale è vendicatore di supplici e ospiti,
Zeus che accompagna gli ospiti e garantisce loro il rispetto.

Nell'antro di Polifemo

piangeva tenendo fra le braccia la sposa amata e fedele.
[...] E sul loro pianto sarebbe sorta l'Aurora dalle dita di rosa,
se non aveva un altro pensiero Atena dagli occhi splendenti:
allungò la notte al suo termine, fermò l'Aurora
dal trono dorato sull'Oceano, e non le permise
di aggiogare i cavalli che portano la luce agli uomini,
Lampo e Fetonte, i cavalli che portano Aurora.

Il segreto del talamo

3 Scrittura guidata *il testo espositivo*

Rivedendo i passi letti nel percorso C, produci un testo espositivo dal titolo "Analogie e differenze tra i due poemi omerici".

Pensa attentamente agli elementi da mettere a confronto: struttura delle opere, temi, valori, fatti, tempi, personaggi, luoghi, lessico. Se lo ritieni utile, puoi rivedere le caratteristiche del testo espositivo nel volume di Narrativa (► p. 101).

Puoi servirti della seguente scaletta come punto di partenza, se lo ritieni opportuno.

Introduzione

- Esposizione e ampliamento del tema proposto nella traccia

Sviluppo

- Primo paragrafo: elementi comuni
- Secondo paragrafo: elementi diversi
- Terzo paragrafo: ....

Conclusione

- Riflessioni sulle ragioni per cui è sorta la "questione omerica"
- Le opere sono di due autori diversi o di un solo autore?
- ....
- ....

Omero

Odisseo ripensa il suo viaggio

Da
Odissea
(libro XXIII,
vv. 300-343),
VIII secolo a.C.

Poema epico

Odisseo e Penelope si raccontano a turno le traversie affrontate nei lunghi anni di separazione, finché un «sonno soave», riparatore di ansie e di affanni, li avvolge.

Quando Odisseo e Penelope ebbero goduto il dolcissimo amore,
si allietarono l'uno con l'altra con le parole, dicendo
lei, la donna illustre, quanto dovette soffrire,
vedendo l'indegna folla dei pretendenti
sgozzare per causa sua molte pecore e buoi,
e attingere molto vino dai vasi;
l'illustre Odisseo, quanti dolori inflisse ai nemici
e quante pene e fatiche patí egli stesso; raccontò tutto:
lei provava piacere a sentirlo, e il sonno
non cadde sui suoi occhi, prima che fosse finito il racconto.
Cominciò come vinse dapprima i Ciconi, e in seguito
come giunse alla terra grassa dei mangiatori di loto,
le azioni del Ciclope e come vendicò l'assassinio
dei forti compagni che quello senza pietà aveva mangiato;
come andò da Eolo, che lo accolse amichevolmente
e lo rimandò in patria, ma non era destino
che ci arrivasse ancora, e lo rapí una tempesta,
e lo portò sopra il mare pescoso a piangere fortemente,
e come giunse a Telepilo presso i Lestrigoni,
che distrussero le sue navi e i compagni dalle belle gambiere.
[...].
Raccontò gli inganni e i molti espedienti di Circe,
e come scese alle umide case dell'Ade,
a interrogare l'anima del tebano Tiresia,
con la nave dai molti banchi, e vide tutti i compagni,
e la madre che lo diede alla luce e lo allevò bambino,
e come ascoltò la limpida voce delle Sirene,
e come giunse alle rupi erranti e alla tremenda Cariddi

301 **si allietarono...con le parole**: possiamo immaginare con quale ansia i due abbiano incominciato a raccontarsi gli anni trascorsi lontani l'uno dall'altro.

310 **i Ciconi**: popolazione della Tracia, saccheggiata da Odisseo e dai suoi uomini.

311 **mangiatori di loto**: i Lotofagi, o mangiatori di loto, il cui frutto produceva l'oblio del passato e desiderio di non partire più.

312 **le azioni del Ciclope**: Polifemo che aveva mangiato più di un compagno di Odisseo.

314 **Eolo**: dio dei venti, che aiutò Odisseo regalandogli un otre con imprigionati i venti contrari alla navigazione.

318 **Lestrigoni**: popolo di giganti che distrusse la flotta di Odisseo: a stento si salvò solo la sua nave.

321 **Circe**: la maga che trasformò in maiali i compagni di Odisseo.

322-323 **come scese...Tiresia**: la discesa agli Inferi aveva come scopo l'incontro con l'indovino Tiresia per sapere qualcosa riguardo al suo ritorno.

326 **Sirene**: mostri marini dal canto ammaliante a cui Odisseo si sottrasse con uno stratagemma.

327-328 **Cariddi e a Scilla**: i due mostri che stavano dirimpetto l'uno all'altro e che inghiottivano i naviganti.

e a Scilla, che mai gli uomini superarono illesi;
come i suoi compagni uccisero le vacche del Sole,
come Zeus tonante spezzò la nave veloce
con la folgore, e morirono tutti insieme i valorosi compagni –
e lui soltanto evitò il destino di morte;
come arrivò nell'isola Ogigia dalla ninfa Calipso,
che lo trattenne, volendolo per marito
nella grotta cava, e lo nutriva, dicendogli
che l'avrebbe reso immortale e perpetuamente immune
dalla vecchiaia, ma non poté persuadere il suo cuore;
e come, dopo avere tanto sofferto, arrivò tra i Feaci,
che l'avevano onorato nel loro cuore al pari di un dio,
e portato per nave alla sua patria,
donandogli oro e bronzo e molte vesti.
Fu questa l'ultima parola, e venne il sonno soave,
che scioglie le membra e gli affanni del cuore.

[Il giorno dopo, Odisseo si reca a trovare il padre Laerte e si fa riconoscere anche da lui, quindi con il sostegno del figlio Telemaco e dei pochi servi fedeli fa fronte all'inevitabile desiderio di vendetta dei genitori dei principi uccisi. La battaglia che si scatena è presto bloccata dall'intervento di Atena: gli dèi non vogliono più che in Itaca predominino il disordine e i rancori. In tal modo Odisseo può tornare a essere il signore dell'isola.]

Omero, *Odissea*, XXIII, 300-343, trad. it. di G. Paduano, Einaudi, Torino, 2010

329 **le vacche del Sole**: furono uccise dai compagni di Odisseo, ma, essendo animali sacri a Zeus, il dio si vendicò di loro facendoli naufragare.

333 **Calipso**: la ninfa che trattenne Odisseo per sette anni.

338 **i Feaci**: l'ultima popolazione incontrata da Odisseo nel suo peregrinare: coloro che lo hanno riportato a Itaca.

Francesco Primaticcio, *Odisseo e Penelope*, 1563. (Toledo-Ohio, Museum of Art)

Attività

Comprendere e analizzare: verso l'INVALSI

1 **Il contesto** A che punto del poema si colloca l'episodio presentato?
- **a.** Prima della partenza di Odisseo da Itaca
- **b.** All'arrivo di Odisseo, non riconosciuto dal figlio, a Itaca
- **c.** Mentre Odisseo è lontano, in un sogno di Penelope
- **d.** Dopo il ritorno e il riconoscimento di Odisseo da parte di Penelope

2 **Aèdi di se stessi** Odisseo e Penelope si raccontano in sintesi le vicende della propria vita. Che cosa rappresenta questa narrazione per il poema epico?
- **a.** La necessità di ricapitolare le storie di tanti anni
- **b.** La grande abilità di Odisseo nel narrare
- **c.** La grande abilità di Penelope a commuovere
- **d.** L'importanza della narrazione orale

3 **Il piacere** Il parlare e il raccontare costituiscono per i protagonisti motivo di piacere. Riporta le parole del testo che contengono questa affermazione.

4 **Penelope** Che cosa sottolinea Penelope nel suo discorso?
- **a.** La sua pazienza
- **b.** Il suo dolore
- **c.** La sua astuzia
- **d.** La sua fedeltà

5 **La causa** Che cosa indica Penelope nelle sue parole come causa del suo stato d'animo?
- **a.** La lontananza di Odisseo
- **b.** La distruzione del patrimonio operata dai Proci
- **c.** La sua solitudine
- **d.** Il comportamento del figlio Telemaco

6 **La società** Le ricchezze economiche dilapidate dai Proci fanno capire quale fosse la base dell'economia di Itaca. Quale?
- **a.** L'artigianato
- **b.** L'agricoltura
- **c.** La pastorizia
- **d.** Il commercio

7 **La sorte** Odisseo affronta avversari di ogni tipo, ma quale determina senza scampo le sue vicende? Riporta il verso in cui è contenuta la risposta.

8 **Un'esperienza unica** Molte sono le esperienze straordinarie affrontate da Odisseo, ma una è davvero unica. Quale?
- **a.** Il naufragio
- **b.** La discesa agli Inferi
- **c.** L'incontro con i Ciclopi
- **d.** La seduzione di Calipso

9 **Un grande comandante** Come Odisseo mostra di essere un grande comandante?
- **a.** Salva tutti i suoi compagni
- **b.** Abbandona molti compagni per salvarne alcuni
- **c.** Si prende cura dei compagni e vendica la loro morte
- **d.** Mette sempre la salvezza del comandante davanti a quella dei marinai

10 **Il narratore** Com'è il narratore di questo episodio?
- **a.** Interno
- **b.** Esterno
- **c.** Variabile
- **d.** Onnisciente

11 **La struttura** Con quale ordine sono raccontati i fatti da Odisseo?
- **a.** Secondo l'ordine presente nel poema
- **b.** Secondo l'ordine cronologico
- **c.** Secondo l'ordine di importanza
- **d.** Dal meno significativo al più significativo

12 **Il protagonista** Nel corso delle varie imprese, Odisseo ha modo di mettere in mostra le sue doti. Ti elenchiamo aggettivi che le illustrano, tu abbina a essi episodi in cui sono evidenti.
- Molto astuto: ....
- Capace di molti espedienti: ....
- Dai molti dolori: ....
- Di grande senno, ingegno: ....

13 **Le vicende** Riepiloga le vicende vissute e narrate da Odisseo completando la seguente tabella in base alle informazioni presenti nel passo.

Personaggi	Chi è? (Popolo, uomo, dio, mostro)	Caratterizzazione (Che cosa fa?, Com'è?)
Ciconi	Popolo	Sono vinti da Odisseo

14 **Gli altri personaggi** Nel testo alcuni partecipanti risultano "aiutanti" di Odisseo, altri "avversari". Completa la tabella con i loro nomi. L'esercizio è avviato.

Aiutanti	Avversari
Anima di Tiresia	Ciconi

15 **I luoghi** La narrazione sintetica richiede che i luoghi presenti siano descritti brevemente, quasi sempre con epiteti formulari. Riportane alcuni.

....

....

....

....

16 **La fantasia** Quali tra i personaggi fantastici presentati ti paiono particolarmente interessanti? Perché?

Rielaborare e produrre

17 **Il discorso diretto** Trasforma in discorso diretto il passo del testo che riporta quanto detto da Penelope (vv. 302-305). Inizia così: «Penelope iniziò a raccontare "Io, donna nobile, ho dovuto soffrire..."».

18 **Il tuo racconto** Scegli uno degli episodi accennati da Odisseo e riscrivilo secondo la tua fantasia in un racconto di 250 parole, mantenendo però invariato il finale indicato dall'eroe.

19 **La discesa agli Inferi** Omero, per primo tra gli autori della letteratura, fa scendere negli Inferi un uomo vivo, Odisseo. Informati su quali successivi scrittori hanno riproposto questo viaggio nelle loro opere e stendi un testo espositivo in cui sintetizzi la tua ricerca.

per guardare oltre

Intersezioni nell'antologia

- L'*Odissea* è il poema di un eroe, come *L'epopea di Gilgameš* (▸ p. 61), l'*Eneide* di **Virgilio** (▸ p. 272), Il *Cantar de mio Cid* (▸ p. 344) e *L'Orlando furioso* (▸ p. 376) di Ludovico **Ariosto**.
- Nell'*Odissea* sono inoltre presenti tanti temi: il valore nel combattimento, la forza negli scontri con uomini più forti, a volte anche con esseri mostruosi. Lo stesso avviene in *Perseo affronta lo sguardo di Medusa* (▸ p. 112) di **Pseudo-Apollodoro**, *Davide abbatte il pagano Golia* (▸ p. 94) nella ***Bibbia***, *Enea e Turno: il duello finale* (▸ p. 313), un passo dell'*Eneide* di **Virgilio**, *La morte di Clorinda* (▸ p. 392) nella *Gerusalemme liberata* di Torquato **Tasso**.
- La relazione tra figlio e padre, come tra Odisseo e Telemaco, è presente in altri suoi aspetti anche nel brano *La morte di Egeo* (▸ p. 10) in **Pseudo-Apollodoro**.
- L'*Odissea* è il poema dell'amore coniugale, che si trova anche nell'*Iliade* (*La difficile scelta di Ettore: l'onore o la famiglia?*, ▸ p. 157) e dell'amore fuori dalla famiglia, che troviamo nell'*Eneide* di **Virgilio** (*Amore e morte di Didone*, ▸ p. 291), nell'*Orlando furioso* di Ludovico **Ariosto** (*Folle d'amore*, ▸ p. 379).
- Il meraviglioso e i mostri si incontrano anche nell'*Eneide* (*La maledizione delle Arpie*, ▸ p. 287).

Altri orizzonti

SAGGI, ROMANZI, OPERE TEATRALI E FUMETTI

- Su Ulisse, l'eroe più conosciuto dell'epica occidentale, dice la sua Piero **Citati** nel saggio *La mente colorata: Ulisse e l'Odissea* (2012). Un saggio di Eva **Cantarella**, *Itaca: eroi, donne, potere tra vendetta e diritto* (2013), illustra i rapporti di forza nella società del tempo.
- Nel romanzo *Itaca per sempre* (1997), Luigi **Malerba** affronta la riscrittura del mito del ritorno dell'eroe a casa, dove lo attende una Penelope finalmente svelata al lettore nella sua interiorità. *Odisseo. Le imprese straordinarie del re di Itaca* (2014) è un album illustrato in cui Valerio Massimo **Manfredi** racconta la storia dell'eroe omerico in cinquanta episodi.
- Cinque disegni di Giorgio **De Chirico** corredano l'edizione Adelphi (1989) del dramma grottesco e "pirandelliano" che il fratello del pittore, Alberto **Savinio**, dedica a *Capitano Ulisse* (1925), facendone quasi il proprio doppio.
- Il personaggio di Circe è al centro di una focalizzazione nel fumetto di Roy **Thomas** (disegni di G. Tocchini) per la Marvel (ed. it. 2012).

PITTURA

- In chiave simbolista è la proposta di Arnold **Böcklin** in *Ulisse e Calipso* (1883), mentre John William **Waterhouse** arricchisce la galleria dei personaggi femminili nei moduli preraffaelliti: *Circe che porge la coppa a Ulisse* (1891); *Ulisse e le sirene* (1892) – stesso soggetto per Marc **Chagall**, prima, e Pablo **Picasso**, poi; *Circe Invidiosa* (1892); *Circe* (1911-1914); *Penelope e i pretendenti* (1912).
- La Grecia classica va ricordata come fonte d'ispirazione per la pittura celebrativa fascista (di Achille **Funi**: *Ulisse*, 1927; *Ulisse e la sirena*, 1937) nonché per la pittura metafisica di Giorgio **De Chirico**, il quale ha ritratto in particolare Odisseo in varie opere, come *Il ritorno di Odisseo* (1968).

FILM

- Al 1981 risale un singolare adattamento dell'*Odissea*, un cartone giapponese per la televisione coprodotto da Francia e Giappone intitolato ***Ulisse 31***. L'ambientazione fantascientifica vede Ulisse capitanare la navicella "Odissea", col figlio Telemaco come vicecomandante, in un lungo vagabondaggio spaziale che, dal pianeta Troia, dovrebbe approdare alla nuova Itaca: la Terra.
- Poco aderente alla traccia omerica, ma ancora di respiro internazionale, è la miniserie *L'Odissea* (1997), prodotta da Francis Ford Coppola e impreziosita dalla regia di Andrej **Končalovskij**.

MUSICA

- La storia di un marinaio che ricerca la sua patria, la sua casa natale è cantata da Lucio **Dalla** nel brano *Itaca* (*Storie di casa mia*, 1971). Anch'egli è stanco di girovagare e desidera ritornare.
- I cantautori italiani aggiungono un tassello con l'*Ulisse* di Enrico **Ruggeri** (*Fango e stelle*, 1994) e l'*Odysseus* di Francesco **Guccini** (*Ritratti*, 2004), che esaltano, pur con diversi accenti, il desiderio di avventura e l'incognita del viaggio.

PERCORSO D

L'epica romana

Unità D1 *Eneide*, il poema della grandezza romana

UNITÀ 1

Eneide, il poema della grandezza romana

Enea e Anchise raffigurati su un antico vaso attico a figure nere, 520-510 a.C. (Parigi, Museo del Louvre)

• *La pietas* • Virgilio ha dotato **Enea**, il protagonista dell'*Eneide*, di una qualità insolita per un eroe, la ***pietas***, riconducibile non solo agli affetti, ma anche al senso del dovere, della giustizia, della religiosità. Tutto il poema è pervaso da questo sentimento attraverso i comportamenti accorti e misurati del «pio Enea» (*pius* è l'epiteto fisso che lo accompagna).

Un episodio emblematico della *pietas* di Enea, che è stato fonte di ispirazione per molti artisti, è l'abbandono di **Troia in fiamme**. La città è ormai in preda al saccheggio dei Greci. Enea, sollecitato dalla madre Venere, convince il vecchio padre Anchise, cieco, a seguirlo nel disperato tentativo di allontanarsi e mettersi in salvo. Si trascina appresso il figlioletto Iulo (Ascanio) e la moglie Creusa. Portano in salvo anche i Penati, le divinità protettrici della famiglia e della città intera. Nella concitazione della fuga Creusa si perde; Enea ritorna disperato in città alla sua ricerca e ne vede l'ombra nel bagliore degli incendi. Creusa gli rivela che dovrà subire un lungo esilio, al termine del quale fonderà un nuovo regno in altre terre lontane.

• Enea e Anchise • Su un antico **vaso greco**, la scena della fuga dalla città di Troia è limitata alla rappresentazione dei due soggetti principali: Enea e Anchise. Enea è rivestito di tutta la sua possente armatura: dall'elmo ornato di cimiero, che gli protegge l'intero viso, alla corazza, agli schinieri sulle gambe. Sul braccio sinistro è infilato un grande scudo rotondo, mentre con il destro trattiene sulla schiena il padre Anchise e si porta appresso un paio di lunghe lance. Anchise, in posizione accovacciata, è un vecchio inerme, del tutto abbandonato all'**amore filiale**.

DOMANDE

- Quali sono i due caratteri di Enea che vengono messi in evidenzia nel vaso greco?
- Sempre nel vaso, quale sentimento esprime la stupefacente posizione rannicchiata di Anchise?
- Nell'opera di Barocci, quali elementi consentono di parlare di ambientazione cinquecentesca?
- Perché Anchise è così attento a portare con sé i Penati?
- Secondo la tua impressione, quale delle due opere esprime meglio la *pietas* di Enea?

Federico Barocci, *Enea fugge da Troia*, 1598. (Roma, Galleria Borghese)

• Un Enea rinascimentale • Il pittore marchigiano Federico **Barocci** (1528-1612) si è cimentato con l'episodio della fuga di Enea dalla città in fiamme nella tela intitolata *Enea fugge da Troia* (1598).

La fuga di Enea avviene in un contesto cinquecentesco di fantasia. Enea si muove tra palazzi rinascimentali; sullo sfondo brucia la città, mentre l'eroe – rivestito di un'armatura dell'epoca – è concentrato nello sforzo di portare in salvo il padre Anchise, un vecchio semivestito, ma attento a stringere nella mano destra i Penati, gli dèi che daranno seguito alla stirpe e garantiranno la continuità fra passato, presente e futuro. Ansia e timore sono ben espressi dagli atteggiamenti del figlio Iulo e della moglie Creusa, che poi si perderà nell'affanno della fuga. I contrasti coloristici tra gli scuri della notte e i bagliori dell'incendio e la vivacità con cui si muovono i soggetti esprimono in modo efficace gli affanni e le angosce del momento.

in questa Unità impareremo a

- **conoscere** gli aspetti della tradizione e della forma del testo epico da Omero attraverso l'Ellenismo; il contesto storico in cui è stato composto il poema e aspetti fondamentali della storia romana
- **comprendere** il significato globale dei testi, la sua funzione encomiastica, le peculiarità personaggi, i suoi modelli; contestualizzare i passi all'interno del poema
- **riconoscere e analizzare** passi dell'Eneide secondo le caratteristiche della forma e del contenuto, alla luce della cultura a cui appartengono, la varietà dei suoi temi e le differenze dai modelli omerici
- **interpretare** i testi per individuare i valori che animano la società romana in confronto a quelli di altre epoche e per riconoscere nel poema di Virgilio la base di tante opere letterarie successive
- **produrre** sintesi dei racconti epici, testi narrativi, espositivi e argomentativi legati a temi contenuti nei brani
- **comunicare oralmente** riferendo i contenuti dei passi, confrontando opinioni personali per ampliare la riflessione

in questa Unità scopriremo

PERCORSO D

UNITÀ 1

L'*Eneide* è l'opera più significativa dell'età di Ottaviano Augusto (63 a.C.-14 d.C.), il principe che dopo le guerre civili si ripropone di organizzare lo Stato secondo l'idea di una nuova monarchia. Tutto gli è necessario per ottenere un largo consenso ai propri progetti, anche la composizione di un poema epico che celebri la gloria di Roma. Nel 29 a.C. egli affida questo compito al massimo poeta del momento, Virgilio.

In alto a destra, Virgilio tra le muse Clio e Melpomene in un mosaico proveniente dalla Tunisia. (Tunisi, Museo del Bardo)

Sotto, l'*Augusto di Prima Porta*, statua che ritrae l'Imperatore Augusto, I secolo d.C. (Città del Vaticano, Musei Vaticani)

Virgilio

Publio Virgilio Marone nasce nel **70 a.C.** ad Andes, un villaggio vicino a Mantova, da una famiglia di piccoli proprietari terrieri. Compie i suoi primi studi di grammatica e retorica a Cremona e poi a Milano. Verso il 50 a.C. si trasferisce a Roma per completare la sua formazione e intraprendere la carriera di avvocato, per la quale, però, dimostra scarse attitudini. Si appassiona, invece, alla filosofia e alla poesia greca e latina.

Tornato a Mantova, avvia la stesura delle *Bucoliche*, dieci componimenti poetici in esametri ambientati nel mondo campestre, scritti in forma narrativa o di dialogo fra pastori. Nell'atmosfera idillica di questa poesia traspaiono le preoccupazioni per le conseguenze delle guerre civili, che si fanno sentire anche nel sereno mondo dei pastori, dietro il quale sono riconoscibili Virgilio e la sua cerchia di amici. Nonostante le sue amicizie influenti, anche al poeta vengono confiscati i poderi mantovani a favore di soldati veterani della battaglia di Filippi (42 a.C., sconfitta dei cesaricidi). Per questo torna a Roma e poi a Napoli, città che predilige.

Grazie al successo delle *Bucoliche*, nel 38 a.C. Virgilio viene accolto nel circolo di **Mecenate**, frequentato dagli uomini di cultura più importanti dell'epoca. Mecenate è un potente uomo pubblico, vicino a **Ottaviano**, per conto del quale organizza una vera e propria **politica culturale di propaganda del principato**. A lui Virgilio dedica le *Georgiche*, un poema didascalico incentrato sul lavoro dei campi, l'allevamento del bestiame, l'apicoltura. In accordo con la propaganda augustea, vengono messi in primo piano i valori morali e religiosi del buon cittadino romano, legato al pacifico e industrioso mondo rurale. Il poema viene letto a Napoli, nel 29 a.C., a Ottaviano, reduce dalle guerre in Oriente contro Antonio e in procinto di diventare padrone incontrastato di Roma. In seguito, a Virgilio viene commissionata da Ottaviano l'*Eneide*, il **poema nazionale** che lo occuperà per gli ultimi 10 anni di vita.

Virgilio muore nel **19 a.C.**, all'età di 51 anni.

Parole *chiave*

Gens Era a Roma il clan, la stirpe "gentilizia", che aveva in comune un antenato dal quale discendeva il *nomen*.

La genesi dell'*Eneide*

Virgilio riceve dunque l'incarico di comporre un'opera che celebri la gloria di Roma e la ***gens Iulia***, la quale avrebbe avuto come mitico capostipite Iulo, figlio di Enea, e per questo discenderebbe dai Troiani e da Venere stessa (madre di Enea).

Roma sta assaporando la stabilità dopo decenni di sedizioni civili. Il nuovo *princeps senatus* ("il primo dei senatori"), Ottaviano **Augusto**, intende garantire a Roma la pace: egli auspica un ritorno all'antico ordine morale e ha bisogno di qualcuno che comunichi la rinascita dei valori antichi attraverso l'arte e la letteratura. Mecenate gli presenta perciò Virgilio. La sua *Eneide* è destinata a divenire il **poema celebrativo, encomiastico**, di Roma, ma anche di Augusto. Non dobbiamo, però, pensare a un Virgilio poeta cortigiano e semplice esecutore del volere politico: già nelle *Georgiche*, non richiesto, il poeta aveva esaltato l'Italia e la gloria di Roma. Nell'*Eneide* non c'è adulazione di Augusto, ma un'**esaltazione indiretta di Roma** e del suo pacificatore **attraverso le vicende del capostipite Enea**, la cui missione si sarebbe realizzata con la proclamazione della pace augustea.

Parole *chiave*

Encomiastico L'aggettivo è legato al nome "encomio", che deriva dal latino tardo *encomium*, in greco *encómion* = ciò che si canta a una festa, a una processione, composto da *én* = in e *cómos* = festa e processione con canti o danze. Dal valore specifico del greco, il nome passa a significare lode, per lo più pubblica o ufficiale, ed anche ricompensa al valore, prevista da regolamenti militari.

• La lenta gestazione del poema • Nei successivi **dieci anni**, Virgilio elabora l'*Eneide* con grande lentezza: pare che stendesse prima un racconto in prosa, poi procedesse alla trascrizione in versi e quindi alla revisione. Alcune incongruenze dimostrano come nella stesura dei libri non abbia seguito l'ordine definitivo del poema, ma componesse gli episodi secondo l'ispirazione del momento. Giunto quasi al termine dell'opera, egli decide di compiere un viaggio in Grecia e in Asia Minore per verificare che la descrizione dei luoghi rappresentati corrisponda alla realtà. Al ritorno, nel 19 a.C., si ferma a Brindisi per l'aggravarsi di una malattia e qui muore, senza aver potuto dare forma definitiva al poema. Per questo, prima di morire, chiede che l'*Eneide* venga distrutta, ma l'intervento dello stesso Augusto mette al sicuro l'opera.

• La struttura dell'*Eneide* •

Il racconto si apre ***in medias res***, quando le vicende sono già ben avviate. Non c'è, quindi, un rigido ordine logico-cronologico, ***fabula* e intreccio differiscono**. Il primo riquadro mostra la flotta troiana sorpresa da una tempesta naufragare sulle coste della Libia. Qui, a Cartagine, Enea racconta, con un'analessi, alla regina Didone tutte le sue precedenti peregrinazioni, comprese le vicende della caduta di Troia. I fatti successivi alla partenza da Cartagine sono esposti in ordine cronologico. Nella narrazione possiamo dunque individuare le seguenti **macrosequenze**:

- il proemio; Enea è accolto a Cartagine da Didone (libro I);
- Enea racconta le vicende precedenti a Didone (libri II-III);
- Didone si innamora di Enea; suicidio di Didone (libro IV);
- partenza di Enea per l'Italia e discesa agli Inferi (libri V-VI);
- l'approdo nel Lazio e le vicende belliche (libri VII-XII);
- l'epilogo (il duello) (libro XII).

Una rappresentazione della pace e della prosperità che Augusto ha assicurato a Roma e ai suoi domini in un fregio dell'*Ara Pacis* edificata a Roma nel 9 a.C.

• Il contenuto dell'*Eneide* •

• Libro I • Dopo l'invocazione alla Musa, il poeta descrive la terribile tempesta che, per volere di Giunone, sorprende Enea e la sua flotta. Nettuno e Venere, però, consentono ai Troiani di sbarcare e di essere ben accolti da Didone, regina di Cartagine. Durante un banchetto, su richiesta della regina, Enea racconta la sua storia.

• Libri II-III • L'eroe narra l'inganno del cavallo, la distruzione di Troia e la sua fuga dalla città con il figlio Iulo e il vecchio padre Anchise, per il disegno divino che lo spinge a fondare una nuova Troia; rievoca la perdita della moglie Creusa che, apparsagli in sogno, gli profetizza il futuro nel Lazio. Racconta poi il viaggio verso la Tracia, lo sbarco a Delo, l'errata interpretazione dell'oracolo: la loro meta non è Creta, come sostiene Anchise, ma l'Italia. Sbarcati nelle Strofadi, vengono scacciati dalle mostruose Arpie. Nel loro viaggio giungono in Epiro dove incontrano Andromaca, poi in Sicilia dove sfuggono a Scilla e Cariddi e ai Ciclopi, ma dove Anchise muore. Salpati dalla Sicilia, la tempesta li rigetta sulle coste libiche, a Cartagine.

• Libro IV • La regina Didone s'innamora di Enea e grazie agli accordi fra Venere e Giunone pare che i due possano essere felici. Ma Enea è richiamato al compito che il destino gli ha affidato e deve lasciare Didone che, disperata, si suicida, maledicendo la stirpe troiana e i suoi discendenti.

Enea riceve le nuove armi da Venere in una statuetta in terracotta di Jean Cornu del 1704. (New York, Metropolitan Museum of Art)

• Libri V-VI • Partito da Cartagine, Enea torna in Sicilia; qui indìce solenni giochi funebri in onore del padre e lascia le donne e i bambini, stremati dal viaggio. Giunge quindi a Cuma, dove la Sibilla lo accompagna negli Inferi e gli mostra le anime che, purificate, incarneranno i suoi discendenti, da Romolo ad Augusto.

• Libri VII-VIII • Nel Lazio, Enea è accolto benevolmente dal re Latino che, riconoscendo un'antica profezia, gli promette in moglie la figlia Lavinia. Giunone, irata perché Enea ha raggiunto quella che era la meta stabilita dal Fato, ispira un odio senza tregua contro di lui in Amata, madre di Lavinia, e in Turno, re dei Rutuli, promesso sposo di quest'ultima. Scoppia la guerra e, tra gli alleati di Turno, il poeta presenta la vergine Camilla. Enea si allea con Evandro, re di un gruppo di Arcadi, che gli fornisce cavalieri e gli affida il figlio Pallante. Venere reca al figlio nuove armi su cui sono effigiate tutte le vicende della futura storia di Roma.

• Libri IX-XII • La guerra si fa più aspra e due giovani troiani, Eurialo e Niso, recatisi di notte nel campo dei Rutuli per far bottino, vengono uccisi. Di fronte all'infuriare della battaglia e alla caduta di tante giovani vite, Giove, nonostante sia anch'egli commosso, non può intervenire e cambiare le sorti di un conflitto voluto dal Fato.

Le morti, dunque, si susseguono da una parte e dall'altra, e tra queste quella di Pallante e di Camilla, altre due giovani vittime. Alla fine Turno desidera che la guerra si concluda con il duello tra lui e Enea; ma prima di tale decisivo evento i Troiani assaltano Laurento, città dei Latini, e la regina Amata si toglie la vita. Può avere così inizio il duello finale: Turno, abbandonato dagli dèi, viene ucciso da Enea.

per SAPERNE di PIÙ

I personaggi principali dell'*Eneide*

Gli uomini

- **Enea**: è un principe troiano, figlio della dea Venere e di un mortale, Anchise. È prescelto dal Fato per fondare una nuova Troia nella quale si svilupperà la stirpe romana.
- **Anchise**: è il vecchio padre che Enea porta con sé, fuggendo da Troia; muore durante il viaggio.
- **Iulo / Ascanio**: è il figlio di Enea e di Creusa. Accompagna il padre per tutto il viaggio, poi combatterà la guerra nel Lazio. Da lui discenderà la *gens Iulia*.
- **Turno**: vive nel Lazio ed è il re dei Rutuli. Promesso sposo di Lavinia, è nemico irriducibile di Enea, per mano del quale morirà in duello.
- **Evandro**: è il re di un gruppo di Arcadi che si sono stanziati nel Lazio ed è alleato di Enea.
- **Pallante**: è il figlio di Evandro, combatte a fianco di Enea e muore ucciso da Turno.
- **Latino**: è il re dei Latini, marito di Amata e padre di Lavinia che diverrà moglie di Enea.
- **Eurialo e Niso**: sono due giovani troiani, legati da una strettissima amicizia; moriranno insieme durante un'incursione nel campo nemico.
- **Laooconte**: è il sacerdote di Apollo che tenta invano di dissuadere i Troiani dal portare il cavallo all'interno delle mura della città.

Le donne

- **Creusa**: è la prima moglie di Enea; muore durante l'incendio di Troia.
- **Didone**: è la regina di Cartagine; s'innamora di Enea ma, abbandonata dall'eroe, a cui è imposto dal volere del Fato di partire, si suiciderà scagliando la sua maledizione su Enea e sulla sua discendenza.
- **Lavinia**: è la figlia del re Latino; andrà sposa a Enea.
- **Camilla**: è la guerriera italica alleata di Turno; viene uccisa in battaglia.

Gli dèi

- **Giunone**: è la moglie di Giove, nemica dei Troiani e di Enea in particolare, soprattutto dopo il suicidio di Didone, abbandonata dall'eroe.
- **Venere**: è la madre di Enea e sua protettrice in tutto il poema.
- **Nettuno**: è il dio dei mari che vuole imporre il proprio volere anche rispetto alla regina degli dèi.
- **Cupido**: è il figlio di Venere, dio dell'amore, rappresentato come un fanciullo armato di frecce che provocano la passione nel cuore degli uomini colpiti.
- **Giuturna**: è la ninfa sorella di Turno; cerca invano di aiutare il fratello nel duello con Enea.

• Riferimenti omerici e novità dell'*Eneide* •

I **poemi omerici** sono stati il punto di riferimento costante per Virgilio.

• Gli elementi ispiratori • I primi sei libri dell'*Eneide*, incentrati sulle peregrinazioni per mare e sul racconto in analessi di Enea, si rifanno all'*Odissea*. Anche Enea, come Odisseo, compie un lungo viaggio nel Mediterraneo, incontra Polifemo, sfugge a Cariddi e scende nell'oltretomba; anch'egli racconta a Didone, dopo un naufragio, le vicende del suo viaggio con lo scopo di ricavarne un aiuto (come Odisseo racconta a Nausicàa e ai Feaci).

Gli ultimi sei libri si riallacciano all'*Iliade*, perché vi predomina il tema della guerra. Enea, nuovo Achille, forte delle armi forgiate da Vulcano, sostiene nel Lazio una guerra per la fondazione di una nuova Troia; ha anch'egli un amico da vendicare, Pallante (Achille intendeva vendicare Patroclo); affronta il nemico Turno nel duello finale che segna la conclusione del poema.

• La nuova poesia virgiliana • Virgilio esprime una forte originalità nel fatto di costruire un **eroe**, Enea, che ha anche i caratteri dell'**antieroe**: affronta i suoi viaggi con sofferenza, come una necessità per realizzare un disegno divino, non spinto (come Odisseo) dal desiderio di avventura e dalla curiosità. In guerra anche Enea, come Achille, è valoroso e audace, non però per conquistare un bottino o la gloria personale, ma per assecondare la volontà degli dèi e la costruzione di una nuova Troia.

Se è vero che l'idea dell'eroe caro agli dèi è già presente nell'*Iliade*, l'Enea di Virgilio ha un'importanza nuova: più che un capo, è la **guida del suo popolo**, il cui ruolo e la cui missione discendono dagli dèi e che per questo arriva a sacrificare la propria individualità, amori compresi (prima Creusa, la legittima sposa, poi Didone). Enea è per questo un uomo pio e proprio la ***pietas*** è il valore che consente di giustificare le sue scelte. Per *pietas* si deve intendere il senso del dovere, la venerazione degli dèi, il rispetto per la figura paterna, il sacrificio per la propria gente, la lealtà verso gli alleati. Siamo di fronte, dunque, a un eroe che esprime un carattere complesso, che vive nel **dissidio tra istinto personale e dovere** superiore e per questo ci appare più umano degli eroi omerici: questo aspetto del poema lo allontana notevolmente dall'epica di Omero e lo avvicina alla sensibilità degli uomini moderni.

• La fortuna di Virgilio •

La fortuna di Virgilio nell'antichità è stata costante. L'*Eneide* ha continuato a essere letta, copiata e diffusa e questo ne ha garantito la permanenza anche nel passaggio dalla latinità classica al Medioevo. Gli stessi padri della Chiesa, san Girolamo e sant'Agostino, videro nella sua poesia l'ideale cerniera tra la cultura classica e la cultura cristiana. Virgilio venne considerato un autore profetico, anticipatore della Rivelazione di Cristo, di cui avrebbe previsto la venuta nella quarta *Bucolica*. Anche per questo **Dante**, erede della tradizione medievale cristiana, lo elesse a sua guida nel viaggio attraverso l'Inferno e il Purgatorio. Il modello epico fornito dall'*Eneide* costituì un riferimento fondamentale anche per gli autori rinascimentali e in epoca moderna la poesia virgiliana ha continuato a essere fonte di ispirazione per artisti e letterati.

• Il percorso antologico •

Enea, ferito a una gamba, viene curato dal medico Japix alla presenza di Venere e del figlio Ascanio. Affresco proveniente da Pompei, I secolo d.C. (Napoli, Museo Archeologico Nazionale)

I passaggi più importanti dello sviluppo del poema sono riproposti nel ricco percorso antologico. Nel *Proemio* (▸ p. 277), secondo tradizione, viene preannunciato l'argomento del poema ed è richiesta l'assistenza della Musa. Il racconto di Enea passa attraverso la rievocazione dolorosa della città di *Troia in fiamme* (▸ p. 281). Il viaggio da lui intrapreso per arrivare a fondare Roma è pieno di imprevisti, come *La maledizione delle Arpie* (▸ p. 287). Fa tappa a Cartagine, dove vive l'intensa, ma tragica passione per la regina Didone (*Amore e morte di Didone*, ▸ p. 291). Prima dell'approdo nel Lazio è costretto ad affrontare anche le paure infernali (*La discesa di Enea agli Inferi*, ▸ p. 297), quindi la guerra con le sue immancabili crudeltà (*La spedizione di Eurialo e Niso*, ▸ p. 303; *Camilla, la vergine guerriera*, ▸ p. 308) fino allo scontro con il suo fiero avversario. Il brano *Enea e Turno: il duello finale* (▸ p. 313) chiude in maniera epica il poema. Enea non ha più ostacoli e la sua gente può fondare una nuova città e affermare una nuova lunga supremazia, come già gli ha anticipato il racconto del padre Anchise (*Anchise presenta a Enea la gloria futura di Roma*, ▸ p. 324).

Virgilio

Proemio

Il *Proemio* ripropone nei contenuti (ma non nell'ordine) lo schema omerico: la protasi che delinea l'argomento oggetto del poema, l'invocazione alla Musa e, quindi, un richiamo al tremendo odio che la dea Giunone ha a lungo alimentato contro i Troiani.

Da
Eneide (libro 1, vv. 1-33),
I secolo a.C.

Poema epico

Le armi canto e l'uomo che per primo dalla terra di Troia
esule raggiunse l'Italia e i lidi di Lavinio, spinto
dal fato e flagellato in terra e in mare dall'ostilità
degli dèi, dall'ira implacabile dell'atroce Giunone,
e dopo aver sofferto a lungo in guerra, per poter **fondare**
la sua città e introdurre nel Lazio i Penati, dando radici
alla stirpe latina, ai padri albani e alle mura eccelse di Roma.

Musa, dimmi tu le cause: per quali offese al suo onore,
per quale mai rancore la regina degli dèi costrinse un uomo
cosí devoto a dibattersi in tante sventure, a subire
tanti affanni? A tal punto giunge l'ira dei celesti?

Lontano, di fronte all'Italia e alla foce del Tevere,
sorgeva Cartagine, già colonia di Tiro, antica città
ricca, potente e col genio selvaggio della guerra;
si dice che Giunone la prediligesse, se si esclude Samo,
unica fra tutte le terre: qui stavano le sue armi,
qui il suo carro; e se i fati l'avessero permesso, già allora
la dea bramava in cuore che diventasse il centro dell'universo.

1 **Le armi canto e l'uomo**: oggetto della poesia saranno le imprese belliche e il protagonista Enea.
2 **e i lidi di Lavinio**: le rive sulle quali sarebbe sorta la città di Lavinio, così chiamata in onore di Lavinia.
3 **flagellato**: perseguitato.
4 **dall'ira...Giunone**: Giunone è adirata per le offese subite in passato e ostacola il viaggio di Enea.
6-7 **dando radici...di Roma**: dai Penati (ecco le «radici») cioè dagli antenati che rappresentano la continuità con la stirpe troiana sarebbero derivati i Latini e la gloriosa Roma. Virgilio fa derivare da un uso troiano il culto romano dei Penati.
8 **Musa**: Calliope, la Musa della poesia epica; *per quali offese al suo onore*: per quali offese alla sua dignità di dea Giunone era adirata con Enea.
11 **A tal punto...celesti?**: così gravi sono le ire che covano nell'animo degli dèi?
13 **Cartagine**: Cartagine, fondata nell'814 a.C. da coloni fenici di Tiro, città destinata a scontrarsi con Roma per il dominio del Mediterraneo.
14 **genio...guerra**: particolarmente portata nell'uso delle armi.
15-16 **si dice che...le terre**: sembra che Giunone amasse Cartagine più di ogni altra città, eccetto Samo, sua isola natale.
18 **la dea bramava...dell'universo**: Giunone si prefigge e si dà da fare perché Cartagine primeggi.

PAROLE *sotto la lente*

Fondare

Il verbo riporta il latino *fundo*, derivato dal sostantivo *fundus* = parte inferiore di una cosa. Indica in senso proprio l'attività di porre le basi ("iniziare la fondazione di un edificio"). È però usato più comunemente con valore più ampio ("fondare una città", "fondare un ordine religioso"). Ha anche un impiego figurato, nel senso di basare, appoggiare ("fondare un ragionamento su dati sicuri").

Attività

Ti elenchiamo alcune parole della stessa radice di "fondare". Analizzale nelle loro parti costitutive (prefisso, radice, suffisso, desinenza): *fondo, sfondare, fondazione, fondatore, fondatamente.*

Ma sapeva che da sangue troiano sarebbe discesa
una stirpe destinata ad abbattere un giorno le rocche tirie;
da questo popolo, sovrano in ogni dove e invincibile in guerra,
la Libia sarebbe stata distrutta: lo sancivano le Parche.
Temendo ciò la figlia di Saturno, che non scordava la guerra
da lei, da lei scatenata per la diletta Argo contro Troia
(spente non s'erano ancora nell'animo suo le cause dell'ira
e il cocente dolore: in fondo al cuore serbava celati
il giudizio di Paride, l'offesa alla sua bellezza spregiata,
l'odio per quella stirpe e per gli onori resi a Ganimede in cielo),
adirata da tali ricordi, teneva lontani dal Lazio,
lasciandoli in balia dei flutti, i Troiani, scampati ai Greci
e alla ferocia di Achille: ormai da molti, molti anni erravano,
spinti dai fati, sulla vasta distesa dei mari.
Tanto il travaglio per dar vita al popolo romano.

Virgilio, *Eneide*, I, 1-33, trad. it. di M. Ramous, Marsilio, Venezia, 1998

20 **rocche tirie**: sineddoche per indicare Cartagine.

22 **Libia**: indica genericamente l'Africa settentrionale affacciata sul Mediterraneo; *lo sancivano le Parche*: così era destino che accadesse. Le Parche erano tre divinità identificate con le Moire greche, incaricate di filare il destino degli uomini.

23 **la figlia di Saturno**: attributo di Giunone.

24 **diletta Argo**: Giunone predilige Argo, città che per sineddoche indica la Grecia, che la dea sostenne nella guerra di Troia.

27-28 **il giudizio...in cielo**: il poeta richiama le cause dell'ira di Giunone contro Troia: il giudizio di Paride; l'origine della stirpe troiana dagli amori adulterini del marito Giove con Elettra; l'amore e il rapimento di Ganimede, figlio di un re di Troia, da parte di Giove che lo portò in cielo come coppiere degli dèi, sostituendo Ebe, figlia legittima sua e di Giunone.

31 **da molti...anni**: da sette anni, come verrà precisato in seguito.

33 **Tanto...romano**: verso molto citato per evidenziare il miracolo della grandezza romana.

Gillis van Valckenborch, *Enea, Anchise e Ascanio fuggono da Troia* in fiamme, 1595-1600. (Collezione Privata)

per L'ANALISI del TESTO

L'elaborazione formale

Pur rifacendosi ai proemi dell'*Iliade* e dell'*Odissea*, Virgilio apre il poema mettendo in versi un testo più articolato. L'elaborazione formale e le allusioni colte evidenziano la **distanza dalla tradizione popolare dei poemi orali**. Se Omero resta il modello canonico, è la **poesia ellenistica**, con le continue allusioni a miti meno noti tipici della cultura alessandrina, che sta alla base della formazione di Virgilio e spiega il suo rivolgersi a un **pubblico colto**.

L'affermazione dell'individualità del poeta

Oltre all'evidente rielaborazione formale, il poeta introduce anche una **variazione nell'ordine dei contenuti** proemiali: esordisce presentando l'eroe protagonista del poema, Enea, e le sue ardue peripezie (vv. 1-7) e solo successivamente si rivolge alla Musa (vv. 8-11), invertendo la successione tradizionale. Se l'elaborazione formale è indirettamente un modo di prendere le distanze dalla tradizione popolare, la scelta di posticipare il richiamo alla Musa ribadisce la volontà di affermare la propria personalità, l'**individualità dell'autore** che non è più solo un portavoce della memoria condivisa ma **artefice diretto della poesia**. Per questo alla Musa, più che un aiuto a versificare, Virgilio chiede la spiegazione dell'accanimento degli dèi contro Enea.

L'epica storica

Completano l'argomento la presentazione delle origini di Cartagine, il favore accordato da Giunone a questa città, la fatale prevalenza di Roma (vv. 12-33). Si passa in continuazione da un **piano leggendario** a quello della **realtà storica,** anticipando una tendenza tipica del poema (basti ricordare la vicenda di Enea e Didone, prodromo dell'inimicizia storica tra Roma e Cartagine). La **storia di Roma** viene **nobilitata** attraverso la riscrittura mitica delle origini.

Enea e il destino fatale di Roma

Sin dai versi iniziali viene delineata la figura del protagonista del poema, **Enea**. Pur chiamato a compiere imprese simili a quelle degli eroi omerici, egli si distacca subito da questi: il suo destino non è scandito soltanto da gloriose gesta belliche, ma anche da fatti più terreni e dolorosi, quali l'abbandono della patria, la persecuzione di Giunone, l'obbligo di tener fede a un impegno, la devozione agli dèi. In particolare, al verso 10, Enea è definito un uomo «devoto»: è la ***pietas***, un valore sconosciuto agli eroi omerici. Enea dimostra in ogni circostanza un **senso del dovere**, un'**obbedienza assoluta agli dèi** e **al Fato**, a volte imperscrutabile, ma sentito comunque come giusto. Ne deriva la certezza che la storia umana sia retta da un disegno provvidenziale a cui si deve sottostare: è il Fato (nominato nel Proemio ben tre volte) la forza regolatrice dell'universo intero; è il Fato a determinare quel progresso civile che coincideva, secondo Virgilio, con l'affermarsi della potenza di Roma.

Giunone, l'antagonista

In contrasto con la generosità e l'umiltà di Enea, spiccano la collera e la **vanità di Giunone**. Tanto incarna le doti del *bonus civis* («cittadino per bene») Enea, quanto la dea indossa i panni del peggiore antropomorfismo, incarnando i vizi umani peggiori, in particolare la stizza, l'ira tipica dell'orgoglio ferito.

È la vera **antagonista**, non tanto di Enea, quanto del Fato, il protagonista del poema, che Enea asseconda quale "aiutante". La potenza della dea si esprime infatti nell'appoggio a Cartagine, ma il Fato ha deciso diversamente, ed Enea ne ha preso atto, pur nella consapevolezza che questo gli costerà grandi sacrifici: «Tanto il travaglio per dar vita al popolo romano», commenta Virgilio al verso 33, entrando soggettivamente nella narrazione, come spesso accadrà. Il racconto non si fa da sé: il poeta, come Enea con il Fato, sta obbedendo a una missione che viene da Augusto: **esaltare Roma** e la sua storia di lacrime e di imprese.

La flotta di Enea scorge la costa italiana in una placca in rame smaltato dipinta dal Maestro dell'*Eneide*, 1530-1535. (New York, Metropolitan Museum of Art)

Attività

Leggere e comprendere

1 **Il soggetto** Nelle prime parole del testo sono evidenziati i contenuti essenziali del poema. Quali sono i termini? Che cosa suggeriscono?

2 **L'ordine** Pur rifacendosi ai proemi omerici, quello dell'*Eneide* presenta un ordine diverso. Quale componente in particolare risulta trasposta? Per quale motivo?

3 **L'argomento** Il testo chiarisce in estrema sintesi una complessa e articolata vicenda. Scegli tra le seguenti proposte quella che ti pare rispondente al testo.

a. Enea, pur contrastato da Giunone, decide di fondare nel Lazio una città da cui discenderà la gloriosa stirpe dei Romani

b. L'esule troiano Enea, travagliato per l'ira di Giunone, deve, per volere del Fato, fondare una città da cui discenderà la gloriosa stirpe dei Romani

c. L'esule troiano Enea, con l'aiuto di Giunone, deve affrontare travagli per fondare Roma

d. Enea lascia volontariamente Troia e affronta travagli per fondare Roma

4 **L'invocazione** Virgilio, consapevole di essere poeta, non chiede alla Musa sostegno alla sua opera ma formula un'altra domanda. Quale?

5 **Cartagine** Perché Cartagine è difesa e favorita da Giunone?

6 **L'ira di Giunone** Giunone è adirata contro Enea e i Troiani non solo per il destino che il Fato ha stabilito per Cartagine, ma anche per altre ragioni. Spiega quali sono queste ragioni servendoti del testo e delle note.

7 **Il Fato** Ancor più potente del volere degli dèi è il Fato. Questo concetto è ripetutamente espresso nel proemio dell'*Eneide*. Sottolinea i versi e le espressioni in cui si ribadisce questa affermazione.

8 **I Troiani** Nel *Proemio* le vicende dei Troiani sono presentate con enfasi. Ricerca il passaggio in cui se ne parla e riscrivilo con le tue parole.

9 **Il fine ultimo** Nel testo è espressa in modo chiaro la causa finale delle vicissitudini toccate a Enea, ai Troiani e ai loro successori. Cercala e trascrivi questa affermazione.

Riconoscere e analizzare

10 **Le sequenze** Dividi le tre parti in cui si articola il proemio, indicandone i versi e attribuendo loro un titolo.

11 **Il protagonista** L'uomo, che è il secondo oggetto del canto di Virgilio, è il protagonista del canto. Il valore di Enea coincide, però, con l'assoggettamento al disegno divino. Chi è il protagonista "reale" e chi l'antagonista?

12 **La funzione** Dal *Proemio* risultano chiare le finalità per cui è stata affidata a Virgilio la scrittura del poema epico. Quali sono e da quali versi emergono?

13 **Il lessico** Virgilio intreccia mito e storia. Per questo motivo utilizza un lessico preciso per definire luoghi e personaggi. Prova a spiegarne alcuni.

- Lidi di Lavinio: ....
- Stirpe latina: ....
- Padri albani: ....
- Colonia di Tiro: ....
- Rocche tirie: ....
- Libia: ....
- Figlia di Saturno: ....

14 **Un'opera colta** Confronta il *Proemio* virgiliano con quelli omerici (▸ p. 146 e p. 204) e nota, nel testo latino, la maggiore ricercatezza formale e i segnali di un testo rivolto a un pubblico più colto. Quali sono questi indicatori?

a. È ricco di citazioni

b. Presenta allusioni a fatti mitologici

c. Unisce mitologia e storia

d. È scritto in esametri

e. Rielabora un modello noto

f. Ha un intento encomiastico

Rielaborare e produrre

15 **Il riassunto** Riassumi il proemio in 60 parole.

16 **Mito e storia** Virgilio inserisce, in un testo mitologico, allusioni a vicende storiche di Roma: la rivalità con Cartagine. Esegui una ricerca su questo argomento e stendi un testo espositivo di 300 parole che informi storicamente sui fatti.

Virgilio

Troia in fiamme

Enea e i compagni sono stati rigettati sulle coste africane, presso Cartagine, da una tempesta suscitata da Giunone. Accolto dalla regina della città, che per l'intervento di Venere si innamora subito di lui, il Troiano partecipa a un banchetto in suo onore. Didone chiede a Enea di raccontare le vicende della caduta di Troia e del viaggio fino a Cartagine. Nel silenzio generale Enea incomincia il suo racconto, nonostante il dolore che la rievocazione del passato suscita in lui.

Da
Eneide
(libro II, vv. 1-56, 199-249),
I secolo a.C.

Poema epico

Tacquero tutti, il volto immobile in attesa.
Allora dall'alto del suo letto padre Enea cosí dice:

«Un dolore indicibile, regina, tu vuoi che rinnovi:
come i Greci distrussero l'egemonia di Troia,
il suo regno di lacrime, le atrocità che vidi
e in cui fui coinvolto. Ma quale Mirmídone
o Dòlope, quale soldato del crudele Ulisse
tratterrebbe le lacrime narrando? E già dal cielo umida
declina la notte e le stelle al tramonto inducono al sonno.
Ma se tanto hai desiderio di conoscere le nostre vicende
e udire brevemente l'estrema agonia di Troia,
benché il cuore inorridisca al ricordo e rifugga dal pianto, ti dirò.
Sfiniti dalla guerra, respinti dal destino,
i condottieri greci, trascorsi tutti quegli anni,
con l'aiuto divino di Pallade erigono un **cavallo**
simile a un monte e ne intessono i fianchi con travi d'abete.
Fingono che sia un voto per il ritorno e la voce si spande.
Dentro, di nascosto, nei fianchi tenebrosi,
chiudono i guerrieri migliori tratti a sorte
e le cavità immense del ventre riempiono d'armati.
Di fronte alla riva è Tènedo, un'isola famosa,
colma di ricchezze finché durò il regno di Priamo,

2 **letto**: è il triclinio, un divano a tre posti sul quale si giaceva sdraiati su un fianco; **padre Enea**: l'epiteto di padre è una forma di rispetto per l'eroe, da cui discende la stirpe dei Romani.

3 **indicibile**: così terribile che è difficile da esprimere.

4 **egemonia di Troia**: il potere sulla regione di Troia.

6-7 **Mirmídone e Dòlope**: erano popoli della Tessaglia comandati prima da Achille e poi dal figlio Neottolemo; **crudele Ulisse**: Ulisse viene definito «crudele», spietato, per il ruolo avuto nella caduta di Troia.

15 **l'aiuto divino di Pallade**: su suggerimento di Minerva.

16 **simile a un monte**: di straordinaria grandezza, grande come un monte.

17 **Fingono...ritorno**: fingono che il cavallo sia un'offerta («voto») per propiziarsi un sicuro ritorno in patria.

21 **Tènedo**: isola sacra ad Apollo, davanti alle coste troiane.

PAROLE *sotto la lente*

Cavallo

Il sostantivo deriva dal latino *caballus*, ossia cavallo castrato o da lavoro, mentre la voce più colta per indicare il cavallo era *equus*. In italiano la forma del sostantivo è esclusivamente cavallo, da cui poi derivano "cavalcare" e "cavaliere". Se quindi, come sostantivo, *equus* si è perso, sopravvivono però molti altri termini legati allo stesso: "equino", "equitazione", "equestre".

Attività

I vocaboli italiani legati al significato di "cavallo" derivano anche da un'altra radice latina. Qual è? Quali termini conosci derivati da questa seconda radice?

ora soltanto una rada, asilo malfido per le navi:
spintisi lí, sulla spiaggia deserta si celano i Greci.
Noi li crediamo partiti e col vento diretti a Micene.
Cosí tutta la terra di Troia dal lungo dolore si scioglie:
si aprono le porte, si gode a uscire e rivedere
il campo greco, i luoghi deserti, la spiaggia abbandonata.
Qui erano i Dòlopi, qui le tende del feroce Achille,
qui le navi, qui fronte a fronte usavano combattere.
Qualcuno poi, stupito davanti al dono funesto di Minerva,
ammira la mole del cavallo: Timete è il primo,
esorta di trarlo dentro le mura e porlo nella rocca:
o per inganno o che il fato di Troia ormai fosse segnato.
Ma Capi e tutti quelli che sembravano piú assennati
gridano che il dono insidioso e sospetto dei Greci
sia precipitato in mare o incenerito col fuoco o ancora,
squarciandone il ventre, sondato in tutte le sue cavità.
Incerta la folla si divide in pareri opposti.

Davanti a tutti allora, fra la moltitudine che lo seguiva,
Laocoonte accorre giú dalla rocca acceso d'ira
e di lontano: "Sventurati, che follia vi ha preso?
davvero credete partito il nemico o pensate
privo d'inganni un dono dei Greci? dimenticate Ulisse?
Nascosti dentro questo legno sono rinchiusi gli Achei
o contro le nostre mura questa macchina è fabbricata,
per scrutare nelle case, sorprendere dall'alto la città,
o un'altra insidia ancora vi si cela: non credetegli.
Qualunque cosa sia, temo i Greci anche se recano doni".
Ciò detto, con tutto il vigore scaglia un'asta
smisurata nel fianco della belva, contro le curve giunture
del suo ventre. E quella si confisse tremando: al colpo
le cavità del corpo risuonarono, misero un gemito.
E se non avessimo avuto avversi volere divino e mente,
ci avrebbe spinto a squarciare col ferro il segreto dei Greci:
Troia vivrebbe ancora e tu, rocca di Priamo, svetteresti in alto.
[...]

25 **Micene**: città dell'Argolide, regione di Agamennone, sineddoche per l'intera Grecia.

28 **il campo greco**: l'accampamento greco. I Troiani percorrono i luoghi temuti degli Achei, indicandoli e commentandoli.

32 **Timete**: è uno dei fratelli di Priamo ed esorta per primo a introdurre il cavallo in città. Timete osteggiava il fratello Priamo. Infatti una profezia aveva detto che un bambino di sangue reale avrebbe causato la rovina di Troia. Per questo il re aveva decretato la morte del figlioletto di Timete; il bambino che avrebbe provocato la distruzione di Troia era invece Paride, nato lo stesso giorno del cugino.

35 **Capi**: uno dei Troiani che fuggiranno con Enea.

41 **Laocoonte**: principe troiano, sacerdote di Apollo.

43-49 **davvero credete...anche se recano doni**: a partire da Ulisse, Laocoonte ricorda ai concittadini l'astuzia fraudolenta tipica dei Greci, che si manifesterebbe anche nei doni, dei quali c'è da avere sempre paura.

51 **belva**: il cavallo; già si anticipa il ruolo fatale che avrà.

[L'attenzione si sposta su alcuni pastori che conducono davanti al re Priamo un giovane appena catturato. Costui afferma di essere greco e di chiamarsi Sinone; dichiara di essere sfuggito ai Greci, i quali, per placare i venti contrari, avrebbero cercato di sacrificare la sua vita per rendere propizi gli dèi. Per questo chiede pietà e rivela che il cavallo è un'offerta votiva per Minerva, costruito in forme gigantesche per impedire ai Troiani di poterlo introdurre in città: se così avvenisse, Troia sarebbe per sempre imprendibile e attirerebbe alleati da tutta l'Asia. Mentre Sinone così racconta, un fatto prodigioso si svolge sotto gli occhi di tutti i presenti.]

Allora un altro avvenimento, certo piú grande e tremendo,
travolge d'improvviso gli infelici e ne sconvolge il cuore.

Per sorte sacerdote di Nettuno, Laocoonte
solennemente immolava all'altare un toro smisurato.
Ecco (e il ricordo mi atterisce) dalle acque tranquille
di Tènedo due serpenti uguali con spire immense
premono il mare e insieme si dirigono alla riva:
il petto sollevato tra i flutti e rossa come di sangue
la cresta, sovrastano le onde; dietro sull'acqua
striscia il corpo e il dorso si snoda in cerchi immensi.
Dalla spuma del mare sale un fragore e già sono a terra:
gli occhi ardenti iniettati di sangue e di fuoco,
vibrando la lingua lambiscono la bocca con un sibilo.
Sconvolti, esangui fuggiamo. Loro con termine sicuro
muovono contro Laocoonte. E prima avvincono
i due piccoli corpi dei figli e li stringono:
morso piú morso straziano quelle loro misere carni;
poi afferrano il padre che accorre armato in aiuto
e con spire immense l'avvolgono: due volte ormai
intorno al corpo, l'avvincono al collo col dorso squamoso
e ancora col capo eretto e tutta la nuca lo sovrastano.
Fasciato di bende intrise di bava e di nero veleno,
egli si affanna a sciogliere quei nodi con le mani
e mentre si affanna leva grida orrende alle stelle,
come i muggiti di un toro che dall'altare
fugge ferito scuotendo la scure malferma dal capo.
Infine, diretti al tempio di Minerva crudele, fuggono

Laocoonte e i suoi figli, copia romana da originale in bronzo del II secolo a.C. (Città del Vaticano, Musei Vaticani)

199 **Allora**: a questo punto, dopo il racconto di Sinone.

201 **Per sorte sacerdote di Nettuno**: Laocoonte era sacerdote di Apollo, ma per sorteggio («per sorte») era stato incaricato di sacrificare a Nettuno.

204 **spire**: gli avvolgimenti e nel contempo gli anelli che formano il corpo.

212 **esangui**: impalliditi per la paura.

213 **avvincono**: avvinghiano.

220 **Fasciato di bende**: sono le bende di cui erano rivestite le mani di Laocoonte in occasione dei sacrifici.

223-224 **come i muggiti...dal capo**: orrido il paragone con il toro che fugge dall'altare e scuote via dal collo la scure non vibrata con sicurezza perché non ha inferto il colpo mortale.

225 **al tempio di Minerva**: i due mostri, dopo aver ucciso Laooconte, si dirigono verso il tempio di Minerva e lì si acquattano, come a voler sottolineare la colpa del sacerdote che ha dubitato del cavallo di legno, dono dei Greci alla dea.

i due draghi, strisciando verso la rocca piú alta,
e ai piedi della statua si nascondono dietro lo scudo.

Allora nell'animo già tremante d'ognuno s'insinua
nuovo sgomento: è giusto, dicono, che Laocoonte
sia stato punito per aver profanato con il ferro
il legno sacro, scagliando nel suo fianco l'asta sacrilega.
Al tempio, gridano, al tempio si conduca il cavallo
e s'invochi il volere della dea.

Fatta breccia nel muro, apriamo le difese della patria.
E ognuno si affretta all'opera: sotto i suoi piedi si pongono
rulli scorrevoli e si lega il collo con cordoni
di canapa. Gravida di armati la macchina fatale
sale alle mura. Intorno vergini e fanciulli
cantano inni, felici di sfiorare la fune con le mani.
Quella avanza e minacciosa scivola in mezzo alla città.
O patria, dimora degli dèi, Ilio, o mura dei Troiani
famose in guerra! quattro volte al limitare della porta
si arresta, quattro volte dal ventre risuonano le armi:
e noi immemori, ciechi di furore ancora s'insiste
e nella rocca sacra poniamo il mostro funesto.
Anche allora Cassandra, mai, per volontà divina, mai
creduta dai Teucri, svela il destino che ci attende.
E noi sventurati, per tutta la città, l'ultimo giorno,
a festa orniamo di fronde gli altari degli dèi.

Virgilio, *Eneide*, II, 1-56, 199-249, trad. it. di M. Ramous, Marsilio, Venezia, 1998

Nicolò Bambini, *Enea racconta a Didone la caduta di Troia*, XVIII secolo. (Macerata, Palazzo Bonaccorsi)

234 **Fatta breccia nel muro**: quello che non era riuscito per dieci anni con la forza, viene ora fatto con l'inganno.

236-237 **cordoni di canapa**: funi al collo del cavallo per trascinarlo.

237-238 **Gravida di armati…mura**: è una costruzione («macchina») voluta dal Fato per distruggere Troia, piena di soldati armati.

242-243 **quattro volte… si arresta**: il numero quattro, connesso ai sacrifici agli dèi inferi, era di cattivo augurio, così come inciampare sulla soglia della porta.

246-247 **Cassandra**: anche in quel momento la sacerdotessa Cassandra illumina i Troiani («svela il destino») sulla sorte della città, ma non è creduta. Apollo le aveva dato il dono della profezia, ma non avendo la donna corrisposto al suo amore, fece in modo che nessuno credesse mai ai suoi vaticini.

per L'ANALISI del TESTO

Il racconto

Come Odisseo aveva raccontato ai Feaci il suo peregrinare, in un lungo ***flashback***, così Enea, a Cartagine, ripercorre le sue passate vicissitudini, avviando il racconto dalla rievocazione della caduta di Troia. Virgilio interrompe la successione cronologica degli eventi per conferire profondità storica al suo personaggio principale, attribuendo l'investitura solenne del Fato alla sua missione di sopravvissuto per volontà divina.

La fine narrata da un vinto

Odisseo nel suo racconto non aveva parlato dell'inganno del cavallo. Aveva solo pianto quando lo aveva rievocato l'aèdo Demodoco, al banchetto dei Feaci. Per Enea, invece, è fondamentale diffondersi su questo episodio. Virgilio attinge dalle fonti, per noi perdute, del ciclo troiano. Ciò che conta è che, questa volta, a raccontare sia un vinto, sia cioè esposto il **punto di vista di chi è stato sconfitto**. I fatti assumono maggiore drammaticità. Enea è un **narratore interno** che sviluppa lo svolgersi degli eventi con viva commozione e partecipazione. Comprende, *a posteriori*, gli errori commessi. Evidenzia il contrasto fra la perfidia dei Greci che ricorrono all'inganno del cavallo per conquistare una città fino ad allora inespugnabile e la sincera generosità dei Troiani. Sfiniti da un assedio decennale, essi cedono all'illusione della liberazione, consegnandosi ingenuamente alla trappola ordita dalla mente del perfido Odisseo. L'idea che la guerra possa concludersi così all'improvviso e senza altri sacrifici annebbia la ragione dei Troiani, impedisce loro di capire le lucide parole del sacerdote Laocoonte: davanti a loro si apre il baratro della distruzione della città.

Un Fato ineluttabile

Tutta la vicenda ha i toni e i caratteri propri dell'inevitabilità: si sta compiendo un **destino da tempo scritto**, che il Fato ha decretato e contro cui nulla è possibile. Questo spiega il comportamento irrazionale dei Troiani, che danno credito al greco Sinone e lasciano inascoltato il saggio Laocoonte. E così l'apparizione improvvisa dal mare dei due serpenti non solo ha i tratti dell'evento prodigioso, ma va a rafforzare la convinzione che fosse giusto introdurre il cavallo tra le mura della città: Laocoonte e i suoi figli sono soffocati dalle spire dei serpenti perché si oppongono al Fato.

Fra *horror* e realismo

La narrazione di Virgilio è contraddistinta da un accentuato **realismo**. Questo tratto emerge dalle parole di Enea sia quando racconta con evidente sorpresa la scoperta del cavallo sia quando ripropone con precisione i pareri contrastanti espressi attorno a questa strana costruzione. Psicologicamente verosimile è l'atteggiamento dei Troiani che si sciolgono «dal lungo dolore» (v. 26), cui piace «uscire e rivedere il campo greco, i luoghi deserti, la spiaggia abbandonata» (vv. 27-28). C'è compiacimento, desiderio di illudersi che sia capitato davvero l'impossibile. Così, questo sogno-incubo a occhi aperti sembra consolidarsi all'apparire sulla scena dei due serpenti, dalle creste rosse, dalle spire avvolgenti, dagli occhi iniettati di sangue. Il pezzo di bravura con cui Virgilio segue la scena orrorifica della morte di Laocoonte e dei figli è tanto coinvolgente per l'uditorio (e le riprese artistiche del gruppo statuario lo testimoniano) quanto lo doveva essere per i Troiani che trovavano in quella scena terrificante la conferma alla certezza che si erano voluti costruire: gli dèi vogliono che il cavallo sia portato dentro la città perché la guerra è finita. A nulla valgono i segni infausti né gli ammonimenti di Cassandra: i Troiani sono accecati dalla follia, e sono disposti a credere a tutto pur di non doversi più preoccupare della guerra.

Il cavallo di Troia raffigurato su un'anfora greca. (Mykonos, Museo Archeologico)

Attività

Leggere e comprendere

1 **Padre Enea** Virgilio si riferisce all'eroe troiano chiamandolo «padre». Quale significato assume questo epiteto, affiancato a Enea?

2 **Il dolore** Con grande sofferenza Enea si accinge a narrare la caduta della sua città. Cerca i vocaboli che lo evidenziano, contenuti nella premessa al suo discorso.

3 **L'inganno** I Greci, stremati dalla guerra, decidono di risolverla con la frode. Riordina le loro azioni.

- **a.** Diffondono la notizia ☐
- **b.** Costruiscono un gigantesco cavallo ☐
- **c.** Rinchiudono nel suo ventre uomini armati ☐
- **d.** Nascondono la flotta dietro l'isola di Tenedo ☐
- **e.** Fingono sia un dono votivo per il ritorno in Grecia ☐
- **f.** Ricoprono i suoi fianchi di abete ☐

4 **Un'illusione collettiva** Tutti i Troiani, compreso Enea, vengono ingannati e danno libero sfogo ai loro sentimenti frustrati. Come reagiscono alla partenza dei Greci?

5 **Le divergenze** Non tutti i Troiani esprimono lo stesso giudizio sul cavallo. Quali contrasti nascono tra loro?

6 **Laocoonte** Il discorso di Laocoonte ha un impianto argomentativo. Alcune motivazioni fanno appello alla razionalità, altre all'emotività. Indica i versi in cui sono contenute, ponendo attenzione al tipo di proposizioni in cui sono espresse.

7 **Un nuovo prodigio** Quale fattore induce i Troiani alla decisione definitiva?

Riconoscere e analizzare

8 **Le fonti** La vicenda del cavallo è presente con questi particolari nei poemi omerici? È un'invenzione di Virgilio?

9 **Il narratore** È Enea a narrare in prima persona le tragiche vicende. Non è dunque un narratore esterno e il punto di vista non è oggettivo. Trova nel testo i punti in cui meglio emerge la partecipazione agli eventi narrati.

10 **La costruzione** Il testo è composto da diversi blocchi narrativi, dati di seguito in ordine casuale. Riordinali.

- **a.** Lo stratagemma dei Greci: la costruzione del cavallo ☐
- **b.** Il discorso di Laocoonte ☐
- **c.** Silenzio al banchetto ☐
- **d.** La decisione ☐
- **e.** Pareri discordi ☐
- **f.** Il grande dolore di Enea al ricordo ☐
- **g.** Una festa tragica ☐
- **h.** La morte di Laocoonte e dei figli ☐
- **i.** La finta partenza e l'ingenua gioia dei Troiani ☐

11 **Le descrizioni** Virgilio alterna alla narrazione molte descrizioni, condotte con stile diverso. Elenca quelle che hai incontrato e definisci quale emozione trasmettono.

12 **I serpenti** La scena in cui i due mostri uccidono Laocoonte e i figli ha il realismo e la plasticità di una sequenza cinematografica. Analizzane alcuni aspetti, cercando nel testo:

- i predicati che indicano i movimenti dei mostri
- le informazioni sulle dimensioni dei mostri
- le informazioni che ne evidenziano la ferocia

13 **Le figure retoriche** La poesia di Virgilio è ricca di figure retoriche. Ti rimandiamo ad alcuni versi del testo nei quali potrai individuarle e chiarirne la funzione.

- Iterazione: vv. 29-30 ....
- Iterazione: vv. 100-101 ....
- *Climax* ascendente: v. 200 ....
- Similitudine: vv. 222-223 ....
- Sineddoche: v. 230 ....

Rielaborare e produrre

14 **Discutere** La morte di Laocoonte e dei suoi figli ha colpito gli artisti di ogni tempo. Organizzandoti con i compagni, prepara una ricerca, estesa alla letteratura, alla pittura, alla scultura e ad altre manifestazioni artistiche, rintracciando le principali opere che a essa si ispirano. Organizza il materiale preparando uno schema in power point, per poi esporre il contenuto della tua ricerca in un'ampia relazione orale di 20 minuti.

15 **Il riassunto** Sintetizza in 150 parole il contenuto del testo.

Virgilio

La maledizione delle Arpie

Enea continua il suo racconto. Dopo la fuga da Troia, insieme ai compagni sbarca in Tracia da dove un cattivo prodigio lo induce a ripartire subito. Da qui si dirige a Delo per interrogare l'oracolo del dio Apollo sulla meta finale, dove finalmente fondare la nuova città. Sembra Creta, ma non è così.

Da
Eneide
(libro III, vv. 85-117, 225-257),
I secolo a.C.

Poema epico

Dai una casa a noi esausti, o dio di Timbra, dacci mura,
prole e una città imperitura; salva la nuova Pergamo
di Troia, relitto dei Danai e del feroce Achille.
Chi dobbiamo seguire? dove ordini di andare e di fermarci?
Dacci, Padre, un presagio; scendi nell'animo nostro".
Avevo appena finito: a un tratto tutto parve tremare,
la soglia, l'alloro del dio, e tutto il monte intorno
sussultare e, apertisi i penetrali, risuonare il tripode.
Cadiamo a terra in ginocchio, e una voce ci giunge alle orecchie:
"O tenaci figli di Dàrdano, la terra che vi originò
dal ceppo degli avi, quella terra vi accoglierà al ritorno
nel suo seno fecondo. Cercate l'antica madre.
Lí la casata di Enea dominerà su tutta la terra
e i figli dei figli e chi nascerà da loro".
Cosí Febo. Una grande gioia esplose,

ma non senza sgomento: tutti chiedono quali siano le mura,
dove Febo chiami gli esuli, dove imponga di tornare.
Allora mio padre, rinverdendo il ricordo degli antichi eroi:
"Udite, príncipi", disse, "apprendere le vostre speranze.
In mezzo al mare giace Creta, l'isola del grande Giove,
dove esiste il monte Ida e la culla della nostra gente.
Abitano i Cretesi in cento grandi città, ricchissimi regni,
dai quali, se ben ricordo i racconti, il nostro capostipite,
Teucro, venne per primo alle coste retee a scegliersi
un luogo per il regno. Non sorgevano ancora né Ilio
né le rocche di Pergamo; si abitava in fondo alla valle.
Da Creta vengono il culto di Cibele, i bronzi dei Coribanti,

François Perrier, *Enea e i compagni combattono contro le Arpie*, 1650. (Collezione Privata)

85 **o dio di Timbra**: Enea si rivolge in preghiera all'oracolo di Delo, invocando Apollo con l'epiteto del luogo, «Timbra», in cui è venerato nella Troade.

86-87 **la nuova Pergamo di Troia**: la nuova rocca di Troia, vale a dire noi scampati per fondare la nuova città.

91 **l'alloro del dio**: l'alloro sacro al dio Apollo.

92 **apertisi...il tripode**: dischiusosi l'ingresso, dal trono («tripode»), dal quale i sacerdoti davano gli oracoli, proviene un boato.

96 **Cercate** l'antica madre: è l'espressione ambigua che trae in inganno Anchise. Egli pensa infatti a Cìbele, sull'isola di Creta.

106 **in cento grandi città**: già in Omero Creta era così ricordata, in quanto culla della civiltà ellenica.

108 **coste retee**: sulle coste della Troade.

111 **il culto di Cibele...Coribanti**: la "Grande madre", dea cretese, era venerata in Frigia sul monte Cibelo e detta quindi Cìbele; il culto dei Coribanti, sacerdoti di Giove, era nato a Creta così come il monte Ida di Troia veniva dal monte cretese in cui era stato allevato Giove.

il bosco dell'Ida; cosí i silenzi osservati sui suoi misteri
e i leoni aggiogati che la signora avvinse-al suo carro.
Avanti, dunque, andiamo dove spingono gli ordini degli dèi:
plachiamo i venti e salpiamo verso i regni di Cnosso.
Non occorre lunga navigazione: se Giove ci assisterà,
il terzo giorno la flotta avvisterà le coste cretesi".
[...]

Una figurina in terracotta che rappresenta un'Arpia, V secolo a.C. (Berlino, Staatliche Museen)

[I Troiani, appena giunti a Creta, cominciano a lavorare per costruire una nuova città. Ma una terribile pestilenza rivela che il vaticinio è stato mal interpretato. I Penati di Troia, apparsi in sogno a Enea, gli riferiscono che la terra indicata dall'oracolo è l'Italia, patria di Dardano. La flotta troiana salpa ancora, ma una tempesta la dirotta sulle isole Strofadi, dove abitano le Arpie. I Troiani, appena arrivati, uccidono alcuni capi di bestiame e allestiscono un banchetto.]

Ma all'improvviso giú dai monti calano con terrifico volo
le Arpie che, scuotendo con grandi strida le ali,
ghermiscono i cibi e lordano tutto col loro contatto immondo;
uno strepito sinistro tra un lezzo nauseante.
Di nuovo, scelto un luogo inaccessibile sotto la cavità
di una rupe, chiusa tutt'intorno dagli alberi e da ombre fittissime,
imbandiamo le mense e riaccendiamo il fuoco sugli altari:
di nuovo da un'altra parte del cielo e da invisibili
nascondigli il rombante stormo sorvola con gli artigli la preda,
e insozza i cibi con la bocca. Allora ordino ai compagni
di prendere le armi e di combattere quella sinistra genía.
Fanno come gli è comandato, pongono le spade
occultate sotto l'erba, nascondono gli scudi.
E non appena piombano strepitando sul lido della baia,
Miseno dal posto di vedetta lancia con la tromba il segnale.
I compagni si gettano all'assalto e ingaggiano strane battaglie,
cercando di ferire col ferro quegli immondi uccelli marini.
Ma senza soffrire offesa nelle piume o ferite
sul dorso, le Arpie con rapida fuga volano alle stelle,
lasciando, con la preda in parte divorata, tracce ripugnanti.

Solo Celeno, appollaiata in alto su una rupe,
prorompe, infausta profetessa, in questo vaticinio: "Guerra,
guerra in cambio di armenti massacrati, di giovenchi uccisi,
genía di Laomedonte, a portar guerra vi accingete
e a scacciare dal regno avito le innocenti Arpie?

112 **suoi misteri**: s'intende i culti misterici di Cìbele.

226 **le Arpie**: mostri infernali dal viso di donna e dal corpo di uccello.

228 **lezzo nauseante**: insozzano ogni cosa per cacciare gli stranieri dalla loro isola.

235 **sinistra genía**: le Arpie.

239 **Miseno**: è il trombettiere di Ettore, passato a Enea.

244 **la preda in parte divorata**: le Arpie hanno comunque danneggiato i cibi.

245 **Celeno**: la regina delle Arpie.

246-249 **Guerra...innocenti Arpie?**: per cibarvi delle mandrie che ci avete abbattuto e per scacciarci dalla nostra isola («regno avito») siete pronti ad affrontare anche la guerra?; **genía di Laomedonte**: Laomedonte era stato re di Troia, padre di Priamo. Era noto per la sua falsità, ecco la sottolineatura «genía di» cioè degni discendenti di Laomedonte in quanto frodatori, disonesti.

Ascoltate dunque e imprimetevi nell'animo queste parole:
ciò che il Padre onnipotente predisse a Febo,
e Febo Apollo a me, io, massima delle Furie, a voi lo rivelo.
Verso l'Italia navigate invocandola sull'onda dei venti:
giungerete in Italia e concesso vi sarà d'approdarvi;
ma non cingerete di mura la città che vi è stata assegnata,
prima che, per castigo d'averci aggredite, una fame rabbiosa
non vi costringa a divorare persino le mense".

Virgilio, *Eneide*, III, 85-117, 225-257, trad. it. di M. Ramous, Marsilio, Venezia, 1998

252 **massima delle Furie**: Furie e Arpie sono spesso scambiate e identificate le une con le altre.

257 **a divorare persino le mense**: la predizione-maledizione si avvererà: le mense erano focacce rotonde, piuttosto dure, sulle quali si ponevano le vivande.

per L'ANALISI del TESTO

Le peripezie di Enea

Comincia il viaggio per il Mediterraneo alla ricerca del luogo indicato dal Fato. Virgilio si ispira alle peripezie di Odisseo, ma l'atmosfera non è magica e irreale come quella descritta da Omero. Innanzitutto i **luoghi** sono **reali**. Possiamo, infatti, seguire sulla cartina le peregrinazioni dei Troiani e non sconfinare mai in isole che non ci sono, come Ogigia di Calipso o Scheria dei Feaci.

La *pietas* e il nume del dio

Un'antica logica religiosa ci porta a Delo, in un'epoca in cui probabilmente l'oracolo non esisteva ancora, o almeno non esisteva con le caratteristiche storiche con cui è descritto. Virgilio si sofferma sui segni con i quali si manifesta (*epifania*) il dio: la scossa, il boato, i simboli (l'alloro) e la soglia del tempo. L'oracolo tiene fede alla propria fama e confeziona uno dei suoi indovinelli («Cercate l'antica madre», v. 96), capolavori di ambiguità. Il vecchio Anchise, che per anzianità prende la parola, crede di trovare in Teucro e nelle sue origini cretesi l'origine annunciata.

La celebrazione della culla della civiltà

Con elementi leggendari ancora una volta considerati puntello della storia, **Creta** è esaltata come **culla della civiltà**: dall'isola derivano il nome del monte Ida e il culto della Grande Madre chiamata Cìbele dal Cìbelo. Attraverso queste origini comuni tra Creta e la Frigia sono così riannodati i fili che legano Troia all'isola e, più in generale, la Grecia e Roma alla grande civiltà minoica.

Le Arpie

Il secondo brano, lo sbarco nelle isole Strofadi deciso dal Fato che ve li ha gettati, ci avvicina ancor di più alla fonte omerica. La fame e la ricerca spasmodica di cibo, l'uccisione di mandrie sacre e l'arrivo dei mostri dal cielo sono una specie di sintesi delle sequenze tipiche di cui si compongono le peripezie di Odisseo. Non è però la curiosità, l'audacia dell'eroe omerico a guidare i Troiani. È Enea che li guida, ma a dirigere le operazioni è il Fato. L'eroe troiano, se potesse, farebbe a meno di queste soste, cerca solo pace. E Virgilio non si sofferma sui particolari avventurosi, non crea digressioni temporali, come quella omerica da Circe, di un anno. Anche questa sosta è funzionale alla storia: dalle Arpie viene infatti una maledizione che si avvererà, ma anche e soprattutto l'indicazione definitiva che è l'Italia la madre ancestrale verso cui dirigersi.

La tradizione al servizio della missione di Enea

Le **Arpie**, poi, non sono creature misteriose e affascinanti come le Sirene né sono particolarmente pericolose o sanguinarie: «ghermiscono i cibi e lordano tutto col loro contatto immondo» (v. 227). Sono ripugnanti, sono esseri fastidiosi, impediscono di mangiare, ma non lasciano vittime. Come la peste che li ha cacciati da Creta, così le Arpie hanno la funzione di far recedere da quell'isola i Troiani e di indicare loro la meta verso la quale dirigersi. L'*Eneide* non è un romanzo d'avventura e nemmeno un insieme di racconti fiabeschi: tutti gli episodi, pur discendendo dalla tradizione omerica (in questi sei libri, dall'*Odissea*, perciò detti odissiaci), sono funzionali alla storia, costituiscono altrettante tappe del viaggio. In ognuna di esse Enea acquisisce qualcosa a livello di esperienza e, soprattutto, di informazioni. Alla fine del percorso sarà lui stesso a essere maturato e avrà a disposizione i saperi necessari per portare a termine la **missione voluta dagli dèi**.

Attività

Leggere e comprendere

1 **L'invocazione** Chi è il personaggio che parla all'inizio del primo brano?

2 **L'epifania** Come si manifesta il nume del dio? Indica, riportandole dal testo, espressioni e immagini usate da Virgilio.

3 **L'oracolo** Che cosa dice l'oracolo? Perché Anchise è ingannato dalla sua indicazione?

4 **I legami** Quali legami con Creta Anchise porta a testimonianza della provenienza troiana da quell'isola?

5 **Le Arpie** Virgilio, prima di far entrare in scena le Arpie, le descrive come uccelli con viso di fanciulla che dal ventre scaricano continuamente luridissime feci, hanno gli artigli adunchi e aspetto sempre pallido per la fame. In questo passo, al loro improvviso apparire, che cosa si manifesta di questa descrizione?

6 **La difesa** Come reagiscono i Troiani a questa prima offensiva?

7 **La battaglia** Quali sono le fasi in cui si svolge l'insolita battaglia tra gli uomini di Enea e le Arpie?

8 **La colpa** Qual è la colpa di cui si sono macchiati Enea e i suoi? Ricorda quella commessa dai compagni di Odisseo: ti rammenti dove e per quale motivo fu compiuta?

9 **La profezia** Prima di rivelare la profezia, Celèno indica le fonti da cui l'ha ricevuta. Sai indicarle una per una?

10 **Le mense** Che cosa significa «divorare persino le mense» (v. 258)?

Riconoscere e analizzare

11 **Le figure retoriche** Nella prima invocazione sono presenti delle iterazioni. Individuale e spiegane la funzione in questo tipo di testo.

12 **L'olfatto** Più che la vista, sono l'olfatto e il suo campo semantico a descrivere l'intervento delle Arpie. Elenca aggettivi, verbi ed espressioni ad esso relativi usati da Virgilio.

13 **Le sequenze** Quali sono le vicende tipiche delle peripezie di Odisseo che si ritrovano nell'avventura delle Arpie? In che modo però la struttura narrativa di Virgilio risulta più elaborata?

Rielaborare e produrre

14 **Discutere** Ti sembra che aver scelto le Arpie per far allontanare i Troiani da quelle isole e come mostri ai quali affidare la profezia e la maledizione sia efficace o avresti preferito un mostro mitico meno ributtante, ma più spaventoso? Confronta la tua opinione con quella dei tuoi compagni in un dibattito in classe.

15 **La parafrasi** Produci un'attenta parafrasi dei versi 94-98, facendo attenzione agli strumenti retorici usati, alle ambiguità dei termini e allo stile oracolare tipico.

16 **La ricerca** Teucro, Dardano, Laomedonte, Priamo: chi sono questi personaggi? Fai una ricerca per ricostituire la genealogia dei mitici padri fondatori di Troia e raccogli le informazioni in un testo espositivo ben ordinato di 200 parole.

17 **Il racconto** Oggi con il termine "arpia" si allude a una donna bisbetica e intrattabile. Immagina una persona simile e rendila protagonista di un racconto di 400 parole.

Virgilio

Amore e morte di Didone

Dopo innumerevoli peripezie Enea e i suoi sbarcano in Sicilia. Quando approdano a Trapani, Anchise, il vecchio padre, muore. I Troiani, di nuovo in mare verso l'Italia, sono colti dalla tempesta che li spinge sulle coste cartaginesi. Conosciute le vicissitudini del suo viaggio, Didone è ancor più affascinata da un uomo tanto coraggioso quanto tormentato dal Fato. Sente che la condivisione di esperienze di vita travagliata li avvicina ancor di più e, prima che l'amore esploda inarrestabile, si confida con la sorella Anna nella speranza di un saggio consiglio.

Da
Eneide (libro IV, vv. 1-55, 584-629, 663-665),
I secolo a.C.

Poema epico

Ma ormai trafitta da un profondo affanno, la regina
nutre in corpo una piaga e a un fuoco occulto si consuma.
Le tornano in mente il grande valore dell'eroe e della sua stirpe
la gloria eccelsa; impressi in cuore le rimangono volto e parole,
e la passione non concede alle sue membra d'assopirsi in pace.

L'aurora, il giorno dopo, illuminava con lo splendore del sole
la terra e dal cielo aveva scacciato l'umidità delle tenebre,
quando, ormai fuor di sé, parla alla fidata sorella:
«Anna, sorella mia, che sogni mi sconvolgono e m'angosciano!
Che ospite straordinario è entrato nel nostro palazzo,
cosí come si presenta, e con che forza di cuore e d'armi!
Credo davvero che sia (non è un'illusione) di stirpe divina.
Il timore rivela animi ignobili. Quali destini, ahimè,
l'hanno colpito! Che guerre narrava d'aver sostenuto!
Se non avessi in cuore decisione ferma e irremovibile
di non volermi unire con nessuno in matrimonio,
dopo che il mio primo amore morendo mi tradí e deluse;
se non avessi in odio il talamo e le fiaccole nuziali,
per costui solo forse avrei potuto cedere alla tentazione.
Anna, lo confesso, dopo la morte di Sicheo,
il mio misero sposo, e la casa cosparsa di sangue fraterno,
solo quest'uomo ha commosso i miei sensi e l'animo m'ha fatto
vacillare. Riconosco i sintomi dell'antica fiamma.
Ma prima vorrei che la terra mi si aprisse in un abisso
o che il padre onnipotente col fulmine mi spingesse tra le ombre,
tra le ombre pallide dell'Erebo e nella notte profonda,

Andrea Mantegna, *Didone*, 1495-1500. (Montreal, Musée des Beaux-Arts)

2 **nutre…si consuma**: si porta addosso una ferita, un sentimento di amore che la tormenta.

3-5 **Le tronano in mente…in pace**: Didone è ormai innamorata d'Enea.

13 **Il timore…ignobili**: soltanto le persone vili provano timore, per cui Enea, nobile, non conosce paura.

17 **dopo che…e deluse**: dopo che il primo marito, Sicheo, morendo mi deluse e tradì la mia speranza di felicità.

18 **il talamo e le fiaccole nuziali**: Didone ormai non ama più il letto nuziale («talamo») e i festeggiamenti delle nozze («fiaccole nuziali»).

21 **la casa…fraterno**: l'omicidio di Sicheo era stato perpetrato dal fratello di Didone, Pigmalione.

23 **Riconosco i sintomi…fiamma**: il fuoco d'amore.

25 **il padre onnipotente**: Giove.

26 **tra le ombre pallide dell'Erebo**: i morti.

prima d'offenderti, o Pudore, e infrangere le leggi tue.
Colui che per primo a sé mi uní, mi carpí tutto l'amore:
l'abbia perciò con sé e lo serbi nel sepolcro».
Detto questo, di lacrime a dirotto riempí la sua veste.

Ed Anna a lei: «O sorella, che cara piú della luce mi sei,
sola e in rimpianti sciuperai tu dunque tutta la tua giovinezza,
rinunziando alla dolcezza dei figli e alle gioie di Venere?
Credi che di ciò si curino le spoglie e l'anime dei defunti?
E sia: nessun marito un tempo affranta ti piegò,
né in Libia; né prima a Tiro; hai spregiato Iarba
e gli altri príncipi che nutre l'Africa, una terra
ricca di gloria: respingerai anche un amore desiderato?
Non ricordi nella terra di chi ti sei fermata?
Da una parte le città dei Getuli, stirpe invincibile in guerra,
gli indomabili Númidi e la Sirte inospitale ti circondano;
dall'altra una regione desolata dalla sete, e in ogni dove
i Barcei che infuriano. E che dire delle guerre che sorgono
da Tiro, delle minacce di tuo fratello?
Penso proprio che, con auspici divini e il favore di Giunone,
le navi d'Ilio siano state spinte dal vento su questa rotta.
Come vedrai fiorire questa città e quale regno sorgere
da tali nozze! Con l'aiuto dell'armi troiane
a quali luminose imprese s'innalzerà la gloria dei Punici!
Ma tu chiedi il favore degli dèi e, resi i sacrifici,
prolunga l'ospitalità e inventa pretesti per trattenerlo,
finché sul mare imperversa l'inverno e la pioggia di Orione,
finché le navi sono disastrate e tempestoso è il cielo».

Con queste parole infiammò quell'animo ardente d'amore,
diede speranza al suo cuore dubbioso e ne vinse il ritegno.
[...]

27 **o Pudore**: personificazione di questo valore, ritenuto supremo per le donne.

28 **Colui che per primo**: Didone parla sempre di Sicheo.

33 **alle gioie di Venere**: i piaceri dell'amore.

34 **le spoglie e...dei defunti?**: le ceneri e le anime divinizzate dei defunti.

35-38 **E sia...desiderato**: Ammettiamo pure che nessun pretendente ti abbia costretta al matrimonio perché abbattuta («affranta»): è il caso di cedere almeno a chi ami davvero, dice Anna; **Iarba**: il re dei Getuli, popolo stanziato a ovest di Cartagine.

39 **Non ricordi...fermata?**: Anna invita Didone a riflettere sul fatto che la città di Cartagine si trovi in terra straniera.

40-41 **Getuli...Númidi**: sono popoli che abitavano in quella zona; **Sirte**: il golfo libico.

43-44 **Barcei**: gli abitanti di Barce in Cirenaica, colonia greca, per altro all'epoca non ancora fondata; **guerre che sorgono da Tiro**: ricorda che anche dalla fenicia Tiro potevano venire delle minacce.

45-46 **auspici...rotta**: le navi troiane sarebbero giunte assecondate dagli dèi e da Giunone, protettrice della città.

47-48 **Come vedrai...nozze**: Che grande città vedrai sorgere da così grande matrimonio.

51 **prolunga...per trattenerlo**: ricerca qualche pretesto per trattenere Enea.

52-53 **finché...l'inverno**: fino a quando non sopraggiunga l'inverno; **e la pioggia...cielo**: e la costellazione di Orione dia inizio alle piogge autunnali, decretando la fine della stagione della navigazione: è il momento in cui le navi «disastrate» devono essere riparate dall'usura.

55 **ne vinse il ritegno**: vinse le ultime ritrosie causate dal pudore.

[Durante una battuta di caccia, a causa di un forte temporale, Enea e Didone si riparano in una grotta e si scambiano il loro amore. Presto, però, gli dèi richiamano Enea al rispetto del dovere e lo inducono a salpare per l'Italia per compiere la sua missione. Didone, ferita nel suo orgoglio di donna innamorata, matura la decisione di uccidersi.]

Orazio Samachini, *Mercurio ordina a Enea di abbandonare Didone*, XVI secolo. (Parigi, Museo del Louvre)

E già Aurora, lasciato l'aureo letto di Titone,
sorgendo di nuova luce rischiarava la terra.
Quando dall'alto della rocca la regina biancheggiare vide
la luce e la flotta allontanarsi a vele spiegate,
e scorse vuote le rive, vuoti i porti senza piú marinai,
percuotendosi con la mano tre, quattro volte il bel seno,
strappandosi i capelli biondi: «O Giove», protestò,
«questo straniero se ne andrà, facendosi scherno del nostro regno?
E nessuno di voi prenderà le armi, nessuno dalla città
l'inseguirà, strapperà dai cantieri le navi? Andate, portate
le fiamme, avanti, afferrate le frecce, date forza ai remi!
Che dico? dove sono? che follia mi sconvolge la mente?
Infelice Didone! soltanto ora queste empie azioni t'offendono?
allora dovevano, quando gli davi lo scettro. Bella fede
la sua! e dicono che rechi i patri Penati con sé,
che abbia offerto le spalle al padre stremato dagli anni!
Non potevo afferrarlo, farne a brani il corpo e disperderlo in mare?
non potevo con la spada trafiggergli i compagni,
uccidere lo stesso Ascanio e darlo in pasto al padre?
Vero, incerta era la lotta, l'ammetto. Ma temere chi,
se dovevo morire? Avessi portato il fuoco nel loro campo,
riempito le tolde di fiamme, avessi sterminato figlio, padre
e tutta la sua stirpe: io stessa mi sarei gettata su quel rogo!
O Sole, che di fiamme illumini le opere della terra
e tu, Giunone, madre e complice dei miei affanni,
Ècate, a gran voce di notte invocata nei trivi di città,
e voi, Furie vendicatrici, dèi della morente Elissa,
ascoltate ciò che dico: punite con giusta mano i malvagi,
esaudite le mie preghiere. Se toccare un porto
e approdare alla terra deve quello scellerato,

584-585 **E già Aurora...la terra**: l'Aurora diffondeva la luce del nuovo giorno sulla terra, dopo essersi alzata dal letto dorato del marito Titone.

587 **la flotta**: è quella di Enea che lascia Cartagine.

589-590 **percuotendosi...i capelli biondi**: Didone compie i gesti del pianto rituale, celebrando la sua stessa morte.

591 **questo straniero**: prima era lo sposo, poi l'ospite e ora solo uno straniero.

596 **soltanto ora...t'offendono?**: soltanto ora senti il peso delle cattive scelte che hai operato (e invochi i tuoi uomini perché vadano ad appiccare fuoco alle navi in partenza)?

597 **quando gli davi lo scettro**: affidavi a Enea il comando.

598-599 **e dicono...dagli anni**: Didone ironizza sulla lealtà di Enea e sul fatto che abbia salvato il padre e accompagnato i Penati e il figlio.

603-604 **Ma temere chi...morire?**: se ero destinata a morire chi avrei dovuto temere?

605 **tolde**: ponti delle navi.

609 **Ècate**: Diana era venerata in cielo come Luna, nei boschi come Diana e negli Inferi come Ecate o Proserpina, e per questo invocata negli incroci («trivi»), con lunghe grida.

610 **Elissa**: è il nome fenicio di Didone.

613 **quello scellerato**: sta riferendosi sempre ad Enea.

se questo è il volere di Giove e questa la meta fissata,
che almeno, vessato dalla guerra e dalle armi di un popolo audace,
bandito dalla sua terra, strappato all'abbraccio di Iulo,
implori aiuto e veda i suoi morire di morte umiliante;
e quando si sarà piegato al patto di una pace iniqua,
che non goda del regno, della luce tanto amata,
ma muoia anzitempo e giaccia insepolto nella sabbia.
Questo chiedo, col sangue esalo quest'ultimo grido.
E voi, Tiri, con l'odio vostro sino alle estreme generazioni
perseguitate la sua stirpe, offrite questo dono
alle mie ceneri. Non vi sia patto o amore fra i due popoli.
E sorga dalle ossa mie un vendicatore,
che qui, in futuro e finché vi siano forze sufficienti,
con ferro e fuoco incalzi i coloni troiani.
Sponda contro sponda, marosi contro flutti, questo m'auguro,
armate contro armate: e si combattano, loro e i nipoti».
[...]

E mentre parlava, le ancelle la vedono abbattersi
sul ferro, vedono la spada intrisa di sangue e di sangue
cosparse le mani. [...]

Virgilio, *Eneide*, IV, 1-55, 584-629, 663-665, trad. it. di M. Ramous, Marsilio, Venezia, 1998

Il suicidio di Didone in una placca in rame smaltato dipinta dal Maestro dell'*Eneide*, 1530-1535. (New York, Metropolitan Museum of Art)

614 **e questa...fissata**: la conclusione non può essere mutata.

615-620 **che almeno, vessato...nella sabbia**: la maledizione di Didone prevede la guerra nel Lazio contro i Rutuli, la separazione dal figlio e la morte di Enea, tre anni dopo la vittoria finale, nelle acque del fiume Numico.

622 **E voi, Tirii,...generazioni**: i Cartaginesi, discendenti dei Fenici di Tiro, sono chiamati a perseguitare la stirpe di Enea. Il riferimento è alle tre guerre puniche (dal 264 al 146 a.C.).

625 **un vendicatore**: Annibale, condottiero dei cartaginesi durante la seconda guerra punica (218-202 a.C.), il nemico più pericoloso della storia di Roma.

663-664 **abbattersi sul ferro**: gettarsi sulla spada (metonìmia).

per L'ANALISI del TESTO

La digressione e l'"epillio" amoroso

Il racconto dell'**innamoramento** di Didone per Enea e la **conclusione tragica** di questo amore occupano tutto il IV Libro dell'Eneide. Virgilio ha aperto una lunga parentesi nel continuo peregrinare di Enea, una **digressione** rispetto all'evento principale: il viaggio per mare risulta interrotto, la missione da compiere è accantonata, l'amore ha il sopravvento sul valore e sui sentimenti eroici.

Tutto questo implica un **cambio di stile** nel codice narrativo. Siamo di fronte al prevalere dell'**epillio**, un poemetto, in questo caso amoroso, limitato nel numero di versi e tipico della tradizione colta ellenistica. Il modello omerico è completamente abbandonato in favore di quello alessandrino. **Apollonio Rodio** e la sua trattazione degli amori di Medea e Giasone nelle *Argonautiche* sono il riferimento costante di Virgilio. Il nostro autore, però, si distacca dall'arte per l'arte della poesia alessandrina per i continui sconfinamenti dal racconto leggendario all'ambito storico: l'amore-odio di Didone per Enea diventa **poemetto eziologico**, spiegazione leggendaria del sorgere della guerra secolare combattuta tra Roma e Cartagine.

Una tragedia compiuta

Come nel citato poema di Apollonio, la vicenda di Didone è scandita da Virgilio secondo vere e proprie **scene tragiche**. I due brani antologici ne costituiscono il prologo e l'epilogo: il sorgere della passione amorosa e la sua conclusione con il suicidio dell'eroina protagonista.

Nel primo episodio sono in scena le due sorelle. Didone confessa la sua passione, delineando la consueta linea che collega l'amore alla morte e, in un certo senso, svelando da subito il destino finale che l'attende. Restare fedele in eterno al primo marito Sicheo o abbandonarsi a questa nuova fiamma d'amore è un falso dilemma tragico: per lei hanno già scelto Venere e Giunone, e il Fato ha già deciso quale ne sarà l'esito. L'amore, sembra voler suggerire Virgilio, è una forza vitale insondabile, un sentimento che non dà scampo, che innalza e fatalmente conduce al dissolvimento.

Didone, vittima e responsabile degli eventi

Nonostante sia stata trascinata all'amore dalle dee, Didone viene considerata responsabile di aver intralciato lo svolgersi del destino. La sua passione è andata oltre ai limiti consentiti. Questo suo comportamento ha ostacolato il compiersi di quel disegno che il Fato aveva delineato.

Umanamente innocente, come innocente è Enea che si piega docilmente al Fato, anche Didone accetta di lasciare andare il suo amato, ma non può che morire, bruciata dalla sua stessa passione. E il **campo semantico del fuoco**, delle fiamme, dell'ardore è sotteso all'intera vicenda: all'inizio la donna riconosce «i sintomi dell'antica fiamma» (v. 23), alla fine preparerà la pira su cui, dopo aver intonato il canto funebre, andrà a gettarsi.

La conclusione, davvero degna di una tragedia, chiude il cerchio: per gli dèi è stato ristabilito l'ordine. Enea può portare a termine la sua missione. Virgilio può riannodare i fili del poema e riprendere la storia là dove l'aveva lasciata prima della digressione.

La conclusione "storica"

L'unico strascico di questa vicenda chiusa, che non ha riflessi nel resto del poema, è di carattere storico. La maledizione che Didone pronuncia poco prima di gettarsi sulla spada dell'eroe che l'ha tradita ricadrà sui posteri. Le vicende di Enea in terra d'Africa spiegherebbero, dunque, l'odio perenne che ha caratterizzato il lungo scontro tra Roma e Cartagine. Virgilio fa poeticamente discendere dalla maledizione di Didone uno dei passaggi decisivi della lunga storia di Roma.

Enea abbandona Didone e parte da Cartagine per riprendere il suo viaggio, in una placca in rame smaltato dipinta dal Maestro dell'*Eneide*, 1530-1535. (New York, Metropolitan Museum of Art)

Attività

Leggere e comprendere

1 **L'attrazione** Quali sono le qualità di Enea che Didone mette in risalto nel dialogo con la sorella?

2 **I segni** Che cosa intende Didone con la sentenza, divenuta proverbiale: «Riconosco i sintomi dell'antica fiamma» (v. 23)?

3 **Più forte della volontà** La potenza dell'amore è enorme e nulla possono la volontà e le promesse fatte a se stessa dalla regina. Cerca nel testo le parole di una decisione che vacilla sempre più.

4 **La dura realtà** Enea si adegua al volere del Fato. All'alba la regina ha davanti la verità. Che cosa vede? Come reagisce? Quale primo sentimento prova?

5 **Le reazioni** Travolta da passioni contrastanti, Didone rivolge a Enea, ormai in mare, un discorso in cui progetti, pentimenti e maledizioni s'intrecciano. Riordina le affermazioni della donna seguendo il testo.

a. Rimpiange di non aver ucciso lui e i compagni ☐
b. Invoca gli dèi che la vendichino e puniscano i Troiani ☐
c. Si pente di aver dato fiducia e amore a un uomo apparentemente pio ☐
d. Immagina che i suoi inseguano e distruggano le navi ☐
e. Si pente di non aver bruciato la flotta con tutti gli uomini e anche se stessa ☐
f. Si augura che Enea raggiunga la meta, secondo il Fato, ma privato dei suoi cari ☐
g. Rimpiange di non aver ucciso Ascanio e imbandite le sue carni al padre ☐
h. Si augura che Enea, morto anzitempo, resti insepolto ☐
i. Riconosce la sua follia ☐
l. Intima ai Cartaginesi di combattere perenne guerra contro tutti i discendenti di Enea ☐

6 **Nel profondo** Il discorso della regina mostra sentimenti contrastanti. Scrivi le parole del testo che documentano ciascuno di essi: orgoglio, ira, desiderio di vendetta, rimpianto, odio, sarcasmo.

Riconoscere e analizzare

7 **L'episodio** Se l'*Eneide* è soprattutto la narrazione del viaggio di Enea alla ricerca di una nuova patria, il lungo episodio del soggiorno a Cartagine e dell'amore di Didone quale funzione narrativa assume? È collegato al resto della vicenda?

8 **Poesia colta** Virgilio abbandona il modello omerico. Qual è il motivo di questa scelta?

a. Virgilio è alle prese con l'elaborazione di storie fantastiche
b. Virgilio deve mostrarsi raffinato conoscitore dell'animo femminile
c. Virgilio deve variare sapientemente i temi presentati
d. Virgilio non trova figure femminili nei poemi omerici

9 **La metafora** La potenza del sentimento d'amore, ineluttabile e devastante, è presentata in tutto il IV libro con l'uso di un'immagine metaforica. Quale? Cerca le espressioni e le scene in cui Virgilio ne fa uso.

10 **Il tempo** I momenti in cui si aprono gli episodi sono delineati da suggestive descrizioni. Quando avviene il discorso tra le due sorelle? E il suicidio di Didone? Quali elementi realistici e quali mitologici sono utilizzati per queste determinazioni temporali?

11 **L'epillio** Perché possiamo affermare che il IV libro dell'*Eneide* sia un epillio, piuttosto che un libro all'interno di un poema epico?

Rielaborare e produrre

12 **Discutere** Il sentimento di odio che fa seguito a una grande passione tradita può essere considerato un sentimento comune a tutti gli uomini, a cui Virgilio si è ispirato o una costruzione letteraria inverosimile, usata da Virgilio solo come digressione? Confronta la tua opinione con quella dei tuoi compagni in un dibattito in classe.

13 **il riassunto** Sintetizza il passo in 100 parole.

14 **Mito e storia** Una così struggente vicenda d'amore ha una funzione eziologica perché serve a giustificare un fatto storico. Di che quale fatto si tratta? Hai già incontrato miti eziologici? Riproponili in un breve testo espositivo di 70 parole.

Virgilio

La discesa di Enea agli Inferi

Enea riprende il viaggio e sosta in Sicilia per commemorare con giochi funebri il padre. Ed è proprio l'ombra di Anchise a comparirgli nella notte e ad ammonirlo di far tappa in Campania, a Cuma, per scendere agli Inferi e conoscere il proprio futuro. La Sibilla cumana, sacerdotessa di Apollo, gli predice gravi lutti al suo arrivo nel Lazio e acconsente a guidarlo negli Inferi per incontrare il padre Anchise. Dopo aver cercato e offerto il rituale ramo d'oro a Proserpina, Enea è pronto per varcare la soglia degli Inferi.

Da
Eneide (libro VI, vv. 264-294, 450-476, 679-702),
I secolo a.C.

Poema epico

Dèi, che delle anime avete il dominio, e voi, ombre silenti,
voi, Caos e Flegetonte, luoghi muti nella notte senza fine,
mi sia lecito dire ciò che udii e col vostro consenso
svelare le cose nascoste nel buio profondo della terra.

Celati andavano nell'ombra di una notte desolata
lungo le case deserte e i regni senza vita di Dite,
come al chiarore incerto della luna, sotto scarsa luce
è il cammino nei boschi, quando Giove vela di ombre
il cielo e il buio della notte toglie alle cose i colori.
Proprio davanti all'entrata, dove s'aprono le bocche dell'Orco,
il Pianto e il vindice Affanno han posto il loro covile;
vi abitano i pallidi Morbi e la triste Vecchiaia,
la Paura, la Fame dai mali consigli e la turpe Miseria,
specie terribili a vedersi, e la Morte e il Dolore;
poi il Sonno, fratello della Morte, e i malvagi Piaceri
della mente, e sulla soglia opposta la Guerra che semina lutti,
i ferrei talami delle Eumenidi e la folle Discordia,
che capelli di vipere annoda con bende insanguinate.

Al centro immenso un olmo scuro stende come rami
le sue braccia cariche d'anni, dove si dice che a torme
abbiano sede, appesi sotto ciascuna foglia, i Sogni fallaci.

Peter Paul Rubens, *Enea agli Inferi*, 1635 circa. (Cardiff, National Museum of Wales)

264-265 **Dèi, che…dominio**: Virgilio apre con una solenne invocazione agli dèi inferi. **Caos e Flegetonte**: Caos è il principio delle cose, padre della Notte e dell'Erebo, il regno dei morti, in cui scorre Flegetonte, fiume infuocato.

268 **andavano**: Enea e la Sibilla.

269 **Dite**: un altro appellativo di Plutone, dio degli Inferi.

270-272 **come al chiarore…i colori**: la Sibilla ed Enea procedono nel buio degli Inferi come chi cammina nei boschi quando la luna si nasconde e la notte è più oscura.

273 **Orco**: è un altro termine che indica l'Oltretomba.

274 **Pianto…covile**: si vedono all'ingresso le tane («covile») delle personificazioni dei mali e degli incubi; **vindice**: vendicatore.

275 **i pallidi Morbi**: le malattie fanno impallidire l'uomo.

276 **la Fame dai mali consigli**: quando si è attanagliati dalla Fame non si è in grado di prendere giuste decisioni.

278 **fratello della Morte**: il Sonno richiama la Morte, entrambi sono figli della Notte.

280 **i ferrei talami delle Eumenidi**: dee del rimorso che perseguitano gli uomini durante la notte.

280-281 **Discordia…bende insanguinate**: allegoria della Discordia con i capelli di vipera e le bende insanguinate, per le guerre che provoca.

283-284 **a torme**: in grande quantità; **appesi**: i Sogni ingannevoli stanno appesi all'immenso olmo.

E ancora in quantità figure mostruose di strane fiere,
i Centauri installati sulle porte, le Scille biformi,
Briàreo dalle cento braccia, la belva di Lerna
che orribilmente sibila, e armata di fiamme la Chimera,
le Gorgoni, le Arpie e il triplice fantasma di Gerione.
Allora Enea, tremante per l'improvviso terrore,
afferra la spada e stringendola la punta contro gli avversari
e, se l'esperta compagna non l'ammonisse che fatue, incorporee
sono quelle figure svolazzanti in vuota parvenza di forma,
le avrebbe assalite, squarciando invano fantasmi col ferro.
[...]

[Superato il vestibolo, Enea e la Sibilla giungono sulle rive dell'Acheronte, il fiume che li separa dal mondo dei morti. Salgono sulla barca di Caronte, il traghettatore, mostrandogli il ramo d'oro, il segno dell'autorizzazione divina al viaggio. Con una focaccia soporifera, la Sibilla mette a tacere Cerbero, mostruoso cane a tre teste, così che Enea può proseguire tra i Campi del Pianto, dove Minosse ha collocato coloro che sono morti anzitempo: tra questi Enea scorge Didone e, ansioso, le si avvicina.]

Fra queste poi, fresca di ferita, la fenicia Didone
vagava nel grande bosco. Non appena l'eroe troiano
le fu vicino e tra le ombre la riconobbe,
nebulosa, come chi vede o crede d'aver visto
all'inizio del mese sorgere la luna tra le nubi,
gli sgorgarono lacrime e parlò con dolcezza d'amore:
«Infelice Didone, vera dunque mi giunse notizia
che, cercando morte di spada, t'eri uccisa?
e, ahimè, che di tua morte io fui la causa? Giuro sulle stelle,
sui Celesti, sulla fede se mai ve n'è nel cuore della terra,
giuro, regina, che contro volere partii dal tuo lido.
Ma l'ordine divino, che tra le ombre ora mi spinge
per questi luoghi orrendi di squallore nella notte fonda,
mi costrinse al suo volere; no, non potevo credere
d'arrecarti con la mia partenza dolore cosí grande.

285 **figure...fiere**: espressione ridondante che indica l'apparizione di numerosi mostri ferini: non più personificazioni di mali, ma mostri mitologici.

286 **Centauri**: creature metà uomini e metà cavalli. **Scille biformi**: mostri il cui corpo di donna si innestava su quello di un pesce.

287 **Briàreo**: gigante con cento braccia; **la belva di Lerna**: l'Idra, mostro dalle sette teste, ucciso da Ercole.

288 **Chimera**: mostro che si presentava con la testa di leone, il corpo di capra e la coda di drago.

289 **Gorgoni**: avevano serpi al posto dei capelli, pietrificavano con lo sguardo; **Arpie**: uccelli mostruosi che si presentavano con il viso di donna; **il triplice fantasma di Gerione**: il poeta si riferisce a Gerione, un gigante con tre teste e tre corpi.

292 **esperta compagna**: la Sibilla.

293 **vuota parvenza di forma**: sono mostri immaginari e non reali.

453 **nebulosa**: poco nitida.

460 **dal tuo lido**: dalla spiaggia di Cartagine.

Férmati, non sottrarti al mio sguardo. Chi fuggi?
L'ultima volta è questa che il destino mi concede di parlarti».
Cosí cercava Enea di lenire quell'anima furente,
che torva lo guardava, muovendola al pianto.
Ma lei, volgendosi altrove, teneva fissi gli occhi a terra,
il volto immobile a ciò che andava dicendo,
piú che se fosse dura selce o rupe di Marpesso.
Alfine da lí si strappò e ostile fuggí
nell'ombra del bosco, dove Sicheo, il primo sposo,
al suo affanno risponde, uguagliandone l'amore.
Non meno scosso da quell'iniqua sciagura, Enea in lacrime
di lontano la segue e la compiange mentre fugge.
[...]

[Evitato l'ingresso al Tartaro, dove soffrono pene terribili gli empi, Enea si trova davanti alla città di Dite; si purifica con le acque sacre e a quel punto può donare il ramo d'oro a Proserpina e proseguire fino ai Campi Elisi. Qui osserva la vita dei beati e incontra il padre Anchise.]

Il padre Anchise, nel cuore di una verde vallata,
ammirato riandava con la mente alle anime raccolte lí
e sul punto di tornare alla luce; passava in rassegna i suoi
diletti nipoti, contandone appunto le schiere,
e il fato, le fortune di quegli uomini, costumi e gesta loro.
Ma come vide sul prato venirgli incontro Enea,
vinto dall'emozione gli tese entrambe le mani, lacrime
rigarono il suo volto e dalle labbra gli sfuggí:
«Eccoti infine; la tua pietà, da me tanto attesa,
ha dunque vinto la durezza del cammino? Posso, figlio mio,
guardarti in viso, ascoltare la tua voce e risponderti?
Cosí certo ritenevo in cuor mio e pensavo, contando i giorni,
sarebbe avvenuto, né l'ansia mi trasse in inganno.
Di terra in terra, da un mare all'altro sospinto, ora t'accolgo,
travagliato, figliolo, da tali e tanti pericoli!
Come ho temuto che il regno di Libia ti fosse fatale!».
E lui: «La tua, padre, la tua mesta immagine, comparendomi
cosí spesso innanzi, mi spinse a cercarti fin qui:
nel mar Tirreno sostano le navi. Lascia, lascia, padre mio,

Enea e la Sibilla incontrano Anchise agli Inferi in un dipinto di autore sconosciuto del XVIII secolo. (New Haven, Yale Center for British Art)

465 **Férmati,...mio sguardo**: Didone è insensibile alle parole di Enea e non si arresta.

467 **lenire quell'anima furente**: lo stato d'animo di Didone è ancora individuato con l'immagine del fuoco: non è ancora alleviata («lenire») la ferita.

471 **dura selce o rupe di Marpesso**: Didone è impassibile, come dura pietra o marmo proveniente dal monte Marpesso, nell'isola di Paro.

473-474 **dove Sicheo...l'amore**: il primo marito, Sicheo, soccorre, avendo comprensione di lei, il suo affanno e la ripaga dello stesso amore.

681 **sul punto...luce**: nei Campi Elisi ci sono anche le anime di coloro che sono pronti a reincarnarsi per una nuova vita; **i suoi**: i suoi discendenti e in particolare i grandi romani futuri.

683 **il fato**: il loro destino.

687 **Eccoti infine**: Anchise avvia il suo discorso con un'esclamazione di soddisfazione; **la tua pietà**: il tuo senso filiale, di rispetto verso di me.

694 **il regno di Libia**: la relazione che Enea aveva intessuto con Didone.

700-702 **Tre volte… un sogno fugace**: i tre versi che seguono sono uguali a quelli del commiato di Enea dalla moglie Creusa.

che ti stringa la mano; non sottrarti al mio abbraccio».
E mentre parlava, un pianto dirotto gli rigava il volto.
Tre volte tentò di cingergli il collo con le braccia,
tre volte, afferrata invano, l'immagine gli sfuggí dalle mani
come un vento leggero, simile a un sogno fugace.

Virgilio, *Eneide*, VI, 264-294, 450-476, 679-702, trad. it. di M. Ramous, Marsilio, Venezia, 1998

per L'ANALISI del TESTO

L'investitura ufficiale

Il VI libro è centrale nel poema sia per posizione sia per funzione. Dopo un viaggio spesso sovrapponibile a quello di Odisseo, in cui la cattiva interpretazione delle indicazioni aveva portato Enea a identificare la Terra promessa in luoghi sbagliati, ora occorre un'investitura ufficiale della sua missione. Siamo già in Italia, ai confini con il Lazio, e con Gaeta cominceranno i luoghi limitrofi alla costa in cui sorgerà la città fatale. È dunque finita la prima parte che si rifà all'*Odissea* e, a partire dal VII canto, si avvierà quella che si richiama alla patria e quindi all'*Iliade*, dedicata alla conquista del regno voluto dagli dèi.

Questo stacco è sottolineato da un **momento di riflessione**. Per conoscere la propria missione e prepararsi a divenire capostipite della nuova gente, Enea scende agli Inferi e viene "iniziato" al suo nuovo ruolo. Non è la discesa di Odisseo che andava per sapere se e come sarebbe tornato a Itaca. È un passaggio che Enea, nel suo percorso iniziatico di maturazione, deve compiere per essere all'altezza di ciò che dovrà fare.

L'ingresso agli Inferi

Solo questo primo scorcio ricorda i toni omerici («Celati andavano nell'ombra di una notte desolata», v. 268). Nel vestibolo Enea e la Sibilla incontrano non mostri mitologici, ma una galleria delle personificazioni **degli incubi e delle paure** degli uomini: l'elaborazione filosofica classica (dal V sec. a.C. in poi) ha portato da una rappresentazione antropomorfica delle paure a un'identificazione di quelli che sono i mali che assillano l'uomo in concetti astratti, non riconducibili a esseri definiti, ma proprio per questo più angoscianti. Abile è l'uso dell'immagine allegorica per rappresentare in maniera figurata il personaggio: «la folle Discordia che capelli di vipere annoda con bende insanguinate» (vv. 280-281).

L'incontro con Didone

Tra coloro che da poco si sono tolti la vita Enea scorge l'ombra di **Didone**. Nell'episodio infernale i ruoli si invertono: in vita era la donna a supplicare l'amato perché restasse a Cartagine; qui, negli Inferi, è l'eroe troiano a implorarla («Férmati, non sottrarti al mio sguardo», v. 465) per parlarle e spiegarle le sue ragioni. Lei ha la freddezza determinata che era stata di lui, appartiene ormai a un altrove che non ha più alcun legame con la terra: ha uno sguardo «torvo», il volto immobile, è del tutto insensibile alle parole di Enea. Il dramma che ha portato alla separazione tragica due anime inconciliabili, prosegue negli Inferi: l'amore cui ha ubbidito lei e il Fato che lui ha assecondato continuano a tenerli lontani. E in questo Didone è davvero un'eroina tragica.

L'incontro con Anchise

All'interno dell'amena vallata in cui sono situati i Campi Elisi, il vecchio Anchise è dedito a osservare la sua futura progenie, quei futuri romani che costituiranno la gloria di Roma. Al sopraggiungere di Enea, una forte commozione prende l'animo di entrambi. Anchise avvia un discorso che mette in risalto la *pietas* di Enea, il suo senso del dovere e nel contempo la sua pietà filiale. A sua volta, Enea confessa al padre che proprio la ripetuta comparsa della sua immagine lo ha sollecitato a spingersi perfino nell'Oltretomba. Passa in secondo piano il bisogno di conoscere il suo destino futuro. Prevalgono gli affetti che tuttavia non trovano pieno compimento. Infatti, il rituale tentativo di Enea di abbracciare il padre («Tre volte tentò di cingergli il collo con le braccia», v. 700), viene frustrato, come era accaduto con la moglie Creusa, nella notte durante la fuga da Troia. Anchise è «simile a un sogno fugace», non ha corpo e tale mancato abbraccio non può che ferire l'animo sensibile di Enea.

Attività

Leggere e comprendere

1 **Nel vestibolo** Enea affronta nel vestibolo la prima delle prove che lo aspettano nel viaggio agli Inferi. Una serie terrificante di mali e di mostri lo circonda: elenca i loro nomi e le loro principali caratteristiche.

2 **I mali** Enea si trova circondato dai mali e dalle personificazioni delle paure degli uomini. Virgilio non descrive mostri, ma riflette su quegli incubi "astratti" che esistono e angosciano l'uomo. Analizza queste personificazioni sulla base delle indicazioni seguenti, portando esempi.
- Mali che sono connaturati all'esistenza umana
- Mali che derivano da scelte operate dagli uomini
- Mali che l'uomo subisce ma senza precisa responsabilità

3 **Una reazione umana** Anche un eroe così coraggioso e "freddo" come Enea ha una reazione carica di umanità di fronte a tale spettacolo. Puoi descriverla?

4 **Lontani** Se prima Didone aveva invano cercato di trattenere Enea, ora è l'eroe a essere respinto. Evidenzia nel testo i passaggi che esprimono i sentimenti opposti dei due personaggi.

5 **Diversi destini** Il discorso rivolto a Didone mostra quanto anche Enea abbia sofferto nell'abbandonarla: i loro caratteri (e quindi i rispettivi destini), però, sono inconciliabili, perché mirano a finalità diverse. Spiega perché.

6 **Nipoti** Chi sono quelli che Anchise ritiene suoi nipoti? Perché?

7 **Il padre** Nel vedere il figlio, Anchise è preso da grande emozione. Come la esprime?

a. Con parole roboanti
b. Con un silenzio stupito
c. Con parole e gesti
d. Con gesti scomposti

8 **L'accoglienza** Come risulta per Anchise l'arrivo del figlio?

a. Temuto **c.** Inaspettato
b. Atteso **d.** Sgradito

9 **Le caratteristiche** Nelle sue parole, Anchise traccia un quadro della vita di Enea. Quali tre parole del discorso sono particolarmente efficaci?

10 **«Nel mar Tirreno sostano le navi»** (v. 697) Perché Enea dà questa spiegazione non richiesta all'ombra del padre?

11 **La delusione** Perché la scena finale evidenzia soprattutto delusione?

Riconoscere e analizzare

12 **Il tono** Quali sono l'atmosfera e il colore del vestibolo così come emergono dalle espressioni e dagli aggettivi usati da Virgilio?

13 **L'allegoria** La descrizione degli incubi astratti che assillano l'umanità non può che avvenire attraverso l'allegoria. Per quale motivo? Porta qualche esempio tratto dal testo.

14 **Lo spazio** L'incontro tra Enea e Didone si svolge in un «grande bosco», quello tra Enea e Anchise in «una verde vallata», in un «prato». Scegli la funzione dello spazio giusta e motiva poi la tua risposta.

a. Sfondo **b.** Specchio **c.** Simbolo

15 **Le similitudini** Nel testo sono presenti similitudini riferite alla natura (vv. 268-272, 282) ma anche a persone (Didone e l'ombra di Anchise). Cerca i versi che contengono queste ultime e indica i termini di paragone.

Rielaborare e produrre

16 **Discutere** «Ma lei, volgendosi altrove, teneva fissi gli occhi a terra, / il volto immobile a ciò che andava dicendo» (vv. 469-470): il silenzio di Didone colpisce Enea e il lettore più di qualsiasi parola. Che cosa esprime questo silenzio? Un dolore indicibile e un'offesa cocente o un profondo disprezzo e un feroce odio? Confronta la tua opinione con quella dei tuoi compagni in un dibattito in classe.

17 **Il riassunto** Sintetizza il passo in 50 parole.

18 **Gli Inferi** Utilizzando l'introduzione, le note, le rubriche del testo e approfondendo il tema con una ricerca personale, cerca di ricostruire la struttura degli Inferi immaginata da Virgilio, mantenendo un parallelo con l'oltretomba omerico. Trascrivi le informazioni in un ordinato testo espositivo di 100 parole.

19 **La risposta immaginaria** Immagina che Didone risponda a Enea e scrivi le sue parole in un discorso diretto di 100 parole.

per SAPERNE di PIÙ

Omero, Virgilio e Dante oltre i confini della vita

La continuità tra la vita e la morte

L'idea di poter scendere nell'Aldilà per riconquistare la vita persa, incontrare persone care, riportarne maggiori conoscenze è diffusa in tutte le culture. Il pensiero mitico elabora una continuità ciclica tra vita e morte, superando la barriera della fine attraverso l'idea di un eterno ritorno delle cose. La **discesa all'Ade** è un po' come il morire, mentre il ritorno da esso è un tornare alla vita, risorgere.

Dal punto di vista narrativo, è un **archetipo** che ritorna in miti e leggende mediterranee e orientali. Questo viaggio non è mai senza scopo: Gilgameš attraversa l'Oceano della morte per trovare la pianta dell'immortalità; nella mitologia greca Orfeo scende nell'Ade per riportare tra i vivi Euridice; Teseo si presenta nell'Ade per rapire Persefone; Ercole cattura Cerbero che stava a guardia degli Inferi.

L'Ade omerico

Anche Odisseo compie la **catabasi** (letteralmente, "discesa") fino all'Ade (*Odissea*, libro XI). L'eroe omerico non può, però, addentrarsi nei meandri bui degli Inferi; si ferma sulla soglia, compie un rito propiziatorio scavando una fossa nella quale raccoglie il sangue caldo delle vittime sacrificate, e attende che le anime dei defunti, rievocate, si avvicinino a lui. Nella concezione arcaica l'Aldilà è un luogo oscuro, in antitesi alla luce del mondo dei vivi. È un **mondo descrivibile solo in negativo**, in cui le anime non fanno che rimpiangere la vita. Prive di corporeità, si aggirano come pallide ombre in spazi tetri. Sono tutte accomunate dal fatto di ricordare con nostalgia la luce e il calore del giorno e quindi della vita passata.

Omero non individua nell'Oltretomba una giustizia che premi o punisca le anime perché tutte, in maniera indistinta, una volta che le Parche hanno reciso il filo della vita, precipitano nel mondo del non essere. La morale greca arcaica non ha ancora elaborato una prospettiva per superare il limite della morte.

La discesa agli Inferi di Enea

Virgilio, nella discesa agli Inferi di Enea, dimostra una concezione dell'Aldilà molto più articolata, una visione che scaturisce da convinzioni filosofiche elaborate lungo i secoli. Enea compie un vero e proprio **viaggio**, accompagnato da una **guida**, la **Sibilla Cumana**, con una finalità che va oltre la semplice conoscenza del proprio futuro: da questa esperienza ultraterrena ricaverà la piena coscienza di sé e del disegno divino che deve portare a compimento.

Seguendo Enea possiamo ricostruire l'Aldilà descritto da Virgilio. Attraverso una discesa sotterranea si percorre un vestibolo che porta alla riva dell'Acheronte. Superato il fiume, si aprono i Campi del Pianto con la selva dei suicidi; più in là scorre l'infuocato Flegetonte: il fiume circonda l'abisso del Tartaro, nel quale sono precipitate le anime dei malvagi. All'interno della Reggia di Dite si distendono i Campi Elisi, il luogo dei beati, attraversato dal fiume Lete. Sono spazi diversi, ora tristi e bui, ora rischiarati da infuocati sfolgorii, ora illuminati da un'algida luce. Li animano mostri, guardiani e perfino giudici che contribuiscono a delineare una realtà ultraterrena complessa e strutturata.

Tale concezione risulta così elaborata non solo da un punto di vista geografico, ma anche morale: a differenza di Omero, Virgilio pone un discrimine tra il bene e il male; una giustizia superiore distribuisce i premi e i castighi, per cui il luogo di dannazione (il Tartaro) è distinto da quello di beatitudine (Campi Elisi). Inoltre da un'altura Enea osserva una verde valle nella quale le anime, che ormai si sono purificate bevendo dal fiume Lete, sono pronte a reincarnarsi in una nuova vita: si tratta, dunque, di una sorta di anima immortale.

Virgilio attinge alla filosofia platonica e pitagorica per rispondere alla domanda di significato che la matura antichità andava ponendo.

Il viaggio nell'Aldilà di Dante

Da questa struttura degli Inferi virgiliana prenderà le mosse, tra gli altri, **Dante** per organizzare il suo Aldilà, ben più complesso e ricco di simbolismo, nel quale saprà far coabitare insieme il mondo antico classico e quello medievale-cristiano. Caronte, Cerbero, Minosse convivranno con Lucifero, gli Angeli, la Madonna e i Santi, un unico universo che trova significato e valore nella luce della Rivelazione. Anche Dante ricorrerà a una guida per attraversare l'Inferno e il Purgatorio e la individuerà proprio in Virgilio, ma si aggrapperà poi a Beatrice per conoscere il Paradiso. Protagonista del viaggio dantesco, però, non sarà un eroe mitico, ma il poeta stesso, alla ricerca della propria salvezza.

Virgilio

La spedizione di Eurialo e Niso

Da
Eneide (libro IX, vv. 367-449),
I secolo a.C.

Poema epico

Enea è giunto nel Lazio con intenzioni pacifiche, ma l'intervento di Giunone ha provocato la guerra: da un lato combattono i Latini affiancati dai Rutuli e dai Volsci e dall'altro i Troiani alleati con gli Arcadi e alcuni Etruschi.

Il principe dei Rutuli, Turno, attacca i Troiani che si ritirano nel loro accampamento. Per avvisare Enea, che è lontano, si fanno avanti due giovani, Eurialo e Niso, legati da amicizia. I due si avventurano nella notte per attraversare il campo nemico. Rutuli e Latini, convinti della loro superiorità, hanno allentato la guardia e i soldati si sono abbandonati al bere e al gioco. Eurialo e Niso si lasciano tentare dalle circostanze e fanno strage di nemici, razziando armi e vestendosi di esse. Vengono sorpresi, però, al momento della fuga.

Intanto, mentre il grosso dell'esercito indugia schierato in campo,
cavalieri mandati in avanscoperta dalla città latina
si recavano da Turno per portare le risposte del re:
trecento, tutti armati di scudo e guidati da Volcente.
Ormai vicini al campo, già sotto le mura,
scorgono da lontano i due piegare verso un sentiero a sinistra:
aveva tradito l'incauto Euríalo il bagliore dell'elmo,
luccicante nell'ombra della notte ai raggi della luna.
Non passa inosservato. Dalla sua schiera Volcente grida:
«Fermi, uomini; che fate per strada in armi?
chi siete? dove andate?». Non rispondono,
affidandosi alla notte, e nel bosco tentano in fretta la fuga.
In ogni luogo, dove a loro è noto un bivio, i cavalieri
fanno barriera e di guardie circondano qualsiasi varco.
Era la selva vasta, irta di cespugli e d'elci nere
e d'ogni parte assiepata di densi rovi;
solo qualche sentiero biancheggiava fra l'intrico dei passaggi.
L'oscurità dei rami e il peso del bottino impacciano
Euríalo e il timore l'inganna sulla retta via.
Niso s'allontana. Imprudentemente oltrepassa i nemici
e i luoghi che dal nome d'Alba furono chiamati Albani

Elmo romano da parata del II secolo d.C. (Norimberga, Germanisches Nationalmuseum)

368 **cavalieri...dalla città latina**: sopraggiungono soldati provenienti da Laurento, città dei Latini, dunque alleati dei Rutuli.

369 **re**: s'intende il re Latino.

370 **Volcente**: è il rutulo che comanda lo squadrone.

372 **scorgono**: il drappello di trecento soldati scorge Eurialo e Niso.

373 **l'incauto Eurialo**: imprudente perché aveva messo in testa un elmo nemico che ora riluceva al chiaro di luna.

376-377 **Fermi uomini...dove andate?**: sono domande di riconoscimento che Volcente rivolge ai due sconosciuti che, pur indossando armi amiche, fuggono.

379-380 **i cavalieri fanno barriera**: i Rutuli sbarrano loro ogni passaggio; **dove a loro è noto un bivio**: lungo i sentieri del bosco che conoscevano.

381 **d'elci nere**: di scuri lecci.

384 **il peso del bottino**: il bottino di armi sottratte ai nemici uccisi.

385 **e il timore...retta via**: l'ansia confonde Eurialo nella scelta dei sentieri di fuga.

386 **Imprudentemente**: inconsapevole. Niso non si accorge delle difficoltà dell'amico Eurialo.

387 **Alba...Albani**: Niso si trova in quelli che in seguito, dal nome della città di Alba, furono detti Albani, i colli del re Latino.

(allora a pascoli incolti li possedeva il re Latino),
quando s'arresta, volgendosi invano a cercare l'**amico**:
«Euríalo, ahimè, dove mai t'ho lasciato?
dove ti cerco?». Rifacendo tutto il tortuoso cammino
dell'ingannevole selva e scrutando le orme dei suoi passi,
lo percorre a ritroso, errando tra le macchie silenziose.
Ode i cavalli, ode lo strepito e i richiami degli inseguitori:
non passa molto tempo, quando alle orecchie gli giunge un grido
e vede Euríalo sopraffatto ormai, per l'insidia dei luoghi
e della notte, per lo sconcerto dell'assalto improvviso,
travolto da tutta la schiera, mentre invano tenta di difendersi.
Che fare? con che forze, con quali armi potrà mai
salvare il giovane? o dovrà gettarsi tra le spade
pronto a morire, affrettando nel sangue una fine gloriosa?
Ritratto come un lampo il braccio per vibrare l'asta,
in alto volge lo sguardo alla luna e cosí prega:
«O dea, che sei ornamento degli astri e custode dei boschi,
o figlia di Latona, assistimi propizia in questa impresa.
Se mai Írtaco, il padre mio, per me ai tuoi altari
portò doni ed io li accrebbi con le mie cacce,
appendendoli alla volta o fissandoli ai frontoni del tuo tempio,
fa' ch'io sgomini quella schiera, guida il volo dei miei strali».

Detto questo, con la forza di tutto il corpo scaglia il ferro:
l'asta volando fende le ombre della notte
e colpisce la schiena di Sulmone, che volgeva il dorso;
lí s'infrange e con le schegge del legno gli trapassa il cuore.
Stramazza esangue, vomitando sangue a caldi fiotti
dal petto, e scuote i fianchi in lunghe convulsioni.

PAROLE *sotto la lente*

Amico

L'aggettivo o sostantivo riporta il latino *amicus* e indica una persona che è legata ad altri da vincoli di sincero e scambievole affetto, basato in genere su affinità di sentimenti e su reciproca stima ("avere / trovare / perdere / farsi un amico", "amico intimo", "amico d'infanzia", "l'amico del cuore"). In senso più ampio individua una persona con cui si intrattiene un rapporto amoroso, per lo più usato come sinonimo meno esplicito del sostantivo "amante". Con "amico" si intende anche colui che si diletta, che ha passione per qualche cosa ("è un amico dell'arte"), che sostiene correnti politiche oppure che sostiene e ammira figure di rilievo nel mondo della letteratura e dell'arte.

Attività

Crea una famiglia di parole che abbiano la radice di "amico" e classificale in base all'analisi morfologica.

393 **macchie silenziose**: anche i cespugli trasmettono il cupo silenzio che avvolge la notte.

399-401 **Che fare?...una fine gloriosa?**: si accavallano i pensieri nella mente di Niso che vorrebbe salvare l'amico o morire con lui.

402 **Ritratto...l'asta**: piega con rapidità il braccio e palleggia l'asta per bilanciarla e scagliarla con precisione.

405 **o figlia di Latona**: Niso invoca la luce della Luna («ornamento degli astri»), ricordandola anche come Diana cacciatrice dei boschi, figlia di Latona.

406-407 **il padre mio...doni**: ricorda le offerte votive di suo padre Irtaco.

410 **il ferro**: l'asta (sineddoche).

416 **Scrutano tutt'intorno**: gli altri cavalieri si guardano attorno per capire da dove sia giunta l'asta.

Scrutano tutt'intorno. E Niso, imbaldanzito,
levandolo sopra l'orecchio scaglia un altro dardo.
Mentre s'affannano, stridendo l'asta attraversa le tempie
di Tago e arroventata s'arresta nel cervello trafitto.
S'agita come una furia Volcente, ma non v'è luogo in cui scorga
l'autore del colpo o dove possa sfogare la sua rabbia.
«Pagherai intanto tu, col tuo caldo sangue
lo scotto per entrambi», grida e, spada in pugno,
si getta contro Euríalo. Sbigottito, come un folle allora Niso,
che piú a lungo non può celarsi nelle tenebre
e sopportare simile dolore, lancia un urlo:
«Io, io, sono io che ho colpito, contro di me rivolgete il ferro,
o Rútuli! la colpa è mia; nulla ha osato costui,
né l'avrebbe potuto (chiamo a testimoni cielo e stelle);
ha solo amato troppo l'infelice amico suo».
Cosí gridava, ma la spada spinta a tutta forza
trafigge a Euríalo al costato, rompendo il suo candido petto.
Cade riverso nella morte, scorre il sangue
per il bel corpo e, reclinando, il capo s'abbandona sulla spalla:
come un fiore purpureo che, reciso dall'aratro,
langue morendo, o come i papaveri che chinano il capo
sul collo stanco, quando la pioggia li opprime.
Niso allora si getta nella mischia e cerca in mezzo a tutti
solo Volcente, solo di Volcente si dà cura.
I nemici gli si stringono intorno, tentano con ogni mezzo
di respingerlo, ma lui imperterrito li incalza, ruota
come un fulmine la spada, finché in gola del Rútulo che grida
non la immerge, togliendo, ormai morente, la vita al nemico.
Ma poi, trafitto, sull'amico esanime si getta
e nella placida morte trova alfine riposo.

Fortunati entrambi! Se qualche potere possiedono i miei versi,
mai verrà giorno che alla memoria del tempo vi sottragga,
finché i discendenti di Enea la rupe immobile del Campidoglio
domineranno e il padre dei Romani avrà impero sul mondo.

Virgilio, *Eneide*, IX, 367-449, trad. it. di M. Ramous, Marsilio, Venezia, 1998

Un guerriero ferito scaglia una lancia, statua romana in marmo del I secolo d.C. (New York, Metropolitan Museum of Art)

422-423 **Pagherai intanto tu…per entrambi**: Volcente si rivolge al prigioniero Eurialo: tu pagherai con la tua vita («caldo sangue») la morte di Sulmone e di Tago.

429 **chiamo…e stelle**: le stelle, dall'alto, hanno visto come sono andate le cose e cioè che Niso ha coinvolto Eurialo.

430 **ha solo amato…amico suo**: l'unica colpa di Eurialo è quella di aver amato troppo Niso.

435 **purpureo**: rosso cupo.

444 **trafitto**: a sua volta, Niso è trafitto dagli altri soldati.

446 **Fortunati entrambi!**: Eurialo e Niso.

447 **mai verrà…vi sottragga**: non verrete mai dimenticati.

448-449 **finché i discendenti di Enea… sul mondo**: finché la discendenza di Enea abiterà il colle Campidoglio (cioè Roma) e il Senato avrà il potere.

per L'ANALISI del TESTO

Un'amicizia a prova di valore

Virgilio apre una parentesi celebrativa sull'**amicizia virile**, sentimento che sprona gli amici alla reciproca **dimostrazione di valore**. Eurialo e Niso tentano l'incursione nel campo nemico. La **spedizione notturna** è anche un ***tópos* letterario**. Virgilio si ispira alla scorribanda di Odisseo e Diomede nel X libro dell'*Iliade*, almeno quando inizialmente sembra che l'incursione abbia esito positivo. Ma, quando, con rapido rovesciamento della sorte causato dall'eccesso di baldanza del più giovane Eurialo, i due eroi vanno incontro all'estremo sacrificio, il racconto passa dai **toni epici e mitici** a quelli **elegiaci** del sacrificio amoroso, fino a quelli **tragici** della morte.

Un solo amore e una sola morte

Virgilio presenta i due giovani come uniti da reciproco amore e desiderosi di lanciarsi insieme in battaglia, condensando il legame che li unisce e li spinge a condividere ogni scelta. **Eurialo** si perde per inesperienza. Mentre i «bivii» sono «noti» a chi insegue, per lui si apre una «selva vasta, irta di cespugli e d'elci nere» (v. 381). Nonostante la luna, tutto si fa improvvisamente scuro e nebbioso intorno a lui, la selva si trasforma in *locus horridus*, lo scenario adatto al compimento della tragedia. **Niso** è condannato dall'affetto che lo lega all'amico. È già salvo ma si ferma, torna indietro "è incerto sul dafarsi", poi il suo eroismo si trasforma nella ricerca della «fine gloriosa» (v. 401), la "bella morte", che non può essere che fra le braccia dell'amico: «nella placida morte trova alfine riposo» (v. 445).

La poesia "eternatrice" di Virgilio

Virgilio, poeta "sentimentale", non si comporta da narratore esterno, ma sottolinea la sua **partecipazione emotiva** con l'esclamazione del verso 446: «Fortunati entrambi!». I due giovani con il loro comportamento esprimono i valori fondanti del nuovo potere romano. E Virgilio, per la prima volta, esprime il potere "eternatore" della poesia: «Se qualche potere possiedono i miei versi, mai verrà giorno che alla memoria del tempo vi sottragga» (vv. 446-447). È una dichiarazione importante: anche due piccoli soldati, per il loro estremo esempio di amicizia possono essere celebrati ed eternati, perché la poesia ha questo potere.

La matura poesia di Virgilio

La vena tragica ed elegiaca virgiliana aveva preso il sopravvento su quella epica già nell'invocazione di Niso che reclamava su di sé tutta la responsabilità dell'accaduto: «Io, io, sono io che ho colpito, contro di me rivolgete il ferro, o Rutuli! La colpa è mia... ha solo amato troppo l'infelice amico suo» (vv. 427-430). O ancora nella struggente similitudine (vv. 435-437), che è diventata a sua volta un *tópos* (in Ariosto e Manzoni, fra gli altri), del fiore reciso. Questo non toglie alla scena della morte di Niso il crudo **realismo** con cui si manifesta la folle rabbia che lo porta a uccidere alcuni nemici. La loro strage è narrata con immagini che non lesinano particolari raccapriccianti.

La poesia di Virgilio, insomma, è completa, capace di coniugare il carattere epico con quello tragico, così come l'episodio richiede.

Attività

Leggere e comprendere

1 **L'antefatto** Il brano comincia con un «intanto» che collega questo epilogo al resto della vicenda. Con l'aiuto dell'introduzione, prova a sintetizzare il contesto: a che punto è l'impresa dei due amici e come si stanno svolgendo gli avvenimenti?

2 **Scoperti** I soldati si avvicinano e riescono a individuare i due giovani. Come avviene la scoperta?
- a. I ragazzi parlano tra loro e sono uditi dai nemici
- b. Nella pianura priva di vegetazione è facile individuare le figure dei due giovani
- c. Il raggio della luna colpisce l'elmo di Eurialo e lo rivela alla vista dei nemici
- d. La luna illumina la spada di Niso

3 **La fuga** È semplice per i soldati di Volcente bloccare la fuga dei due amici. Cerca nel testo i motivi che frenano la fuga di Eurialo e gli impediscono di imboccare la via del ritorno.

4 **L'inizio della tragedia** La situazione è difficile, ma un evento la peggiora e costituisce l'inizio della tragica fine dei due giovani. Che cosa succede?

5 **La ricerca** Addolorato per la scomparsa dell'amico, Niso si adopera per ritrovarlo. Riordina, seguendo il testo, le azioni che compie, qui elencate in modo casuale.

a. Lo compie tutto a ritroso ☐
b. Sente i cavalli e i nemici ☐
c. Ripercorre il cammino ☐
d. Vede Eurialo circondato e trascinato dai soldati ☐
e. Scruta le orme ☐
f. Gli giunge all'orecchio un alto clamore ☐
g. Erra tra i cespugli ☐

6 **La scelta** Davanti alla drammatica realtà, Niso deve compiere una scelta. Quali possibilità valuta? Quale decisione prende?

7 **La preghiera** Niso rivolge toccanti preghiere alla Luna: che cosa desidera da lei, per quali meriti?

8 **L'assalto** Guidato solo dalla furia, Niso si avventa disperato su chi gli ha ucciso l'amico. Chi colpisce e in che modo?

9 **Le parole inutili** Con quali parole Niso si rivolge ai Rutuli, mentre si getta disperato contro di loro?

10 **L'eternità** Alla conclusione di questo episodio il poeta si inserisce direttamente e commenta le vicende. Quali ragioni lo muovono?

Riconoscere e analizzare

11 **La luce e il buio** Prima la luce poi il buio caratterizzano la scena. Che cosa tradisce Eurialo? Quali aggettivi e quali espressioni sottolineano invece il calare delle tenebre su di lui?

12 **La natura ostile** Il paesaggio in cui si svolge la vicenda assume via via l'aspetto del *locus horridus* per sottolineare la tragedia che sta per consumarsi. Cerca nel testo espressioni che attestino questa forma descrittiva.

13 **La struttura** La narrazione della vicenda è resa più varia dalla presenza di alcuni discorsi diretti e dal commento del poeta. Indica i versi in cui queste modalità espressive sono introdotte e specifica chi sono gli interlocutori.

Versi	Interlocutori
....	....
....	....
....	....
....	....
....	....
....	....

14 **Il crudo realismo** Lo scontro dei guerrieri è presentato da Virgilio con passaggi di crudo realismo. Cerca nel testo almeno tre esempi di questo stile.

....

....

....

15 **La tenera similitudine** In seguito a queste scene cruente Virgilio, con un repentino cambio di tono, inserisce una similitudine. Descrivila, spiegane la funzione e l'efficacia.

16 **La poesia** Qual è la funzione che Virgilio è consapevole di poter conferire alla propria poesia? Con quali parole esprime questa affermazione?

Rielaborare e produrre

17 **Discutere** La morte può essere «bella», specialmente se condivisa fra due amici e ottenuta dopo un'impresa valorosa oppure, a prescindere dall'amicizia e dal valore, è sempre un fatto negativo? Confronta la tua opinione con quella dei tuoi compagni in un dibattito in classe.

18 **Il riassunto** Sintetizza il testo in 100 parole al massimo.

19 **L'amicizia** Quali ti sembrano, nel rapporto di Eurialo e Niso, i caratteri dell'amicizia che risentono dell'epoca e che oggi sarebbero anacronistici o semplicemente improbabili? Che cosa, invece, del sentimento che li lega ha un valore universale, valido sempre? Scrivi un testo espositivo di 200 parole sull'argomento.

Virgilio

Camilla, la vergine guerriera

Da
Eneide (libro XI, vv. 570-589, 768-831),
I secolo a.C.

Poema epico

Dopo la tregua per seppellire i tanti morti da una parte e dall'altra, i Troiani cingono d'assedio Laurento, mettendo alle strette l'esercito di Turno. Al re si presenta, però, una nuova alleata: la vergine Camilla. Diana, dall'Olimpo, narra la sua storia. Il tiranno Mètabo, cacciato dai suoi sudditi, aveva portato con sé la figlioletta. Trovandosi davanti a un fiume in piena, l'aveva legata a un'asta e scagliata sull'altra riva, consacrandola a lei, Diana, dea dei boschi. Camilla era sopravvissuta e Mètabo, attraversato il fiume a nuoto, si era riunito a lei e insieme avevano condotto un'esistenza ferina. Ora Camilla compare, adulta, seguita da una schiera di Volsci.

Qui fra cespugli e tane inospitali nutriva la figlia
con latte d'animale alle mammelle di cavalle brade,
spremendone le poppe sulle tenere sue labbra.
E come la bambina, segnando le prime impronte,
si resse in piedi, le mani le armò di un dardo acuto
e alle piccole spalle appese frecce ed arco.
Invece della benda d'oro per le chiome e del lungo mantello
per coprirla, dal capo le scende sul dorso una pelle di tigre.
Già allora con la sua tenera mano scagliò dardi la fanciulla
e con la cinghia ritorta roteò la fionda intorno al capo,
abbattendo gru dello Strímone e candidi cigni.
Molte furono nei borghi d'Etruria le madri che invano
l'ambirono come nuora: contenta della sola Diana,
coltivava intemerata un eterno amore per verginità
ed armi. Oh, come vorrei che una tale foga di combattere
non l'avesse afferrata, sino al rischio di sfidare i Teucri:
ora, diletta come mi è, sarebbe una delle mie compagne.
Ma, poiché su lei incombe un acerbo fato, presto, va',
scendi, o Ninfa, dal cielo e visita le terre dei Latini,
dove con sinistri auspici s'ingaggia la triste battaglia.
[...]

[Camilla dimostra il suo valore, uccide numerosi nemici, ma, inseguendo le spoglie dorate di una vittima designata, cade colpita da Arrunte.]

570 **nutriva la figlia**: chi parla è Diana, racconta come sia cresciuta nei boschi la fanciulla Camilla; il soggetto è Mètabo padre di Camilla.

571 **cavalle brade**: cavalle selvagge.

575 **frecce ed arco**: la fanciulla cresce abituandosi all'uso dell'arco e delle frecce, in onore a Diana alla quale era consacrata.

579 **con la cinghia ritorta**: con una pelle che si ripiegava

580 **le gru dello Strímone e candidi cigni**: lo Strímone è in Tracia e i cigni, anche all'epoca, non dovevano essere frequenti nel Lazio.

582 **contenta...Diana**: si è consacrata alla dea della caccia e quindi alla verginità.

584-585 **Oh, come vorrei...Teucri**: Diana, è sempre lei a parlare, non vorrebbe che Camilla avesse offerto sé e i suoi a Turno per combattere i Troiani.

587-588 **su lei incombe...le terre dei Latini**: Diana si rivolge alla Ninfa Opi perché segua Camilla sulla quale incombe il destino di morte.

589 **sinistri auspici**: l'infausto presagio della morte di Camilla.

Già sacerdote consacrato al culto di Cibele,
spiccava in lontananza Clòreo, splendido nelle armi frigie;
spronava uno scalpitante cavallo, che aveva in groppa una pelle
di bronzee squame, simili a un piumaggio, fermata da fibbie d'oro.
Bello a vedersi nella sua ferrigna porpora straniera,
scagliava frecce cretesi con l'arco licio;
d'oro era l'arco appeso alle sue spalle e d'oro l'elmo
dell'indovino; un nodo d'oro fulvo tratteneva
in pieghe il lino frusciante del fulgido mantello;
ricamata aveva la tunica e alle gambe schinieri barbarici.
Di lui solo va a caccia la fanciulla, per vaghezza
d'appendere al tempio le armi troiane o dell'oro predato
far pompa, e ciecamente, fra una moltitudine di scontri,
lui solo insegue in mezzo ad ogni schiera, senza nessuna accortezza,
femminilmente ardendo per amore della preda e delle spoglie;
quando, colto il momento giusto, Arrunte dall'agguato
scaglia l'asta e cosí prega i celesti:
«Sommo dio, che proteggi il sacro monte del Soratte,
o Apollo, che noi per primi onoriamo, che per te fiamme di pino
a cataste alimentiamo e, fidando nella tua pietà, devoti
in mezzo al fuoco camminiamo a piedi nudi sulla brace ardente,
concedi, padre onnipotente, di cancellare con le armi
questa vergogna. Non chiedo trofeo e spoglie
della vergine sconfitta (altre imprese mi daranno fama):
purché questa abominevole peste di mio colpo
stramazzi, senza onore tornerò nella città natale».
L'udí Febo e in cuore accordò che almeno in parte s'avverasse
il suo voto, disperse tutto il resto sull'ali dell'aria:
consentí che di sorpresa abbattesse subito a morte Camilla,
come pregava; ma non accordò che di ritorno lo vedesse
l'antica patria e al vento la tempesta ne dissolse i voti.
Quando, appena scagliata, l'asta sibilò nell'aria,

Francesco Massimiliano Laboureur, *Mètabo e sua figlia Camilla*, 1820. (Budapest, Museum of Fine Arts)

768 **Cibele**: divinità terrestre procreatrice di ogni cosa.

769 **Clòreo**: Clòreo era stato sacerdote quando viveva a Troia.

770-771 **una pelle di bronzee squame**: la "gualdrappa" del cavallo, particolarmente adorna e intessuta d'oro.

772 **Bello...porpora straniera**: il cavaliere Clòreo ha un manto «porpora», color rosso scuro.

773 **frecce cretesi**: epiteto riferito alla città cretese di Gortina, famosa, come del resto tutta l'isola, per i suoi arcieri; **l'arco licio**: anche i Lici erano noti per le qualità di arcieri.

775 **dell'indovino**: Clòreo era anche indovino.

777 **schinieri**: armatura posta a protezione degli stinchi.

778-779 **per vaghezza...al tempio**: la vergine Camilla insegue in qualche modo («per vaghezza») il sacerdote Clòreo per strappagli armi e oro, trofei che venivano offerti agli dèi (in questo caso a Diana), appendendoli ai loro templi.

782 **femminilmente ardendo**: innamorata del bottino come sa innamorarsi una donna.

783 **Arrunte**: giovane guerriero e sacerdote etrusco che è in agguato di Camilla.

785 **Soratte**: Apollo aveva un tempio, sul monte Soratte, a nord di Roma.

787-788 **devoti...camminiamo**: i sacerdoti di Apollo, tra cui Arrunte, camminavano a piedi nudi sulle braci, durante la sua festa presso il tempio del Soratte.

792 **questa abominevole peste**: così viene definita Camilla da Arrunte.

797-798 **ma non accordò...dissolse i voti**: Apollo accettò l'invocazione di Arrunte riguardo alla morte di Camilla, ma non consentì che tornasse in patria a vantarsi dell'impresa: Opi, la Ninfa inviata da Diana, lo ucciderà.

801 **regina**: sempre Camilla.

gli animi e gli occhi angosciati dei Volsci corsero
tutti quanti alla regina. Di nulla lei s'avvide,
né del ronzio che, cadendo dal cielo, produceva in aria il dardo,
finché, giungendo a segno, l'asta sotto il nudo seno
s'infisse e, penetrata a fondo, bevve il sangue della vergine.
Trepidanti accorrono le compagne a sostenere la regina
che cade. Primo di tutti atterrito fugge Arrunte,
dibattuto fra giubilo e timore; piú non osa
affidarsi alla lancia, né affrontare i colpi della vergine.
Come un lupo che, sbranato un pastore o un gran giovenco,
conscio della sua temeraria impresa, subito si cela
sugli alti monti fuori strada, prima che i colpi nemici
lo raggiungano, s'acquatta nei boschi e basso basso
ripiega terrorizzato la coda sotto il ventre,
cosí Arrunte sbigottito alla vista si sottrae
felice di poter fuggire e in mezzo agli armati si occulta.

Camilla, morente, tenta di estrarre con la mano il dardo,
ma profonda è la ferita e tra le ossa del costato resta infissa
la punta del ferro. Esangue si spegne, freddi di morte si spengono
gli occhi e il colore purpureo che aveva abbandona le gote.
Cosí, spirando, parla allora ad Acca, la piú cara
fra le compagne, la sola, fedele piú di tutte,
cui confidava i suoi segreti, e questo dice:
«Fin qui, Acca, sorella mia, potevo; un'acerba ferita
ora mi spegne e tutto nelle tenebre si oscura.
Fuggi e a Turno riferisci quest'ultima preghiera:
entri lui in battaglia e la città difenda dai Troiani.
E ora addio». Mentre parla, abbandonando senza volerlo le redini,
scivola al suolo e a poco a poco fredda in tutto il corpo
si scioglie, reclina languidamente il collo
e il capo invaso dalla morte, le armi di mano le sfuggono,
e la vita con un gemito fugge sdegnosa tra le ombre.

Virgilio, *Eneide*, XI, 570-589, 768-831, trad. it. di M. Ramous, Marsilio, Venezia, 1998

La morte della vergine Camilla in un dipinto di Georgiy Konstantinovich del 1922. (Collezione Privata)

per L'ANALISI del TESTO

La guerra e la pietà

Virgilio insiste nella sua deprecazione della guerra con un altro esempio di **giovane vita spezzata**. Dopo tanti giovinetti, questa volta è una ragazza, una vergine amazzone a cadere, e non importa che il suo sacrificio sia in difesa di Turno e delle forze nemiche: uguale onore e medesima tristezza merita da parte del poeta.

Un racconto divino

Virgilio affida alla voce di Diana un racconto che conduce ancora una volta la narrazione nel territorio della fiaba. Gli elementi sono quelli della **nascita "mitica"** (basta ricordare il contrastato concepimento di Romolo e Remo, o la vicenda di Mosè in ambito ebraico) e dell'**educazione nei boschi** e tra le fiere (il "ragazzo selvaggio": a partire proprio dai gemelli di Roma fino ad arrivare a Mowgli e Tarzan). Quello che appartiene però alla sensibilità di Virgilio e che infonde nuova linfa al luogo comune è la rassegnazione che si avverte fin dall'inizio: «Poiché su lei incombe un acerbo fato, presto, va'» (v. 587), conclude Diana il suo discorso a Opi, riprendendo l'*incipit* del suo intervento (qui non riportato) in cui aveva affermato: «A guerra crudele s'avvia Camilla, e invano [...] dell'armi nostre si cinge». Tutto questo imprime il carattere della triste ineluttabilità della sorte umana a un mito di solito destinato a celebrare la fortuna degli eroi cantati.

Diana di Versailles, II secolo a.C. (Parigi, Museo del Louvre)

La "colpa" di Camilla

Il Fato ha deciso la fine di Camilla, ma Virgilio non manca di sottolineare quanto lei stessa abbia contribuito al suo destino. Il secondo brano ci porta in un ambito completamente diverso dal precedente: la bambina allevata con «latte d'animale» di «cavalle brade» e vestita di «pelle di tigre» è diventata un'amazzone che si lascia, però, affascinare e poi travolgere dal luccichio degli ori e delle stoffe preziose che ornano un cavaliere nemico e il suo cavallo. Il racconto dell'inseguimento da parte della vergine guerriera avviene attraverso una focalizzazione interna.

La vergine cresciuta nei boschi, abituata a una spartana virilità, è vinta per contrasto dalla sua stessa femminilità, mai sopita. Come Atalanta e altre eroine del mito, votate a Diana ed estranee a ogni forma di piacere muliebre («invece della benda d'oro per le chiome e del lungo mantello», v. 576), Camilla si lascia trascinare dallo splendore delle vesti di Clòreo. Virgilio insiste con molta acutezza sul giallo, sull'oro, sugli aggettivi e le espressioni che esprimono lucentezza. Questa luce invade gli occhi non abituati allo splendore dei lussi e lascia accecata Camilla. Per un attimo fatale l'amazzone dimentica la battaglia. La sua colpa («femminilmente ardendo per amore della preda», v. 782) la distrae quel tanto che basta a farla colpire. Gli dèi impietosi sfruttano questo attimo di abbandono per armare la mano micidiale di Arrunte.

L'epilogo annunciato

Virgilio non dà modo all'oscuro sacerdote di vantarsi dell'impresa. Anzi, si vendica due volte di lui: prima con una similitudine avvilente, che lo paragona a un lupo che l'ha fatta troppo grossa e si rifugia sui monti con la coda tra le gambe; poi facendolo perire per mano di Opi. L'addio a Camilla merita invece il consueto verso formulare, rivestito, però, della malinconia che permea l'intero episodio: «e la vita con un gemito fugge sdegnosa tra le ombre» (v. 831).

Attività

Leggere e comprendere

1 **Come un ragazzo selvaggio** Elenca le espressioni e i particolari che tratteggiano l'educazione selvaggia di Camilla.

....

....

....

....

....

....

2 **I giocattoli** Quali sono i giochi di cui si circonda la bambina?

3 **La femminilità** Qual è il suo rapporto con indumenti e ornamenti femminili?

4 **I valori** Quali sono i valori di Diana, cui si è consacrata Camilla?

5 **L'interlocutrice** A chi è rivolto il discorso della dea? Qual è la funzione e quali gli incarichi che questo personaggio dovrà portare a termine durante l'episodio?

6 **Cloreo** Chi è Clòreo, come è descritto da Virgilio e qual è la sua funzione all'interno del racconto?

7 **Le ragioni** Due sono le motivazioni che inducono Camilla a inseguire il cavaliere. Quali sono e quale delle due è decisiva?

8 **Arrunte** Chi è Arrunte? Perché si rivolge ad Apollo?

9 **Apollo** Come risponde all'invocazione il dio?

a. Nega il suo appoggio ad Arrunte
b. Esaudisce solo in parte i desideri di Arrunte
c. Appoggia Arrunte in tutto
d. Esaudisce il desiderio in cambio di una promessa

10 **La fine** Quali sono le ultime cose che Camilla abbandona e quali invece abbandonano Camilla?

Riconoscere e analizzare

11 **Il narratore** Chi è il narratore nel primo brano? Perché, secondo te, Virgilio sceglie di dargli voce? È esterno alla narrazione?

12 **L'oro** Elenca aggettivi ed espressioni indicanti lucentezza e colori giallo-oro nella descrizione dei paramenti del cavallo e del cavaliere Clòreo.

....

....

....

....

13 **Il *tópos* della cecità** In almeno un caso, allo splendore dei paramenti fa riscontro l'accecamento di Camilla. Indica il verso preciso.

14 **La ferita** Riporta le parole con cui Virgilio descrive il colpo ricevuto da Camilla. Quale sensazione vuole comunicare il poeta? Quali espedienti retorici utilizza?

15 **La retorica** A quale figura retorica fa ricorso Virgilio per descrivere la reazione di timore e di gioia di Arrunte? Qual è l'implicito commento del narratore non proprio esterno?

Rielaborare e produrre

16 **Discutere** Nel passo leggiamo: «femminilmente ardendo per amore della preda e delle spoglie» (v. 782). Ritieni che Virgilio sia "maschilista" attribuendo a Camilla la debolezza della "vanità" o che invece che si tratti di un luogo comune che, come tutti i pregiudizi, abbia un sottofondo di verità? Discutine con i compagni in un dibattito in classe.

17 **Il riassunto** Sintetizza il passo in 50 parole.

18 **Il tema** Alla luce del brano letto e degli altri in cui Virgilio rappresenta la fine di giovani vite, e di un verso di Giacomo Leopardi che recita: «muor giovane colui ch'al cielo è caro», rifletti sul tema della morte prematura in un testo espositivo di 200 parole.

Virgilio

Enea e Turno: il duello finale

Nonostante Giunone abbia fatto di tutto per rimandare il momento fatale, alla fine Turno si trova di fronte a Enea per porre fine una buona volta alla guerra. Il duello si svolge secondo un copione prestabilito: i due eroi si sfidano prima ai ferri lunghi, poi ai ferri corti. La sorella Giuturna sta al fianco di Turno e gli consegna un'altra spada, così come Venere assiste Enea nello svellere l'asta conficcata nel terreno. Ma intorno all'eroe rutulo, di nuovo armato, vola un gufo, infausto presagio di morte. Sull'Olimpo tutto è stato deciso. Terrorizzato, Turno si dà alla fuga.

Da
Eneide (libro XII, vv. 887-952),
I secolo a.C.
Poema epico

Enea, di fronte, avanza, vibra l'asta enorme
come un albero, e con cuore spietato grida:
«Perché ora indugi, Turno, perché ti sottrai? Non con la corsa,
ma corpo a corpo con armi mortali si deve combattere.
Mútati in tutti gli aspetti che vuoi, raduna tutto quanto vali
in astuzia e coraggio; brama pure di volare
sino alle stelle o di nasconderti in seno alla terra...».
E quello, scuotendo il capo: «Non sono le tue brucianti parole
ad atterrirmi, belva; mi atterriscono gli dei e Giove ostile».
Altro non dice; volgendosi scorge un gran **macigno**,
un grande, antico macigno, che giaceva sul campo,
posto a confine del terreno per dirimere le liti agresti.
A stento dodici uomini scelti potrebbero sollevarlo,
i piú forti di membra che produce oggi la terra:
l'eroe, afferrandolo con mano febbrile, cerca di scagliarlo,
ergendosi e correndo piú che può, contro il nemico.

887 **Enea, di fronte, avanza**: ha inizio il duello finale tra Enea e Turno.

889-890 **Non con la corsa... combattere**: Turno fugge. Enea lo incalza gridandogli in maniera beffarda che non si dovevano misurare nella corsa, ma con le armi in un corpo a corpo.

891-893 **Mútati...alla terra**: finora Turno è stato sottratto all'avversario dall'intervento di Giuturna, la sorella, al suo fianco per ordine di Giunone. Per questo Enea lo schernisce, ricordandogli che neppure se volasse alto tra le stelle o si nascondesse in qualche cavità della terra potrebbe sfuggirgli.

895 **Giove ostile**: poco prima Turno ha visto davanti a sé un gufo, uccello di cui una delle due Furie che stanno a fianco di Giove ha preso le sembianze, segno premonitore della morte imminente che lo stesso re degli dèi ha decretato.

898 **posto a confine**: un grosso sasso considerato come pietra di confine tra le proprietà contadine.

899 **A stento dodici uomini scelti**: il modulo è tratto da Omero, che immaginava gli eroi antichi molto più forti degli "uomini" a lui contemporanei.

PAROLE *sotto la lente*

Macigno

Il sostantivo deriva dalla radice latina *machineus*, derivato di *machĭna* = (in senso proprio) sasso da macine. In petrografia, con significato specifico identifica una roccia sedimentaria, a grana media o fina, di colore da grigio a grigio-giallastro o grigio-azzurrognolo, molto diffusa nell'Appennino. In senso esteso, indica ogni pietra massiccia e dura, una rupe o un masso di pietra (il macigno rotolato dalla montagna). Nelle similitudini e in uso figurato significa durezza, immobilità, pesantezza ("rimanere immobile come un macigno", "avere un macigno nel cuore").

Attività

Rivedendo la definizione della parola, componi una frase significativa di almeno 10 parole con il termine in senso proprio e una con il termine in senso figurato.
Senso proprio: ....
Senso figurato: ....

Ma non si riconosce nella corsa, nei suoi passi,
nell'alzare le mani per scagliare quel macigno smisurato:
gli vacillano le ginocchia e il sangue si rapprende gelido.
Allora il sasso, lanciato nel vuoto dal guerriero,
non superando l'intero percorso, non porta a termine il colpo.
E come in sogno, quando nella notte una languida quiete
grava sugli occhi, immaginiamo di volerci scatenare
ansiosi nella corsa e a metà sforzo cadiamo sfiniti
(la lingua muta, svanito il vigore abituale
delle membra; non escono parole e voce);
cosí a Turno, qualunque strada tenti coi suoi sforzi,
la terribile dea nega il successo. Allora sentimenti opposti
gli tumultuano in petto: guarda i Rútuli e le mura,
l'ansia l'attarda e trema alla minaccia della lancia,
non sa dove sottrarsi, come opporsi all'avversario,
non vede piú il carro e la sorella auriga.

E mentre indugia, Enea brandisce l'asta del destino,
calcolando con gli occhi l'occasione, e con tutta la forza
la scaglia di lontano. Mai, lanciati da una macchina d'assedio,
rombano cosí i macigni, o dai fulmini deflagrano
cosí forti fragori. Vola l'asta come un nero turbine,
portando sinistra rovina; squarcia i lembi
della corazza e l'orlo estremo dello scudo a sette strati.
Stridendo penetra nella coscia: colpito, il grande Turno
precipita, piegando le ginocchia, a terra.
Balzano in piedi con un urlo i Rútuli, e tutto rimbomba
il monte intorno e nei profondi boschi ne rimbalza a lungo l'eco.
Turno al suolo solleva supplicando gli occhi e con la destra
in atto di preghiera dice: «L'ho meritato e non me ne dolgo;
goditi la tua fortuna; ma se l'affanno d'un padre infelice
ancora può toccarti (anche per te diverso non fu
con padre Anchise), abbi pietà, ti prego, degli anni di Dauno,
rendimi o, se vuoi, rendi le membra prive di vita
ai miei. Hai vinto e tenderti le mani m'hanno visto,
vinto, gli Ausoni; sposa tua è ormai Lavinia:

903 **Ma non si riconosce nella corsa**: non si sente in piena forza.

908-910 **E come... sfiniti**: Virgilio paragona la debolezza di Turno a quella di chi ha un incubo notturno e non è in grado di gridare o di fuggire pur volendolo.

914 **terribile dea**: la Furia, che come un gufo svolazza intorno a Turno e lo rende inabile.

916 **trema... lancia**: Enea è ancora armato di lancia; Turno sa che può essere colpito anche da lontano.

918 **il carro e la sorella auriga**: la sorella Giuturna, fino a quando Giove l'ha consentito, trasformatasi in guidatrice di cocchio («auriga»), l'ha aiutato, conducendolo lontano dallo scontro.

921 **macchina d'assedio**: macchina per assalire le mura di una città, catapulta.

934 **Dauno**: padre di Turno.

936-937 **e tenderti le mani... gli Ausoni**: mi hanno visto, ormai vinto, implorare pietà.

937 **Lavinia**: al termine della guerra si sposerà con Enea.

oltre non spingere il tuo odio». Terrificante nelle armi,
s'arresta Enea, volgendo gli occhi e trattiene il colpo;
sempre piú quelle parole cominciano a piegarlo,
facendolo esitare, quando per sventura in alto sulla spalla
scorge il balteo e risplendere le cinghie a borchie a lui ben note
del giovane Pallante, che, dopo averlo vinto e abbattuto,
Turno portava sulla spalla come trofeo del nemico.
Contemplate con gli occhi quelle spoglie, testimoni
dell'atroce suo dolore, accecato dalla furia e spaventoso
nella sua ira: «Tu di qui, vestito delle spoglie
dei miei, vorresti sfuggirmi? Pallante con questo mio colpo,
Pallante t'immola e prende vendetta dal tuo sangue scellerato».
Gridando cosí, gli affonda furioso il ferro in pieno petto;
a Turno si sciolgono le membra nel gelo della morte
e con un gemito fugge sdegnosa tra le ombre la vita.

Virgilio, *Eneide*, XII, 887-952, trad. it. di M. Ramous, Marsilio, Venezia, 1998

942 **il balteo**: è la cintura di Pallante, portata a tracolla come trofeo da Turno; Enea la riconosce e questo fa sì che l'eroe troiano vibri il colpo mortale su Turno.

952 **e con un gemito...la vita**: il gelo della morte avvolge il corpo di Turno. Il poema si conclude con il verso formulare che sancisce il morire (si veda per esempio la morte di Camilla nel canto precedente).

Aureliano Milani, *Battaglia tra Enea e Turno*, XVIII secolo. (Collezione Privata)

per L'ANALISI del TESTO

La sequenza di un duello omerico

Siamo ormai alla conclusione del poema. Il duello finale è un **tema formulare dell'epica omerica** che Virgilio fa proprio: il modello a cui si riferisce è lo scontro tra Ettore e Achille nell'*Iliade*.

Virgilio ripropone i passaggi propri del rituale solito: Enea e Turno, dopo essersi sfidati, scagliano aste che non colpiscono il bersaglio; ricorrono alle spade; Turno, rimasto disarmato (al pari di Ettore davanti ad Achille), si dà alla fuga; il più forte, Enea, si abbandona a parole di scherno verso chi sta per soccombere; Turno fa appello alla sua dignità di guerriero, si ferma e riprende lo scontro; ferito, in procinto di morire, rivolge una inutile supplica al vincitore Enea.

Dalla parte di Turno

Il modello canonico è però rivisto da Virgilio, che arricchisce di **sfumature psicologiche** il consueto scontro tra bene e male. **Turno** non è il cattivo. Il re dei Rùtuli è il legittimo difensore della sua gente e combatte per non perdere Lavinia, la sposa a lui già promessa. Anzi, siccome i Rùtuli sono destinati a fondersi con i Troiani in un unico popolo, Turno è la vittima necessaria e il suo è un passaggio obbligato richiesto dal Fato. Molto più sfaccettato di quanto non sembrasse, ha un suo valore non solo sul piano bellico ma anche morale. Nel gioco delle parti, egli risulta più umano dello stesso Enea che, invece, per necessità fatale, deve configurarsi come un eroe sicuro e implacabile.

Enea "cattivo" per forza del Fato

In realtà, sappiamo che cosa spinge Enea a dimenticarsi della pietà. «Verrà il tempo in cui Turno ricomprare a gran prezzo vorrebbe il corpo intatto di Pallante e con le spoglie questo giorno odierà», aveva profetizzato Virgilio davanti all'esultanza smodata di Turno, e il giorno è arrivato.

La furia di Enea scatta dunque con perfetta scelta narrativa alla vista del balteo e al ricordo di Pallante e della sua fine. La morte senza pietà di Turno è quindi voluta, non tanto da Enea, ma da due fattori: il Fato, che non può tollerare due re, ma deve spianare la strada ai Troiani e la vendetta per la morte del giovane figlio di Evandro.

Si può perciò affermare che anche in questo frangente la *pietas* di Enea segua la logica dettata dal **senso del dovere**, dal **rispetto della norma superiore**.

Il pessimismo virgiliano

Il male non si identifica con l'**antagonista** (cioè Turno) e non è causato nemmeno dall'eccesso vendicativo di Enea. Il finale drammatico rispecchia quel **pessimismo** che percorre l'intero poema. Per quanto il vincitore sia Enea, l'eroe predestinato alla gloria, l'ultima parola di Virgilio è per il vinto, con un verso formulare («e con un gemito fugge sdegnosa tra le ombre la vita», v. 952), che posto a chiusura d'opera si carica di significato e rende onore alla triste sorte di chi è sconfitto, senza dare spazio alla soddisfazione di chi ha trionfato. Virgilio, non rinunciando alla sua sensibilità, sfuma l'esultanza, comprende che la potenza, anche quella dispiegata da Enea e di riflesso da Augusto a fin di bene, è esercitata sulla pelle degli uomini, che subiscono le conseguenze delle guerre e delle perdite. La natura umana, insomma, a prescindere dai nostri desideri e dalla volontà dei potenti, è destinata all'imperfezione e all'infelicità.

Attività

Leggere e comprendere

1 **Il duello** Presenta brevemente le circostanze e le ragioni del duello tra Enea e Turno, utilizzando le informazioni presenti nell'introduzione al testo.

2 **La sfida** Le parole che Enea rivolge a Turno per invitarlo alla fase decisiva del combattimento rientrano nel *tópos* del duello verbale finale. Che cosa dice e quale tono usa?

3 **La risposta** Turno, che sa di essere la vittima designata, risponde in maniera altrettanto topica. Che cosa dice e a chi attribuisce la sicurezza di Enea?

4 **Il masso** In realtà non è vero che si tratti di un combattimento alla pari. Qualcosa turba Turno, che se ne accorge quando tenta di scagliare il masso. Che cosa lo tormenta? Perché non riesce a gettare il masso dove e come vorrebbe?

5 **Il turbamento** Ormai consapevole della propria debolezza, Turno ha una serie di reazioni. Integra le indicazioni sommarie.

a. Guarda i Rutuli e le mura
b. L'ansia l'attarda
c. Trema alla minaccia della lancia
d. Non sa dove sottrarsi
e. Come opporsi all'avversario
f. Non vede più il carro e la sorella auriga

6 **L'asta del destino** Che cosa intende dire l'autore con l'espressione «l'asta del destino»? Al di là del valore semantico, a che cosa si fa riferimento con questa espressione?

7 **Un grande uomo** Nel momento della morte Turno mette in luce altre qualità oltre a quelle del guerriero. Riordina gli argomenti del suo discorso, elencati qui in modo casuale.

a. Sottolinea la fortuna di Enea ☐
b. Deve ammettere che ormai Lavinia, sua promessa sposa, sarà di Enea ☐
c. Implora Enea di aver pietà del proprio padre Dauno ☐
d. Chiede di restituire il suo cadavere ai parenti ☐
e. Riconosce le sue manchevolezze ☐
f. Riconosce la sconfitta subita da Enea ☐
g. Sollecita a Enea il pensiero affettuoso verso il padre Anchise ☐
h. Invita Enea a non continuare a odiare ☐
i. Protende come supplice lo sguardo e la mano implorante ☐

8 **Un duro Enea** Sembra che i ruoli si siano invertiti: Turno mostra segni di umanità e il pio Enea appare duro e spietato. Si possono però intuire due motivazioni che ne giustificano il comportamento. Quali sono?

Riconoscere e analizzare

9 **Il *tópos*** Virgilio assume come modello il duello tra Ettore e Achille dell'*Iliade*. Rileggi quel testo (► p. 169) e trova alcuni elementi comuni con questo passo dell'*Eneide* (ad esempio, i contendenti scagliano lance che non colpiscono il bersaglio).

10 **La psicologia** Rispetto all'antagonista classico, che incarna il male, Turno è rappresentato con una serie di sfumature che ne approfondiscono la psicologia. Cerca aggettivi ed espressioni usati da Virgilio nella sua descrizione del personaggio.

11 **La similitudine** A partire dal verso 908, una similitudine illustra la condizione di Turno. Cercala e spiega in che modo risulta funzionale al testo.

12 **Le figure retoriche** Il passo contiene numerose figure retoriche, alcune individuabili anche nella traduzione. Te ne indichiamo alcune: stabilisci di che figura retorica si tratti.

- «Sino alle stelle... in seno alla terra» (v. 893):
  ....
- «un gran macigno, un grande, antico macigno» (vv. 896-897):
  ....
- «A stento dodici uomini scelti potrebbero sollevarlo» (v. 899):
  ....
- «Mai... rombano così i macigni» (vv. 921-922):
  ....

Rielaborare e produrre

13 **Discutere** Se fossi stato nei panni di Virgilio, avresti scelto di concludere la scena con la giusta vendetta di Enea contro il malvagio, pentitosi troppo tardi, o avresti, invece, optato per un lieto fine in cui trionfa la clemenza del protagonista, che di fronte al supplice dimentica i torti subiti? Confronta la tua opinione con quella dei tuoi compagni in un dibattito in classe.

14 **Il riassunto** Sintetizza il testo in 50 parole.

15 **Un ritratto di Enea** Hai visto Enea alla prova in parecchie circostanze e hai osservato le sue reazioni, le sue riflessioni e i suoi comportamenti. Cerca ora di tracciarne un ritratto completo e sfumato, in un testo descrittivo di almeno 200 parole.

16 **Il dolore** La riflessione esistenziale virgiliana è profondamente pessimistica. L'idea universale del dolore e dell'insoddisfazione che pervade la vita umana emerge in numerosi episodi. A partire da quanto letto, componi un testo argomentativo di 30 righe che sostenga questa affermazione.

17 **La libertà** Gli eroi del mito, e dell'*Eneide* in particolare, ti sembrano liberi nelle loro scelte e soddisfatti al termine delle loro imprese? Stendi le tue riflessioni in un breve testo argomentativo di 150 parole.

per SAPERNE di PIÙ

Da Enea a Romolo, complici gli dèi

L'*Eneide* non è l'unica fonte

Enea è celebrato da Virgilio come capostipite di una nuova stirpe dalla quale sarebbero discesi Romolo, fondatore di Roma, e la *gens Iulia* (da Iulo, suo figlio), di cui Cesare Ottaviano Augusto, che commissionò l'opera, sarebbe stato l'ultimo e più glorioso erede.

L'*Eneide*, però, si conclude con la vittoria di Enea e nel VI libro la profezia di Anchise celebrava solo in parte gli illustri successori di suo figlio. Occorre perciò integrare le notizie fornite da Virgilio, se vogliamo ottenere l'albero genealogico che dalle radici di Enea risale a Roma, continuando ad attingere più alla leggenda che alla storia.

La discendenza ultima di Enea

A Troia Enea ha perso, per volere del Fato, la moglie Creusa, mentre ha condotto con sé il figlioletto avuto da lei, Iulo/Ascanio. Al termine della guerra fra i Troiani e le popolazioni latine, Enea sposa Lavinia, sancendo la pace e l'unione tra i due popoli. La profezia di Didone, però, si avvera e l'eroe troiano trova una morte prematura, annegando in un fiume.

Lavinia ha avuto intanto da Enea un figlio, Silvio, che Ascanio cerca per anni di osteggiare, finché, da ultimo, gli cede il comando della città di Lavinio, migrando altrove a fondare Albalonga, la città madre di Roma.

Seguendo le testimonianze dello storico Livio (59 a.C.-17 d.C.), veniamo a sapere che a un certo punto Albalonga, retta dal re Numitore, passa sotto il controllo del fratello minore Amulio. Costui, dopo aver ucciso un figlio del legittimo sovrano, costringe anche la figlia Rea Silvia a consacrarsi al culto di Vesta. Le vestali, infatti, non potevano avere rapporti con l'altro sesso e in tal modo Amulio si garantiva da possibili pretendenti al trono. Ma il dio Marte, invaghitosi della fanciulla, la seduce. Quando la donna si accorge che sarebbe diventata madre, fugge, temendo di essere uccisa per avere trasgredito l'obbligo della verginità, e partorisce due gemelli, Romolo e Remo.

La leggenda di Romolo e Remo

Non potendoli allevare, Rea Silvia pone i due gemelli in una cesta e li abbandona alla corrente del Tevere. I due piccoli vengono trovati e allevati da una lupa, animale sacro a Marte, inviata dal dio perché provvedesse ai suoi figli. In seguito, è il pastore Faustolo a trovare i due gemelli e ad accoglierli in casa sua, affidandoli alla moglie. Pare che in gioventù i due si dedicassero all'attività di brigantaggio e che Remo, durante un'aggressione, fosse catturato proprio dagli uomini di Amulio, re usurpatore di Albalonga. Romolo assale la città e, dopo essersi fatto riconoscere, caccia il re Amulio, libera il fratello e restituisce il trono al nonno Numitore.

I due decidono di fondare una nuova città nel punto in cui erano stati salvati ma, non concordando sul luogo, decidono di interrogare gli dèi per conoscere la loro volontà. Osservano il volo degli uccelli che risultano favorevoli a Romolo. Mentre quello incomincia a tracciare il solco della nuova città, Remo, in disprezzo alla scelta del fratello, oltrepassa il solco ed entra nel perimetro cittadino appena consacrato. Considerando questo atto un sacrilegio, Romolo sguaina la spada e uccide il fratello.

Il regno di Romolo

Come primo re di Roma, Romolo si preoccupò di popolare e di espandere da subito la città: rapì le donne sabine per dare compagne a sé e agli altri fondatori, avviò guerre con le genti confinanti per garantire sicurezza, deliberò i primi ordinamenti civili e religiosi. Regnò su Roma per 33 anni, scomparendo, letteralmente, all'età di 54. Si dice, infatti, che sia stato sottratto alla vista dei mortali mentre passava in rassegna l'esercito e infuriava un temporale: i Romani pensarono che fosse stato rapito e trasportato tra gli dèi e lo venerarono per sempre con il nome di Quirino.

La lupa capitolina allatta Romolo e Remo in un bassorilievo in pietra calcarea. (Avenches, Musee Romain)

Battlestar Galactica

Produttore e sceneggiatore
Ronald D. Moore

Interpreti principali
Edward James Olmos (William Adama); Jamie Bamber (Lee Adama); Mary McDonnell (Laura Roslin)

Messa in onda
2004-2009

Genere
Fantascienza, space opera militare

La locandina della serie televisiva *Battlestar Galactica*.

Trama

Le avventure di William e Lee Adama, il padre comandante della nave militare *Galactica* e il figlio pilota, riprendono là dove precedenti miniserie del 2003 si erano interrotte. I Cylon, ribelle razza cibernetica, hanno attaccato le Dodici Colonie, tra cui quella di Caprica, la più colpita in quanto devastata da un potente attacco nucleare. Essa appare da subito come il doppio di una Troia in fiamme, i cui sopravvissuti sono accolti e portati in salvo a bordo della *Galactica* e delle sue navi satelliti. La Flotta coloniale, sorta di carovana spaziale guidata dal saggio Adama/Enea e dal giovane impetuoso Lee/Ascanio, ha l'obiettivo di condurre i superstiti a una mitica terra promessa, in cui verrà fondata una nuova civiltà.

Come il viaggio di Enea, anche quello della flotta sarà ricco di tappe e incontri, riuscendo persino a stabilire una tregua e un patto di pacifica convivenza e progresso comune con i nemici. I membri dell'equipaggio, a cui spesso è affidato un ruolo non secondario nelle dinamiche dell'intreccio, appaiono spesso divisi tra l'adempimento della missione e l'abbandono alle proprie passioni, proprio come Enea, costretto ad abbandonare la regina di Cartagine, Didone, per seguire il suo destino di fondatore di una nuova stirpe.

Analisi

Ronald D. Moore, già sceneggiatore delle ultime serie di *Star Trek* (1988-1999), spinge lo spettatore a prendere posizione accanto al personaggio. Il capitano Adama, come Enea, ha un forte senso per la tradizione e un grande attaccamento famigliare. Laura Roslin è una sorta di Didone, che appare sempre scissa tra l'adempimento del dovere di salvaguardia del suo popolo e la propria individualità.

Un ruolo centrale occupa la riflessione sulle conseguenze della guerra, nell'*Eneide* simboleggiate dallo scontro tra Enea e il guerriero italico Turno. Qui la prospettiva è aggiornata a includere le fobie della globalizzazione: terrorismo, conflitti etnici e religiosi, crisi delle società post-capitalistiche.

Alfonso Traina

La *pietas* di Enea

Da Enciclopedia Virgiliana, 1988

Saggio

Il testo è un passo della voce *pietas* contenuta nell'*Enciclopedia Virgiliana*, in cui Alfonso Traina chiarisce con efficacia quello che è un concetto fondamentale per la comprensione del poema virgiliano.

Più che rifarsi ad una discussa e sviante etimologia[1], che sembrerebbe orientare verso la nozione di "purità rituale", è opportuno fissarne i tratti caratterizzanti sulla base delle attestazioni e definizioni dell'età repubblicana:

1. il senso del dovere, che la distingue dalla gratuità della *caritas* e della *misericordia*, cui l'accomuna invece, distinguendola a sua volta dalla *iustitia*;
2. l'affettività: la *pietas* non è solo una virtù, è anche un sentimento;
3. la bipolarità[2]: i destinatari della *pietas* sono sia gli dei, sia gli uomini (in quanto legati da un vincolo affettivo, familiare o sociale);
4. la reciprocità.

La radice comune della sua caratteristica e per noi sconcertante bipolarità è stata verisimilmente ricondotta all'antichissimo ambito religioso della famiglia (anteriore allo stato), alla sacralità dei rapporti tra i suoi membri viventi e defunti. Estesa ad altri rapporti, come l'amicizia e, soprattutto da Cicerone, l'amor patrio, la *pietas* assume nel I secolo a. C. un valore politico che ne fa una bandiera durante le guerre civili e finisce per costituire una delle quattro "virtù cardinali" del paternalistico principato augusteo. [...]

Qualunque interpretazione se ne dia, la *pietas* resta un caposaldo ideologico dell'*Eneide*. [...] Su 60 occorrenze complessive di *pietas* e *pius*, circa due terzi afferiscono[3] a Enea e ai suoi (compagni e discendenti), solo 4 alla parte avversa. In ciò Virgilio, com'è noto, eredita una consolidata tradizione, letteraria e figurativa, che vedeva in Enea un modello di *eusébeia*[4] per aver tratto in salvo i Penati e il padre.

Ma la *pietas* virgiliana ha un ambito più vasto (quando il contesto consenta di specificarlo): per quasi metà religioso, per un poco più di un decimo familiare, per il resto sociale e morale, implicando doveri verso amici, compagni, partners e, forse, al limite, semplicemente uomini. Così da una parte la *pietas* sconfina con la *iustitia* e la *fides*, dall'altra si apre a valori emotivi nuovi e ricchi di avvenire, la *misericordia* e la *humanitas*. La definizione della *pietas* come il comportamento di chi soddisfa a tutti i suoi doveri verso la divinità e il prossimo ha il suo punto di partenza in Virgilio. [...]

1 **Più che...etimologia**: l'autore sta riflettendo sul significato del termine latino *pietas*.
2 **la bipolarità**: nel senso che la *pietas* si esprime in una doppia direzione.
3 **afferiscono**: interessano, riguardano.
4 **eusébeia**: termine che esprime l'idea di "valore", di riverenza verso gli dèi e verso i genitori.

L'AUTORE

Alfonso Traina (1925) è uno studioso della lingua e letteratura latina, professore emerito di Letteratura latina presso l'Università di Bologna, membro dell'Accademia dei Lincei e dell'Accademia Nazionale Virgiliana. Ha dedicato i suoi studi in particolare a Seneca e ai poeti dell'età augustea come Virgilio, del quale ha approfondito il concetto di *pietas*. Ha studiato anche la produzione in lingua latina di Pascoli.

Gli antagonisti di Enea possiedono solo una *pietas* parziale, che viene a conflitto con la *pietas* del protagonista o, che è lo stesso, col fato di cui Enea è consapevole strumento. Solo in Enea la *pietas* si realizza nella totalità dei suoi aspetti – *in propinquos, in socios, in patriam, in deos*[5] – e ne fa il più complicato e tormentato dei personaggi virgiliani. Perché se tali aspetti s'integrano e convergono nel riconoscere e adeguarsi all'ordine divino del mondo, ciò tuttavia non accade senza che essi vengano a conflitto tra loro.

La *pietas* di Enea è l'esito vittorioso di un conflitto interiore tra le varie dimensioni ed esigenze della *pietas*, una vittoria pagata a caro prezzo: questo è l'eroismo virgiliano di Enea, un personaggio a mezza strada tra il passato e il futuro, l'eroe epico e il saggio stoico[6].

A. Traina, voce *pietas*, in *Enciclopedia Virgiliana*, vol. IV, pp. 93-94, Istituto della Enciclopedia Italiana, Roma, 1988

5 **in propinquos...deos**: la *pietas* è esercitata da Enea verso i familiari, gli amici, la patria gli dei.
6 **stoico**: fermo, determinato, imperturbabile.

Enea fugge da Troia in fiamme con il padre Anchise sulle spalle, in una statua in marmo di Artus Quellinus del XVII secolo. (Anversa, Royal Museum of Fine Arts)

Attività

Comprendere il saggio

1 **La *pietas*** Con il termine *pietas* quali valori del mondo latino s'intendono?

2 **L'aggettivo** In che senso l'autore definisce "paternalistico" il principato di Augusto?

3 **Gli avversari** Anche gli avversari sono caratterizzati dalla *pietas*?

Analizzare il saggio

4 **Enea** Anche sulla base dei testi dell'*Eneide* letti, sai spiegare perché lo studioso Traina presenta Enea come «il più complicato e tormentato dei personaggi virgiliani» (r. 37)?

5 **I riferimenti** A quale lingua l'autore fa continui riferimenti?

6 **La tipologia di testo** Il brano di Traina è un testo narrativo, descrittivo o riflessivo?

7 **La lingua** Qual è il registro linguistico usato?

8 **La tua opinione** Hai trovato particolari difficoltà di comprensione? Quali?

1 Sintesi dei contenuti

Attraverso le attività seguenti e le citazioni tratte dai brani che hai letto, esegui un lavoro di sintesi dei concetti e delle informazioni presentati nell'Unità. Se lo ritieni utile, puoi inserire altre citazioni per te significative.

Per osservare le molteplici tematiche contenute nell'*Eneide*, ricapitola i contenuti dei passi letti, compilando la seguente tabella. Ti suggeriamo i temi (che puoi ampliare se lo ritieni opportuno): valore militare, fondazione di Roma, amore, amicizia, amore filiale, grandezza di Roma, avventura, *pietas*, destino.

Titolo	Libro	Personaggi	Azione	Ambiente	Tema
Proemio	I				
Troia in fiamme	II				
La maledizione delle Arpie	III				
Amore e morte di Didone	IV	Didone, Anna			
La discesa di Enea agli Inferi	VI			Inferi: vestibolo, Campi del pianto e Campi Elisi	
La spedizione di Eurialo e Niso	IX				
Camilla, la vergine guerriera	XI		Diana presenta la storia della sua protetta Camilla, vergine guerriera, alleata di Turno, che lanciatasi in battaglia viene uccisa		
Enea e Turno: il duello finale	XII				Valore militare, destino

2 Citazioni dall'*Eneide*

«per poter fondare / la sua città e introdurre nel Lazio i Penati, dando radici / alla stirpe latina, ai padri albani e alle mura eccelse di Roma».

Proemio

«E voi, Tiri, con l'odio vostro fino alle estreme generazioni / perseguitate la sua stirpe, offrite questo dono / alle mie ceneri. Non vi sia patto o amore fra i due popoli».

Amore e morte di Didone

«Fortunati entrambi! Se qualche potere possiedono i miei versi, / mai verrà giorno che alla memoria del tempo vi sottragga, / finché i discendenti di Enea la rupe immobile del Campidoglio/ domineranno e il padre dei Romani avrà impero sul mondo».

La spedizione di Eurialo e Niso

«hai vinto e tenderti le mani m'hanno visto, / vinti, gli Ausoni; sposa tua è ormai Lavinia: / oltre non spingere il tuo odio».

Enea e Turno: il duello finale

[…]

....

....

....

3 Scrittura guidata *il testo argomentativo*

Utilizzando quanto hai letto nei passi, nelle presentazioni e nelle schede e servendoti dei passi sotto riportati, stendi un testo argomentativo dal titolo "L'Eneide è un poema epico che con i tanti personaggi e temi presentati mira soprattutto a celebrare le glorie di Roma".

Se lo ritieni utile, puoi rivedere le caratteristiche del testo argomentativo nel volume di Narrativa (► p. 104).

Puoi servirti della seguente scaletta come punto di partenza, se lo ritieni opportuno.

Introduzione

- I tanti temi presenti nel poema
- Tesi: tutti i temi mirano alla celebrazione di Roma

Sviluppo

- Prima argomentazione: un tema e il suo risvolto encomiastico (la distruzione di Troia per la fondazione di Roma)
- Seconda argomentatazione: un altro tema e il suo risvolto encomiastico (la *pietas* di Enea e i valori romani)
- ....
- Possibile negazione della confutazione

Conclusione

- ....
- ....

Virgilio

Anchise presenta a Enea la gloria futura di Roma

Da
Eneide (libro VI, vv. 752-759, 788-797, 808-853),
I secolo a.C.

Poema epico

Accompagnato dalla Sibilla, Enea si trova nell'Oltretomba dopo aver incontrato nel vestibolo i Mostri umani. Superato l'Acheronte s'imbatte nel giovane Palinuro; tra le anime "morte anzitempo" è ignorato da una sdegnosa Didone; è condotto, infine, dalla Sibilla nei Campi Elisi, dove incontra il padre. Anchise gli mostra quelle che s'incarneranno nei futuri gloriosi romani, fino ad esporre in sintesi la grande missione di Roma.

Dopo questo, Anchise conduce il figlio e la Sibilla
in mezzo a quel raduno, tra la folla rumorosa,
e sale su un'altura, di dove si poteva osservare
chi in lunga schiera avanzava e distinguere il viso di chi veniva.

«E ora ti svelerò punto per punto quale gloria è riserbata
alla prole di Dàrdano, quali discendenti si attendano
dall'italica gente, anime illustri che vita daranno
al nostro nome, e il tuo destino a te rivelerò.
[…]
Ora qui volgi gli occhi, guarda questa gente,
i tuoi Romani. Qui è Cesare e tutta la stirpe
di Iulo, destinata a uscire sotto la grande volta del cielo.
Questo, questo è l'uomo promessoti da sempre,
Cesare Augusto, il figlio del divino Giulio, che di nuovo
instaurerà nel Lazio, nei campi dove un tempo regnò Saturno,
il secolo d'oro; e sui Garamanti e gli Indi espanderà l'impero,
in una terra che si stende oltre le stelle, oltre il corso dell'anno
e del sole, dove Atlante, che regge il cielo, ruota
sulle sue spalle la volta trapunta di stelle lucenti.
[…]
Ma chi è quello laggiú che, cinto di rami d'ulivo,
reca gli arredi sacri? Riconosco i capelli e il mento canuto
del re romano che, dall'umile Curi e da una povera terra

753 **tra la folla rumorosa**: è la gente che abita i Campi Elisi.

756 **E ora ti svelerò**: è Anchise che parla ad Enea.

757 **alla prole di Dàrdano**: ai discendenti dal troiano Dàrdano, cioè il popolo romano.

759 **e il tuo destino a te rivelerò**: era lo scopo della discesa agli Inferi di Enea.

788-790 **guarda questa…del cielo**: la *gens* che da Iulo è detta Iulia e dalla quale discenderà Giulio Cesare, destinata a grandi cose sulla terra.

791-792 **Questo, questo…divino Giulio**: la persona che ti è stata promessa è Cesare Augusto, figlio adottivo di Cesare (il «divino Giulio», Giulio Cesare divinizzato alla sua morte).

794 **il secolo d'oro**: Augusto, ponendo fine alle guerre civili, avrebbe avviato un periodo di pace, qui accostato all'età dell'oro; **Garamanti e gli Indi**: i primi abitatori dell'Africa; i secondi dell'Oriente.

794-797 **espanderà l'impero…stelle lucenti**: l'espansione dell'impero romano sarà così vasta da toccare l'intero universo fino a chiamare in causa perfino il gigante Atlante.

808 **Ma chi è quello laggiù**: Anchise inizia la presentazione dei futuri re di Roma.

809-810 **i capelli…del re romano**: il «canuto» Numa Pompilio che darà a Roma una prima serie di leggi.

chiamato a un grande impero, darà base solida di leggi
alla nuova città. A lui seguirà Tullo,
che gli ozi della patria infrangerà, muovendo in armi
gli uomini impigriti e le schiere ormai disavvezze ai trionfi.
Subito dopo gli succede Anco che per soverchia ambizione
sin dall'inizio troppo si compiace del favore popolare.
Vuoi vedere anche i re Tarquini, e l'anima superba
del vendicatore Bruto, i fasci da lui riconquistati?
Il potere di console e le scuri inesorabili per primo costui
riceverà e, pur loro padre, manderà al supplizio i figli
che tramavano tumulti, in difesa della bella libertà,
sventurato! comunque i posteri giudicheranno questi eventi:
vincerà l'amor di patria e l'immenso anelito di gloria.
E guarda i Deci, i Drusi e inesorabile laggiú
con la sua scure Torquato, e Camillo che recupera le insegne.

Ma quei due che risplendere tu vedi in armi uguali,
ora e finché premuti dalla notte spiriti concordi,
che guerra, ahimè, sfreneranno fra loro, se un lume di vita
attingeranno, che tremende lotte e stragi,
calando il suocero dai contrafforti alpini e dalla rocca
di Mòneco, schierato il genero con le opposte forze d'Oriente.
No, figli, non addestrate gli animi a tali guerre,
non rivolgete al cuore della patria il nerbo delle vostre forze;
e tu per primo, tu che dall'Olimpo discendi, perdona,
le armi getta di mano, sangue mio.
Quest'altro, soggiogata Corinto, guiderà trionfante il carro
sull'alto Campidoglio, glorioso per la disfatta degli Achivi;
quello abbatterà Argo e Micene, la città di Agamennone,
e lo stesso Perseo, forte guerriero del sangue di Achille,
vendicando gli avi troiani e il tempio profanato di Minerva.
E chi potrebbe tacere di te, grande Catone, e di te, Cosso?

Pietro Bardellino, *Anchise mostra a Enea e alla Sibilla le anime dei Campi Elisi*, dipinto del XVIII secolo. (Napoli, Museo di Capodimonte)

812 **seguirà Tullo**: Tullo Ostilio che avvierà guerre contro le popolazioni vicine.

815 **gli succede Anco**: Anco Marzio del quale viene richiamata un'eccessiva attenzione per il popolo.

817 **i re Tarquini**: i tre re etruschi: Tarquinio Prisco, Servio Tullio e Tarquinio il Superbo.

818 **vendicatore Bruto**: Bruto, il primo console, colui che vendicherà l'affronto dei Tarquini nei confronti di Lucrezia e riaffermerà i simboli della Repubblica («i fasci da lui riconquistati»).

820-821 **manderà al supplizio...tumulti**: Bruto sarà destinato anche ad affrontare la prova, come padre, di condannare i figli, colpevoli di aver tramato coi Tarquini contro Roma.

824-825 **E guarda i Deci...le insegne**: sono poi citate alcune nobili famiglie romane: i Deci, i Drusi, Tito Manlio Torquato «con la sua scure», giustiziere di un figlio disubbidiente agli ordini, e Furio Camillo vincitore contro i Galli.

826 **Ma quei due**: Giulio Cesare e Pompeo Magno, responsabili di una grave guerra civile.

828-829 **se un lume di vita attingeranno**: se saliranno sulla terra a vivere la loro vita.

830-831 **il suocero...d'Oriente**: è Cesare che passerà da Monaco per rientrare in Italia dalla Gallia e combattere contro Pompeo («il genero») che stazionava in Oriente.

836 **Quest'altro...Corinto**: è l'anima del futuro console Lucio Mummio, conquistatore di Corinto nel 146 a.C.

838 **quello abbatterà...Agamennone**: il console L. Emilio Paolo vincitore del re macedone Perseo e dei Greci, vendicatore dei Troiani.

841 **grande Catone...Cosso?**: Catone il Censore e A. C. Cosso vincitore degli Etruschi.

chi della stirpe di Gracco, di entrambi gli Scipioni,
fulminei in guerra, flagello di Libia, e di Fabrizio,
in povertà felice, o di te, Serrano, che semini nel solco?
Dove, stanco, mi trascinate, o Fabi? E tu non sei quel Massimo
che temporeggiando, da solo salverai lo Stato?
Altri (di certo, credo) foggeranno bronzi pieni di respiro
con maggiore eleganza e volti vivi trarranno dal marmo,
peroreranno meglio le cause e col sestante descriveranno
le vie del cielo, presagendo il sorgere degli astri;
tu, Romano, ricorda di governare le genti:
questa sarà l'arte tua, imporre norme di pace,
risparmiare chi s'arrende, sgominare i ribelli».

Virgilio, *Eneide*, VI, 752-759, 788-797, 808-853, trad. it. di M. Ramous, Marsilio, Venezia, 1998

842 **stirpe di Gracco...Scipioni**: i due fratelli Tiberio e Caio Gracco e poi i due Scipioni (l'Africano e l'Emiliano).

843 **Fabrizio**: Caio Fabrizio che non si lascerà corrompere da Pirro.

844 **Serrano**: Attilio Serrano, contadino eletto console.

845 **o Fabi**: famiglia romana, di cui è citato poi Quinto Fabio Massimo che difenderà Roma contro Annibale.

847 **Altri (di certo, credo)**: si apre la celebre glorificazione della missione pacificatrice di Roma. Questi «altri» sono i Greci, destinati a raccogliere glorie d'altra natura: forgiare eleganti statue di bronzo che sembrano capaci di respirare «bronzi pieni di respiro», con la sineddoche «bronzo» per "statua di bronzo".

849 **peroreranno meglio le cause**: sempre i Greci saranno migliori oratori.

852-853 **questa sarà l'arte tua...ribelli**: le "arti" in cui primeggerà Roma saranno le seguenti: insegnare le strade della pace, essere generoso con chi si assoggetta, ma sterminare chi rimane superbo.

Attività

Comprendere e analizzare: verso l'INVALSI

1 **La posizione** Perché Anchise sceglie di porsi su un'altura per parlare ad Enea?
- a. Da lì può far tacere la folla rumorosa
- b. È il luogo in cui normalmente sta
- c. È il punto di miglior osservazione
- d. È il punto da cui mostra la propria importanza

2 **Le parole di Anchise** Il verbo «svelerò» (v. 756) qualifica il discorso che Anchise fa. Che cosa contengono le parole?
- a. Una sintesi
- b. Un ricordo
- c. Una profezia
- d. Una cronaca

3 **Il contenuto** Che cosa sta per svelare Anchise a Enea?
- a. La gloria futura di Roma e il destino di Iulo
- b. La gloria futura dei discendenti dei Troiani e il destino di Enea
- c. La gloria personale di Enea
- d. La gloria dei popoli italici e il destino di Iulo

4 **Il più importante** Chi è il personaggio più importante indicato da Anchise? Quale figura retorica lo evidenzia?
- a. Giulio Cesare
- b. Iulo
- c. Ottaviano Augusto
- d. Enea

5 **La pace augustea** Quali parole del testo richiamano il periodo storico così definito?

6 **Un grande impero** Quale caratteristica dei territori conquistati da Augusto viene messa in particolare evidenza da Anchise?
- a. La vicinanza a Roma
- b. L'ampiezza
- c. La distanza da Roma
- d. La bellicosità

7 **I re** Nel testo sono richiamati alcuni re di Roma. Elencali, specificando per ognuno la caratteristica con cui è individuato nel testo.

8 **Bruto** Bruto è ricordato per un'importante opera politica. Quale?
- a. Caccia i re e fonda la repubblica
- b. È l'ultimo re
- c. Vendica l'onore di Tarquinio il Superbo
- d. Fonda l'impero

9 **Padri** Dal comportamento di Bruto e Torquato nei confronti dei figli, si può capire quali fossero i valori fondamentali per i Romani. Quali?
- a. La famiglia e i figli
- b. La patria e la gloria
- c. La ricchezza e la bellezza
- d. L'onore militare e la ricchezza

10 **La carrellata** Anchise nomina grandi personaggi della storia di Roma. Elencali.

11 **L'esortazione** All'ammirazione per le conquiste e le qualità civiche, Anchise accosta un'accorata esortazione. A quali personaggi fa riferimento? Che cosa chiede con forza?
- a. Q.F. Massimo; invita ad affrettare le azioni belliche
- b. Mummio; invita a non vantarsi troppo per la conquista di un grande popolo
- c. Cesare e Pompeo; invita a non preparare mai più guerre civili
- d. Scipioni; invita a non fare azioni militari troppo imprevedibili

12 **Il compito** Con quali auliche e solenni parole Anchise definisce il compito fondamentale del popolo romano?

13 **Il narratore** Chi è il narratore del testo? Che tipo di narratore è?

14 **La struttura** Il testo è composto da tre sequenze. Rimetti in ordine i personaggi che le caratterizzano: *Tanti personaggi, Augusto, il popolo*

15 **Il genere** Come definiresti il genere di questo discorso?
- a. Lirico
- b. Epico
- c. Encomiastico
- d. Fantastico

16 **Il tono** Il passo ha un carattere oggettivo o soggettivo? Motiva la tua risposta riportando parole del testo.

17 **Riti e simboli** Nel testo si fa riferimento a riti e simboli tipici della storia di Roma. Quali sono?

18 **Il lessico** Nel testo sono presenti parecchi termini di registro elevato. Ne elenchiamo alcuni; tu abbina a ciascuno un sinonimo di registro più colloquiale.

Registro elevato	Registro colloquiale
«Volta del cielo» (v. 790)	....
«Espanderà» (v. 794)	....
«Trapunta» (v. 797)	....
«Canuto» (v. 809)	....
«Infrangerà» (v. 813)	....
«Inesorabili» (v. 819)	....
«Contrafforti» (v. 830)	....
«Sgominare» (v. 853)	....

19 **Le figure retoriche** Nel testo ci sono numerose figure retoriche. Ti indichiamo i versi in cui sono presenti: 757, 796, 819, 821, 823, 839, 846, 848-850. Tu individua la figura contenuta e riconoscila.

Rielaborare e produrre

20 **Il riassunto** Sintetizza il passo letto in 100 parole al massimo.

21 **Il discorso indiretto** Trasforma il discorso di Anchise dal verso 808 al verso 825 in discorso indiretto, usando sinonimi adeguati e i verbi reggenti al presente (ad esempio, "Anchise chiede chi sia quell'uomo che...").

per guardare oltre

Intersezioni nell'antologia

- L'*Eneide* è il poema di un eroe, come *L'epopea di Gilgameš* (▸ p. 61), l'*Odissea* di **Virgilio** (▸ p. 198), *Il Cantar de mio Cid* (▸ p. 344) e *L'Orlando furioso* (▸ p. 376) di Ludovico **Ariosto**. Il carattere celebrativo ed encomiastico del poema può essere ritrovato anche nel *Proemio* della *Gerusalemme Liberata* (▸ p. 383) di Torquato **Tasso**. Il valore militare, sfondo per le vicende dell'*Eneide*, è lo stesso che si trova nella ***Bibbia*** (*Davide abbatte il pagano Golia*, ▸ p. 94), nell'*Iliade* (*Il sacrificio di Patroclo*, ▸ p. 164 e *Lo scontro tra Achille ed Ettore*, ▸ p. 169), nell'*Odissea* (*La strage dei Proci*, ▸ p. 248), nella *Gerusalemme liberata* (*La morte di Clorinda*, ▸ p. 392). Particolare rilevanza hanno nell'*Eneide* i rapporti familiari tra padre e figlio, come tra Odisseo e Telemaco nell'*Odissea* (*Il ritorno: Eumeo e Telemaco*, ▸ p. 237).
- L'amore coniugale presente nell'*Eneide*, per Creusa scomparsa nell'incendio di Troia e poi per Lavinia, si trova anche nell'*Iliade* (*La difficile scelta di Ettore: l'onore o la famiglia?* ▸ p. 157). L'amore domina anche fuori dalla famiglia e quello di Didone, che tanto attrae Enea, ricorda le seduzioni di Calipso e Circe nell'*Odissea* (*L'incontro con la maga Circe* ▸ p. 232)

Altri orizzonti

SAGGI E POESIA

- Un racconto del tutto nuovo sulla guerra di Troia (altri eroi, altri personaggi) lo troviamo nel libro *Storia della distruzione di Troia* (2014) del frigio **Darete** (trad. L. Canali). Di grande interesse è lo studio di Maurizio **Bettini**, *Il mito d'Enea: immagini e racconti dalla Grecia a oggi* (2013). Un dialogo a distanza per chiarire i concetti essenziali per conoscere la poesia di Virgilio lo fornisce Luca **Canali** in *Come leggere Virgilio* (2007). Lo stesso Canali propone una sua versione del poema romano: *Luca Canali racconta l'"Eneide"* (2008). Uno storico riflette sull'emigrazione mitica di Enea: Antonio **Spinosa**, *La grande storia dell'"Eneide": dall'incendio di Troia alla gloria di Roma* (2005). Biagio **Conte** in *Virgilio: l'epica del sentimento* (2002) mostra come il poeta mantovano faccia convivere il tragico e il sentimentale, il dramma e il pathos.
- La solitudine dell'esule trova la sua trasfigurazione poetica nella ballata di Giorgio **Caproni**, *Il passaggio di Enea*, che dà il titolo alla raccolta del 1956.

PITTURA

- Sia in epoca rinascimentale sia in epoca barocca sono vari gli episodi dell'*Eneide* che hanno ispirato gli artisti: la caduta e la fuga da Troia (Giovanni **Giorgi**); gli amori fra Enea e Didone (Gregorio **Lazzarini**); l'amicizia fra Eurialo e Niso (J. Baptiste **Roman**), la discesa agli Inferi (Giuseppe **Gambarini**); il duello tra Enea e Turno (Luca **Giordano**).
- Celebre è anche il gruppo scultoreo di Gian Lorenzo **Bernini**, che immortala uno dei momenti più "plastici" del poema in *Enea, Anchise e Ascanio* (1618-1619). La contemporaneità ha invece raccolto soprattutto le suggestioni dell'infelice sorte di Didone, dalle tele romantiche di William **Turner** alle iconografie da "realismo magico" di Alberto **Savinio** (*Enea e Didone*, 1931).

MUSICA

- Anche gli adattamenti musicali hanno scelto l'idillio amoroso e poi l'abbandono della regina di Cartagine tra gli episodi più fecondi per la trascrizione: dal melodramma inglese di Henry **Purcell** (*Dido and Aeneas*, 1689) a quello nostrano di Pietro **Metastasio** (*Didone abbandonata*, 1724).
- A servizio della rappresentazione teatrale, la rock band dei **Litfiba** ha lavorato alla colonna sonora (1983) dello spettacolo *Eneide* della compagnia fiorentina dei Krypton.

FILM

- Diretto da Franco **Rossi**, la Rai ha mandato in onda lo sceneggiato *Eneide* (1971-1972), con l'attore Giulio Brogi nel ruolo di Enea. In ottica "femminista", la rilettura della vicenda dal punto di vista di Didone in *Didone non è morta* (1987) di L. **Mangiacapre** e A. **Cambria**.

Una scena dello spettacolo *Eneide* della compagnia fiorentina Krypton, 1983.

PERCORSO E

L'epica medioevale e rinascimentale

PERCORSO E

UNITÀ 1

I poemi cavallereschi del Medioevo

• Storia e fantasia • Le radici di un rinnovato interesse narrativo per l'epoca medioevale affondano nei poemi cavallereschi del ciclo carolingio e del ciclo bretone e in altri poemi o saghe legati alla storia di Spagna o di Germania ed elaborati dalla fantasia popolare tra l'XI e il XIII secolo. Nelle vicende di Carlo Magno e dei suoi paladini, di re Artù e dei suoi cavalieri troviamo il **connubio tra storia e fantasia**: personaggi storici si scontrano con altri di pura invenzione; draghi e pozioni magiche rendono le imprese cavalleresche oltremodo avventurose; fede religiosa e amori pagani si sovrappongono.

Orlando durante la battaglia di Roncisvalle in una miniatura francese del XIV secolo. (Parigi, Bibliotheque de l'Arsenal)

• Bene contro Male • Frutto di varie leggende, prima tramandate oralmente e poi messe per iscritto, il poema *La Chanson de Roland* è l'archetipo di guerre che esprimono uno scontro di civiltà: il Bene incarnato dal Cristianesimo e il Male simboleggiato dall'Islam. Il paladino che personifica i valori dell'onore, del coraggio, della fedeltà al sovrano e alla sua fede è il prode **Orlando** o Rolando, colui che anche nei secoli successivi verrà riproposto come il cavaliere esemplare.

Nella primavera del 778 Carlo Magno condusse una spedizione oltre i Pirenei contro gli Arabi di Spagna. Sulla via del ritorno, nelle gole pirenaiche, la retroguardia della colonna venne assalita e sterminata da tribù basche della montagna (che secoli dopo saranno trasformate, nel ricordo, in

DOMANDE

- Perché Rolando assomiglia a un "pupo siciliano" nella raffigurazione di Roncisvalle?
- Come si distinguono i soldati musulmani?
- Svolgi una breve ricerca per evidenziare gli aspetti storici della battaglia di Roncisvalle, così da far emergere le modificazioni culturali intervenute.
- Sai definire che cosa s'intende per "scontro di civiltà"?

musulmani). In questa imboscata perì tra gli altri un certo Hruodlandus, uomo vicino al re, di cui le fonti storiche non sanno dire nulla di più. Costui, ben presto trasformato prima in Rolando e poi in Orlando, divenne uno degli eroi letterari più famosi dell'Occidente, protagonista della *Chanson de Roland*. L'episodio della sua eroica morte è stato riproposto in varie modalità artistiche.

• I fatti di Roncisvalle • Nella miniatura francese che presentiamo è riassunta tutta la vicenda finale accaduta nella gola di **Roncisvalle**. In primo piano, il coraggioso paladino Rolando sta duellando con un musulmano: impugna la famosa spada "Durlindana" (affilata e appuntita) e tiene l'"olifante", il suo corno, sulla schiena. Raffigurato come un "pupo siciliano" nella sua armatura dorata che lo differenzia da tutti, si presenta in posizione dominante, mentre il saraceno che lo affronta è più incupito e impacciato sotto l'elmo e con la sottile lancia. Tutt'attorno, un nugolo di soldati a terra, l'uno sull'altro, con ferite sanguinolente; sulla destra i musulmani feriti e uccisi dal prode paladino. Sempre sulla destra, il miniatore ha raffigurato l'antefatto, che puoi vedere nel tondo di p. 330: Gano di Magonza, traditore, si accorda con i nemici per dar vita all'imboscata. Sulla sinistra, la conclusione: un solitario Rolando suona invano il corno per chiedere aiuto al suo re Carlo Magno, ma le truppe cristiane arriveranno tardi.

Al re Carlo Magno non rimane che piangere la morte del suo miglior paladino. Lo osserviamo in un'altra miniatura mentre esprime il suo dolore: il re è contraddistinto dalla corona che porta sul capo, osserva il corpo del prode Rolando davanti a lui, mentre anche altri suoi soldati sono affranti.

Carlo Magno piange la morte di Orlando a Roncisvalle in una miniatura del XIV secolo. (Bruxelles, Biblioteca Reale)

in questa Unità impareremo a

- **conoscere** le caratteristiche del poema epico medioevale e il contesto storico-culturale in cui sono ambientate le vicende e sono prodotti i testi
- **comprendere** il significato globale dei testi e le peculiarità dei personaggi
- **riconoscere e analizzare** nei passi i riferimenti ai contenuti leggendari e magici dei cicli medioevali e alla classicità, le specifiche forme metriche e stilistiche
- **interpretare** i testi per individuare i valori che animano la società feudale, confrontandoli con quelli del mondo antico e moderno
- **produrre** sintesi dei testi narrativi, espositivi e argomentativi legati a temi contenuti nei brani
- **comunicare oralmente** riferendo i contenuti dei passi, confrontando opinioni personali per ampliare la riflessione ed esprimerla in forma strutturata e chiara

in questa Unità scopriremo

Antologia

Anonimo • *La morte di Orlando*
Anonimo • *L'ingiusto esilio del Cid*
Anonimo • *Sigfrido tradito e ucciso*

Echi nel presente

Italo Calvino • *Carlomagno s'imbatte in uno strano cavaliere*

Verifica delle competenze

Chrétien de Troyes • *Perceval e l'apparizione del Santo Graal*

Dalla seconda metà dell'VIII secolo si assiste in Italia alla decisiva affermazione dei Franchi ai danni dei Longobardi: il re franco Carlo Magno (768-814) propone con il Sacro romano impero una nuova realtà politica, fondata sull'alleanza Stato-Chiesa. In pochi anni estende il proprio dominio dalle regioni tedesche ai Pirenei, alla penisola italiana. Tali fatti storici, rielaborati e intrecciati a leggende, vengono prima tramandati dalla voce popolare orale e, in seguito, dalla nascente narrazione scritta.

Statuetta in bronzo di Carlo Magno rappresentato come un antico imperatore romano, IX secolo. (Parigi, Museo del Louvre)

• Cicli e poemi •

Tra le seconda metà dell'**XI** e il **XIII secolo**, in Spagna, Francia, Inghilterra, nei paesi nordici di area germanica, nasce nelle rispettive lingue nazionali l'**epica cavalleresca medioevale**. Accanto ai due **cicli** più importanti, quello **carolingio** e **bretone**, troviamo in Spagna il poema *Cantar de mio Cid* (XII sec.) nel quale il protagonista ed eroe nazionale, il Cid Campeador (Cid dall'arabo *sidi* = signore; Campeador = prode guerriero), è artefice della *reconquista* cristiana della Spagna contro i musulmani. In Germania abbiamo il poema *I Nibelunghi* (XIII sec.), una saga che raccoglie e sviluppa temi e leggende della tradizione germanica che hanno per lo più come protagonista il principe renano Sigfrido.

• Il ciclo carolingio • Nella Francia del Nord, nella vasta regione che aveva visto attivi i Carolingi, tra l'XI e il XII secolo, si sviluppano le *chansons de geste*, poemi epici che hanno il loro modello nella *Chanson de Roland*. Tali poemi ruotano attorno alle imprese di Pipino il Breve, Carlo Magno, Orlando e gli altri paladini. Tutti sono impegnati al servizio di una sola autorità, quella regale di Carlo Magno, combattono e rischiano la vita per affermare la fede cristiana contro gli infedeli musulmani. Le loro imprese rappresentano simbolicamente la lotta di tutta la **cristianità** e identificano idealmente il momento della nascita e della costruzione di una identità europea (franco-tedesca), occidentale e cristiana, in opposizione a quella orientale e musulmana.

Vengono così codificati i tradizionali **ideali cavallereschi**:

- affermare la **fedeltà assoluta al sovrano**, per il quale si è pronti a sacrificare la vita;
- mettere la propria spada **al servizio dei deboli** per il trionfo della giustizia;
- bandire ogni forma di viltà e di tradimento nello scontro bellico per salvaguardare l'**onore** e conseguire la **gloria**;
- difendere e **sostenere la fede cristiana contro gli infedeli**, rappresentati in particolare dai musulmani, gente straniera e pagana.

Intorno a questi valori si svilupparono cicli di storie e di "saghe" (l'insieme dei racconti epici a carattere tradizionale e familiare, tipici soprattutto dei paesi germanici e nordici in genere).

Dal punto di vista formale, la **chanson** è un **genere letterario poetico**, essendo scritto in versi: l'unità metrica è la **lassa** (un numero variabile di versi legati tra loro dalla rima o dall'assonanza).

Una brocca per l'acqua in metallo a forma di cavaliere armato del 1250. (New York, Metropolitan Museum of Art)

Queste composizioni venivano **cantate in pubblico** da giullari e per questo si chiamano *chansons*. La materia è costituita dalle imprese eroiche; da qui l'espressione *chansons de geste* ("canzoni di gesta", dal latino *res gestae* = imprese).

• Il ciclo bretone • In un periodo successivo e in regioni diverse da quelle in cui si diffusero le *chansons de geste*, si svilupparono altre forme letterarie. Nelle corti di Fiandra e della Champagne e in quelle anglonormanne (Normandia, Inghilterra) si elaborano narrazioni che raccolgono leggende locali, i cui protagonisti sono re Artù, Lancillotto, Ginevra, Tristano e Isotta, Perceval. Questo secondo importante filone di opere è raggruppato sotto la voce di "ciclo bretone", in quanto i protagonisti e le storie sono ambientate nella **Britannia** celtica, quella continentale e quella insulare.

Tristano e Isotta partono per il Regno dell'orco in una miniatura del XV secolo. (Chantilly, Musée Conde)

Queste avventure sono raccolte in romanzi di tipo cavalleresco, il "**romanzo cortese**", un genere letterario nuovo, tipico delle corti della Francia settentrionale, con forme e contenuto diversi dalle precedenti *chansons de geste*. Per romanzi cortesi si intendono lunghe narrazioni in lingua francese antica (lingua *d'oïl*), scritte inizialmente in versi, poi per lo più in prosa, destinate alla lettura in privato o per un circolo ristretto di uditori all'interno della corte. Lo schema fondamentale prevede l'avventura centrale di un protagonista, impegnato a superare una serie di prove per raggiungere una meta (spesso – ma non solo – l'amore); intorno a questo nucleo principale si innestano, poi, complessi intrecci narrativi.

• L'amore cortese e la *quest* • Nel "ciclo carolingio" sono assenti la componente femminile e l'amore (con l'eccezione dell'amore per la fede e del legame tra il cavaliere e il signore). Nei romanzi cavallereschi del "ciclo bretone", invece, diventa fondamentale la presenza della donna (Ginevra, Isotta), alla quale il cavaliere deve lo stesso incondizionato servizio che doveva al signore e una venerazione pari a quella per la fede. Si parla così di ideale dell'**amor cortese**. Il cavaliere deve superare prove di valore, affrontare il nemico, il mostro, il sortilegio, dimostrando forza, ardimento, generosità, ma queste sue imprese sono volte alla conquista e alla difesa di una donna (non della fede).

Altro elemento caratteristico dei romanzi cavallereschi è la ricerca, la sete di avventura, ovvero la ***quest*** (letteralmente "inchiesta", "ricerca"): il cavaliere si spinge lontano dalla corte, chiamato dai suoi ideali di giustizia, di generosità, di lealtà a intervenire là dove ci sia bisogno del suo aiuto. Attraversa, dunque, selve, montagne, isole incantate, geografie fantastiche in cui avvengono incontri e scontri con avversari mostruosi e fantastici. Il teatro delle sue avventure è dunque la dimensione magica e fantastica, che comincia non appena si sia allontanato dalla corte e dalla dama.

• Il percorso antologico •

Il percorso valorizza in primo luogo il ciclo carolingio con il brano *La morte di Orlando* ▸ p. 334), tratto da *La Chanson de Roland*. La *reconquista* spagnola del XII secolo contro gli Arabi è al centro del *Cantar de mio Cid*, con *L'ingiusto esilio del Cid* (▸ p. 343). L'epica cavalleresca tedesca è rappresentata dal poema *I Nibelunghi* col *Sigfrido tradito e ucciso* (▸ p. 348). Del ciclo bretone è proposto il brano *Perceval e l'apparizione del Santo Graal* (▸ p. 360), tratto da *Perceval* di Chrétien de Troyes, un poema in cui misticismo e magia si alternano.

Anonimo

La morte di Orlando

Da
La Chanson de Roland (lasse CLXVII - CLXXIX), 1075 ca

Poema epico

Nel vallone di Roncisvalle, nei Pirenei, Orlando e l'intera retroguardia dei Franchi hanno resistito fino allo stremo contro forze nemiche sovrastanti. L'eroe si è rifiutato di suonare l'olifante per chiamare in aiuto il grosso dell'esercito dell'imperatore Carlo. Ora «sente la morte vicina» e si prepara al supremo sacrificio, consapevole d'aver offerto se stesso per la difesa della fede cristiana.

CLXVII

Orlando sente che la morte gli è vicina:
dalle orecchie esce fuori il cervello.
Prega Dio che chiami a sé i suoi pari,
e poi per sé l'angelo Gabriele.
Prende l'olifante, che offesa non abbia,
e Durandal, la spada, nell'altra mano.
Poco più lungi d'un tiro di balestra,
verso la Spagna si inoltra in un maggese;
sale su un poggio, sotto due alberi belli,
quattro pietre son là, fatte di marmo;
sull'erba verde è caduto riverso,
là è svenuto, ché la morte gli è vicina.

Un olifante in avorio del XII secolo. (New York, Metropolitan Museum of Art)

CLXVIII

I monti sono alti e altissime le piante;
quattro pietre son là di marmo risplendente.
Sull'erba verde sviene il conte Orlando.
Un saraceno tuttavia lo spia,
si finge morto e giace in mezzo agli altri;
ha sporcato di sangue il corpo e il viso,
s'alza in piedi e di corsa s'avventa.
Bello era e forte e di gran valore;
per orgoglio commette follia mortale:
afferra Orlando e il suo corno e le sue armi,
e dice solamente: «È vinto il nipote di Carlo!
Questa spada porterò in Arabia».
A quel tirare il conte si riprende un poco.

2260 **il cervello**: Orlando muore per esaurimento delle forze: anche il cervello esce attraverso le orecchie e il paladino resta svuotato d'energie.

2261 **pari**: sono i suoi dodici compagni, i "pari" di corte.

2262 **l'angelo Gabriele**: è considerato un intermediario fra Dio e gli uomini.

2263 **l'olifante**: corno di guerra ricavato da una zanna d'elefante che consentiva a Orlando di farsi sentire dal re Carlo da qualsiasi luogo lo suonasse.

2264 **Durandal**: italianizzata in Durlindana, è la spada prodigiosa di Orlando, a lui donata da Carlo Magno.

2265-2266 **Poco più…un maggese**: Orlando si trascina verso un prato non coltivato («maggese») in direzione della Spagna, va più lontano di quanto possa arrivare una freccia scagliata da una balestra.

2281 **È vinto il nipote di Carlo**: Orlando era figlio di Berta, sorella di Carlo Magno, e di Milone.

CLXIX

Orlando sente che gli sottrae la spada.
Apre gli occhi e dice solamente:
«Ch'io sappia, tu non sei dei nostri!».
Stringe l'olifante, che non volle perder mai,
lo colpisce sull'elmo ch'era gemmato e d'oro:
spezza l'acciaio e la testa e le ossa,
gli occhi gli fa schizzare fuori dal capo,
giù ai suoi piedi l'ha abbattuto morto,
Quindi gli dice: «Vile, come fosti così temerario
D'afferrarmi, né a torto né a ragione?
Chi lo saprà, ti prenderà per folle.
S'è spezzato il padiglione del mio olifante,
caduti sono il cristallo e l'oro».

CLXX

Orlando sente che la vista ha perduto;
si drizza in piedi, si sforza quanto può;
il suo viso ogni colore ha perduto.
Davanti a lui c'è una pietra bruna:
vibra dieci colpi con dolore ed ira;
stride l'acciaio, ma non si spezza o spunta.
«Ah! – dice il conte – Santa Maria, aiuto!
Ah! mia buona Durendal, pietà di voi!
Poiché io muoio, di voi non ho più cura.
Tante battaglie sul campo con voi ho vinto
e tante vaste terre ho conquistato,
che tiene Carlo, dalla barba canuta!
Non v'abbia mai chi per un altro fugge!
Un buon vassallo vi ha tenuto a lungo:
Francia la libera mai ne avrà uno simile».

CLXXI

Colpisce Orlando la pietra di Cerritania:
stride l'acciaio, ma non si scheggia o spunta.
Quando comprende che non può spezzarla,
dentro di sé comincia a piangerla:
«Ah! Durendal, come sei chiara e bianca!
Contro il sole come splendi e fiammeggi!
Era Carlo nelle valli di Moriane,

Orlando agonizzante riesce a trovare le forze per uccidere il cavaliere musulmano che cerca di rubargli la spada, in una miniatura del XIII secolo. (Collezione Privata)

2287 **olifante**: corno d'avorio (letteralmente "elefante" e, per metonimia, "avorio").

2293 **D'afferrarmi…né a ragione**: prendermi in qualunque modo.

2295-2296 **S'è spezzato…l'oro**: Si è spezzata la parte finale allargata del corno, dalla quale esce il suono, e sono finiti in mille pezzi il cristallo e l'oro che lo abbellivano.

2309 **Non v'abbia…fugge**: Non vi possegga un uomo vile che fugge davanti al nemico: ecco spiegato il gesto di Orlando che cerca di spezzare su un masso la sua spada.

2312 **la pietra di Cerritania**: pietra di una regione dei Pirenei.

2313 **l'acciaio**: per metonimia s'intende la spada di acciaio.

2318 **valli di Moriane**: valle nel versante francese delle Alpi (Maurienne), appartenente all'antica contea di Savoia.

quando Dio dal cielo gli ordinò per un angelo
che ti donasse a un conte capitano:
allora me la cinse il re gentile, il grande.
Con lei gli ho conquistato l'Anjou e la Bretagna,
con lei gli ho conquistato e Poitou e Maine;
con lei gli ho conquistato Normandia la nobile,
con lei gli ho conquistato Provenza ed Aquitania
e Lombardia e tutta la Romagna;
gli ho conquistato Baviera e l'intera Fiandra
e Bulgaria e tutta la Polonia,
Costantinopoli, di cui ebbe l'omaggio,
ed in Sassonia può tutto ciò che vuole;
con lei gli ho conquistato Scozia e Irlanda
e l'Inghilterra che "sua camera" chiamava;
con lei gli ho conquistato paesi e terre tante,
che tiene Carlo dalla barba bianca.
Per questa spada ho dolore e pena:
preferisco morire che abbandonarla tra i pagani.
Dio padre, non lasciare che Francia sia disonorata!».

CLXXII

Orlando sferra colpi su una pietra grigia:
più ne frantuma di quanto io sappia dire.
Stride la spada, non si scheggia o spezza,
rimbalza in alto contro il cielo.
Quando il conte vede che non potrà spezzarla,
dolcissimamente la piange dentro sé:
«Ah! Durendal, come sei bella e santa!
Il tuo pomo d'oro è colmo di reliquie:
il dente di san Pietro, il sangue di san Basilio
e i capelli del signor mio san Dionigi;
e un lembo della veste di santa Maria.
Non è giusto che t'abbiano i pagani;
dai cristiani dovete esser servita.
Non v'abbia mai chi faccia codardia!
Con voi avrò conquistato tante vaste terre,
che tiene Carlo dalla barba fiorita,
e così l'imperatore è potente e ricco».

CLXXIII

Orlando sente che la morte lo invade,
dalla testa sul cuore gli discende.
Sotto un pino se ne va correndo,
sull'erba verde s'è coricato prono,
sotto di sé mette la spada e il corno.
Ha rivolto il capo verso la pagana gente:
l'ha fatto perché in verità desidera
che Carlo dica a tutta la sua gente

La spada che secondo molti studiosi appartenne a Carlo Magno, X-XI secolo. (Parigi, Museo del Louvre)

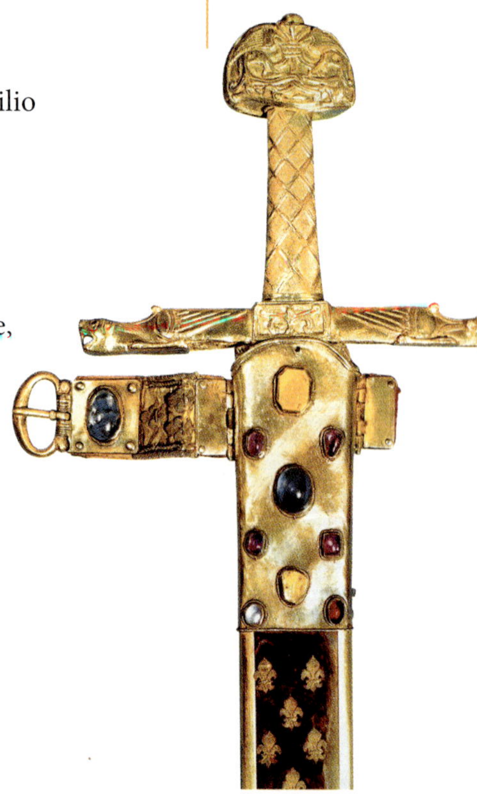

2322 **Con lei gli ho conquistato**: utilizzando questa spada («con lei») ho conquistato per l'imperatore Carlo («gli»). Segue l'elenco delle regioni conquistate.

2345 **Il tuo pomo d'oro**: nella sfera d'oro all'estremità dell'impugnatura.

2353 **barba fiorita**: canuta, bianca.

2360 **Ha rivolto... gente**: è morto da valoroso, guardando in faccia il nemico.

che da vincitore è morto il nobile conte.
Confessa la sua colpa rapido e sovente,
per i suoi peccati tende il guanto a Dio.

CLXXIV

Orlando sente che il suo tempo è finito.
Sta sopra un poggio scosceso, verso Spagna;
con una mano s'è battuto il petto:
«Dio! mea culpa, per la grazia tua,
dei miei peccati, dei piccoli e dei grandi,
che ho commesso dal giorno che son nato
fino a questo giorno in cui sono abbattuto!».
Il guanto destro ha teso verso Dio.
Angeli dal cielo sino a lui discendono.

CLXXV

Il conte Orlando è disteso sotto un pino,
verso la Spagna ha rivolto il viso.
Di molte cose comincia a ricordarsi,
di tante terre che ha conquistato, il prode,
della dolce Francia, della sua stirpe,
di Carlomagno, suo re, che lo nutrì;
non può frenare lacrime e sospiri.
Ma non vuol dimenticar se stesso,
proclama la sua colpa, chiede pietà a Dio:
«O padre vero, che giammai mentisci,
tu che resuscitasti Lazzaro da morte
e Daniele salvasti dai leoni,
salva l'anima mia da tutti i pericoli
per i peccati che in vita mia commisi!».
A Dio ha offerto il guanto destro:
san Gabriele con la sua mano l'ha preso.
Sopra il braccio teneva il capo chino;
con le mani giunte è andato alla sua fine.
Dio gli manda l'angelo Cherubino
e san Michele del Pericolo del mare;
insieme a loro venne san Gabriele:
portano in paradiso l'anima del conte.

La morte di Orlando in un manoscritto veneziano del XIV secolo. (Venezia, Biblioteca Marciana)

2365 **per i suoi...a Dio**: offre a Dio il suo guanto per ottenere il perdono delle colpe. Il gesto feudale di sottomissione al signore qui si carica di un valore religioso.

2367 **verso Spagna**: si ribadisce che l'eroe è in territorio nemico e non ha cercato la salvezza con la fuga verso la Francia. È un'affermazione più oltre ancora ripetuta.

2385-2386 **Lazzaro...dai leoni**: il riferimento è a due episodi delle Scritture: il primo ai *Vangeli*, la resurrezione di Lazzaro, l'amico morto richiamato in vita da Gesù; l'altro all'Antico Testamento, proprio al *Libro del profeta Daniele*, che Dio preservò dai leoni.

2393-2395 **Cherubino...san Michele...san Gabriele**: gli angeli, individuati nei cherubini, la seconda schiera più vicina a Dio, e nei due arcangeli, Michele e Gabriele, accompagnano in Cielo l'anima di Orlando.

CLXXVI

Morto è Orlando, nei cieli ha Dio l'anima sua.
L'imperatore giunge a Roncisvalle;
non c'è strada e non c'è sentiero,
né spazio vuoto, né un braccio o un piede,
dove non giaccia o francese e pagano.
Grida Carlo: «Dove siete, bel nipote?
Dov'è l'arcivescovo e il conte Oliviero?
Dov'è Gerin e il suo compagno Gerier?
Dov'è Oton e il conte Bérengier,
Ivon e Ivoire, che avevo tanto cari?
Che ne è del guascone, Engelier,
di Sansone il duca e d'Anseis il fiero?
Dov'è Gérard di Roussillon il vecchio,
e i dodici pari che vi avevo lasciato?».
A che serve chiamare, se nessuno risponde?
«Dio! – dice il re – posso ben dolermi
di non esser stato qui a iniziar l'attacco!».
Si tira la barba come uomo pieno d'ira,
piangono i suoi baroni cavalieri:
a terra crollano svenuti in ventimila.
Naimes il duca profonda pietà ne prova.

CLXXVII

Non c'è cavaliere né barone
che di pietà non pianga amaramente:
piangono i figli, i fratelli, i nipoti,
i loro amici ed i signori ligi;
molti crollano a terra svenuti.
Naimes il duca si comporta da prode:
dice per primo all'imperatore:
«Guardate avanti, a due leghe da noi,
veder potete dai grandi sentieri polverosi
che infinita è la pagana gente.
Cavalcate dunque! Vendicate questo dolore!».
«Ah! Dio – dice Carlo – sono già sì lungi!
Consigliatemi con giustizia e per onore !
Della dolce Francia m'hanno tolto il fiore».
Il re chiama Geboin e Oton,
Thibaud di Reims ed il conte Milon:
«Guardate il campo, le valli e i monti!
Lasciate i morti così come sono,
che non li tocchi bestia né leone,
e non li tocchi servo né scudiero;
io vi ordino che nessuno li tocchi,
finché Dio voglia che su questo campo si ritorni».
E quelli rispondono con dolcezza, per amore:

2402-2410 **Dove siete, bel nipote…e i dodici pari**: è Carlo Magno che parla e invoca i dodici Pari di Francia, i paladini più valorosi, sei laici e sei ecclesiastici, tutti caduti a Roncisvalle.

2417 **Naimes il duca**: il duca Namo di Baviera, il più vecchio degli amici di Carlo Magno.

2421 **ligi**: fedeli all'imperatore.

2431 **il fiore**: i combattenti più valorosi, i dodici Pari.

«Giusto imperatore, caro sire, così noi faremo!».
Mille cavalieri restano con loro.

CLXXVIII

L'imperatore fa suonar le trombe,
quindi cavalca, il prode, col suo grande esercito.
Di quelli di Spagna le tracce hanno scoperto,
all'inseguimento vanno tutti insieme.
Quando il re vede il vespro declinare,
smonta sull'erba verde di un prato,
si prostra a terra e prega Iddio
che per lui faccia arrestare il sole,
tardar la notte e prolungare il giorno.
Allora un angelo che gli è solito parlare,
immediatamente gli ha così ordinato:
«Cavalca, Carlo, ché luce non ti manca.
Hai perduto il fiore di Francia, Dio lo sa:
puoi vendicarti della feroce gente».
A queste parole l'imperatore è risalito a cavallo.

CLXXIX

Un grandissimo miracolo fece Dio per Carlo,
infatti il sole è rimasto immobile.
Fuggono i pagani, li incalzano i Franchi;
nella Valle Tenebrosa li raggiungono,
veloci li spingono verso Saragozza,
con grandi colpi li vanno massacrando,
tagliano loro le vie e i passaggi più larghi.
L'acqua dell'Ebro sta loro davanti;
è assai profonda, rapida e terribile;
là non c'è barca né dromone o chiatta.
Invocano i pagani un loro dio, Tervagan,
poi si gettano giù, ma nessuno può salvarli.
Gli armati, che sono i più pesanti,
colano a fondo in grande numero,
gli altri galleggiando vanno alla deriva;
i più fortunati hanno bevuto a dismisura,
tutti annegano con straordinaria angoscia.
Gridano i Francesi: «Mal fu per voi incontrare Orlando!».

La Chanson de Roland, CLXVII - CLXXIX, a cura di G. Ruffini, Guanda, Milano, 1980

Carlo Magno e i suoi paladini in una miniatura del XIV secolo. (Bruxelles, Biblioteca Reale)

2447 **il vespro declinare**: scendere il tramonto.

2467 **dromone**: nave a vela e a remi.

2468 **Tervagan**: divinità immaginaria, più volte richiamata nelle *chansons* medioevali come uno dei tre dèi, insieme ad Apollo e a Maometto, invocati dai musulmani.

STORIE da SCOPRIRE

La Chanson de Roland

La *chanson de geste* più celebre del ciclo carolingio è *La Chanson de Roland* (*Canzone di Orlando*), scritta in lingua neolatina d'*oïl*, intorno al 1075. La paternità dell'opera è incerta: si pensa sia frutto della fusione di varie leggende, nate in ambito popolare e diffuse dalla tradizione orale. È quindi un testo in primo luogo recitato in pubblico (la conferma la troviamo nei ricorrenti appelli «Udite» e negli epiteti fissi che aiutano a ricordare e a identificare i soggetti) e solo successivamente messo per iscritto, in strofe variamente raggruppate e legate o dalla rima o dall'assonanza, dette *lasse*.

Nel 778, l'imperatore Carlo Magno, dopo aver fallito l'assedio di Saragozza, conquistata dagli arabi insieme a gran parte della penisola iberica, rientra in Francia con le sue truppe. Viene assalito al passo di Roncisvalle, nei Pirenei, da bande di predoni di origine basca che annientano la retroguardia. La composizione della *Chanson* risale a tre secoli dopo e questo investe il poema del clima storico di fine XI secolo, piena età feudale infiammata dallo spirito delle crociate contro gli infedeli. Questo spiega, tra l'altro, come i predoni baschi dell'episodio storico diventino nel poema dei feroci musulmani. Tre sono i nuclei narrativi principali: il tradimento di Gano, la morte di Orlando a Roncisvalle, la vendetta dell'imperatore Carlo. Il narratore vuole rappresentare lo "scontro di civiltà" tra due mondi diversi: l'Islam, individuato come il Male, e la Cristianità, il Bene. Non manca, però, anche nel campo cristiano la contrapposizione tra eroe e traditore. La guerra, l'onore, il coraggio, la fedeltà al signore e alla Vera Religione sono i valori incarnati da un imperatore giusto e magnanimo come Carlo Magno, ma di cui il vero propugnatore è Orlando o Rolando. Il paladino diventerà, infatti, il protagonista dell'epica medioevale e rinascimentale, prima come emblema del cavaliere cristiano della società feudale europea, poi come cavaliere ideale.

La guerra tra Cristiani e Saraceni dura da sette anni, ma le vicende narrate nel poema sono concentrate in sei giorni, senza tenere conto delle distanze reali che separano i luoghi in cui avvengono i fatti e quindi della durata degli spostamenti e delle azioni. L'imperatore Carlo Magno decide di accogliere la pace proposta da Marsilio, re dei mori, assediato a Saragozza e ormai stremato. Egli promette grandi ricchezze e la conversione se i franchi lasceranno la Spagna. Il conte Orlando diffida della parola del nemico e si oppone all'accordo; il suo patrigno, invece, Gano di Magonza, vuole accogliere l'offerta. Si decide di inviare a Marsilio un'ambasceria per discutere il patto e l'incarico viene assegnato a Gano. Costui, temendo che Orlando abbia voluto sbarazzarsi di lui, viene meno alla fedeltà all'imperatore Carlo e si accorda con Marsilio. Il re dei mori finge di accettare il patto; Carlo abbandona la Spagna con la gran parte dell'esercito, mentre la retroguardia, su consiglio di Gano, è posta al comando di Orlando. Marsilio e Gano, infatti, si sono accordati proprio per un attacco a tradimento contro questa parte dell'esercito.

Orlando con la retroguardia, costituita dai Pari, i dodici migliori paladini, e da ventimila cavalieri, viene assalito nella gola di Roncisvalle da un esercito di quattrocentomila mori. Tutti i franchi muoiono e anche moltissimi saraceni. Orlando cade eroicamente per ultimo e solo in punto di morte decide di suonare il suo corno, l'olifante, per richiamare in aiuto Carlo Magno e i soldati cristiani. L'imperatore raggiunge con l'esercito la gola di Roncisvalle, sbaraglia le truppe residue dei mori e, grazie a un intervento divino che ferma il sole nel cielo, insegue i nemici fino all'Ebro. Marsilio, privo della mano destra che un colpo di Orlando gli ha staccato, si rifugia a Saragozza e qui muore. Viene ucciso in duello anche Baligante, emiro di Babilonia, che era stato chiamato in aiuto da Marsilio, con le sue truppe. I cristiani trionfano, Saragozza è conquistata. Rientrato ad Aquisgrana, Carlo fa processare il traditore Gano: è decretata la sua morte ed è squartato da quattro cavalli, lanciati in direzioni opposte.

per L'ANALISI del TESTO

La morte del cavaliere feudale

Una morte doppiamente gloriosa perché rispondente tanto ai canoni "**temporali**" del mondo feudale, quanto a quelli **spirituali** della religione. I gesti estremi di Orlando, gli oggetti che difende, sono i simboli dell'universo cavalleresco e feudale, di cui è il campione e il modello: il **corno** d'avorio, l'olifante, che nasconde sotto il suo corpo perché non cada in mano nemica; il **guanto**, simbolo dell'investitura feudale che vorrebbe restituire a Dio; la fedele **spada** Durendal alla quale si rivolge come all'amata nel momento del distacco definitivo; il dettagliato elenco delle terre che «con lei gli (a Carlo Magno) ho conquistato» (l. CLXXI), con l'espressione riportata solennemente in anafora; e non ultima la **posizione** assunta quando, morente, si sdraia a terra, con la testa fieramente rivolta verso la Spagna, verso i nemici.

La morte del cavaliere martire della fede

Nel contempo, l'Orlando cavaliere feudale è anche magnifico **difensore della vera fede** cristiana. L'episodio è permeato di una religiosità che verso la fine (l. CLXXV) scivola nel **misticismo**: la spada è un dono inviato a Carlo Magno da Dio; la sua impugnatura contiene sacre reliquie; le ultime azioni del paladino sono preghiere rivolte all'angelo Gabriele, alla Madonna, a Dio perché accolga i suoi compagni e perché abbia misericordia di lui; muore in preghiera e la sua anima è accolta dagli angeli. La fine del paladino è narrata con i tratti tipici della morte di un **martire**, ha la struttura formale delle vite dei santi (**agiografie**, secondo il termine greco che indica questo tipo di letteratura), redatte per stimolare la devozione popolare. Le azioni di Orlando, come quelle dei santi martiri, sono una **imitazione di Cristo**: il pensiero rivolto al prossimo, la propria vita donata in favore degli altri, il sacrificio supremo, l'ultima preghiera a Dio Padre e l'anima portata in paradiso dagli angeli.

Un testo destinato alla lettura in pubblico

Sul piano formale il testo presenta le caratteristiche proprie di un genere letterario destinato in primo luogo a un **pubblico** più **popolare** che colto. Vi era la necessità di memorizzare il testo, sia per recitarlo sia per ascoltarlo e comprenderlo: questo spiega la **ripetizione** di versi interi («Orlando sente che la morte gli è vicina», *incipit* ed *explicit* della l. CLXVII, e, con minima variante, in *incipit* della l. CLXXIV) o di **formule fisse** (esattamente come l'epica omerica), il **ricorso di epiteti** riferiti all'imperatore Carlo («Carlo dalla barba canuta», l. CLXX; «Carlo dalla barba bianca», l. CLXXI; «Carlo dalla barba fiorita», l. CLXXII) oppure alla Francia («Francia la libera», l. CLXX; «la dolce Francia», l. CLXXV). In evidenza è poi la presenza delle cosiddette **lasse similari**, cioè strofe che ripropongono in gran parte lo stesso contenuto, per esempio i primi versi della l. CLXXI e della l. CLXXII sull'impossibilità di spezzare la spada Durendal. Ne risulta un **ritmo rallentato**, che accompagna una vicenda di cui il pubblico già conosceva l'esito e di cui apprezzava, quindi, la forma, gli scarti, le divagazioni. Tutto questo doveva contribuire ad accrescere il **tono epico** e la **solennità** di una storia che univa l'esaltazione del potere temporale dell'impero e quello spirituale della Chiesa, entrambi sentiti come emanazione della volontà di Dio.

Attività

Leggere e comprendere

1 **Lo scenario** La morte di Orlando avviene all'interno di una più ampia vicenda. Rileggendo la trama e l'introduzione contestualizza l'episodio.

2 **La lassa iniziale** Già nella prima lassa sono presenti alcuni vocaboli che richiamano i temi principali del testo, ossia la morte, la religione, l'onore. Ricercali, riportali e spiegali.

3 **Il saraceno** Il guerriero pagano che tenta di sottrarre la spada a Orlando è presentato con le caratteristiche attribuite tradizionalmente al suo popolo. Quali attributi e quali comportamenti lo definiscono?

4 **Il realismo** Il testo ricorre a note di crudo realismo quando descrive le ferite inferte al saraceno e il venir meno di Orlando. Ricercale nel testo (l. CLXIX - CLXX) e riportale.

5 **I fatti** Rileggi il testo e ricostruisci gli avvenimenti.

- a. Orlando lo colpisce e uccide il saraceno. ☐
- b. Orlando tenta di spezzare la spada. ☐
- c. Un saraceno di soppiatto cerca di rubargli la spada. ☐
- d. Orlando chiede perdono dei suoi peccati. ☐
- e. Orlando sente che la morte è vicina. ☐
- f. Dio invia i suoi angeli a lui. ☐
- g. Il duca di Naimes esorta l'Imperatore a inseguire l'esercito pagano. ☐
- h. Carlo Magno chiede a Dio di prolungare il giorno per concludere l'inseguimento. ☐
- i. Orlando piange la spada santa e non vuole che cada in mano ai pagani. ☐
- j. Orlando pone sotto di sé spada e corno, si volge alla Spagna e tende il guanto a Dio. ☐
- k. Carlo Magno giunge a Roncisvalle e vede la strage. ☐
- l. I pagani raggiunti affondano nell'Ebro. ☐

6 **Lo scopo** Con uno sforzo enorme Orlando batte la sua spada contro una dura roccia. Qual è il suo intento?

- a. Vuole distruggere la spada che non lo ha salvato dalla morte
- b. Non vuole che la sua spada cada in mano a un uomo vile
- c. Vuole provare se la sua spada è ancora integra
- d. Vuole distruggere un dono di re Carlo

7 **Le conquiste** Le conquiste che Orlando ha compiuto con la sua spada sono dettagliatamente elencate. Quale funzione narrativa assume questa precisione?

8 **La spada «santa»** Alla lassa CLXXII la spada è chiamata «santa». Quali ragioni sostengono tale epiteto?

9 **Ultimi pensieri e azioni** Prima di spirare Orlando si rivolge a Dio con parole e gesti. Riportali (l. CLXXIV).

10 **Carlo Magno** Richiamato a Roncisvalle, l'imperatore vede a terra tutti i suoi guerrieri e li invoca a uno a uno. Quali sentimenti prova? Elencali riportando le parole del testo che li esprimono.

11 **Il miracolo** La potenza della fede religiosa cristiana, che è sottesa all'intera opera, si manifesta nell'epilogo dell'episodio. In che maniera? Grazie a che cosa?

12 **Il soprannaturale** Non è solo la realizzazione del miracolo a indicare quanta parte abbiano le potenze celesti nella vita dei cavalieri. Quali altri interventi soprannaturali si incontrano? Accompagna le loro azioni.

Riconoscere e analizzare

13 **La tradizione orale** L'opera è frutto della trascrizione di materiale tramandato a lungo oralmente, che doveva essere strutturato per mantenere l'attenzione e favorire la memorizzazione. Quali caratteristiche lo dimostrano? Elencale portandone degli esempi.

14 **L'iperbole** A rendere solenne il tono della narrazione il testo presenta espressioni iperboliche. Chiarisci quella contenuta nella lassa CLXXVI.

15 **Il ritmo** Quali elementi contribuiscono a rendere lento il ritmo narrativo?

....

....

16 **Il simbolo** Il testo racconta di un conflitto sul campo tra cristiani e pagani, ma lo scontro tra loro assume un valore simbolico. Che cosa rappresenta?

Rielaborare e produrre

17 **Discutere** Ti sembra che l'immagine del pagano come figura del "diverso", inconciliabile, sia rimasta nella tradizione occidentale? Oppure ritieni che sia tipica solo di quest'epoca di "crociate" e contrapposizioni belliche fra Oriente musulmano e Occidente cristiano? Raccogli gli elementi per discutere in un dibattito in classe.

18 **Il riassunto** Sintetizza in 100 parole il contenuto del testo, dopo averlo diviso in sequenze.

19 **Storia e trasfigurazione poetica** Il contenuto della *Chanson de Roland* si basa su una vicenda storica dell'VIII secolo. Quando è stata redatta è stata trasfigurata poeticamente e arricchita dei valori tipici dell'XI secolo. Chiarisci ciascuna di queste componenti del poema. Utilizza le parti introduttive ed eventualmente svolgi una ricerca personale. Riporta poi le tue considerazioni in un testo espositivo di 150 parole.

Anonimo

L'ingiusto esilio del Cid

El Cid entra a Burgos, osannato, ma è raggiunto da un bando del re che intima a tutti i cittadini di non accoglierlo. Per un'ingiusta calunnia, infatti, re Alfonso ha deciso di bandirlo dal regno.

Da
Cantar de mio Cid (I, 3-4),
XII secolo

Poema epico

3

A Burgos il mio Cid, Ruy Díaz, entrò.
L'accompagnavan sessanta cavalieri con pennoni;
per vederlo si affacciavano gli uomini e le donne;
quanta gente era Burgos dalle finestre si sporse
lacrimando negli occhi, sì grande era il dolore.
Dalla bocca di ognuno uscivan queste parole:
«Dio, che buon vassallo, se avesse un buon signore!».

4

Certo l'avrebbero accolto, però nessuno osava,
ché il re don Alfonso ira grande mostrava.
Prima di notte a Burgos era giunto un suo messaggio
con ordini severi, fortemente sigillato:
il mio Cid, Ruy Díaz, nessuno accolga in casa,
e chi poi trasgredisca ben sappia la condanna;
gli averi perderà e gli occhi della faccia
e più ancora il corpo e per aggiunta l'anima.
Grande pena ne aveva la gente cristiana,
e al Cid si nascondeva, ché nulla dirgli osava.
Il mio Cid Campeador si diresse alla sua casa,
ma giungendo alla porta, la trovò ben sprangata;
per tema di re Alfonso, questo avevan concordato:
sfondi da sé la porta, ma che nessuno l'apra.
I fedeli del Cid ad alta voce chiamano,
ma non dice parola chi dentro vi stava.
Spronò allora il mio Cid, si avvicinò alla porta.
Staffò subito il piede, sferrò gagliardo un calcio.
La porta non si aprì, ché bene era sprangata.
Ha nove anni la bimba che di fronte gli si pianta:
«Oh, Campeador, cingeste in ora buona la spada!

Statuetta in pietra di cavaliere realizzata dal Maestro dei Mesi nel 1225-1230. (Ferrara, Museo della Cattedrale)

1 **Burgos**: città della Vecchia Castiglia, nella Spagna centrale, patria del Cid, che vi ritorna festeggiato; **Ruy Díaz**: è il vero nome del personaggio storico noto come El Cid.

7 **che buon vassallo, se avesse un buon signore!**: il popolo è dalla parte del Cid e gli riconosce rettitudine, imputando implicitamente al re la colpa di quanto gli sta accadendo.

20 **per tema di re Alfonso**: per timore del re Alfonso.

22 **I fedeli del Cid**: è il soggetto della proposizione. Sono i compagni rimasti fedeli al Cid che chiamano ad alta voce per sapere se c'è qualcuno dentro la casa sbarrata.

24-25 **Spronò…un calcio**: il Cid è a cavallo. Spinge il destriero, si avvicina alla porta, toglie un piede dalla staffa e sferra un calcio.

28 **in ora buona**: finalmente.

37 **dal re non avrà grazia**: il re non avrà pietà di lui, la sua decisione è inflessibile.

42 **l'Arlanzón**: fiumicello poco fuori Burgos.

51 **quel che...osavano**: non osavano vendergli quello che si può comprare con un soldo (espressione generica a indicare anche merci di valore minimo o nullo).

È divieto del re: stanotte è giunto un messaggio
con ordini severi, fortemente sigillato.
Per nulla al mondo oseremmo aprirvi né ospitarvi,
perderemmo altrimenti i nostri beni e le case,
perderemmo per giunta anche gli occhi della faccia.
Nulla guadagnerete, o Cid, dal nostro male;
ma vi protegga Dio con le sue virtù sante».
Questo disse la bimba e volse per la sua casa.
Il Cid comprese bene: dal re non avrà grazia.
Si allontanò dalla porta e verso Burgos spronava.
Giunto a Santa Maria dal cavallo smontava
e là, inginocchiatosi, con fervore pregava.
Compiuta la preghiera, riprese a cavalcare.
Poi uscì dalla porta e l'Arlanzón passava.
Appena fuori Burgos, si fermò sulla ghiaia,
fece piantar le tende e scese di cavallo.
Il mio Cid Ruy Díaz, che ben cinse la spada,
riposò sulla ghiaia che nessuno l'ospitava,
ma aveva intorno a sé i fedeli compagni.
Là riposò il mio Cid come fosse in montagna.
Gli han vietato d'acquistare nella città castigliana
le cose necessarie quali son le vivande;
quel che si ha con un soldo vendergli non osavano.

Cantare del Cid, I, 3-4, trad. it. di L. Fiorentino, Mursia, Milano, 1976

STORIE da SCOPRIRE

Cantar de mio Cid

Il poema canta le imprese di un personaggio storico, Rodrigo Díaz de Vivar, cavaliere cristiano, nato nel 1043 presso Burgos, e morto nel 1099 a Valencia. Dopo aver servito alle corti dei re Sancho II e Alfonso IV, era stato esiliato perché ingiustamente accusato di essersi appropriato di tributi reali; continuò a combattere gli arabi, partecipando alla riconquista di Valencia nel 1094, poco prima di morire.

Il protagonista del "cantare" è un eroe storico della *reconquista* cristiana: la secolare lotta di liberazione dei regni iberici cristiani dalla dominazione araba musulmana. Cominciata nel 711, si concluse definitivamente solo nel 1492 e durò circa 750 anni. L'eroe è osannato dai cristiani con il nome di El Campeador ("il prode sul campo di battaglia"), temuto dagli arabi come El Cid (dall'arabo *sidi*, "signore"). Il *cantare* narra le gesta del protagonista valoroso e leale. Vittima dell'invidia dei cortigiani, è forzato ad abbandonare la sua terra e a vivere un ingiusto e immeritato esilio, durante il quale è costretto a combattere contro mori e cristiani per poter sopravvivere con i suoi compagni. Egli rimane, però, fedele al suo signore e per lui continua a combattere i dominatori pagani. Alla fine la verità trionfa: El Cid viene riabilitato e ricompensato con il matrimonio delle due figlie con il principe di Navarra e il principe d'Aragona.

Nato nello stesso contesto della *Chanson de Roland*, il *Cid* se ne distanzia soprattutto perché qui l'immaginario letterario è molto aderente ai fatti della storia di Spagna: il personaggio-eroe si identifica in pieno con gli ideali della cavalleria feudale e della guerra santa, proprio come Orlando, ma senza essere depositario di quella dedizione alla Fede che caratterizzava il mondo dei paladini; egli appare molto più realisticamente votato alla difesa e alla lotta contro il nemico invasore nelle terre di Spagna e contemporaneamente attento a ripristinare il suo onore.

per L'ANALISI del TESTO

Le sequenze del brano

Il brano può essere diviso in **cinque sequenze**. Abbiamo all'inizio l'entrata del Cid nella sua Burgos. La descrizione sembra quella di una parata trionfale, almeno nei primi quattro versi, non fosse che quell'affacciarsi di uomini e donne è smorzato dalle lacrime e dal dolore. Nella seconda sequenza si riportano le ragioni del pianto e della mancata accoglienza. È ripreso alla lettera il «messaggio» del re don Alfonso. In questa maniera il narratore dimostra implicitamente quanto ingiusta risuoni la condanna e quanto dure e inflessibili le parole del re («gli averi perderà e gli occhi della faccia») (v. 14). A partire dal verso 18 il Cid diventa il protagonista. È l'eroe che cerca inutilmente di tornare a casa, ma la violenza del bando ha raggiunto anche quella. Nuovo inatteso cambio si ha al verso 28 con il discorso diretto messo in bocca a un terzo personaggio (dopo la folla e il Cid), il primo e l'unico di cui vengano riportate direttamente le parole. Il ricorso del narratore all'espediente di far comunicare al Cid il suo triste destino attraverso le parole di una bambina, conferisce ulteriore *pathos* all'episodio.

Dal verso 37 alla fine il Cid torna protagonista. Prima il suo pensiero viene riportato con una riflessione lapidaria: «dal re non avrà grazia». Poi comincia la descrizione dei passaggi che lo portano tristemente all'esilio. Il narratore si sforza di mostrare il suo equilibrio e la sua *pietas*: prima prega, affidandosi alla Madonna. Poi, per non mettere a repentaglio la vita dei concittadini, esce dalla città e, appena fuori, «si fermò sulla ghiaia» (v. 43). Con questo particolare realistico si vuole sottolineare come l'ingiusto bando costringa un nobile come Rodrigo a dormire per terra come l'ultimo dei mendicanti.

Una narrazione elementare ma efficace

La sintassi è elementare, come il ritmo che, con una certa monotonia, prevede **proposizioni e periodi della stessa lunghezza di un verso**. Non c'è quasi mai subordinazione ma una serie di coordinate disposte secondo la più semplice delle **paratassi**. Anche il discorso indiretto è evitato, e al suo posto troviamo i due punti, come nel caso del messaggio del re e del pensiero del Cid espresso da una sentenza al verso 37, o un unico vero discorso diretto, nel caso dell'intervento della bambina. Nonostante questo, nonostante l'assenza di figure retoriche e una narrazione continua, senza scarti, il narratore riesce con gli espedienti di cui abbiamo detto sopra a prendere posizione. Infatti, per quanto esterno, egli è tutt'altro che oggettivo e tende a ricorrere al punto di vista della gente di Burgos che, come la bambina, sta dalla parte del Cid e non ha una buona opinione del re. Allo stesso modo, insistendo su alcuni particolari (la pietà e la devozione, il dormire sulla ghiaia, l'essere respinto e non trovar riparo), riesce a fare del Cid **un martire**. In certi passaggi sembra che il cavaliere ricalchi le sventure di Giuseppe e Maria, "per i quali non c'era posto nella locanda" e che furono costretti a trovar rifugio in una grotta. Si tratterebbe del consueto ricorso allo schema medievale dell'**imitazione di Cristo**.

I cristiani riconquistano una città della Spagna occupata dagli arabi in una miniatura del XIII secolo. (Firenze, Biblioteca Nazionale)

Attività

Leggere e comprendere

1 **La prima scena** Il Cid entra a Burgos. Quali sono gli elementi che lasciano pensare a un'entrata trionfale?

2 **Le parole della gente** «Dio, che buon vassallo, se avesse un buon signore!». Che significato hanno queste parole in bocca alla gente? Quale funzione hanno, in particolare, per valutare il punto di vista del narratore?

3 **Le parole del re** Che cosa dicono le parole del re? Cosa si intende per «fortemente sigillato»?

4 **La gente** Il popolo di Burgos è definito «gente cristiana». Per quale motivo? In contrapposizione a chi? È un appellativo positivo o negativo?

5 **La porta** Davanti alla porta veniamo a sapere di un'ulteriore norma contenuta nel bando. Quale? Chi ne era vittima oltre al Cid? Riporta le parole del testo.

6 **La bambina** A far da portavoce di quelli della casa è una bambina. Perché ne è indicata l'età esatta? Quale funzione narrativa ha questo discorso in bocca a una bambina?

7 **La consapevolezza** Il Cid comprende che non c'è nulla da fare. Qual è la sentenza lapidaria che condensa la sua consapevolezza?

8 **I caratteri del giusto** Il narratore si sofferma sui gesti del Cid. Cosa fa per prima cosa? Che cosa intende sottolineare con questo particolare il narratore?

9 **Fuori della città** Che cosa è costretto a fare il Cid?
   a. Piantare le tende fuori della città e dormire per terra
   b. Cercare del cibo nei paesi vicini
   c. Riprendere la sua spada per difendersi
   d. Ad entrare in città subito

10 **I compagni** Per due volte, con una formula fissa, il narratore ricorda che il Cid non è solo. Perché? Quale valore cavalleresco è implicitamente esaltato?

Riconoscere e analizzare

11 **La forma narrativa** Tutto il testo presenta un ritmo "monotono", privo di scarti. Che cosa conferisce questo andamento alla narrazione? Riporta qualche esempio.

12 **La sintassi** Quale tipo di costruzione è prevalente? Si fa uso del discorso indiretto? E di quello diretto? In quali casi e con quale funzione?

13 **Il narratore** Il narratore è esterno, ma la focalizzazione è interna o esterna? Emerge un punto di vista obiettivo o parziale? Dalla parte di chi sta il narratore?

14 **Lo schema narrativo** Perché possiamo dire che soprattutto nell'ultima sequenza agisce quello schema narrativo tipicamente medioevale che chiamiamo "imitazione di Cristo"?

15 **Le ricorrenze** Alcune formule relative al bando ricorrono più volte. Quali sono e quale funzione ha la loro ripetizione?

....

....

....

Rielaborare e produrre

16 **Il riassunto** Sintetizza il brano in 100 parole.

17 **La riscrittura** Prova a riscrivere questo brano evitando la paratassi e utilizzando una forma drammatica, con dialoghi vivaci tra la gente che esalta il Cid ed è fortemente ostile al re.

18 **Il Cid** Conduci una breve ricerca sulla figura storica del Cid. Metti in luce i rapporti diretti che ebbe con principi musulmani, a dimostrare che non ci fu un contrasto insanabile fra Islam e Cristianesimo, quanto piuttosto conflitti fra feudatari appartenenti all'uno o all'altro campo, quasi mai dipendenti da motivi religiosi. Esponi le informazioni in un testo espositivo di 300 parole.

per SAPERNE di PIÙ

I cavalieri nel sistema feudale

I tre ordini della società cristiana

La società medievale aveva un carattere autoritario e gerarchico. In un poema del vescovo Adalberone di Laon, redatto verso il 1015, viene delineato uno schema basato sulla distinzione di **tre ordini** fondamentali: il vertice era dominato dagli uomini di Chiesa: spettava loro coltivare le anime e il dialogo diretto con Dio (*oratores*, cioè "preganti"). La vita contemplativa era più importante di quella attiva; anzi, era l'unica forma degna. Gli ***oratores***, dunque, stavano in alto. Sotto di loro stavano i ***bellatores***, coloro che dovevano difenderli, mantenendo la pace. Il compito pratico di lavorare, cioè di garantire ai gradi superiori della piramide la sopravvivenza del corpo, era dei ***laborantes***.

Duelli, tornei e guerre

La forza, la prestanza fisica, l'abilità nell'uso delle armi, il coraggio in battaglia erano i valori su cui si misuravano i cavalieri. Essi dedicavano la maggior parte del loro tempo all'addestramento bellico, praticando attività che mettevano alla prova l'audacia individuale e tempravano alla fatica. Nei tornei, una simulazione della guerra, i cavalieri scendevano in campo a titolo individuale oppure organizzati in squadre e dimostravano tutto il loro valore davanti a un pubblico di nobili, di dame e anche di gente comune. Vigevano regole precise: coloro che venivano vinti dovevano cedere al vincitore armi e cavalcatura, a volte pagare un riscatto; premio non meno prezioso per il vincitore era l'ammirazione della dama. Valori e addestramenti erano quindi indirizzati alla guerra, il luogo in cui convergevano interessi e aspirazioni di tutti i nobili cavalieri. Dalla guerra si traeva sostentamento attraverso bottini e razzie, e onore nel confronto con gli altri, oltre che premi di fedeltà (spesso feudi, cioè terre e castelli) dal proprio signore. Siamo assai lontani, dunque, dalla figura ideale del cavaliere ispirato alle virtù cristiane. Anzi, il prezzo maggiore di questo disordine sociale lo pagavano i *laborantes*, schiacciati dai soprusi, dalle violenze e dalla povertà.

L'ordine della cavalleria

Alla fine del X secolo, con il rafforzamento del sistema feudale e una certa ripresa del potere imperiale, si cercò di por rimedio. Il feudalesimo articolava la società secondo una scala gerarchica in cui il cavaliere vassallo doveva sottomettersi via via al signore più potente e quindi al sovrano. In questo processo ha un ruolo importante la Chiesa: le autorità ecclesiastiche intervengono per frenare le atrocità della guerra, ponendo sotto controllo l'aggressività dell'aristocrazia. In Francia, in particolare, i vescovi impongono, sotto pena di scomunica, divieti e limitazioni, come la "pace di Dio", che proibiva violenze in alcuni luoghi "sacri" e contro gli ecclesiastici e i ceti più deboli, o la "tregua di Dio", che impediva di guerreggiare dal giovedì alla domenica, in memoria della passione e della resurrezione di Cristo. È il tentativo di una regolamentazione della guerra operata sulle leggi della cavalleria.

La crociata e il cavaliere cristiano

La Chiesa introduce un altro cambiamento culturale: indirizza la guerra all'esterno del mondo cristiano, contro gli **infedeli**, dapprima nella lotta di *reconquista* della Spagna, in gran parte dominio musulmano; poi, alla fine dell'XI secolo, indicendo le crociate per la liberazione dei luoghi santi. Viene istituito un ordine della cavalleria, con la cristianizzazione di consuetudini e norme che il cavaliere era chiamato a rispettare, a cominciare dalla **cerimonia di investitura**. Il momento culminante era dato dalla benedizione delle armi, con la spada che veniva posta al servizio della cristianità. Si comprende così il valore sacrale di cui la spada di Orlando, Durindana, è rivestita.

L'ordine sociale tripartito della società medievale: i chierici, i cavalieri e i contadini. Miniatura del XIII secolo. (Londra, British Library)

Anonimo

Sigfrido tradito e ucciso

Da
I Nibelunghi (XVI, 970-1001), XIII secolo
Poema epico

Il perfido Hagen, vassallo del re Gunther, vuole portare a compimento l'uccisione di Sigfrido, proprio con l'appoggio dello stesso re. L'eroe è accusato di aver disonorato Brunilde, diventata moglie di Gunther e quindi regina, essendosi sostituito al legittimo sposo nella prima notte di nozze. In realtà, Sigfrido era l'unico in grado di vincere i poteri magici della donna e piegarla al matrimonio; la sostituzione era avvenuta con il consenso del re Gunther. Ora il re e il suo vassallo Hagen, con l'uccisione di Sigfrido, intendono impadronirsi del tesoro dei Nibelunghi, posseduto da Sigfrido. Hagen organizza un banchetto in una foresta, dopo una battuta di caccia, e dà corso al suo piano.

970 La sete torturava il guerriero Sigfrido.
Per questo tanto piú presto fece toglier le mense.
Voleva andare alla montagna dov'era la sorgente.
Con perfidia il consiglio fu dato dai guerrieri.

971 Alla città sui carri fu avviata la selvaggina
che aveva ucciso Sigfrido con mano possente.
Gli faceva grandi lodi chiunque la vedesse.
Perfidamente Hagen mancò di fede a Sigfrido.

972 Quando stavano per muovere alla volta del gran tiglio,
disse Hagen di Tronje: «Spesso mi è stato detto
che nessuno può misurarsi con lo sposo di Crimilde
quando vuoi correre. Se volesse darcene una prova!»

973 Disse Sigfrido, il prode re del Niederland:
«Potete farne la prova, se volete correre con me
a gara alla fontana. Una volta là giunti,
darete la lode a chi vedrete vincitore.»

974 «Anche noi proveremo», disse il guerriero Hagen.
E il forte Sigfrido soggiunse: «A terra mi siederò
ai vostri piedi giú nell'erba.»
Gunther si rallegrò quando udí queste parole.

970

1-2 **La sete...le mense**: Sigfrido ha una gran sete perché Hagen ha dato ordine di non servire nulla da bere durante il banchetto, organizzato dopo la caccia, così da obbligare l'eroe a dissetarsi presso una sorgente, abbandonando le armi e restando così indifeso.

4 **Con perfidia...guerrieri**: sono i soldati di Hagen a suggerire l'esistenza di una sorgente.

971

4 **mancò di fede**: Hagen si comporta in maniera sleale.

972

4 **Se volesse...prova**: Hagen invita Sigfrido a dare una prova della sua bravura in una corsa di velocità.

974

2-3 **A terra...nell'erba**: Sigfrido intende concedere un vantaggio ad Hagen affermando di voler partire da seduto nell'erba.

975 Disse il prode eroe: «E questo ancora vi dico:
tutte le mie armi porterò su di me,
l'asta e lo scudo e la veste da caccia.»
S'allacciò la faretra e si cinse la spada.

976 Gli altri si tolsero allora le vesti.
Entrambi furono visti in due bianche camicie.
Come pantere selvagge corsero nel piano.
Ma accanto alla sorgente fu visto prima Sigfrido.

977 Sempre in ogni gara vinceva gli avversari.
Si sciolse allora la spada, depose il turcasso,
appoggiò la forte asta ad un ramo del tiglio.
Presso l'onda sorgiva stava il magnifico straniero.

978 La cortesia di Sigfrido era assai grande.
Depose lo scudo dove l'onda scorreva.
Benché ardesse di sete, non bevve l'eroe
prima del re. Ma assai male ne fu ripagato.

979 La sorgente era fresca, limpida e dolce.
Gunther si chinò giú sopra l'onda.
Quand'ebbe bevuto, in piedi si levò.
Anche il prode Sigfrido l'avrebbe fatto volentieri.

980 Ma pagò cara la sua cortesia. Arco e spada,
tutto sottrasse Hagen dal luogo dove stavano.
Poi balzò indietro dov'era la lancia.
Mirava ad un segno sulla veste del guerriero.

981 Mentre il sire Sigfrido beveva alla sorgente,
lo colpí nella croce, e sprizzò per la ferita
il sangue dal suo cuore sulla veste di Hagen.
Nessun cavaliere compirà mai sí gran misfatto.

982 Gli lasciò l'asta confitta nel cuore.
Con tanta furia non era mai Hagen fuggito,
mai nella sua vita, davanti ad alcun uomo.
Quando il sire Sigfrido sentí l'aspra ferita,

Statuetta in bronzo di Sigfrido realizzata da Rudolf Maison nel 1897. (Regensburg, Historisches Museum)

975

1-3 **«E questo...da caccia»**: inoltre, Sigfrido corre portandosi addosso le armi che sarebbero state un intralcio nella corsa.

977

2 **turcasso**: è un sinonimo di faretra.

4 **il magnifico straniero**: è un appellativo di Sigfrido.

978

4 **prima del re**: pur avendo sete, lascia che alla sorgente si disseti prima il re Gunther.

980

4 **Mirava ad...del guerriero**: Hagen mira a un segno preciso sulla veste di Sigfrido, il punto in cui vi era una croce, il solo punto vulnerabile. Sigfrido aveva acquistato la quasi totale invulnerabilità, bagnandosi con il sangue di un drago da lui ucciso: solo un punto tra le spalle era vulnerabile, essendo lì caduta una foglia di tiglio, e Hagen lo sapeva.

982

1 **Gli lanciò...cuore**: il soggetto è sempre Hagen.

983 con furore balzò su dalla sorgente.
La lunghissima lancia gli sporgeva dal cuore.
Il sire credeva d'avere l'arco e la spada:
e secondo il suo merito Hagen sarebbe punito.

984 Quando il morente non trovò la sua spada,
altro non gli rimase che il grandissimo scudo.
Lo strappò dalla fonte e corse dietro a Hagen.
Né poté sfuggirgli il vassallo di Gunther.

985 Benché ferito a morte, lo scagliò con tanta forza
che dallo scudo molte pietre preziose
turbinarono via; e lo scudo fu infranto.
Il nobile straniero avrebbe voluto vendicarsi.

986 Hagen cadde a terra per la forza della sua mano.
Per la violenza del colpo risuonò l'isola tutta.
Se avesse avuto la sua spada, Hagen sarebbe morto.
Tanta furia spingeva il ferito, e ne aveva ben ragione.

987 Ma scolorava il suo volto: le forze venivano meno.
Tutta si struggeva la vigoria del suo corpo,
poiché nel pallore portava i segni di morte.
Egli sarà pianto da molte belle donne.

988 Cadde tra i fiori lo sposo di Crimilde.
Il sangue dalla ferita fluiva impetuoso.
Allora rampognò (e ne aveva ben ragione)
coloro che avevano tramato morte e tradimento.

989 «Infami vigliacchi, – diceva il ferito,
– a che giovarono i miei servigi se voi mi avete ucciso?
Vi fui sempre fedele: questo non l'ho meritato.
Avete macchiato d'infamia tutta la vostra razza.

990 Ne porteranno il marchio quanti nasceranno da voi
da questo giorno in poi. Troppo ferocemente
la vostra collera sfogaste su questa mia vita.
La vergogna vi isolerà dai guerrieri d'onore.»

991 Accorsero i cavalieri dove giaceva abbattuto.
Per molti di loro fu un giorno doloroso.
I guerrieri leali lo piangevano tutti
e ben lo meritava, il prode cavaliere.

983
4 **e secondo il suo merito**: e stando alle sue capacità di guerriero.

984
4 **il vassallo di Gunther**: è sempre il perfido Hagen.

985
3 **turbinarono via**: si staccarono.

987
2 **si struggeva**: veniva meno.

988
3 **rampognò**: ammonì con asprezza.

989
4 **Avete macchiato...razza**: la colpa d'infedeltà è così grave che tutte le generazioni future dei Burgundi («razza») ne porteranno le conseguenze.

992 Il re dei Burgundi piangeva la sua morte.
Ma il ferito disse: «Non c'è alcuna ragione
che dopo il delitto pianga chi l'ha compiuto.
Egli merita infamia: è meglio che non pianga.»

993 Disse Hagen furioso: «Non so che mai piangiate.
Qui finiscono per noi umiliazioni ed affanni.
Or non c'è piú nessuno che possa starci a fronte.
Sia lode a me, che ho posto fine al suo potere.»

994 «È un facile vanto, – Sigfrido soggiunse.
– Se in voi avessi saputo l'intenzione assassina,
avrei potuto difendere da voi la mia vita.
Ma nulla mi affanna tanto quanto Crimilde, mia sposa.

992
1 **Il re dei Burgundi**: è Gunther che finge di piangere la morte di Sigfrido.

993
4 **al suo potere**: alla forza e quindi al potere di Sigfrido.

STORIE da SCOPRIRE

I Nibelunghi

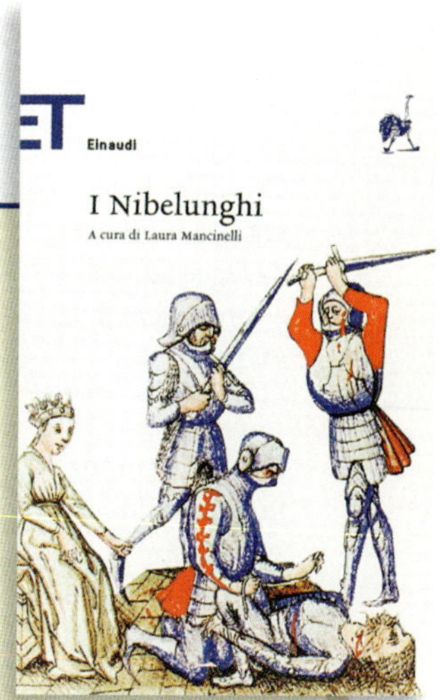

Il poema *I Nibelunghi* (*Nibelungenlied*) è frutto di una tradizione leggendaria germanica, tramandata oralmente. Elaborato attorno al 1200 da uno scrittore bavarese rimasto anonimo, il poema è composto da 39 canti, quasi 10.000 versi saldati da rime interne e finali. La vicenda narrata si sviluppa nel V secolo d.C. Elementi fiabeschi e aspetti della mitologia nordica (la presenza di un drago, la ricerca di un tesoro) si alternano a eventi storici reali, come la caduta nel 437 del regno dei Burgundi, a seguito dell'invasione degli Unni. Gli unici personaggi storici richiamati sono due: Attila, passato alla storia come re crudele e qui presentato come mite e saggio; Teodorico, re degli Ostrogoti in Italia, vissuto almeno cinquant'anni dopo rispetto alle vicende raccontate. Fra i tanti protagonisti emerge l'epico eroe Sigfrido, figura dotata di grande coraggio e di straordinaria forza, capace di singolari imprese senza alcun aiuto divino. Nonostante ciò, il poema si caratterizza per un'idea pessimistica del vivere: l'amore non prevale, anzi è fatalmente schiacciato dall'odio, dalla brama di vendetta, dalla ricerca del tradimento, da atroci violenze. La conferma di una simile visione della vita la troviamo nell'annientamento generale finale dei due popoli in lotta, i Burgundi e gli Unni.

Sigfrido, principe del Niederland, un regno collocato nel basso Reno, intende sposare la principessa Crimilde, sorella di Gunther, re dei Burgundi. Costui vede favorevolmente un simile matrimonio, ma chiede in cambio a Sigfrido di dimostrare il suo valore, ponendosi al suo servizio. Sigfrido, grazie a straordinari poteri magici (una spada che uccide chi tocca; un cappuccio che rende invisibili; un anello che raddoppia le forze) compie varie imprese e, da ultimo, accetta di aiutare il re a conquistare l'amore della regina d'Islanda, Brunilde, la cui fama di guerriera è ben nota. I due partono per l'Islanda; Gunther supera alcune prove di forza e di abilità con l'aiuto di Sigfrido così che si dà corso a un doppio matrimonio: Sigfrido-Crimilde e Gunther-Brunilde.

La maledizione dei Nibelunghi, però, spinge le due regine a odiarsi e la terribile Brunilde istiga il vassallo del re Gunther, di nome Hagen, a vendicarla, uccidendo Sigfrido. Hagen, nel corso di una battuta di caccia, uccide a tradimento Sigfrido e i Burgundi si impadroniscono del tesoro dell'eroe, nascondendolo tra le onde del Reno. Crimilde è costretta a tornare sotto la tutela del fratello, il re Gunther, ma medita vendetta. Accetta di sposare il nuovo re degli Unni, Attila, con l'intenzione di distruggere il re Gunther, Brunilde, l'infido Hagen e l'intero popolo dei Burgundi. Durante un banchetto, Crimilde scatena il suo odio e provoca la guerra tra Burgundi e Unni. Compare la figura di Teodorico, alleato di Attila, che fa prigionieri sia Gunther sia Hagen e li consegna a Crimilde. Di fronte al rifiuto di rivelare il luogo dove è nascosto il tesoro, Crimilde li uccide con la spada di Sigfrido, ma è a sua volta uccisa dal maestro d'armi di Teodorico. Con una simile strage di individui e di popoli termina il poema dei Nibelunghi.

995 Mi perdoni Iddio d'averle dato un figlio
al quale un giorno sarà rinfacciato
l'assassinio compiuto dai suoi stessi parenti.
Se ne avessi la forza, per lui piangerei.»

996 Dolorosamente ancora parlava il morente:
«Se voleste, o nobile re, a qualcuno al mondo
mantenere ancora fede, a voi raccomando,
alla vostra cortesia, la dolce mia sposa.

997 Fate che le giovi l'essere vostra sorella.
Con la nobiltà d'un re siatele sempre accanto.
Invano mi attenderanno mio padre e i miei guerrieri.
Mai donna fu piú colpita nell'uomo che amava.»

998 I fiori tutt'intorno erano molli di sangue.
Lottava con la morte. Ma fu breve lotta
perché l'arma della morte ha il filo tagliente.
Né piú poté parlare il nobile cavaliere.

999 Quando i guerrieri videro morto l'eroe,
lo posero su uno scudo d'oro rosso lucente,
e presero consiglio come si potesse celare
che Hagen aveva compiuto il delitto.

1000 Disse qualcuno di loro: «È accaduta una disgrazia.
Dovete tutti mentire e dire ad una voce
che mentre da solo cacciava lo sposo di Crimilde
l'hanno ucciso i briganti nella folta foresta.»

1001 Ma Hagen di Tronje rispose: «Io lo riporto ai suoi.
Nulla mi importa che ella lo sappia,
lei che gravemente ha offeso Brunilde.
E assai poco mi curo del piangere che farà.»

I Nibelunghi, XVI, 970-1001, a cura di L. Mancinelli, Einaudi, Torino, 1972

995

3 **stessi parenti**: il figlio di Sigfrido avrebbe sempre guardato allo zio, il re Hagen, come uccisore del padre.

996

3-4 **a voi raccomando…sposa**: Sigfrido affida la moglie al re, al fratello di lei, secondo la consuetudine antica germanica. Crimilde, però, seguirà la più tarda legge feudale e vendicherà il marito.

1001

2-3 **Nulla mi importa…Brunilde**: spavaldamente, Hagen non si cura che Crimilde conosca il nome di chi abbia ucciso suo marito, e si richiama alle offese di costei nei confronti di Brunilde.

Hagen uccide Sigfrido alla fontana in un affresco di Julius Schnorr von Carolsfeld del 1831-1867. (Monaco di Baviera, Residenza del Re)

per L'ANALISI del TESTO

Sigfrido eroe bello e nobile

Tutte le azioni che compie Sigfrido sono improntate a un **senso** positivo, **eroico del vivere**. La caccia è stata molto fruttuosa; Sigfrido «con mano possente» (971) ha ucciso tanta selvaggina, la qual cosa è oggetto di ammirazione. Chiamato a misurarsi in una gara di corsa, l'eroe non esita a concedere all'avversario dei vantaggi («A terra mi siederò / ai vostri piedi giù nell'erba» (974): «tutte le mie armi porterò su di me») (975). Giunto per primo alla sorgente, pur essendo molto assetato, cede l'onore di bere per primo al re Gunther. I comportamenti di Sigfrido sono improntati al valore della «cortesia», alla quale lui non viene mai meno.

Hagen perfido e infame

Di tutt'altro segno è la condotta di Hagen. Costui ha in testa un piano che persegue con «perfidia» e sempre «perfidamente», cioè in maniera sleale («mancò di fede»), tratta Sigfrido. L'idea della gara di corsa è concepita non per misurarsi effettivamente su un piano sportivo, ma per disarmare Sigfrido. Sul luogo della sorgente, eccolo sottrargli le armi e colpire a tradimento l'eroe: non avrebbe mai osato affrontarlo a viso aperto, non solo per manifesta inferiorità bellica, ma perché non era nella sua natura comportarsi lealmente.

Cortesia contro infamia

Tale contrasto di personaggi e di valori risalta ancor di più nel momento culminante della morte. Sigfrido si rivolge ai guerrieri burgundi e al re Gunther con sdegnose parole, sottolineando la sua immeritata sorte, dal momento che lo aveva sempre servito con lealtà. Inoltre, evidenzia anche il **valore degli affetti**, perché lascia una moglie sola e un figlio «al quale un giorno sarà rinfacciato / l'assassinio compiuto dai suoi stessi parenti» (995). Con evidente cambio di tono, prima di morire, Sigfrido affida la moglie al re Gunther perché, come fratello, ne abbia cura: si appella ancora una volta ai valori di **fedeltà**, di **cortesia** che dovevano animare il mondo cavalleresco e nobiliare. La malvagità di Hagen, invece, viene espressa nella sua noncuranza del dolore di Crimilde: non ha vergogna nel rivelare la sua responsabilità omicida.

Tecnica e stile

La storia è raccontata da un **narratore esterno** che la presenta con un forte **tono drammatico**, trattandosi di una vicenda tragica. Prevalgono immagini di forte contrasto espresse con uno **stile solenne**, con il ricorso anche ad alcune immagini retoriche come la **metafora** («l'arma della morte ha il filo tagliente», 998). Risaltano i numerosi epiteti positivi a cui il poeta ricorre, in tutto il poema, per definire il protagonista Sigfrido («l'eroe», «il prode eroe», «il guerriero», «il forte», «il nobile straniero», «il sire», «il nobile cavaliere») e, di contro, gli epiteti negativi inerenti il vassallo Hagen («perfido», «infame»). Il ricorso continuo alla **forma dialogata**, aspetto prevalente nello sviluppo del racconto, contribuisce a mantenere elevato il complessivo tono drammatico dell'episodio.

Attività

Leggere e comprendere

1 **Il bisogno** Quale bisogno sente impellente il guerriero Sigfrido?

2 **Il suggerimento** Che cosa induce Sigfrido ad andare alla sorgente sulla montagna?

3 **La provocazione** Che cosa escogita Hagen per realizzare il suo perfido progetto?
- a. Promette un premio a Sigfrido
- b. Sfida Sigfrido ad arrivare primo alla sorgente
- c. Dice a Sigfrido che alla sorgente troverà la moglie
- d. Insulta Sigfrido provocando la sua reazione

4 **La superiorità** Come Sigfrido mostra la sua superiorità anche nella gara?

5 **«Magnifico straniero»** Perché nel testo (977) Sigfrido è definito con queste parole?

6 **La cortesia** Giunto alla sorgente, inconsapevole dell'imboscata e del tradimento, Sigfrido mostra la sua "cortesia". Come?

7 **Il colpo fatale** Il crudele e perfido Hagen colpisce Sigfrido alle spalle e poi fugge. Perché?
- a. Si pente del suo infame atto
- b. Si rifugia dal re Gunther
- c. Teme la reazione del morente Sigfrido
- d. Teme il castigo del re per la sua slealtà

8 **La reazione** Che cosa fa Sigfrido, pur ferito e in punto di morte?

9 **La morte** Quali trasformazioni nel corpo di Sigfrido indicano che ormai è vicina la morte? Riporta le parole del testo.

10 **Il pianto** Come reagiscono il ferito Sigfrido e Hagen al pianto di circostanza di Gunther?

11 **Ultima cortesia** Sigfrido, ormai in punto di morte, nobilmente esprime preoccupazioni e formula richieste. Quali?

12 **La menzogna** Perché, a tuo parere, i Burgundi decidono di mentire a Crimilde sulla morte del marito?

Riconoscere e analizzare

13 **Le sequenze** Attribuisci un titolo significativo a ciascuna sequenza in cui si può suddividere il testo e di cui ti indichiamo l'estensione

- vv. 970-979 ....
- vv. 980-986 ....
- vv. 987-997 ....
- vv. 998-1001 ....

14 **I personaggi** Chiarisci lo *status* dei protagonisti e le loro relazioni di parentela.

15 **La protagonista** In tutto il passo rilucono la cortesia, l'onore, la lealtà di Sigfrido. Trova nel testo almeno cinque espressioni che le evidenziano.

16 **Lo spazio** Quale funzione svolge lo spazio in questo passo? Motiva la tua risposta.

a. Sfondo
b. Specchio
c. Simbolo

17 **Il lessico** Ricerca nel testo almeno tre termini riferiti al campo semantico della nobiltà e tre a quello della codardia.

- Nobiltà: ....

  ....
- Codardia: ....

  ....

18 **Lo stile** Nel testo sono presenti molti discorsi diretti. Qual è la loro funzione?

19 **Il narratore e il punto di vista** Come appaiono nel testo il narratore e il punto di vista?

20 **Le figure retoriche** Il passo ha un tono elevato e solenne sia per il lessico, sia per le figure retoriche. Riconosci quelle presenti nei versi che ti indichiamo.

- v. 976 ....
- v. 998 ....

Rielaborare e produrre

21 **Il riassunto** Sintetizza in 100 parole il contenuto del testo.

22 **La ricerca** Usando le informazioni presenti nel libro e facendo anche ricerche personali, stendi un ampio testo espositivo sulla leggenda dei Nibelunghi.

23 **Il testo argomentativo** Ripensa attentamente ai personaggi di Hagen e Gunther nelle varie sfumature dei loro comportamenti; valuta se il loro agire ti pare corretto o no, in relazione ai valori della loro cultura e civiltà. Scrivi poi un testo argomentativo di 300 parole in cui sostieni la tua tesi in merito.

Italo Calvino

Carlomagno s'imbatte in uno strano cavaliere

Il brano è tratto dal romanzo *Il cavaliere inesistente* (1959) di Italo Calvino (▸ p. 90), il racconto delle avventure di un cavaliere, Agilulfo, che compare come vuota armatura, senza corpo, metafora di un'astratta razionalità senza collegamenti con il vivere quotidiano concreto. Nell'attacco ironico e divertente del romanzo, un vecchio e bonario Carlo Magno, passando in rassegna i suoi valorosi paladini, non si aspetta di trovarvi anche un "cavaliere inesistente".

Da
Il cavaliere inesistente, 1959
Romanzo

Sotto le rosse mura di Parigi era schierato l'esercito di Francia. Carlomagno[1] doveva passare in rivista i paladini. Già da più di tre ore erano lì; faceva caldo; era un pomeriggio di prima estate, un po' coperto, nuvoloso; nelle armature si bolliva come in pentole tenute a fuoco lento. Non è detto che qualcuno in quell'immobile fila di cavalieri già non avesse perso i sensi o non si fosse assopito, ma l'armatura li reggeva impettiti in sella tutti a un modo. D'un tratto, tre squilli di tromba: le piume dei cimieri[2] sussultarono nell'aria ferma come a uno sbuffo di vento, e tacque subito quella specie di mugghio marino che s'era sentito fin qui, ed era, si vede, un russare di guerrieri incupito dalle gole metalliche degli elmi. Finalmente ecco, lo scorsero che avanzava laggiù in fondo, Carlomagno, su un cavallo che pareva più grande del naturale, con la barba sul petto, le mani sul pomo della sella. Regna e guerreggia, guerreggia e regna, dài e dài, pareva un po' invecchiato, dall'ultima volta che l'avevano visto quei guerrieri.

Fermava il cavallo a ogni ufficiale e si voltava a guardarlo dal su in giù. – E chi siete voi, paladino di Francia?

– Salomon di Bretagna, sire! – rispondeva quello a tutta voce, alzando la celata[3] e scoprendo il viso accalorato; e aggiungeva qualche notizia pratica, come sarebbe:

1 **Carlomagno**: storicamente nato nel 742 e morto nel 814, re dei Franchi, è il grande sovrano fondatore del Sacro romano impero.

2 **cimieri**: la parte ornamentale dell'elmo.

3 **celata**: visiera dell'elmo, mobile, che protegge il viso.

I paladini di Carlo Magno partono per la Normandia in una miniatura tratta da un manoscritto del XIV secolo. (Londra, British Library)

– Cinquemila cavalieri, tremilacinquecento fanti, milleottocento i servizi, cinque anni di campagna.

– Sotto coi brètoni[4], paladino! – diceva Carlo, e toc-toc, toc-toc, se ne arrivava a un altro capo di squadrone.

– Ecchisietevòi, paladino di Francia? – riattaccava.

– Ulivieri di Vienna, sire! – scandivano le labbra appena la griglia dell'elmo s'era sollevata. E lì: – Tremila cavalieri scelti, settemila la truppa, venti macchine da assedio. Vincitore del pagano Fierabraccia, per grazia di Dio e gloria di Carlo re dei Franchi!

– Ben fatto, bravo il viennese, – diceva Carlomagno, e agli ufficiali del seguito: – Magrolini quei cavalli, aumentategli la biada. – E andava avanti: – Ecchisietevòi, paladino di Francia? – ripeteva, sempre con la stessa cadenza: «Tàtta-tatatài-tàta-tàta-tatàta...»

– Bernardo di Mompolier, sire! Vincitore di Brunamonte e Galiferno.

– Bella città Mompolier! Città delle belle donne! – e al seguito: – Vedi se lo passiamo di grado –. Tutte cose che dette dal re fanno piacere, ma erano sempre le stesse battute, da tanti anni.

– Ecchisietevòi, con quello stemma che conosco? – Conosceva tutti dall'arma[5] che portavano sullo scudo, senza bisogno che dicessero niente, ma così era l'usanza che fossero loro a palesare il nome e il viso. Forse perché altrimenti qualcuno, avendo di meglio da fare che prender parte alla rivista, avrebbe potuto mandar lì la sua armatura con un altro dentro.

– Alardo di Dordona, del duca Amone...

– In gamba Alardo, cosa dice il papà, – e così via.

«Tàtta-tatatài-tàta-tàta-tatàta...».

– Gualfré di Mongioja! Cavalieri ottomila tranne i morti!

Ondeggiavano i cimieri. – Uggeri Danese! Namo di Baviera! Palmerino d'Inghilterra!

Veniva sera. I visi, di tra la ventaglia e la bavaglia, non si distinguevano neanche più tanto bene. Ogni parola, ogni gesto era prevedibile ormai, e così tutto in quella guerra durata da tanti anni, ogni scontro, ogni duello, condotto sempre secondo quelle regole, cosicché si sapeva già oggi per domani chi avrebbe vinto, chi perso, chi sarebbe stato eroe, chi vigliacco, a chi toccava di restare sbudellato e chi se la sarebbe cavata con un

Una statuetta in avorio che rappresenta un cavaliere, 1350-1375. (New York, Metropolitan Museum of Art)

4 **brètoni**: cavalieri provenienti dalla Bretagna.

5 **arma**: il disegno simbolico del casato raffigurato sullo scudo.

disarcionamento e una culata in terra. Sulle corazze, la sera al lume delle torce i fabbri martellavano sempre le stesse ammaccature.

– E voi? – Il re era giunto di fronte a un cavaliere dall'armatura tutta bianca; solo una righina nera correva torno torno ai bordi; per il resto era candida, ben tenuta, senza un graffio, ben rifinita in ogni giunto, sormontata sull'elmo da un pennacchio di chissà che razza orientale di gallo, cangiante d'ogni colore dell'iride[6]. Sullo scudo c'era disegnato uno stemma tra due lembi d'un ampio manto drappeggiato, e dentro lo stemma s'aprivano altri due lembi di manto con in mezzo uno stemma più piccolo, che conteneva un altro stemma ammantato più piccolo ancora. Con disegno sempre più sottile era raffigurato un seguito di manti che si schiudevano uno dentro l'altro, e in mezzo ci doveva essere chissà che cosa, ma non si riusciva a scorgere, tanto il disegno diventava minuto. – E voi lì, messo su così in pulito... – disse Carlomagno che, più la guerra durava, meno rispetto della pulizia nei paladini gli capitava di vedere.

– Io sono, – la voce giungeva metallica da dentro l'elmo chiuso, come fosse non una gola ma la stessa lamiera dell'armatura a vibrare, e con un lieve rimbombo d'eco, – Agilulfo Emo Bertrandino dei Guildiverni e degli Altri di Corbentraz e Sura, cavaliere di Selimpia Citeriore e Fez!

– Aaah... – fece Carlomagno e dal labbro di sotto, sporto avanti, gli uscì anche un piccolo strombettio, come a dire: «Dovessi ricordarmi il nome di tutti, starei fresco!» Ma subito aggrottò le ciglia. – E perché non alzate la celata e non mostrate il vostro viso?

Il cavaliere non fece nessun gesto; la sua destra inguantata d'una ferrea e ben connessa manopola si serrò più forte all'arcione[7], mentre l'altro braccio, che reggeva lo scudo, parve scosso come da un brivido.

– Dico a voi, ehi, paladino! – insisté Carlomagno. – Com'è che non mostrate la faccia al vostro re?

La voce uscì netta dal barbazzale[8]. – Perché io non esisto, sire.

I. Calvino, *Il cavaliere inesistente*, Meridiani Mondadori, Milano, 1991

6 **iride**: l'arcobaleno.

7 **arcione**: la parte arcuata della sella.

8 **barbazzale**: la parte dell'elmo che copriva la bocca.

Attività

Comprendere il romanzo

1 **Il re** Quali elementi contraddistinguono Carlomagno?

2 **I paladini** Come si svolge il rituale di presentazione dei paladini?

3 **La reazione di Carlo** Quale reazione ha Carlomagno di fronte ai titoli nobiliari elencati dal "cavaliere inesistente"?

Analizzare il romanzo

4 **Il cavaliere** Ancor prima della sorpresa di trovarsi di fronte a un "cavaliere inesistente", quale aspetto distingue costui da tutti gli altri cavalieri?

5 **Il linguaggio** A quale gergo attinge Calvino nell'avviare il suo romanzo?

6 **Lo stile** A quale carattere espressivo è improntato il brano?

RACCOGLIAMO LE IDEE

1 Sintesi dei contenuti

Attraverso le attività seguenti e le citazioni tratte dai brani che hai letto, raccogli le idee sui concetti e sulle informazioni contenute nell'Unità. Se lo ritieni utile, puoi inserire altre citazioni per te significative.

Attribuisci a ciascun cavaliere protagonista dei testi degli aggettivi che ne individuino le caratteristiche salienti. Te ne forniamo alcuni che puoi utilizzare una o più volte, ma completa poi il ritratto con altri aggettivi, secondo il tuo giudizio.

Aggettivi

Cavaliere • nobile • prestante • perseguitato • inesistente • valoroso • cristiano • fedele • cortese • tradito • leale • coraggioso • rispettoso • benvoluto • prode • paladino.

Orlando →

Cid →

Sigfrido →

Agilulfo →

2 Citazioni dai brani

Orlando sente che la vista ha perduto;
si drizza in piedi, si sforza quanto può;
il suo viso ogni colore ha perduto.
Davanti a lui c'è una pietra bruna:
vibra dieci colpi con dolore ed ira;
stride l'acciaio, ma non si spezza o spunta.
«Ah! – dice il conte – Santa Maria, aiuto!
Ah! mia buona Durendal, pietà di voi!
Poiché io muoio, di voi non ho più cura.

Anonimo, *La morte di Orlando*

Si allontanò dalla porta e verso Burgos
spronava.
Giunto a Santa Maria dal cavallo smontava
e là, inginocchiatosi, con fervore pregava.
Compiuta la preghiera, riprese a cavalcare.

Anonimo, *L'ingiusto esilio del Cid*

«È un facile vanto,- Sigfrido soggiunse.
-Se in voi avessi saputo l'intenzione assassina,
avrei potuto da voi difendere la mia vita.
Ma nulla mi affanna tanto quanto Crimilde, mia sposa.

Mi perdoni Iddio l'averle dato un figlio
al quale un giorno sarà rinfacciato
l'assassinio compiuto dai suoi parenti.

Anonimo, *Sigfrido tradito e ucciso*

[...]
....
....
....
....
....

[...]
....
....
....
....
....

3 Scrittura guidata *il testo espositivo*

Elemento caratteristico dei poemi epico-cavallereschi è la fede religiosa che muove i protagonisti. Confronta questo loro atteggiamento con quello degli eroi dell'epica classica e definiscine le differenze. Riporta le tue considerazioni in un testo espositivo di 300 parole dal titolo "Eroi antichi ed eroi medievali".
Per stendere il tuo elaborato fai riferimento alle pagine che introducono l'Unità e alle schede di presentazione e analisi dei singoli testi.

Puoi servirti della scaletta presentata di seguito come punto di partenza.

Introduzione

- Esposizione e ampliamento del tema proposto nella traccia

Sviluppo

- Paragrafo 1: Ripresa degli eroi dell'epica classica e delle loro caratteristiche (fatti, tempi, luoghi, temi, valori, aspetti religiosi...)
- Paragrafo 2: Ripresa degli eroi dell'epica medioevale e delle loro caratteristiche (fatti, tempi, luoghi, temi, valori, aspetti religiosi...)
- Paragrafo 3: Chiarificazione di analogie e differenze

Conclusione

- Giudizio personale

Chrétien de Troyes

Perceval e l'apparizione del Santo Graal

Da
Perceval,
XII secolo

Romanzo cavalleresco

Dopo aver salvato Biancofiore dalle insidie di Anguingueron e del suo signore Clamadeu, Perceval si ferma in sua compagnia per alcuni giorni. In lui è però sempre forte il desiderio di rivedere la madre, e per questo si rimette in cammino. A sera giunge al castello del Re Pescatore, dove viene accolto con grande ospitalità: il re in segno d'amicizia gli regala una spada. I due, insieme, si apprestano a cenare.

Mentre parlano di questo e d'altro un valletto viene da una camera, e tiene una lancia lucente[1], impugnata a metà dell'asta. Passa tra il fuoco e coloro che sono assisi sul letto. Una goccia di sangue colava dalla punta del ferro della lancia. Fin sulla mano del valletto colava la goccia di sangue vermiglio[2]. Il giovane ospite vede tal meraviglia e si trattiene dal domandarne ragione. È perché rammenta le parole del maestro di cavalleria[3]. Non gli insegnò che mai si deve parlar troppo? Porre domanda sarebbe villania. Non dice parola.

Due valletti arrivano allora, tenendo in mano candelieri d'oro fino lavorato a niello[4]. Uomini molto belli erano i valletti che recavano i candelieri. In ogni candeliere bruciavano dieci candele, a dire il meno. Una fanciulla molto bella, slanciata e ben adorna coi valletti veniva e un graal[5] aveva tra le mani. Quando fu entrata

1 **lancia lucente**: è la lancia con la quale fu trafitto il costato di Cristo sulla croce.
2 **vermiglio**: rosso.
3 **maestro di cavalleria**: è Gornemant de Goort, un nobile signore che aveva educato Perceval ai valori cortesi e cavallereschi, indicandogli come valore la discrezione.
4 **lavorato a niello**: è una tecnica di oreficeria che consiste nell'incidere solchi a bulino su superfici d'oro e d'argento, riempiendoli con smalti metallici per evidenziare il disegno.
5 **graal**: calice sacro usato da Giuseppe d'Arimatea per raccogliere il sangue di Cristo crocifisso; nel Medioevo fu considerato una reliquia e a lungo ricercato.

Durante la cena al castello del Re Pescatore viene mostrato a Perceval il Sacro Graal, in una miniatura del 1330. (Parigi, Bibliothèque Nationale)

nella sala col graal che teneva, si diffuse una luce sì grande che le candele persero il chiarore, come stelle quando si leva il sole o la luna. Dietro di lei un'altra damigella recava un piatto d'argento. Il graal che veniva avanti era fatto dell'oro più duro. Pietre vi erano incastonate, pietre di molte specie, le più ricche e le più preziose che vi siano in mare o sulla terra. Nessuna potrebbe paragonarsi alle pietre che cingevano il graal. Come la lancia era passata davanti al letto, così passarono le due damigelle. Andarono da una stanza all'altra. Il giovane[6] la vide passare, ma a nessuno osò domandare a chi si presentasse il graal nell'altra sala, perché sempre aveva nel cuore le parole dell'uomo saggio, il maestro di cavalleria.

Purché non ne derivi sventura, che m'è capitato di intendere che il troppo tacere talvolta non val meglio del troppo parlare. Ma che ne abbia ventura o sventura, l'ospite non pone domanda.

Il signore comanda allora che si porti l'acqua, che si mettano le tovaglie. E così fanno i servitori. E allora il signore come l'ospite si lava le mani nell'acqua scaldata come si deve. Due valletti portano una grande tavola d'avorio fatta d'un sol pezzo, come testimonia la storia. La tengono davanti al signore e all'ospite. Altri servitori sistemano due cavalletti doppiamente preziosi, che per il legno d'ebano di cui son fatti dureranno a lungo, e nessun pericolo che brucino o marciscano. Ma questo non sarà il loro destino. Su tali cavalletti i servitori hanno appoggiato la tavola, sulla tavola steso la tovaglia. Che dirò di questa tovaglia? Mai legato[7] né cardinale né papa mangeranno su tovaglia più bianca! La prima portata è un coscio di cervo, ben pepato e cotto nel suo grasso. Bevono vino chiaro e mosto[8] serviti in coppe d'oro. È su un tagliere d'argento che il valletto taglia il coscio e ne dispone ogni pezzo su una grande focaccia.

Allora davanti ai due convitati un'altra volta passa il graal, ma il giovane non domanda a chi lo si serva. Sempre ricorda il gentiluomo che dolcemente l'ha impegnato a non troppo parlare, che l'ha sempre nel cuore. Ma tace più che non dovrebbe.

A ogni portata che si serviva, vede ripassare il graal davanti a sé tutto scoperto. Ma non sa a chi lo si serve. Ha desiderio di saperlo, ma pensa che avrà tempo di domandarlo domani a uno dei valletti della corte, al mattino quando lascerà il signore e tutta la sua gente. Rinvia così la domanda. Vien servito a profusione[9] di carni e di vini i più scelti e i più piacevoli, comuni sulla tavola dei re, dei conti e degli imperatori.

6 **Il giovane**: è sempre Perceval.
7 **legato**: ambasciatore.
8 **mosto**: succo ottenuto pigiando l'uva.
9 **a profusione**: in abbondanza.

L'AUTORE

Chrétien de Troyes si suppone sia nato intorno al 1130, nella città francese della contea della Champagne, sede di due importanti fiere alle quali intervenivano mercanti e novellatori da ogni regione d'Europa. La sua attività si svolge alla corte, aperta e ricca di stimoli culturali, di Maria di Champagne, che lo sollecita a comporre un *Romanzo di Tristano*, andato perduto. Colto da scrupoli religiosi, non termina il romanzo *Lancillotto* o *Il cavaliere della carretta*, nel quale racconta dell'amore adulterino di Lancillotto per la regina Ginevra. Passa al servizio di Filippo d'Alsazia, conte di Fiandra, come giurista o araldo d'armi, e per lui scrive il suo ultimo romanzo, *Perceval* o *Il racconto del Graal*, rimasto incompiuto. Muore a Troyes intorno al 1183. Di Chrétien de Troyes possediamo anche alcune canzoni amorose. La sua produzione ebbe grande fortuna in Francia e in Germania e influenzò anche la nascente letteratura italiana.

Quando il pasto fu terminato, il gentiluomo trattenne l'ospite a veglia intanto che i valletti approntavano i letti e frutta tra la più preziosa. Gli furono offerti datteri, fichi e noci moscate, melagrane, chiodi di garofano e elettuario[10] per finire, e ancora pasta di zenzero[11] d'Alessandria e gelatina aromatizzata.

Bevvero poi svariate bevande: vino aromatico senza miele né pepe, buon vino di more e sciroppo chiaro.

Il Gallese[12] ha meraviglia di tante buone cose che non aveva mai assaggiato. Infine il gentiluomo gli dice:

«Amico, è l'ora di dormire. Se voi permettete, raggiungerò la mia stanza e il mio letto. E quando vi farà piacere, voi vi coricherete qui. Ahimè, non ho alcun potere sul mio corpo! È necessario che mi si porti.»

Entrano allora quattro servitori molto robusti che prendono ai quattro angoli la trapunta su cui giace il signore e lo portano nella sua stanza.

Il giovane resta solo con valletti per servirlo e prender buona cura di lui. Poi, quando a lui piacque, gli tolsero le scarpe, lo svestirono e lo posero a dormire tra bianche lenzuola di lino finissimo. E fino al mattino vi riposò.

Sul far del giorno si risvegliò. Tutta la casa era già in piedi, ma nessun era presso di lui. Gli toccò quindi vestirsi da solo, che lo volesse o no.

Non aspetta alcun aiuto, si leva e si calza, va a prendere le armi posate su una tavola dove le avevano portate. Come è pronto, va di porta in porta, che aveva visto aperte la sera innanzi. Ma invano: porte chiuse, e ben chiuse! Chiama, bussa con gran forza e ancor di più, ma nessuno gli apre o risponde.

Ha chiamato abbastanza! Va alla porta della sala. È aperta. Ne scende tutti i gradini fino in basso. Trova il cavallo sellato. La lancia là vicina e lo scudo contro il muro. Monta a cavallo e va intorno cercando, ma non incontra alcuno, sergente scudiero né valletto. Allora va dritto alla porta. Il ponte levatoio è abbassato. Nessuno dunque ha voluto trattenerlo, a qualsiasi ora volesse lasciare quel luogo! Ma lui pensa ben altro: sono i valletti, si dice, che attraverso il ponte calato son partiti sulla strada della foresta a guardare trappole e lacci[13]. S'avvia dunque da quella parte per trovarne alcuno, forse, che gli dica dove viene portato quel graal e perché, o per qual pena la

10 **elettuario**: sciroppo a base di miele e conserve.

11 **zenzero**: pianta che presenta una radice aromatica e piccante.

12 **Il Gallese**: Perceval, che proviene dal Galles.

13 **trappole e lacci**: tecniche in uso per cacciare.

Perceval incontra una damigella nel bosco in una miniatura tratta da un'edizione del *Perceval* del XIV secolo. (Parigi, Bibliothèque Nationale)

lancia sanguina. Così pensando passa il ponte, ma quando è sul piancito[14] ben avverte che le zampe del cavallo d'un subito danno un balzo. Fortuna che saltano a meraviglia, che cavallo e cavaliere ne avrebbero avuto male. Gira indietro la testa e scorge il ponte levato, senza che alcuno si sia fatto vedere. Chiama, ma non v'è risposta. Grida:

«Dimmi, tu che hai levato il ponte, rispondimi! Dove ti nascondi? Mostrati, che ho cosa da dirti!»

14 **piancito**: pavimento.

STORIE da SCOPRIRE

Perceval di Chrétien de Troyes

Nel romanzo di formazione *Perceval* o *Il racconto del Graal*, Chrétien de Troyes narra la storia di un giovane, Perceval, che diventa uomo passando attraverso mille peripezie: è la sua iniziazione religiosa e morale che si svolge secondo i passaggi stabiliti dal codice di comportamento cavalleresco delle corti medioevali. Al culmine di questo perfezionamento non tanto fisico ed esteriore quanto spirituale e interiore, diventerà degno di accedere al mistero del Graal.

Siamo, dunque, di fronte a un romanzo che evidenzia profonde differenze rispetto alle *chansons de gestes*: in primo luogo perché protagonista è il singolo individuo, il singolo cavaliere, il quale combatte all'avventura, senza essere inquadrato in un esercito fedele a un sovrano. Poi per la presenza del tema amoroso, un amore che, superando le insidie della passione profana, giunge all'elevazione del sentimento puro. La stessa Fede è vissuta come ricerca interiore (la *quest* è intesa come "ricerca di se stessi"), mentre nei poemi epici carolingi è un valore comune, alla difesa del quale ci si vota collettivamente. È il motore dello scontro tra cristiani e pagani, non il frutto di una maturazione individuale. Il *Perceval* costituisce, quindi, un'evoluzione intima e mistica del poema cavalleresco.

In seguito alla morte violenta del padre e dei fratelli maggiori, uccisi in duello, Perceval viene allevato dalla madre lontano dal mondo della cavalleria, nella Foresta Desolata. Un giorno, inoltrandosi in un bosco per cacciare, incontra per caso Artù e i cavalieri della Tavola Rotonda; affascinato dalle loro imprese, decide di abbandonare la madre per diventare cavaliere. Giunto alla corte di Artù, il giovane dà prova di lealtà e coraggio. Il maestro Gornemant gli insegna i principi fondamentali della cavalleria, ma, prima di essere ordinato cavaliere, Perceval vuole tornare dalla madre per comunicarglielo. Non sa, infatti, che è morta di crepacuore alla sua partenza. Lungo la via del ritorno verso casa incontra Biancofiore, nipote di Gornemant, della quale si innamora. Una serie di avventure concorreranno a perfezionare il suo spirito, e fondamentale, in questo senso, è l'incontro con Galvano, che diventa il suo modello di ispirazione.

Per concludere il suo itinerario di formazione occorre l'ultimo gradino, quello della perfezione religiosa. Grazie alla conoscenza della misteriosa figura del Re Pescatore, durante la cena nel suo castello, assiste all'apparizione del Santo Graal che illumina con la sua luce tutta la stanza. Perceval non osa chiedere spiegazioni, perché è pervaso da un'inspiegabile angoscia. La mattina tutti gli abitanti del castello sono scomparsi. È a quel punto che viene a sapere della morte della madre e all'angoscia si sommano il rimorso e la disperazione. L'unica fiammella che continua a bruciare in lui è l'amore per Biancofiore, unito al desiderio di recuperare il vaso misterioso.

Perceval parte così alla ricerca del Graal impegnandosi nella *quest* per diventare cavaliere di Dio. Finisce, però, per perdere se stesso e dimenticare la bella dama. Un venerdì santo incontra un corteo di cavalieri che gli ricordano gli articoli del Credo; avverte allora una grande pena e, confidandosi con un eremita, che in realtà è suo zio, comprende la verità: egli è vittima dei propri errori e delle proprie colpe. Perceval si pente, soprattutto per la morte della madre. L'eremita gli rivela anche il mistero del Graal: esso contiene un'ostia che serve a sostentare il padre del Re Pescatore. Gli insegna poi il rispetto cristiano verso se stessi e il giorno di Pasqua gli impartisce la prima comunione. Perceval si è riconciliato con se stesso ed è così diventato uomo e cavaliere.

Parole vane! Nessuno gli risponderà.

Se ne va dunque per la foresta, trova in un sentiero tracce ben fresche di cavalli passati per di là. Esclama: «Vedo che sono andati da questa parte, quelli che cerco.»

Si slancia nel bosco, continua a seguire le tracce. Lo portano fino a una quercia sotto la quale trova una damigella che piange grida e si lamenta misera e desolata: «Ahimè, come sono infelice! Maledetta l'ora della mia nascita e quella in cui fui generata, che mai tanto m'adirai di cosa che potesse accadermi! Piacesse a Dio che mai avessi a stringere il mio amico morto! Perché la sua morte e non la mia? La morte mi colpisce con gran crudeltà! Perché ha preso la sua anima e non la mia? Cosa mi vale restar viva quando ti vedo morto, tu ch'io amavo più di tutti al mondo? Senza di te, che valgono la mia vita, il mio corpo? Che parta dunque anch'essa, la mia anima, e che sia fatta compagna e serva della sua, s'ella vuole!»

Così la damigella piange con gran dolore il cavaliere che tiene in grembo e che ha la testa spiccata.

Il cavaliere[15] la vede e le va vicino e la saluta. Ella rende il saluto, ma non cessa di dolersi.

«Damigella, domanda il giovane, chi ha ucciso il cavaliere che tenete in grembo?»

«Signore, dice la damigella, un cavaliere l'uccise questa mattina. Ma ho gran meraviglia d'una cosa ch'io vedo. Si potrebbe, che Dio m'aiuti, cavalcare quaranta leghe nella direzione da cui venite e non si troverebbe un ostello buono né leale né sicuro[16], mentre il vostro cavallo ha i fianchi pieni e il pelo ben lisciato. Se fosse stato lavato e strigliato e gli fosse stato fatto letto d'avena e di fieno non avrebbe ventre più pieno né pelo più curato. E anche a veder voi si direbbe che questa notte abbiate ben dormito e riposato.»

«In fede mia, amica, ho avuto tanto agio come più non potrei, e pare a buon diritto. Chi gridasse forte da qui ove noi siamo verrebbe udito con grande chiarezza là dove stanotte ho riposato. Non conoscete bene questo paese né l'avete girato tutto, ch'io senza dubbio ebbi il riparo migliore ch'abbia avuto mai.»

«Ah, signore, dormiste dunque nel castello del ricco Re Pescatore?»

«Damigella, per il nostro Salvatore, non so se è re o pescatore, ma è molto saggio e cortese. Dirvi di più non saprei, se non che due uomini trovai ier sera tardi assisi in una barca che lentamente navigava. Uno dei due uomini remava, mentre l'altro pescava all'amo. Questi mi indicò la propria casa e là m'ospitò per la notte.»

«Bel signore, dice la damigella, sappiate che è re, ve lo posso ben dire, ma in battaglia fu ferito e storpiato sì tristemente che perse l'uso delle gambe. Si dice che fu un colpo di giavellotto diretto alle anche a fargli quella ferita. E non ha cessato di soffrirne. Soffre ancora e non può montare a cavallo. Allora, quando vuol distrarsi, si fa portare su una barca e va pescando all'amo: per questo è detto il Re Pescatore. Così si svaga, che non può far altro esercizio. Cacciare nei campi o agli uccelli acquatici non saprebbe. Ma ha sempre accanto a sé i suoi falconieri e i suoi arcieri e i suoi cacciatori che tirano con l'arco nella foresta. Per questo gli piace soggiornare qui, che trae grande diletto[17] dalla sua terra. Nessun altro posto gli converrebbe meglio. Vi fece così costruire un castello degno di un re potente.»

«Damigella, in fede mia voi dite il vero! Ieri sera provai gran meraviglia quando gli fui condotto davanti. Mi tenevo un po' in disparte e lui mi disse di avvicinarmi e di sedergli accanto. E mi pregò di non scorgere segno d'orgoglio nel fatto che non si levasse per venirmi incontro, non potendolo. Andai dunque a sedermi sul suo letto com'egli voleva.»

15 **Il cavaliere**: Perceval.

16 **non si troverebbe... né sicuro**: la damigella pensa di essere in un luogo del tutto solitario.

17 **diletto**: piacere.

«Certo vi fece grande onore quando accanto a lui vi fece sedere. Ora ditemi: avete visto la lancia dalla punta sanguinante, che pure non ha né sangue né vena?»

«Se la vidi? Sì, in fede mia!»

«E domandaste perché essa sanguina?»

«Mai ne parlai!»

«Dio m'aiuti! Ma sappiate dunque di aver ben male agito. E vedeste il graal?»

«Lo vidi.»

«Chi lo teneva?»

«Una damigella.»

«Donde veniva?»

«Da una camera.»

«Dove andò?»

«Entrò in un'altra camera.»

«Nessuno camminava davanti al graal?»

«Sì!»

«Chi dunque?»

«Due valletti e nessun altro.»

«Che tenevano in mano?»

«Candelieri guarniti[18] di candele.»

«E dietro il graal, chi veniva?»

«Un'altra damigella.»

«Cosa teneva?»

«Un piccolo piatto d'argento.»

«Domandaste a quella gente verso qual luogo andavano così?

«Non un sola parola uscì dalla mia bocca.»

«Che Dio m'aiuti! È peggio ancora! Come avete nome, amico?»

E lui che il proprio nome non sapeva[19], subito lo conobbe e disse che era Perceval il Gallese. Non sa se dice il vero o no. Dice il vero, pur non sapendolo. Quando la damigella lo sente, d'un subito si alza davanti a lui dicendo tutta corrucciata:

«Amico, il vostro nome è ora cambiato!»

«Come?»

«In Perceval lo Sventurato. Ah, infelice Perceval, hai avuto cattiva ventura[20] di non aver mai chiesto quello che tanto bene avrebbe fatto al buon re che è ferito. Ben presto avrebbe ritrovato l'uso delle membra e della propria terra. Così gran bene ne sarebbe derivato! Ma sappi che disgrazia ne verrà, a te e agli altri, per questo peccato. Sappilo bene! Fu già così per tua madre, ch'ella è morta di dolore per te. Io ti conosco meglio di come tu ti conosci, perché tu non sai ch'io sia. Eppure nella casa di tua madre per lungo tempo fui cresciuta con te. Sono tua cugina germana[21] e tu sei mio cugino germano. Ma la disgrazia che hai avuto di non sapere cosa vien fatto del graal e a chi lo si porta non mi pesa meno che l'aver visto tua madre che è morta e morto questo cavaliere che sì vivamente amavo e che mi amava come cavaliere franco e leale chiamandomi la sua dolce amica.»

«Ah, cugina, se di mia madre mi diceste il vero, come lo sapete?»

«E come non lo saprei? L'ho vista mettere sotto terra.»

«Che Dio misericordioso abbia pietà della sua anima! Mi avete raccontato una storia ben dolorosa. Ma, cugina, poiché ella è già sepolta, che andrò cercando oltre? Vi andavo solo per rivederla. Prenderò dunque altra strada. Se con me voleste

Il Calice d'Ardagh in argento con finiture in oro e rame del VIII secolo ritrovato nell'Ottocento in Irlanda. (Dublino, National Museum of Ireland)

18 **guarniti**: forniti.

19 **che il proprio nome non sapeva**: Perceval era ancora all'oscuro della sua identità di cavaliere.

20 **ventura**: sorte.

21 **cugina germana**: cugina di primo grado.

22 **o sarò... invocare grazia**: o sarò in suo potere oppure lo costringerò a implorare pietà.

venire, anch'io lo vorrei. Mai più sarà il vostro uomo colui che giace accanto a voi. Che i morti siano con i morti, i vivi con i vivi! Andiamocene, voi ed io! Sì, sarebbe follia, credo, vegliare sola accanto al morto. Inseguiamo colui che l'ha ucciso! Ve lo giuro sulla mia fede: purché io lo possa raggiungere, o sarò alla sua mercé o gli 185
farò invocare grazia![22]».

Chrétien de Troyes, *Perceval*, a cura di G. Agrati e M.L. Magini, Guanda, Milano, 1980

Attività

Comprendere e analizzare: verso l'INVALSI

1 **Una strana processione** Nel castello, il giovane cavaliere assiste a una strana processione. Rileggi con attenzione i personaggi che sfilano e gli oggetti da loro portati e distingui, tra i seguenti, quelli veri e quelli falsi.

	V	F
a. Un valletto con una lancia lucente	☐	☐
b. Due valletti con il Graal	☐	☐
c. Una fanciulla molto bella con un Graal	☐	☐
d. Due valletti con candelabri con dieci candele	☐	☐
e. Una damigella con una coppa d'argento	☐	☐
f. Una damigella con un piatto d'argento	☐	☐

2 **Mistero e solennità** Gli oggetti trasportati durante questa processione hanno caratteri particolari, misteriosi e magici. Come appaiono la lancia e il Graal? Completa, per descriverli, le seguenti affermazioni.

- Dalla punta della lancia ....
- Il Graal espande ....
- Inoltre è adorno ....

3 **Esitazioni** Per ben tre volte nel testo il cavaliere prova il desiderio di formulare domande al passaggio di valletti e damigelle, ma sempre trattiene la propria curiosità. Da quali ragioni ne è indotto?

a. Si sente confuso e intimidito
b. Non riesce a fermare i personaggi che avanzano
c. Ricorda gli insegnamenti del saggio maestro di cavalleria
d. In fondo, non prova più meraviglia e curiosità per questi oggetti

4 **Il cuore del racconto** Fatti, luoghi e personaggi cambiano, ma un elemento ritorna durante tutto l'episodio. Che cos'è? Qual è la sua funzione?

a. Il banchetto serale in cui si svolge la processione
b. Il Graal, possibile soluzione dei problemi del Re Pescatore
c. La tovaglia bianca stesa sulla tavola simbolo di purezza
d. Il codice cavalleresco a cui si attengono tutti i personaggi

5 **Un mondo nuovo** Il mattino il cavaliere si risveglia in un ambiente del tutto diverso e a tratti inquietante. Quali sono le immagini, presenti nel testo, che riflettono questa atmosfera? Scegli quelle esatte.

a. La casa è in ordine, ma non si vede nessuno
b. S'odono strani lamenti provenire da locali appartati
c. Le porte sono chiuse e nessuno risponde ai suoi richiami
d. La porta d'uscita è aperta
e. Un servitore silenzioso lo accompagna

6 **Alla ricerca** Il cavaliere con determinazione esce dal castello. Che cosa ricerca?

a. Il Graal
b. I valletti
c. Le damigelle
d. Il suo cavallo

7 **La damigella addolorata** Dopo aver esposto la ragione del suo pianto, la damigella mostra straordinaria attenzione e stupore per un particolare non in sintonia con la situazione presente. Quale?

a. Il cavaliere è giovane e a lei sconosciuto

b. Il cavallo del giovane ha un pelo liscio e ben curato

c. L'uccisione dell'uomo da parte di un cavaliere la mattina stessa

d. I molti cavalieri visti passare al galoppo

8 **Il Re Pescatore** La damigella rivela al cavaliere che lui è stato ospite del Re Pescatore e glielo descrive. Quale caratteristica presenta questo personaggio?

a. È un re superbo, ferito e incapace di combattere

b. Forse è un re, impossibilitato a camminare per una ferita, che trova svago nella pesca

c. È un sovrano sconfitto che si è ritirato nel suo castello da cui non esce mai

d. È un nobile cavaliere che attira giovani nel suo castello per soggiogarli

9 **Un serrato dialogo** Con una variazione stilistica, l'autore introduce un serrato dialogo tra la damigella e il cavaliere. Di cosa tratta soprattutto?

10 **Il rimprovero** La fanciulla rimprovera il cavaliere e lo chiama Perceval lo Sventurato. Per che cosa lo biasima? Che cosa ha provocato il suo errato comportamento?

a. Per non aver posto domande sulla lancia e sul Graal, utili al Re Pescatore

b. Per aver lasciato il castello senza avvertire nessuno

c. Per non essersi presentato al signore del castello

d. Per vagare in quei luoghi senza uno scopo

11 **Altre gravi rivelazioni** Il cavaliere nel corso del colloquio viene a conoscenza di altri fatti. Rimettili in sequenza.

a. Sua madre è morta di dolore per lui

b. Il cavaliere desidera che lei lo segua

c. La sua rinuncia a porre domande sul Graal porterà disgrazie

d. La fanciulla è una cugina del cavaliere stesso

12 **La *quest*** Concluse queste esperienze, il cavaliere riprende il viaggio. Qual è l'obiettivo della *quest*?

a. Ritornare la castello

b. Impadronirsi del Graal

c. Pregare sul sepolcro della madre

d. Inseguire colui che ha ucciso il cavaliere amato dalla ragazza

13 **Il testo** Tutto il racconto per la sua struttura, il contenuto e il tono richiama un particolare tipo di testo. Quale?

a. Un poema epico

b. Una favola

c. Una fiaba

d. Un romanzo d'amore

14 **Il romanzo.** I comportamenti di Perceval nel testo lo avvicinano ai protagonisti di uno specifico genere di romanzo. Quale? Motiva la tua risposta.

a. Romanzo psicologico

b. Romanzo storico

c. Romanzo d'amore

d. Romanzo di formazione

15 **La ripetitività** L'atmosfera magica permea il racconto anche attraverso il ricorso a ripetizioni che infondono alle vicende un andamento rituale. Questo avviene nella presentazione dei contenuti, nelle strutture e nelle scelte lessicali. Porta almeno un esempio per ciascuna modalità di iterazione.

- Per i contenuti: ....
- Per la struttura: ....
- Per il lessico: ....

Rielaborare e produrre

16 **Il riassunto** Sintetizza il testo in 150 parole.

17 **Il testo espositivo** Confronta la figura del cavaliere che appare nel romanzo di Chrétien de Troyes con quella incontrata nella *Chanson de Roland*. Scrivi quindi un testo di 250 parole sull'evoluzione storica e letteraria della cavalleria.

18 **Il Santo Graal** Fai una breve ricerca per risalire alla leggenda medioevale originale del Santo Graal. Se sei interessato, leggi il *Codice da Vinci* di Dan Brown e guarda l'omonima trasposizione cinematografica. Riporta le informazioni in un testo espositivo di 300 parole.

per SAPERNE di PIÙ

Il Medioevo immaginario del *Signore degli Anelli*

Il Signore degli Anelli è una saga in forma di romanzo. Intorno ai volumi che compongono il ciclo letterario sono fioriti una fortunata trasposizione cinematografica, videogiochi e giochi di ruolo.

Tolkien, studioso del Medioevo

Il Signore degli Anelli è il più famoso dei numerosi romanzi di John Ronald Reuel **Tolkien**, che può essere considerato il padre della narrativa di genere *fantasy*. Nato in Sudafrica nel **1892**, fu docente di lingua e letteratura inglese a Oxford, studioso di filologia germanica e cultore di leggende medioevali nordiche, specie celtiche e sassoni. A partire da questa sua erudizione, Tolkien elaborò le sue opere, ambientate in luoghi immaginari e in epoche fantastiche, scopertamente riconducibili a quel Medioevo che così bene conosceva. Il primo romanzo della saga è *Lo Hobbit* del 1937. Gli altri nacquero come un *sequel* di questo, in particolare la trilogia nota complessivamente con il nome *Il Signore degli Anelli*: *La compagnia dell'Anello, Le due Torri* e *Il ritorno del Re*. Tolkien fu autore prolifico e scrisse altre opere di narrativa, alternandole a un'importante produzione di opere di saggistica. Per tutto questo riscosse in vita fama e apprezzamento da parte di pubblico e critica fino alla morte, avvenuta nel **1973** in Inghilterra.

Le linee fondamentali dell'intreccio

Il Signore degli Anelli è una saga che si srotola secondo una trama ricchissima di avvenimenti e personaggi e continua la vicenda presentata nel romanzo *Lo Hobbit*. I fatti, ambientati nella Terra di Mezzo e nell'Era Terza, ruotano intorno al possesso dell'Anello del potere, forgiato da Sauron, signore del Male, per dominare e sottomettere altri Anelli, fabbricati dagli Elfi, personificazione di quanto di buono e di bello esiste nel mondo.

L'Anello, rubato a Sauron in tempi antichissimi, passa di mano in mano, con tristi conseguenze; infatti chi lo possiede diviene invisibile, ma col tempo è reso schiavo del Male. L'unico modo per distruggere il letale potere dell'Anello è quello di gettarlo nel cratere del Monte Fato, dove risiede Sauron e proprio verso il Monte Fato si dirigono tra mille pericoli e insidie i membri della Compagnia dell'Anello.

Una allegoria ideologicamente discussa

L'opera, la cui elaborazione mette in luce una straordinaria creatività e una non comune capacità di invenzione, può essere letta anche come una allegoria che mette in scena gli eterni conflitti che coinvolgono l'esistenza umana: il **bene contro** il **male**, la **speranza contro** la **disperazione**, l'**amicizia** e la lealtà **contro** il **tradimento** e l'inganno. Questa interpretazione "morale" ha suscitato dibattiti e varie interpretazioni circa il pensiero dell'autore. Innanzitutto per il fatto che, in pieno Novecento, Tolkien ha costruito una saga ambientandola in un Medioevo fantastico, quasi a voler rifiutare implicitamente la modernità e ricercare nel passato gli ideali smarriti dell'umanità.

Una ricostruzione ineccepibile

Nel rifugiarsi in questo passato, Tolkien dimostra una grande capacità di ricostruire con fedeltà un mondo tanto fantastico quanto potenzialmente reale. Le vicende si svolgono in un'**ambientazione medioevale** e ciò è evidente anche dai particolari; le armi sono frecce, lance, la spada fatata Glamdring, il corno di guerra. Nel testo si trovano poesie e canzoni che narrano antiche vicende del passato della Terra di Mezzo e, per quanto ricostruite, riproducono forme e stilemi delle composizioni medioevali.

Un romanzo moderno fantastico

La forma espressiva del romanzo scelta da Tolkien imita il **tono epico-aulico** dei poemi cavallereschi medioevali. Vi sono, tuttavia, elementi che, volutamente, appartengono alla **scrittura tipica del Novecento**: l'autore sceglie, per esempio, **registri diversi**, in relazione alla psicologia e ai livelli sociali dei personaggi, passando dall'eloquio solenne degli elfi, a quello familiare degli hobbit. Nonostante la mimesi perfetta con i poemi medioevali e l'ambientazione ineccepibile, Tolkien non intende semplicemente costruire un falso storico, dimostrando la propria bravura di studioso e di scrittore: la saga è anche un romanzo moderno, pieno di suggestioni e di giudizi ideologici, scritto e ambientato in una dimensione fantastica.

per guardare oltre

Intersezioni nell'antologia

- La *Chanson de Roland* vede il paladino Orlando sacrificare se stesso contro gli infedeli in difesa della vera fede e del suo imperatore Carlo Magno, un po' come Ettore, che nell'*Iliade* di **Omero** (*Lo scontro tra Achille ed Ettore*, ▸ p. 169) va incontro alla morte per mano nemica in difesa della sua città e della sua gente. In *Perceval e l'apparizione del Santo Graal* di **Chrétien de Troyes**, troviamo il tema della *quest*, che ci rimanda a Odisseo che impiega dieci lunghi anni per tornare a Itaca o a Enea che cerca la sua nuova patria.
- Nei poemi epici medievali lo straniero equivale all'infedele sul piano religioso e come tale è combattuto. È una concezione diversa rispetto all'*Iliade* e all'*Odissea*, in cui lo straniero è un uomo a cui dare ospitalità, facendo quindi leva su altri valori, come nell'episodio *Nausicàa soccorre il naufrago* (▸ p. 217).
- Orlando e il Cid Campeador sono cavalieri medioevali: questi due eroi, coraggiosi e leali, sono tesi all'onore militare proprio come i principali eroi dell'epica classica (Ettore, Achille, Odisseo, Enea). Si leggano: *Iliade* (*Il sacrificio di Patroclo,* ▸ p. 164; *Lo scontro tra Achille ed Ettore*, ▸ p. 169), *Odissea* (*La strage dei Proci*, ▸ p. 248), *Eneide* (*Enea e Turno: il duello finale*, ▸ p. 313).

Altri orizzonti

SAGGI E ROMANZI

- Franco **Cardini** è autore dell'importante saggio *Alle origini della cavalleria medievale* (2014), una vasta ricerca di carattere storico; più snello, ma altrettanto preciso è lo studio di Jean **Flori**, *La cavalleria medievale* (2016); lo stesso autore riflette sull'origine delle crociate nel volume *La guerra santa* (2009). Sulla vicenda dei Templari, si segnala il libro di Barbara **Frale**, *I Templari* (2007). Sulla figura di Carlo Magno, Franco **Barbero** ha scritto *Carlo Magno. Un padre per l'Europa* (2006). Laura **Mancinelli** è autrice di vari romanzi ambientati in un Medioevo cavalleresco: *I tre cavalieri del Graal* (1996); *I dodici abati di Challant* (1981), *Il miracolo di Santa Odilia* (1989), *Gli occhi dell'imperatore* (1993).

PITTURA

- Un grande dipinto che mostra uno scontro di cavalieri è *La battaglia di San Romano* (1456) di Paolo **Uccello**, una grande tavola con decine di cavalieri avvolti nelle loro armature che cozzano l'un l'altro, come due-tre secoli prima i paladini di re Carlo Magno.

FILM

- Fra i tanti film ispirati all'epopea di Lancillotto, si distingue *Lancillotto e Ginevra* (1974) del regista francese Robert **Bresson**, poco spettacolare, ma fedele all'epoca storica che si vuole rappresentare. Sempre agli anni Settanta (1971) risale *Il cavaliere inesistente* di Pino **Zac**, un film italiano ispirato all'omonimo romanzo di Italo **Calvino**.

MUSICA

- Prendendo spunto dai suoi interessi letterari e filosofici, Richard **Wagner** (1813-1883) musicò un intero ciclo di quattro opere ispirato alla mitologia nordica: *L'anello dei Nibelunghi*, a cui fece seguito una delle sue opere più importanti, come *Tristano e Isotta* (1865); l'anno prima di morire compose la sua ultima opera, il *Parsifal* (1882).

A sinistra, una scena tratta dal film *Il cavaliere inesistente* diretto da Pino Zac nel 1971.

Sotto, una scena tratta dal film *Lancillotto e Ginevra* diretto da Robert Bresson nel 1974.

UNITÀ 2 I poemi cavallereschi del Rinascimento

Giambattista Tiepolo, *Angelica soccorre Medoro ferito*, 1757. (Vicenza, villa Valmarana)

• Il mondo cavalleresco • Il sognante **mondo dei cavalieri** antichi aveva un grande fascino presso le **corti** nobiliari delle città rinascimentali come **Mantova**, **Ferrara**, **Milano**, **Firenze**, **Urbino**. Qui si faceva a gara a sponsorizzare i letterati perché componessero, leggessero, recitassero le loro opere che, di frequente, erano poemi cavallereschi.

Le follie di Orlando, le fughe di Angelica, l'attaccamento insano di Rinaldo per la maga Armida, la mortale passione di Tancredi per la pagana Clorinda, gli scontri tra il Bene e il Male – incastonati nella continua lotta tra saraceni e cristiani – erano vicende che esprimevano le incertezze e le incongruenze della natura e dell'umano vivere di quel tempo.

Ci aiutano a conoscere quel romanzato mondo cavalleresco anche le numerose interpretazioni pittoriche ispirate all'*Orlando furioso* di Ariosto, come alla *Gerusalemme liberata* di Tasso. La più significativa si deve al pittore veneto Giambattista Tiepolo.

• Tiepolo, pittore sapiente • Giambattista **Tiepolo** nasce a Venezia nel 1696 e muore a Madrid nel 1770. La sua arte copre quasi l'intero arco del Settecento e si sviluppa presso le corti principesche di tutta Europa. Tiepolo possiede una vasta cultura e spesso, accanto al tema religioso, sviluppa quello letterario, traendo ispirazione da poemi e miti classici, riuscendo sempre a mettere in scena con rapidità e concisione drammi, amori, battaglie. L'esempio più luminoso

DOMANDE

- Nei tre affreschi, quali caratteristiche hanno le figure di Clorinda e Medoro?
- Nel primo affresco, come definiresti l'atteggiamento di Clorinda?
- Nel secondo affresco, l'amore fra i due personaggi da che cosa è espresso?
- Descrivi l'ambiente idilliaco in cui si ritrovano i due innamorati, all'interno del terzo affresco.
- Quali sono le tonalità predominanti negli affreschi?

Giambattista Tiepolo, *Angelica incide su di un albero il nome di Medoro*, 1757. (Vicenza, villa Valmarana)

è nelle sale affrescate della villa Valmarana, presso Vicenza. Qui, Giambattista Tiepolo ha attinto ai grandi poemi epici e cavallereschi, dipingendo scene dell'*Iliade* (le storie d'amore di Achille e Briseide), dell'*Eneide* (Enea e Didone), della *Gerusalemme liberata* (Rinaldo e Armida) e dell'*Orlando furioso* (Angelica e Medoro).

• L'amore di Angelica per Medoro • Ci soffermiamo sugli affreschi che si ricollegano al tema di fondo dell'*Orlando furioso* di Ariosto: l'amore non ricambiato del paladino Orlando nei confronti della bella Angelica, la quale, invece, s'invaghisce del soldato saraceno Medoro, mentre ne cura le ferite. È il tema sviluppato nel primo affresco: *Angelica soccorre Medoro ferito*. Sono le espressioni e gli atteggiamenti dei protagonisti a dar corpo alla vicenda d'amore. Nel secondo affresco, *Angelica incide su un albero il nome di Medoro*, osserviamo di spalle la donna e un Medoro abbagliato dalla sua bellezza. L'incisione dei nomi scatenerà la folle gelosia di Orlando. Nel terzo affresco, *Commiato di Angelica e Medoro dai contadini che li avevano ospitati*, i due innamorati, ormai sposi, si apprestano a lasciare la capanna del loro idillio, sotto lo sguardo protettivo di due contadini. Il colore nitido, i gesti armoniosi, l'equilibrio compositivo esaltano la moderna lettura che Tiepolo propone della favola ariostesca.

Giambattista Tiepolo, *Commiato di Angelica e Medoro dai contadini che li avevano ospitati*, 1757. (Vicenza, villa Valmarana)

in questa Unità impareremo a

- **conoscere** le caratteristiche del poema epico rinascimentale e il contesto storico-culturale in cui sono ambientate le vicende
- **comprendere** il significato globale dei testi e le peculiarità dei personaggi
- **riconoscere e analizzare** nei passi i riferimenti ai contenuti storici, leggendari e classici; individuare le specifiche forme metriche e stilistiche
- **interpretare** i testi per individuare i valori che animano la società rinascimentale
- **produrre** sintesi dei testi narrativi, espositivi e argomentativi legati a temi contenuti nei brani
- **comunicare oralmente** riferendo i contenuti dei passi, confrontando opinioni personali per ampliare la riflessione

in questa Unità scopriremo

Antologia

Ludovico Ariosto • *Proemio*
Ludovico Ariosto • *Folle d'amore*
Torquato Tasso • *Proemio*

Per approfondire

Stefano Jossa • *La polemica sul primato di Ariosto o di Tasso*

Verifica delle competenze

Torquato Tasso • *La morte di Clorinda*

La tradizione epico-cavalleresca viene ripresa in epoca rinascimentale, tra Quattrocento e Cinquecento, momento in cui emergono grandi contraddizioni politiche e culturali. Si vive nello splendore delle corti dei Medici (Firenze), degli Estensi (Ferrara), degli Sforza (Milano), dei Montefeltro (Urbino). Ma le invasioni straniere, con il conseguente dominio francese prima e spagnolo poi su gran parte d'Italia, fanno oscillare il mondo culturale rinascimentale tra il senso di una luminosa "rinascita" e una continua crisi di valori.

In alto a destra, l'elmo in ferro di un cavaliere milanese del XV secolo. (New York, Metropolitan Museum of Art)

L'epica rinascimentale

Nel Rinascimento, la scelta del **genere cavalleresco**, la ripresa di poemi incentrati sulle **imprese** e sugli **amori di paladini** e cavalieri risponde a esigenze di varia natura. In primo luogo, è la materia più apprezzata all'interno delle corti: leggere della furia di Orlando o degli amori di Angelica appaga dame e signori di corte. Gli intrecci di storie e vicende belliche, sentimentali, magiche, fantasiose consentono di rappresentare in maniera poetica il complesso universo degli affetti, l'imprevedibilità e la contraddittorietà della natura e dell'esistenza umana.

Francesco Granacci, *Ritratto di giovane uomo con armatura*, 1510-1520. (Londra, National Gallery)

Letterati e opere Si guarda così alla consolidata tradizione narrativa giunta dalla Francia nel corso del Medioevo, alle storie eroiche dei paladini di Carlo Magno, agli amori dei cavalieri di Bretagna. Nel 1483 compare il *Morgante*, opera di Luigi **Pulci** (1432-1484), una parodia della *Chanson de Roland*, una trattazione in chiave burlesca delle vicende del principale paladino di Francia. Di ben altra consistenza è la ripresa dei temi cavallereschi in due poemi che vengono pubblicati presso la corte degli Estensi di Ferrara: l'*Orlando innamorato* (1493) di Matteo Maria **Boiardo** (1440-1494) e, soprattutto, l'*Orlando furioso* (1516) di Ludovico **Ariosto** (1474-1535). Alcuni decenni più tardi, quando le sorti politiche dell'Italia erano cambiate e gli ideali rinascimentali di corte avevano ormai ceduto il passo a una visione più tormentata della vita, Torquato **Tasso** (1544-1595) pubblica la *Gerusalemme liberata* (1581), nella quale è ripreso il tema della lotta tra cristianità e mondo musulmano, attraverso una crociata per la liberazione del Santo Sepolcro.

Orlando furioso, saga di amori e passioni

L'*Orlando furioso* è un poema cavalleresco di **46 canti**, in **ottave**, che prende avvio là dove aveva avuto termine l'*Orlando innamorato* di Matteo Maria Boiardo, nel momento in cui i due più importanti paladini, Orlando e Rinaldo, si sfidano per conquistare la mano della bella Angelica.

Si tratta di un poema dai **molteplici intrecci narrativi**, che consente di fondere il **ciclo carolingio** con quello **bretone**: accanto ai temi del coraggio, della lealtà, della devozione al re si affiancano quelli dell'amore, della magia, del fiabesco. L'autore muove le fila di varie vicende, per cui i numerosi personaggi mutano costantemente di direzione, introducono all'improvviso nuovi fattori: ne emerge una rappresentazione mutevole dell'animo umano e una notevole varietà di comportamenti. Italo Calvino ha definito l'*Orlando furioso* come il "**poema del movimento**" perché i suoi cavalieri inseguono sempre vanamente qualche obiettivo irraggiungibile, sempre sospinti da indomite passioni. Si manifestano così i fallimenti dei propositi umani, i capricci della Fortuna, le scelte illogiche degli uomini. È questa la lezione di fondo che Ariosto vuol evidenziare: attraverso la finzione narrativa si accosta ai grandi problemi della sua epoca e di ogni epoca.

• *Gerusalemme liberata*, scontro tra Bene e Male •

La *Gerusalemme liberata* è un poema epico suddiviso in **20 canti**, in **ottave**. Nello scenario dell'**ultima crociata** (1096-1099), è narrato lo scontro finale per la **conquista di Gerusalemme** da parte dei cavalieri cristiani guidati da Goffredo di Buglione. La base del racconto è di natura storica, ma ha anche i caratteri della stretta attualità, dal momento che in quegli anni lo scontro fra Occidente cristiano e mondo musulmano era vivissimo: nel 1571 si era svolta la **battaglia di Lepanto** con la grande vittoria navale delle potenze cattoliche sulla flotta turca (la prima edizione della *Gerusalemme* è del 1575).

Il carattere principale del poema, dunque, è dato dai numerosi scontri e duelli militari, riconducibili al più generale confronto tra il **Bene**, rappresentato dall'esercito cristiano, e il **Male**, rappresentato da quello musulmano. Dalla vicenda principale si dipartono numerosi episodi secondari d'amore, di magia, d'avventura che costituiscono un abile intreccio. Il **tema dell'amore** è presentato in tutti i suoi aspetti: l'attaccamento insano di Rinaldo per la maga Armida; l'amore impossibile della pagana Erminia per il principe Tancredi; la mortale passione di quest'ultimo per la pagana Clorinda. L'amore pervade l'intero poema, determina l'andamento della guerra e rivela la sua natura di forza deviante rispetto al dovere religioso della guerra. Da uno di questi amori, tuttavia, quello fra Rinaldo e la maga Armida, convertitasi al cristianesimo, nascerà la **casata d'Este**. Con quest'ultimo intreccio, Tasso assolve il suo debito nei confronti degli Estensi, assegnando al poema anche un **valore encomiastico**.

Jean Antoine Julien De Parme, *Erminia indossa le armi di Clorinda*, 1775. (Collezione Privata)

• Il percorso antologico •

L'avvio del percorso antologico valorizza il *Proemio* (► p. 374) dell'*Orlando furioso*, celebre per il suo attacco («Le donne, i cavallier, l'arme, gli amori...canto»), cioè le ottave che preannunciano l'argomento, l'invocazione alla donna amata e la dedica alla famiglia d'Este. Segue un brano che costituisce la svolta del poema: in *Folle d'amore* (► p. 379), il paladino Orlando perde il senno dopo aver scoperto casualmente che l'amata Angelica è innamorata di un soldato musulmano di nome Medoro. Anche della *Gerusalemme liberata* si propone il *Proemio* (► p. 383), in cui Tasso enuncia l'argomento, chiama la Musa in suo aiuto e dedica il poema anch'egli ai duchi d'Este. La componente amorosa del poema si legge nel duello tragico fra Tancredi e la principessa pagana Clorinda, protagonisti della *Morte di Clorinda* (► p. 392).

Ludovico Ariosto

Proemio

Da
Orlando furioso (canto I, ottave 1-4), 1516

Poema epico-cavalleresco

Nel rispetto della tradizione epica classica, Ariosto utilizza le prime quattro ottave come proemio dell'intera opera.

1 Le donne, i cavallier, l'arme, gli amori,
le cortesie, l'audaci imprese io canto,
che furo al tempo che passaro i Mori
d'Africa il mare, e in Francia nocquer tanto,
seguendo l'ire e i giovenil furori
d'Agramante lor re, che si diè **vanto**
di vendicar la morte di Troiano
sopra re Carlo imperator romano.

1

1 **arme**: le azioni di guerra.

2 **cortesie**: le qualità e le virtù che un cavaliere deve possedere.

3-4 **che furo…nocquer tanto**: fatti che successero quando i Saraceni («i Mori») attraversarono lo stretto di Gibilterra e causarono in Francia gravi danni.

6 **Agramante**: Ariosto riprende il racconto di Boiardo nell'*Orlando innamorato*, secondo il quale Agramente, re dei mori, per vendicare la morte del padre Troiano, ucciso da Orlando, si mette all'inseguimento di Carlo Magno, l'imperatore del Sacro romano impero.

PAROLE *sotto la lente*

Vanto

Il sostantivo è connesso al verbo del latino tardo *vanito*, propriamente "essere vano", perché legato all'aggettivo *vanus* = vano e al sostantivo *vanitas* = vanità. Indica l'atto di lodare, magnificare un merito, magari anche personale ("darsi vanto dei meriti"). Può essere anche la qualità che rende degni di lode, specie nell'uso letterario ("avere vanto sopra agli altri, essere superiore"); è quindi un merito, un motivo di lode. Nell'età medioevale i *vanti* erano una specie di sfida che si faceva tra più cavalieri per divertimento e in onore di qualche grande personaggio, con la narrazione delle proprie migliori imprese di guerra o d'amore.

Attività

Cambiamo l'iniziale di "vanto". Quante altre parole si creano?

L'AUTORE

Ludovico Ariosto nasce nel 1474 a Reggio Emilia, allora dominio degli Estensi. Inizia studi di diritto che abbandona ben presto a favore della letteratura. Nel 1498 entra a servizio del duca Ercole I d'Este, presso la corte di Ferrara, e l'improvvisa morte del padre lo obbliga a sobbarcarsi il mantenimento dell'intera famiglia. Viene nominato segretario del cardinale Ippolito, figlio del duca, e con questo incarico, sacrificando i suoi interessi letterari, compie varie ambascerie. Già noto a corte per i suoi versi in latino e in volgare e per la sue commedie, porta a termine una prima redazione dell'*Orlando furioso* (1516). Nel 1517 si rifiuta di seguire il cardinale Ippolito in Ungheria e rompe i rapporti con lui. Privato di ogni rendita economica, vive anni difficili, fino a che nel 1521 accetta dal duca l'incarico di governatore della Garfagnana. In questi anni scrive le *Satire*, componimenti in versi di vario argomento. Nel 1525 torna a Ferrara per allestire spettacoli di corte e scrivere nuove commedie. Negli ultimi anni della sua vita si sposa in segreto con Alessandra Benucci, la donna a cui da tempo era legato. Muore nel 1533, l'anno dopo aver pubblicato un'edizione rivista dell'*Orlando furioso*.

2 Dirò d'Orlando in un medesimo tratto
cosa non detta in prosa mai né in rima:
che per amor venne in furore e matto,
d'uom che sì saggio era stimato prima;
se da colei che tal quasi m'ha fatto,
che 'l poco ingegno ad or ad or mi lima,
me ne sarà però tanto concesso,
che mi basti a finir quanto ho promesso.

3 Piacciavi, generosa Erculea prole,
ornamento e spendor del secol nostro,
Ippolito, aggradir questo che vuole
e darvi sol può l'umil servo vostro.
Quel ch'io vi debbo, posso di parole
pagare in parte, e d'opera d'inchiostro;
né che poco io vi dia da imputar sono;
che quanto io posso dar, tutto vi dono.

4 Voi sentirete fra i più degni eroi,
che nominar con laude m'apparecchio,
ricordar quel Ruggier, che fu di voi
e de' vostri avi illustri il ceppo vecchio.
L'alto valore e' chiari gesti suoi
vi farò udir, se voi mi date orecchio,
e vostri alti pensier cedino un poco,
sì che tra lor miei versi abbiano loco.

L. Ariosto, *Orlando furioso*, I, 1-4,
a cura di G. Innamorati, Zanichelli, Bologna, 1967

Jean-Auguste-Dominique Ingres, *Ruggiero salva Angelica*, 1819. (Londra, National Gallery)

2

1 **in un medesimo tratto**: allo stesso tempo.

3-4 **che per amor...prima**: il quale a causa dell'amore divenne pazzo furioso, lui che in precedenza era stimato uomo assennato.

5-8 **se da colei...promesso**: parlerò di Orlando se quella donna («colei» è Alessandra Benucci) che mi ha portato quasi alla pazzia come Orlando («tal quasi m'ha fatto»), che consuma («mi lima») giorno per giorno il mio ingegno, me ne lascerà un po', sufficiente a finire il poema promesso.

3

1 **generosa Erculea prole**: nobile figlio di Ercole. Si riferisce al cardinale Ippolito d'Este, figlio di Ercole I.

3-4 **aggradir questo...vostro**: apprezzare questa sola cosa che vuole e può darvi il vostro umile servitore, cioè il poema.

5-6 **Quel ch'io vi debbo...d'inchiostro**: il debito di riconoscenza che ho contratto lo posso ripagare solo con la mia opera di scrittore.

7 **né che poco...sono**: né posso essere accusato («imputar») di darvi poco.

4

2 **m'apparecchio**: mi accingo.

3 **Ruggier**: è l'eroe saraceno che, convertito al cristianesimo, sposerà Bradamante, sorella di Rinaldo, dando origine alla dinastia estense.

4 **ceppo vecchio**: l'antico progenitore.

5 **chiari gesti**: famose imprese.

6 **date orecchio**: prestate attenzione.

7-8 **e vostri...abbiano loco**: e i vostri importanti pensieri si facciano un po' da parte, così che fra di loro trovino spazio anche i miei versi.

per SAPERNE di PIÙ

I personaggi principali dell'*Orlando furioso*

I cristiani

- **Orlando**: è il paladino innamorato di Angelica, che insegue per tutto il poema.
- **Rinaldo**: paladino di grande valore; alla guida di eserciti scozzesi e inglesi, interviene in varie vicende.
- **Bradamante**: guerriera cristiana, sorella di Rinaldo, è innamorata del saraceno Ruggiero.
- **Astolfo**: paladino cugino di Orlando, vola con l'Ippogrifo sulla Luna per recuperarne il senno.

I saraceni

- **Medoro**: è il soldato saraceno che, ferito, viene curato da Angelica, con la quale si sposa.
- **Angelica**: figlia del re del Catai, è inseguita da tanti paladini cristiani che lei abilmente evita. S'innamora del soldato Medoro.
- **Ruggiero**: cavaliere saraceno, innamorato della guerriera cristiana Bradamante. La sposerà dopo aver ricevuto il battesimo. Dalla loro unione, deriverà la famiglia d'Este.
- **Rodomonte**: forte guerriero africano, amante della guerra e perciò al centro di tante cruente battaglie.
- **Marsilio**: re di Spagna, conduce le truppe saracene all'assedio di Parigi.
- **Agramante**: re d'Africa, alleato di Marsilio. Muore, ucciso da Orlando, nel duello finale.

STORIE da SCOPRIRE

Orlando furioso di Ludovico Ariosto

Parigi è cinta d'assedio dai saraceni e infuria la battaglia contro i cristiani. Angelica, figlia del re del Catai, giunta in Europa per seminare scompiglio tra i guerrieri cristiani, fugge dalla città assediata. La inseguono guerrieri di entrambi gli schieramenti, in particolare Orlando e Rinaldo. Con questa prima fuga di Angelica ha inizio l'*Orlando furioso*, le cui vicende si snodano intorno a tre principali filoni narrativi: la lotta tra saraceni e cristiani; l'amore di Orlando per Angelica e la ricerca della fanciulla; l'amore tra Bradamante, sorella di Rinaldo, e il saraceno Ruggiero.

Sotto la guida di Agramante, re d'Africa, e con l'aiuto di Marsilio, re di Spagna, i saraceni assediano Parigi, dove Rodomonte, un potente guerriero africano, fa strage di nemici. I cristiani resistono, attaccano grazie all'arrivo di Rinaldo con eserciti scozzesi e inglesi e portano la guerra in Africa. Qui viene distrutta la capitale del regno di Agramante e la guerra si conclude con un duello fra tre eroici guerrieri cristiani, fra cui Orlando, e tre saraceni, fra cui il re Agramante.

Il paladino di Carlo Magno però trascura i propri compiti militari per inseguire Angelica. La fanciulla, in seguito a infinite peripezie, incontra un soldato saraceno ferito, Medoro, di cui si innamora. Orlando, all'inseguimento di Angelica, compie atti di valore contro uomini e mostri. Arriva infine in un bosco e su un albero vede incisi i nomi dell'amata e di Medoro. Di fronte a questa rivelazione Orlando cade preda della follia e devasta tutto ciò che incontra. Per recuperare il suo senno, il cugino Astolfo, sulle ali dell'Ippogrifo, vola sulla Luna, dove si trova tutto quanto gli uomini smarriscono sulla Terra. Orlando, riacquistato il senno smarrito, contribuisce all'esito vittorioso della guerra.

Bradamante, guerriera cristiana e sorella di Rinaldo, ama, ricambiata, il saraceno Ruggiero. Il mago Atlante lo tiene prigioniero in un castello incantato per evitare che si compia la sua conversione al cristianesimo e si coroni l'amore con l'amata cristiana, come voluto dal destino. Bradamante riesce a liberarlo. I due innamorati in seguito vengono di nuovo separati e si ritrovano attraverso molte avventure, finché Ruggiero, naufragato su un'isola, riceve il battesimo da un eremita. Orlando e Rinaldo lo conducono in Francia, da dove però Bradamante è stata allontanata per divenire sposa del re di Grecia. Solo dopo molte altre peripezie i due innamorati si ricongiungono. Dalla loro unione avrà origine la famiglia d'Este.

per L'ANALISI del TESTO

La forma classica e il timbro di Ariosto

L'apertura dell'*Orlando furioso* ricalca lo schema del proemio dell'epica classica: **enunciazione dell'argomento** (*propositio*), **invocazione** (*invocatio*) e **dedica**. Ariosto, però, avvolge con il distacco e il disincanto della sua **lieve ironia** anche queste forme stereotipate.

La prima ottava

Nei primi due versi, ricorrendo alla figura retorica dell'**enumerazione** («Le donne, i cavallier...»), il poeta riassume la **materia del poema** che riunisce i temi del **ciclo carolingio** («i cavallier, l'arme, le audaci imprese») e quelli del ciclo **bretone** («Le donne, gli amori, le cortesie»). Conclude quindi la prima ottava contestualizzando le «imprese»: i terreni di scontro, il leader dell'esercito dei mori (connotato con termini di ascendenza iliadica: l'ira e il furore di Achille), il motivo della sua spedizione (la vendetta). In questa sintesi, la tradizionale storia della *Chanson* è declinata a partire da leggende e narrazioni successive, quasi a sottolineare lo scivolamento dal terreno epico storico (Roncisvalle, Poitiers ecc.) a quello mitico leggendario (Agramante, Troiano), con l'unico personaggio reale di riferimento costituito da Carlo Magno.

La seconda ottava

Nella seconda ottava Ariosto si sofferma sull'eroe **Orlando**, che già con l'*Orlando innamorato* di Matteo Maria Boiardo da campione della Fede era diventato paladino dell'amore profano. Ora, traviato da questa passione mondana, perde il senno per un capriccio. L'**amore**, il sentimento che costituisce il motore principale della narrazione e, fuor di metafora, della vita, è una **forza pericolosa**, perché così potente da indurre alla **pazzia** anche il migliore degli uomini. Questa conclusione è assai lontana dalla idealizzazione del sentimento proposta dai poeti del ciclo bretone. Allo stesso modo la guerra santa, celebrata dalla *Chanson*, è mossa dall'istinto di vendetta di un giovane, e non dalle nobili cause della Fede.

Bradamante in un dipinto di Guido Reni del 1635. (Collezione Privata)

Una donna per Musa

La prosecuzione dell'ottava, quella che abbiamo individuato come l'invocazione, non è rivolta ad alcuna Musa. Anzi, con molta autoironia il poeta si fa partecipe della medesima follia d'amore («tal quasi m'ha fatto», cioè matto come Orlando), e si limita a chiedere una tregua all'amata per avere la possibilità di concludere il suo lavoro. Non si domandano alte ispirazioni, non si pregano Apollo e le Muse, si chiede un attimo di respiro: Ariosto fa professione di modestia e, contemporaneamente, introduce una lode indiretta alla propria beneamata, inserendola nei versi tradizionalmente dedicati alla Musa, e quindi considerando lei "la" Musa ispiratrice.

Le ottave encomiastiche

Solo nella terza e quarta ottava, poi, viene introdotto il **tema encomiastico**, la dedica rituale del poema alla famiglia degli **Estensi**. Sullo sfondo degli amori fra **Ruggiero e Bradamante**, da cui avrà origine il casato, Ariosto si sdebita con il signore che lo ospita a corte e lo sostiene economicamente, il **cardinale Ippolito**. Anche in questo passaggio letterario il poeta non dimentica di lasciare la sua impronta: se con umiltà dichiara, infatti, di poter ripagare la generosità del signore solo con i suoi versi poetici («opera d'inchiostro»), l'insistenza sugli «alti pensier», sull'«umil servo vostro» è scopertamente ironica. Mentre sembra chiedere solo un po' di spazio («loco»), infatti, Ariosto afferma la propria personalità di autore capace di far rivivere con i suoi versi «il ceppo vecchio», confermando che è grazie alla sua poesia che il ricordo degli eroi è nominato «con laude» e che la nobiltà del cardinal Ippolito può essere consolidata. Un'affermazione di modestia che deve essere letta anche come una dichiarazione della potenza della poesia.

Attività

Leggere e comprendere

1 **Il proemio** Fedele alla tradizione del poema epico, Ariosto costruisce il proemio con le consuete componenti. Indica i versi che contengono l'argomento, l'invocazione e la dedica.

2 **L'argomento** L'argomento, o *propositio*, enumera i temi del poema che Ariosto riprende sia dal ciclo carolingio, sia dal ciclo bretone. Elenca i temi presentati, secondo la loro provenienza da uno dei due cicli.

3 **Orlando** Perfetto cavaliere, paladino di Carlo Magno, secondo la tradizione, nel poema ariostesco Orlando assume caratteristiche diverse. Quali tra le opzioni indicate ritieni corretta?

a. Era violento, ora mite

b. Era eroico, ora innamorato e vile

c. Era traditore, ora fedele e leale

d. Era saggio, ora innamorato e pazzo

4 **L'invocazione** Nei poemi epici classici, l'autore invoca la Musa. Ricordi cosa chiede? Chi invoca invece Ariosto e che cosa domanda?

5 **La dedica** A chi è dedicato il poema? Quali relazioni intercorrono tra il dedicatario e Ariosto? Con quali espressioni il poeta lo indica?

6 **La modestia** Nella dedica l'autore si pone a confronto con il cardinale Ippolito, usando espressioni di estrema modestia. Qual è la ragione formale di questo atteggiamento? Che cosa si può leggere, dal punto di vista delle connotazioni del testo, dietro le stesse espressioni?

7 **L'encomio** Virgilio nobilitava Augusto come discendente di Enea, attraverso Iulo e la *gens Iulia*. Analogamente Ariosto celebra la famiglia estense: in che modo?

Riconoscere e analizzare

8 **Il metro** I poemi epici greci e latini erano composti in esametri. Esamina e descrivi la forma metrica (strofa, versi, rime) del poema di Ariosto.

9 **Analogia e contrasto** Nel proemio Ariosto presenta se stesso con un tratto analogo a Orlando e uno contrastante con Ippolito. Quali?

10 **L'esperienza personale** Accanto ai motivi oggettivi dell'epica (armi, cavalieri, amori e audaci imprese) il narratore non disdegna di legare l'opera alla propria vita. Quali elementi del proemio collegano l'argomento trattato con l'esperienza dichiarata dell'autore? È coerente questo con la tradizione canonica del genere?

11 **Il tono** Ariosto affronta una materia epica ma non disdegna di sottolineare alcuni passaggi con espressioni ambigue e con aggettivi che consentono una lettura ironica delle affermazioni, conferendo un tono disincantato al proemio. Porta qualche esempio dal testo.

12 **La fantasia** Qual è il principale elemento fantastico dell'opera, già enunciato nel proemio?

13 **Le figure retoriche** Poeta colto e raffinato, Ariosto arricchisce la sua poesia con l'uso di numerose figure retoriche. Cerca nella prima ottava un esempio di enumerazione e uno di inversione.

Rielaborare e produrre

14 **Discutere** Ritieni che il carattere encomiastico del poema denoti un rapporto negativo di dipendenza del poeta dal suo mecenate? O invece che la componente encomiastica sia congeniale e connaturata ai poemi dell'epoca? Raccogli gli elementi per sostenere l'interpretazione per te più plausibile, anche in un dibattito in classe.

15 **Il riassunto** Sintetizza in 100 parole il contenuto del proemio.

16 **L'autonomia** Il mecenatismo delle signorie italiane del Cinquecento favorì la produzione artistica di letterati e pittori, ma con il rischio di condizionare la loro ispirazione. Ti pare che Ariosto segua pedissequamente il volere degli Estensi o rivendichi una sua autonomia? Motiva la tua risposta in un breve testo argomentativo.

17 **Il Rinascimento** Molte caratteristiche dell'*Orlando furioso*, nuove rispetto alla tradizione epica, sono da attribuire al clima culturale e sociale del Rinascimento. Esegui una ricerca su questo periodo e cerca di evidenziarne i caratteri riscontrabili nel poema di Ariosto. Riporta le tue considerazioni in un testo espositivo di 250 parole.

Ludovico Ariosto

Folle d'amore

Il caso, gran governatore delle vicende umane, vuole che nel suo inseguimento Orlando capiti proprio nel boschetto dove Angelica aveva consumato l'idillio con Medoro, l'umile soldato di cui la principessa, corteggiata da tutti i più nobili esponenti dell'uno e dell'altro schieramento, si è innamorata. Di fronte a questa paradossale realtà, il senno di Orlando si perde e il paladino di Francia comincia il suo viaggio nella follia.

Da
Orlando furioso (canto XXIII, ottave 107-111 e 132-134), 1516

Poema epico-cavalleresco

107 Il mesto conte a piè quivi discese;
e vide in su l'entrata de la grotta
parole assai, che di sua man distese
Medoro avea, che parean scritte allotta.
Del gran piacer che ne la grotta prese,
questa sentenza in versi avea ridotta.
Che fosse culta in suo linguaggio io penso;
ed era ne la nostra tale il senso:

108 – Liete piante, verdi erbe, limpide acque,
spelunca opaca e di fredde ombre grata,
dove la bella Angelica che nacque
di Galafron, da molti invano amata,
spesso ne le mie braccia nuda giacque;
de la commodità che qui m'è data,
io povero Medor ricompensarvi
d'altro non posso, che d'ognor lodarvi:

109 e di pregare ogni signore amante,
e cavallieri e damigelle, e ognuna
persona, o paesana o viandante,
che qui sua volontà meni o Fortuna;
ch'all'erbe, all'ombre, all'antro, al rio, alle piante
dica: benigno abbiate e sole e luna,
e de le ninfe il coro, che proveggia
che non conduca a voi pastor mai greggia. –
[...]

111 Tre volte e quattro e sei lesse lo scritto
quello infelice, e pur cercando invano
che non vi fosse quel che v'era scritto;
e sempre lo vedea più chiaro e piano:
ed ogni volta in mezzo il petto afflitto
stringersi il cor sentia con fredda mano.
Rimase al fin con gli occhi e con la mente
fissi nel sasso, al sasso indifferente.

107

1-8 **Il mesto conte...tale il senso**: è Orlando che scende da cavallo e vede sull'entrata della grotta i versi scritti di sua mano da Medoro a testimonianza delle piacevolezze d'amore che vi aveva vissute. I versi erano redatti in bello stile («sentenza...culta») e in arabo, ovviamente.

108

1-8 **Liete piante...che d'ognor lodarvi**: quello di Medoro è un inno al *locus amoenus* che ha accolto la bella Angelica, figlia di Galafrone e ha dato la possibilità al solo umile soldato di amarla. Ariosto allude a vari passi di Petrarca, di cui ricalca lo stile.

109

1-8 **e di pregare...mai greggia**: Medoro, per ringraziare il luogo, si augura che chiunque giunga là, di sua volontà o portato dalla Fortuna, invochi a sua volta le divinità del bosco («le ninfe»), il sole e la luna affinché nessun pastore conduca lì, fra quella natura, il proprio gregge.

111

8 **fissi nel sasso, al sasso indif ferente**: gli occhi di Orlando si fissano sull'iscrizione sul sasso, in maniera non diversa («indifferente») dal sasso stesso. Dopo la parentesi elegiaca Ariosto non rinuncia all'ironia: indifferenti e di sasso sono gli occhi e indifferente e fisso è il sasso inanimato, che non ha cura di essere fissato.

[A questo punto Orlando comincia a mostrare i primi segni di follia. Proprio quando cerca di autoconvincersi che nulla è accaduto, il pastore che ha accolto i due amanti, vedendolo così mesto, per risollevarlo gli racconta della bella storia d'amore di cui è stato testimone, gettandolo in un irrimediabile sconforto.]

132 Afflitto e stanco al fin cade ne l'erba,
e ficca gli occhi al cielo, e non fa motto.
Senza cibo e dormir così si serba,
che 'l sole esce tre volte e torna sotto.
Di crescer non cessò la pena acerba,
che fuor del senno al fin l'ebbe condotto.
Il quarto dì, da gran furor commosso,
e maglie e piastre si stracciò di dosso.

133 Qui riman l'elmo, e là riman lo scudo,
lontan gli arnesi, e più lontan l'usbergo:
l'arme sue tutte, in somma vi concludo,
avean pel bosco differente albergo.
E poi si squarciò i panni, e mostrò ignudo
l'ispido ventre e tutto 'l petto e 'l tergo;
e cominciò la gran follia, sì orrenda,
che de la più non sarà mai ch'intenda.

134 In tanta rabbia, in tanto furor venne,
che rimase offuscato in ogni senso.
Di tor la spada in man non gli sovenne;
che fatte avria mirabil cose, penso.
Ma né quella, né scure, né bipenne
era bisogno al suo vigore immenso.
Quivi fe' ben de le sue prove eccelse,
ch'un alto pino al primo crollo svelse.

L. Ariosto, *Orlando furioso*, XXIII, 107-111 e 132-134,
a cura di G. Innamorati, Zanichelli, Bologna, 1967

Augustin-Alphonse Gaudar de La Verdine, *Orlando folle per amore sradica un albero*, dipinto del 1804. (Châteauroux, Musée Bertrand)

132

1-4 **Afflitto…torna sotto**: dopo aver tagliato alberi e distrutto l'iscrizione, Orlando cade esausto e senza parlare («motto»), senza mangiare né dormire passa così tre giorni con gli occhi fissi al cielo.

7-8 **Il quarto…di dosso**: il quarto giorno si strappa la maglia di ferro e l'armatura.

133

1-4 **Qui riman…albergo**: come in una vestizione alla rovescia del cavaliere (una "svestizione"), l'elmo, lo scudo, le armi («arnesi») e la corazza («usbergo») cadono qua e là, prendendo posti diversi nel bosco.

8 **che de la più…ch'intenda**: che non ci sarà mai nessuno che possa sentire parlare di una follia maggiore di questa.

134

1-8 **In tanta rabbia…svelse**: Orlando è obnubilato in tutti i suoi sensi ed è folle. Ariosto, nonostante la follia, non rinuncia alle descrizioni epiche delle "imprese" di Orlando, con un rovesciamento ironico della figura del paladino che ribalta il modello ideale del cavaliere; **bipenne**: ascia metallica a doppio tagliente.

per L'ANALISI del TESTO

L'inseguita diventa inseguitrice

L'**inseguimento di Angelica**, che per Orlando diventa una vera e propria ossessione, costituisce uno dei nuclei tematici fondamentali dell'opera. Seguendo Angelica, Ariosto può arricchire di infiniti episodi la narrazione e proprio uno di questi, l'incontro fortuito con Medoro ferito, diventa la chiave di volta dell'intera vicenda. Da preda Angelica diventa infatti cacciatrice, da inseguita, inseguitrice, secondo una delle più antiche leggi dell'amore. Per Medoro, tanto bello quanto insignificante fantaccino saraceno, costruito da Ariosto sul modello del Niso virgiliano (ma mentre quello muore durante la sortita notturna con Eurialo, questo, proprio per la sua bellezza, in una spedizione analoga viene risparmiato), Angelica, che ha fatto perdere la testa a tutti, la perde a sua volta.

Locus amœnus e *locus horridus*

In un ambiente da favola (il consueto *locus amœnus* della tradizione classica) i due giovani si amano e si sposano, lasciando sulle cortecce degli alberi e nelle grotte che hanno ospitato i loro spasimi amorosi ampie tracce del loro amore. È lo stesso **caso** malandrino che ha voluto farli incontrare guida Orlando nelle sue peregrinazioni proprio in quel luogo, ameno per loro, da incubo (*horridus*) per il già provato paladino. L'ossessione diventa dunque follia quando Orlando scopre che la sua adorata è innamorata di un altro, per giunta mille volte meno nobile e meno degno di gloria e onori di lui: la **cecità del caso e dell'amore** sono dunque più forti del valore e delle virtù.

Petrarca e il petrarchismo

La vera e propria elegia che Medoro aveva elaborato («culta») nella sua lingua (l'arabo) contiene un'apostrofe al luogo che è stato culla dei suoi incontri d'amore secondo i tratti tipici che descrivono il *locus amœnus*. In questo caso, poi, oltre a rifarsi genericamente a questo *tópos* classico, Ariosto riprende direttamente alcuni celebri passi di **Petrarca**. Il poeta del Trecento costituisce il **modello canonico** della lingua poetica italiana dal Cinquecento, epoca in cui si parla addirittura di "petrarchismo" per indicare l'ispirazione diretta all'autore del *Canzoniere*. In questo caso il primo modello è celeberrimo: la canzone per le acque che hanno visto bagnarsi le belle membra di Laura.

Chiare, fresche et dolci acque,
ove le belle membra
pose colei che sola a me par donna;
gentil ramo ove piacque
(con sospir' mi rimembra)
(*Canzoniere*, CXXVI)

Tale modello si intreccia con quello di un altro sonetto:

Lieti fiori et felici, et ben nate herbe
che madonna pensando premer sòle
(*Canzoniere*, CLXII)

L'ironia

Dopo l'intervallo elegiaco, Ariosto non si fa però scappare l'occasione di dare libero sfogo alla sua ironia, **un'ironia che diventa beffa carnevalesca**, capovolgimento dei valori che rivestivano la sacra figura del cavaliere. Assistiamo a una **svestizione**, processo inverso e sacrilego della santa vestizione delle armi, e abbiamo la prima prova di valore che, nudo e inerme, Orlando, bruto e animalesco, esibisce, svellendo un albero. La follia travolge tutto: privo di senno, il paladino si comporta secondo un istinto che è l'antitesi dello spirito razionale e benefico che doveva contraddistinguere l'azione del cavaliere cristiano. La Fortuna, il caso che sconvolge tutto, ha condotto a questo anche il migliore degli uomini, quella Fortuna che ha voluto che si imbattesse proprio nel luogo in cui i due amanti si erano conosciuti e amati.

Gustave Dorè, *Orlando vaga per la foresta fuori di senno*, incisione realizzata per l'edizione dell'*Orlando furioso* del 1879. (Collezione Privata)

Attività

Leggere e comprendere

1 **Medoro** Orlando capita nel luogo in cui è avvenuta un'avventura. Di che cosa si tratta?

a. Medoro ha salvato Angelica
b. Angelica è sfuggita a Medoro
c. Medoro e Angelica si sono incontrati
d. Medoro e Angelica hanno amoreggiato

2 **La composizione** Come ha scritto la sua storia d'amore Medoro? Con quali termini Ariosto indica la forma che ha usato e le sue caratteristiche?

3 **I paradossi** Chi era Galafrone? Per quale motivo Medoro si definisce «io povero»?

4 **La Fortuna** Perché la fortuna è indicata con la F maiuscola? Qual è la sua funzione in questo episodio?

5 **Il sasso** Indica i versi al termine dell'ottava 111 in cui appare una battuta ironica di Ariosto e riportala in italiano corrente.

6 **La follia** Indica le manifestazioni e i tempi in cui si preannuncia la follia fino alla sua esplosione.

7 **Le armi** Sulla base della descrizione di Ariosto nella prima metà dell'ottava 133, elenca le armi di cui si libera Orlando, utilizzando termini più usuali.

8 **La collezione d'armi** «avean pel bosco differente albergo»: mettendo il giusto soggetto a questa frase, fai la parafrasi, spiegane il significato e giudica se si tratti di un'informazione neutra o se la scelta dei vocaboli indichi l'intenzione di suscitare il sorriso, pur nella drammaticità della scena.

9 **Le imprese** Di che tipo avrebbero potuto essere le «mirabil cose» che «fatte avria» Orlando se avesse preso la spada? Sono tipiche di un paladino della fede cristiana?

Riconoscere e analizzare

10 ***Loci*** Ciò che è *locus amœnus* per Medoro è *locus horridus* per Orlando. Indica nel testo le descrizioni che si rifanno psicologicamente e nella realtà a questi luoghi comuni letterari.

11 **I sintomi della follia amorosa** Esamina l'ottava 111 ed evidenzia almeno due figure retoriche utilizzate da Ariosto.

12 **Dall'ironia al ribaltamento** Numerosi sono i commenti ironici e sarcastici. A un certo punto, però, Ariosto passa a una vera e propria rappresentazione carnevalesca. Cosa si intende con questa espressione? Perché possiamo affermare che Orlando sia rappresentato secondo i canoni capovolti del carnevale?

Rielaborare e produrre

13 **Discutere** Ti sembra che Orlando sia giunto al boschetto dei due innamorati per la sua testarda volontà di conoscere dove si trovi Angelica e che quindi egli sia, in un certo modo, responsabile della sua stessa follia? Oppure che sia il caso, o come lo chiama Ariosto, la Fortuna, a prendersi beffa di lui e a farlo capitare nel luogo e nel momento sbagliato? Raccogli gli elementi per sostenere l'interpretazione per te più plausibile, anche in un dibattito in classe.

14 **Il riassunto** Sintetizza il testo in 150 parole.

15 **Una delusione d'amore** Esamina nell'ottava 132 il primo manifestarsi della follia d'amore: sono reazioni che conosci, assomigliano a quelle che in circostanze analoghe hai vissuto anche tu? Descrivi in 100 parole le reazioni che hai avuto dopo aver ricevuto una delusione d'amore.

16 **Il tuo diario** Racconta in una pagina di diario come, con l'aiuto di uno scenario scelto per l'occasione, ti sei dichiarato alla persona di cui ti eri innamorato.

Torquato Tasso

Proemio

La *Gerusalemme liberata* si apre con cinque ottave che prevedono classicamente la proposizione, l'invocazione alla Musa e la dedica ad Alfonso II d'Este. Il tutto, però, esprime un ritmo e un'atmosfera completamente nuovi rispetto all'*Orlando furioso*.

Da Gerusalemme liberata (canto I, ottave 1-5), 1575

Poema epico

1 Canto l'arme pietose e 'l capitano
che 'l gran sepolcro liberò di Cristo.
Molto egli oprò co 'l senno e con la mano,
molto soffrì nel glorïoso acquisto;
e in van l'Inferno vi s'oppose, e in vano
s'armò d'Asia e di Libia il popolo misto.
Il Ciel gli diè favore, e sotto a i santi
segni ridusse i suoi compagni erranti.

2 O Musa, tu che di caduchi allori
non circondi la fronte in Elicona,
ma su nel cielo infra i beati cori
hai di stelle immortali aurea corona,
tu spira al petto mio celesti ardori,
tu rischiara il mio canto, e tu perdona
s'intesso fregi al ver, s'adorno in parte
d'altri diletti, che de' tuoi, le carte.

3 Sai che là corre il mondo ove piú versi
di sue dolcezze il lusinghier Parnaso,
e che 'l vero, condito in molli versi,
i più schivi allettando ha persuaso.

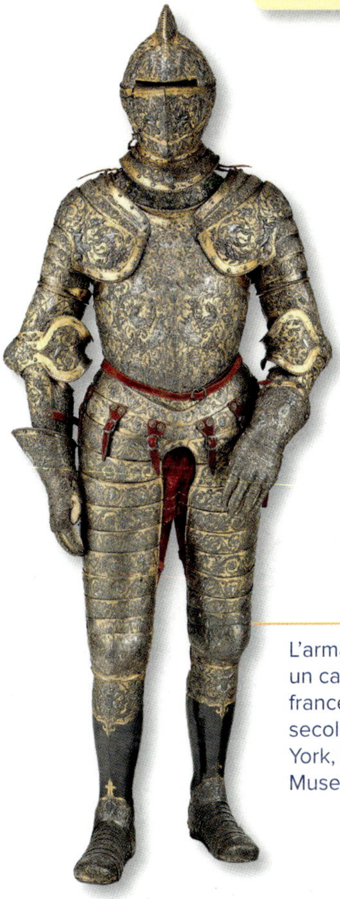

L'armatura di un cavaliere francese del XVI secolo. (New York, Metropolitan Museum of Art)

1

1-2 **Canto l'arme pietose…di Cristo**: traduzione dell'esordio virgiliano con la precisazione che le armi sono devote («pietose») e che il capitano Goffredo da Buglione liberò il santo sepolcro.

3-4 **Molto egli oprò…glorïoso acquisto**: Goffredo operò con impegno («molto») sia con l'intelligenza («co 'l senno») sia con la forza delle armi («e con la mano»), sopportando molte sventure («molto soffrì») durante la conquista che gli procurò molta gloria.

5-6 **e in van l'Inferno…misto**: invano le forze del male tentarono di contrastarlo, come invano si mossero in armi contro di lui popolazioni diverse provenienti dall'Asia e dall'Africa.

7-8 **Il Ciel gli diè…erranti**: all'Inferno si contrappose il Cielo, a cui s'ispirò l'azione di Goffredo, che riuscì con il suo aiuto a radunare («ridusse») attorno alla santa causa tutti i compagni dispersi, traviati da altri obiettivi («erranti»).

2

1-4 **O Musa…aurea corona**: la Musa della poesia cristiana non si circonda la fronte di allori destinati a morire («caduchi allori») stando sul monte Elicona, ma di una corona aurea formata dalle stelle eterne in cielo tra i cori dei santi.

5-8 **tu spira al petto mio…le carte**: il poeta prega con insistenza la Musa perché ispiri al suo animo entusiasmi religiosi, perché illumini il suo canto, perché perdoni il poeta se intreccia fantasia alla verità storica («fregi al ver»), se abbellisce («adorno») con piaceri diversi dai suoi ciò che scriverà nel poema («le carte»).

3

1-4 **Sai che…ha persuaso**: (tu Musa) sai che il mondo corre là dove il Parnaso pieno di lusinghe versa maggior quantità delle sue dolcezze: il pubblico dei lettori è attratto dal bello stile; il «vero» mescolato alla piacevolezza della poesia ha persuaso con il suo allettamento anche i più schivi.

Così a l'egro fanciul porgiamo aspersi
di soavi licor gli orli del vaso:
succhi amari ingannato intanto ei beve,
e da l'inganno suo vita riceve.

4 Tu, magnanimo Alfonso, il quale ritogli
al furor di fortuna e guidi in porto
me peregrino errante, e fra gli scogli
e fra l'onde agitato e quasi absorto,
queste mie carte in lieta fronte accogli,
che quasi in voto a te sacrate i' porto.
Forse un dì fia che la presaga penna
osi scriver di te quel ch'or n'accenna.

5 È ben ragion, s'egli averrà ch'in pace
il buon popol di Cristo unqua si veda,
e con navi e cavalli al fero Trace
cerchi ritòr la grande ingiusta preda,
ch'a te lo scettro in terra o, se ti piace,
l'alto imperio de' mari a te conceda.
Emulo di Goffredo, i nostri carmi
intanto ascolta, e t'apparecchia a l'armi.

T. Tasso, *Gerusalemme liberata*, I, 1-5, a cura di L. Caretti, Mondadori, Milano, 1992

5-8 **Così a l'egro...vita riceve**: per far bere la medicina amara al bambino, cospargiamo gli orli del bicchiere di miele, così beve e con questo escamotage guarisce («vita riceve»).

4

1-6 **Tu, magnanimo...i' porto**: tu, generoso Alfonso (duca d'Este), che strappi dalla furia della tempesta e guidi in porto me, pellegrino errante, portato qua e là fra gli scogli e le onde e quasi sommerso, accogli benevolo questi miei versi che consacrati come un'offerta votiva ti porto.

7-8 **Forse un dì...n'accenna**: forse un giorno accadrà che la penna profeticamente oserà scrivere di te ciò che ora si limita ad accennare, cioè che Alfonso II diventi condottiero di una crociata come Goffredo di Buglione.

5

1-6 **È ben ragion...conceda**: se mai accadrà che il buon popolo di Cristo si riunisca in pace e cerchi di riprendersi con navi e cavalli (in guerra per terra e per mare) al feroce Turco (Trace per metonimia) la grande preda che ingiustamente tiene (la terra Santa e il Sepolcro), sarebbe giusto che il comando delle truppe di terra o della flotta, se preferisci, ti fosse concesso.

L'AUTORE

Torquato Tasso nasce a Sorrento nel 1544. Il padre, poeta di corte, è costretto a continui trasferimenti, finché nel 1565 approda presso gli Estensi di Ferrara, al servizio del cardinale Luigi d'Este. Torquato segue le orme paterne e, giovanissimo, pubblica il poema cavalleresco *Rinaldo* (1562), a cui fa seguito la rappresentazione della favola pastorale *Aminta* (1573). Nel 1575 termina la stesura della *Gerusalemme liberata* e quasi contemporaneamente cominciano a manifestarsi in lui gravi squilibri mentali: manie di persecuzione, soprattutto di natura religiosa, riflesso della cupa atmosfera controriformistica e della sua fragilità mentale. Nel 1579 è rinchiuso nell'ospedale ferrarese di Sant'Anna. Per sette anni alterna momenti di follia ad altri di lucidità, che gli consentono di lavorare intensamente a rime e dialoghi. Liberato dalla reclusione, inizia un lungo vagabondaggio per le città della penisola, fino ad approdare nel 1593 a Roma, dove compone opere di tematiche religiose e soprattutto rivede e pubblica la *Gerusalemme conquistata*, rifacimento della *Gerusalemme liberata*. Muore a Roma nel 1595.

per SAPERNE di PIÙ

I personaggi principali della *Gerusalemme liberata*

I cristiani

- **Goffredo di Buglione**: personaggio storico, è il comandante supremo dei cristiani.
- **Rinaldo**: è il più valoroso guerriero crociato e da lui discenderà la stirpe degli Estensi.
- **Tancredi**: personaggio storico, principe normanno, è un valoroso guerriero, innamorato di Clorinda che ucciderà, senza saperlo, in battaglia.

I saraceni

- **Aladino**: re di Gerusalemme, muore nello scontro finale.
- **Argante**: è un valoroso combattente, proveniente dal Caucaso; muore in duello con Tancredi.
- **Solimano**: re di Nicea, è un coraggioso e nobile guerriero; viene ucciso da Rinaldo.

Le eroine

- **Armida**: è una maga bellissima, strumento del demonio. Usa arti magiche e seduce i cavalieri cristiani; si innamora di Rinaldo e infine, per suo invito, si converte al Cristianesimo.
- **Clorinda**: bellissima e coraggiosa guerriera saracena, è amata da Tancredi, ma da lui uccisa in duello; in punto di morte chiede il battesimo.
- **Erminia**: è una principessa pagana, segretamente innamorata di Tancredi.

STORIE da SCOPRIRE

Gerusalemme liberata di Torquato Tasso

Nell'ultimo anno della prima crociata (1096-1099), l'esercito cristiano, sotto la guida di Goffredo di Buglione, assedia Gerusalemme, difesa dal re Aladino. Sotto le mura della città infuriano combattimenti in cui si mettono in luce tra i cristiani Tancredi e Rinaldo e tra i pagani Argante e la vergine guerriera Clorinda. Si presenta nel campo dei cristiani la maga Armida, inviata da Satana, la quale fa innamorare molti crociati e li trascina con sé, allontanandoli dalla guerra. Anche il forte Rinaldo cade nelle reti della maga che lo porta in un castello incantato, dove gli fa dimenticare la fede giurata. Intanto Tancredi viene ferito in un combattimento da Argante. Erminia, una pagana innamorata del campione cristiano, preoccupata per la sua sorte, indossa le armi di Clorinda ed esce nella notte da Gerusalemme. Viene però sorpresa da una schiera di cristiani e fugge senza meta finché la mattina si sveglia in un luogo idillico. Nel frattempo Tancredi, inseguendo Erminia (da lui creduta l'amata Clorinda), rimane prigioniero nel castello della maga Armida. Le sorti volgono al peggio per i crociati finché le potenze celesti soccorrono Goffredo: Tancredi e altri cavalieri si liberano dal castello della maga Armida e tornano in campo. Nel frattempo Goffredo fa costruire un'altissima torre per assalire la città.

Clorinda e Argante, durante la notte, appiccano fuoco alla macchina bellica. Incalzati dai cristiani, fuggono. Argante ripara in Gerusalemme mentre Clorinda deve affrontare in duello Tancredi, che, a causa dell'armatura, non la riconosce: la donna è ferita a morte e Tancredi, nel toglierle l'elmo per battezzarla, riconosce in lei l'amata e si dispera. È necessario ricostruire la torre, ma il mago Ismeno difende con gli incantesimi la selva di Saron da cui i cristiani devono trarre il legname da costruzione. Solo Rinaldo può sciogliere questi prodigi, ma il mago d'Ascalona rivela che si trova nelle Isole Fortunate, prigioniero della maga Armida. Due messi vengono inviati per indurlo a tornare al campo cristiano e Rinaldo obbedisce, sfuggendo ad Armida che, innamorata, tenta invano di trattenerlo.

Rinaldo incontra il mago di Ascalona che gli profetizza le imprese dei suoi discendenti estensi. Chiesto perdono a Goffredo e fatta penitenza per la sua vita peccaminosa, si reca nella selva e vince gli incantesimi. Viene così costruita una nuova torre e Gerusalemme è presa, tutta tranne la rocca. Tancredi si scontra nuovamente in duello con Argante e riesce a ucciderlo. Goffredo sconfigge l'esercito egiziano e conquista anche la rocca. Tra gli egiziani vi è la maga Armida, da sempre innamorata di Rinaldo: si riconcilia con lui, si converte al Cristianesimo e lo sposa. Da questo matrimonio avrà origine la casata degli Estensi di Ferrara.

per L'ANALISI del TESTO

La prima ottava: la ripresa virgiliana

La prima ottava del proemio è classicamente costituita dalla **proposizione** o argomento. Nella scelta dei vocaboli e nell'impostazione chiara è l'**allusione a Virgilio**. Rispetto all'originale, Tasso inverte l'ordine dei termini, ponendo in *incipit* il verbo: «Canto». E sull'armonia e l'elaborazione "canora", come è chiarito nella terza ottava, tutto il poema sarà impostato, per rendere meno aspra e oscura una materia bellica come quella della crociata.

L'altra divaricazione è data dalla scelta di rendere *virum*, cioè "uomo", con «capitano», per accentuare la forza assegnata al singolo.

La presa di distanza da Ariosto

Con l'**anafora** di «molto» e l'**antitesi** «oprò / soffrì» il poeta innalza da subito lo stile, prendendo le distanze nella forma come nel contenuto da Ariosto. Nuovo è, infatti, il tema della narrazione, nuovi gli intenti e le finalità dell'autore rispetto al modello. L'analisi comparata dei due esordi mette a fuoco ciò che più distanzia i due universi narrativi: la profonda **adesione ai valori cristiano-cattolici della *Gerusalemme liberata***, in netta antitesi con la decisa **laicità del *Furioso***, dove la molteplicità degli oggetti del canto («Le donne, i cavallier, l'arme, gli amori, / le cortesie, l'audaci imprese») stride con l'univocità annunciata da Tasso. Da una parte abbiamo un autore che comincia il suo poema da «Le donne» e le imprese, definite «audaci», sono solo al termine dell'enumerazione; qui abbiamo le armi, subito definite «pietose», cioè rivolte a sacri intenti, e colui che le guidò («'l capitano»), operando e soffrendo per liberare il Santo Sepolcro. La seconda parte dell'ottava rende ancora più singolare l'ispirazione di Tasso, che richiama direttamente nel testo l'azione di Cielo e Inferno, trasferendo anche in ambito divino il conflitto tra Bene e Male che è combattuto sulla Terra. Questo coinvolgimento risulta ancora più decisivo nell'invocazione alla Musa, in cui abbiamo la sostituzione del *pántheon* olimpico con la verace ispirazione cattolica.

«Il vero condito in molli versi»

La richiesta alla Musa di essere comprensiva («e tu perdona») è giustificata da quella che è una vera e propria **poetica** enunciata al termine della seconda ottava ed esposta con una celebre immagine nella successiva. Il verso «**'l vero, condito in molli versi**» sta a significare una poesia che unisca un'intenzione pedagogica, e quindi tale da porre **la verità** come fine e contenuto, a una forma elaborata in grado di soddisfare il cuore e la sensibilità del lettore. La ripresa dell'immagine lucreziana ribadisce questo intento: Lucrezio, poeta latino del I secolo a.C., scrisse infatti il poema *De rerum natura* per spiegare una filosofia, quella epicurea, e per rendere più assimilabile la materia arricchì stilisticamente la narrazione, attraverso il ricorso alle forme tipiche della poesia.

La dedica e la funzione propagandistica

La **dedica ad Alfonso II d'Este** chiude classicamente il proemio. Anche in questo caso emerge il filo rosso che attraversa il poema di cui il proemio è la sintesi, ovvero la religione. Tasso invita infatti il lettore a leggere nella figura di Goffredo di Buglione un'anticipazione delle imprese che avrebbero dovuto illuminare la vita di Alfonso II, suo degno successore nella crociata contro i Turchi. L'**intento encomiastico** incrocia perfettamente la **funzione propagandistica** della *Gerusalemme*, chiarendone nel contempo l'interpretazione storico-politica: il canto della prima crociata e del capitano che liberò il sepolcro di Cristo va letto come un invito ai signori contemporanei, in particolare ad Alfonso II d'Este, a «ritòr la grande ingiusta preda» «e con navi e cavalli al fero Trace».

Eugène Delacroix, *Combattimento di cavalieri in campagna*, 1834. (Parigi, Museo del Louvre)

Attività

Leggere e comprendere

1 **«Canto»** Il poema si apre con questa forma verbale. Prima persona e significato del verbo, nonché collocazione in *incipit* hanno un valore e una funzione precisa? Come si riflettono sull'opera?

2 **Le armi** Cosa intende Tasso con l'attributo «pietose»? Qual è l'autore a cui si ispira Tasso per il concetto di *pietas*? Conferisce al termine e ai suoi derivati lo stesso significato dell'originale?

3 **L'*incipit*** L'esordio nel suo insieme riprende un altro esordio famoso. In che misura lo traduce e in che misura lo "tradisce"?

4 **La conquista** Cosa intende Tasso per «glorïoso acquisto»?

a. La sottomissione dei musulmani
b. La conquista di numerose terre
c. La liberazione del Santo Sepolcro
d. La conquista della gloria militare

5 **Autore** Chi ottenne questa gloriosa conquista?

6 **Cielo e terra** Chi, oltre agli uomini, partecipa alla guerra? In che misura questa compartecipazione risale alla tradizione omerica e in che misura Tasso si distacca dai predecessori? Riporta i versi esatti.

7 **I compagni erranti** In che senso i compagni, cioè i cavalieri, sono erranti? Dove li riconduce il loro capitano?

8 **L'invocazione** Chi è la Musa a cui si rivolge il poeta? Qual è la novità dell'invocazione di Tasso?

9 **La poetica** Perché il poeta deve "condire il vero in molli versi"? Qual è la funzione della poesia nella descrizione della verità?

10 **La dedica** Perché Alfonso d'Este è «Emulo di Goffredo» di Buglione? In che misura l'intenzione encomiastica del poema si fonde con quella ispiratrice dell'opera?

Riconoscere e analizzare

11 **L'anafora** Un'anafora e un'antitesi nella prima ottava hanno una funzione non solo stilistica ma risultano molto efficaci per spiegare l'azione di Goffredo. Individuale, riportale e spiega la loro utilità.

12 **Le Muse** Dove vivevano le Muse classiche e dove vive invece quella invocata da Tasso? Qual è l'aggettivo che indica la finitezza delle prime e a quale oggetto è riferito?

13 **La similitudine** Fai una parafrasi della similitudine con cui si chiude la terza ottava e spiegane la funzione rispetto ai versi precedenti, valutandone l'efficacia.

14 **La metafora** A quale campo semantico fa riferimento Tasso parlando di sé nella parte iniziale della quarta ottava? Ritieni che ci sia qualche allusione al suo animo percorso da continui movimenti e alla sua psiche instabile?

15 **La figura retorica** A quale figura retorica ricorre Tasso chiamando i nemici «fero Trace»? Perché i Turchi potevano essere definiti anche così?

Rielaborare e produrre

16 **Discutere** «Canto l'armi pietose e 'l capitano» (1, 1). «Le donne, i cavallier, l'arme, gli amori» (▸ p. 374, 1, 1). Sono i due *incipit* dei maggiori poemi epici della nostra letteratura. Per l'argomento introdotto, senti più vicino alla tua sensibilità la materia dell'*Orlando furioso*? O ti senti, invece, più attratto dalla materia della *Gerusalemme liberata*, meno fantastica e più vicina a conflitti ancora oggi esistenti? Discutine con i tuoi compagni e con l'insegnante.

17 **Il riassunto** Sintetizza in 50 parole il contenuto del testo.

18 **I proemi** Confronta per intero gli esordi del *Furioso* e della *Gerusalemme* e, in un breve testo espositivo, indica gli elementi formali e di contenuto che evidenziano differenze e somiglianze.

19 **La religione** Ti sembra che l'influenza religiosa controriformistica sia decisiva già all'esordio del poema? Argomenta la tua risposta.

20 **Il Bene e il Male** Possiamo parlare di contrapposizione netta tra queste due sfere in Tasso? Perché? Argomenta la tua risposta in un testo di 200 parole.

Stefano Jossa

La polemica sul primato di Ariosto o di Tasso

Da *Atlante della letteratura italiana*, 2010

Saggio

Posto in maniera così perentoria, il confronto fra Ariosto e Tasso sembra un "derby" calcistico, con tifoserie chiamate a schierarsi per l'uno o per l'altro. E sorprende come questo confronto abbia attraversato i secoli, segno dell'indubbio interesse da sempre suscitato dai due grandi poemi.

Ariosto o Tasso? La domanda era ormai un gioco di società quando un illustre scrittore tedesco, Johann Wolfgang Goethe[1], arrivava nei salotti romani nell'estate del 1787: «Appena si cominciava a parlare di poesia nazionale e si cercava d'informarsi su questo o quel punto, si veniva posti perentoriamente davanti all'alternativa fra l'Ariosto e il Tasso: quale fra i due poeti si giudicava migliore?». Bisognava parteggiare per l'uno o per l'altro, senza possibilità di mediazione: «E se si rispondeva che c'era da essere grati a Dio e alla natura per aver concesso ad una nazione due ingegni di tal fatta, a ciascuno dei quali, secondo il momento, le circostanze, le situazioni e la sensibilità, eravamo debitori d'istanti meravigliosi, di ore serene e felici, un tal giudizio equilibrato era sempre mal accolto».

La testimonianza goethiana attesta la lunga durata di una polemica che era cominciata oltre due secoli prima, mettendo in gioco non solo questioni di gusto, la preferenza per l'uno o per l'altro poeta, ma veri e propri schieramenti ideologici. Se Ludovico Ariosto era il poeta del diletto e Torquato Tasso il poeta dell'utile, è anche vero che Ariosto era il poeta del caos e Tasso il poeta dell'ordine: più divertente, ma inevitabilmente sconclusionato e dispersivo, il primo; più profondo, ma inesorabilmente grave e noioso, il secondo. Se il grande scrittore è colui che sa travolgere e divertire il lettore, inviluppandolo e imbrigliandolo nelle maglie di una narrazione funambolica[2], il primato spetta ad Ariosto anziché a Tasso; ma se

1 **Johannn Wolfgang Goethe**: di fatto ritenuto un padre fondativo della letteratura tedesca, nato nel 1749 a Francoforte e morto nel 1832 a Weimar, autore di un'opera geniale e complessa legata sia al Classicismo sia al Romanticismo.

2 **narrazione funambolica**: s'intende uno stile narrativo vivace, mutevole, brillante.

L'AUTORE

Stefano Jossa è nato a Napoli nel 1956. Storico della letteratura e critico letterario, ha incentrato le sue ricerche sul Rinascimento italiano e ha preso in esame il tema della formazione dell'identità nazionale attraverso la letteratura. Ha insegnato per una decina d'anni nella scuola italiana, per poi passare, nel 2007, a insegnare Letteratura e Cultura Italiana alla Royal Holloway University a Londra. Scrive su varie riviste letterarie nazionali e internazionali. Ha partecipato alla stesura di alcune opere collettive come *Dizionario dei temi letterari* (UTET, 2007) e *Atlante della letteratura italiana* (Einaudi, 2010).

il grande scrittore è colui che sa guidare il lettore, prendendolo per mano, verso obiettivi conoscitivi chiari e sicuri, a guidare la gerarchia è il poeta della *Gerusalemme* anziché quello dell'*Orlando*. [...]

La polemica sul primato di Ariosto o di Tasso si rivela dunque un vero e proprio snodo[3] nella storia culturale italiana: da un lato i difensori della superiorità del lavoro umano su qualsiasi definizione teorica, dall'altro i sostenitori di un bisogno di riferimenti normativi[4] in un'età di disordine e confusione. Sullo sfondo, la politica culturale che emergeva nell'atmosfera della Controriforma[5], con l'esigenza di riportare a valori e modelli sicuri e univoci, ideologicamente orientati, un mondo in cui la pluralità rischiava di far venire meno i principî di autorità e verità, cioè il fondamento stesso del potere della Chiesa. Da un lato Firenze (e Ferrara), dall'altro Roma (e Napoli): la polemica si configura, allora, come conflitto tra una cultura umanistica, fondata sul primato dell'*homo faber*[6], e una cultura ispirata dalla religione, caratterizzata dalla fiducia nel carattere divino dell'arte. Né dovrà sorprendere che Tasso sia più napoletano che ferrarese, se si pensa che il suo obiettivo è da tempo la ricerca della verità anziché la produzione del diletto.

Atlante della letteratura italiana,
a cura di S. Luzzatto e G. Pedullà, Einaudi, Torino, 2011

3 **snodo**: passaggio fondamentale.
4 **riferimenti normativi**: leggi, disposizioni, precetti.
5 **Controriforma**: è il periodo storico che segue il Concilio di Trento (1545-1563), quando la Chiesa di Roma rinserrò le fila, riorganizzando le sue istituzioni e soprattutto avviando un rinnovamento spirituale, teologico e liturgico.
6 ***homo faber***: letteralmente l'uomo che fa, che lavora, quindi l'uomo attivo e intraprendente.

L'elmo di Rinaldo appeso a un ramo, nel particolare di un dipinto di Francesco Hayez del 1813. (Venezia, Gallerie dell'Accademia)

Attività

Comprendere il saggio

1 **La testimonianza di Goethe** In merito alla superiorità di Ariosto o di Tasso, quale risposta dava Goethe?

2 **Le qualità dei due poemi** Quali qualità contrapposte l'autore del saggio riconosce ai due poeti e quindi ai due poemi?

3 **Il primato** Sai spiegare che cosa s'intende quando si parla di primato dell'*homo faber* piuttosto che di primato di un'arte divina?

Analizzare il saggio

4 **La parola** Il verbo «parteggiare» da quale sostantivo deriva?

5 **Il significato** Ricorre l'espressione «prendere per mano», usata in senso figurato, non reale. Che cosa significa?

6 **La tua preferenza** Tu sei riuscito a maturare una preferenza per l'uno o per l'altro poeta? Motivala in un testo di poche righe.

RACCOGLIAMO LE IDEE

1 Sintesi dei contenuti

Attraverso le attività seguenti e le citazioni tratte dai brani che hai letto, raccogli le idee sui concetti e sulle informazioni contenute nell'Unità. Se lo ritieni utile, puoi inserire altre citazioni per te significative.

Dopo aver letto i passi dell'*Orlando furioso* e della *Gerusalemme liberata* presentati nell'Unità e aver individuato le azioni più significative dei principali personaggi, inserisci nella tabella seguente gli elementi che ti forniamo sotto in modo disordinato, corrispondenti alle caratteristiche riscontrate. L'esercizio è avviato.

Rinascimento, corte degli Estensi • Le crociate (XI sec.) • Tancredi • Clorinda • Rispetto per la religione e i suoi valori • Lotta agli infedeli, valore militare • Angelica • Periodo carolingio (IX sec.) • Rinascimento, corte degli Estensi • Per gli Estensi • Sereno • Tancredi uccide in duello la donna amata perché non la riconosce • Ludovico Ariosto • La religione, l'etica

Tema messo a confronto	*Orlando furioso*	*Gerusalemme liberata*
Autore		
Ambiente socio-culturale in cui vive l'autore		
Epoca in cui sono ambientati i fatti narrati		
Eroe	Orlando	
La donna		
Amore infelice	Angelica ama Medoro e Orlando impazzisce	
Descrizioni psicologiche	Accurate	Molto accurate
Valori fondamentall dei protagonisti		
Elemento encomiastico		Per gli Estensi
Che cosa domina la narrazione	La fantasia, l'avventura	
Tono		Impegnato

2 Citazioni dai brani

Dirò d'Orlando in un medesimo tratto
cosa non detta in prosa mai né in rima:
che per amor venne in furore e matto,
d'uom che sì saggio era stimato prima;
se da colei che tal quasi m'ha fatto,
che 'l poco ingegno ad or ad or mi lima,
me ne sarà però tanto concesso,
che mi basti a finir quanto ho promesso

Ludovico Ariosto, *Proemio*

Di crescer non cessò la pena acerba,
che fuor del senno al fin l'ebbe condotto.
Il quarto dì, da gran furor commosso,
e maglie e piastre si stracciò di dosso.

133 Qui riman l'elmo, e là riman lo scudo,
lontan gli arnesi, e più lontan l'usbergo:
l'arme sue tutte, in somma vi concludo,
avean pel bosco differente albergo.
E poi si squarciò i panni, e mostrò ignudo
l'ispido ventre e tutto 'l petto e 'l tergo;
e cominciò la gran follia, sì orrenda,
che de la più non sarà mai ch'intenda.

Ludovico Ariosto, *Folle d'amore*

Sai che là corre il mondo ove piú versi
di sue dolcezze il lusinghier Parnaso,
e che 'l vero, condito in molli versi,
i più schivi allettando ha persuaso.
Così a l'egro fanciul porgiamo aspersi
di soavi licor gli orli del vaso:
succhi amari ingannato intanto ei beve,
e da l'inganno suo vita riceve.

Torquato Tasso, *Proemio*

[...]
....
....
....
....
....
....
....

3 Scrittura guidata *il testo narrativo*

Hai conosciuto i due eroi dell'*Orlando furioso* e della *Gerusalemme liberata*: Orlando e Tancredi. Scrivi un racconto fantastico in cui, durante un sogno, vedi che i due personaggi vivono nella stessa epoca e che Tancredi, assistendo alle azioni folli di Orlando, cerca di persuaderlo, con gesti e parole, a rinsavire, facendo appello a valori morali condivisi.

Per stendere il tuo elaborato fai riferimento al "profilo" che introduce l'Unità e alle schede di presentazione e analisi dei singoli brani. Considera le caratteristiche tematiche e stilistiche sintetizzate nella tabella della pagina precedente.

Puoi servirti della scaletta presentata di seguito come punto di partenza.

Introduzione

- Situazione iniziale
- Rottura dell'equilibrio iniziale

Evoluzione della vicenda

- Primo fatto
- Secondo fatto
- Terzo fatto
- ....

Conclusione

- Mi risvegliai...

Torquato Tasso

La morte di Clorinda

Da *Gerusalemme liberata* (canto XII, ottave 50-69), 1575

Poema epico-cavalleresco

Figlia di genitori etiopi cristiani, per varie traversie Clorinda è cresciuta in Egitto, educata alla religione musulmana. Dedita solo alle armi, non conosce l'amore né immagina di essere amata dal cavaliere cristiano Tancredi. Insieme ad Argante ha appena incendiato l'alta torre costruita dai cristiani per espugnare Gerusalemme. Inseguiti dai crociati, mentre il re è riuscito a rifugiarsi dentro le mura, Clorinda è raggiunta da Tancredi che, non riconoscendola per via dell'armatura, la sfida a duello.

50 Ma poi che intepidì la mente irata
nel sangue del nemico e in sé rivenne,
vide chiuse le porte e intorniata
sé da' nemici, e morta allor si tenne.
Pur veggendo ch'alcuno in lei non guata,
nov'arte di salvarsi le sovenne.
Di lor gente s'infinge, e fra gli ignoti
cheta s'avolge; e non è chi la noti.

51 Poi, come lupo tacito s'imbosca
dopo occulto misfatto, e si desvia,
da la confusion, da l'aura fosca
favorita e nascosa, ella se 'n gìa.
Solo Tancredi avien che lei conosca;
egli quivi è sorgiunto alquanto pria;
vi giunse allor ch'essa Arimon uccise:
vide e segnolla, e dietro a lei si mise.

52 Vuol ne l'armi provarla: un uom la stima
degno a cui sua virtù si paragone.
Va girando colei l'alpestre cima
verso altra porta, ove d'entrar dispone.
Segue egli impetuoso, onde assai prima
che giunga, in guisa avien che d'armi suone,
ch'ella si volge e grida: – O tu, che porte,
che corri sì? – Risponde: – E guerra e morte. –

50

1-4 **Ma poi...da' nemici**: Clorinda, dopo che ha calmato la sua furia con l'uccisione di Arimone, s'accorge di essere fuori dalle porte della città e circondata da altri nemici.

5 **in lei non guata**: non guarda verso di lei.

6 **nov'arte...le sovenne**: le venne in mente uno stratagemma insolito per salvarsi.

7-8 **Di lor...la noti**: finge di essere un crociato e si aggira silenziosa tra sconosciuti; e nessuno la nota.

51

2 **occulto misfatto**: crimine; **e si desvia**: e fa perdere le sue tracce.

4 **ella se 'n gìa**: se ne andava.

5 **avien che lei conosca**: soltanto Tancredi la riconosce, non come Clorinda, ma come il soldato pagano che aveva ucciso Arimone.

8 **segnolla**: non la perse di vista.

52

1-2 **un uom...paragone**: crede che sia un uomo con il quale il suo valore possa misurarsi.

4 **dispone**: ritiene.

5-7 **assai prima...si volge**: molto prima di raggiungerla Tancredi fa risuonare l'armatura, per cui Clorinda si volta indietro.

7-8 **O tu...sì?**: che cosa porti, tanto da correre così?

53 Guerra e morte avrai; – disse – io non rifiuto
darlati! se la cerchi –, e ferma attende.
Non vuol Tancredi, che pedon veduto
ha il suo nemico, usar cavallo, e scende.
E impugna l'uno e l'altro il ferro acuto,
ed aguzza l'orgoglio e l'ire accende;
e vansi a ritrovar non altrimenti
che duo tori gelosi e d'ira ardenti.

54 Degne d'un chiaro sol, degne d'un pieno
teatro, opre sarian sì memorande.
Notte, che nel profondo oscuro seno
chiudesti e ne l'oblio fatto sì grande,
piacciate ch'io ne 'l tragga e 'n bel sereno
a le future età lo spieghi e mande.
Viva la fama loro; e tra lor gloria
splenda del fosco tuo l'alta memoria.

55 Non schivar, non parar, non ritirarsi
voglion costor, né qui destrezza ha parte.
Non danno i colpi or finti, or pieni, or scarsi:
toglie l'ombra e 'l furor l'uso de l'arte.
Odi le spade orribilmente urtarsi
a mezzo il ferro, il piè d'orma non parte;
sempre è il piè fermo e la man sempre in moto,
né scende taglio in van, né punta a vòto.

56 L'onta irrita lo sdegno a la vendetta,
e la vendetta poi l'onta rinova;
onde sempre al ferir, sempre a la fretta
stimol novo s'aggiunger e cagion nova.
D'or in or più si mesce e più ristretta
si fa la pugna, e spada oprar non giova:
dansi co' pomi, e infelloniti e crudi
cozzan con gli elmi insieme e con gli scudi.

Paolo Uccello, *Combattimento tra cavalieri* in un particolare del dipinto dedicato alla Battaglia di San Romano, 1438. (Londra, National Gallery)

53
2 **darlati**: di dartela.
3 **pedon**: appiedato.
7 **vansi a ritrovar**: vanno a scontrarsi.

54
1-8 **Degne…memoria**: ha qui inizio un'ottava di commento di Tasso, rammaricato che un simile duello si svolga senza testimoni, per cui s'incarica lui di tramandarne la memoria.

55
2 **né qui…parte**: né c'è posto per l'astuzia.
4 **toglie…l'arte**: il buio della notte e la loro furia impediscono di utilizzare abilità tecniche; sono possibili solo colpi brutali, di forza.
6 **a mezzo il ferro**: a metà della spada; **il piè…non parte**: il piede non abbandona l'impronta sul terreno: nessuno dei due indietreggia.
8 **né scende…a vòto**: nessun colpo va a vuoto.

56
1 **L'onta…vendetta**: la vergogna per un colpo ricevuto spinge a restituirlo, alla vendetta.
5-6 **più si mesce…pugna**: lo scontro si fa più confuso («si mesce») e più serrato («ristretta»).
7 **co' pomi**: con le else delle spade; **infelloniti**: dimentichi di ogni regola della cavalleria.

57 Tre volte il cavalier la donna stringe
con le robuste braccia, ed altrettante
da que' nodi tenaci ella si scinge,
nodi di fer nemico e non d'amante.
Tornano al ferro, e l'uno e l'altro il tinge
Con molte piaghe; e stanco ed anelante
e questi e quegli al fin pur si ritira,
e dopo lungo faticar respira.

58 L'un l'altro guarda, e del suo corpo essangue
su 'l pomo de la spada appoggia il peso.
Già de l'ultima stella il raggio langue
al primo albor ch'è in oriente acceso.
Vede Tancredi in maggior copia il sangue
del suo nemico, e sé non tanto offeso.
Ne gode e superbisce. Oh nostra folle
mente ch'ogn'aura di fortuna estolle!

59 Misero, di che godi? oh quanto mesti
fiano i trionfi ed infelice il vanto!
Gli occhi tuoi pagherai (se in vita resti)
di quel sangue ogni stilla un mar di pianto.
Così tacendo e rimirando, questi
sanguinosi guerrier cessaro alquanto.
Ruppe il silenzio al fin Tancredi e disse,
perché il suo nome a lui l'altro scoprisse:

60 – Nostra sventura è ben che qui s'impieghi
tanto valor, dove silenzio il copra.
Ma poi che sorte rea vien che ci neghi
e lode e testimon degno de l'opra,
pregoti (se fra l'arme han loco i preghi)
che 'l tuo nome e 'l tuo stato a me tu scopra,
acciò ch'io sappia, o vinto o vincitore,
chi la mia morte o la vittoria onore. –

57
3 **si scinge**: si scioglie.
4 **fer**: feroce.
6 **piaghe**: ferite inferte all'avversario.

58
1 **essangue**: dissanguato.
3-4 **Già...acceso**: Già la luce dell'ultima stella diventa pallida per la prima luce dell'alba che avanza ad Oriente.
7-8 **Oh nostra...estolle**: oh quanto è folle la nostra mente che subito si insuperbisce per ogni piccola manifestazione, soffio («aura») di fortuna.

59
1 **Misero, di che godi?** Tasso si rivolge direttamente a Tancredi.
2 **fiano**: saranno.
3-4 **Gli occhi tuoi...di pianto**: gli occhi di Tancredi pagheranno con un mare di pianto ogni goccia di quel sangue.
6 **cessaro alquanto**: si fermarono un poco.
8 **scoprisse**: rivelasse.

60
1-2 **Nostra sventura...il copra**: è Tancredi che parla. È proprio una sfortuna per noi che dimostriamo tutto il nostro valore qui, dove il silenzio lo coprirà (per mancanza di testimoni).
3 **sorte rea vien**: la sfortuna fa in modo che.
8 **chi...onore**: a chi la mia morte dia onore o chi dia gloria alla mia vittoria.

61 Risponde la feroce: – Indarno chiedi
quel c'ho per uso di non far palese.
Ma chiunque io mi sia, tu inanzi vedi
un di quei due che la gran torre accese. –
Arse di sdegno a quel parlar Tancredi,
e: – In mal punto il dicesti; – indi riprese
– il tuo dir e 'l tacer di par m'alletta,
barbaro di scortese, a la vendetta. –

62 Torna l'ira ne' cori, e li trasporta,
benché debili in guerra. Oh fera pugna,
u' l'arte in bando, u' già la forza è morta,
ove, in vece, d'entrambi il furor pugna!
Oh che sanguigna e spaziosa porta
fa l'una e l'altra spada, ovunque giugna,
ne l'arme e ne le carni! e se la vita
non esce, sdegno tienila al petto unita.

63 Qual l'alto Egeo, perché Aquilone o Noto
cessi, che tutto prima il volse e scosse,
non s'accheta ei però, ma 'l suono e 'l moto
ritien de l'onde anco agitate e grosse,
tal, se ben manca in lor co 'l sangue vòto
quel vigor che le braccia a i colpi mosse,
serbano ancor l'impeto primo, e vanno
da quel sospinti a giunger danno a danno.

Paolo Finoglio, *Clorinda si scontra con Tancredi*, dipinto del 1640. (Bari, Castello di Conversano)

61

1 **Indarno**: invano.

2 **far palese**: rivelare.

4 **un di quei…accese**: uno di quei due guerrieri che in precedenza ha bruciato la grande torre d'assedio cristiana (l'altro era Argante).

6 **In mal punto il dicesti**: questa rivelazione capita nel momento sbagliato.

7-8 **il tuo dir…a la vendetta**: quello che hai detto (l'incendio della torre) e quello che hai taciuto (l'identità) mi sollecitano, uomo barbaro, in ugual misura a vendicarmi.

62

2-4 **Oh fera…furor pugna**: oh terribile battaglia, nella quale la tecnica del duello («l'arte») è accantonata e nella quale anche la forza è assente, dove, invece, combatte («pugna») la sola cieca ira.

5 **porta**: ferita.

7-8 **e se la vita…unita**: se la vita non se ne va (per le ferite prodotte) è solo perché è la rabbia che la tiene unita al cuore.

63

1-8 **Qual l'alto…danno**: come il profondo mar Egeo non si calma, ma mantiene il rumore e il movimento delle onde ancora agitate e grosse, benché il vento del nord («Aquilone») o quello del sud («Noto») che lo avevano tutto agitato ora si siano acquietati, così («tal»), benché in loro a causa del sangue versato («vòto») manchi il vigore che in precedenza aveva spinto le braccia ad assestare i colpi, dimostrano ancora l'impeto iniziale («primo») e proseguono ad aggiungere ferite a quelle già causate in precedenza.

64 Ma ecco omai l'ora fatale è giunta
che 'l viver di Clorinda al suo fin deve.
Spinge egli il ferro nel bel sen di punta
che vi s'immerge e 'l sangue avido beve;
e la veste, che d'or vago trapunta
le mammelle stringea tenera e leve,
l'empie d'un caldo fiume. Ella già sente
morirsi, e 'l piè le manca egro e languente.

65 Segue egli la vittoria, e la trafitta
vergine minacciando incalza e preme.
Ella, mentre cadea, la voce afflitta
Movendo, disse le parole estreme;
parole ch'a lei novo un spirto ditta,
spirto di fé, di carità, di speme:
virtù ch'or Dio le infonde, e se rubella
in vita fu, la vuole in morte ancella.

66 – Amico, hai vinto: io ti perdon…perdona
tu ancora, al corpo no, che nulla pave,
a l'alma sì; deh! per lei prega, e dona
battesimo a me ch'ogni mia colpa lave. –
In queste voci languide risuona
un non so che di flebile e soave
ch'al cor gli scende ed ogni sdegno ammorza,
e gli occhi a lagrimar gli invoglia e sforza.

PAROLE *sotto la lente*

Battesimo

Il sostantivo deriva dal latino ecclesiastico *baptismus*, a sua volta dal greco *baptismós*, in senso proprio "immersione". Indica il rito con cui una persona, con una abluzione e l'osservanza della forma, entra a far parte della Chiesa. È il primo dei sette sacramenti e può avvenire in vari modi: per immersione, come nell'antichità, per infusione, per aspersione. Per estensione si attribuisce a qualunque rito che abbia valore di consacrazione, spesso accompagnato dall'imposizione di un nome ("battesimo della nave") o all'atto che segna l'ingresso in una nuova vita ("ricevere il battesimo dell'aria").

Attività

Analizza le parti costitutive (prefisso, radice, suffisso, desinenza) delle cinque parole seguenti: battezzare, battesimale, battistero, battezzando, battista.

64
2 **al suo fin deve**: deve giungere al suo termine.
5 **d'or vago trapunta**: intessuta d'oro prezioso.
7 **l'empie d'un caldo fiume**: bagna la veste copiosamente di sangue.
8 **egro e languente**: debole e vacillante.

65
1 **Segue**: persegue, ricerca.
5 **parole…ditta**: parole che le sono suggerite da uno spirito nuovo, quello cristiano.
7 **rubella**: ribelle, pagana.

66
2 **che nulla pave**: che ormai non teme più nulla.
5 **voci languide**: parole deboli, smorzate.
7 **ammorza**: placa.

67 Poco quindi lontan nel sen del monte
scaturia mormorando un picciol rio.
Egli v'accorse e l'elmo empié nel fonte,
e tornò mesto al grande ufficio e pio.
Tremar sentì la man, mentre la fronte
non conosciuta ancor sciolse e scoprio.
La vide, la conobbe, e restò senza
e voce e moto. Ahi vista! ahi conoscenza!

68 Non morì già, ché sue virtuti accolse
tutte in quel punto e in guardia al cor le mise,
e premendo il suo affanno a dar si volse
vita con l'acqua a chi co 'l ferro uccise.
Mentre egli il suon de'sacri detti sciolse,
colei di gioia trasmutossi, e rise;
e in atto di morir lieto e vivace,
dir parea: «S'apre il cielo; io vado in pace.»

69 D'un bel pallore ha il bianco volto asperso,
come a' gigli sarian miste viole,
e gli occhi al cielo affisa, e in lei converso
sembra per la pietate il cielo e 'l sole;
e la man nuda e fredda alzando verso
il cavaliero in vece di parole
gli dà pegno di pace. In questa forma
passa la bella donna e par che dorma.

T. Tasso, *Gerusalemme liberata*, XII, 50-69, a cura di L. Caretti, Mondadori, Milano, 1992

67

1 **nel sen del monte**: nella parete del monte.

4 **al grande ufficio e pio**: all'importante e devoto compito, quello di amministrare il battesimo.

6 **sciolse**: liberò dall'elmo.

68

1-2 **Non morì…le mise**: Tancredi non morì di dolore, perché in quel momento riunì tutte le sue forze e le mise a difesa del cuore.

3-4 **e premendo…uccise**: e mettendo a tacere il suo dolore si affrettò a dar la vita eterna con l'acqua del battesimo a chi lui aveva appena ucciso con la spada.

5 **sciolse**: pronunciò.

7-8 **in atto…dir parea**: mostrando di morire lieta e serena sembrava dire.

69

1 **asperso**: cosparso.

3 **affisa**: rivolge fissi; **in lei converso**: e rivolto verso di lei.

7 **gli dà pegno di pace**: in segno di perdono.

7-8 **In questa…donna**: in tal modo muore, trapassa Clorinda.

Sisto Badalocchio, *Tancredi battezza Clorinda*, XVII secolo. (Modena, Galleria Estense)

Attività

Comprendere e analizzare: verso l'INVALSI

1 **La scoperta** Di che cosa si rende conto Clorinda, una volta che la sua furia si è calmata?

a. Di essere prigioniera

b. Di essere fuori dalle mura e circondata da nemici

c. Di essere stata ferita

d. Di essere dentro la città con i suoi soldati

2 **Lo stratagemma** Come riesce a uscire dalla difficoltà?

a. Finge di essere un crociato e chiede aiuto

b. Finge di essere un crociato e nessuno la nota

c. Si scaglia irruente contro i crociati

d. Prende le armi di Arimone

3 **Un destino crudele** Qual è il primo segnale del destino avverso di Clorinda?

a. Non riesce a passare inosservata

b. Risulta evidente a tutti la sua identità

c. Solo Tancredi la riconosce

d. Tancredi non la riconosce

4 **L'errore** Quale equivoco sta alla base del duello? In quale passo del testo esso è chiarito al lettore?

5 **La guerra e la morte** Le due parole sono ripetute da Tancredi a Clorinda nel loro colloquio iniziale. Che cosa sottolinea la loro ripetizione?

a. La violenza estrema a cui conduce la guerra

b. L'odio verso il nemico specie se di fede diversa

c. La determinazione a difendere i propri ideali

d. L'abitudine a battaglie decisive

6 **Il lettore** Le parole suonano tragiche all'orecchio del lettore. Perché?

a. Il lettore non condivide la violenza

b. Il lettore parteggia per Clorinda

c. Il lettore non vuole che Tancredi perisca

d. Il lettore conosce il sentimento d'amore che lega Tancredi all'avversario

7 **La lealtà cavalleresca** Quale dei seguenti comportamenti mette particolarmente in luce lo spirito e le regole della cavalleria?

a. Tancredi insegue il guerriero

b. Tancredi rivolge parole di sfida

c. Clorinda risponde

d. Tancredi scende da cavallo perché anche il contendente è appiedato

8 **I motori del duello** A muovere le armi dei due contendenti sono anche impulsi ed emozioni profonde. Scorrendo le ottave 56 e 62, ritrovali e riporta i termini che li esprimono.

9 **Non solo cavalleria** I duellanti sono definiti a un certo punto «infelloniti». Che cosa significa il termine? Ricerca nel testo il passo in cui ciò avviene e descrivi le azioni compiute.

10 **L'ambiguità** Nell'ottava 57 sono utilizzate espressioni che ben si addicono a un linguaggio amoroso, oltre che alla lotta. Cerca i termini nell'ottava.

11 **La morte** Nella descrizione della morte di Clorinda, all'ottava 64 sono inserite espressioni che associano alla morte idee diverse dal consueto. Quali toni prevalgono?

a. Aspri e crudeli

b. Violenti e sensuali

c. Drammatici e freddi

d. Dolci e pietosi

12 **Le ragioni** A che cosa serve la precedente scelta stilistica?

a. A variare il tono del racconto

b. A coinvolgere il lettore

c. A mostrare che Tancredi vuole uccidere la donna che ama

d. A mostrare che Tancredi inconsapevole sta uccidendo la donna che vorrebbe amare

13 **Un nuovo spirito** Che cosa avviene nel momento della morte di Clorinda? Qui di seguito trovi elencate in modo casuale le sue azioni o le sue affermazioni. Riordinale, seguendo il testo.

a. Da ribelle a Dio diviene sua ancella ☐
b. Chiede il battesimo ☐
c. Pronuncia le ultime parole ☐
d. Chiede preghiere per la sua anima ☐
e. Scende su di lei uno spirito di fede, di carità e d'amore ☐
f. Nel cuore le scende un sentimento tenero e soave ☐
g. Perdona e chiama amico l'avversario ☐

14 **Disperazione momentanea** Tancredi scopre il volto dell'avversario e per un attimo la sua disperazione è grande, ma in seguito la fede dà forza anche a lui. Rileggi le ottave 68 e 69 e spiega come si manifesti per entrambi la potenza del cristianesimo.

15 **La struttura** L'episodio si caratterizza per l'alternarsi di momenti d'azione e di pausa. Dai un titolo alle sequenze contenute nei versi 50-57, 58-61, 62-64, 65-69.

16 **Il tempo** In quale momento ha inizio lo scontro e si svolge il duello? Cerca nel testo le parole che lo chiariscono.

17 **Il significato** Questo alternarsi di buio e luce che valore assume in questi passi?

a. Oggettivo
b. Metaforico
c. Descrittivo
d. Iperbolico

18 **Il narratore** Come si pone Tasso come narratore? Motiva la tua scelta.

a. Interno onnisciente
b. Esterno
c. Esterno onnisciente
d. Interno

19 **Le figure retoriche** Il testo contiene numerose e diverse figure retoriche. Ti indichiamo la loro collocazione, tu riconoscile e valutane l'efficacia.

- Ottava 51, vv. 1-4: ....
- Ottava 53, vv. 7-8: ....
- Ottava 55, v. 1: ....
- Ottava 63, vv. 1-4: ....
- Ottava 69, v. 2: ....

20 **Le tematiche** Il brano contiene le tre tematiche portanti di tutto il poema. Quali sono?

a. Guerra e religione
b. Guerra, amore e religione
c. Religione, amore e fedeltà
d. Guerra, religione e onore

21 **Il vero vincitore** Il duello è aspro e cruento, ma chi ottiene il successo più grande?

a. Tancredi
b. Goffredo di Buglione
c. La fede cristiana
d. L'esercito cristiano

Rielaborare e produrre

22 **Il riassunto** Sintetizza il testo letto in 200 parole al massimo.

23 **La versione in prosa** Esegui la versione in prosa di un'ottava a tua scelta.

24 **La morte** Il tema della morte risulta centrale in questo episodio, ma essa assume un valore del tutto diverso da quello presentato nei poemi epici classici. Ripensa alla morte di Ettore e confrontala con quella di Clorinda, mettendo in evidenza le differenze e le diverse prospettive religiose e culturali, in un tema di 400 parole.

per guardare oltre

Intersezioni nell'antologia

- Per apprezzare le trasformazioni che nel corso della storia letteraria ha subìto il personaggio di Orlando è utile rileggere *La morte di Orlando* (▶ p. 334) nella ***Chanson de Roland***. Tancredi è un guerriero valoroso e il suo duello con Clorinda ricorda i duelli presenti nell'*Iliade* di **Omero** (*Il sacrificio di Patroclo*, ▶ p. 164 e *Lo scontro tra Achille ed Ettore*, ▶ p. 169), nell'*Eneide* di **Virgilio** (*Enea e Turno: il duello finale*, ▶ p. 313) e nella ***Bibbia*** (*Davide abbatte il pagano Golia*, ▶ p. 94). I valori religiosi presenti nei due poemi richiamano, pur con sfumature diverse, l'*Iliade* (*Proemio*, ▶ p. 146) e soprattutto la *pietas* di Enea e i valori del popolo romano presenti nell'*Eneide* (*Proemio*, ▶ p. 277 e *Anchise presenta a Enea la gloria futura di Roma*, ▶ p. 324). Il tema encomiastico dei due poemi rievoca il valore primario di tutta l'*Eneide*, la celebrazione di Augusto e dei suoi avi (*Anchise presenta a Enea la gloria futura di Roma*). Gli amori infelici per Angelica e Clorinda trovano precedenti nell'*Eneide* (*Amore e morte di Didone*, ▶ p. 291) e nei miti delle *Georgiche* di **Virgilio** (*Orfeo ed Euridice*, ▶ p. 102) e delle *Metamorfosi* di **Ovidio** (*Atalanta e i tre pomi d'oro*, ▶ p. 108). I viaggi in luoghi incantati o irreali e le avventure si leggono già nell'*Epopea* di *Gilgameš* (*Gilgameš ricerca il segreto dell'immortalità*, ▶ p. 59), nei miti di **Pseudo-Apollodoro** (*La morte di Egeo*, ▶ p. 10) e nell'*Eneide* (*La discesa di Enea agli Inferi*, ▶ p. 297).

Altri orizzonti

SAGGI

- Di piacevole lettura, con una originale interpretazione, è lo scritto di Italo **Calvino**, *Orlando furioso di Ludovico Ariosto raccontato da Italo Calvino* (1970). Un approfondimento a tutto tondo della vita rinascimentale lo troviamo in *L'uomo del Rinascimento* (1988), curato da Eugenio **Garin**, con all'interno il saggio *Il cortigiano* di Peter **Burke**. Sull'universo femminile a corte si veda **De Maio**, *Donna e Rinascimento* (1987). Sul tema della guerra in epoca medioevale e rinascimentale si legga Franco **Cardini**, *Quell'antica festa crudele* (1987); sulle conseguenze sociali della Controriforma, un saggio innovativo è *La paura in Occidente* (1983) di Jean **Delumeau**.

PITTURA

- I poemi cavallereschi erano letti a corte. L'immagine del nobile cortigiano l'ha proposta **Raffaello Sanzio**, nel *Ritratto di Baldassar Castiglione* (1515), un letterato autore proprio dell'opera *Il cortegiano*. La figura, invece, della nobildonna rinascimentale è quella di **Pollaiolo**, *Ritratto di giovane donna* (1475), celebre esempio di bellezza, eleganza, distinzione.

FILM

- Anno 1526: la sorte militare di Giovanni delle Bande Nere, capitano di ventura, è narrata con grande maestria da Ermanno **Olmi**, nel film *Il mestiere delle armi* (2001), con abbondanza di cavalli e cavalieri, di archibugi e alabarde.

MUSICA

- Ispirata ad un episodio bellico storico – la vittoria che il re di Francia Francesco I riportò a Melegnano nel 1515 e grazie alla quale conquistò tutto il Milanese – è la *chanson* intitolata *La battaglia di Marignano* di Clément **Janequin**. È una musica per sole voci che ben riproduce lo schierarsi delle truppe e il fragore della battaglia.

La locandina e una scena del film *Il mestiere delle armi* diretto da Ermanno Olmi nel 2001.

Glossario

Termini di retorica, narratologia e linguistica

A

Accento ritmico: operazione per cui, nella lettura di un verso, alcune sillabe, su cui cade l'accento tonico (v.), vengono evidenziate in modo particolare dal ritmo poetico. Ad esempio «Nel / mez/zo / del / cam/mìn / di / nò/stra / vì/ta» (D. Alighieri, *Inferno* I, 1).

Accento tonico: segno fonetico che segnala nella lettura di una parola una maggiore elevazione della voce nella pronuncia di una sillaba, rispetto alle altre. Ad esempio tàvolo (parola sdrucciola), pàne (parola piana), caffè (parola tronca).

Accumulazione: figura retorica che prevede l'accostamento incalzante di termini, siano essi nomi, aggettivi o altre parti del discorso. Ad esempio «parli della città, delle signore [...], di giorni felici, / di libertà, d'amor proprio, d'amore» (M. Moretti, *A Cesena*). È detta anche *enumerazione*.

Afèresi: caduta di una vocale o della sillaba iniziale di una parola. Ad esempio "verno" per "inverno".

Aiutante: in narratologia, il personaggio che favorisce il protagonista (v.) nel raggiungere il suo scopo o l'antagonista (v.) nell'opporsi al protagonista.

Allegorìa: figura retorica consistente nella costruzione di un discorso in cui i significati letterali dei termini passano in secondo piano rispetto al loro valore simbolico. Ad esempio la lupa è allegoria dell'avidità (D. Alighieri, *Inferno* I, 49).

Allitterazione: figura retorica di suono che consiste nella ripetizione degli stessi suoni all'inizio o all'interno di parole contigue. Ad esempio «E caddi come corpo morto cade» (D. Alighieri, *Inferno* V, 142).

Anacolùto: rottura della regolare costruzione sintattica di una frase per il cambiamento di soggetto nel corso dell'enunciato, operata dallo scrittore per riprodurre i modi della lingua parlata. Ad esempio «Quelli che muoiono bisogna pregare Dio per loro» (A. Manzoni, *I promessi sposi*).

Anadiplosi: v. *duplicazione*.

Anàfora: figura retorica che consiste nel ripetere una o più parole all'inizio di più versi o frasi successive. Ad esempio «Per me si va nella città dolente / per me si va nell'eterno dolore / per me si va tra la perduta gente» (D. Alighieri, *Inferno* III, 1-3).

Analessi: in narratologia, racconto di fatti precedenti rispetto al punto della vicenda in cui viene inserito, con la conseguente rottura dell'ordine cronologico della narrazione. Il termine è usato anche nel linguaggio cinematografico. È detta anche *flashback* e *retrospezione*.

Analogìa: tecnica espressiva tipica della poesia del Novecento che consiste nello stabilire rapporti inediti tra immagini diverse e in apparenza senza alcun legame logico. L'accostamento dà origine a immagini molto efficaci e a volte persino oscure. Ad esempio «È il mio cuore / il paese più straziato» (G. Ungaretti, *L'allegria*).

Anàstrofe: figura retorica che consiste nell'invertire l'ordine abituale di due parole, per conferire maggior espressività al termine collocato al primo posto. Ad esempio *Spesso il male di vivere ho incontrato* (E. Montale).

Antagonista: in narratologia, personaggio che si oppone all'agire del protagonista (v.).

Anticipazione: v. *prolessi*.

Antifrasi: figura retorica in cui le parole lasciano intendere il contrario di ciò che si dice. Ad esempio «vostra mercé, cui tanto si commise» (F. Petrarca, *Italia mia*), dove «vostra mercé» significa "per colpa vostra", anziché "grazie a voi".

Antìtesi: figura retorica di significato che si ottiene accostando termini di senso opposto. Ad esempio «Non fronda verde, ma di color fosco; / non rami schietti, ma nodosi e 'nvolti; / non pomi v'eran, ma stecchi con tosco» (D. Alighieri, *Inferno* XIII, 4-6).

Antonomàsia: figura retorica che consiste nell'indicare una persona anziché con il nome proprio, con un nome comune che ne indichi una delle principali caratteristiche. Ad esempio san Francesco "il poverello d'Assisi". Si ha un'antonomasia anche quando un nome proprio viene usato per definire un soggetto con caratteristiche simili. Ad esempio "mecenate" per indicare un protettore delle arti.

A parte: nel linguaggio teatrale, battuta pronunciata da un attore, spesso rivolto al pubblico, come se gli altri personaggi in scena non la ascoltassero.

Asìndeto: figura retorica che consiste nell'eliminazione delle congiunzioni tra più parole di un discorso. Ad esempio «Corre via, corre, anela, / varca torrenti e stagni, / cade, risorge» (G. Leopardi, *Canto notturno di un pastore errante dell'Asia*).

Atto: nel linguaggio teatrale, una macrosequenza caratterizzata dall'unità di luogo: le azioni si svolgono nella medesima città e in ambienti non molto lontani tra loro; inoltre in esso non vi sono salti temporali.

Autore: in narratologia, chi ha composto l'opera.

B

Ballata: componimento destinato in origine al canto e alla danza, costituito da una o più strofe (v.) intervallate da un ritornello o ripresa.

Battuta: nel linguaggio teatrale e cinematografico, le frasi pronunciate volta per volta da ciascun attore.

C

Campo semantico: insieme di parole presenti in un testo che rimandano a uno stesso concetto o a una medesima realtà. Ad esempio il campo semantico della parola "fiume" comprenderà termini in stretta relazione di significato, come "ruscello", "fonte", "sorgente", "affluente", "foce", "delta", "scorrere", "fluire" ecc.

Canzone: componimento lirico formato da stanze o strofe (v.) con una medesima disposizione di versi (v.) e rime, tranne l'ultima, il commiato o congedo, che è più breve.

Cesura: forte pausa all'interno di un verso (v.), individuata da un segno di punteggiatura o dal significato del verso stesso. Ad esempio «Ei fu. // Siccome immobile» (A. Manzoni, *Il cinque maggio*).

Chiasmo: figura retorica che consiste nella disposizione incrociata di elementi linguistici, in modo che l'ordine delle parole risulti invertito. Ad esempio «bei cipressetti, cipressetti miei» (G. Carducci, *Davanti a San Guido*).

Climax: figura retorica che consiste nella disposizione "a scala" di termini, secondo una gradazione di intensità crescente (*climax* ascendente, ad esempio «la terra ansante, livida, in sussulto» G. Pascoli, *Il lampo*) o decrescente (*climax* discendente, ad esempio «E mi dicono Dormi, / mi cantano Dormi, sussurrano / Dormi, bisbigliano Dormi», G. Pascoli, *La mia sera*).

Codice: sistema convenzionale formato da relazioni tra segni e oggetti del mondo reale o del pensiero e da regole per disporre tali segni in modo da permettere la comunicazione. Ad esempio "codice linguistico", "codice stradale".

Commedia: genere teatrale che rappresenta eventi della vita quotidiana, e si conclude con un lieto fine. Nasce nella Grecia antica e si sviluppa, pur in forme diverse, fino alla nostra epoca.

Connotazione: insieme delle proprietà che arricchiscono il significato di una parola o di un discorso, conferendo allo stesso un valore allusivo, emozionale, evocativo oltre la sua specifica capacità informativa. Ad esempio la parola "cuore" indica non solo l'organo muscolare (valore denotativo), ma anche la sede di emozioni e di affetti (valore connotativo).

Consonanza: figura retorica di suono per cui due parole si assomigliano perché contengono le stesse consonanti, ma vocali diverse. Ad esempio «Nello splendore del tiepido sole / eran tre vergini e una grazia sola» (D. Campana, *Tre giovani fiorentine camminano*).

Copione: testo teatrale (o cinematografico) da rappresentare, contenente la sceneggiatura, le battute (v.) e le indicazioni per gli attori.

Correlativo oggettivo: procedimento, tipico di Thomas Stearn Eliot e di Eugenio Montale, attraverso il quale un oggetto o una situazione evoca, per equivalenza, sentimenti e sensazioni. Ad esempio «Spesso il male di vivere ho incontrato: / era il rivo strozzato che gorgoglia, / era l'incartocciarsi della foglia / riarsa, era il cavallo stramazzato» (E. Montale, *Spesso il male di vivere ho incontrato*).

D

Denotazione: indica il valore informativo-referenziale di un termine ed esclude da esso tutti gli elementi di giudizio personale o emotivi, che competono invece alla "connotazione" (v.). In questo senso, ad esempio, la parola "cuore" avrà solo il significato di organo muscolare, cavo.

Dialèfe: figura metrica per la quale due vocali contigue, appartenenti a due parole diverse, vengono contate separatamente, come se appartenessero a due sillabe; si verifica soprattutto quando la prima di esse è accentata. Ad esempio «Gemmea l'aria, / il sole così chiaro» (G. Pascoli, *Novembre*). È contraria alla sinalefe (v.).

Didascalia: nel linguaggio teatrale, le indicazioni dell'autore al regista per la messa in scena: il luogo, gli oggetti presenti sulla scena, i gesti da compiere in scena ecc.

Dièresi: figura metrica in cui le vocali di un dittongo (v.) sono considerate separate, come se fosse uno iato; spesso è indicata con un apposito segno grafico (¨).

Discorso indiretto libero: caratteristica tipica del romanzo moderno, che consiste nel riferire le parole dei personaggi senza introdurle con formule dichiarative come "disse", "pensò" ecc. Ne fa uso per primo Giovanni Verga, poi Italo Svevo e Luigi Pirandello.

Dittongo: gruppo di due vocali che costituiscono una sola sillaba; una di esse è una *u* o una *i*, non accentata. Ad esempio a-ia, fie-no.

Dramma: nel linguaggio teatrale indica l'azione. Più in particolare è un genere teatrale nato nell'Ottocento.

Duplicazione: figura retorica che consiste nella ripetizione dell'ultimo termine di una frase all'inizio della frase successiva. Ad esempio «Muore il ragazzo un poco / ogni giorno per giuoco. / Per giuoco morde invano / il cavo della mano» (L. Sinisgalli, *Vidi le Muse*). È detta anche *anadiplosi*.

Durata: in narratologia, la durata della storia è il periodo di tempo in cui si svolgono gli eventi, mentre la durata del racconto è lo spazio (righe, pagine, capitoli) che l'autore attribuisce alla narrazione di ogni evento.

E

Ellissi: in generale, eliminazione, nel corso di un enunciato, di alcuni elementi che restano sottintesi. In narratologia, è una modalità della durata del racconto in cui si ha l'omissione del racconto di eventi accaduti in un certo lasso di tempo. Indica un "salto" temporale e accelera il tempo del racconto.

Endìadi: figura retorica in cui un concetto viene espresso con due termini coordinati tra loro anziché con il nome e l'aggettivo concordato o un complemento. Ad esempio «ch'ella mi fa tremare le vene e i polsi» (D. Alighieri, *Inferno* I, 90).

Enjambement: figura metrica che si verifica quando la suddivisione in versi (v.) non coincide con la struttura sintattica e quindi una frase occupa più di un verso. Ad esempio «Ma sedendo e mirando, interminati / spazi di là da quella» (G. Leopardi, *L'infinito*).

Enumerazione: v. *accumulazione*.

Epica: genere letterario che ha come soggetto imprese eroiche di un guerriero o di un intero popolo. Nata dalla tradizione orale, è poi stata elaborata in poemi, primi tra tutti *Iliade* e *Odissea*.

Epilogo: parte conclusiva di una narrazione, di un discorso, di una trattazione.

Epìteto: sostantivo, aggettivo o locuzione che si unisce a un nome per qualificarlo o con funzione solo accessoria (epiteto esornativo). Ad esempio Achille "piè veloce".

Esordio: parte iniziale di un testo.

Eufemismo: figura retorica di pensiero che consiste nell'attenuare il carattere volgare, crudo o troppo realistico di un'affermazione. Ad esempio A. Manzoni nei *Promessi sposi* descrive con un eufemismo la morte di Fra Cristoforo: «andò a ricevere il premio della sua carità».

F

Fabula: in narratologia, i fatti di un racconto disposti in ordine cronologico.

Favola: breve narrazione i cui protagonisti sono animali parlanti che rappresentano vizi e virtù degli uomini.

Fiaba: narrazione di origine popolare e orale caratterizzata da elementi magici e soprannaturali.

Figura etimologica: figura retorica ottenuta accostando due parole derivate dalla stessa radice etimologica. Ad esempio «Esta selva selvaggia» (D. Alighieri, *Inferno* I, 5).

Figura retorica: espressione che arricchisce di significato ciò che si vuol dire.

Flashback: v. *analessi*.

Flashforward: v. *prolessi*.

Flusso di coscienza: tecnica espressiva che consiste nel trasporre in modo libero e immediato il pensiero di un personaggio, senza che esso sia filtrato da organizzazione logica o cronologica. È tipico del romanzo del Novecento e in particolar modo di James Joyce.

Focalizzazione: in narratologia, punto di vista da cui il narratore racconta la vicenda.

Fonosimbolismo: nel linguaggio della retorica, uso di parole che con il loro suono suscitano sensazioni visive o acustiche emotivamente legate al contesto. Ad esempio «rimbombò, rimbalzò, rotolò cupo» (G. Pascoli, *Il tuono*). La presenza dei suoni *r*, *b* e della *o* non solo riproducono il rumore del tuono, ma destano anche l'inquietudine che accompagna un violento temporale.

G

Genere letterario: insieme di componimenti letterari che presentano elementi comuni di tema, stile e struttura.

I

Iato: accostamento di due vocali all'interno di una parola che vengono pronunciate come due sillabe differenti. Ad esempio l-e-o-ne, pa-ù-ra.

Incipit: parte iniziale, prime parole di un testo.

Intreccio: in narratologia, insieme degli avvenimenti presentati nell'ordine che il narratore ha scelto di attribuire loro, ordine che può essere anche diverso da quello cronologico.

Ipàllage: figura retorica che consiste nel riferire un aggettivo non al nome cui dovrebbe legarsi, ma a un altro termine in relazione con il primo. Ad esempio «un ribatte / le porche con sua marra pazïente» (G. Pascoli, *Arano*), dove «pazïente» è riferito alla zappa («marra»), ma logicamente al contadino.

Iperbato: figura retorica in cui si spezza la normale espressione, trasponendo termini che andrebbero accostati. Ad esempio «il divino del pian silenzio verde» (G. Carducci, *Il bove*).

Iperbole: figura retorica che consiste nel rappresentare in modo esagerato la realtà. Ad esempio «Ho sceso ... un milione di scale» (Eugenio Montale, *Ho sceso, dandoti il braccio, almeno un milione di scale*).

Ipotassi: legame sintattico tra proposizioni, in cui prevalgono le subordinate.

Ironia: figura retorica di pensiero che si verifica quando si esprime un concetto, volendo intendere l'esatto opposto. Ad esempio «Godi Fiorenza, poi che se' si grande, / che per mare e per terra batti l'ali / e per lo 'nferno tuo nome si spande» (D. Alighieri, *Inferno* XXVI, 1-3).

L

Litote: figura retorica, simile all'eufemismo (v.), in cui si esprime un concetto in modo attenuato o negando il contrario. Ad esempio «non c'è cor che non batta per te» (A. Manzoni, *Marzo 1821*).

M

Macrosequenza: in narratologia, un insieme di sequenze (v.) che ha comunque un suo valore unitario.

Metafora: figura retorica che si ottiene sostituendo un termine con un altro che gli sia affine, perché possiede analoghe caratteristiche. Ad esempio «Anche così è stato breve il nostro lungo viaggio» (E. Montale, *Ho sceso, dandoti il braccio, almeno un milione di scale*), dove «viaggio» è metafora di "vita".

Metonìmia: figura retorica che consiste nella sostituzione di un termine con un altro che ha con il primo un rapporto di contiguità (causa-effetto, contenente-contenuto ecc.). Ad esempio «e il suo nido è all'ombra, che attende» (G. Pascoli, *X Agosto*), dove «nido» vale per il contenuto, i rondinini.

Metrica: insieme delle norme che regolano la composizione di versi (v.) e strofe (v.).

Mitologia: insieme dei racconti leggendari di un popolo.

Monologo: nel linguaggio teatrale, discorso di un personaggio che parla o pensa tra sé e sé, mentre gli altri non lo ascoltano.

Monologo interiore: tecnica narrativa che consiste nel riportare i pensieri di un personaggio, senza l'introduzione di verbi di dire.

N

Narratore: in narratologia, colui che narra i fatti; può coincidere con l'autore (v.), con un personaggio (v.) o con un terzo soggetto. È detto anche *voce narrante*.

Novella: breve testo narrativo, avente per oggetto un fatto reale o immaginario. Analoga al racconto, la novella si sviluppa dal Trecento in Italia ed è diffusa anche oggi.

O

Omoteleuto: figura retorica che si ottiene facendo terminare nello stesso modo due o più parole poste all'interno di un verso (v.). Ad esempio «ma sedendo e mirando interminati / spazi di là da quella» (G. Leopardi, *L'infinito*).

Onomatopea: figura retorica di suono che riproduce attraverso parole rumori o suoni. Ad esempio «Le vele, le vele, le vele / che schioccano e frustano al vento» (D. Campana, *Barche amorrate*).

Ossìmoro: figura retorica che consiste nell'accostare in un medesimo enunciato elementi che si contraddicono. Ad esempio «È l'estate / fredda, dei morti» (G. Pascoli, *Novembre*).

P

Parafrasi: riscrittura di un testo poetico mediante un linguaggio più chiaro e diretto, senza alterare il contenuto.

Parallelismo: procedimento retorico per cui gli elementi che costituiscono due o più frasi o sintagmi sono disposti nel medesimo ordine. Ad esempio «S'ode a destra uno squillo di tromba, / a sinistra risponde uno squillo» (A. Manzoni, *Il conte di Carmagnola*).

Paratassi: legame sintattico tra proposizioni, in cui prevalgono le coordinate.

Parola chiave: parola presente anche più volte in un testo, essenziale per la comprensione e in grado di evidenziare il tema base dello stesso.

Paronomasia: figura retorica di suono, che si ottiene accostando termini dal suono simile. Ad esempio «Qui stando, il destrier ch'avea lasciato / tra le più dense frasche, alla fresca ombra» (L. Ariosto, *Orlando furioso*).

Pausa: in narratologia, modalità della durata del racconto in cui il tempo della storia è fermo. Si ottiene con l'inserimento di descrizioni, narrazioni e digressioni.

Perifrasi: figura che consiste nell'usare un giro di parole per indicare indirettamente una persona o un oggetto. Ad esempio «E l'arca di Colui che nuovo Olimpo / alzò in Roma a' Celesti» (U. Foscolo, *Dei Sepolcri*), dove si intendono Michelangelo e la cupola di San Pietro.

Personaggio: nel linguaggio teatrale e cinematografico, chi interviene nell'azione drammatica. In narratologia, ogni persona che partecipa allo svolgimento dell'azione narrata.

Personificazione: figura retorica di pensiero attraverso la quale si attribuiscono caratteri umani ad animali, oggetti, concetti astratti. Ad esempio «Mentre il cipresso nella notte nera / scagliasi al vento, piange alla bufera» (G. Pascoli, *Fides*).

Pleonasmo: espressione non essenziale che non aggiunge nessuna informazione, ma sottolinea l'importanza del termine nel contesto. Ad esempio "un bosco di alberi".

Poema: ampio testo narrativo, in versi, diviso in libri o canti, caratteristico del genere epico. Ad esempio *Iliade*, *Odissea*, *Orlando furioso*.

Polisìndeto: procedimento sintattico che consiste nell'accostare più elementi, proposizioni, sintagmi con ampio uso di congiunzioni. Ad esempio «Per montagna e per valle, / per sassi acuti, ed alta rena e fratte / al vento, alla tempesta e quando avvampa / l'ora e quando poi gela» (G. Leopardi, *Canto di un pastore errante dell'Asia*).

Prolessi: in narratologia, anticipazione di eventi che si verificheranno in seguito. È detta anche *anticipazione* o *flashforward*.

Prologo: nel linguaggio teatrale, fin dal teatro classico, parte iniziale di un testo in cui si presenta l'azione o la si contestualizza.

Proscenio: porzione anteriore del palcoscenico, quella che esce dalla linea del sipario.

Prosodìa: insieme dei caratteri che determinano l'armonia di una scrittura sia in poesia (metrica) sia in prosa (timbro dei suoni, intensità, intonazione, accento).

Protagonista: in narratologia, personaggio principale di una narrazione, intorno al quale si incentrano tutti o quasi i fatti raccontati; nella terminologia teatrale o cinematografica, attore a cui è assegnata la parte principale di un testo.

Punto di vista: v. *focalizzazione*.

R

Referente: ciò a cui il segno linguistico rimanda (oggetto, persona, luogo, elemento astratto).

Registro: modalità linguistica in cui viene esposto un enunciato o un testo in relazione al destinatario e alle diverse situazioni sociali.

Retrospezione: v. *analessi*.

Rima: identità dei suoni finali di parole, poste alla fine di versi, a partire dall'ultima vocale accentata. Ne esistono molti tipi, con schemi precisi (baciata, alternata, incatenata ecc.).

Ritmo: cadenza di suoni nel verso, scandito dagli accenti.

Romanzo: in letteratura, lungo testo narrativo, avente per oggetto un fatto reale o immaginario, che si distingue dalla novella-racconto per la complessità dell'intreccio (v.) e l'ampiezza della narrazione.

S

Scena: nel linguaggio teatrale, porzione di un atto segnata dal variare di personaggi e di luogo. In narratologia, è una modalità della durata del racconto in cui il tempo della storia e il tempo del racconto coincidono per lunghezza, come in un dialogo.

Scenografia: nel linguaggio teatrale, insieme delle strutture di un palcoscenico che fungono da ambientazione all'opera.

Scioglimento: in narratologia, ristabilimento dell'ordine preesistente che era stato turbato da nuovi fatti.

Sequenza: in narratologia, parte di un testo in cui rimangono immutati i personaggi, il luogo o il tempo dei fatti narrati.

Simbolo: oggetto, individuo o altra cosa concreta che può evocare una realtà più vasta o un'entità astratta.

Similitudine: figura retorica di pensiero che consiste in un paragone tra due elementi che hanno tra loro comuni caratteristiche. Ad esempio «Come sul capo al naufrago / l'onda s'avvolve» (A. Manzoni, *Il cinque maggio*).

Sinalèfe: figura metrica per cui due vocali, che si trovano rispettivamente alla fine di una parola e all'inizio dell'altra, vengono computate come una sola sillaba. Ad esempio «e il naufragar m'è dolce in questo mar» (G. Leopardi, *L'infinito*).

Sineddoche: figura retorica per la quale una parola riceve un significato più o meno ampio rispetto a quello che normalmente le compete (la parte per il tutto, il tutto per la parte, la specie per il genere). Ad esempio «e duro nella destra il ferro stringe» (T. Tasso, *La Gerusalemme liberata*).

Sinèresi: figura metrica per cui due vocali vicine che in realtà costituiscono uno iato (v.) vengono computate come una sola sillaba. Ad esempio «questi parea che contra me venisse» (D. Alighieri, *Inferno* I, 46).

Sinestesìa: figura retorica consistente nell'accostamento di sostantivi e aggettivi appartenenti a sfere sensoriali diverse. Ad esempio «all'urlo nero / della madre» (S. Quasimodo, *Alle fronde dei salici*).

Sintagma: in linguistica, gruppo di due o più elementi linguistici che costituisce un'unità di significato (sintagma nominale, verbale ecc.).

Sistema dei personaggi: in narratologia, il sistema di relazioni che lega tra loro i personaggi (protagonista, antagonista, aiutante ecc.).

Sommario: in narratologia, modalità della durata del racconto in cui il tempo del racconto è inferiore al tempo della storia. Si ottiene riassumendo i fatti.

Sonetto: componimento poetico costituito da quattordici versi (v.) endecasillabi variamente rimati e divisi in due quartine e due terzine.

Spannung: in narratologia, indica il momento di massima tensione nello sviluppo della *fabula* (v.).

Straniamento: in letteratura, procedimento espressivo attraverso cui una realtà consueta e abituale non appare più tale, perché colta con uno sguardo che ne mette in luce elementi nascosti, insoliti o contraddittori.

Strofa: nella metrica, raggruppamento di più versi, secondo criteri codificati dalla tradizione letteraria.

Struttura: in linguistica e in letteratura, insieme di specifiche componenti che concorrono alla formazione coerente e ordinata di un enunciato e di un testo.

T

Tema: argomento di cui tratta un'opera o una sua parte di essa; in esso generalmente si rispecchiano i valori della cultura e dell'etica dell'autore.

Tempo del racconto: v. *durata*.

Tempo della storia: v. *durata*.

Tragedia: testo teatrale che narra le vicende di personaggi della storia o del mito, gli esiti gravi e luttuosi delle loro passioni, destinati a suscitare la pietà e la catarsi nello spettatore.

V

Verso: unità metrica fondamentale della poesia.

Voce narrante: vedi *narratore*.

Indice degli autori antologizzati

Indice delle opere da cui sono tratti i testi